W0293559

Hess
Wiener Küche

Hess, Wiener Küche

Neu bearbeitet von Peter Kirischitz
unter Berücksichtigung der 1. Auflage von 1911 und
einer früheren Bearbeitung von Erich Istvan
aus dem Jahre 1985

A&M

Die Originalausgabe erschien unter dem Titel »Wiener Küche« bei Franz Deuticke Verlagsgesellschaft m.b.H., Wien–Frankfurt/Main

Sonderausgabe für A&M Andreas & Dr. Müller, Salzburg

Copyright © der Originalausgabe by Franz Deuticke Verlagsgesellschaft m.b.H., Wien–Frankfurt/Main 2001

Einbandgestaltung: Christoph Weninger
Druck und Bindung: Druckerei Theiss GmbH, A-9431 St. Stefan
Printed in Austria
ISBN 3-902397-26-8

*2006 2005 2004 2003
Die letzte Jahreszahl gibt die aktuelle Lizenzausgabe an.

Inhaltsverzeichnis

Liebe Leserinnen und Leser

Es geht nichts über Klassiker – und schon gar nichts über Kochbuchklassiker. »Die Hess« ist ein solcher Klassiker, und ich muss gestehen, dass auch ich selbst meine ersten Erfahrungen als Hobbykoch mit diesem äußerst nützlichen Werk gemacht habe – indem ich es meiner Mutter als kleiner Bub aus der Küchenkredenz gestibitzt habe und unter seiner Anleitung in der Küche einen Heidenaufruhr gestiftet habe (was selbstverständlich nicht an der »Hess«, sondern an mir lag).

Aber nicht nur wegen dieser persönlichen Reminiszenz ist es mir eine große Ehre, das Vorwort zu dieser Neuauflage schreiben zu dürfen, sondern auch noch aus einem anderen Grund: Im Gegensatz zu allen vorhergehenden Neuauflagen dieses »Dauersellers« wurde die vor Ihnen liegende Ausgabe »der Hess« von Peter Kirischitz neu überdacht, überarbeitet und vor allem auch unter Berücksichtigung unserer heutigen Ess- und Kochgewohnheiten minutiös nachgekocht.

Peter Kirischitz, der seit Jahren sein stupendes Wissen im Lehrberuf an zukünftige Köche und Gastronomen weitergibt, hat bereits in den 80er Jahren mit »Peters Beisel«, einem kleinen Lokal in Ottakring, dessen Ruf sogar bis in die Restaurantkritik-Spalten der New York Times vorgedrungen ist, weltweit von sich reden gemacht. Was Kirischitz damals berühmt machte, war seine unverwechselbare Art, typische Wiener und altösterreichische Gerichte in original Beisel-Ambiance neu und leicht zu modifizieren und daraus essbare kleine Kunstwerke zu zaubern. Er darf somit nicht nur als einer der Pioniere des bis heute erfolgreichen »Beisel-Booms«, sondern auch als einer der Väter der »Neuen Wiener Küche« bezeichnet werden.

Auf der Basis dieser Küchenphilosophie hat sich Peter Kirischitz während der letzten Jahre auch an die Mammutaufgabe gemacht, »die Hess« auf der Basis der umfangreichen Originalausgabe nicht nur für die Bedürfnisse moderner Hausfrauen und Hausmänner »nachzujustieren«, sondern gleichzeitig auch ein modernes »Kochbuch für alle, die gerne kochen« vorzulegen.

Zu den altbewährten klassischen Rezepten sind aufgrund der Küchenentwicklung vor allem während der letzten Jahrzehnte des 20. Jahrhunderts auch etliche neue gekommen, auch wenn Peter Kirischitz sich gesträubt hat, populäre »Modegerichte« wie Carpaccio oder Tiramisu aufzunehmen. Im Gegenzug hat er auch auf mancherlei verzichtet, was in kargen Zeiten zwar nahrhaft und populär war, für unsere heutigen Lebensgewohnheiten aber nur noch schwer und unverdaulich ist. Auch dass wir heute in mancher Hinsicht ein anderes ethisches Verhältnis zu den natürlichen Ressourcen haben als in früherer Zeit, fand Berücksichtigung – ebenso wie die wichtigsten Erkenntnisse der modernen Ernährungswissenschaft mit in dieses Buch eingeflossen sind. Vor allem aber hat Peter Kirischitz die Saucenküche »vom Mehle befreit« und »die Hess« damit auch, was die Kalorien betrifft, ganz ordentlich abgespeckt.

Ohne dass der Lehrer Kirischitz je belehrend wirken möchte, ist damit auch ein Nachschlagewerk für alle entstanden, die sich mit der Wiener Küche und ihren Garungstechniken sowie Zubereitungsarten gerne ein wenig intensiver beschäftigen möchten. Vor allem die Anmerkungen und Beschreibungen der ersten Rezepte im vorliegenden Werk hat Peter Kirischitz auch nach programmatischen Erwägungen zusammengestellt. Wer nach diesem Buch kochen will, sollte sie daher unbedingt gelesen haben.

Im Übrigen wird »Hess«-Kennern gleich auf den ersten Blick noch eine weitere Innovation auffallen: Peter Kirischitz hat die Anordnung der Rezepte verändert und das Buch erstmals, und zwar nach dem Vorbild des großen französischen Meisterkochs Auguste Escoffier, nach Garungstechniken und Zubereitungsarten gegliedert. Das macht nicht nur die Benutzung einfacher, sondern erleichtert auch die Vertiefung in bestimmte Teilbereiche der Wiener Küche. In diesem Sinne wünsche ich Ihnen, liebe Leserinnen und Leser, beim Kochen mit diesem ebenso neuen wie traditionsbewussten Standardwerk der heimischen Küche viel Erfolg und vor allem einen guten Appetit.

Christoph Wagner

Fachliche Grundlagen

Tipps und Tricks

Apfelschalen, welche bei der Zubereitung von Apfelspeisen zurückbleiben, können zur Herstellung von Apfelessig oder getrocknet für Apfelschalentee verwendet werden.

Aufläufe bringt man in einer Auflaufschüssel zu Tisch; sie sollten nach dem Garwerden nicht lange stehen, sondern sofort serviert werden, weil sie leicht zusammenfallen.

Backpulverteige sollten sofort in das Backrohr kommen und bei mäßiger, ansteigender Hitze gebacken werden.

Beeren zum Mitbacken rollt man in Zucker und etwas Mehl, damit sie in Form bleiben.

Biskuitmassen sollten auf befetteten oder mit Papier belegten Backblechen bei stärkerer Hitze gebacken werden, damit sie nicht austrocknen. Das Backrohr sollte während des Backens nicht geöffnet werden.

Blätterteig (Butterteig): Alle Zutaten müssen kalt verarbeitet werden. Zum Backen braucht man aber ein heißes Backrohr, das während des Backens nicht zu oft geöffnet werden sollte, weil der Blätterteig sonst zusammenfällt. Das Befetten des Blechs entfällt beim Butterteig. Einige Spritzer Wasser auf das Blech, damit ein wenig Dampf entstehen kann, lassen den Teig besser aufgehen.

Brandteig sollte bei starker Hitze gebacken werden. Der Teig fällt leicht zusammen, wenn man das Rohr während des Backens zu oft öffnet.

Bratwürste legt man vor dem Braten einige Minuten in kochendes Wasser, damit sie beim Braten nicht aufspringen, und in Milch, damit sie zusätzlich eine schöne braune Farbe bekommen.

Brotreste sollten für Brotsuppen oder, würfelig oder nudelig geschnitten, als Einlage zu Einbrenn-, Milch-, Rahm- oder Erdäpfelsuppen verwendet werden.

Eidotter (Eigelb) **aufbewahren:** Man gießt über den noch nicht zerronnenen Dotter etwas Öl oder etwas Wasser, das vor Gebrauch wieder abgegossen wird.

Eier beim Einkauf prüfen: Gute Eier sind, in der hohlen Hand gegen grelles (am besten künstliches) Licht gehalten, vollkommen durchscheinend, verdorbene zeigen dunkle Stellen und Trübungen. Der Inhalt frischer Eier bewegt sich beim Schütteln nicht, jener von alten (verdorbenen) Eiern schlottert infolge Verdunstung.

Eier kochen: Die Schalen von Eiern haben beim Kochen die Neigung, zu springen. Um dies zu verhindern, genügt es, dem Kochwasser etwas Essig zuzusetzen oder mit einer Nadel in das breitere Ende des Eis ein Loch zu machen, durch das die sich beim Erwärmen ausdehnende Luft entweichen kann.

Eier, Schnee schlagen: Ganz frisches Eiklar lässt sich leicht zu festem Schnee schlagen; nicht frisch gelegte oder konservierte Eier dann, wenn man auf je 6 Eiklar einen Esslöffel sehr kaltes Wasser zugießt oder das Eiklar ein wenig salzt. Die Schüssel muss absolut fettfrei sein; keinesfalls sollte zum Schneeschlagen Plastikgeschirr verwendet werden. Mit einigen Tropfen Zitronensaft und einer kleinen Prise Salz lässt sich der Schnee leichter aufschlagen.

Eiklar (Eiweiß) **aufbewahren:** Auf einem Teller oder im überkühlten Rohr trocknen lassen. Vor dem Gebrauch muss es mit Wasser aufgelöst werden. Eiklar lässt sich mit etwas kaltem Wasser, einer Prise Salz und einigen Tropfen Zitronensaft besser zu Schnee schlagen.

Einbrenn (Einmach) sollte man, um Klümpchen zu vermeiden, etwa ein bis zwei Minuten überkühlen und dann mit der kochenden Flüssigkeit aufgießen.

Erdäpfel (Kartoffeln): Heurige mit kochendem Salzwasser zustellen, weil sie sonst zu wässrig werden; alte Erdäpfel mit kaltem Salzwasser zustellen, damit die Stärke langsam aufquillt; geschälte nicht lange im Wasser liegen lassen. Mehlige Erdäpfel für Teige, speckige für Salate verwenden.

Erdäpfelpüree sollte mit heißer Milch verdünnt werden. Kalte Milch macht das Püree bröckelig und zäh.

Fett, brennendes, darf man nie mit Wasser zu löschen versuchen. Man muss die Luftzufuhr mit einem Deckel absperren, dadurch erlischt die Flamme sofort.

Fische sind wegen ihres höheren Wasser- und geringeren Fettgehalts leichter verdaulich als Fleisch. Besonders wertvoll ist Fischfleisch durch seinen Gehalt an Jod.

Fischgeruch, besonders von Seefischen, kann vermindert werden, wenn man das Brett, das zum Vorrichten der Fische notwendig ist, vorher befeuchtet und alles, was zum Vorrichten der Fische gebraucht wurde (auch die Hände), vorerst in kaltem und dann erst in warmem Wasser reinigt.

Gebäck auffrischen: tiefgekühltes oder befeuchtetes älteres Gebäck im Rohr aufbähen.

Gemüse nicht im Wasser liegen lassen; stets in kochendem Salzwasser zusetzen und nur so viel Wasser verwenden, dass das Gemüse vom Wasser gerade noch bedeckt ist.

Germ- oder Hefeteig: alle Zutaten warm verarbeiten. Der Teig sollte nicht zu lange gehen und bei starker Hitze gebacken werden.
Je öfter man Germteig aufgehen lässt und dazwischen immer zusammenschlägt, umso feinporiger wird das Gebäck.

Gewürzsäckchen: Das sind Leinensäckchen, in die man die für das entsprechende Gericht geeigneten Gewürze ganz oder zerdrückt locker einbindet, um bei Gerichten, die nicht passiert werden, die Gewürze leicht entfernen zu können (z. B. Pfefferkörner, Lorbeer und Wacholder für das Sauerkraut). Anmerkung: Ein Tee-Ei eignet sich für diesen Zweck noch besser und entspricht eher den heutigen Hygieneanforderungen, da weder Waschmittelreste noch etwaige andere »Faserschmeichler« in das Essen gelangen können.

Grillen, grillieren: auf dem Rost braten. Zum Grillen eignen sich hauptsächlich flache Fisch- und Fleischstücke (Beefsteak, Rumpsteak, Rostbraten, Koteletts, Schnitzel, Leber, Nieren), aber auch Speck, Würste, Brot- und Erdäpfelschnitten. Ebenso Gemüse wie Melanzani (Auberginen), Zucchini (Zwergkürbisse), Paradeiser (Tomaten), Paprikaschoten usw.

Hefeflocken (Nährhefe) werden wegen ihres hohen Eiweiß- und Vitamingehalts in der Diätküche zum Abschmalzen und Gratinieren von Teigwaren als Ersatz für Semmelbrösel verwendet.

Hülsenfrüchte werden immer mit kaltem Wasser zugestellt und erst wenn sie fast weich sind gesalzen.
Sie brennen nicht so leicht an, wenn man vor dem Zustellen eine Untertasse mit der Hohlseite nach unten auf den Topfboden legt.

Hülsenfrüchte kochen: Es empfiehlt sich, die Hülsenfrüchte vor dem Kochen über Nacht einzuweichen, damit die Rohfasern aufgelockert werden und die Stärke aufquellen kann. Mit dem Einweichen verkürzt sich auch die Kochzeit. Das Einweichwasser löst Mineral- und Nährstoffe aus den Hülsenfrüchten, deshalb sollten diese im Einweichwasser unter ständigem Abschöpfen des dabei entstehenden Schaums gekocht werden.

Kalbs- oder Lammbrust füllen: Man löst zuerst die Rippen aus und fängt an einer der schmalen Seiten zu untergreifen an, indem man die zwischen den Muskeln eingebettete feine Haut loslöst und dadurch eine Art Tasche bildet. Sobald die Fülle hineingegeben wurde, näht man die Öffnung zu. Nach dem Braten zieht man den Faden heraus.

Kastanien schälen und kochen: Die Kastanien werden gewaschen, an der gerundeten Seite quer eingeschnitten, auf ein nasses Blech gelegt und im Rohr so lange heiß gebraten, bis sie aufspringen. Die Schale lässt sich dann mühelos entfernen.
Hierauf gibt man die Kastanien in kochendes Wasser, lässt sie ungefähr 25–30 Minuten weich kochen, seiht sie ab und passiert sie, solange sie noch heiß sind.

Käse wird durch Einschlagen in mit Salzwasser getränkte Tücher vor dem Austrocknen geschützt. Hartkäse in grobem Salz eingraben. Anmerkung: Heute werden mit dem Verpacken in Frischhaltefolie dieselben Ergebnisse erzielt. Wichtig dabei ist jedoch, dass nach jedem Öffnen des verpackten Käses die Folie gewechselt wird, da sie sonst nicht mehr auf dem Käse haften bleibt und die gewünschte Wirkung verloren geht.

Knoblauch lässt sich besser mit etwas Salz zerdrücken.

Knödel sollten in breiten Kasserollen nicht zu stark kochen, weil sie sonst zerfallen; immer zuerst einen Probeknödel kochen! Reste können für Knödelschmarren, Grenadiermarsch oder geröstete Knödel mit Ei verwendet werden.

Kuchen und Torten schneidet man besser, wenn man das Messer in kaltes Wasser taucht. Bei Glasuren das Messer in sehr heißes Wasser tauchen.

Leberspeisen sollten erst kurz vor dem Anrichten gesalzen werden, da die Leber leicht hart wird.

Linsen werden beim Kochen nicht dunkel, wenn man sie mit einigen rohen Erdäpfeln zustellt.

Mandeln schälen: Man gibt die Mandeln in heißes Wasser, lässt sie darin einmal aufkochen und seiht sie dann ab. Die braune Schale lässt sich hierauf leicht abziehen.
Geriebene weiße Mandeln erhält man durch Reiben geschälter Mandeln; geriebene braune durch Reiben ungeschälter Mandeln.

Mohn und Nüsse als Fülle können durch Semmelbrösel gestreckt werden, in einer Mehlspeise durch geröstete Haferflocken.

Mürbteig sollte nicht geknetet, sondern nur mit dem Handballen locker und rasch bearbeitet, dann kalt gestellt und bei starker Hitze (etwa 200 °C) sehr hell gebacken werden.

Nudeln, die länger aufgehoben werden, bereitet man ohne Salz zu, um ein Grauwerden zu vermeiden.

Nudelteig sollte man gut kneten und sofort auswalken.

Oberhitze: Wenn die Oberhitze zu stark ist, sollte das Backwerk oder der Braten mit Pergamentpapier oder mit Alufolie bedeckt werden.

Palatschinken (Eierkuchen) kann man mit wenig Fett backen, wenn man dem Teig etwas Öl, flüssige Butter oder Margarine zufügt.

Paradeiser (Tomaten) schält man, indem man den Strunkansatz entfernt, sie 10 bis 15 Sekunden in kochendes Wasser legt, kalt abschreckt und danach die Haut abzieht.

Petersiliengrün: Um gehackte Petersilie (Petersiliengrün), die sich gerne zu Klumpen ballt, besser streuen zu können, gibt man sie nach dem Hacken in ein Tuch und presst sie durch scharfes Winden gut aus. Sie wird hierdurch trockener und somit besser streubar, verliert aber an Aroma.

Pistazien schälen: Man legt sie in heißes Wasser, bis sich das braune Häutchen leicht ablösen lässt.

Plunderteig ist ein Germbutterteig, wenn er mit Butter, ein Germblätterteig, wenn er mit Margarine zubereitet wird.

Puddings sollten auf angefeuchtete Platten gestürzt werden, damit sie eventuell leichter wieder abzuheben oder zu verschieben sind.

Rahm muss vor Zugabe in heiße Flüssigkeit immer glatt gerührt werden, entweder mit Flüssigkeit (Wasser, Suppe, Wein) oder mit Mehl.

Salate: grünen Häuptel- oder anderen Blättersalat rasch und mehrmals waschen; nicht im Wasser liegen und gut abtropfen lassen; knapp vor Gebrauch zubereiten.
Salate aus Erdäpfeln und Hülsenfrüchten sollten dagegen mindestens eine halbe Stunde vor dem Servieren fertig bereitstehen, damit sie von der Salatmarinade durchdrungen werden.

Schlagobers (Schlagsahne) wird schneller steif, wenn man dem ungeschlagenen Obers etwas Eiklar oder ein kleines Stückchen ungesalzene Butter beimengt.

Schwarzwurzeln bleiben weiß, wenn man dem Kochwasser etwas Mehl oder Milch beifügt (weißkochen). Das gilt auch für Spargel.

Speck lässt sich zum Spicken besser in Streifen schneiden, wenn man ihn einsalzt oder kurz tiefkühlt.

Strudelteig wird immer mit glattem Mehl zubereitet.

Torten sollten gut ausgebacken sein – daher im vorgewärmten Rohr langsam backen und das Rohr die ersten 10 Minuten etwas offen lassen.

Überlaufen der Speisen: Man verhindert es, indem man den oberen Rand des Kochtopfs mit Fett bestreicht.

Unterhitze: Wenn die Unterhitze zu stark ist, sollte ein Backblech untergeschoben werden.

Vanillezucker kann man herstellen, indem man eine der Länge nach halbierte frische Vanilleschote einige Tage in Staubzucker ziehen lässt.

Zitronen halten sich wenn sie angeschnitten sind längere Zeit frisch, wenn man sie mit der Schnittfläche auf eine Untertasse legt.
Sie geben mehr Saft, wenn man sie etwas erwärmt.
Zitronensaft sollte in Saucen erst zum Schluss beigemengt und nicht mitgekocht werden.

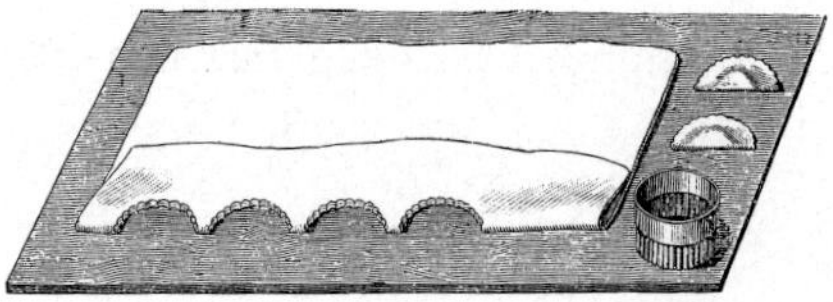

Fachliche Hinweise

Abfrischen nennt man das Übergießen von noch heißen gekochten Teigwaren, Gemüsen u. dgl. mit kaltem Wasser, um den Garprozess zu unterbrechen (oder zu beenden), bei Teigwaren aber auch um Stärkereste abzuspülen. Wichtig ist, dass die Abkühlung bis in den Kernbereich des jeweiligen Lebensmittels erfolgt.

Béchamel: Nach dem Marquis de Nointel – Haushofmeister Ludwigs XIV., bekannter Feinschmecker, Verfasser des Buches »Sur l'art de cuisine« (Über die Kochkunst), gestorben 1703 – ist eine der wichtigsten Einmachsaucen benannt (siehe Seite 385).

Binden einer Suppe, Sauce oder eines Gemüses, um die Speise »bündiger«, vollmundiger und vor allem nahrhafter zu machen, erfolgt …

1. … durch Zusatz von Stärke (Mehl), und zwar durch Einrühren:

a) Einmach (lichte Mehlschwitze, Roux blanc): Mehl wird in Butter leicht angeröstet und mit der dazu passenden Flüssigkeit aufgegossen. Die Suppe oder Sauce muss nun etwa 20 Minuten kochen, bis sich der Rohmehlgeschmack verloren hat.

b) Einbrenn (dunkle Mehlschwitze, Roux brun). Mehl wird in Öl dunkel geröstet und mit der entsprechenden Flüssigkeit aufgegossen; etwa eine Stunde kochen lassen.

c) Béchamel (Milcheinmachsauce): Eine Einmach wird mit kochender Milch aufgegossen. (Ist bei der Rezeptangabe nur ein kleines Quantum Milch angegeben, so wird die Béchamel auf Brandteigart gemacht; d. h., man kocht Milch mit Butter auf, rührt das Mehl rasch ein und lässt es zu einem Knollen verkochen. Diese Art der Béchamel wird fast nur als Bindemittel für Puddings und Aufläufe verwendet, während die erstere Herstellungsart mehr bei Gratiniersaucen zur Anwendung kommt.)

d) »Teigerl«: Mehl, Kartoffelstärke oder Arrow-root (Pfeilwurzelmehl) wird mit kaltem Wasser, Obers oder Sauerrahm vollständig glatt verrührt und in die zu bindende Speise gegossen; aufkochen lassen. Diese Methode (vor allem die Wasser-Mehl-Mischung) genießt in Fachkreisen nicht nur einen guten Ruf, da der Geschmack des Mehls sich hier wesentlich schwerer verkocht als bei den anderen Methoden.

e) Zwieback (Röstbrot), Reis, Sago oder Tapioka: Zwieback wird in Suppe aufgeweicht, durch Kochen vollkommen zerkleinert und hierauf einmal oder mehrere Male durch ein Stoffsieb (Etamin, Gaze) geseiht. Reis, Sago oder Tapioka müssen gleichfalls vorerst vollständig weich gekocht und hernach durch ein feines Sieb getrieben werden, um bindend zu wirken.

f) Beurre manié: siehe weiter oben.

2. … durch Zusatz von Eiklar und eiweißähnlichen leimgebenden Stoffen:

a) Eidotter werden mit Obers abgerührt und dann erst mit heißer Suppe oder Sauce oder Ähnlichem verquirlt. Nach dem sog. **Legieren** darf die Speise nicht mehr aufkochen.

b) Eiskalte Butterflocken werden flott eingerührt. Nach dem sog. **Montieren** darf die Speise ebenfalls nicht mehr aufkochen.

3. … durch das Pürieren von mitgegartem Gemüse: Diese heute sehr moderne Methode kommt dem Wunsch nach einer gesunden Ernährung sehr entgegen.

Blanchieren (abbrühen, überkochen): Man blanchiert Gemüse, Pilze, Obst usw., indem man sie mit kochendem Wasser übergießt und in manchen Fällen noch einige Minuten sieden lässt. Kohl und Kraut blanchiert man vor dem Kochen, um zu verhindern, dass der Genuss dieser Gemüse Blähungen verursacht. Bries und Hirn werden blanchiert, damit sie steif und weiß werden, ehe man sie weiterverwendet. Hirn wird vor dem Blanchieren mit warmem Wasser übergossen, um die feine Aderhaut leichter abziehen zu können. Obst wird zuweilen blanchiert, um es leichter schälbar zu machen. Auch das Blanchieren in heißem Fett ist möglich. So werden z. B. Pommes frites zuerst bei etwa 150 °C in heißem Fett vorgebacken (blanchiert), damit die Erdäpfel durchgegart sind. Später werden sie dann in wesentlich heißerem Fett knusprig gebacken.
Blanchieren zählt zu den vorbereitenden Garmethoden.

Bombierte Konservenbüchsen: Wenn Konserven verdorben sind, wird ihr Boden durch gasige Produkte aufgetrieben (Bombage). Der Genuss solcher Konserven ist sehr gesundheitsschädlich, wenn nicht gar lebensgefährlich.

Bouillabaisse (Fischsuppe) wird aus verschiedenen gemeinsam gekochten Fischen, Muscheln und Hummer zubereitet und mit Safran gefärbt.

Buchweizen (auch Heidekorn bzw. Heiden genannt) ist ein Knöterichgewächs, aus dessen dreikantigen, glänzend braunen, eiweißreichen Früchten (ähnlich den Bucheckern) Buchweizengrütze, -grieß, -dunst und Buchweizen- bzw. Heidenmehl, das in den Alpenländern für die Zubereitung beliebter Volksspeisen (z. B. Heidensterz) dient, als Mahlprodukte gewonnen werden.

Chutney: englische scharfe Würzen mit Kräutern (zur Saucenzubereitung).

Dampfel oder Gärprobe: Die Germ (Hefe) wird zerbröselt und mit lauwarmer Milch und Zucker verrührt (auf je 2 dkg Germ 4 Löffel Milch und 3 Würfel Zucker). Dann mengt man so viel Mehl darunter, bis die Probe die Dicke eines Tropfteigs erreicht. Hierauf lässt man sie, in einem weiten Gefäß leicht zugedeckt, an einem mäßig warmen Ort aufgehen. Hat die Gärprobe im Gefäß ungefähr die doppelte Höhe erreicht, so war die Hefe frisch und kann zur Herstellung der Mehlspeise verwendet werden.

Eingelegte (sterilisierte) Gemüse: Herstellung im Haushalt: Man kocht frisches Gemüse nach erfolgter Reinigung und Zerkleinerung, gießt die Brühe ab und gibt das Gemüse in mit Wasser oder Salzwasser gefüllte Gefäße. Diese werden nach Anbringen des Verschlusses 20 Minuten lang auf 115–120 °C erhitzt. Fabriksmäßig hergestellte eingelegte Gemüse kommen in Konservenbüchsen (Blechbüchsen) und in Gläsern in den Handel.

Einpökeln. Darunter versteht man das Einlegen des Fleisches in Salz, um es für längere Zeit haltbar zu machen. Gepökelt kann jedes Fleisch werden, doch eignen sich dazu am besten Rindszunge, Rindskamm und alle Sorten von Schweinefleisch. Für ein Kilo Fleisch rechnet man 10 dkg Salz und 1,5 Gramm Salpeter. Außerdem gibt man etwas Zucker (um den scharfen Geschmack des Salpeters zu mildern) und ferner nach Geschmack zerdrückten Knoblauch, ebensolche Wacholderbeeren, gehackten Kümmel und gestoßenen Pfeffer dazu. Die Fleischstücke werden mit diesen Gewürzen kräftig eingerieben, bis sie feucht sind, und eng nebeneinander in ein Porzellan-, Steingut- oder Holzgefäß geschichtet, das mit einem entsprechenden Deckel versehen wird. Dieser wird mit einem Stein beschwert. Das Pökelfleisch muss an einem kühlen, dunklen Ort gelagert werden. Hat sich nach einigen Tagen der Lagerung nicht so viel Salzlake gebildet, dass sie das Fleisch vollkommen bedeckt, so muss nach Bedarf 10%ige Salzlösung zugegossen werden.
Kleine Stücke brauchen ungefähr eine Woche, Zungen 14 Tage, Schinken vier Wochen, bis sie vollständig durchgepökelt sind.

Essigfrüchte: So nennt man Pflaumen, Kirschen, Pfirsiche, Aprikosen oder Oliven, die man in Gläser einlegt, mit heißem gezuckertem Essig übergießt, aufkocht und sterilisiert.

Fische, Aufbewahrung:

- im sehr kalten Kühlschrank (0 °C bis -3 °C);
- auf einem Gitter, damit das Eiswasser abrinnen kann;
- mit der Bauchöffnung nach unten, damit sich kein Wasser in der Bauchhöhle ansammelt;
- mit Plastikfolie abgedeckt, damit die Fische nicht mit dem abtauenden Wasser in Berührung kommen.
- Auf der Folie sollte Eis verteilt sein.

Fische sollten bei der Lagerung deshalb nicht mit Wasser in Berührung kommen, auch nicht mit dem des schmelzenden Eises, da kaltes Wasser die Struktur des Eiweißes beeinträchtigt, dieses teilweise auslaugt und sich somit auf die Textur und den Geschmack des Fischfleisches negativ auswirkt.

Fische, Kennzeichen guter Beschaffenheit:
Fische sollten, wenn möglich, lebend gekauft werden. Sie sollten derb-elastisches, nicht an den Häuten haftendes Fleisch, rote Kiemen und klare sowie hervortretende Augen haben und weder aufgetrieben noch verfärbt sein. Der Geruch an den geöffneten Kiemen sollte nicht unangenehm sein. Die Kiemen sollten geschlossen und rosa sein. Verdorbene Fische bleiben im Wasser an der Oberfläche, frische sinken zu Boden.

Fische vorrichten:
Wenn man Fische (Karpfen, Hechte usw.) abschlagen will, hält man sie mit einem Tuch fest und versetzt ihnen mit einem Fleischklopfer einen kräftigen Schlag auf den Kopf. Um ganz sicher zu gehen, dass sie tot sind, kann man durch einen Schnitt am Rücken hinter dem Kopf die Wirbelsäule durchtrennen. Dann streift man die Schuppen, falls solche vorhanden sind,

mit einem Messer vom Schwanz nach dem Kopf hin ab, ohne die Haut zu beschädigen. Nachdem die Fische geschuppt wurden, werden sie ausgenommen, indem man vom After aus den Bauch aufschneidet. Dann löst man die Eingeweide, Milch oder Rogen (Fischbeuschel) und die Leber vorsichtig ab, damit die Galle nicht verletzt wird, und wäscht die Fische sehr gut aus.

Die drei »S« der Fischvorbereitung:
Säubern: Die ganzen Fische so kurz wie möglich unter fließendem Wasser waschen und sofort mit Küchenkrepp trockentupfen. Fischfilets, wenn möglich, nicht mehr waschen.
Säuern: Das Beträufeln mit Zitronensaft macht das Fischfleisch fester und bindet den Fischgeruch.
Anmerkung: Viele Köche der modernen Küche verzichten auf das Säuern, da sie die natürliche Struktur des Fischfleisches nicht verändern möchten und bei frischen Fischen kein Fischgeruch vorhanden ist, der »gebunden« werden könnte.
Salzen: Gesalzen wird erst unmittelbar vor dem Zubereiten. Salz entzieht dem Fisch Wirkstoffe und Flüssigkeit.

Fleisch:
Es sollte auch nicht gewaschen werden, da viele wertvolle Mineralstoffe dabei verloren gehen. Nur bei vakuumverpacktem Fleisch darf der ausgetretene Fleischsaft kurz mit Wasser abgespült werden.
Fleisch kann, wenn es zu reichlich genossen wird, zu Stoffwechselkrankheiten führen; deshalb nur in Verbindung mit Gemüse, Erdäpfeln und hauptsächlich Salaten oder rohem Obst genießen.
Fleisch sollte vor dem Tranchieren einige Minuten stehen gelassen und immer quer zur Faser geschnitten werden.
Rohes (Rind-)Fleisch hält sich länger, wenn es in eine mit Öl getränkte Frischhaltefolie eingeschlagen wird; kleinere Stücke werden mit Öl übergossen (Beefsteak, Rumpsteak usw.).

Fleisch, Aufbewahrung:
Rohes Fleisch darf niemals in Papier eingewickelt werden oder auf einem Holzbrett liegen, noch weniger aber auf eine dieser Arten aufbewahrt werden, da sowohl das Papier als auch das Holz den Fleischsaft anziehen. Aus demselben Grund darf Fleisch auch nicht unmittelbar auf Eis liegend aufbewahrt werden, umso mehr, als eine solche Lagerung auch unschöne und unappetitliche Verfärbungen des Fleisches hervorruft. Große Fleischstücke werden in Kühlräumen hängend, kleine Fleischstücke in einem zugedeckten Porzellangefäß (Drahtsturz) kühl und luftig im Kühlhaus bzw. Kühlschrank aufbewahrt. Das Gleiche gilt auch für zubereitetes Fleisch. Um dieses saftig zu erhalten, wird es mit Suppe oder mit Bratensaft übergossen.

Fleisch, Kennzeichen guter Beschaffenheit: Es sollte eine der Tiergattung entsprechende Farbe aufweisen, fest, derb und elastisch (ein Fingereindruck sollte wieder verschwinden), nicht blutig oder wässrig sein und darf nicht unangenehm riechen.
Rindfleisch: frischrot, kurzfaserig, Schnittflächen rot und weiß marmoriert, Fett kernig und weiß.
Kalbfleisch: hellrot, fett und feinfaserig, Nieren von Fett umgeben.
Schweinefleisch: hellrot, zartfaserig, Fett weiß.
Schöpsenfleisch: rot gefärbt (heller als Rindfleisch), feinfaserig, Fettauflage.
Wildbret: Das Fleisch alter Tiere ist zäh und grobfaserig.
Geflügel: Altes Geflügel unterscheidet sich von jüngerem Geflügel durch stärkeren Körperbau, stärkere Brustbeine, einen härteren Schnabel, stärker abgenützte Krallen bzw. dickere Schwimmhäute.

Garnituren: Als Garnituren bezeichnet man die in der französischen Küche gebräuchlichen Beigaben zu Fleisch- und Fischspeisen. So versteht man z. B. unter
- **à l'Américaine** eine für Fische geeignete Beigabe von Hummerscheren und -schwänzen in Hummer- und Krevettensauce;
- **à l'Anversoise** eine Beigabe von Teigtorteletten mit Hopfenspitzengemüse, Salzerdäpfeln und Paradeissauce.

Andere beliebte Garnituren sind:
- **à l'Argenteuil** (Fleisch oder Fisch): mit Spargelspitzen und Sauce hollandaise;
- **à la Bohémienne** (Wildgeflügel): gefüllt mit Gänseleberwürfeln, Trüffelwürfeln und Wildhaschee in Madeirasauce;
- **à la Bordelaise** (Fleisch): mit Sauce bordelaise und Markschnitten;
- **à la bouquetière** (Fleisch): mit einer mannigfaltigen Gemüsegarnitur;
- **à la bourgeoise** (Fleisch): mit Karotten, Erdäpfeln, gedünsteten Schalotten und Selchfleischschnitten in braunem Jus;
- **à la Bretonne** (Fleisch, insbesondere Hammelfleisch): mit weißen Bohnen, vermischt mit Paradeissauce, Sauce espagnole oder mit gehackten Zwiebeln, belegt mit gebackenen Zwiebelringen;
- **à la Bruxelloise** (Fleisch): mit gedünsteten Kohlsprossen und Endivien, Salzerdäpfeln und Jus;
- **à la cardinal** (Fisch): mit Hummerschnitten und Trüffeln in Sauce cardinal (Fischsauce mit Krebsbutter);
- **à la Chambord** (Fisch): mit gebackenen Croûtons, Trüffeln, Champignons, pochiertem Ei, Krebsen, Fisch, Farcenockerln und Sauce Chambord;
- **à la châtelaine** (Fleisch): mit Artischockenböden, gefüllt mit Zwiebelpüree, gebunden durch Kalbsjus, ferner Pommes noisettes, glacierte Kastanien und Madeirasauce;
- **à la chevalière** (Fleisch): mit Trüffeln, Champignons, Hahnennieren und Hahnenkämmen, Béchamelsauce;
- **à la chipolata** (Geflügel): mit Rauchfleischschnitten, Hühnerfarcewürstchen, Speck, Karotten, Schalotten, Weißen Rüben, Champignons und Kastanien, Madeirasauce;

- **à la choron** (Fleisch): mit Artischockenböden, gefüllt mit Erbsen, garniert mit Markschnitten, Pommes noisettes, Sauce Choron;
- **à la Clermont** (Fleisch); mit Teigtorteletten, gefüllt mit Kastanienpüree, vermischt mit Zwiebelpüree und Eidottern, die auf gebackenen Zwiebelscheiben ruhen, Sauce soubise;
- **à la Daumont** (Fisch): mit Fischfarceknödelchen, Champignons, gefüllt mit Krebsragout, Trüffelscheiben, Karpfenmilchner und Sauce cardinal (Fischsauce mit Krebsbutter);
- **à la Dauphin** (Fleisch): mit Kartoffelkroketten, starke Madeirasauce;
- **à la Demidoff** (Brathuhn): mit Reisbordüre und verstärktem Hühnerjus;
- **à la Dubarry** (Fleisch): mit gratiniertem Karfiol;
- **à la Duchesse** (Fleisch): mit Pommes Duchesse und Madeirasauce;
- **à la financière** (Fleisch): mit Hühnernieren und Hahnenkämmen, kleinen Farceknödelchen, Oliven, Trüffeln, Essiggurken und Champignons, Sauce financière;
- **à la Flamande** (Fleisch): mit gedünstetem Kohl, Speck, Karotten, Würstchen und Erdäpfeln;
- **à la gastronome** (Federwild): mit Morcheln, Trüffeln, glacierten Kastanien, Lammbries, Hühnernieren, Hahnenkämmen und legiertem Kalbsjus;
- **à la jardinière** (Fleisch): mit Macédoine von Erdäpfeln und Gemüse und Jus;
- **à la Joinville** (Fisch): mit Champignons, Trüffeln, Krebsschwänzen, Krevetten und Sauce Joinville;
- **à la Lucullus** (Fleisch): mit Gänseleber, Wildfarcenockerln, Hahnenkämmen und -nieren, Champignons und Trüffeln in Sauce suprême;
- **à la maréchale** (Fleisch): mit Rühreiern, grünem, nudelig geschnittenem Häuptelsalat, häufig auch mit Paradeissalat;
- **à la Milanaise** (Fleisch): mit Makkaroni vermischt, mit nudelig geschnittener Zunge, Trüffeln, Champignons und Sauce tomate;
- **à la Montreuil** (Fisch): übergossen mit Sauce au vin blanc, Erdäpfel (übergossen mit Krebssauce);
- **à la Napolitaine** (Fleisch): mit Spaghetti, vermischt mit Sauce tomate und Parmesan;
- **à la Niçoise** (Fleisch): sautierte Tomaten mit Estragon und Knoblauch, grüne Bohnen und Pommes châteaux;
- **à l'opera** (Fleisch): mit Torteletten mit Hühnerleber in Madeirasauce, Kartoffelkroketten, gefüllt mit Spargelspitzen, Fond mit Butter;
- **à la Parisienne** (Fleisch): mit Pommes noisettes, Artischockenböden, gefüllt mit Salpikon von der Zunge, Champignons und Trüffeln in Sauce velouté, Sauce champignons mit Madeira;
- **à la Parme** (Koteletts): mit Béchamelsauce bestrichen und gratiniert;
- **à la Parmentier** (Fleisch): mit größeren Erdäpfelwürfeln, bestreut mit Petersiliengrün, Jus;
- **à la Piémontaise** (Fleisch): mit Paradeisern, gefüllt mit Fines Herbes, Pommes sautées, Sauce tomate;
- **à la Princesse** (Fleisch): mit Spargelspitzen und Trüffeln, Sauce velouté mit Champignonessenz;
- **à la printanière** (Fleisch): mit Karotten, Weißen Rüben, Spargelspitzen und Erbsen vermischt;

- **à la régence** (Fleisch): mit Farceknödelchen, Hahnenkämmen, Hahnennieren, Gänseleberschnitten, Champignons, gefüllt mit Trüffeln, Kartoffelkroketten, gefüllt mit Salpikon von der Zunge und Schinken, Sauce demi-glace;
- **à la Richelieu** (Fleisch): mit gedünstetem Salat, Pommes châteaux, gefüllten Champignons und Artischockenböden, gefüllt mit Hühnerpüree;
- **à la Strasbourgeoise** (Fleisch): mit Sauerkraut, Gänseleber, geräuchertem Speck und Jus;
- **à la Trianon** (Fleisch): mit Erdäpfelpüree, Karottenpüree und Püree von grünen Erbsen;
- **à la vert-prè** (Fleisch): mit grünen Bohnen, Pommes de terre paille und Maître-Butter;
- **à la Zingara** (Fleisch): mit nudelig geschnittenem Schinken, Zunge, Champignons und Sauce demi-glace mit Estragon.

Anmerkung: In der modernen Küche werden die klassischen Namen der Garnituren kaum mehr auf den Speisekarten zu finden sein. Gästeorientiert, wird heute anstelle der Tournedos à la Rossini viel eher »Tournedos mit Gänseleber, Trüffel und Madeirasauce« zu lesen sein. Für den im Kochen Ungeübten sind diese Garnituren als Stütze bei der Entdeckung möglicher Speisenkreationen hervorragend geeignet.

Geflügeljunges vorrichten. Unter »Geflügeljungem«, »Hühnerklein«, »Gänseklein« usw. versteht man Kopf, Hals, Flügel, Füße, Magen, Leber und Herz des Geflügels. Von den Gedärmen löst man behutsam Magen und Leber aus und schneidet von Letzterer die Galle und alles Grünliche weg. Nun öffnet man den Magen an der Seite mit einem Schnitt, entfernt seinen Inhalt und zieht die innere Haut ab. Das den Gedärmen anhaftende Fett kann man entfernen und auslassen. Die Füße schneidet man entweder unter dem Gelenk (Brathuhn, Fasan usw.) oder im Gelenk (Backhuhn) ab.

Gelatine: sehr feiner, geruchloser, fabriksmäßig hergestellter Knochenleim in farblosen Platten; wird für Cremes, Gelees usw. verwendet.

Gelatine auflösen: Gelatine löst man nach Einweichen in kaltem Wasser in heißem Wasser auf (für je 1 Blatt Gelatine ungefähr 1 Löffel Wasser).

Gelees (Jellies): Obstgallerten, Obstsulzen, mit Zucker eingekochte, pektinhältige, gesulzte Fruchtsäfte, Fleischgelees.

Germ: in Österreich gebräuchliche Bezeichnung für Presshefe (siehe »Fachliche Hinweise«).

Gewürze, Aufbewahrung: in gut verschließbaren Gefäßen. Vanille immer in Stanniolblättern oder Glaseprouvetten.

Grenadine: Granatapfelsaft oder -likör.

Grundsaucen:

Englische Saucen (Catchups oder Creams): dienen als Beigaben zu Braten und Fischen bzw. zur Herstellung der dem englischen Geschmack entsprechenden, zumeist scharfen oder pikanten Saucen. Viel verwendet werden die für den Gebrauch fabriksmäßig hergestellten: Worcester-, Harvey-, Mint-, Reading- und Windsorsauce, Tomato catchup (Ketchup), Sauce Robert, Derbysauce, Salad Cream, Lobster Cream u. a.

Französische Saucen:

a) Warme Saucen (siehe auch unter Fonds):

1. Sauce espagnole (braune Grundsauce) wird aus braunem Fond, den man zum Kochen bringt, und brauner Einbrenn, die man allmählich einrührt, zubereitet und unter Beigabe eines Mirepoix unter beständigem Rühren 3 Stunden langsam gekocht. Hierauf passiert man die Sauce durch ein Spitzsieb, gießt neuerlich ungefähr ein Viertel der Menge braunen Fond zu und lässt die Sauce weitere 3 Stunden kochen. Man schäumt sie während dieser Zeit ab, passiert sie durch ein Tuch und rührt sie von Zeit zu Zeit um, bis sie vollständig erkaltet ist.
   (Aus der Sauce espagnole bereitet man durch weiteres Einkochen und Beigabe von Fleisch und Parüren die Sauce demi-glace. Diese beiden Saucen bilden die Grundlage der meisten dunklen französischen Saucen.
2. Sauce velouté (weiße Grundsauce) bereitet man aus einer Einmach zu, in die man allmählich weißen, klaren Kalbsfond einrührt. Kochdauer: eine halbe Stunde; glatt rühren, passieren, rühren bis zum vollständigen Erkalten. Der Geschmack kann durch Mitkochen von Champignonanschnitten gehoben werden. Velouté de volaille wird ebenso, jedoch aus Geflügelfond, zubereitet. Sauce suprême nennt man eine montierte Geflügelvelouté. Sauce allemande besteht aus Sauce velouté de veau, mit Eidotter und Obers legiert, und etwas Pfeffer, Muskatnuss, Champignonfond, Weißwein und Zitronensaft.
3. Sauce Béchamel (siehe Kapitel: Grundsaucen): Buttereinmach wird mit kochender Milch verrührt. Als Würzung werden Zwiebeln, Thymian, zerdrückte Pfefferkörner, Muskatnuss und Salz zugefügt. Eine Viertelstunde lang wird die Sauce gekocht, hernach passiert. Von dieser Sauce leitet man die Sauce Mornay ab, indem man sie mit geriebenem Parmesan verkocht, erkalten lässt und Eidotter beifügt.
4. Sauce tomate (Paradeissauce): Man röstet Speck in Butter leicht an, fügt Mirepoix hinzu, bestäubt dieses, sobald es angeröstet ist, und gibt alles, sobald sich das Mehl blond färbt, in das Tomatenpüree oder zu den gepressten frischen Paradeisern. Man gießt weißen Fond zu, zuckert, salzt oder pfeffert nach Geschmack (auch geriebener Knoblauch kann zur Hebung des Geschmacks verwendet werden) und bringt die Sauce unter Rühren zum Kochen. Man lässt sie zugedeckt 1½ bis 2 Stunden weiterkochen. Hierauf wird sie durch ein Tuch passiert, nochmals aufgekocht und durch Butter gegen Hautbildung geschützt.
   Aus diesen warmen Grundsaucen und den Fonds leitet die französische Küche alle übrigen warmen Saucen ab.

b) Kalte Saucen:

Mayonnaise: Die Sauce mayonnaise ist die wichtigste kalte Grundsauce der feinen französischen Küche. Man bereitet aus ihr zu: Sauce mayonnaise fouettée, geschlagene russische Mayonnaise (Mayonnaise unter Zusatz von Gelee, Estragonessig und geriebenem, recht fein gehacktem Kren, auf Eis schaumig geschlagen); Sauce ravigote oder Sauce vinaigrette, Essigkräutersauce (unter Zusatz von Kapern, Petersilie, Kerbelkraut, Estragon, Schnittlauch und Zwiebel); Sauce remoulade, Remouladensauce (unter Zusatz von Senf, Essiggurken, Kapern, die beiden Letzten gehackt und ausgedrückt, Petersilie, Kerbelkraut, Estragon und Sardellenessenz); Sauce russe (im Steinmörser weich gekochtes Hummer- oder Langustenfleisch fein zerreiben, mit Kaviar stoßen, einige Löffel Mayonnaise zufügen und passieren; hierauf nach Geschmack mit Mayonnaise verrühren und mit ein wenig Senf und Worcestersauce würzen); Sauce tartare, Sauce verte u. a. (siehe Seite 381 u. f.).

Hasen vorrichten: Der Hase wird vorerst abgehäutet, dann ausgenommen. Zum Abhäuten hängt man das Tier (die Bauchseite nach vorne) an den Hinterläufen auf zwei Haken auf. Mit einem scharfen Messer durchschneidet man das Fell um die Fußgelenke und macht an der Innenseite der Schenkel einen Schnitt bis zum After. Dann löst man das Fell längs der Schnitte am Bauch und den Schenkeln vorsichtig ein wenig los, dreht den Hasen um und hängt ihn wieder an den Hinterläufen auf, sodass nun die Rückseite des Hasen nach vorne gekehrt ist. Man fasst das schon losgelöste Fell, zieht es über den Schwanz und dann über den ganzen Körper. Wenn nicht unbedingt nötig, sollte man beim Abziehen des Fells kein Messer benützen, weil man dabei leicht ins Fleisch oder ins Fell schneidet. Hat man das Fell bis zum Kopf heruntergezogen, zieht man die Vorderläufe heraus, schneidet diese beim Fußgelenk ab, zieht dann das Fell weiter bis zu den Ohren, schneidet sie kurz über der Schädeldecke ab und zieht das Fell vollends herunter.
Um den Hasen auszuweiden, schneidet man ihn längs des Bauchs vorsichtig auf und nimmt die Eingeweide heraus. Das Blut fängt man in einem Töpfchen auf und gibt auch Herz, Lunge und Leber beiseite. Die Füße werden abgehackt. Der Hase wird gut ausgewaschen. Kopf und Hals, Schultern und Vorderläufe sowie das Bauchfleisch geben mit Herz, Lunge und Leber das Hasenjunge oder Hasenklein, zu dessen Zubereitung auch das Blut verwendet wird.

Hefe besteht aus Sprosspilzen verschiedenster Art, welche die Gärung stärke- bzw. zuckerhältiger Substanzen bewirken, indem sie diese in Alkohol und Kohlensäure zerlegen.

Heringe: Weibliche heißen Rogner, männliche Milchner, die geschlechtlich noch unentwickelten fetten Heringe bezeichnet man als Matjesheringe (Matje = Mädchen); etwas gereifter und noch fetter sind die Fettheringe (von der holländischen und isländischen Küste) und die Lachsheringe (von der norwegischen Küste). Die voll entwickelten Rogner und Milchner heißen Vollheringe. Salzheringe sind in Fässern eingesalzene Heringe, Picklinge (richtiger Pöklinge) nur leicht eingesalzene, geräucherte, aber nicht ausgeweidete Heringe. Zu den marinierten Heringen zählen Ostsee-, Delikatess-, Filet- und Rollheringe sowie Rollmöpse u. a. Bouillonheringe sind in kräftiger Brühe eingelegte Heringfilets, grüne Heringe frisch gefangene, nicht gesalzene Heringe, Jägerheringe die in der Fangzeit zuerst gefangenen Heringe. Der Hering ist eines der wichtigsten Volksnahrungsmittel. Er wird ohne Beigaben (Ostsee-, Bouillonhering u. a.) oder mit Erdäpfeln (Fetthering, Matjeshering Lachshering, Vollhering u. a.), mit Eierspeis (Pickling, Vollhering), gebraten (grüner Hering) oder mit Essig und Öl zu Salaten verarbeitet gegessen.

Hirse, ein Getreide (Rispengras), wurde in der Vorkriegszeit hauptsächlich zur Herstellung des Hirsebreis (Hühnerfutter) verwendet. Während des 2. Weltkriegs hat man aus Hirse (in gleicher Weise wie aus Grieß) Mehlspeisen (Aufläufe, Puddings, Schmarren) hergestellt oder mit ihr, ähnlich wie mit Reis oder gebrochenem Haferreis, Gemüse gefüllt und sie zur Streckung von Speisen aus faschiertem Fleisch verwendet. Da Hirse nahrhaft und wohlschmeckend ist, ist ihre küchenmäßige Verwendung beibehalten worden.

Hopfenspitzen: die jungen Triebe der Hopfenpflanzen; sie dienen der Zubereitung von zart schmeckenden feinen Suppen, von Gemüse und Salaten.

Hühner zurichten:
Vor der küchenmäßigen Verwendung wird der noch vorhandene Rest der Innereien herausgenommen und das Innere gut ausgewaschen. Zu diesem Zweck macht man vom After aufwärts bis zum Brustbein einen drei bis vier Zentimeter langen Schnitt, fährt mit dem Zeige- und Mittelfinger hinein, krümmt die Finger und zieht so die Gedärme, Magen, Leber usw., falls sie noch nicht entfernt worden sein sollten, vorsichtig heraus, wobei sehr darauf zu achten ist, dass man die Galle nicht zerdrückt. Dann schneidet man bei Hühnern, die im Ganzen gebraten werden, die Füße unter dem Gelenk ab, damit an diese nach dem Braten Papierkapseln (Papilloten) angesteckt werden können. Bei z. B. Backhühnern oder Einmachhühnern schneidet man die Füße im Gelenk ab. Bei allen Hühnern werden die Flügel beim ersten Glied abgehackt. Mit Ausnahme der Brathühner wird bei allen Hühnern der Hals am Rumpf glatt abgeschnitten. Bei Brathühnern wird der Hals so abgeschnitten, dass man auf der Brustseite einen Teil der Halshaut belässt, sie jedoch auf dem Rücken samt dem Hals abschneidet.
Hierauf wäscht man die Hühner innen und außen sehr sauber aus und salzt sie innen ein.
Um Brathühnern eine gefällige Form zu geben, bridiert (bindet) man sie auf folgende Weise: Flügel und Beine werden auf beiden Seiten zurückgedrückt, um die Brust mehr in die Höhe zu bringen, worauf man mittels einer Formnadel (Bridiernadel), in der ein Bindfaden eingefädelt ist, durch den rechten Flügel sticht, hierauf die am Rücken zurückgeschlagene Hals haut mitfasst und durch den linken Flügel wieder heraussticht. Dann führt man die Nadel durch den linken Schenkel, durchsticht den Körper und den rechten Schenkel und knüpft die Enden des Bindfadens auf dem Rücken fest zusammen. Auch das übrige Geflügel (Tauben, Enten, Gänse usw.) wird auf die gleiche Weise bridiert.

Kremser Senf wird aus den gepulverten Samen (Senfmehl) verschiedener Senfarten (weißer, schwarzer und Serepasenf) unter Beigabe von süßem Wein- oder Obstmost zubereitet; im Gegensatz zu den so genannten Essig- oder Weinsenfen, wie z. B. französischer, Düsseldorfer und Estragonsenf, und dem englischen Senf, der zumeist nur aus Senfmehl und Rindsuppe oder Wasser hergestellt wird, während zur Zubereitung der vorher genannten Senfarten Gewürze, Sardellen, Anchovis, Zucker, Getreide- oder Maismehl und Würzessig verwendet werden.

Mehl- und Teigwaren, Kennzeichen guter Beschaffenheit: Gutes Mehl sollte flaumig weich oder feinkörnig sein, sich trocken anfühlen, sich beim Zusammendrücken in der Hand ballen und nach dem Aufhören des Drucks wieder zerfallen (stark feuchtes bleibt geballt); mit Wasser verrührt, sollte es einen zähen, leicht formbaren Teig ergeben.

Die wichtigste gute Eigenschaft des Mehls ist jedoch seine Backfähigkeit; diese kann nur durch Versuch erprobt werden. Die Hochmüllerei erzeugt die zum Backen besonders geeigneten so genannten »griffigen Mehle«, die sich weich und flaumig, dennoch aber beim Zerreiben zwischen den Fingern körnig-grießig anfühlen. Doppelgriffig heißt man diejenigen Mehle, welche die letztgenannte Eigenschaft in verstärktem Maße aufweisen. Die Flachmüllerei hingegen liefert uns weniger backfähige, jedoch zur Herstellung von Strudel- und Nudelteigen geeignetere so genannte »glatte« oder »feine Mehle«. Ist Mehl mit mineralischen Stoffen vermengt, so knirscht es zwischen den Zähnen. Bitter schmeckende oder dumpfig riechende Mehle sind schädlich.
Kornmehl enthält manchmal Mutterkorn (schwärzliche Pünktchen). Der Genuss eines solchen Mehls gefährdet die Gesundheit.
Andere Verunreinigungen oder Verfälschungen lassen sich nur mit Hilfe eines Mikroskops und eingehender Sonderkenntnisse feststellen.
Schwarzbrot sollte eine glänzende braune, nicht zerrissene Rinde haben, die einen Fingereindruck wieder verschwinden lässt. Die Rinde sollte fest an der Krume haften. Diese darf im Anschnitt keine Knollen oder Streifen, sondern muss eine gleichartige, schwammige Beschaffenheit aufweisen. Das Brot darf weder schimmelig noch verunreinigt sein und sollte angenehm riechen und schmecken.
Brot sollte an trockenen Orten aufbewahrt werden. Feuchtigkeit verdirbt das Brot sehr bald, es ist dann gesundheitsschädlich.
Bei Weißbrot, Semmeln und sonstigen Back- sowie Teigwaren lässt sich schlechte Beschaffenheit schon am Äußeren erkennen und ist auch am Geschmack und am Geruch bemerkbar. Teigwaren werden öfters gelb gefärbt, um einen Zusatz von Eiern vorzutäuschen.

Molke ist eine gelbliche, wässrige Flüssigkeit, die beim Gerinnen der Milch abgeschieden wird; beim natürlichen Gerinnen der Milch (Sauerwerden) entsteht saure Molke, beim künstlichen Gerinnen (durch Labzusatz) erhält man süße Molke.

Pastetenspeck: nicht geräucherter schöner, breiter Speck; wird auch »grüner Speck« genannt.

Pastinake zählt zu den Suppenwurzeln (Wurzelwerk). Sie wird in Deutschland gerne als Salat gegessen (Zubereitung und Geschmack ähnlich der Sellerieknolle).

Pferdefleisch ist ein fettarmes Fleisch. Es hat einen leicht süßlichen Geschmack und eignet sich daher mehr für Zubereitungsarten, welche den eigentlichen Fleischgeschmack einigermaßen decken. Sehr guten Geschmack besitzen die Pferdezunge und der Pferdelungenbraten. Die Pferdefleischsuppe zählt zu den kräftigsten Suppen.
Geeignete Zubereitungsarten siehe unter: Gulyás, Zwiebelfleisch, frisch zubereitetes Zwiebelfleisch, Pökel- oder Rindszunge, Rindsbraten, Paradeisbraten, Lungenbraten mit Rahm, Esterházy-Rostbraten u. a.
Speisen aus Pferdefleisch müssen bei öffentlicher Abgabe als solche bezeichnet werden.

Pilze, Aufbewahrung: Pilze sollten, sobald es überhaupt möglich ist, geputzt, d. h. von allen Verunreinigungen (Erde, Sand, Nadeln, Moos) gereinigt werden. Kann das nicht zum größten Teil schon beim Sammeln geschehen, so sollte es gleich nach dem Einbringen ins Haus passieren. Alle alten, wässrigen und fauligen Pilze sind wegzuwerfen Man sollte auch alle zähen und harten Stiele entfernen, wurmstichige Stellen ausschneiden, die Oberhaut entfernen, wenn sie abziehbar ist, die Stiele abschaben und die Ringe entfernen. Die Lamellen (Futter, Blätter, Röhren, Stacheln) brauchen nur dann entfernt zu werden, wenn sie alt (bei Champignons braunschwarz, bei Röhrenpilzen dunkelgrün gefärbt) oder madig sind. Werden die Pilze nicht sofort zubereitet, so schneidet man sie in kleine Stücke (Scheiben), bestreut sie mit Salz und bewahrt sie an einem luftigen, kühlen Ort, jedoch nicht länger als 24 Stunden, auf (Gefahr der Entwicklung von Ptomaïnen [Giften]). Ist die Durchführung der eben genannten Arbeiten nicht sofort möglich, so sind die Pilze vorläufig einzeln auf einer Tasse (Servierbrett) auszulegen und im kühlen Keller zu verwahren; die Arbeit ist dann ehestens nachzuholen. Die Konservierung von Pilzen erfolgt durch Einlegen in Salzwasser oder in Essig, durch Sterilisieren (siehe »Fachliche Hinweise«) oder durch Trocknen. Das Trocknen geschieht am besten in luftigen Dachräumen, wobei die gut gereinigten und geputzten, aber nicht gewaschenen Schwämme in möglichst dünnen Scheiben auf Brettern ausgelegt oder auf Faden gereiht werden. Oder man trocknet sie möglichst rasch an der Sonne oder auf Drahthürden am Herd. Getrocknete Pilze können für alle Pilzgerichte verwendet werden. Man kann sie spätestens eine halbe Stunde vor Gebrauch in warmem oder besser am Abend vorher in kaltem Wasser einweichen. Findet das Weichwasser nicht zur Herstellung des Pilzgerichts Verwendung, so kann man es zum Aufgießen von Suppen, Gemüsen, Saucen und Braten benützen.
Die Aufbewahrung getrockneter Pilze geschieht am zweckmäßigsten in luftigen Räumen in Tüllsäckchen, gut schließenden Blechbüchsen oder dgl.
Zur Herstellung eines Pilzpulvers oder Pilzmehls stößt man besonders stark getrocknete Pilze, solange sie noch warm und dürr sind, in einem Steinmörser oder zermahlt sie in Pilzmühlen. Das Pulver findet wie die getrockneten Pilze Verwendung als Würze von Suppen, Gemüsen, Saucen und Braten. Die Aufbewahrung des Pilzpulvers erfolgt in gut schließenden Blechbüchsen, Gläsern oder Flaschen.

Pot au feu: Suppe von Rindfleisch und Huhn, mit allen Saisongemüsen in einem irdenen Topf gekocht und in diesem serviert. Beigabe: Weißbrotcroûtons.

Presshefe (Germ) ist eine künstlich gezüchtete Hefe (siehe dort), welche außer den Sprosspilzen ungefähr 2 Prozent Stärke und 50–75 Prozent Wasser enthält. Presshefe ist vor Licht und Luft zu schützen und kühl aufzubewahren.

Reinanken, Renken oder Blaufelchen sind wohlschmeckende lachsartige Fische, die häufig in Alpenseen zu finden sind und bis zu drei Kilo schwer werden. Sie werden frisch oder geräuchert verwendet.

Rollgerste: so genannte Gerstengraupen (Graupen, Ulmergerstel), geschälte Gerstenkörner, die rund abgeschliffen werden. Sie werden nach der Größe (Graupen I, II, Perlgraupen) bezeichnet.

Salpikon: kleinwürfelig geschnittenes Hühnerfleisch und Kalbsbries oder kleinwürfelig geschnittenes sonstiges Fleisch (auch Wildfleisch) und Leber oder kleinwürfelig geschnittenes Fischfleisch und Fleisch von Krustentieren, mit entsprechenden Saucen verbunden, in Formen gebracht (z. B. Röllchen), in Butterteigpastetchen gefüllt oder in Muscheln gratiniert; auch Fruchtwürfel, verbunden mit Marmeladen, werden Salpikons genannt.
Die wichtigsten Fleischsalpikons sind:

1. Salpicon à la chasseur: Rebhühner oder anderes Wildfleisch, Rebhühnerleber, Trüffel und Champignons, in kleine Würfel geschnitten, Wildsauce mit Madeira.
2. Salpicon à la financière: Hühner- oder Kalbfleisch, Rindszunge, Trüffeln und Champignons in Sauce à la financière.
3. Salpicon à la Montgelas: Hühnerfleisch, Trüffel und Champignons, in kleine Würfel geschnitten, mit Sauce allemande oder espagnole.
4. Salpicon à la Palermitaine: kleine, einen halben Zentimeter lange blanchierte Makkaroni, Kalbfleisch, gekochter Schinken, Hahnenkämme, Kapaunnieren und Artischockenböden mit Paradiesäpfelsauce.
5. Salpicon à la royale: Gänse- oder Poulardleber, Hühnerfleisch, Champignons mit Béchamelsauce und Krebsbutter.
6. Salpicon à la Toulouse: Kalbsbries, Rindszunge, Trüffel und Champignons mit Toulouser Sauce.
7. Salpicon de homard, d'écrevisses, de crevettes: Hummer-, Krebs- oder Krevettenfleisch mit Béchamel- oder Sauce allemande und Krebsbutter.

Selchsuppe ist das beim Sieden von Selchfleisch sich ergebende Sudwasser. Es eignet sich vorzüglich zur Herstellung von Suppen (Hülsenfrucht-, Reis-, Haferreis- und Graupensuppe).

Sirloinsteak: Rindssteak, aus Rumpsteakfleisch; dagegen Tenderloinsteak = Filet aus Lungenbratenfleisch; Porterhousesteak = Rindssteak, zubereitet und garniert nach der besonderen Art des betreffenden Restaurants oder Bierhauses (»porterhouse«).

Sojasauce ist eine dickflüssige, schwarzbraune, durch Gärung aus der Sojabohne hergestellte Flüssigkeit von hohem Nährwert.

Speck: Je nach Art der Konservierung unterscheidet man a) den »trocken gesalzenen« oder so genannten »luftgeräucherten« oder »luftgeselchten Speck«, gewonnen durch Salzen und Trocknen aus großen Speckseiten ungarischer Schweine; b) den »geräucherten Speck«, durch Räuchern des vorher erwähnten oder des gepökelten Specks hergestellt; nach diesem Verfahren werden die »englischen« oder »Frühstücksspecke« aus dem Bauchspeck junger Schweine gewonnen; c) den »Paprikaspeck«, der durch Einreiben mit Paprika aus trocken gesalzenem oder höchstens schwach geräuchertem Speck zubereitet wird, und d) den »Debrecziner Speck«, bei welchem anlässlich des Abbrennens der Haare nach dem Schlachten des Schweins die Schwarte und die darunter liegende Speckschicht angeröstet werden, worauf dann das Salzen, Trocknen und Paprizieren folgt.

Sprotten oder Kieler, sind geräucherte Breitlinge (Heringsart) aus der Kieler Bucht; sie werden meist wie die Sardinen allein, mit Butterbrot oder als Beigabe zu Eierspeisen gegessen.

Sterilisieren, d. i. entkeimen, geschieht durch mehr oder minder andauerndes Erhitzen auf mehr als 70 °C; es richtet sich gegen die Fäulnisbakterien, deren Entwicklung erst durch höhere Hitzegrade ausgeschlossen wird. Fraktioniertes Sterilisieren ist wiederholtes Sterilisieren, welches gestattet, niedere Hitzegrade anzuwenden. Bei der Wiederholung des Verfahrens werden die Sporen derjenigen Bakterien, die bei der ersten Sterilisation nicht getötet, sondern erst zur Entwicklung gebracht wurden, vernichtet.

Teigwaren: zumeist italienische, aber auch inländische Fabrikserzeugnisse zur Einlage in Suppen, Herstellung von Beilagen zu Fleisch und Gemüsen, Zubereitung von Auflaufen, Puddings u. a. Die wichtigsten sind: Makkaroni (Hohlnudeln), Bigoli (dünnere Hohlnudeln), Spaghetti (sehr dünne Hohlnudeln), Fidelini (dünnste runde Nudeln), Vermicelli (sehr dünne, geschnittene Nudeln), Lasagne (breite Bandnudeln), Bambini (kleine Teiglinsen), Gnocchi (Nockerln, zumeist aus Brandteig mit Parmesan vermengt), Ravioli (Teigtäschchen zum Füllen mit Hackfleisch), Scartozetti (kleine Teigstanitzel) u. a., ferner Tarhonya, eine beliebte ungarische Teigware zu Fleisch in Saucen.

Tenderloinsteak, siehe unter Sirloinsteak.

Tomates concassées: geschälte, entkernte und in kleine Würfel geschnittene Tomaten

Topinambur (Helianthus tuberosus = Erdbirne) ist ein zwei bis drei Meter hohes, ausdauerndes und ohne Pflege wucherndes Knollengewächs, dessen rot- oder weißschalige Wurzelknollen vor dem 2. Weltkrieg hauptsächlich als Wildfutter, ausnahmsweise auch in verhältnismäßig kostspieliger Zubereitung als besonderer Gemüsegang bei feinen Tafeln zur Erzielung abwechslungsreicherer Speisefolgen Verwendung fanden. In der Kriegszeit stellten die Topinamburwurzeln einen erwünschten Ersatz für Erdäpfel dar. Alle Zubereitungs- und Verwendungsarten der Schwarzwurzel oder des Spargels sind anwendbar; Topinamburwurzeln können auch wie Braterdäpfel und Erdäpfelpüree zubereitet werden.

Tunkmasse (Kuvertierschokolade) ist eine im Handel erhältliche fertige Glasurschokolade, die man entweder im lauwarmen Herdrohr oder in einem nicht zu heißen Wasserbad langsam zergehen lässt. Tunkmasse verdirbt, wenn sie zu heiß wird oder wenn Wasser hineinkommt.

Andere Benennungen für:

Bähen	=	Rösten
Beuschel	=	Herz und Lunge
Brösel	=	Paniermehl
Busserl	=	Plätzchen
Eierschwammerl	=	Pfifferling
Einbrenn	=	Mehlschwitze
Faschiertes	=	Hackfleisch
Fisole	=	Bohne
Frittaten	=	Backnudeln
Germ	=	Hefe
Grammeln	=	Speckrieben
Graupen	=	Rollgerste
Heidelbeere	=	Schwarz-, Blau- oder Bickbeere
Heidenmehl	=	Buchweizen
Karfiol	=	Blumenkohl
Karotte	=	Möhre
Kletze	=	getrocknete Birne
Knödel	=	Klöße
Kohl	=	Wirsing
Kohlsprossen	=	Rosenkohl
Kraut	=	Weißkohl
Kren	=	Meerrettich
Lungenbraten	=	Lendenbraten
Marille	=	Aprikose
Nockerl	=	Spätzle
Nudelwalker	=	Rollholz
Obers	=	Sahne
Orange	=	Apfelsine
Palatschinke	=	Eierkuchen
Paradeiser	=	Tomate
Preiselbeere	=	Kronsbeere
Püree	=	Mus
Rehrückenform	=	Kastenform
Reibeisen	=	Raffel
Ribisel	=	Johannisbeere
Rote Rübe	=	Rote Beete
Rotkraut	=	Rotkohl
Sauce	=	Tunke
Schneerute	=	Schneebesen
Schöpsenfleisch	=	Hammelfleisch
Senf	=	Mostrich
Sprudler	=	Quirler

Stanitzel	=	Tüte
Staubzucker	=	Puderzucker
Stelze	=	Eisbein
Striezel	=	Hefezopf
Topfen	=	Quark
Tortenform	=	Springform
Weichsel	=	Sauerkirsche
Weitling	=	Rührschüssel
Zeller	=	Sellerie

Lebensmittel-Abc

Lebensmittelkalendarium

Die wichtigsten Angebote des Markts für den Küchenbedarf während der einzelnen Monate des Jahres.
Die nachfolgenden Übersichtstabellen sollen einerseits die wünschenswerte Abwechslung bei der Zusammenstellung der Mahlzeiten durch saisongemäße Angebote des Markts ermöglichen, andererseits beiläufig die Zeiten kennzeichnen, zu denen die Verwendung der angeführten Rohstoffe in der Küche bezüglich Preis und Schmackhaftigkeit am empfehlenswertesten erscheint. Wenn auch in der Regel frische Ware vorzuziehen ist, muss doch bemerkt werden, dass infolge moderner Konservierungsverfahren viele der nachfolgenden Nahrungsmittel fast das ganze Jahr über in empfehlenswerter Qualität erhältlich sind.

✔ = ständige Angebote des Markts
✶ = Frühgemüse, Primeurs, Erstlingsprodukt, Zeit besonderer Schmackhaftigkeit

I. Gemüse

	Jan.	Feb.	März	Apr.	Mai	Juni	Juli	Aug.	Sep.	Okt.	Nov.	Dez.
Artischocke			✔	✔	✔							
Blaukraut	✔	✔	✔								✔	✔
Brennnessel					✔	✔	✔					
Brunnenkresse	✔	✔	✔	✔	✔	✔	✔			✔	✔	✔
Dille	✔	✔	✔	✔	✔	✔	✔	✔	✔	✔	✔	✔
Endivie	✔	✔	✔				✔	✔	✔	✔	✔	✔
Erbsen, grüne		✶	✶	✶	✶		✔	✔	✔	✔	✔	
Erdäpfel	✔	✔	✔	✶	✶	✶	✶	✔	✔	✔	✔	✔
Fenchel			✶	✔	✔	✔	✔	✔	✔			
Fisolen, grüne				✶	✶	✔	✔	✔	✔	✔	✔	✔
Fisolen, gelbe				✶	✶	✔	✔	✔	✔	✔		
Gartenkresse				✔	✔							
Gurken			✶	✶	✶	✔	✔	✔	✔	✔		
Häuptel- bzw. Kopfsalat	✔	✔	✶	✶	✔	✔	✔	✔	✔	✔	✔	✔
Hopfensprossen									✶	✔		
Hülsenfrüchte (Bohnen, Erbsen, Linsen)	✔	✔	✔	✔	✔	✔	✔	✶	✶	✔	✔	✔
Karfiol	✔	✔	✔	✔	✶	✶	✶	✶	✔	✔	✔	✔
Karotten	✔	✔	✔	✔	✶	✶	✶	✔	✔	✔	✔	✔
Knoblauch	✔	✔	✔	✔	✔	✔	✔	✔	✔	✔	✔	✔
Kochsalat	✔	✔	✔	✔	✔	✔	✔	✔	✔	✔	✔	✔
Kohl (Wirsing)	✔	✔	✔	✔	✔	✔	✶	✶	✔	✔	✔	✔

	Jan.	Feb.	März	Apr.	Mai	Juni	Juli	Aug.	Sep.	Okt.	Nov.	Dez.
Kohlpflanzen				✶	✶	✔	✔	✔	✔			
Kohlrabi	✔	✔	✔	✶	✶	✶	✔	✔	✔	✔	✔	✔
Kohlsprossen (Rosenkohl)	✔	✔	✔						✔	✔	✔	✔
Kraut: Rotkraut	✔	✔	✔	✔	✔			✔	✔	✔	✔	✔
Sauerkraut	✔	✔	✔	✔	✔	✔	✔	✔	✔	✶	✶	✔
Weißkraut, Frühkraut	✔	✔	✔	✔	✔	✶	✔	✔	✔	✔	✔	✔
Kren (Meerrettich)	✔	✔	✔	✔	✔	✔	✔	✔	✶	✔	✔	✔
Kürbis						✶	✶	✶	✶	✔	✔	✔
Lauch	✔	✔	✔	✔	✔	✔	✔	✔	✔	✔	✔	✔
Löwenzahnsalat				✔	✔							
Mairüben					✔	✔						
Maiskolben								✔	✔	✔		
Mangold						✔	✔	✔	✔			
Melanzani	✔	✔					✔	✔	✔	✔	✔	✔
Paprika									✔	✔		
Paradeiser	✔	✔	✔	✔	✔	✔	✶	✶	✶	✔	✔	✔
Pastinake	✔	✔	✔				✶	✔	✔	✔	✔	✔
Perlzwiebel	✔	✔	✔	✔	✔	✔	✔	✔	✔	✔	✔	✔
Petersilie	✔	✔	✔	✔	✔	✔	✔	✔	✔	✔	✔	✔
Petersilienwurzel	✔	✔	✔	✔	✔	✔	✔	✔	✔	✔	✔	✔
Portulak						✔						
Radieschen				✶	✶	✶	✔	✔	✔	✔		
Rettiche				✶	✔	✔	✔	✔	✔	✔	✔	✔
Rhabarber				✶	✔	✔						
Rüben, Gelbe	✔	✔	✔	✔	✔		✔	✔	✔	✔	✔	✔
Rüben, Rote (Bete)	✔	✔	✔	✔	✔	✔	✔	✔	✔	✔	✔	✔
Sauerampfer				✶	✶	✶	✔	✔	✔	✔		
Schalotten							✔	✔	✔	✔	✔	
Schnittlauch	✔	✔	✔	✔	✔	✔	✔	✔	✔	✔	✔	✔
Schwarzwurzel	✔	✔	✔	✔	✔	✔				✔	✔	✔
Sellerie, Bleich- bzw. Stangensellerie	✔	✔	✔	✔	✔	✔	✔	✔	✔	✔	✔	✔
Selleriewurzel	✔	✔	✔	✔	✔				✶	✶	✔	✔
Spargel					✔	✔	✔					
Spinat	✔	✔	✔	✶	✶	✔	✔	✔	✔	✔	✔	✔
Topinambur	✔	✔	✔							✶	✶	✔
Vogerlsalat (Rapunzel)	✔	✔	✔	✶	✔					✔	✔	✔
Zichorie	✔	✔	✔	✔								✔
Zwiebel	✔	✔	✔	✔	✔	✔	✔	✶	✶	✔	✔	✔

II. Obst

	Jan.	Feb.	März	Apr.	Mai	Juni	Juli	Aug.	Sep.	Okt.	Nov.	Dez.
Ananas	✔	✔	✔	✔	✔	✔	✔	✔	✔	✔	✔	✔
Äpfel	✔	✔	✔	✔	✔	✔	✶	✶	✶	✶	✶	✔
Bananen	✔	✔	✔	✔	✔	✔	✔	✔	✔	✔	✔	✔
Birnen	✔	✔				✶	✶	✶	✶	✶	✶	✔
Brombeeren							✔	✔	✔			
Erdbeeren					✔	✔	✔	✔	✔	✔		
Erdnüsse	✔	✔	✔	✔	✔	✔	✔	✔	✔	✔	✔	✔
Feigen, frisch									✔	✔		
Haselnüsse	✔	✔	✔	✔	✔	✔	✔	✔	✶	✶	✶	✔
Himbeeren							✔	✔	✔			
Kastanien	✔	✔								✔	✔	✔
Kirschen				✶	✶	✔	✔					
Kokosnüsse	✔	✔	✔	✔	✔	✔	✔	✔	✔	✔	✔	✔
Mandarinen	✔	✔	✔	✔								✔
Mandeln	✔	✔	✔	✔	✔	✔	✶	✶	✔	✔	✔	✔
Marillen						✔	✔	✔	✔			
Melonen							✔	✔	✔	✔		
Mispeln	✔	✔									✔	✔
Nüsse (Kerne)	✔	✔	✔	✔	✔	✔	✔	✶	✶	✶	✔	✔
Nüsse (grüne zum Einlegen)						✔	✔					
Orangen	✔	✔	✔	✔	✔	✔					✔	✔
Pfirsiche						✔	✔	✔	✔	✔		
Pflaumen, gelbe						✔	✔	✔	✔			
Powidl	✔	✔	✔	✔	✔	✔	✔	✔	✔	✔	✔	✔
Preiselbeeren								✔	✔	✔		
Quitten								✔	✔	✔	✔	✔
Ringlotten (Reneclauden, Renekloden)							✔	✔	✔			
Ribisel (Johannisbeeren)						✔	✔	✔				
Schwarz-, Heidel- oder Blaubeeren						✔	✔	✔	✔	✔		
Schwarzer Holler (Holunder)								✔	✔	✔		
Stachelbeeren (Agrasel)					✔	✔	✔	✔				
Südfrüchte, getrocknet	✔	✔	✔	✔	✔	✔	✔	✔	✔	✔	✔	✔
Weichseln						✔	✔	✔				
Weintrauben							✔	✔	✔	✔	✔	✔
Zitronen	✶	✶	✶	✔	✔	✔	✔	✔	✔	✔	✶	✶
Zwetschken								✔	✔	✔		
Dörrobst	✶	✶	✔	✔	✔	✔	✔	✔	✔	✔	✶	
Kompotte (Jams, Marmeladen, Fruchtsäfte)	✔	✔	✔	✔	✔	✶	✶	✶	✶	✶	✶	✔

III. Pilze

	Jan.	Feb.	März	Apr.	Mai	Juni	Juli	Aug.	Sep.	Okt.	Nov.	Dez.
a) frische, marktgängige:												
Brätlinge							✔	✔	✔			
Champignons	✔	✔	✔	✔	✔	✶	✶	✶	✔	✔	✔	✔
Eierschwammerln (Pfifferlinge)							✔	✔	✔			
Hallimasch							✔	✔	✔	✔		
Morcheln				✔	✔	✔						
Pilze (Herrenpilze)							✔	✔	✔	✔		
Rötlinge						✔	✔	✔	✔	✔		
Trüffeln	✔	✔	✔							✔	✔	✔
b) getrocknete oder eingelegte:												
Champignons	✔	✔	✔	✔	✔	✔	✔	✔	✔	✔	✔	✔
Eierschwammerln (Pfifferlinge)	✔	✔								✔	✔	✔
Pilze (Herrenpilze)	✔	✔	✔	✔	✔	✔	✔	✔	✔	✔	✔	✔
Trüffeln	✔	✔	✔	✔	✔	✔	✔	✔	✔	✔	✔	✔

IV. Fleisch

	Jan.	Feb.	März	Apr.	Mai	Juni	Juli	Aug.	Sep.	Okt.	Nov.	Dez.
a) Schlachtvieh:												
Kalbfleisch	✔	✔	✔	✔	✔	✔	✔	✔	✔	✔	✔	✔
Lammfleisch	✔	✶	✶	✶	✶	✔	✔	✔	✔	✔	✔	✔
Rindfleisch	✔	✔	✔	✔	✔	✔	✔	✔	✔	✔	✔	✔
Schöpsen- oder Hammelfleisch	✔	✔	✔	✔	✔	✔	✔	✔	✔	✔	✔	✔
Schweinefleisch	✔	✔	✔	✔	✔	✔	✔	✔	✔	✔	✔	✔
b) Wild:												
Hase	✔	✔	✔	✔					✶	✔	✔	✔
Hirsch	✔	✔	✔	✔	✔	✔	✔	✔	✔	✔	✔	✔
Kaninchen, wild							✔	✔	✔	✔	✔	✔
Kaninchen, zahm	✔	✔	✔	✔	✔	✔	✔	✔	✔	✔	✔	✔
Reh	✔	✔	✔	✔	✔	✔	✔	✔	✔	✔	✔	✔
Wildschwein	✔	✔									✔	✔

	Jan.	Feb.	März	Apr.	Mai	Juni	Juli	Aug.	Sep.	Okt.	Nov.	Dez.
c) Geflügel und Wildgeflügel:												
Auerhahn	✔	✔	✔	✔	✔							
Birkhahn	✔	✔	✔	✔	✔							
Ente	✔	✔	✔	✔	✔	✔	✶	✶	✶	✔	✔	✔
Fasan	✔	✔	✔						✔	✔	✔	✔
Gans	✔	✔	✔	✔	✶	✶	✶	✶	✔	✔	✔	✔
Haselhuhn	✔							✔	✔	✔	✔	✔
Huhn: Backhuhn	✔	✔	✶	✶	✶	✶	✶	✔	✔	✔	✔	✔
Brathuhn	✔	✔	✔	✔	✶	✶	✶	✶	✔	✔	✔	✔
Kapaun	✶	✶	✔	✔	✔	✔	✔	✔	✔	✶	✶	✶
Poularde	✶	✶	✔	✔	✔	✔	✔	✔	✶	✶	✶	✶
Indian (Truthahn)	✶	✔	✔	✔	✔	✔	✔	✔	✔	✔	✶	✶
Perlhuhn	✔	✔	✔	✔	✔	✔	✔	✔	✔	✶	✶	✶
Rebhuhn	✔	✔	✔					✶	✶	✶	✔	✔
Schneehuhn	✔	✔	✔					✔	✔	✔	✔	✶
Schnepfe	✔	✔	✔	✔				✶	✔	✔	✔	✔
Taube	✔	✔	✶	✶	✶	✔	✔	✔	✔	✔	✔	✔
Wachtel, junge	✔	✔					✔	✔	✔	✔	✔	✔
Wildente	✔	✔					✶	✶	✔	✔	✔	✔
Wildgans	✔	✔		✔	✔				✔	✔	✔	✔

	Jan.	Feb.	März	Apr.	Mai	Juni	Juli	Aug.	Sep.	Okt.	Nov.	Dez.
d) Fische und Schalentiere:												
Aal (Flussaal)	✔	✔	✔	✔	✔	✔	✔	✔	✔	✔	✔	✔
Angler	✔	✔	✔	✔	✔	✔		✔	✔	✔	✔	✔
Auster	✶	✶	✶	✔	✔	✔	✔	✔	✔	✶	✶	✶
Austernfisch	✶	✶	✶	✶	✶	✶			✶	✶	✶	✶
Barbe	✶	✶	✶	✶	✔	✔	✔	✶	✶	✶	✶	✶
Barsch, Brachse	✶	✶	✶	✶	✔	✔	✔	✶	✶	✶	✶	✶
Forelle	✶	✶	✶	✶	✶	✶	✶	✶	✶	✶	✶	✶
Flunder	✶	✶	✶	✶	✶	✶	✶	✶	✶	✶	✶	✶
Hecht	✶	✶	✶	✔	✔	✶	✶	✶	✶	✶	✶	✶
Hering	✶	✶	✶	✶	✶	✶	✶	✶	✶	✶	✶	✶
Huchen	✶	✶	✶		✶	✶	✶	✶	✶	✶	✶	✶
Hummer und Languste	✶	✶	✶	✶	✶	✶	✶	✶	✶	✶	✶	✶
Kabeljau	✶	✶	✶	✶	✔	✔	✶	✶	✶	✶	✶	✶
Karpfen	✶	✶	✶	✶	✶	✔	✔	✔	✶	✶	✶	✶
Kaviar	✶	✶	✶	✶	✶	✶	✶	✶	✶	✶	✶	✶
Krebse					✶	✶	✶	✶	✶			
Krevetten (Garnelen)	✶	✶	✶	✶	✔	✔	✔	✔	✔	✶	✶	✶
Lachs (Salm)	✶	✶	✶	✶	✶	✶	✶	✶	✶	✶	✶	✶
Makrele	✶	✶	✶	✶	✶	✶	✶	✶	✶	✶	✶	✶
Muscheln	✶	✶	✔	✔	✔	✔	✔	✔	✔	✔	✔	✶
Saibling		✶	✶	✶	✶	✶	✶	✶	✶	✶	✶	
Sardellen	✔	✔	✔	✔	✔	✔	✔	✔	✔	✔	✔	✔
Schellfisch	✶	✶	✶	✶	✶	✶	✶	✶	✶	✶	✶	✶
Schill (Fogas)	✶	✶	✶	✶	✶	✔	✔	✶	✶	✶	✶	✶
Schildkröte	✔	✔	✔	✔	✔	✔	✔	✔	✔	✔	✔	✔
Schleie	✶	✶	✶	✶	✶	✶	✶	✶	✶	✶	✶	✶
Schnecken	✶	✔	✔							✔	✶	✶
Seelachs	✶	✶	✶	✔	✔	✶	✶	✶	✶	✶	✶	✶
Seezunge	✶	✶	✶	✶	✶	✶	✶	✶	✶	✶	✶	✶
Scampi	✶	✶	✶	✶	✶	✔	✔	✔	✔	✶	✶	✶
Stockfisch	✶	✶	✶	✶	✶	✔	✔	✔	✔	✔	✔	✔
Süßwasserkrebse				✔	✔	✔	✔	✔	✔			
Thunfisch	✶	✶			✔	✔	✔	✔	✔	✔	✔	✶
Weißfisch	✶	✶	✶	✶	✔	✶	✶	✶	✶	✶	✶	✶
Wels (Waller, Schaiden)	✶	✶	✶	✶	✔	✶	✶	✶	✶	✶	✶	✶

Maße und Gewichte

1 Kilogramm (kg) = 1.000 Gramm (g) = 2 (deutsche) Pfund (Pfd.)
½ kg = 500 g = 1 (deutsches) Pfund
1 Dekagramm (dag) = 10 g

Löffelmaße in Gramm umgerechnet:

1 Esslöffel gestrichen voll:

Fett	20 g
Grieß	15 g
Haferflocken	5 g
Mehl	20 g
Zucker	15 g

1 Kaffeelöffel gestrichen voll:

Flüssigkeit	5 g
Backpulver	ca. 3 g

Löffelmaße in Liter umgerechnet:

10–12 Esslöffel Flüssigkeit = ⅛ l = 125 ccm
5–6 Esslöffel Flüssigkeit = 1/16 l = 62 ccm

Mengenangaben für eine Person

Suppen	¼ l Flüssigkeit; für Einmach: 10 g Fett, 10 g Mehl
Suppeneinlagen	20 g Mehl für Tropfteig, Nudeln u. dgl., Grieß, Reis, Hülsenfrüchte
Saucen	⅛ l Flüssigkeit; für die Einmach: 10 g Fett, 10 g Mehl
Beilagen	50–60 g Mehl für Teige und Teigwaren, Reis, Hülsenfrüchte, ¼ kg für Gemüse, Erdäpfel
Trockengemüse	für Suppe 15–20 g, für Gemüsespeisen 40–50 g, für Eintopf 20–30 g
Fleisch	100–150 g (ohne Knochen)
Fisch	150–200 g netto, 250–300 g brutto
Trockenei	als Ersatz für 1 Hühnerei: 10–15 g Trockeneipulver
Trockenmilch	100 g Milchpulver für 1 l Milch (in ein wenig kaltem Wasser anrühren und in das übrige abgekochte und abgekühlte Wasser einrühren).

Falls nicht ausdrücklich angegeben, wurden sämtliche Rezepte für vier Personen bemessen.

Verwendete Abkürzungen:

Esslöffel = El
Kaffeelöffel = Kl

Aufteilung des Fleisches der Schlachttiere

Das Rind[1]

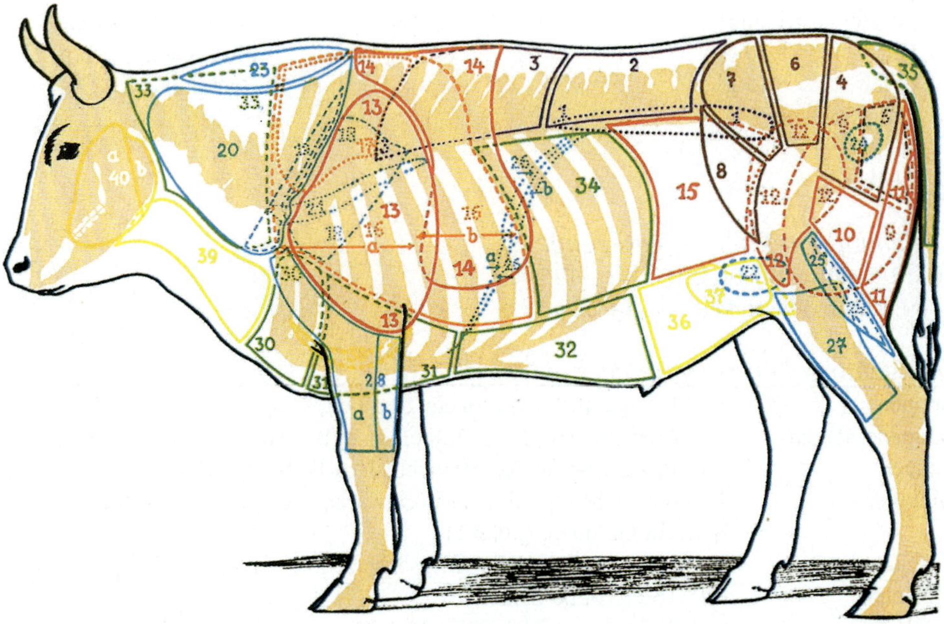

Stier (männliches Tier), **Ochse** (verschnittenes männliches Tier), **Kuh** (weibliches Tier), **Kalb** (junges Rind, siehe Seite 52).

1) Unter Zugrundelegung einer Bildtafel der Großschlächterei A. G. Wilson & Co. in Chicago, für die Bedürfnisse dieses Werkes abgeändert und ergänzt.
Die durch unterbrochene Linien umrandeten (bzw. mit unterbrochenen Ziffern bezeichneten) Fleischstücke liegen unterhalb der durch Volllinien abgegrenzten (bzw. bezifferten) Stücke.

Die Fleischsorten des Rindes

GRUPPE A
Englischer (Rindsrücken, Bratenstücke) bestehend aus:
1 Lungenbraten (Filet)
2 Beiried (Roastbeef)
3 Rostbratenried

GRUPPE B
Gustostücke:
4 Tafelstück mit Tafelspitz
5 Beinscherzel
6 Hieferl
7 Hieferschwanzel
8 Hieferscherzel

GRUPPE C
Hinteres Fleisch (knochenfrei)
9 Ortschwanzel**
bestehend aus: Schale,
Schwarzes Scherzel
Nr.10 und Beinscherzel Nr. 5*
10 Gestutztes*)
(Schwarzes Scherzel)
11 Weißes Scherzel
12 Zapfen (Kugel)
Vorderes (Blattl)
13 Schulter
14 Rieddeckel
15 Riedhiefel

GRUPPE D
Vorderes Fleisch (mit eingewachsenen Knochen; wenn ausgelöst Gruppe C)
16 Spitz
a) Dicker Spitz oder Rippenspitz
b) Kruspelspitz (Dünner Spitz)
17 Hinteres Ausgelöstes

GRUPPE E
Vorderes und hinteres Fleisch (knochenfrei)
18 Kavalierspitz
19 Mageres Meisel
20 Fettes Meisel
21 Gratfleisch
22 Bauchfleisch
23 Tristel (Kamm)
24 Schalblattel (Fledermaus)
25 Gschnatter Anschnitt
26 Kronfleisch (Zwerchfell, Herzzapfen)
27 Hinteres Pratzel
28 Wadschinken**
a) Bugschnitzel*
b) Vorderes Pratzel*
29 Ludel

GRUPPE F
Vorderes Fleisch (mit eingewachsenen Knochen; wenn ausgelöst Gruppe C und E)
30 Brustkern (Brustspitz)
31 Dickes Kügerl
32 Mittleres Kügerl
33 Tristel (Halsstück, Vorderes Ausgelöstes)
34 Platte (Zwerchried oder Rippenfleisch, Palisade)
35 Schlepp (dicker, dünner)

GRUPPE G
Vorderes Fleisch
36 Dünnes Kügerl!
37 Bauchlapperl
38 Bärenfleisch
39 Stichfleisch
40 Wangerl (Ohrwangel)

*) Fleischhauerbezeichnung
**) Küchenbezeichnung

Beschreibung und küchenmäßige Verwendung

GRUPPE A: Englischer
1 Lungenbraten (Filet)
Liegt unter dem Beiried (2); sehr wohlschmeckendes zartes Fleisch, geeignet zum Braten und Dünsten. Man unterscheidet Lungenbratenkopf (das dicke Ende), Lungenbratenmitte und Lungenbratenspitz (das spitze Ende).
Küchenmäßige Verwendung und Benennung:

a) im Ganzen gebraten (Filet de boeuf),
b) im Ganzen gedünstet (Lungenbraten),
c) in 1–3 cm dicken Fleischstücken (Scheiben) gebraten (Rindsfilet),
d) in 2–3 cm dicken Fleischstücken (Scheiben) gebraten oder gedünstet (je 2 Scheiben zusammen: Tournedos; 3 Scheiben für eine Portion nennt man Filet Mignon),
e) in 3–5 cm dicken Fleischstücken (Scheiben) gebraten oder gedünstet (Filetsteak),
f) in 8–12 cm dicken Fleischstücken (Scheiben) gebraten oder gedünstet (Chateaubriand).

2 Beiried (Roastbeef)
Liegt zwischen dem Schlegel (Knöpfel) und dem Rostbratenried (3); sehr wohlschmeckendes kräftiges Fleisch, geeignet zum Braten und Dünsten.
Küchenmäßige Verwendung und Benennung:

a) im Ganzen gebraten (Roastbeef),
b) im Ganzen gebraten, ausgelöst, evtl. allseitig gespickt (Contre-Filet),
c) in 2–3 cm dicken Fleischstücken (Scheiben) gebraten (Rumpsteak),
d) in 3–5 cm dicken Fleischstücken (Scheiben) gebraten oder gedünstet (Entrecote),
e) in 4–6 cm dicken Fleischstücken (Scheiben) gebraten oder gedünstet, mit Knochen (Côte de boeuf).

3 Rostbratenried
Liegt vom Roastbeef (2) bis zur Schulter (13) und ist zur Hälfte vom Rieddeckel (14) überdeckt; sehr wohlschmeckendes, kräftiges. aber etwas herbes, faseriges Fleisch, teilweise mit viel Fett. Geeignet zum Braten, Dünsten und Backen.
Küchenmäßige Verwendung und Benennung:

a) im Ganzen (gedünstete Rindsbraten aller Art),
b) in 1–3 cm dicken Scheiben (Rostbraten aller Art).

Unter »Fleischschnitten« (Tranches) versteht man in der Küchensprache Fleischstücke, welche von im Ganzen fertig gebratenen oder gedünsteten großen Fleischstücken portionenweise abgeschnitten wurden; z. B. Beiriedschnitte (Roastbeefschnitte, Roastbeef en tranches) oder

gespickte Beiriedschnitte (Faux Filet, Contre-Filet) oder Rindslendenschnitte (Englisches Filet), Rindslendenschnitte in Butterteig (Filet à la Wellington) usw. Werden diese Schnitten so dünn gehalten, dass zwei zusammen eine Portion ergeben, so bezeichnet man diese Portionierung als »en deux«, z. B. »Roastbeef en deux«.
Als gebratene oder gedünstete »Fleischscheiben« oder »Fleischstücke« bezeichnet man dagegen Fleischstücke, welche in rohem Zustand von großen Fleischstücken abgeschnitten und danach einzeln vollständig zubereitet wurden; z. B. Beiriedstück (Rumpsteak), Beirieddoppelstück (Entrecôte), Rindsrippenstück (Côte de boeuf), Rindslendenstück (Filetsteak), Rindslendendoppelstück (Chateaubriand), Rindslendenscheiben (Tournedos).

GRUPPE B: Gustostücke

4 Tafelstück mit Tafelspitz
Ein Teil des Schlegels, das Ortschwanzel (9) und Beinscherzel (5) überdeckend und an das Geteilte Hieferschwanzel (6) grenzend. Geeignet zum Sieden oder Dünsten (beim Sieden, wie alles Spitzfleisch, aufquellend). Sehr wohlschmeckendes, feinfaseriges und bröseliges Fleisch, aber etwas trocken, gut und schön zu portionieren und anzurichten; portioniert leicht an der schönen, regelmäßigen Form mit einem die obere Rundung bildenden schmalen, schmackhaften Fettrand zu erkennen.

5 Beinscherzel
Unter dem Tafelstück (4) am Schlegel liegend, vorzüglich geeignet zum Dünsten (Rindsbraten) und für Rindsschnitzel. Sehr wohlschmeckendes, saftiges, nicht mit Fett durchwachsenes Fleisch, an der Oberfläche mit stärkerer, leicht abtrennbarer Fettschicht.

6 Hieferl

7 Hieferschwanzel

8 Hieferscherzel

6, 7, 8 sind Teile des Schlegels, vom Tafelstück (4) nach vorne (gegen das Beiried [2] zu) liegend. Saftiges, nicht fettes, gut teilbares, aber etwas grobfaseriges, zum Sieden und Dünsten geeignetes Fleisch, das in einen dünneren Teil (das Hieferscherzel [8]) ausläuft. Der Deckel über dem Geteilten Hieferschwanzel (6), der vom Fleischer selten gesondert ausgelöst wird, führt die Bezeichnung Tafeldeckel (saftigstes und schmackhaftestes Fleisch, ungefähr 2–3 kg).

GRUPPE C: Hinteres Fleisch (knochenfrei)

9 Ortschwanzel
Es umfasst die Schale, das Schwarze Scherzel (10) und das unter (5) genannte Beinscherzel und liegt hauptsächlich unter dem Tafelstück (4). Es ist ein sehr gutes bröseliges Fleisch zum Sieden und Dünsten.

10 Gestutztes (Schwarzes Scherzel)
Es bildet die Fortsetzung des Tafelstücks (4) und liegt über dem Ortschwanzel (9) und dem Zapfen (12). Es ist ein sehr gutes, saftiges, nicht fettes, dunkles, zum Sieden und Dünsten geeignetes Bröselfleisch.

11 Weißes Scherzel
Bildet den hinteren Teil des Schlegels. Es ist ein weißes, sehr trockenes, dennoch aber nicht unbeliebtes Bröselfleisch (Siedefleisch) von fast quadratischer Schnittfläche, das sich infolgedessen leicht und schön portionieren und anrichten lässt.

12 Zapfen (Kugel)
Ist ein in der Mitte des Schlegels gelegenes gutes, fast fettfreies Fleisch für Rindsschnitzel; zum Dünsten und zum Faschieren geeignet.

13 Schulter (Schulterscherzel, Dicke Schulter oder Schulterschwanzel und Schulterausschnitt)
Das den Hauptteil der Schulter bildende saftige, jedoch ziemlich feste (und daher längeres Sieden erfordernde), im oberen Teil von einer starken, im unteren Teil von mehreren dünnen Sehnen durchzogene Fleisch der Rindsschulter, dessen dünnes gegen das Bugschnitzel (28) zu gelegene Ende (Schulterausschnitt) für Gulasch und ähnliche Fleischspeisen verwendet wird.

14 Rieddeckel
Ein über dem Rostbratenried (3) und der Schulter (13) liegendes saftiges, sehr beliebtes Suppenfleisch; eignet sich aber auch hervorragend zum Braundünsten.

15 Riedhiefel
Ein unterhalb des Hieferscherzels (8) beginnendes, sich gegen die Platte (Palisade [34]) hin ausbreitendes, sehr saftiges, gutes Suppenfleisch mit einem ähnlich dem Bauchfleisch (22) auslaufenden dünnen Teil (Riedhiefelspitz), der beim Sieden aufläuft.

GRUPPE D: Vorderes Fleisch (mit eingewachsenen Knochen)
(Wenn ausgelöst Gruppe C)

16 Spitz
a) Dicker Spitz oder Rippenspitz
b) Kruspelspitz (Dünner Spitz)
Unter der Schulter (13) und dem Rieddeckel (14) gelegenes, sehr saftiges, beim Kochen auflaufendes, etwas grobfaseriges Fleisch von vorzüglichem Geschmack, von welchem der mehr nach vorne unter der Schulter (13) gelegene dünnere Teil von einer weichen Kruspel (daher Dünner Spitz oder Kruspelspitz) durchzogen ist. Portionieren und schönes Anrichten werden hierdurch erschwert. Der Dicke Spitz wird auch Rippenspitz oder Zwerchspitz genannt.

17 Hinteres Ausgelöstes
Schließt an das Rostbratenried (3) an und reicht bis zum Vorderen Ausgelösten (33); ist mit Fett reich durchzogen und auf einer Seite mit dem so genannten Bein- oder Haarwachs, welches ungenießbar ist, durchwachsen. Letzteres wird zwar bei der Zubereitung im Fleisch belassen, aber vor dem Anrichten entfernt. Geeignet zum Sieden und Dünsten, für die Herstellung von Gulasch u. ä.

GRUPPE E: Vorderes und hinteres Fleisch (knochenfrei)

18 Kavalierspitz
Liegt unmittelbar am Schulterblatt; ist wegen seiner Saftigkeit in Österreich sehr beliebt. Das Fleisch eignet sich ausschließlich zum Sieden, läuft schön auf und sieht angerichtet sehr appetitlich aus.

19 Mageres Meisel
Schließt an die Schulter (13) unterhalb des Fetten Meisels (20) an; ist ein sowohl zum Sieden als auch zum Dünsten gut geeignetes Fleisch, das sich gut portionieren lässt.

20 Fettes Meisel
Bildet den Hals des Ochsen und überdeckt das Magere Meisel (19); ist ein fettes, grobfaseriges, aber sehr saftiges Sudfleisch, das beim Sieden sehr aufläuft und längere Kochdauer beansprucht.
Anmerkung: Heute wird nicht mehr in das Magere und das Fette Meisel aufgeteilt, sondern nur mehr das schöne mittlere Stück unter dem Begriff »Meisel« verkauft.

21 Gratfleisch
Ein unterhalb des Kavalierspitzes (18) liegender schmaler Fleischstreifen guter Qualität von ungefähr 30–50 dag Gewicht.
Anmerkung: Gratfleisch wird heute nicht mehr gesondert ausgelöst, sondern ist ein Teil des Kavalierspitzes.

22 Bauchfleisch
Ein neben dem Dünnen Kügerl (36) gelegenes Siedefleisch minderer Qualität.
Anmerkung: Dieses Stück wird beim Auslösen sofort für die Wursterzeugung beiseite gelegt und ist unter dem Begriff »Bauchfleisch« heute nicht mehr bekannt.

23 Tristel (Kamm)
Mit Fett durchzogenes, kräftiges Fleisch (im Handel meist geräuchert oder gepökelt vorkommend).

24 Schalblattel (besser als Fledermaus bekannt)
Wird in Wien wegen seiner Form Fledermaus genannt. Ist ein kleines Stück aus dem Kreuzbein ausgelöstes, sehr saftiges, leicht fettes, sehr gutes Siedefleisch.

25 Gschnatter Anschnitt
Dem Gestutzten (10) und dem Weißen Scherzel (11) vorgelagerter flachsiger Anschnitt. Gulaschfleisch mit einem geringeren Flachsenanteil als der Wadschinken.

26 Kronfleisch (Zwerchfell, Herzzapfen)
Trennt die Brusthöhle von der Bauchhöhle. Grobfaseriges und trockenes Siedefleisch, das keiner Ablagerung bedarf. Wird für Bruckfleisch verwendet.

27 Hinteres Pratzel (Hinterer Wadschinken)
Kräftiges, flachsiges Gulaschfleisch. Behält auch aufgewärmt eine gute Farbe.

28 Wadschinken
a) Bugschnitzel
b) Vorderes Pratzel
Sehr gutes, saftiges Fleisch zum Dünsten und für Gulasch.

29 Ludel
Ein am Schenkelknochen gelegenes gutes kleines Stück Fleisch zum Sieden und Dünsten.
Anmerkung: Dieses Stück wird heute nicht mehr extra ausgelöst, es ist ein Teil des Wadschinkens.

GRUPPE F: Vorderes Fleisch (mit eingewachsenen Knochen)
(Wenn ausgelöst Gruppe C und E)

30 Brustkern (Brustspitz)
Rindsbrust, bis zum Dicken Kügerl (31) reichend. Schmackhaftes, von Fett reich durchzogenes, etwas grobfaseriges Siede- und Dunstfleisch (längere Kochdauer.)

31 Dickes Kügerl
Anschließend an die Rindsbrust. Sehr gutes, von Fett umgebenes, aber nicht von Fett durchzogenes, festeres Siedefleisch (längere Kochdauer.)

32 Mittleres Kügerl
Ähnlich dem Dicken Kügerl (31), doch bedeutend dünner; bildet den Übergang zum Dünnen Kügerl (36).
Anmerkung: Diese Aufteilung der Rindsbrust wird in der Fleischerpraxis nicht mehr in dieser Form ausgeführt. Als Beinfleisch kommt nur mehr der schöne, fleischige, rechteckige mittlere Teil in den Handel.

33 Tristel (Halsstück, Vorderes Ausgelöstes)
Am Hals des Rinds unter dem Fetten Meisel liegendes grobfaseriges, mit Knochen durchwachsenes, fettloses Fleisch (für Gulasch geeignet). Unausgelöst wird es Tristel (auch Dristel), ausgelöst Vorderes Ausgelöstes genannt.

34 Platte (Zwerchried oder Rippenfleisch, Palisade)
Das Fleisch mit den letzten gegen den Riedhiefel (15) zu liegenden fünf Rippen. Der an den Spitz (16) anschließende Teil der Platte heißt Zwerchried oder Rippenfleisch (Beinfleisch), der an den Riedhiefel anschließende dünnere Teil Palisade (Tellerfleisch).

35 Schlepp (dicker, dünner)
Sehr extraktreich. Vorzüglich für die Herstellung von Suppen und zum Dünsten geeignet.

GRUPPE G: Vorderes Fleisch

36 Dünnes Kügerl
Reicht vom Mittleren Kügerl (32) zum Bauchfleisch (22); ist ein dünnes, fettloses, grobfaseriges, langsam gar werdendes Fleischstück.

37 Bauchlapperl
Wird selten gesondert ausgelöst. Fleisch zum Sieden und Dünsten.

38 Bärenfleisch
Wird gleich dem vorigen Fleisch selten gesondert ausgeschrotet. Dünner, grobfaseriger Fleischstreifen nächst dem Bugschnitzel (28).
Anmerkung: Bärenfleisch kommt heute nicht mehr in den Handel und ist bei den meisten Fleischern unter diesem Begriff als eigener Fleischteil nicht bekannt.

39 Stichfleisch
Das den unteren Teil des Halses des Rindes bildende, dem Kronfleisch ähnliche, jedoch etwas fettere Fleisch.
Anmerkung: Stichfleisch kommt heute in dieser Form nicht mehr in den Handel.

40 Wangerl (Ohrwangel)
Mundartlich statt Ohrwange; ein für Gulasch und Saures (Fleisch) geeignetes Fleischstück. Eine Delikatesse zum Dünsten.

Innereien
und sonstige noch zu küchenmäßiger Verwendung gelangende Teile des Rinds

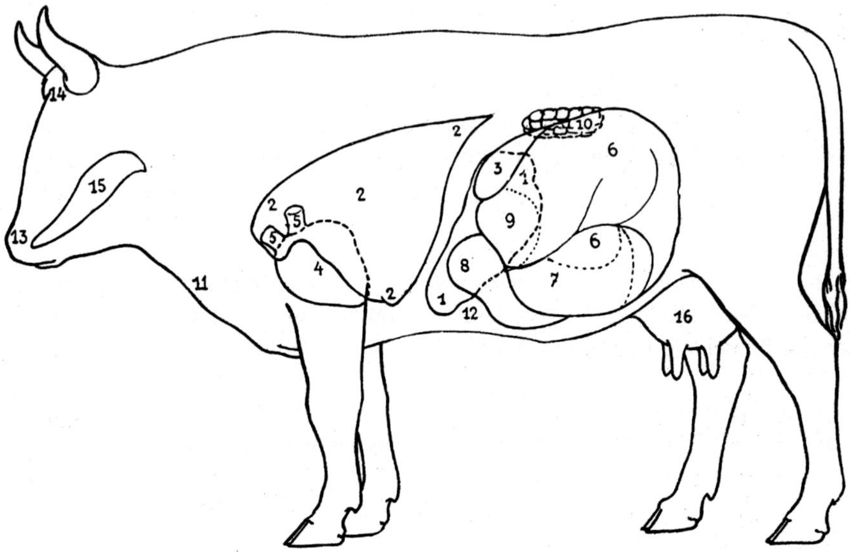

Verwendung in der Küche:

1 Leber – für die Zubereitung von Suppen, Suppeneinlagen, Leberspeisen.

2 Lunge (Rindsbeuschel) – auch für Suppeneinlagen.

3 Milz – Risikomaterial; für den menschlichen Verzehr nicht mehr freigegeben.

4 Herz – für Bruckfleisch.

5 Lichteln (Aorta) – für Bruckfleisch.
Bruckfleisch führt seinen Namen davon, dass es keiner Ablagerung bedarf und von der Schlagbrücke weg direkt zur küchenmäßigen Verwendung kommen kann. Die im Rezept verwendete Milz ist nur mehr der Vollständigkeit halber angegeben und wird durch einen größeren Anteil an Herz und Leber ersetzt.

6 Magen a) Pansen – hauptsächlich für die Herstellung von Liebhaberspeisen (Kutteln, Flecksuppe).

7 Magen b) Labmagen – für die Herstellung von Liebhaberspeisen (Löser); auch für industrielle Zwecken.

8 Magen c) Netzmagen – für industrielle Zwecke.

9 Magen d) Blättermagen – für die Herstellung von Liebhaberspeisen (Löser, Kutteln).

10 Rindsnieren (Lembraten) – für die Herstellung von Liebhaberspeisen.

11 Stichbries – für Bruckfleisch.

12 Leberbries (Weißleber, Bauchspeicheldrüse) – für Bruckfleisch.

13 Ochsenmaul = Ochsengaumen – für die Herstellung von frischem Ochsenmaulsalat und von Ochsenmaulkonserven.

14 Rindshirn – Risikomaterial, nicht für den menschlichen Verzehr freigegeben.

15 Rindszunge – gekocht, geräuchert und gepökelt; sehr schmack- und nahrhafte Speise.

16 Kuheuter – für die Tierfutterverwertung.

17 Rindsfett – a) beste Qualität: Nierenfett (genannt Lungel);
b) mittlere Qualität: Kernfett (im Innern des Tieres);
c) mindeste Qualität: Taschenfett (am Schlegel).

18 Rindsmark – vorzüglicher schmackhafter Fettersatz; weiches (flüssiges) Mark wird sowohl roh als auch erwärmt, festes Knochenmark nur erwärmt oder in Speisen verarbeitet genossen.

19 Rindsblut – für industrielle Zwecke.

Das Kalb

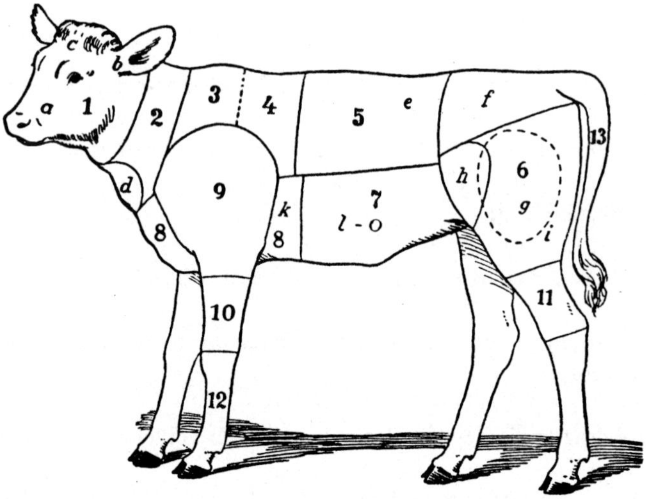

1 Kalbskopf mit
a) Kalbszunge – b) Kalbsohr – c) Kalbshirn
2 Halsfleisch (Halsel); d) Kalbsbries (oder Kalbsmilch) mit Briesrose (zum Teil im Brustkern lagernd)
3 und 4 längs des Rückenwirbels (geteilt): Kalbskarree (3: gemischte Koteletts, im Gegensatz zu 4 und 5: schöne Rosen- oder Nierenkoteletts)
4 längs des Rückenwirbels (geteilt): eigentliches Kotelettstück (schöne Rosen- oder Nierenkoteletts)
4 und 5 längs des Rückenwirbels (ungeteilt): Kalbsrücken (mit 4–6 Rippen oder mit nur 2–3 Rippen [kleiner Kalbsrücken]);
5 längs des Rückenwirbels (geteilt): Kalbsnierenbraten; e) Kalbsnieren
6 Kalbsschlegel oder Kalbskeule, bestehend aus: f) Schlussbraten (anschließend an den Nierenbraten); g) (innen) Natur- oder Kaiserteil (beim Rind Ortschwanzel); h) Kalbsnuss (beim Rind Zapfen); i) Frikandeau (das Fleisch des Schlegels, welches nach Auslösung des Kaiserteils und der Nuss verbleibt)
7 Dünne Brust
8 Kalbsbrust (oder Brustkern)
in der Brusthöhle: k) Kalbsbeuschel; 1) Kalbsherz;
in der Bauchhöhle: m) Kalbsleber; n) Kalbsmilz; o) Kalbsgekröse
9 Kalbsschulter
10 Vordere Kalbsstelze
11 Hintere Kalbsstelze
12 Kalbsfüße
13 Kalbsschweif

Das Schaf

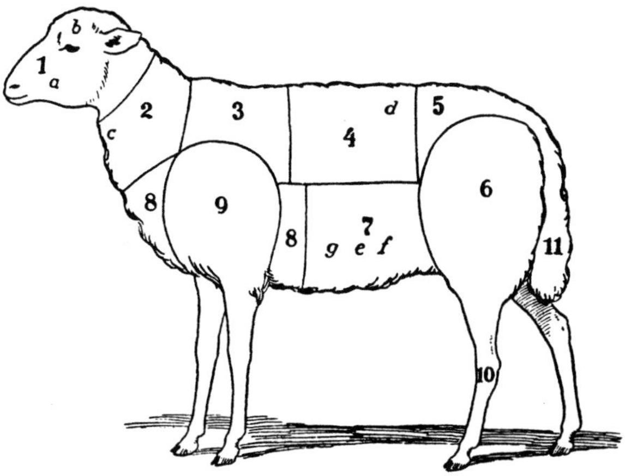

Lamm (junges Tier), **Widder** (männliches Tier), **Schaf** (weibliches Tier), **Hammel** oder **Schöps** (verschnittenes männliches Tier)

1 Lammkopf mit a) Lammzunge – b) Lammhirn
2 Halsfleisch (beim Lamm einschließend); c) das Bries
3 längs des Rückenwirbels (geteilt): Lamm- oder Schöpsenkoteletts (Karree)
4 längs des Rückenwirbels (ungeteilt): Lamm- oder Schöpsenrücken (das von den Rippen beiderseits des Rückenwirbels ausgelöste Fleisch gibt die »Lamm- oder Schöpsenfilets«) d) Nieren
5 Schlussbraten (bleibt meist am Schlegel)
6 Lamm- oder Schöpsenschlegel (Keule)
7 Bauchfleisch (wird zumeist an der Brust belassen); in der Bauchhöhle: e) Leber, Milz, Magen; f) Därme, Hülle für Frankfurter und andere kleine Würste (Saitlinge)
8 Lammbrust (Lamm- oder Schöpsenbrüstel); in der Bauchhöhle: g) Beuschel, Herz
9 Lamm- oder Schöpsenschulter
10 Lammfüße
11 Lamm- oder Schöpsenschweif

Das Schwein

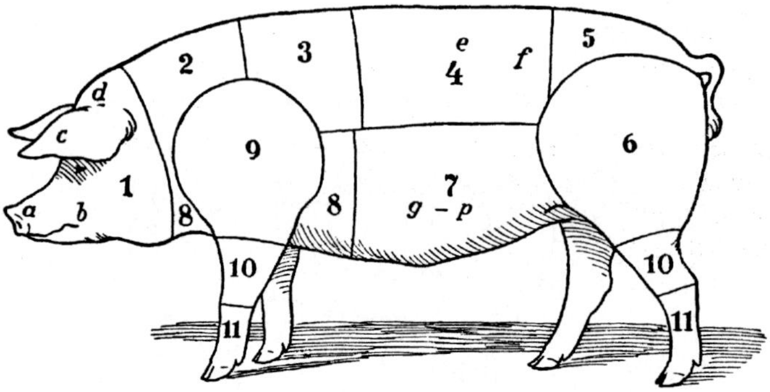

Eber oder **Bär** (männliches Tier), **Sau** (weibliches Tier), **Ferkel** oder **Jungschwein** (junge Tiere), **Spanferkel** (noch mit Muttermilch ernährte junge Tiere)

1 Schweinskopf mit

a) Schweinsrüssel
b) Schweinszunge (im Handel roh oder geräuchert)
c) Schweinsohren
d) Schweinshirn

2 Schopfbraten (im Handel roh oder geräuchert)

3 und 4 längs des Rückenwirbels (ungeteilt): Schweinsrücken,
längs des Rückenwirbels (geteilt): Schweinskarree (im Handel roh oder geräuchert; geräuchert führt es die Bezeichnung Prager Karree)

3 längs des Rückenwirbels (geteilt): Lange Schweinskoteletts (Lange Karbonaden)

4 längs des Rückenwirbels (geteilt): Kurze Schweinskoteletts (Kurze Karbonaden)

e) innen: Schweinslungenbraten (Jungfernbraten)
f) innen: Schweinsnieren

5 Schlussbraten

6 Schweinsschlegel (ohne Schwarte, mundartlich: Schwartel)
Jungschweinsschlegel stets mit Schwarte
ohne Schwarte und zerteilt = Schweinsschnitzel
Schweinsschlegel und Schlussbraten vereint und mit der Schwarte geräuchert = Schinken

7 Bauchfleisch; über diesem lagernd: Bauchspeck oder magerer Speck im Gegensatz zu dem über 2, 3, 4 und 5 lagernden Rückenspeck oder fetten Speck und zu dem innen am Lungenbraten und in der Bauchhöhle lagernden Bauchfilz

in der Bauchhöhle:

g) Schweinsleber
h) Schweinsmilz
i) Schweinsmagen (Presswursthülle und -fülle)
k) weite Schweinsdärme (Blutwursthülle)
l) enge Schweinsdärme oder Saitlinge (Brat- und Leberwursthülle)

im Körper verteilt:
m) Schweinsnetz (die Gedärme umhüllend)
n) Schweinsblut (Wursterzeugung)

8 Schweinsbrust, ungeräuchert; mit Schwarte geräuchert = Kaiserfleisch

o) Schweinslunge (wird durch die CO_2-Schlachtmethode nur mehr selten angeboten)
p) Schweinsherz

9 Schweinsschulter

10 Schweinsstelzen (vordere, hintere), auch Eisbeine genannt

11 Schweinsfüße

Anmerkung: Schulter und Schlegel, in einzelnen Stücken geräuchert, bezeichnet man in Wien als »Teilsames«, Rippenfleisch als »Ripplertes«.
Unter »Surfleisch« versteht man den eingebeizten, aber nicht geräucherten Schopfbraten und Bauchfleisch, aber auch Schlegelteile für die Surschnitzel.

Vorrichten und Teilen

Vorrichten von Fleisch

Einschlagen des Roastbeefs

Binden der Kalbsschulter

Niere:
Auslösen der
Harnstränge

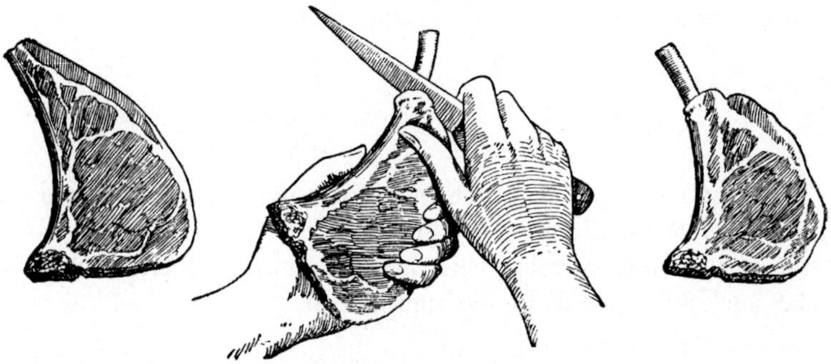

Herrichten von Koteletts

Spicken

Schneiden von Speckscheiben

Abtrennen von Speckscheiben

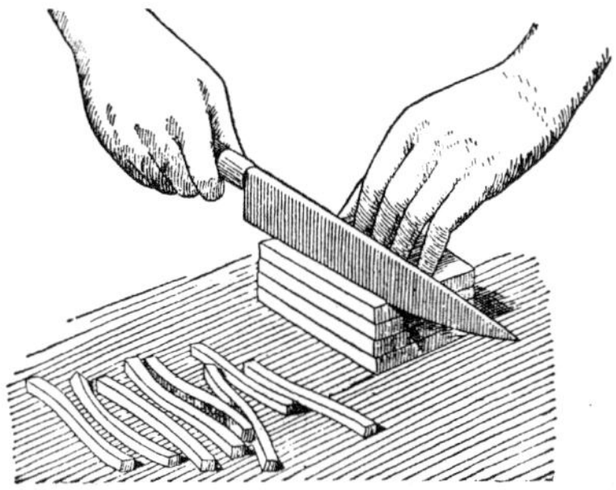

Schneiden von Speckstreifen

Richtiges Spicken (längs der Fleischfasern)

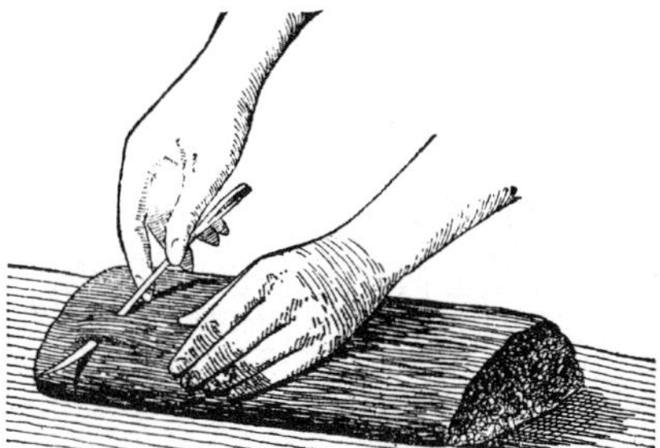

Unrichtiges Spicken (quer zu den Fleischfasern)

Herstellen von Spicklöchern für Spickkeile

Einschieben von Spickkeilen

Spickschema, richtige Teilungsweise

Spicken eines Frikandeaus

Vorrichten von Geflügel

Rupfen nach der Kielrichtung (Gans)

Nachrupfen mit der Kielpinzette (Gans)

Absengen (Gans)

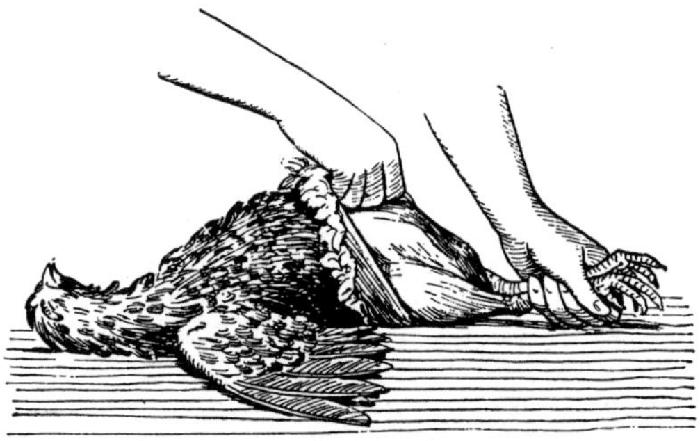

Abziehen der Haut samt Federn (Haselhuhn)

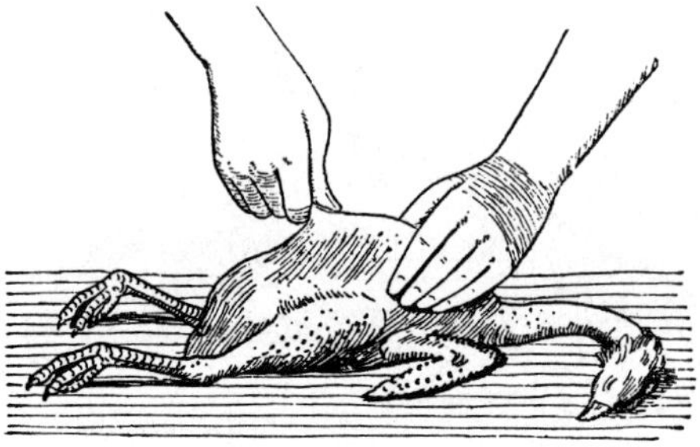

Untersuchen des Brustbeins (Huhn)

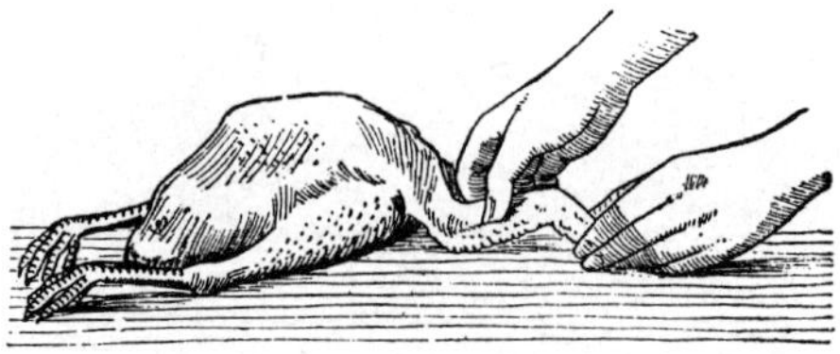

Untersuchen der Flügelmuskeln (Huhn)

Einschneiden der Halshaut (Gans)

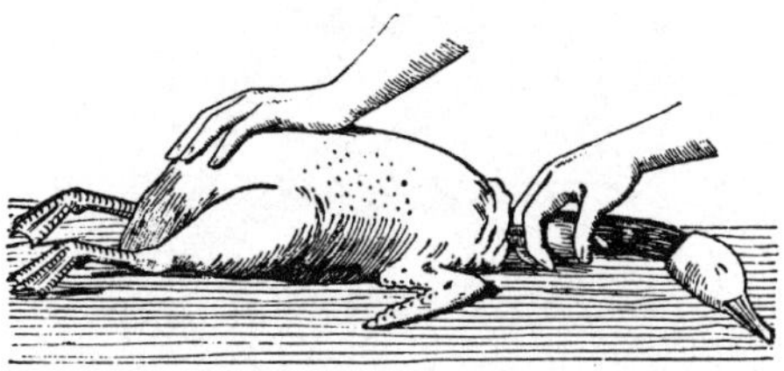

Entfernen des Kropfes, der Luft- und der Speiseröhre (Gans)

Gans

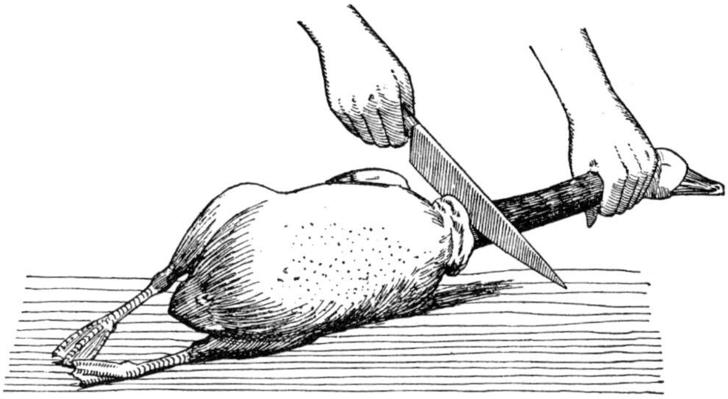

Zurückschieben der Halshaut und Abtrennen des Halses

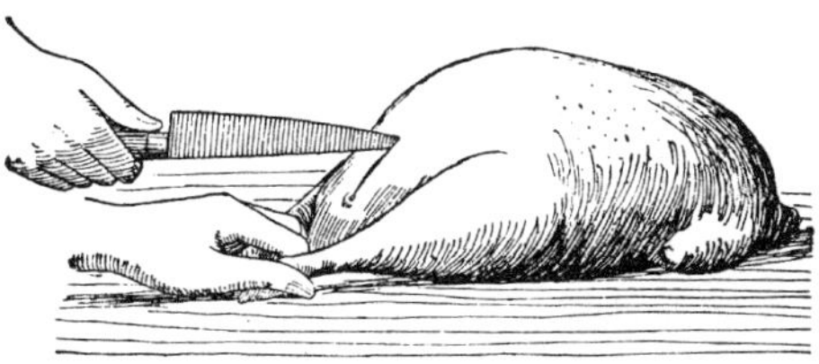

Aufschneiden vom After bis zum Brustknochen

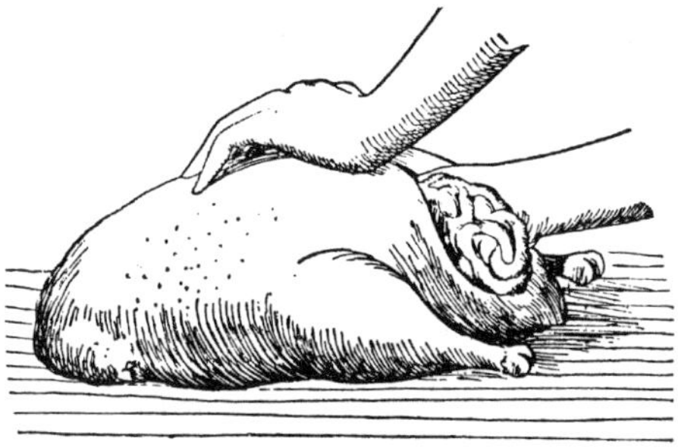

Ausnehmen

Leber, Entfernen der Galle

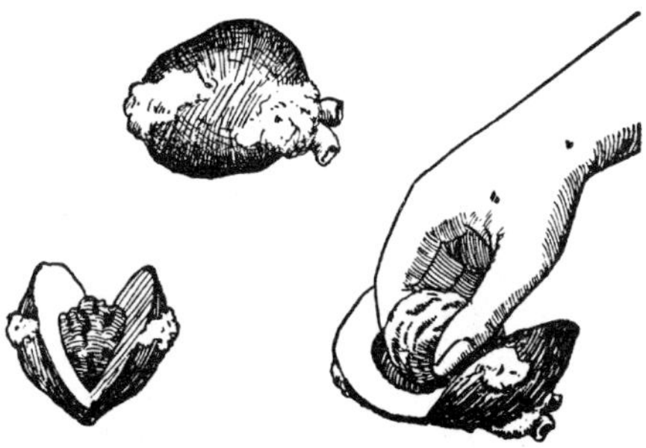

Öffnen des Magens

Vorrichten von Hühnern zum Backen

Ausnehmen

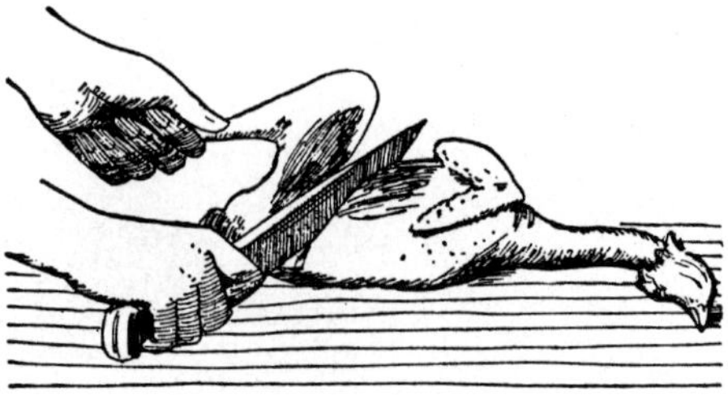

Abtrennen der Schenkel

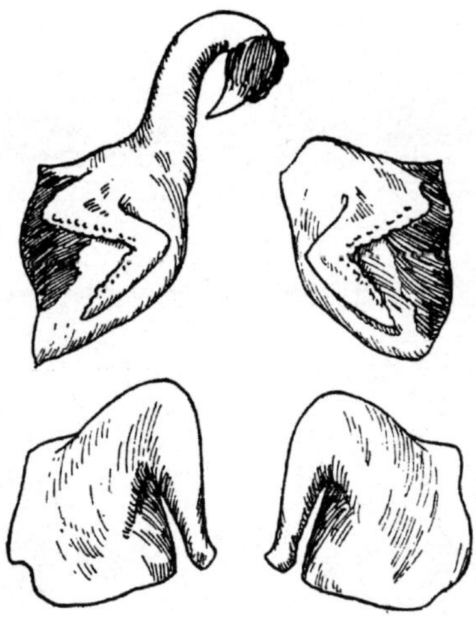

Backhuhn in Vierteln (hierzu noch Leber und Magen*)

* Entfernen der Galle, Öffnen des Magens siehe Seite 61

Vorrichten von Hühnern zum Dämpfen

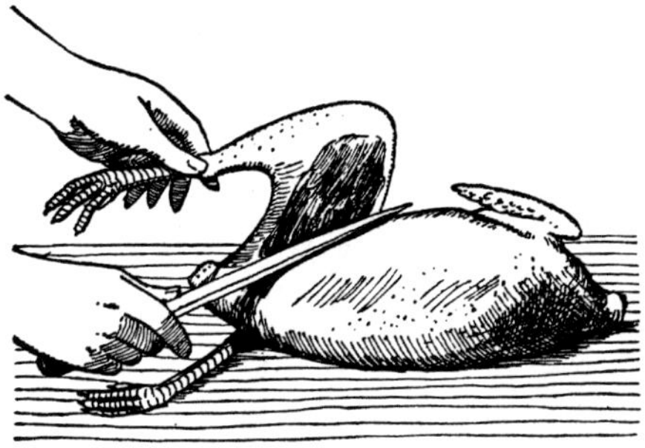

Abtrennen der Schenkel

Abtrennen der Flügel

Abtrennen der Brust vom Rücken

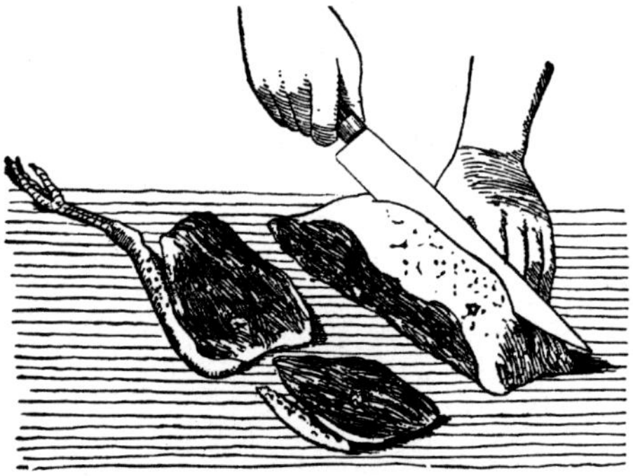

Ablösen des Brustfilets

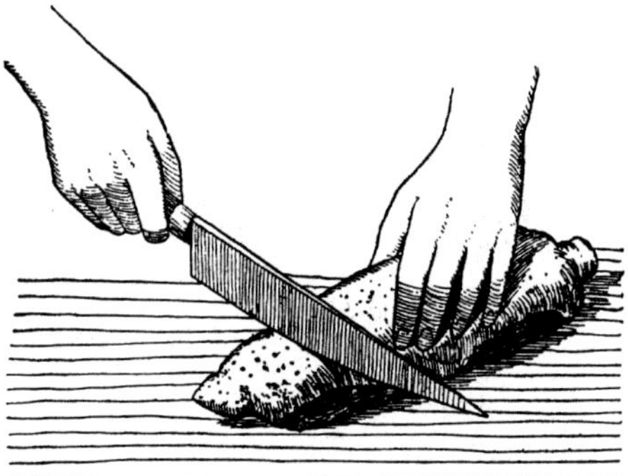

Abtrennen des Hinterteils

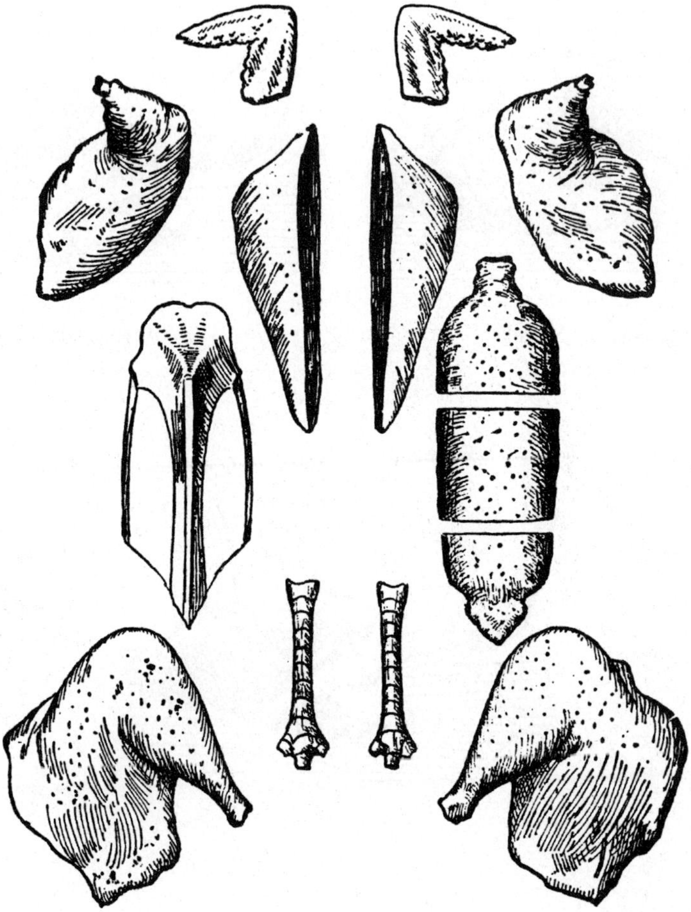

Die einzelnen Teile

Vorrichten von Hühnern zum Braten

Einschneiden der Halshaut

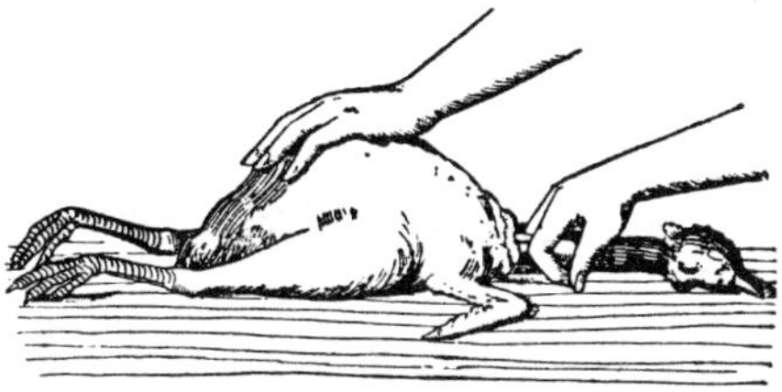

Entfernen des Kropfes und der Luftröhre

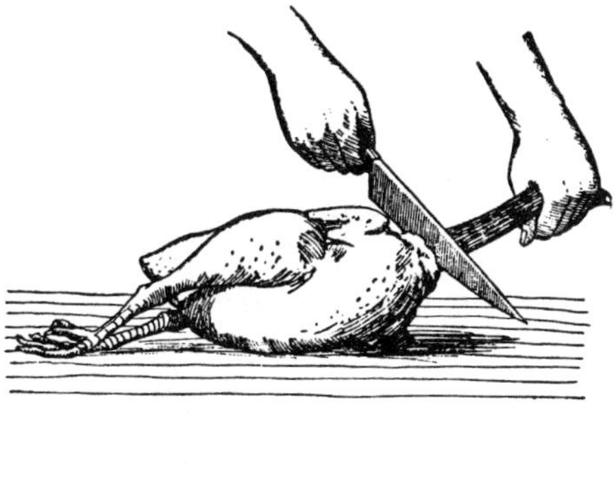

Abtrennen des Halses bei zurückgeschobener Halshaut

Abtrennen der Flügel und Füße

Vorrichten von Geflügel zum Braten

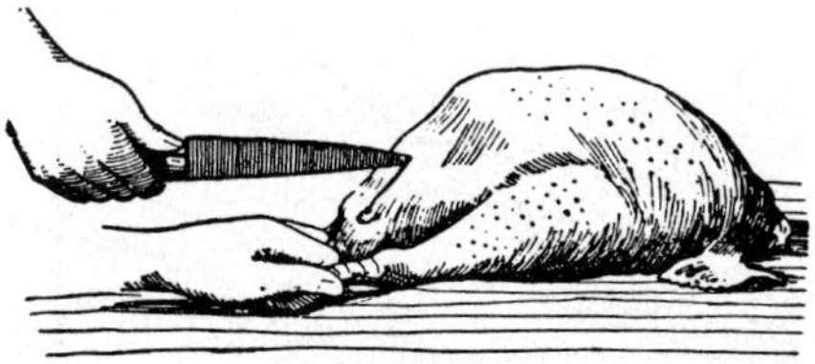

Aufschneiden

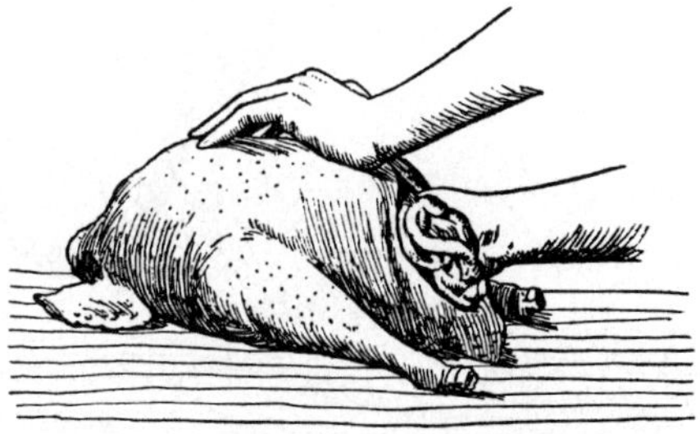

Ausnehmen

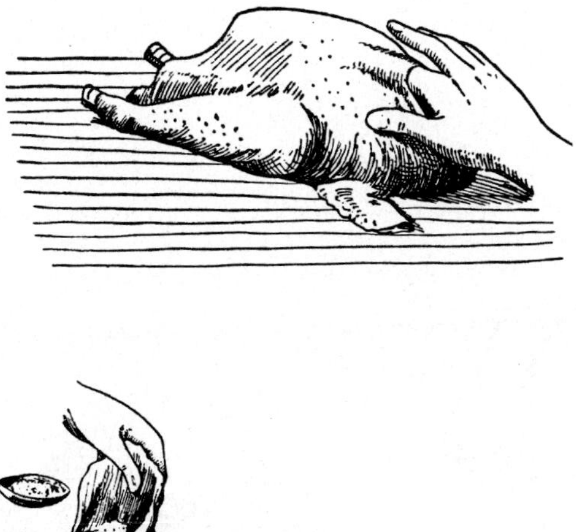

Untergreifen der Brust

Füllen der Brust

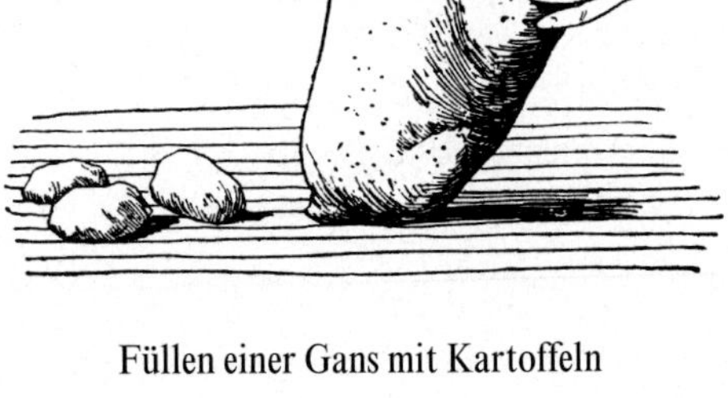

Füllen einer Gans mit Kartoffeln

Dressieren

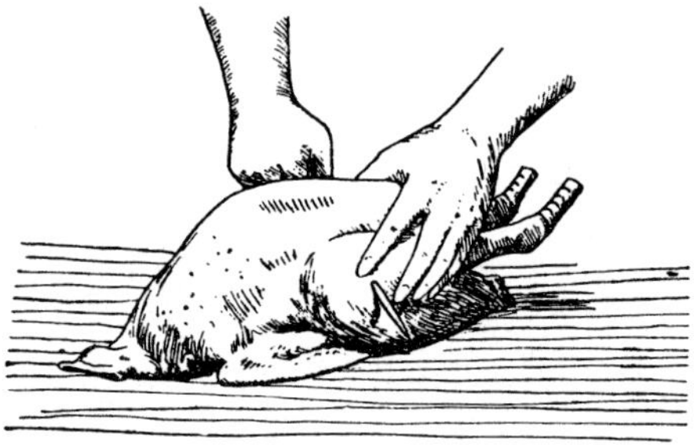

Andrücken der Schenkel
Durchstechen der Schenkel und des Bauches

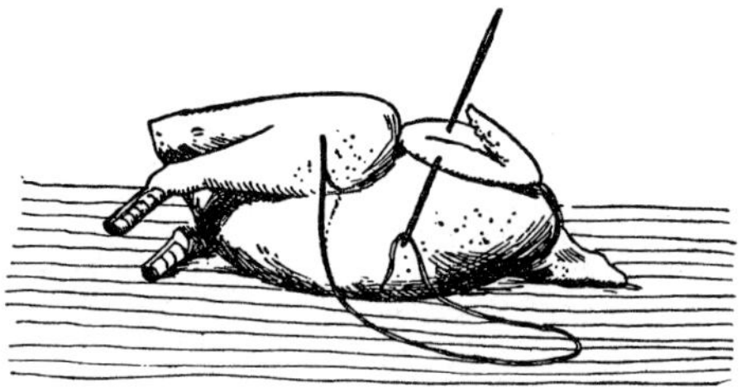

Durchziehen des Spagats und Durchstechen des rechten Flügels

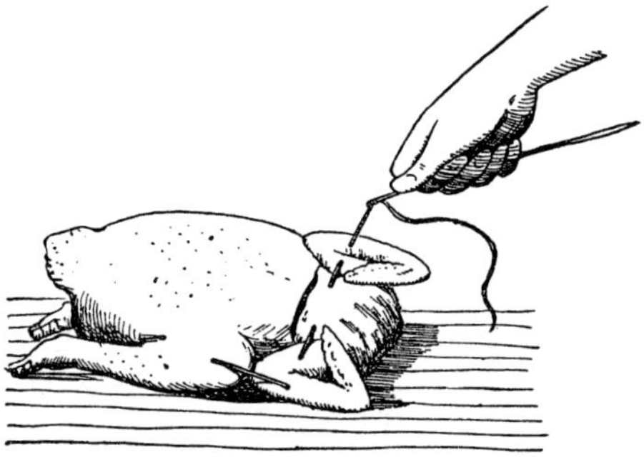

Erfassen der Halshaut und Durchstechen des linken Flügels

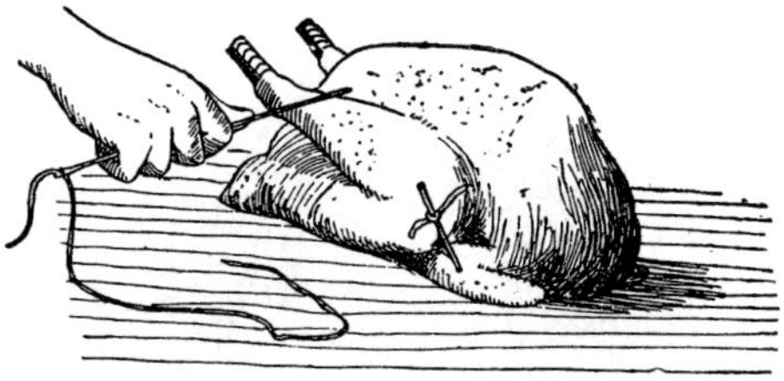

Erstes Knüpfen des Spagats und Durchstechen des Unterkörpers

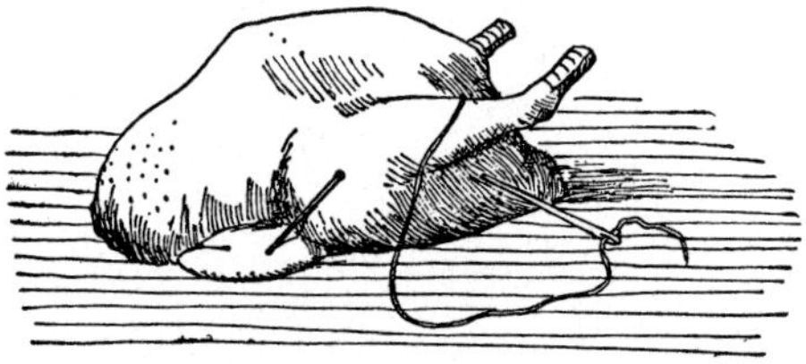

Zweites Durchstechen des Unterkörpers, um die Schenkel niederzubinden

Dressieren – Entsehnen von Truthahnfüßen

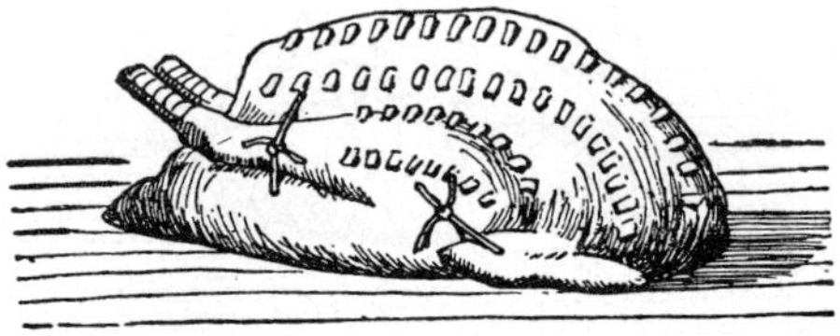

Fertig dressiertes Huhn mit niedergebundenen Schenkeln, gespickt

Fertig dressiertes Huhn, in Speck gehüllt

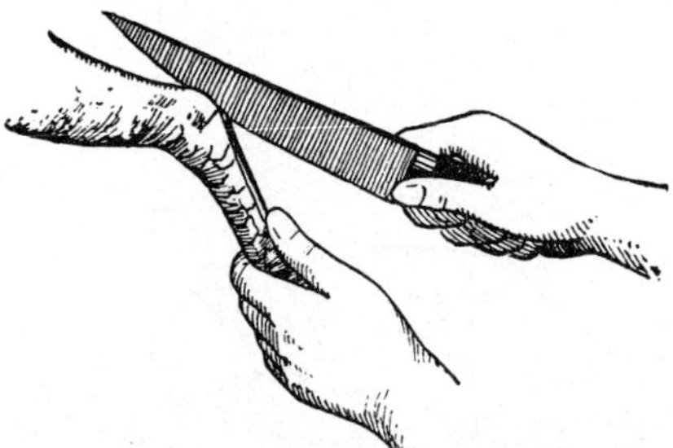

Entsehnen des Truthahnfußes (Aufschneiden) über dem Gelenk

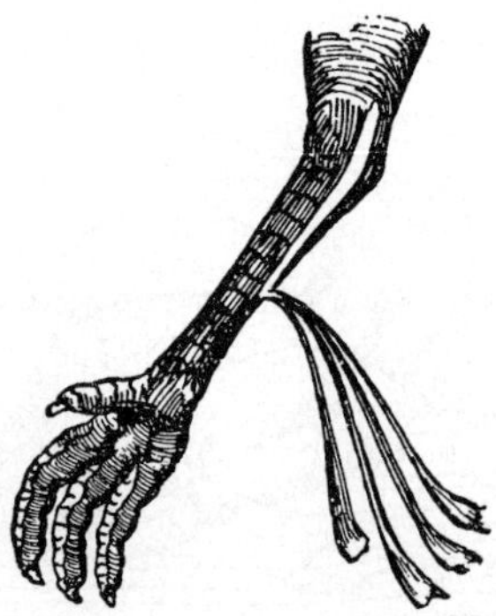

Entsehnen des Truthahnfußes (Ansicht des Sehnenbündels)

Tranchier-Schemen

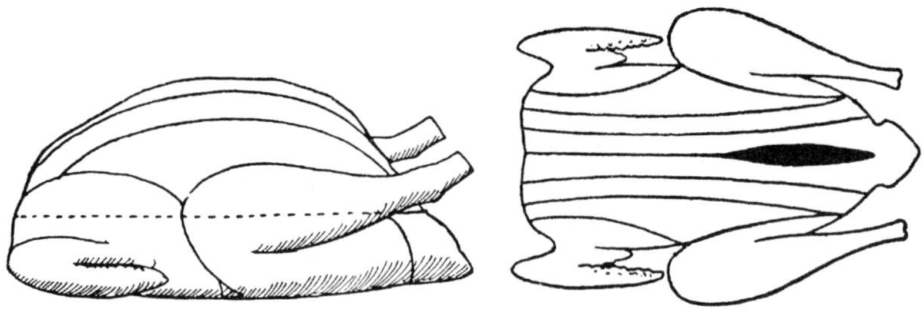

Poulard

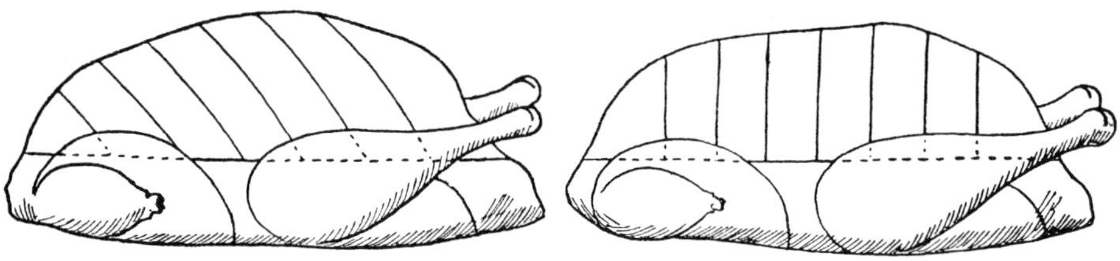

Gans

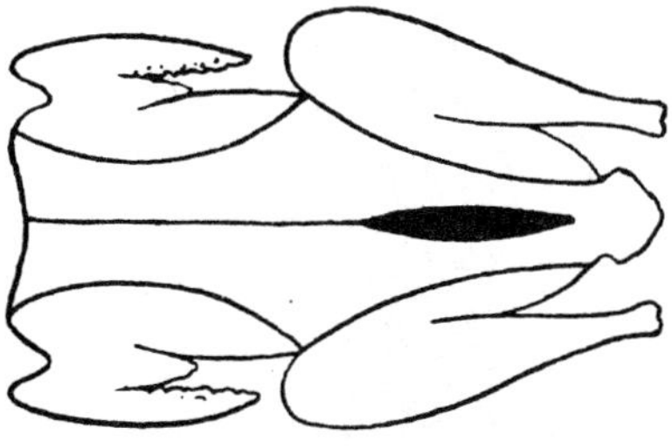

Fasan

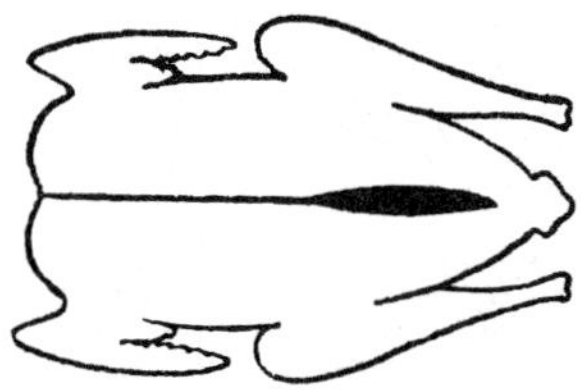

Taube

Vorrichten von Wild

Hase

Abziehen des Fells

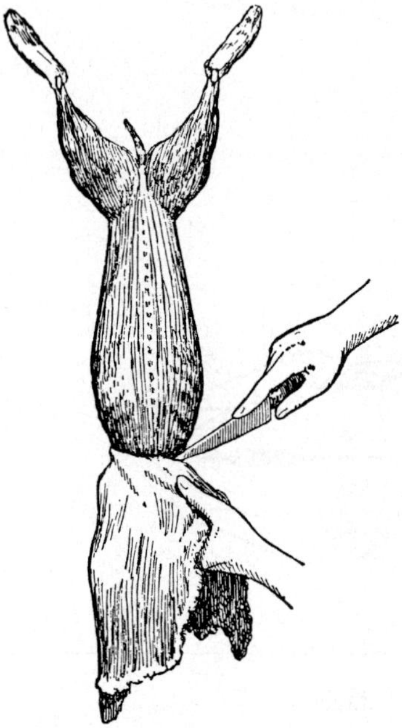

Auslösen des Kopfes

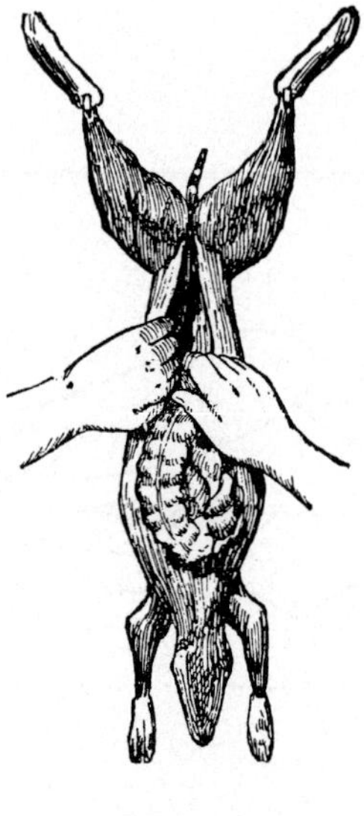

Aufschneiden des Bauches

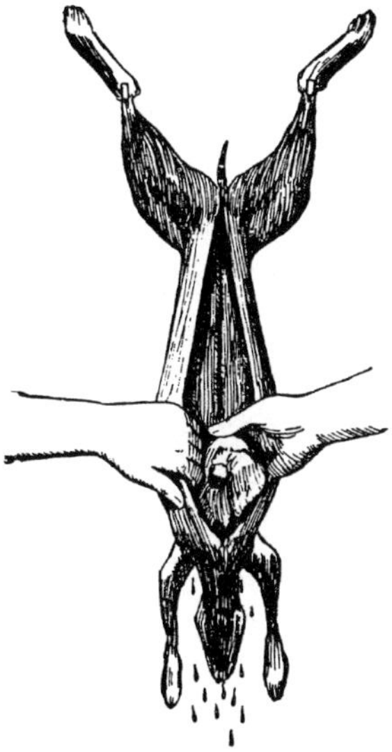

Ausnehmen der Brust

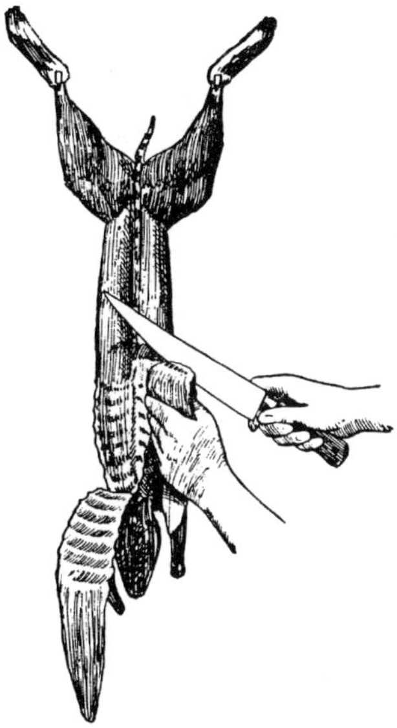

Abtrennen der Wände, der Schultern und des Kopfes

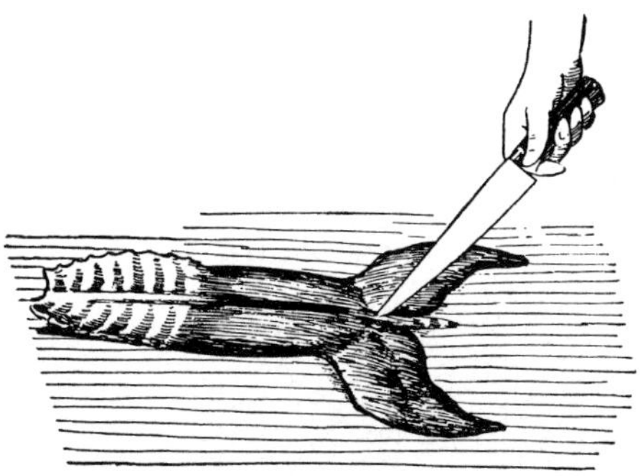

Öffnen und Auskratzen des Schlussbeins

Enthäuten des Hasen

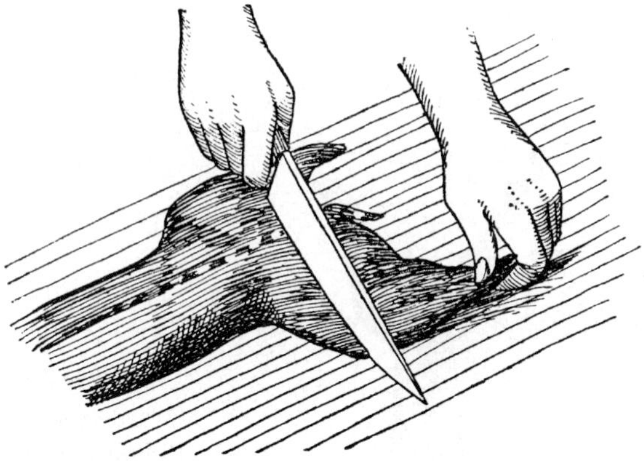

Einschneiden des Sprunggelenks

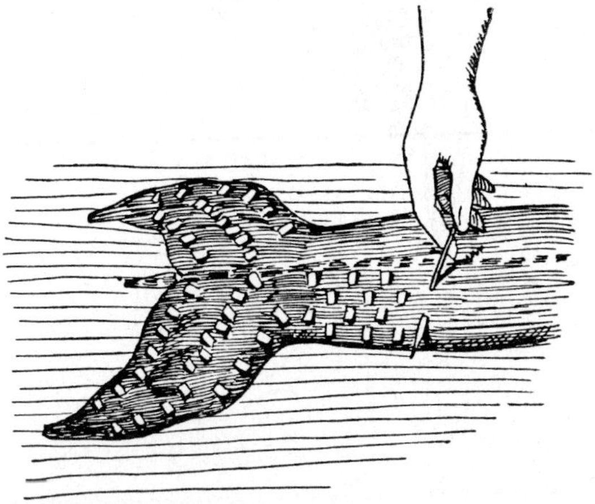

Spicken des Hasen

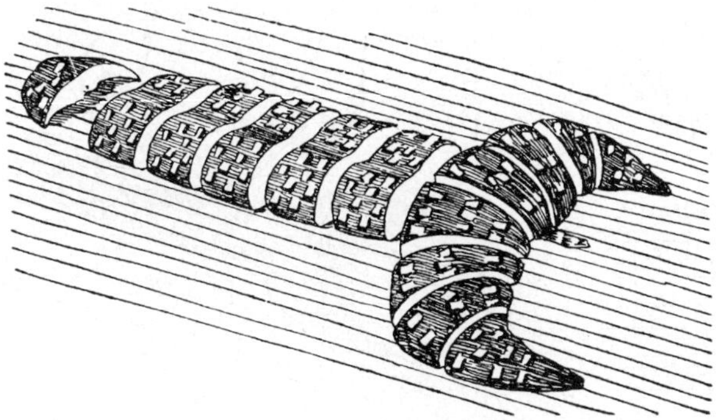

Zerlegen des Hasen

Vorrichten von Fischen, Krusten- und Schalentieren

Karpfen

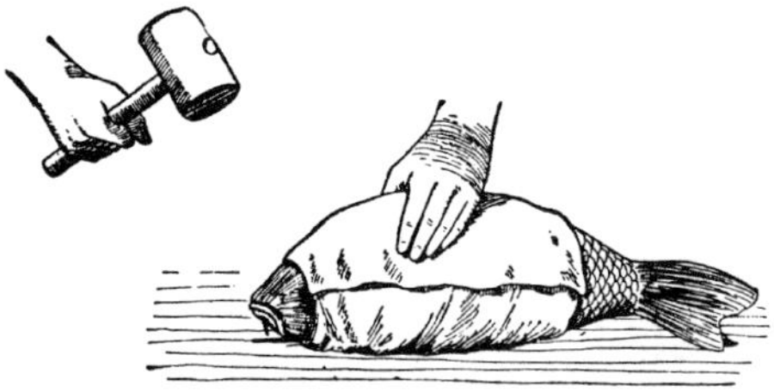

Abschlagen des Karpfens

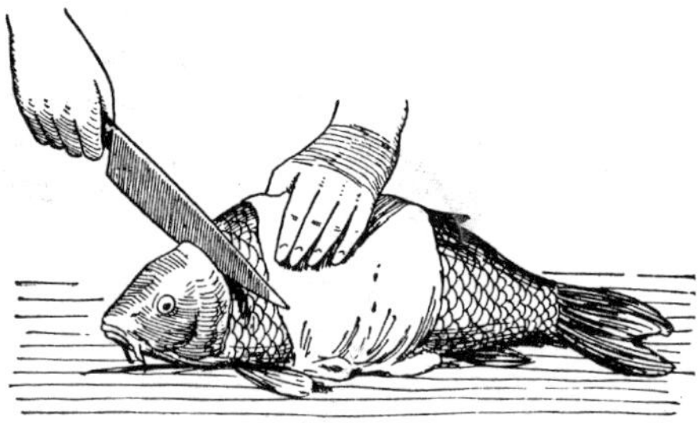

Genickdurchtrennung (nach dem Abschlagen)

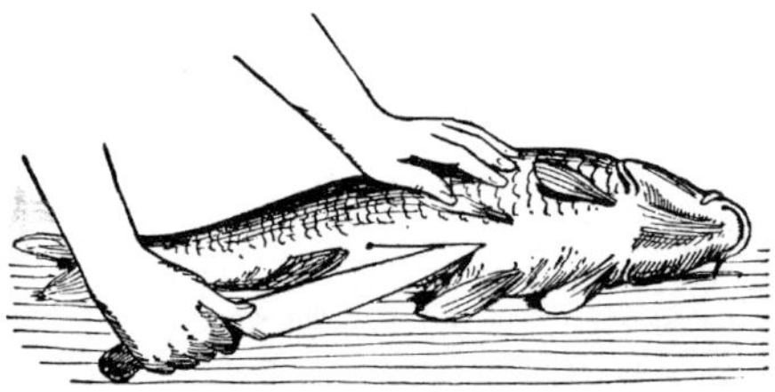

Aufschneiden

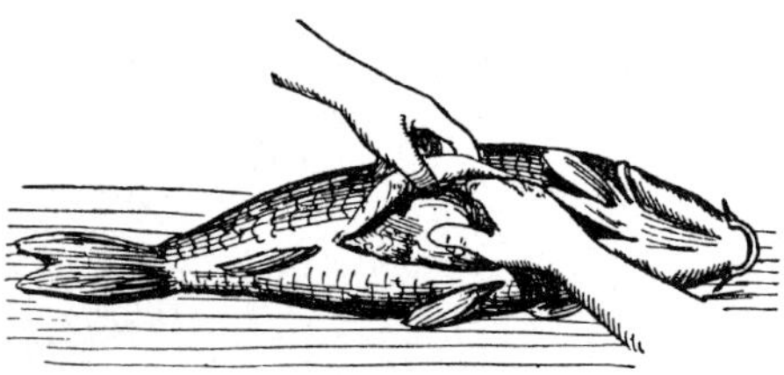

Ausnehmen

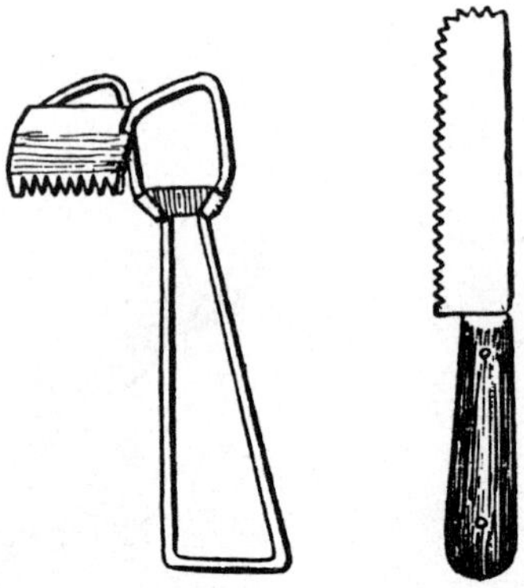

Schuppenmesser

Abschuppen

Halbieren

Teilen des Kopfes

Lachs, Steinbutt

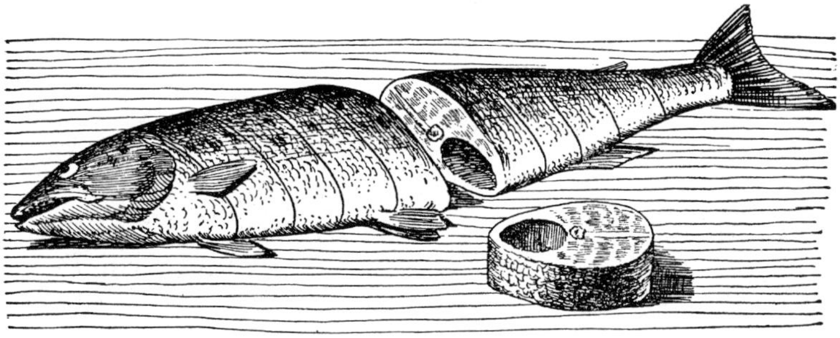

Portionieren des Lachses

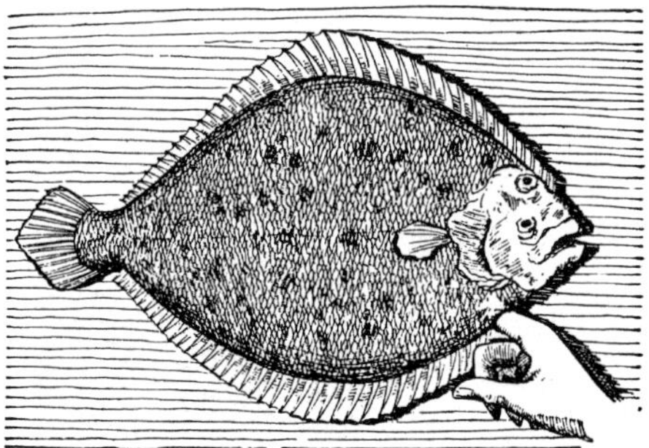

Ausnehmen

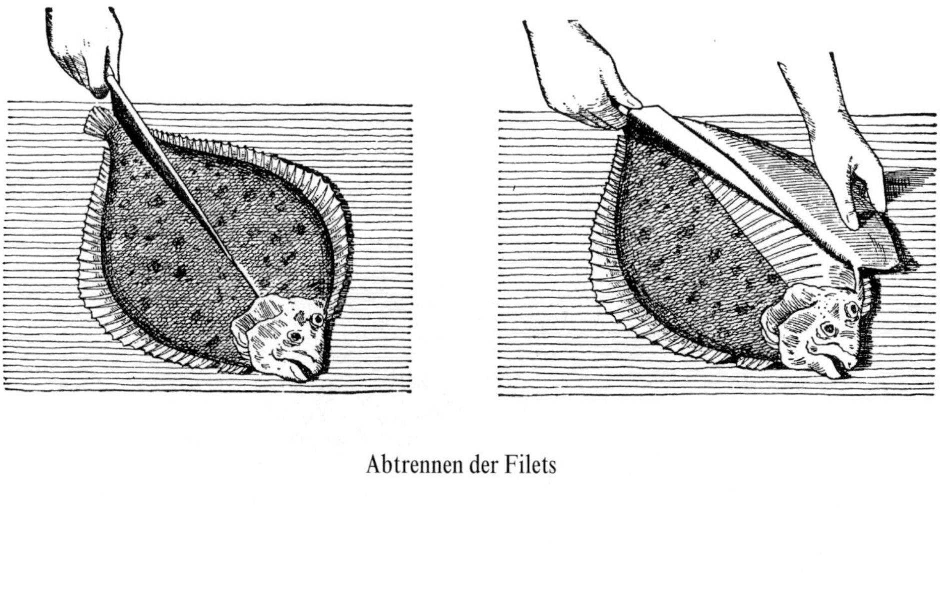

Abtrennen der Filets

Makrele, Seezunge

Einschneiden bei den Kiemen

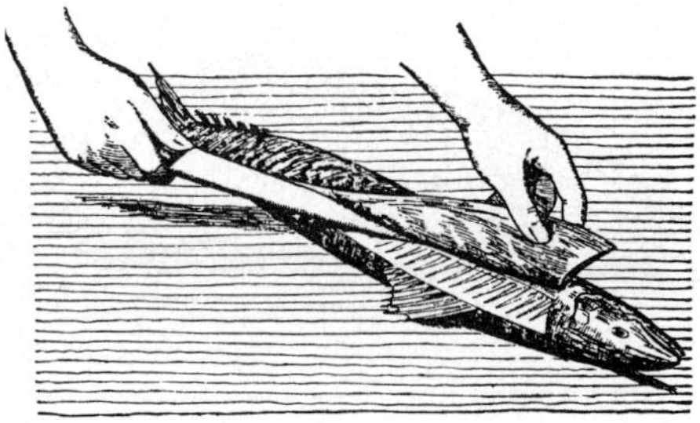

Abtrennen der Filets

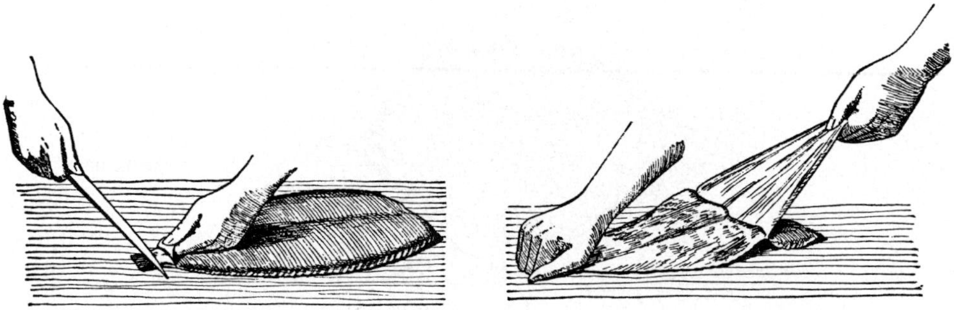

Ablösen der Haut

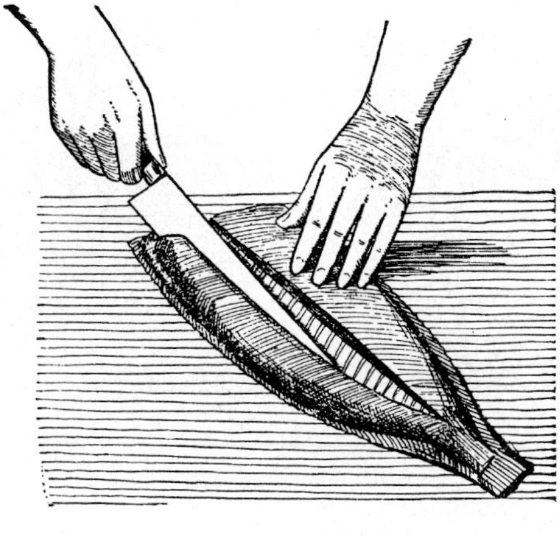

Ablösen der Filets

Languste, Hummer, Auster

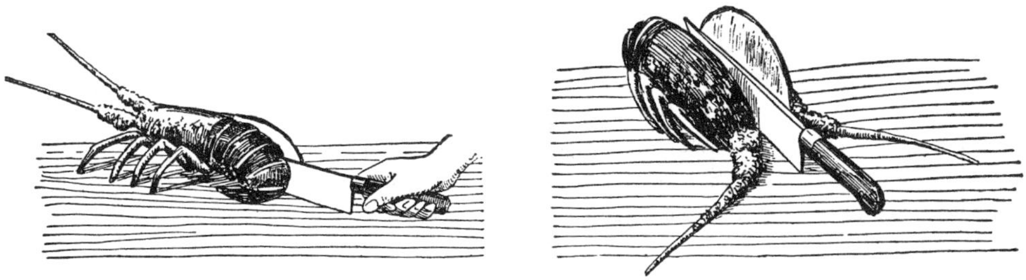

Halbieren der Languste

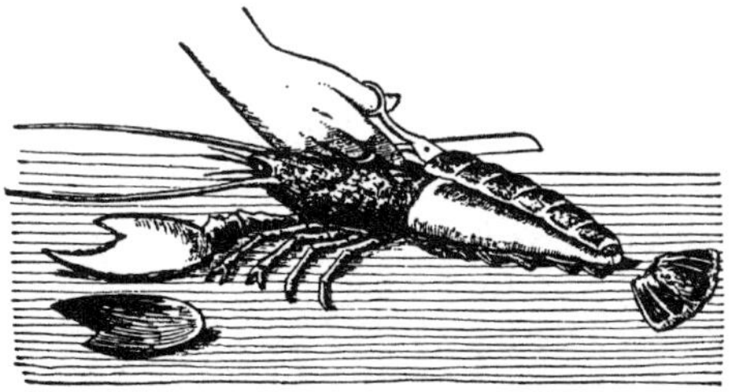

Hummer: Abtrennen der Schalen (Schere und Schwanz)

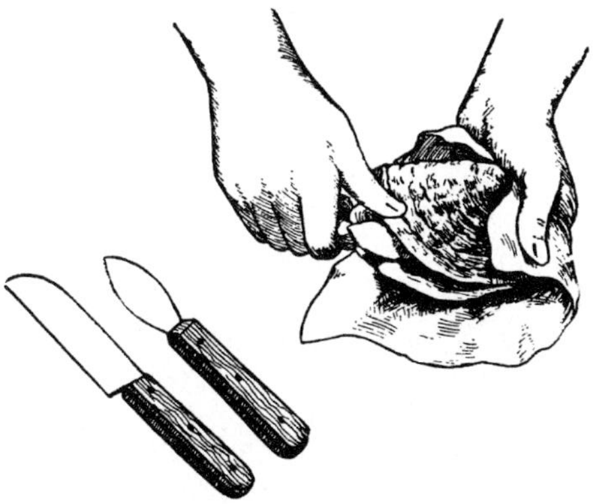

Öffnen der Auster, Austernbrecher

Küchenkräuter

Die Verwendung frischer Kräuter erfordert in erster Linie Wagemut, Fingerspitzengefühl und ein wenig Warenkenntnis. Die Kunst, mit frischen Kräutern zu arbeiten, ist heute das ABC der hohen Schule des Kochens. Mit etwas Experimentierfreude und einem gesunden Maß an Selbstvertrauen öffnen sich hier ungeahnte Möglichkeiten für neue Geschmacksmodelle.
Frische Kräuter enthalten viele Mineralstoffe und vor allem Vitamin C. Daher sollten die meisten Kräuter erst kurz vor dem Verwenden gewaschen und evtl. fein gehackt oder gezupft werden.
Getrocknete Kräuter werden zwischen den Fingerspitzen zerrieben, um das Aroma zu verstärken.

Basilikum:
Frische Basilikumblätter haben einen angenehmen beißenden, appetitanregenden Geschmack. Sie bringen einen Hauch von Italien in die Speisen.
Basilikum wird für Salate, Pilze, Tomaten- und Nudelgerichte verwendet; es eignet sich auch hervorragend für Fischsaucen und Fleischspeisen (ein Muss im Ossobucco), aber auch für Käsegerichte.

Bohnenkraut:
»Pfefferkraut« hat einen pfefferähnlichen kräftigen Geruch und Geschmack und würzt nicht nur Bohnen und andere Hülsenfrüchte, sondern versteht sich auch mit Eintöpfen und deftigen Suppen recht gut.

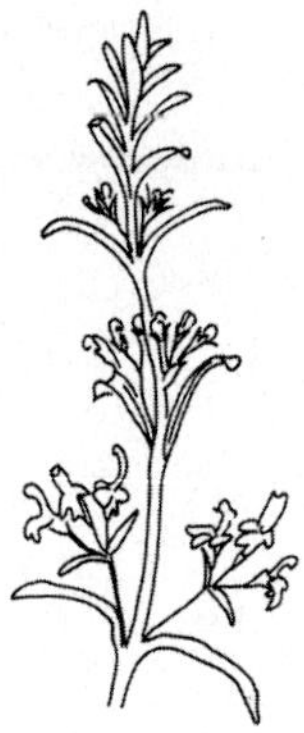

Borretsch:
Das »Gurkenkraut« riecht und schmeckt frischen Gurken sehr ähnlich und fühlt sich in knackigen Salaten und frischen Gemüsen sehr wohl. Besonders erwähnenswert sind die ausgezeichneten Kombinationsmöglichkeiten für Kräutermischungen mit Borretsch, so etwa mit Melisse, Bohnenkraut und Liebstöckel.

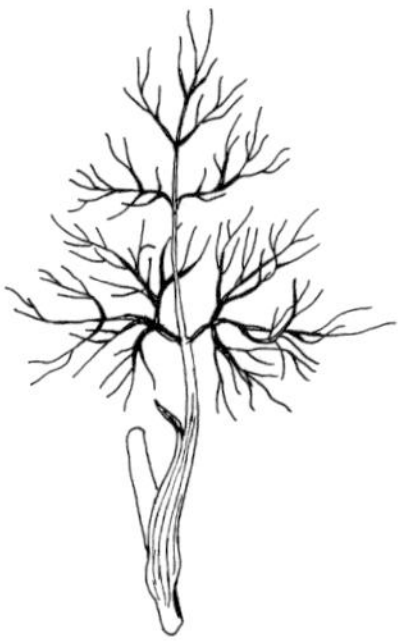

Dille:
Frisch-würzig und leicht süßlich präsentiert sich die Dille. Das stärkste Aroma haben die jungen Blätter, und da vor allem die Dillspitzen.
Dille ist gut für eingemachte Gemüse, Saucen, Graved Lachs und Fischgerichte im Allgemeinen zu verwenden. Dille soll auch eine entkrampfende und entzündungshemmende Wirkung haben.

Estragon:
»Bertram« schmeckt leicht bitter und ein wenig nach Anis. Er harmoniert mit Fleischsorten wie Geflügel- und Kalbfleisch, verträgt sich mit südlichen Gemüsen wie Paradeisern, Auberginen und Zucchini, aber auch mit Pilz- und Eiergerichten.
Für die Sauce béarnaise ist er unverzichtbar, Fisch und Steak werden mit Estragon zur Delikatesse.
Aber Vorsicht! Sparsam verwendet, bringt Estragon eine Idee Raffinesse in die Gerichte und verstärkt vor allem den Geschmack der Kräuter. Ein klein wenig zu viel, hat jedoch schon manche Speise ungenießbar gemacht.

Kerbel:
Kerbel hat einen leicht anisartigen, fast süßlichen Geschmack und passt hervorragend in cremige Suppen. Selbst einige deftige Gerichte, wie Erdäpfel- oder Paradeissuppe, schmecken mit Kerbelkraut.
Dieses »Kraut« sollte immer sehr frisch eingekauft werden, denn die Kerbelblätter verlieren schon nach wenigen Tagen ihr Aroma.

Liebstöckel:
Die Blätter des »Maggikrauts« erinnern im Geschmack und Geruch an Suppenwürze. Dementsprechend findet der »Luststock«, wie ihn die Kärntner nennen, seinen Platz in Suppen, Saucen und Eintopfgerichten.

Lorbeer:
Der Duft frischer Lorbeerblätter erinnert an Zitrone und Muskat. Lorbeer ist ein unverzichtbarer Bestandteil des Bouquet garni (Kräutersträußchen, siehe Glossar) und findet somit in allen Suppen und Saucen seinen Platz.

Majoran:
Das Gewächs, das 330 v. Chr. die Pflanze der griechischen Liebesgöttin war, schmeckt leicht süßlich, ähnlich dem Thymian, aber mit noch mehr Duft und wird oft zur Wurstherstellung verwendet; aber auch für Geflügel und als klassisches Gulaschgewürz findet das Lieblingsgewürz der Wiener Verwendung. Innereien, wie geröstete Leber, »Nierndln« oder Bruckfleisch, sind ohne Majoran undenkbar.

Melisse:
Die Zitronenmelisse schmeckt etwa so, wie frische Zitronenschale riecht. Sie eignet sich besonders für:
Wildgerichte, Salate, Kräutersaucen, Fruchtkaltschalen, Topfen-, Fisch- und Fleischgerichte.
Melisse, in einer Sauce aufgekocht, verliert das frische Aroma!

Minze:
Die Pfefferminze ist mit ihrem mentholartigen und nahezu »kühlem« Geschmack sehr vielseitig einsetzbar:
Tee, Speiseeis, Fruchtsalate, Lammgerichte, Erdäpfel, Saucen und Desserts sind die beliebtesten »Einsatzorte« der unzähligen Minzesorten.

Oregano:
Der »Majoran des Mittelmeerraums« mit seinem angenehmen leicht bitteren, stark aromatischem Geschmack, wird für Pizza, Tomatengerichte, Käse (vor allem für Schafkäse), Pilzgerichte und Gemüsesuppen verwendet. Mit Kräutern wie Thymian, Rosmarin oder Basilikum kombiniert, zaubert man einen Hauch von Mittelmeerromantik auf den Teller.

Rosmarin:
Zeigt sich intensiv bitter und kampferartig im Geruch und Geschmack. Rosmarin sollte mit den Speisen gegart werden. Braune Saucen, Tomatengerichte, Erdäpfel, Zucchini, Champignons, Kalb- und Schweinefleischgerichte, Geflügel, Lamm, Kaninchen und Wild sind die Speisen, mit denen Rosmarin recht gut zurande kommt.

Salbei:
Salbei schmeckt leicht bitter und riecht aromatisch-würzig. Salbei ist nicht nur der Hauptdarsteller der berühmten Kalbsschnitzelchen »Saltimbocca alla romana«, er bringt auch in Tomatengerichte, Nudeln, Innereien, Geflügel-, Kaninchen-, Wild- und Fischspeisen ein wenig südländisches Temperament.

Thymian:
Der Thymian schmeckt leicht beißend und bitter.
Erdäpfel-, Geflügel- und Wildgeflügelgerichte, Wild, Lamm, Kaninchen und Ragouts können mit Thymian gewürzt werden. Zitronenthymian riecht nicht so streng und schmeckt ein wenig nach Zitronenschale. Dieser Thymian gibt Lammgerichten eine besondere Note.

Ysop:
Ysop wurde schon im Mittelalter als Heil- und Gewürzpflanze kultiviert, schmeckt etwas bitter und muss daher vorsichtig dosiert werden.
Für Eiergerichte, Erdäpfelsuppen, Gemüsesalate und Kräutertopfen geeignet; ganz besonders raffiniert werden Spargelgerichte mit Zitrone und Ysop.

Folgende Kräuter sollten besonders sparsam verwendet werden:
- Beifuß,
- Estragon,
- Ysop,
- Thymian.

Frisch schmecken diese Kräuter am besten:
- Borretsch,
- Dille,
- Kerbel,
- Petersilie,
- Schnittlauch und
- Zitronenmelisse.

Einige Kräuter und Gewürze verlieren beim Tiefkühlen an Aroma, z. B.:
- Anis,
- Bohnenkraut,
- Majoran,
- Muskat,
- Paprika,
- Pfeffer und
- Senf.

Bei anderen Kräutern und Gewürzen wird das Aroma in der Tiefkühltruhe verstärkt, z. B. bei:
- Basilikum,
- Dill,
- Estragon,
- Salbei und
- Thymian.

Kräutermischungen:
Fines Herbes ist die klassische französische Kräutermischung und besteht aus Petersilie, Schnittlauch, Estragon und Kerbel.

Provence-Kräuter sind Basilikum, Thymian, Rosmarin, Lorbeer und eventuell auch Lavendel. Eine italienische (Salat-) Kräutermischung ist Basilikum, Oregano, Salbei und Rosmarin.

Blattsalate

Mehr als nur eine Modeerscheinung ist die große Auswahl an Blattsalaten. Alle diese Salate haben einen hohen Anteil an Vitamin A und C, sind beliebt wegen ihres hohen Gehalts an Mineralstoffen und fördern Verdauung und Blutbildung. Mit langer Lagerung, Erhitzung und zu langem Wässern geht der Großteil dieser Wirkstoffe verloren. Die meisten Vitamine und Mineralstoffe befinden sich in den äußeren Blättern.

Batavia ist abgesehen von seinem braun-rot gekrausten Rand dem Häuptelsalat sehr ähnlich. Er wird dementsprechend wie grüner Salat verarbeitet.

Chicorée wird in dunklen Kellerräumen oder in Treibhäusern unter Lichtausschluss aufgezogen und enthält daher kein Blattgrün (Chlorophyll). Sein Bitterstoff wirkt gallenflussfördernd und appetitanregend. Wäscht man diese »Brüsseler Spitzen« mit lauwarmem Wasser, wird der bittere Geschmack ein wenig gemildert. Chicorée kann auch mit Schinken oder Speck umwickelt oder gefüllt, gedünstet oder gebraten als Beilage, Garnitur oder Vorspeise verwendet werden.

Eichblattsalat schmeckt nussig und leicht bitter. Er erinnert ein wenig an Löwenzahn. Seine zarten grünlich bis rostbraunen Blätter welken sehr rasch.

Eisbergsalat oder Pummerlsalat mit seinen festen Blättern unterstreicht in Blattsalatmischungen die knackigen Geschmackserlebnisse.

Endivie ist mit ihrem gallen- und harntreibenden Bitterstoff vor allem als Rohkost nicht so leicht verdaulich wie die anderen Salate.

Feldsalat, Vogerlsalat oder Rapunzel mit seinem frischen, zarten Aroma mischt man zumeist mit anderen Salaten. Er wird auch gerne als Garnitur verwendet.

Friséesalat ist eine gekrauste Endivienart und vor allem wegen seiner optischen Vorzüge als Garnitur zu kalten Vorspeisen beliebt. Friséesalat wird immer mit anderen Blattsalaten gemischt, da sich auf seinen schlanken, gezahnten Blättern die Salatmarinade nicht gut hält.

Gartenkresse eignet sich durch ihre blutreinigende Eigenschaft hervorragend als Bestandteil der Frühjahrskur. Mit ihrem rettichartigen Aroma können Blattsalatmischungen geschmacklich aufgewertet werden.

Jägersalat oder Chinakohl ist im Gegensatz zu anderen Kohlarten leicht verdaulich und wirkt nicht blähend. Chinakohl kann nicht nur feinnudelig geschnitten als Salat verwendet werden, sondern schmeckt auch wie Kohl zubereitet als Gemüsebeilage sehr gut.

Kopf- oder Häuptelsalat verliert rasch seine Wirkstoffe und sollte daher immer sehr frisch verwendet werden.

Häuptelsalat, womöglich noch zerkleinert, in kaltem Wasser liegen zu lassen, zählt zu den Todsünden der Salatzubereitung, denn damit können die meisten Nähr- und Wirkstoffe zerstört werden.
Die sehr beliebten Salatherzen enthalten leider wesentlich weniger Mineralstoffe als die äußeren Blätter.

Lollo rosso ist ein rostbrauner gekräuselter Salat, der im Geschmack und in der Empfindlichkeit dem Eichblattsalat sehr ähnlich ist.

Radicchio ist ein kleinköpfiger, roter, ähnlich dem Chicorée leicht bitter schmeckender Salat.

Rucola war, will man alten Mythen Glauben schenken, ein Muss in Aphrodites Liebesgarten. Die »Rauke« wird heute noch als Aphrodisiakum gehandelt. Allenfalls gibt Rucola mit seinem kräftigen Nuss- und Rettichgeschmack jeder Salatvariation einen gewissen Pfiff.

Wildsalate

Eine Sonderstellung nehmen in der Salatküche die Wildgewächse ein, vor allem dann, wenn diese selbst gesammelt werden. Wie beim Sammeln von Pilzen ist auch hier eine gute Kenntnis der Salatarten notwendig.
Einige Tipps, die man beherzigen sollte:

- Zum Sammeln von Wildkräutern und -salaten immer luftdurchlässige Körbe verwenden, Plastikkübel sind dazu ungeeignet.
- Plätze abseits von Straßen und gedüngten Äckern suchen.
- Am späten Nachmittag und vor der Blüte enthalten Wildsalate die meisten Wirkstoffe.
- Wildsalate immer mit leicht gesalzenem Wasser kurz, aber sorgfältig waschen.
- Die Mineralstoffe der Blätter nicht durch langes Wässern oder durch wässrige Marinaden auslaugen.
- Bittere Pflanzen am besten mit neutral schmeckenden Blättern mischen.

Bärlauch kann man im März und April in den Wäldern sammeln. Geruch, Geschmack und Eigenschaften sind dem Knoblauch sehr ähnlich. Der »Knoflspinat«, wie er in Wien gerne liebevoll genannt wird, eignet sich nicht nur als Bestandteil von raffinierten Blattsalatmischungen, er wird auch gerne als Suppe oder als Gemüsebeilage zubereitet.

Breitwegerich passt für Mischsalate, macht sich aber auch in Suppen recht gut. Gesammelt werden im März und April die jungen Blätter.

Brennnessel wird vor allem wegen ihrer Heilwirkung geschätzt.
Sie wirkt sich günstig auf die Blutbildung und Darmregulierung aus, wirkt harntreibend und drüsenanregend. Diabetiker schätzen die Brennnessel wegen des günstigen Einflusses auf den Zuckerstoffwechsel. Die jungen Triebe, am besten mit anderen Wildsalaten, wie Löwenzahn,

Sauerampfer und Schafgarbe gemischt, sind die optimale Ergänzung des Speiseplans der Blutreinigungskur.

Brunnenkresse ist vor allem Vitamin-C- und karotinreich, fördert die Anregung der Verdauungsdrüsen und wirkt infektionsvorbeugend. Brunnenkresse wächst von April bis September vor allem an Ufern von Bächen und Quellen.

Gänseblümchen schmecken nicht nur in Salaten und Gemüsen, sie machen als Einlage in einer einfachen Erdäpfelsuppe diese zur Delikatesse. Verwendet werden die Blütenknospen und die Blätter. Ganz junge, noch harte Knospen in Essig eingelegt können wie Kapern verwendet werden.

Löwenzahn blüht von April bis Mai fast überall und zählt zu den wirkungsvollsten essbaren Wildgewächsen.
Die inneren zarten Blätter wirken durch ihren Gehalt an ätherischen Ölen drüsenanregend auf Magen, Darm und Galle.

Sauerampfer kann im Frühling und im Herbst gesammelt werden, hat einen hohen Vitamin-C-Anteil, wirkt blutbildend und regt die Darmtätigkeit an.
Sauerampfer wird immer mit anderen Wildsalaten gemischt oder fein geschnitten als Salatgewürz verwendet. Er eignet sich auch ausgezeichnet für die Zubereitung von Suppen und Saucen. Vorsicht! Die Dosis ist für die gesundheitsfördernde Wirkung ausschlaggebend, gerade beim Sauerampfer ist allzu viel ungesund.

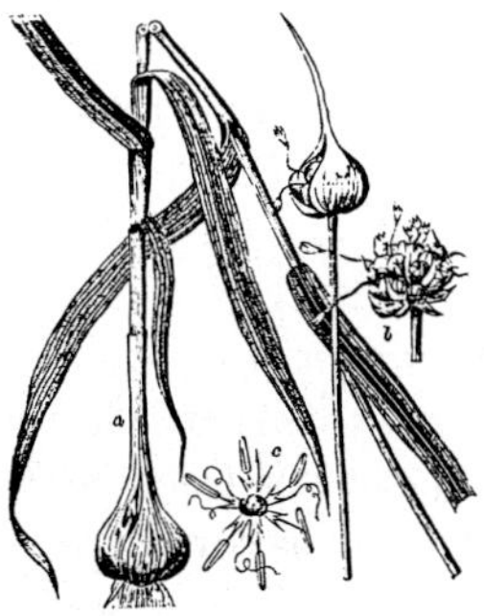

Grundzubereitungsarten

Um die Speisen bekömmlicher, schmackhafter und besser verdaulich zu machen, werden sie vielfach gegart, das heißt, mit Hilfe von Wärme zubereitet. Da nicht jede Garmachungsart für jedes Nahrungsmittel gleich gut geeignet ist, sollte man unter den nachfolgenden jeweils das für das verwendete Nahrungsmittel am günstigsten erscheinende Garverfahren wählen.

Sieden oder Kochen
Sieden oder Kochen ist eine Zubereitung in viel Flüssigkeit bei ca. 100 °C. Bei dieser Zubereitungsart gehen nahezu alle Nährstoffe und Geschmacksstoffe in den Kochsud über. Es wird vor allem dort angewendet, wo man den erhaltenen Kochsud zur Herstellung einer Suppe (Bouillon) oder einer Sauce oder als Aufgussmittel (Fond) benötigt. Gekocht werden Fleisch, Gemüse, aber auch Teigwaren, Reis usw.

Überkochen oder Weißkochen (Blanchieren)
Das Überkochen ist ein kurzes, meist vorbereitendes Kochverfahren. Das betreffende Nahrungsmittel wird in kochendes Wasser eingelegt, rasch aufgekocht und sofort abgeseiht. Das Verfahren hat den Zweck, das Aussehen oder den Geschmack zu verbessern, zum Beispiel Spinat grün zu erhalten, Fleisch weiß zu machen, bestimmten Gemüsesorten das Bittere oder Blähende oder den Geruch zu nehmen.

Garziehen oder Pochieren
Das Garziehen ist eine Zubereitungsart, bei der man das Kochgut in Flüssigkeit unter dem Siedepunkt ziehen, aber nicht kochen lässt. Man pochiert zarte Fische, Eierdunstkoch, Eier, zartes junges Fleisch und Geflügel sowie Früchte (Kompotte).

Dämpfen
Zarte, junge Nahrungsmittel werden am besten gedämpft. Es handelt sich um eine Zubereitung im Wasserdampf; d. h., das Kochgut kommt mit der Flüssigkeit nicht in Berührung. Dazu ist ein besonderes Geschirr mit Einsatz notwendig, um Wasser und Kochgut zu trennen.
Man dämpft Erdäpfel, junges, zartes Gemüse, aber auch Fische und Schinken, ebenso wie Mehlspeisen.

Kochen und Dämpfen unter Druck
Diese Garmachungsart erfolgt unter Druck in gut verschlossenen Spezialtöpfen. Durch kurze Garzeiten wird der Nährstoffverlust sehr gering gehalten. (Die Gebrauchsanleitungen des Druckkochtopferzeugers sind genau zu beachten.)

Braten
Braten ist eine Zubereitung in trockener Hitze, bei welcher dem Kochgut während des Kochverfahrens keine Flüssigkeit zugesetzt werden darf. Geschmacks- und Nährstoffe bleiben fast vollkommen erhalten. Zum Braten eignet sich das Fleisch junger Tiere.
Beim Braten hat man den Unterschied zwischen dunklem und hellem Fleisch zu beachten. Dunkles Fleisch ist extraktreich und daher sehr wohlschmeckend und saftig. Dazu gehören

Rind- und Schaffleisch. Diese Fleischgattungen werden nie ganz durchgebraten, sondern bleiben innen leicht rosa. Auch Wild, wie Reh, Hirsch, Wildschwein und Hase, wird beim Braten immer rosa gehalten.
Helles Fleisch ist weniger extraktreich. Dazu gehören Kalb-, Schweine- und Lammfleisch. Dieses Fleisch wird meist durchgebraten, soll aber dennoch saftig bleiben.
Anmerkung: Durchgebraten und dennoch saftig gebraten steht sehr oft im Widerspruch. Natürlich wird ein Schweinsbraten, sofern man den klassischen fetten Schopfbraten dazu verwendet, schon alleine durch seinen hohen Fettanteil auch nach sehr langer Bratzeit recht saftig bleiben. Kalbs- oder Schweinslungenbraten wird heute meist am Punkt, das heißt in der Mitte noch ein wenig rosig, gebraten. Junges Lamm durchzubraten ist ein Sakrileg. Man braucht das arme Tier nicht im Kochtopf ein zweites Mal zu töten.
Bratverfahren werden eingeteilt in:

1. Braten auf dem Herd
   Portionierte, kleine, zarte Fleischstücke, wie Koteletts, Steaks, Schnitzel, Fische, und auch bestimmte Gemüse, wie Paradeiser, Melanzani, Zwergkürbisse, Pilze usw., werden auf dem Herd gebraten. Es ist ein Zubereiten in heißem Fett ohne jede Flüssigkeitszugabe. Der Bratensaft wird durch Ablöschen des Bratensatzes gewonnen. Die Temperatur liegt zwischen 180 °C und 240 °C.

2. Braten am Rost (Grillen)
   Ein altes Kochverfahren; eine Zubereitung auf heißen Eisenstäben oder auf gerippter Platte bei direkter Hitzebestrahlung. Diese Zubereitungsform ist für portionierte, zarte, gewürzte und mit Öl bestrichene Fleischstücke, zartes, geteiltes Geflügel, Fische und Gemüse, wie Paradeiser, Champignons, Zwergkürbisse usw., geeignet. Die Temperatur liegt zwischen 250 °C und 150 °C. Bei kleinen Stücken starke Hitze, bei großen fallende Hitze.

3. Braten im Rohr
   Große, zarte Fleischstücke oder Fleischstücke von jungen Tieren sowie junges Geflügel, Wild und junges Wildgeflügel werden im Rohr gebraten. Die Zubereitung erfolgt in trockener Hitze ohne Flüssigkeitszugabe, jedoch unter Zugabe von Fett. Der Bratensaft wird aus dem Bratensatz des jeweiligen Bratguts hergestellt. Die Temperatur liegt zwischen 220 °C und 160 °C bei fallender Hitze.

4. Braten ganzer Stücke in Butter
   Besonders zarter Braten, meist Lungenbraten oder Geflügel, wird mit einer Röstgemüseunterlage im Rohr in Butter ohne Flüssigkeitszugabe zugedeckt gebraten. Die Temperatur sollte von 140 °C bis 180 °C ansteigend sein.
   Anmerkung: Heute ist das problematisch, denn Butter würde, durch den hohen Eiweißanteil in der Molke, zu schnell verbrennen. Um in Butter braten zu können, müsste man diese zuerst »klären«, also von der Molke befreien. Heute wird prinzipiell jedes Fleisch in Öl oder Butterschmalz gebraten und bei Bedarf am Ende in schäumender Butter geschwenkt.

5. Braten am Spieß
   Eines der ältesten Kochverfahren. Im Gegensatz zum Grillen wird hier das ganze Fleischstück bzw. das ganze Geflügel unter ständigem Drehen der direkten Hitzebestrahlung ausgesetzt. Gegrilltes und am Spieß Gebratenes werden trocken serviert.
   Das Braten am Spieß erfolgt zwischen 280 °C und 160 °C bei fallender Hitze.

Backen
Hier wird unterschieden zwischen:

1. Backen in heißem Fett schwimmend
   Eine Zubereitungsart für portionierte, zarte Fleischstücke, Fische, feine Gemüse und Früchte. Das Backgut wird in eine Hülle eingeschlossen, wobei das Garwerden des Nahrungsmittels und die Verkrustung der Hülle zur gleichen Zeit erfolgen sollte. Die Temperaturen liegen je nach Gargut zwischen 160 °C und 180 °C.

a) Das Backen natur oder auf französische Art. Das Backgut, meist Fisch oder zartes Gemüse, wird nach dem Würzen in Mehl gewälzt, schwimmend gebacken und knusprig serviert
b) Das Backen nach Wiener oder auch englischer Art: Das Backgut wird in Mehl, versprudeltem Ei und Semmelbröseln (Weißbrotbröseln) paniert und schwimmend gebacken.
c) Das Backen in Backteig: Kleine Stücke des vorbereiteten Backguts werden in Backteig (Milch-, Wein- oder Bierteig) getaucht und in heißem Fett schwimmend gebacken. Fisch, Fleisch, Innereien und Gemüse in Backteig bezeichnet man als »Fritot«, während man für Früchte den Ausdruck »Beignets« verwendet.

2. Backen im Rohr
   Teige und Massen für Kuchen, Torten, Gebäck und Ähnliches werden im Rohr gebacken. Die Lockerung des Teigs, das Aufgehen und Ausdehnen erfolgen durch Verdunsten der eingeschlossenen Flüssigkeit.

Durch Verkleisterung der Stärke und Umwandlung in Dextrin entsteht die braune Backkruste (Rinde).
Je nach Backgut sind Temperaturen zwischen 140 °C und 250 °C notwendig.

Dünsten
Ein Kochverfahren, bei welchem das Kochgut im eigenen Saft oder in einer Sauce mit mehr oder weniger Flüssigkeit gar gemacht wird. Die Art des Dünstens hängt vom Rohmaterial ab.

1. Dünsten von Fleisch

Hier unterscheidet man
a) das Braundünsten oder Schmoren,
b) das Naturdünsten und
c) das Kurzdünsten.

a) Braundünsten oder Schmoren
Dabei wird das betreffende Kochgut immer zuerst angebraten, und zwar bei etwa 200 °C. Der Zweck ist, die Geschmacksstoffe zu entwickeln und die Fleischsäfte am Auslaufen zu hindern. Um ein gutes Resultat zu erzielen, ist ein bereits fertiges Aufgussmittel (Fond) nahezu unerlässlich. Braungedünstet wird das Fleisch nicht mehr ganz junger Tiere, gleichgültig ob im Ganzen oder in portionierten Stücken. Anmerkung: Nicht das Alter der Tiere ist entscheidend, sondern die Art und die Qualität des Fleischteils. So wird das weiße Scherzel oder das Beinscherzel vom Rind nahezu immer braungedünstet, selbst dann, wenn das Tier noch recht jung war. Auch die Schulter und die Stelze von jungen Kälbern eignet sich zum Dünsten sehr gut.

b) Naturdünsten
Besser bekannt unter dem Begriff »Weißdünsten«. Das Kochgut wird vorher nicht angebraten. Es werden Geschmacksstoffe wie Zwiebeln unter Beigabe von Fett, Speck oder Butter angeröstet und das roh portionierte Fleisch in diesem fertigen Ansatz gedünstet. Typische naturgedünstete Gerichte sind die verschiedenen Gulasche, Pörkölt, Zwiebel- und Saftfleisch.

c) Kurzdünsten
Das roh portionierte Kochgut wird zuerst bei starker Hitze, bei 180 °C bis 240 °C, gleichmäßig angebraten. Dann lässt man es in einem extra zubereiteten Saft oder in einer Sauce ohne zu kochen gar ziehen, z. B. geröstete Leber, Nieren, Lungenbratengulasch, sautiertes Huhn.

2. Dünsten von Gemüse
Grüngemüse wird unter Beigabe von Butter ohne jede Flüssigkeitszugabe gedünstet. Derbe Gemüse, wie Kohl- und Krautarten, werden mit Fett oder Speck und fetter Suppe gedünstet.

3. Dünsten von Früchten
Die Früchte werden in einer Zuckerlösung gedünstet. Um ein Auslaugen zu verhindern und einen Verlust der Geschmacksstoffe zu vermeiden, werden zuerst entsprechend der Menge des Obstes Wasser und Zucker mit Gewürzen einige Minuten durchgekocht; dann erst werden die Früchte in der gesättigten Zuckerlösung gedünstet.

Glacieren
1. Glacieren von Fleisch
Bestimmte braun gedünstete Fleischspeisen werden glaciert. Dazu benötigt man einen sehr kräftigen, das heißt mit Knochenleim gesättigten, Geschmacksstoff (Fond). Das betreffende Fleischstück wird während des Dünstens im Rohr möglichst oft mit diesem Saft übergossen, wodurch es eine glänzende Schicht erhält. Diese verleiht ihm sowohl Farbe, guten Geschmack als auch ein schönes Aussehen.
2. Glacieren von Gemüse
Die Zubereitung erfolgt mit wenig Wasser, Butter und Zucker. Während des Dünstens ver-

binden sich diese Zutaten zu einer sirupähnlichen Masse. Sie verleiht dem Kochgut eine glänzende Schicht und einen besonderen Geschmack. Karotten, Zeller und Weiße Rüben werden weiß, Zwiebeln und Kastanien braun glaciert.
Beim Braunglacieren wird der beigegebene Zucker bis zur hellen Bräunung geschmolzen, und anstelle von Wasser wird ein wenig kräftiger brauner Fond verwendet.

Gratinieren

Das Gratinieren wird als vollendende Garmachungsart bezeichnet. Das betreffende Kochgut, wie Fisch, Fleisch, Eier oder Gemüse, wird zuerst ganz oder nahezu fertig gegart und dann bei starker Oberhitze kurz überbacken (überkrustet). Für diesen Vorgang sind Käse und Butter erforderlich. Denn das Prinzip des Gratinierens beruht auf dem Ausflocken des in der Butter und im Käse enthaltenen Kaseins, das sowohl den charakteristischen Geschmack als auch die Bräunung verursacht.
Man unterscheidet weiß gratinierte Gerichte, die mit einer weißen Käsesauce (Sauce Mornay), und braun gratinierte Gerichte, die mit einer Kräutersauce (Sauce Duxelles) überzogen gratiniert werden. Anmerkung: Diese Unterscheidung verliert heute immer mehr an Bedeutung. So werden sehr viele Gemüsesorten, wie etwa Fenchel, Karfiol oder Broccoli, mit Butter, Weißbrotbröseln und Parmesan gratiniert. Für Fische, Spargel und Pilze verwendet man gerne Sauce hollandaise als Gratiniersauce. Kräuter-, Nuss- oder Pfefferkruste sind die Hits bei saftigen Fleischstücken und Zucker mit ein wenig Butter zu Karamel gratiniert, hat schon so manche Süßspeise zum knusprigen Geschmackserlebnis gemacht.
Ebenso gibt es naturgratinierte Gerichte. Meist sind es Gemüse, die bloß in zerlassene Butter getaucht und mit Käse bestreut überkrustet werden.

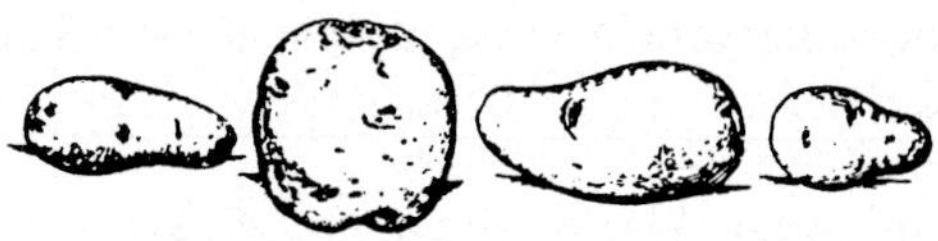

Suppen und Suppeneinlagen

Speziell in der österreichischen Küche sind Suppen sehr beliebt. Sie werden meist zu Beginn der Mahlzeiten serviert. In der klassischen Speisenfolge (Menüfolge) kommt die Suppe nach der kalten und vor der warmen Vorspeise.
Die Suppe hat in einer Zeit, in der man auf ernährungsphysiologische Grundsätze immer mehr Wert legt, keineswegs an Bedeutung verloren. Sie regt den Appetit und den Magen zur Tätigkeit an, wirkt belebend und gebundene Suppen tragen zu einem größeren Sättigungswert bei. Durch die zahlreichen Einlagen stellt sie eine große Bereicherung der Speisenfolge dar.
Man unterscheidet:

1. klare Suppen
2. gebundene Suppen
3. Spezial- und Nationalsuppen
4. kalte Suppen

Ansetzen von klaren Suppen

Rindsuppe

1. Knochen blanchieren
Die klein gehackten Rindsknochen (Fleisch- oder Blutknochen) in kochendes Wasser einlegen und kurz aufkochen lassen (blanchieren); sodann kalt abfrischen. Dabei gerinnen die Trübstoffe und werden mit einem Teil des gelösten Fetts abgeschwemmt.

2. Suppe ansetzen
Die blanchierten Rindsknochen werden nun mit kaltem Wasser zugestellt, sofort ein wenig gesalzen und langsam zum Kochen gebracht. Durch das Ansetzen mit kaltem Wasser werden die Knochen besser ausgelaugt, Geschmacksstoffe gehen in die werdende Suppe über. Leichtes Salzen löst auch die Eiweißstoffe aus den Knochen, die nur mit leicht salzhaltiger Flüssigkeit lösbar sind (Globuline). Vorsicht jedoch, wenn Fleisch mitgekocht wird, dann darf nur teilgesalzen werden, weil auch hier die Geschmacksstoffe ausgelaugt werden.

3. Abfetten und abschäumen
Eiweiß stockt bei etwa 60–70 °C und steigt mit den gebundenen Trübstoffen an die Oberfläche.
Der aufsteigende Schaum wird immer wieder abgeschöpft; diesen Vorgang nennt man »degraissieren«.

4. Rindfleisch in die kochende Suppe
Mit dem Einlegen des Fleisches in die kochende Flüssigkeit gerinnt das Fleischeiweiß und verstopft die Poren, der Fleischsaft kann somit nicht austreten, das Fleisch bleibt saftig. Wird auf das Fleisch kein Wert gelegt, kann man den Geschmack der Suppe verstärken, indem man das Fleisch kalt zustellt, damit es besser ausgelaugt wird.

5. Zwiebeln mit Schale
Ungeschälte Zwiebeln werden halbiert und an den Schnittflächen auf der Herdplatte (oder ohne Fett in einer Pfanne) sehr dunkel gebräunt. Farbe und Geschmack werden damit betont.

6. Suppe nun langsam mehr ziehen als kochen lassen und nicht zudecken. Zu rasches Kochen würde die Suppe trüben.

7. Etwa eine Stunde vor Beendigung der Kochzeit werden das Wurzelgemüse, die Aromaten (Pfefferkörner) und das Bouquet garni beigegeben.
• Das Bouquet garni besteht aus Lorbeer, Petersilienstängeln, Lauch, Zellergrün und eventuell Liebstöckel.

8. Wurzelwerk und Bouquet garni sollen nicht länger als eine Stunde in der Suppe kochen, damit das frische Gemüsearoma erhalten bleibt.
• Achtung!! Wenn das Fleisch weich ist, wird es aus der Suppe genommen. Die gesamte Kochzeit der Rindsuppe beträgt etwa 4 Stunden.

9. Abseihen und abschmecken
Das Abseihen der Suppe erfolgt am besten durch ein feuchtes Passiertuch (Etamin). Dieses Etamin sollte vor Gebrauch mit Wasser durchgespült werden, damit eventuelle Waschmittelreste entfernt werden.

Klären von Suppen

Das Klären von Suppen geschieht entweder durch Durchseihen durch ein dünnmaschiges Sieb oder, wenn sie trüb sein sollte, wie oben erwähnt durch Durchseihen durch ein Leintuch (Etamin).
Noch wirksamer wird das Klären erfolgen, wenn man vor dem Durchseihen ein bis zwei Eiklar mit kaltem Wasser leicht abschlägt und langsam in die kalte Suppe einschlägt; Eiklar verteilt sich gut und bindet die trüben Bestandteile. Oder wenn man rohe, fein gehackte oder faschierte, fett- und sehnenfreie Rindfleischabschnitte mit Eiklar und etwas Wasser vermischt, der überkühlten Suppe beimengt, alles zusammen nochmals aufkochen und etwa eine halbe Stunde ziehen lässt und die Suppe hernach durch ein Etamin seiht.

Aufbau der klaren Suppen

Je nach Verwendungszweck, ob nur Knochen, Wurzelgemüse und Aromaten verwendet werden, Fleisch mitgekocht wird oder gar die Rindsuppe mit Klärfleisch angesetzt wird, kann die geschmackliche Fülle der Suppe gesteigert werden.
Man unterscheidet:

a) Sude, Brühen oder Fonds
Sie werden hauptsächlich aus Knochen, Wurzelgemüse und Aromaten, vor allem aber ohne Fleisch zubereitet und nur ganz schwach abgeschmeckt. Sude oder Fonds werden zum Weiterverarbeiten verwendet. Sie dienen als Aufgussmittel für Suppen oder Saucen.

b) Fleischsuppen, Bouillons
Die servierbereiten Suppen. In den Brühen wird Fleisch mitgekocht.
Rindsuppe, klare Wildsuppe, Fischsuppe und Hühnersuppe sind nur einige Beispiele.

c) Kraftsuppen, Consommés
Wurzelwerk und das entsprechende Fleisch wird faschiert, mit Eiklar gebunden (Klärfleisch) und mit der kalten Fleischsuppe angesetzt.

d) Doppelte Kraftbrühen, Essenzen, Consommés doubles
Kraftbrühen werden ein zweites Mal mit Klärfleisch angesetzt. Diese Essenzen werden sehr gerne mit verschiedenen Aromen betont, z. B. Zelleressenz, Morchelessenz, Spargelessenz, aber auch in der heißen Jahreszeit als kalte, gelierende Suppe gereicht. Die Portionsgröße muss wesentlich kleiner gehalten werden als bei den herkömmlichen Suppen.

Sude, Brühen oder Fonds

Weißer Knochensud (Bouillon blanc)

3 l Wasser
500 g Rindsknochen (Fleisch- oder Blutknochen)
20–50 g Zwiebeln
200 g Wurzelgemüse (Karotten, Gelbe Rüben, Petersilienwurzel, Zeller, Lauch)
Bouquet garni (Lorbeerblatt, Petersilienstängel, Lauch, Zellergrün)
Aromaten (Salz, Pfefferkörner, evtl. Muskatnuss)

• Wird die Suppe, wie im vorigen Kapitel beschrieben, ohne Fleisch angesetzt, erhält man die Bouillon blanc. Dieser Knochensud dient vor allem zum Aufgießen von Suppen und Saucen.

Weißer Kalbsfond

3 l Wasser
500 g Kalbsknochen (Fleisch- oder Blutknochen)
¼ l Weißwein
20–50 g Zwiebeln
200 g Wurzelgemüse (Karotten, Gelbe Rüben, Petersilienwurzel, Zeller, Lauch)
Bouquet garni (Lorbeerblatt, Petersilienstängel, Lauch, Zellergrün, Thymian)
Aromaten (Salz, Pfefferkörner, evtl. Muskatnuss)

1. Knochen blanchieren
Die klein gehackten Kalbsknochen in kochendes Wasser einlegen und kurz aufkochen lassen (blanchieren); sodann kalt abfrischen. Dabei gerinnen die Trübstoffe und werden mit einem Teil des gelösten Fettes abgeschwemmt.
2. Suppe ansetzen
Die blanchierten Kalbsknochen werden nun mit kaltem Wasser zugestellt, sofort ein wenig gesalzen und langsam zum Kochen gebracht.
3. Abfetten und abschäumen
Der aufsteigende Schaum wird immer wieder abgeschöpft; Weißwein beifügen.
4. Zwiebeln ohne Schale beigeben.
Dieser Fond sollte sehr hell sein, daher wird im Unterschied zur Rindsuppe die Zwiebel geschält.
5. Fond nun langsam mehr ziehen als kochen lassen und nicht zudecken.
6. Etwa eine Stunde vor Ende der Kochzeit werden das Wurzelgemüse, die Aromaten und das Bouquet garni beigegeben.
7. Die Kochzeit beträgt etwa 4 Stunden.
8. Abseihen und abschmecken.

Geflügelfond

Hühnerfond, Entenfond, Ganslfond
3 l Wasser
500 g Geflügelklein und Innereien vom Geflügel
¼ l Weißwein
20–50 g Zwiebeln
200 g Wurzelgemüse (Karotten, Gelbe Rüben, Petersilienwurzel, Zeller, Lauch)
Bouquet garni (Lorbeerblatt, Petersilienstängel, Lauch, Zellergrün, Rosmarin)
Aromaten (Salz, Pfefferkörner)

1. Geflügelklein gut wässern.
2. Nun mit kaltem Wasser zustellen, sofort ein wenig salzen und langsam zum Kochen bringen.
3. Abfetten und abschäumen.
Der aufsteigende Schaum wird immer wieder abgeschöpft; Weißwein beifügen.
4. Zwiebeln ohne Schale und Wurzelgemüse in grobe Würfel schneiden und beigeben.
5. Die Aromaten (Pfefferkörner) und das Bouquet garni beigeben.
6. Fond nun langsam mehr ziehen als kochen lassen und nicht zudecken.
7. Die Kochzeit beträgt etwa 1 Stunde.
8. Abseihen und abschmecken.

Fischfond

2 l Wasser
500 g Fischanschnitte von weißen Fischen
¼ l Weißwein
20–50 g Zwiebeln
40 g Fenchel
40 g Stangensellerie
200 g Wurzelgemüse (Karotten, Gelbe Rüben, Petersilienwurzel, Zeller, Lauch)
Bouquet garni (Lorbeerblatt, Petersilienstängel, Lauch, Zellergrün, Basilikum)
Aromaten (Salz, Pfefferkörner)

1. Fischanschnitte, Köpfe und Gräten gut wässern.
2. Nun mit kaltem Wasser zustellen, sofort ein wenig salzen und langsam zum Kochen bringen.
3. Abfetten und abschäumen
Der aufsteigende Schaum wird immer wieder abgeschöpft.
4. Weißwein oder Noilly Pratt beifügen.
5. Zwiebeln ohne Schale und das Gemüse in Scheiben schneiden und beigeben.
6. Die Aromaten und das Bouquet garni beigeben.
7. Fond nun langsam mehr ziehen als kochen lassen und nicht zudecken.
8. Die Kochzeit beträgt etwa 30 Minuten.
9. Abseihen und abschmecken.

• Nur Fischanschnitte und Gräten von weißen Fischen verwenden. Die Verwendung von Lachsanschnitten würde den Fond geschmacklich beeinträchtigen.
• Keine Häute von Fischen verwenden.
• Köpfe von Kiemen befreien, da der Fond ansonsten einen bitteren Nachgeschmack bekommen könnte.
• Die Kochzeit nicht überschreiten, da der Fond »tranig« schmecken würde.

Tipp: Viele Küchenchefs lassen die Fischanschnitte und das Gemüse in ein wenig Olivenöl bei schwacher Hitze, ohne dass das Kochgut Farbe annimmt, »anlaufen«. Der Eigengeschmack der verwendeten Fischsorte wird damit betont. Ein Zanderfond schmeckt so zubereitet ganz anders als ein Fond, der aus einer Seezunge hergestellt wird.

Fleischsuppen

Rindsuppe (Bouillon)

Zutaten für 1 l fertige Rindsuppe (etwa 5 Portionen)
3 l Wasser
600 g Rindfleisch (Tafelspitz, Schulterscherzel, Beinfleisch etc.)
300 g Rindsknochen (Fleisch- oder Blutknochen)
20–50 g Zwiebeln
200 g Wurzelgemüse (Karotten, Gelbe Rüben, Petersilienwurzel, Zeller, Lauch)
Bouquet garni (Lorbeerblatt, Petersilienstängel, Lauch, Zellergrün)
Aromaten (Salz, Pfefferkörner, evtl. Muskatnuss)
Schnittlauch zum Anrichten

Zubereitung siehe Ansetzen von klaren Suppen

Hühnersuppe

Im Hühnerfond wird ein Suppenhuhn mitgekocht. Heute werden auch gerne Hühnerkeulen anstelle des Suppenhuhns genommen. Einlage: Suppennudeln, das in Würfel geschnittene Hühnerfleisch (Fachausdruck = Salpikon) und das in Würfel geschnittene Gemüse, das in der Suppe mitgekocht wurde.

Klare Fischsuppe

1 l Fischfond
300 g beliebiger weißer Fisch (Zander, Hecht, Scholle, Seezunge, Seeteufel oder ähnliche weiße Fische)
150 g Wurzelgemüse
50 g Fenchel
50 g Stangensellerie
100 g Paradeiser
1 El Pernod

Fisch enthäuten, entgräten und in Würfel schneiden. Gemüse putzen, schälen und in kleine Würfel schneiden (Brunoise). Paradeiser etwa 10 Sekunden in kochendem Wasser überbrühen, schälen, vierteln und dann in kleine Würfel schneiden (Tomates concassées). Fischwürfel und Brunoise im Fischfond gar ziehen lassen (Pochieren)
Abschließend mit Pernod abschmecken.

Klare Wildsuppe

10 Portionen Reh, Hirsch, Gämse usw.
300 g Wildknochen
200 g Wildparüren
20–50 g Zwiebeln
200 g Wurzelgemüse (Karotten, Gelbe Rüben, Petersilienwurzel, Zeller, Lauch)
2 g Öl zum Anbraten
¼ l Rotwein
3 l Wasser
50 g Bouquet garni (Lorbeerblatt, Petersilienstängel, Lauch, Zellergrün, Rosmarin, Thymian)
Aromaten (Salz, Pfefferkörner, Wacholder)
etwas Gin
evtl. Schale von einer Orange
evtl. Sherry oder Portwein

1. Wildknochen und Parüren werden langsam in Öl angebraten.
2. Wenn die Knochen Farbe angenommen haben, wird das Mirepoix (geröstetes Wurzelgemüse) beigefügt und weiter angeröstet.
3. Mit Rotwein ablöschen, mit Wasser auffüllen und langsam aufkochen lassen.
4. Halbierte und an den Schnittflächen angebratene, ungeschälte Zwiebel dazu.
5. Laufend degraissieren.
6. Aromaten beifügen. Besondere Geschmacksnuancen werden mit der Beigabe von etwas Orangenschale erreicht.
7. Eine Stunde vor Beendigung der Kochzeit das Bouquet garni dazugeben.
8. Die Kochzeit beträgt etwa 4 Stunden.
9. Suppe durch ein Etamin passieren.
10. Mit Gin abschmecken. Zur geschmacklichen Vollendung eignet sich hier auch trockener Sherry oder Portwein.

Consommés

Kraftbrühe (Consommé)

Für 10 Portionen
3 l Rindsuppe
Klärfleisch:
250 g Rindfleisch
100 g Karotten
50 g Zeller
50 g Gelbe Rüben
50 g Lauch
Klar von 3 Eiern
Salz, schwarze Pfefferkörner

Klärfleisch:
Wurzelwerk und Rindfleisch grob faschieren. Eiklar und Salz unter das Faschierte mischen und im Kühlschrank etwa 1 Stunde rasten lassen.
Kraftbrühe zustellen:
Kalte Rindsuppe mit dem Klärfleisch zustellen. Nur so lange umrühren, bis der Klärkuchen nach oben steigt, sonst legt sich das Eiklar an, und die Suppe ist rettungslos verloren! Ist eine Temperatur von etwa 60 °C erreicht, steigt der Klärkuchen langsam an die Oberfläche und bindet gleichzeitig alle Trübstoffe. Achtung: Ab diesem Moment darf nicht mehr umgerührt werden, da man die Trübstoffe wieder in die Suppe rühren würde. 2 Stunden langsam kochen lassen. Durch ein feuchtes Etamin vorsichtig abseihen und das restliche Fett entfernen. Kraftbrühen müssen sehr kräftig im Geschmack, fettfrei und klar sein. Geschmacksdominante Einlagen sollten vermieden werden. Selbst Schnittlauch würde den geschmacklichen Facettenreichtum der Consommé übertönen. Als geschmackliche Ergänzung eignet sich trockener Sherry hervorragend.

Hühnerconsommé

Für 10 Portionen
3 l Hühnerfond
Klärfleisch:
250 g Faschiertes vom Huhn
Klar von 3 Eiern
Salz
100 g Karotten
50 g Gelbe Rüben
50 g Zeller
50 g Lauch
Salz.

Die Zubereitung erfolgt wie bei der Rinderconsommé.

Wildconsommé

Für 10 Portionen
3 l Wildfond
Klärfleisch:
250 g faschiertes Wildfleisch
Klar von 3 Eiern
Salz
100 g Karotten
50 g Gelbe Rüben
50 g Sellerie
50 g Lauch
Salz

Die Zubereitung erfolgt wie bei der Rinderconsommé.

Fasanenconsommé

Die Zubereitung erfolgt wie bei der Rinderconsommé.

Für 10 Portionen
3 l Fasanenfond
Klärfleisch:
250 g faschiertes Fasanenfleisch
Klar von 3 Eiern
100 g Karotten
50 g Gelbe Rüben
50 g Zeller
50 g Lauch
Salz.

Consommé von Fischen

Die Zubereitung erfolgt wie bei der Rinderconsommé. Die Kochzeit beträgt jedoch höchstens 1 Stunde.

Für 10 Portionen
3 l Fischfond
Klärfleisch:
250 g faschierter Fisch
Klar von 3 Eiern
100 g Karotten
50 g Gelbe Rüben
50 g Zeller
50 g Lauch
Salz

Gemüsefond

(Gemüsekraftsuppe als Suppe und Aufgussmittel für vegetarische Suppen und Saucen)
Das Gemüse wird gewaschen, geputzt, klein geschnitten und in Öl oder Fett goldgelb angeröstet. Geschnittene Zwiebel zugeben und mitrösten, mit Wasser aufgießen, Pfefferkörner, Neugewürz und Lorbeerblatt dazugeben; nach kurzer Kochzeit salzen. Nach einer halben Stunde Kochen abseihen und abschmecken.

100 g Petersilienwurzel
100 g Karotten
50 g Zeller
50 g Kohl
10 g Öl
20 g Zwiebeln
1 ¼ l Wasser
5 Pfefferkörner
3 Neugewürzkörner
1 Lorbeerblatt
Salz

Klare Suppen mit Einlagen

Rindsuppe mit Schnittgemüse (Julienne)

1 l Rindsuppe
20 g Karotten
20 g Kohlrabi
20 g Zeller
20 g Lauch
20 g Gelbe Rüben
30 g Kohl
Petersilie
evtl. 2 El trockener Sherry

Karotten, Kohlrabi, Zeller und Gelbe Rüben werden nudelig geschnitten und in Salzwasser blanchiert. Hierauf fügt man den nudelig geschnittenen Kohl und Lauch hinzu und lässt das Gemüse knackig kochen. Beim Anrichten gibt man das blanchierte Gemüse und die gehackte Petersilie in die Suppe. Eventuell mit trockenem Sherry vollenden.

Klare Suppe mit Pilzen und Karotten

1 l Rindsuppe
etwas von dem mitgekochten Rindfleisch
160 g Pilze (je nach Saison) z. B. Champignons, Steinpilze, Morcheln
Saft von 1 Zitrone
20 g Butter
Salz, Pfeffer aus der Mühle
Muskatnuss
100 g Karotten
Kerbel
Schnittlauch

Die Pilze der Saison werden geputzt, in Würfel geschnitten, mit Salz, Muskatnuss und ein wenig Zitronensaft gewürzt und mit den geputzten, ebenfalls würfelig geschnittenen Karotten in Butter angedünstet. Dann wird mit Rindsuppe (siehe Seite 95) aufgefüllt. Die Pilze und die Karotten dieser Gemüsesuppe langsam gar ziehen lassen. Ein Teil des in der Rindsuppe gekochten Rindfleisches wird kleinwürfelig geschnitten als Einlage beigefügt. Mit fein geschnittenem Schnittlauch und gezupftem Kerbel servieren.
Tipp: Auch mit anderen Kräutern, wie etwa Koriander oder Estragon, kann dieser Suppe ein besonderes Aroma verliehen werden.

Rindsuppe mit Kohl und Reis (Kohlminestra)

1 ¼ l Rindsuppe
100 g Kohl
gedämpfter Kohl:
10 g Öl
¼ l Wasser
gedämpfter Reis:
50 g Reis
20 g Butter
¼ l Wasser
20–30 g Parmesan

Feinnudelig geschnittener Kohl und Reis werden jeder für sich in Fett oder Butter und Wasser weich gedämpft. Der Reis wird mit geriebenem Parmesan vermengt. Kohl und Reis werden, sobald sie weich sind, in die heiße Rindsuppe eingelegt.
Anmerkung: Stärkehältige Einlagen werden selten in der Suppe mitgekocht, da diese dabei sehr leicht trüb werden kann.

Rindsuppe mit Rollgerste (Graupen)

1 ¼ l Rindsuppe
½ l Salzwasser
60 g Rollgerste
Schnittlauch oder Petersilie

Die Rollgerste wird in kochendes Salzwasser eingelegt und während des Aufkochens umgerührt. Weich gekocht, wird die Rollgerste abgeseiht, kurz kalt abgeschwemmt und in die heiße Suppe eingelegt, wo man sie noch etwa 10 Minuten ziehen lässt. Die Suppe wird mit Schnittlauch oder gehackter Petersilie bestreut angerichtet.

Rindsuppe mit Grieß

1 ¼ l Rindsuppe
80 g Weizengrieß
30 g Öl

Der Grieß wird in Fett hellbraun geröstet, unter beständigem Rühren in die kochende Suppe eingegossen und 10 Minuten gekocht.
Tipps: Mitrösten von fein geschnittenen Pilzen oder Suppengemüse. Anstelle der Rindsuppe kann man auch einen Selchfond verwenden.

Panadelsuppe

1 ¼ l Rindsuppe
2 Semmeln
2 Eier

Die Semmeln werden entrindet und dünnblättrig geschnitten in der Rindsuppe durchgekocht und mit der Schneerute verrührt. Dann die verschlagenen Eier darin verrühren.

Hühnersuppentopf

1,6 l Wasser
1 kg Suppenhuhn
50 g Karotten
50 g Gelbe Rüben
50 g Petersilienwurzel
50 g Lauch
50 g Zeller
50 g Zwiebeln
Liebstöckel
Aromaten (Salz, Pfefferkörner, Lorbeer)
Einlage:
10 g Erbsen
20 g Butter
Zitronensaft
50 g Champignons
40 g Suppennudeln

Das Suppenhuhn ausnehmen, gut waschen und in kaltem Wasser mit etwas Salz zustellen. Die Suppe aufkochen lassen. Dann die geschälte Zwiebel, die Aromaten und das geputzte Wurzelgemüse beifügen. Wenn das Suppenhuhn und das Gemüse weich sind, aus der Suppe nehmen und kalt abfrischen. Achtung: Das Huhn und das Gemüse haben unterschiedliche Garzeiten. Das Hühnerfleisch von den Knochen lösen. Huhn und Gemüse in kleine Würfel schneiden (Salpikon) und als Einlage bereithalten. Einlage: Die Champignons werden blättrig geschnitten, mit Salz, Pfeffer und Zitronensaft gewürzt und in Butter angedünstet. Die Suppennudeln und die Erbsen werden in Salzwasser gekocht. Alle Einlagen, mit Ausnahme der Suppennudeln, werden nun mit der Suppe noch einmal aufgekocht. Vor dem Servieren werden der fein geschnittene Schnittlauch und die vorgewärmten Suppennudeln der Suppe beigefügt.

Suppeneinlagen

Teigeinlagen

Nudeln

100 g griffiges Mehl
1 Ei
einige Tropfen Essig

Das Mehl wird auf das Nudelbrett gehäuft; in der Mitte wird eine Vertiefung gemacht. Ei und einige Tropfen Essig hineingeben, mit einem Messer verrühren und dann mit der Hand zu einem festen Teig abarbeiten. Den Teig teilt man in zwei Teile, knetet jeden Teil noch etwas durch und walkt einen Teil nach dem anderen auf dem mit Mehl bestreuten Brett sehr dünn aus. Die Flecken lässt man auf dem Brett liegen, bis sie getrocknet sind. Hierauf rollt man jeden Fleck für sich zusammen und schneidet daraus 1–2 mm breite Streifen, lässt sie (ca. 2 Minuten) in Salzwasser kochen, bis sie an der Oberfläche schwimmen, seiht sie ab und gibt sie dann erst in die heiße Rindsuppe.
Tipp: Wenn hausgemachte Nudeln getrocknet und aufbewahrt werden, halten diese länger, wenn der Teig nicht gesalzen wird.

Reibgerstel

100 g griffiges Mehl
1 Ei
einige Tropfen Essig

Man bereitet einen sehr festen Nudelteig zu (siehe voriges Rezept), reibt ihn auf einem Reibeisen zu einem Gerstel, breitet dieses auf dem Brett aus und lässt es trocknen. Das Reibgerstel kann durch Bähen oder Anrösten in Fett schmackhafter gemacht werden. Verarbeitet man Strudelteigreste zu Reibgerstel, so röstet man diese stets an, da Teige ohne Ei sonst beim Einkochen zergehen.

Tropfteig (Eingetropftes)

ca. 60 g Mehl
2 Eier
Salz

Eier, Mehl und Salz werden in einer Schale sehr gut verquirlt oder mit einer Gabel glatt verrührt. Eine Viertelstunde ziehen lassen und entweder mit der Schale oder einem kleinen Trichter in kochende Rindsuppe eintropfen lassen, wobei man die Schale oder den Trichter möglichst hochhält und immer hin und her schwenkt. Bei größeren Mengen hilft man sich mit einem Dressiersack und einer kleinen glatten Tülle. Man lässt das Eingetropfte nur einmal aufkochen.

Käsetropfteig

Unter den Tropfteig werden 30 g geriebener Parmesan gemischt.

Gebackene Tropfteigerbsen

Man verfertigt einen Tropfteig und lässt ihn allmählich durch ein Reibeisen in heißes Fett eintropfen und darin braun backen. Auf Küchenkrepp abtropfen lassen.

Brandteigkrapferln

$\frac{1}{10}$ l Milch oder Wasser
20 g Butter
40 g Mehl
1 Ei
Salz
Backfett:
100 g Öl, Butterschmalz oder
Cerespapier

Aus siedender Milch, Butter, Mehl, Salz und Ei wird ein Brandteig zubereitet, aus dem man mit dem Spritzsack kleine Krapferln oder Kugerln formt. Diese werden in mäßig heißem Fett unter öfterem Umwenden mit dem Backlöffel langsam gebacken, bis sie allseitig braun sind. Dann werden sie herausgefasst, auf ein Sieb oder ein Küchenkrepp gelegt und warm gestellt. Oder zumindest auf einen gesonderten Teller, damit sie sich durch etwaiges längeres Liegen in der Suppe nicht allzu sehr erweichen. Die Krapferln werden zu Rindsuppe serviert.
Anmerkung: Die Krapferln können auch auf einem nassen Blech im Rohr gebacken werden. Dann wird allerdings Wasser zur Teigbereitung verwendet.

Frittaten (Backnudeln)

$\frac{1}{4}$ l Milch
100 g Mehl
1 Ei
Salz
Backfett:
20 g Öl

Die kalte Milch und das Mehl werden glatt verquirlt. Ei und Salz werden eingerührt. In einer Pfanne lässt man so viel Fett heiß werden, dass die Pfanne gut befettet ist, gießt mit einem Schöpfer etwas von der Masse auf, schwenkt die Pfanne, damit die Masse ganz dünn auseinander fließt und bäckt die Frittaten auf beiden Seiten gelb. Die Frittaten werden überkühlt, zusammengerollt, in dünne Nudeln (ungefähr 2 mm breit) geschnitten und als Einlage in die Rindsuppe gegeben.
Tipp: Fein gehackte, grüne Petersilie dem Teig beimengen.

Nockerln

Mehlnockerln

60 g Butter
1 Ei
100 g Mehl
$\frac{1}{16}$ l Milch
Salz

Die Butter wird flaumig abgetrieben; dann mengt man Ei, Mehl, Salz und Milch dazu und schlägt den Teig glatt ab. Dieser wird hierauf mit einem Löffel in Form kleiner Nockerln in kochendes Salzwasser eingelegt und 10 Minuten langsam zugedeckt gekocht. Vor dem Servieren legt man die Nockerln in Rindsuppe ein.

Butternockerln

60 g Butter
2 Eidotter
1 Semmel
2 El Milch für Semmel
Salz
Klar von 1–2 Eiern
100 g griffiges Mehl
$\frac{1}{16}$ l Milch

Die Butter wird flaumig abgetrieben; hierauf werden die Dotter, die in Milch aufgeweichte, gut ausgedrückte, passierte Semmel und das Salz eingerührt und mit Schnee, der Milch und Mehl vermengt. Dieser Teig wird mit einem Löffel in Form kleiner Nockerln in kochendes Salzwasser eingelegt und 10 Minuten lang gekocht. Vor dem Servieren legt man die Nockerln in Rindsuppe ein.

Lebernockerln

Lebernockerln werden aus derselben Masse wie die Leberknödel (siehe Seite 105) hergestellt.
Anmerkung: Anstelle der Semmelbrösel etwa 20 g griffiges Mehl verwenden.

Grießnockerln

50 g Butter
1 Ei
100 g Weizengrieß
(Maisgrieß)
Salz

Zu flaumig gerührter Butter gibt man Ei, Salz und Grieß und lässt die Masse 10 Minuten anziehen. Hierauf formt man Nockerln, legt sie in kochendes Salzwasser ein und lässt sie 10 Minuten langsam kochen. Mit etwas kaltem Wasser abschrecken, zudecken und weitere 10 Minuten ziehen lassen. In Rindsuppe auftragen.

Knödel

Bei Knödeln ist zu empfehlen, vorerst einen Probeknödel zu formen und einzukochen, damit man je nach Bedarf Mehl oder Flüssigkeit beimengen kann.

Semmelknödel

3 Semmeln
etwas Zwiebel
Petersilie
30 g Butter
1/16 l Milch
Salz
1 Ei
25 g griffiges Mehl

Die Semmeln werden kleinwürfelig geschnitten. Dann röstet man die Zwiebel und die Petersilie in Fett an und gibt sie über die Semmeln. Die Milch wird mit Ei und Salz abgesprudelt und über die Semmeln gegossen. Sobald diese genügend weich sind, vermengt man sie mit Mehl und formt, mit nassen Händen, Knödel mit einem Durchmesser von ungefähr 3 bis 4 cm daraus. Die Knödel werden 10 Minuten in leicht wallendem Salzwasser gekocht und dann in die fertige Rindsuppe eingelegt.

Speckknödel

Bei Speckknödeln wird statt Fett Speck verwendet, der kleinwürfelig geschnitten und goldgelb geröstet wird. Die Zubereitung ist dieselbe wie vorstehend angeführt, Zwiebel und Petersilie können weggelassen werden.

Bröselknödel

40 g Butter
1 Ei
2 Semmeln
Salz
40 g Semmelbrösel
Petersilie

Die flaumig gerührte Butter wird mit Ei, fein gehackter Petersilie, in Wasser erweichten und wieder ausgedrückten Semmeln, Salz und Semmelbröseln verrührt. Aus dem Gemisch, das man eine Viertelstunde stehen lässt, werden kleine Knödel geformt, die man 5 Minuten in Salzwasser kocht, mit einem Sieblöffel herausnimmt und in die Suppe einlegt. Diese Knödel können auch in heißem Fett gebacken werden, finden jedoch gekocht mehr für Einmachsuppen und Ragouts Verwendung. Gebackene Bröselknödel werden kleiner als die gekochten hergestellt.

Gebackene Mandel-Kräuter-Knöderln

40 g Butter
1 Ei
6 Scheiben Toastbrot
Salz, Muskatnuss
0,25 Bund Petersilie
0,25 Bund Kerbel
10 g Schnittlauch
20 g Basilikum
100 g geriebene Mandeln
250 g Butterschmalz

Das Toastbrot wird entrindet; die Hälfte wird in Wasser eingeweicht, die andere Hälfte in kleine Würfel geschnitten. Die flaumig gerührte Butter wird mit dem Ei, den Kräutern, dem in Wasser erweichten und wieder ausgedrückten Toast, Salz, Muskatnuss und Toastbrotwürfeln verrührt. Aus dem Gemisch, das man eine Viertelstunde stehen lässt, werden kleine Knödel geformt, die in Mandelbröseln gewälzt und in heißem Butterschmalz frittiert werden.
Anmerkung: Diese Knödel, mit Vollkorntoastbrot hergestellt und in einer klaren Gemüsesuppe mit Gemüseeinlage serviert, eignen sich besonders gut für die vegetarische Küche.

30 g Speck
¼ l Milch
60 g Weizengrieß oder
100 g Maisgrieß
1 Ei
Salz

Speckgrießknödel

Der kleinwürfelig geschnittene Speck wird in einer kleinen Kasserolle goldgelb geröstet und dann mit Milch aufgegossen. Sobald die Milch kocht, mengt man den Grieß hinein, den man auf dem Herd so lange mit der Milch verrührt, bis daraus eine sehr dicke Masse geworden ist, die sich vom Löffel löst. Dann lässt man sie erkalten. Die erkaltete Masse wird mit dem Ei vermengt, gesalzen, zu kleinen Knödeln (2 cm Durchmesser) geformt, die man 5 Minuten in leicht siedendem Salzwasser zugedeckt kocht und unmittelbar vor dem Auftragen mit der fertigen Rindsuppe übergießt.
Anmerkung: Sollte sich die Masse nicht formen lassen, gibt man 1–2 Löffel heißes Wasser dazu.

100 g Schweineleber und -milz
1 Semmel
40 g Butter
etwas Zwiebel
Petersilie
1 Ei
Salz
Pfeffer
Majoran
30–40 g Semmelbrösel

Leberknödel

Rindsleber und Milz werden mit der erweichten, ausgedrückten Semmel faschiert. Dazu mengt man fein gehackte, in Fett angeröstete Zwiebelstücke und Petersilie, Ei, Salz, Pfeffer, Majoran und Semmelbrösel und lässt das Gemisch anziehen. Hierauf formt man kleine Knödel daraus, die im Salzwasser 10 Minuten gekocht werden.

Schöberln

Bei der Zubereitung von Schöberln ist Folgendes zu beachten:
1. Der Schnee darf erst unmittelbar vor dem Backen der Schöberln in die Schöberlmasse gemischt werden.
2. Zum Backen der Schöberln bedient man sich kleiner Backbleche oder Tortenformen, die auf der Innenseite mit nicht ganz geschmolzener Butter ausgepinselt und dann gleichmäßig mit Mehl bestreut werden. In die derart vorbereitete Wanne füllt man die Schöberlmasse ein und bäckt sie so lange im Rohr, bis sie sich an der Seite ablöst. Backzeit bei mäßiger Hitze: 15–20 Minuten. Das fertige Gebäck wird auf ein Brett gestürzt und nach dem Erkalten in recht- oder schiefwinkelige Stücke geschnitten.
3. Im Haushalt werden Schöberln zumeist auf einem gut erwärmten Teller gesondert zur Rindsuppe gereicht, in Gasthäusern jedoch kurz vor dem Auftragen in die Suppe eingelegt.

Mehlschöberln

30 g Butter
1 Eidotter
1 Ei
40 g Mehl
ca. 3 El Milch
Salz
Klar von 1 Ei
Butter und Mehl für die Form

Die flaumig gerührte Butter wird mit Dotter, Ei, Salz, Mehl, Milch und kurz vor dem Backen mit dem steifen Schnee des Eiklars vermengt und entweder in einer Pfanne oder in einer Biskuit- oder Tortenform gebacken und in gleichmäßige Stücke geschnitten.

Biskuitschöberln (Eischneeschöberln)

Klar von 3 Eiern
Salz
3 Eidotter
60 g Mehl
Butter und Mehl für die Form

In den mit Salz steif ausgeschlagenen Schnee des Eiklars rührt man vorsichtig Dotter und Mehl ein, füllt die Masse etwa fingerhoch in eine ausgestrichene, ausgestaubte Form und bäckt sie im vorgeheizten Rohr.

Semmelschöberln

30 g Butter
1–2 Eidotter
2 Semmeln
Salz und Petersilie
Klar von 2 Eiern
Butter und Mehl für die Form

Die Butter wird flaumig gerührt und mit den Dottern, den in Wasser erweichten, gut ausgedrückten, passierten Semmeln, fein gehackter Petersilie, Salz und dem steifen Schnee des Eiklars vermengt. Die Masse wird in einer befetteten, bemehlten Tortenform gebacken und in Würfel geschnitten.

Kohlschöberln

30 g Butter
1–2 Eidotter
1 ½ Semmeln
50 g Selchfleisch, gekocht
100 g Kohl
Petersilie
20 g Butter oder Fett
etwas Zwiebel
Salz und Pfeffer
Klar von 1–2 Eiern
Butter und Mehl für die Form

Die flaumig gerührte Butter wird mit den Dottern, den in Wasser erweichten, ausgedrückten Semmeln, dem kleinwürfelig geschnittenen, gekochten Selchfleisch, dem nudelig geschnittenen, in Butter oder Fett mit fein gehackten Zwiebeln und Petersilie gedünsteten Kohl, Salz, Pfeffer und dem festen Schnee des Eiklars vermengt. Das Gemisch wird in einer befetteten, bemehlten Tortenform gebacken. Sollte die Masse zu weich sein, so festigt man sie mit Semmelbröseln.

Milzschöberln

Zubereitung wie Semmelschöberln unter Beimengung von 100 g geschabter, passierter Schweinemilz.

Grießschöberln

¼ l Milch
Salz
50 g Weizengrieß (Maisgrieß)
20 g Butter
1 Eidotter
Klar von 1 Ei
Butter und Mehl für die Form

Die siedende Milch wird mit Grieß und Salz so lange gekocht, bis das Gemisch sehr dick ist und sich vom Löffel löst. Nach dem Erkalten rührt man die mit dem Dotter verrührte Butter ein und fügt den steifen Schnee des Eiklars hinzu. Die Masse wird in einer befetteten, bemehlten Tortenform gebacken und in Würfel geschnitten.

Leberschöberln

Leberschöberln werden wie Semmelschöberln zubereitet, nur gibt man noch 100 g faschierte Leber dazu.

Hirnschöberln

Ebenfalls Zubereitung wie Semmelschöberln, nur wird 100 g in Butter geröstetes Hirn dazugemengt.

Schinkenschöberln

Auch Zubereitung wie Semmelschöberln – und 50 g gekochtes, gehacktes Selchfleisch dazumengen.

Dunstkoch

Dunstkoch kann in kleinen Dunstkoch- oder Puddingformen (d. h. so genannten Dariolformen) oder in großen, ganz schmalen Formen zubereitet werden. In kleinen und schmalen Formen werden sie schneller gar und sind weniger der Gefahr ausgesetzt, durch Zusammenfallen unansehnlich zu werden. Solange die Dunstkoch noch warm sind, lassen sie sich schlecht in glattrandige Stücke schneiden, weshalb man sie vor dem Teilen überkühlen lässt, vor der Einlage in die Suppe jedoch wieder über Dunst erhitzt.

Eierstich (Royal)

⅛ l Milch
2 Eidotter
2 Eier
Salz
Butter für die Form

Die Milch wird mit den Dottern, Eiern und Salz versprudelt, in befettete Dunstkochformen gefüllt, eine Dreiviertelstunde in Dampf ganz langsam pochiert – das heißt, dass das Wasser nicht aufkochen darf –, gestürzt, nach dem Erkalten in Scheiben geschnitten und in Rindsuppe oder Consommé serviert. Der Eierstich kann mit Tomatenmark rot oder mit gekochtem, passiertem Spinat grün gefärbt werden.
Anmerkung: Man kann das Dunstkoch auch mit einem Kaffeelöffel in Form kleiner Nockerln ausstechen, die man in den mit Rindsuppe gefüllten Teller einlegt.

Erdäpfeldunstkoch

40 g Butter
2 Eidotter
100 g gekochte Erdäpfel (150 g wenn roh)
15 g Mehl
Salz und Muskatnuss
1 El Milch
Klar von 2 Eiern
Butter und Mehl für die Formen

In die flaumig gerührte Butter mengt man die Dotter, die gekochten, passierten, ausgekühlten Erdäpfel, Mehl, Salz, Muskatnuss, Milch und den Schnee des Eiklars. Weitere Zubereitung wie Eierstich.

Grießdunstkoch

¼ l Milch
20 g Butter
40 g Weizengrieß (Maisgrieß)
1 Eidotter
Salz und Muskatnuss
Klar von 1 Ei
Butter und Mehl für die Formen

In die siedende Milch mengt man Butter und Grieß und rührt alles auf dem Herd so lange, bis sich die Masse vom Löffel löst. Nach dem Erkalten mischt man noch Dotter, Salz, sehr wenig Muskatnuss und den festen Schnee des Eiklars hinzu.

Hirndunstkoch

150 g Kalbshirn
½ Zwiebel
Petersilie
10 g Fett
Salz und Pfeffer
1 Ei
Butter und Mehl für die Formen

Das gewaschene, gehäutete Rinds- oder Kalbshirn wird 1 Minute lang in heißes Wasser gelegt (blanchiert), hierauf fein gehackt, nebst etwas Zwiebel und fein geschnittener Petersilie in Fett leicht angeröstet, gesalzen und gepfeffert. Nach dem Erkalten verrührt man das Hirn mit dem Ei, füllt es in kleine befettete und bemehlte Dunstkochformen und gart es eine halbe Stunde im Dampf. Man kann das Hirndunstkoch auch mit einem Butterabtrieb zubereiten – siehe Leberdunstkoch.

Leberdunstkoch

40 g Butter
2 Eidotter
60 g Rindsleber oder Kalbsleber
1 Semmel
20 g Speck
½ Zwiebel
Petersilie
Salz
Pfeffer
Majoran
Klar von 2 Eiern
Butter und Mehl für die Formen

Die Butter wird flaumig gerührt; dann mengt man die Dotter und die Leber, die man mit der in Wasser erweichten, ausgedrückten Semmel faschiert hat, dazu. Dann gibt man kleinwürfelig geschnittenen Speck, der vorher mit etwas gehackter Zwiebel und Petersilie angeröstet worden ist, Salz, Pfeffer, eine Prise Majoran und zum Schluss den steifen Schnee der Eiklar dazu. (Man kann das Dunstkoch auch ohne Butterabtrieb bereiten; siehe Hirndunstkoch).

Strudel

Lungenstrudel

Lungenstrudelfülle:
250 g Kalbslunge
Pfefferkörner
½ Zwiebel
20 g Butter
etwas Zwiebel und Petersilie
1 Ei
Salz
Pfeffer
Majoran
Strudelteig (½ Masse des Rezepts für Strudelteig auf Seite 420)

Die Lunge (Beuschel) wird in Salzwasser, dem man Pfefferkörner und Zwiebel beifügt, weich gekocht und dann fein gehackt. Danach gibt man die in Butter geröstete, fein gehackte Zwiebel und Petersilie dazu und rührt das Ei, Pfeffer, Salz und eine Prise Majoran ein. Nach dem Erkalten streicht man das Gemisch auf zwei Drittel eines dünn ausgezogenen Strudelteigs, rollt diesen ein, teilt ihn mit einem bemehlten Kochlöffelstiel in kleine Stücke, die man mit dem Messerrücken durchschneidet, drückt die Teigenden zusammen, damit die Fülle nicht herausquillt und kocht den Strudel eine Viertelstunde in siedendem Salzwasser.
Anmerkung: Der Strudel kann statt gekocht auf einem befetteten Blech oder in Fett gebacken werden. Diese Fülle kann auch auf Frittaten gestrichen werden (siehe Lungenrolle).

Fleischstrudel

Wird wie Lungenstrudel zubereitet, nur dass man statt Lunge gekochtes oder gebratenes Fleisch verwendet (siehe oben).

Luftstrudel

Petersilie
Salz
Butter
Strudelteig (½ Masse des Rezepts für Strudelteig auf Seite 420)

Die fein gehackte Petersilie und das Salz gibt man in zerlassene Butter und betropft damit einen dünn ausgezogenen Strudelteig. Der Teig wird zusammengerollt, auf ein Blech gelegt, in heißem Rohr gebacken, einige Male mit heißer Suppe oder Fett bestrichen und dann in Stücke geschnitten.

Rouladen (Rollen)

Fleischroulade

⅟₁₆ l Milch
15 g Butter für Brandteig
15 g Mehl
1 Eidotter
Salz
Pastetengewürz
150 g Kalbsschulter
Frittaten:
⅛ l Milch
50 g Mehl
1 Ei
10 g Öl
Klar von 1 Ei zum Bestreichen
20 g Champignons
10 g Butter zum Anrösten
10 g Butter für die Serviette

Fleischrollen mit Béchamelsauce:
In die siedende Milch gibt man die 15 g Butter und, wenn diese aufkocht, mengt man das Mehl ein und rührt diese Masse am Herd so lange, bis sie die Form eines Knödels angenommen hat. Nach dem Erkalten mischt man noch Dotter, Salz, ein wenig Pastetengewürz und fein gehacktes Kalbfleisch dazu. Dieses Gemisch streicht man auf vier in Form eines Vierecks nebeneinander liegende, mittels Eiklar aneinander geklebte Frittaten. Dann streut man noch in Butter gedünstete Champignons darüber und formt aus dem Ganzen eine Rolle, die in eine mit Butter befettete Serviette eingewickelt, mit Spagat umwunden und 1 Stunde in siedendem Wasser gekocht wird. Sobald die Rolle überkühlt ist, schneidet man sie in Scheiben und reicht sie zur Suppe. Die Rolle kann auch in Alufolie (glänzende Seite innen) eingewickelt und etwa 1 Stunde im Backrohr (180 °C) gebacken werden.

Lungenroulade

Frittatenteig:
⅛ l Milch
50 g Mehl
Salz
1 Ei
100 g Fett zum Ausbacken
Klar von 1 Ei zum Bestreichen
Fülle:
150 g Kalbslunge (Kalbsbeuschel)
etwas Zwiebel
5 Pfefferkörner
20 g Fett
100 g Zwiebeln
Petersilie
1 Ei
Salz und Pfeffer
20 g Butter für die Serviette

Es werden vier Frittaten gebacken. Diese werden so nebeneinander gelegt, dass sie ein Viereck bilden. Die aufeinander liegenden Ränder werden mit Eiklar bestrichen. Das so geformte Teigviereck wird mit Fülle bestrichen, gerollt, in eine mit Butter bestrichene Serviette gebunden und in Salzwasser 1 Stunde gekocht. Erkaltet, wird die Rolle in Scheiben geschnitten und zu brauner Rindsuppe gereicht. Fülle: Kalbslunge (Kalbsbeuschel) wird in Salzwasser mit Zwiebel und Pfefferkörnern weich gekocht, dann gehackt und hierauf mit in Fett angerösteten, fein gehackten Zwiebeln und grüner Petersilie, dann mit Ei, Salz und Pfeffer vermengt.

Milzroulade

30 g Butter
1 Ei
2 Semmeln
Petersilie
Salz
40–50 g Semmelbrösel
100 g Kalbsmilz
10 g Öl
etwas Zwiebel
Majoran
20 g Butter für die Serviette

Die flaumig gerührte Butter wird mit dem Ei, den in Wasser erweichten, ausgedrückten, passierten Semmeln, mit fein gehackter Petersilie, Salz und Semmelbröseln verrührt. Das Gemisch wird halbiert. Aus der ersten Hälfte formt man eine Rolle. Die zweite Hälfte vermengt man mit fein geschabter, passierter Milz, in Fett angerösteten Zwiebelstückchen, Majoran und zur Festigung noch mit etwas Semmelbröseln. Das dunkle Gemisch wird in der Länge der weißen Rolle und in einer deren Umfang entsprechenden Breite ½ bis 1 cm dick auf eine stark mit Butter bestrichene Serviette gestrichen. Die weiße Rolle wird auf das dunkle Gemisch gelegt, samt diesem mit der Serviette umhüllt, mit Spagat umwunden, in kochendes Salzwasser gelegt und 1 Stunde gekocht. Dann wird die Rolle herausgenommen, in kaltem Wasser kurz abgeschreckt, nach einigen Minuten aus der Serviette gerollt, nach dem Überkühlen in Scheiben geschnitten und zur Suppe gereicht.

Weitere Einlagen

Leberreis

Zutaten wie bei Leberknödeln (siehe Seite 105)
40 g griffiges Mehl zum Festigen

Das Gemisch lässt man eine halbe Stunde anziehen, dann wird es durch ein verkehrt gehaltenes grobes Reibeisen in siedende Suppe gedrückt. Einmal aufkochen lassen und danach zur übrigen klaren Suppe geben.

Parmesanreis

40 g Margarine oder Butter
1 Ei
50 g Parmesan
30 g Brösel
Salz

Man treibt die Margarine (oder Butter) ab, rührt das Ei, den geriebenen Hartkäse, die Brösel und etwas Salz ein und drückt die Masse durch ein umgekehrtes Reibeisen in die abgeseihte, siedende Rindsuppe, in welcher man sie höchstens 2 Minuten kochen lässt.

Gebackene Milzschnitten (Milzcroûtons)

etwas Zwiebel
Petersilie
10 g Fett
30 g Butter
50 g Kalbsmilz
Salz, Pfeffer
Muskatnuss
2 Semmeln oder Weißbrotscheiben
100 g Fett
1 Ei

Die fein gehackte Zwiebel und die Petersilie werden in Fett angeröstet. Nach dem Erkalten werden sie der flaumig gerührten Butter beigemengt, die man außerdem noch mit einem Ei, geschabter, passierter Milz, Salz, Pfeffer und Muskatnuss vermischt. Man streicht das Gemisch ½ cm dick auf dünne Semmelschnitten und bäckt sie auf einem befetteten Blech im Rohr oder in heißem Fett, indem man sie mit der belegten Seite zuerst ins heiße Fett legt. Man reicht sie noch warm zu Rindsuppe.

Lebercroûtons

Werden ebenso zubereitet.

Käsecroûtons

2 Semmeln
50 g Butter
50 g Parmesan oder Hartkäse

Die 2 Semmeln (oder 4 kleine Salzstangerln) werden abgerindet, in ½ cm dicke Scheiben geschnitten, in zerlassene Butter getaucht, in geriebenem Käse gedreht und auf einem Blech bei schwächerer Hitze hellgelb gebacken. Diese Croûtons eignen sich sowohl als Einlage in klare Suppen als auch als Beigabe zu Tee.

Fleischtascherln (Schlickkrapferln)

Nudelteig:
80 g Mehl
1 Ei
10 g Butter
½ Ei zum Bestreichen
Fülle:
30 g Butter
etwas Zwiebel
Petersilie
150–200 g gebratenes oder gekochtes Fleisch
½ Ei
Salz und Pfeffer

Ein weich gehaltener ausgewalkter Nudelteig wird in 10 cm breite Streifen geschnitten. Diese Teigstreifen werden, 3 cm vom Rand entfernt, in Abständen von 4 bis 5 cm mit kleinen Häufchen aus nachstehend angegebener Fülle belegt. Rings um die Häufchen wird der Teig mit Ei bestrichen. Der frei gebliebene Rand des Teigs wird über die Fleischhäufchen gelegt und ringsherum festgedrückt. Dann werden mit Hilfe eines Krapfenausstechers halbkreisförmige Krapferln ausgestochen, in deren Mitte sich die Fleischfülle befinden muss. Diese »Tascherln« werden 15 Minuten in Salzwasser gekocht und in Rindsuppe eingelegt. Fülle: In heißem Fett werden zunächst die fein gehackte Zwiebel, das gegarte, faschierte oder gehackte Fleisch und die Petersilie angeröstet, mit Ei gebunden und mit Salz und Pfeffer gewürzt.

Gebundene Suppen

Creme- und Einmachsuppen

Basisrezept

Für 1 l Suppe:
30 g glattes Mehl
30 g Butter
¾ l Knochensud (weißer Fond)
¼ l Schlagobers
80 g Zwiebeln oder das Weiße vom Lauch
gehackte Kräuter oder Petersilie

Vollenden:

Einmachsuppen:
2 Eidotter
⅛ l Schlagobers

Cremesuppen:
70 g Butterflocken (eiskalt)
¼ l Schlagobers

Für das Basisrezept werden die angegebenen Zutaten und die Namen und Geschmack gebende Hauptzutat (Huhn, Champignons, Zeller, Lauch, Karfiol …) benötigt.

Zuerst wird eine helle Einmach zubereitet:
1. Butter wird in einer Marmite (Suppentopf) geschmolzen. Die fein gehackten Zwiebeln anschwitzen. Sehr gerne wird für Suppen, deren Grundmaterial nicht allzu geschmacksintensiv ist, anstelle der Zwiebeln das Weiße vom Lauch angeschwitzt. Auch eine Kombination von beiden ist möglich.
2. Stauben mit glattem Mehl.
3. Diese Zwiebeleinmach muss nun einmal aufschäumen, um der Suppe den Rohmehlgeschmack zu nehmen.
4. Mit der kochenden Flüssigkeit aufgießen; dabei mit dem Schneebesen laufend umrühren. Wenn die Einmach und der Aufguss die gleiche Temperatur haben, bilden sich sehr leicht Klumpen. Daher muss die Einmach kurz überkühlt werden, der Fond jedoch muss kochen, damit die Suppe dann schneller aufkocht und nicht so leicht anbrennen kann.
5. Namen gebenden Geschmacksträger (Spargel, Schwarzwurzel, Kohlsprossen …) beigeben und in der gebundenen Suppe weich oder kernig kochen.
6. Obers beifügen.
7. Montieren oder legieren (siehe unten).
8. Mit gehackten Kräutern oder Petersilie bestreuen.

Es werden grundsätzlich zwei Arten der Vollendung unterschieden:
1. Legieren ist eine Vollendung mit Eidottern und Obers. Eidotter und Schlagobers werden mit dem Schneebesen verrührt; dann werden etwa zwei bis drei Schöpfer der kochenden Einmachsuppe flott eingerührt. Diese so angewärmte »Liaison« wird dann in die Einmachsuppe gegeben.
• Die Suppe darf nun keinesfalls mehr aufkochen, da die Eidotter ausflocken würden!
Legierte Suppen nennt man Einmachsuppen.

2.Montieren ist die modernere Art, Suppen und Saucen zu vollenden. Eiskalte Butterflocken werden durch zügiges Rühren in die Suppe eingearbeitet. Vor dem Einarbeiten der Butterflocken wird den Suppen meist noch Schlagobers beigefügt. Auch darf die Suppe nach dem Montieren nicht mehr aufkochen, da sich die Butter sonst absetzen würde. Montierte Suppen nennt man Cremesuppen.

Knoblauchcremesuppe

1 l Rindsuppe
4–6 Zehen Knoblauch
½ Zwiebel
1/16 l Weißwein
Schnittlauch
40 g Butter
40 g glattes Mehl
¼ l Schlagobers
Brotschnitten
40 g Butter zum Montieren

Die fein gehackte Zwiebel wird in Butter hell angeröstet und mit Mehl gestaubt. Zerdrückten Knoblauch beifügen und kurz mitrösten lassen. Diese Zwiebel-Knoblauch-Einmach nun kurz überkühlen und mit siedender Rindsuppe und etwas Weißwein aufgießen und aufkochen. Schlagobers dazugeben und etwa 5–10 Minuten verkochen lassen. Eiskalte Butterflocken zügig einrühren und nicht mehr aufkochen. Man richtet die Suppe mit Brot- oder gerösteten Semmelschnitten an und bestreut sie mit Schnittlauch. Tipp: Anstelle des Weißweins nehme ich gerne Noilly Prat oder einen anderen trockenen Wermut.

Karfioleinmachsuppe

1 ¼ l Knochenbrühe
⅛ l Schlagobers
100 g Karfiol
Zum Legieren:
⅛ l Schlagobers
1 Eidotter
Einmach:
10 g Butter
20 g Mehl

Die Einmach gießt man mit dem Wasser, in dem man die als Einlage zu verwendenden Karfiolröschen gekocht hat, allenfalls auch mit Knochen- oder Fleischbrühe und Schlagobers auf und lässt alles gut verkochen. Dann wird mit dem Dotter, der mit Schlagobers versprudelt wurde, legiert (gebunden). Einlage: Außer Karfiolröschen kann man auch in Butter gedünstete Champignons oder gebähte Semmelschnitten in die Suppe geben, eventuell auch gekochtes Kalbfleisch, Erbsen und Ähnliches, auch Dillkraut, Petersilie oder frische Kräuter. Die beschriebenen Suppen können auch vegetarisch zubereitet werden, indem man statt der Rindsuppe den Gemüsesud von Seite 98 verwendet.

Karfiolsuppe (vegetarisch)

1 l Wasser
100 g Karfiol
Salz
Kümmel
¼ l Milch
60 g Zwiebeln
⅛ l Schlagobers
2 Eidotter zum Legieren
oder
40 g Butter zum Montieren
Einmach:
40 g Butter
40 g Mehl

Der Karfiol wird in kleine Röschen geteilt und dann in Salzwasser mit ein wenig Kümmel und Milch nicht allzu weich gekocht. Die hübschen Röschen werden in kaltem Wasser aufbewahrt, die minder schönen und der Strunk werden durch ein Sieb passiert oder mit ein wenig Karfiolsud im Mixglas (oder mit dem Stabmixer) püriert. Die fein gehackten Zwiebeln werden in der Butter angeschwitzt und mit dem Karfiolwasser aufgegossen. Das Karfiolpüree wird beigegeben und gut verkocht. Kurz vor dem Anrichten die beiseite gelegten Karfiolröschen beigeben. Abschließend wird die Suppe mit Eidotter und Obers legiert oder mit Butterflocken und Schlagobers montiert. Einlage: evtl. gebähte Semmelschnitten oder Croûtons.

Kastaniencremesuppe

etwas Öl
40 g Petersilienwurzel
40 g Gelbe Rüben
40 g Zeller
Salz, Pfefferkörner
200 g Hühnerklein
1 l Wasser
200 g Maroni
1 Eidotter
⅒ l Schlagobers
etwas weißer Rum oder Gin
Muskatnuss

Das feinblättrig geschnittene Wurzelwerk röstet man in Öl an, gibt dann das grob geschnittene Hühnerfleisch mit den Knochen oder das Hühnerklein hinein, röstet wiederum alles lichtbraun an und gießt mit Wasser oder Hühnersuppe auf. Das Ganze wird nun 1 Stunde verkocht, dann passiert. Die Maroni werden gekocht, geschält und passiert. Eine Viertelstunde vor dem Anrichten vermengt man die Suppe mit dem Kastanienpüree, legiert sie mit dem Dotter, den man vorher mit kaltem Obers abgerührt hat, seiht die Suppe nochmals durch, würzt sie mit Gin oder Baccardi, richtet sie in Tassen an und gibt etwas geschlagenes Obers darauf.

Zellersuppe

1 l Hühnersuppe
100 g Zeller
Saft von einer halben Zitrone
60 g Zwiebeln
¼ l Schlagobers oder
Sauerrahm
Einmach:
30 g Butter
30 g Mehl

Die Zellerknolle wird geschält, in kleine Würfel geschnitten und mit Zitronensaft beträufelt. Die fein gehackten Zwiebeln und die Zellerwürfeln werden in der Butter leicht angeröstet, mit dem Mehl gestaubt und mit der Hühnersuppe (auch Rindsuppe oder Gemüsefond ist möglich) aufgegossen, verkocht und mit Schlagobers oder versprudeltem Sauerrahm vollendet. Einlage: geröstete Semmelwürfel von 2 Semmeln, eventuell gekochtes, würfelig geschnittenes Selchfleisch. Diese Suppe findet etwas dicker gehalten, indem der Zeller püriert wird, auch als Sauce zu Rindfleisch Verwendung.

Spargelcremesuppe (vegetarisch)

250 g Suppenspargel
40 g Kristallzucker
1/16 l Weißwein
50 g Butter
Saft von 1 Zitrone
Einmach:
30 g Butter
30 g Mehl
1 l Spargelsud
Salz
1/16 l Schlagobers
50 g Butter zum Montieren

Der Spargel wird geschält und von den holzigen Enden befreit, in Salzwasser mit Weißwein, Kristallzucker, Zitronensaft und einem Stück Butter kernig gekocht und dann in kaltem Wasser abgefrischt. Die Einmach wird mit dem so entstandenen Spargelsud aufgegossen, nachgewürzt und mit dem Schlagobers gut verkocht. Abschließend wird mit eiskalten Butterflocken vollendet. Als Einlage dienen die in etwas Spargelsud wieder erwärmten Spargelstücke. Man kann aber auch den passierten Spargel in eine mit Spargelsud aufgegossene Einmach (aus 30 g Fett und 30 g Mehl) mengen und gut verkochen lassen (Spargelpüreesuppe).

Erdäpfelsuppe mit Steinpilzen und Rahm

1 1/4 l Rindsuppe
Einmach:
30 g Butter
30 g Mehl
etwas Zwiebel
10 g getrocknete Steinpilze
200 g Erdäpfel
Salz
Pfeffer
Majoran
gemahlener Kümmel
1/16 l Sauerrahm
Petersilie

Die fein geschnittene Zwiebel wird in Butter angeröstet und mit Mehl gestaubt. Dann gießt man mit Rindsuppe auf, lässt die Suppe gut verkochen und fügt Salz, Pfeffer, Kümmel, Majoran, die kleinwürfelig geschnittenen Erdäpfel und die in Wasser eingeweichten Steinpilze dazu. Kurz vor dem Anrichten gibt man versprudelten Rahm in die Suppe und lässt sie noch einmal aufkochen. Wenn die Suppe angerichtet ist, mit fein gehackter Petersilie bestreuen.
Tipp: Ganz wenig geschnittener Estragon unter die Petersilie gemischt gibt der Suppe eine besondere Geschmacksnote.

Champignonsuppe (Pilzsuppe)

1 1/4 l Rindsuppe
100 g Champignons oder andere Pilze nach Saison
20 g Butter
etwas Zwiebel
Petersilie
Salz und Pfeffer
etwas Zitronensaft
1/16 l Obers
2 Semmeln
Einmach:
30 g Butter
30 g Mehl

Die feinblättrig geschnittenen frischen Champignons (oder 150 g Herrenpilze oder Eierschwammerln) dämpft man in der Butter, in der man früher ein wenig fein geschnittene Zwiebel und Petersilie angeröstet hat. Dann bereitet man eine lichte Einmach zu, gießt die entsprechende Menge Rindsuppe oder Gemüsesud auf, salzt, pfeffert die Suppe und lässt sie gut verkochen. Danach gibt man die Pilze hinein, lässt sie noch 10 Minuten weiterkochen, würzt mit Zitronensaft und gibt zum Schluss Obers hinein. Man kann aber auch die passierten Pilze in einer Einmach mit etwas Paradeispüree vermischen, mit Suppe oder Wasser aufgießen und kurz verkochen lassen (Champignonpüreesuppe).
Als Einlage passen gebähte Semmelschnitten.
Anmerkung: Man kann die Suppe auch aus getrockneten Schwämmen herstellen, die man aber mindestens eine Stunde vor dem Dämpfen in kaltes Wasser legen sollte. Die Suppe kann auch aus Hallimaschen, Birkenpilzen u. ä. hergestellt werden. Macht man die Suppe aus getrockneten Pilzen, so genügen 20 g davon.

1 l Gemüsesud
300 g Kochsalat
40 g Butter
½ Zwiebel
20 g Mehl
200 g Erdäpfel
¼ l Schlagobers
Salz und Pfeffer
Petersilie

Kochsalatsuppe (vegetarisch)

Der Kochsalat wird geputzt, gewaschen, in Streifen geschnitten, in Butter, worin man die gehackten Zwiebel anlaufen ließ, gedämpft und nach dem Klarwerden mit Mehl gestaubt und schwach angeröstet. Dann gibt man Gemüsesud und Schlagobers darauf, lässt es kochen, gibt geschälte, kleinwürfelig geschnittene rohe Erdäpfel in die Suppe und lässt sie noch eine halbe Stunde kochen. Man salzt und pfeffert nach Geschmack und fügt die fein gehackte Petersilie dazu. Tipp: Beigabe von 50 g in Salzwasser gekochten Erbsen.

Kohlrabisuppe

Diese wird unter Verwendung von 2 Kohlrabi wie Kochsalatsuppe zubereitet, nur gibt man außer den geschnittenen Kohlrabi keine anderen Einlagen hinein. Vom jungen Kohlrabi können die zarten Blätter nudelig geschnitten und kurz vor der Vollendung zugegeben werden.

1 ¼ l Gemüsesud (oder Wasser)
2 Bund Radieschen
30 g Butter
30 g Mehl
Salz und Pfeffer
100 g Erdäpfel
Petersilie
1/16 l Sauerrahm

Radieschensuppe (vegetarisch)

Radieschen werden geputzt, gewaschen und in Scheiben geschnitten. In Butter anlaufen lassen. Dünsten, mit Mehl stauben, leicht anrösten, mit Gemüsesud (oder Wasser) aufgießen und eine halbe Stunde mäßig kochen lassen. Salzen und etwas pfeffern. Kleinwürfelig geschnittene Erdäpfel mitkochen. Mit versprudeltem Sauerrahm vollenden. Ein Teil der Radieschen kann auch noch roh in die fertige Suppe gegeben werden. Anrichten und mit fein gehackter Petersilie bestreuen.

Kohlsuppe

Diese wird ebenso wie die Kochsalatsuppe zubereitet, nur nimmt man an Stelle des Kochsalats einen nudelig geschnittenen Kohlkopf. Einlagen: gekochtes Selchfleisch oder gekochte Würstchen.

Spinatsuppe

1 ¼ l Suppe
500 g Spinat
Einmach:
30 g Butter
30 g Mehl
Salz und Pfeffer
50 g Zwiebeln
1/16 l Obers
50 g Butter für die Vollendung
2 Semmeln für die Einlage

Der Spinat wird geputzt, gewaschen, in wenig Salzwasser 2–3 Minuten lang gekocht, abgeseiht, abgefrischt und passiert (oder durch die Fleischmaschine getrieben oder fein gehackt). Dann macht man eine Einmach, in der man die fein gehackte Zwiebel anlaufen lässt, gießt mit dem Gemüsesud oder mit Suppe auf, würzt mit Salz und Pfeffer und lässt die Suppe mit dem Obers gut aufkochen. Man gibt dann den Spinat hinein und lässt ihn einmal aufkochen. Braune Butter gibt Spinatgerichten eine nussige Ausstrahlung, daher wird die Spinatsuppe nicht wie gewohnt mit kalten Butterflocken, sondern mit brauner Butter vollendet. Einlage: gebähte Semmelschnitten, geröstete Brote (Croûtons) oder gekochte, würfelig geschnittene Erdäpfel.
Anmerkung: Die Suppe kann zum Teil mit Milch aufgegossen werden.

Mangoldsuppe

Wird auf die gleiche Weise wie die Spinatsuppe hergestellt. Die Mangoldblätter von den Stielen befreien und roh fein schneiden. Mangoldstiele eventuell schälen, in wenig Flüssigkeit dünsten und passieren.

Brennnesselsuppe

Auf die gleiche Weise wie die Spinatsuppe wird auch die Brennnesselsuppe hergestellt. Aus frischen jungen Brennnesseln zubereitet, übertrifft sie die Spinatsuppe an Wohlgeschmack.

Erbsensuppe aus frischen Erbsen (vegetarisch)

1 l Gemüsefond
400 g Erbsen
¼ l Schlagobers
Salz
Petersilie
Einmach:
30 g Butter
30 g Mehl

Ausgelöste oder tiefgekühlte Erbsen werden weich gekocht und passiert. Eine helle Einmach aus Butter und Mehl wird mit dem Gemüsefond und Obers aufgegossen, gut verkocht, mit den passierten Erbsen vermischt, gesalzen und nochmals aufgekocht. Man kann auch einen Teil der Erbsen unpassiert in die Suppe geben. Tipp: Die Erbsenschoten können auch gekocht und in passiertem Zustand der Suppe beigegeben werden. Anrichten und mit Petersilie bestreuen.

Kräutereinmachsuppe

1 l Suppe
200 g gemischte Suppenkräuter
(hievon 40 g Spinat)
1/16 l trockener Wermut
1/8 l Schlagobers
50 g Butter zum Montieren
Salz und Pfeffer
Einmach:
30 g Butter
1/2 Zwiebel
30 g Mehl
2 Semmeln für die Einlage

Die Suppenkräuter werden geputzt, gewaschen und klein geschnitten. Hierauf bereitet man aus Butter, der fein geschnittenen Zwiebel und dem Mehl eine lichte Einmach zu, gießt mit Suppe und Wermut auf, lässt alles kurz verkochen und fügt das Schlagobers bei. Gibt die geschnittenen Suppenkräuter zu und passiert alles im Mixer oder mit dem Mixstab. Kurz aufkochen lassen, salzen und pfeffern und mit eiskalten Butterflocken montieren. Tipp: Anstelle der Suppenkräuter eignet sich besonders die französische Kräutermischung »Fines Herbes« (siehe Glossar). Einlage: Man serviert geröstete Semmelwürfel oder gebackene Tropfteigerbsen dazu.

Sauerampfersuppe

1 l Suppe
30 g Butter
30 g Mehl
etwas Zwiebel
200 g Sauerampfer
Salz
1/8 l Sauerrahm
Petersilie
2 Semmeln für die Einlage

Die Sauerampfersuppe kann wie die Kräutereinmachsuppe zubereitet werden.
Einlage: geröstete Semmelwürfel, Semmelschnitten, geschälte, gekochte, würfelig geschnittene Erdäpfel oder gebackene Tropfteigerbsen.

Porreesuppe (Lauchsuppe)

1 1/4 l Hühnersuppe
400 g Porree (Lauch)
30 g Fett
30 g Mehl
1/16 l Schlagobers
Salz und Pfeffer
200 g Erdäpfel
Weißbrotcroûtons als Einlage

Der Porree wird geputzt und gewaschen, feinnudelig geschnitten, in Fett gedünstet und mit Mehl gestaubt. Nach dem Anrösten wird mit Hühnersuppe und Obers aufgegossen, gesalzen und gepfeffert. Aufkochen lassen. Sodann Erdäpfel mitkochen. Einlage: geröstete Brotwürfel.

Käsesuppe

1 1/4 l Rindsuppe
Salz
60 g Schmelzkäse
30 g Butterkäse
1 Prise Paprika
1/16 l Weißwein
1/8 l Schlagobers
Schnittlauch
Einmach:
40 g Butter
30 g Mehl
Weißbrotcroûtons als Einlage

Eine lichte Einmach wird mit Rindsuppe aufgegossen. Weißwein beifügen und gut verkochen lassen. Schlagobers und den klein geschnittenen Käse beifügen und noch einmal 5 Minuten verkochen. Vor dem Servieren den Schnittlauch dazugeben. Einlage: Weißbrotcroûtons. Tipp: Anstelle des Butterkäses kann auch Raclette oder Blauschimmelkäse verwendet werden.
Anmerkung: Ich schmecke diese Suppe auch gerne mit einem Schuss Kirschbrand ab!

Paradeissuppe

Man röstet das blättrig geschnittene Wurzelwerk und die fein gehackte Zwiebel in Öl an, gibt die gewaschenen, zerschnittenen Paradeiser (und das Tomatenmark) dazu, lässt sie weich dämpfen und passiert sie. Hierauf macht man eine lichte Einmach, gibt das Passierte hinein, gießt mit Rindsuppe auf und lässt alles verkochen. Dann fügt man Rotwein hinzu, salzt und pfeffert die Suppe und gibt, je nachdem ob man sie mehr süß oder mehr sauer haben will, etwas Zucker und Zitronensaft bei. Anrichten und mit fein gehackter Petersilie oder grob geschnittenem Basilikum bestreuen. Als Einlage verwendet man gekochten Reis oder in Salzwasser gekochte Makkaroni.
Anmerkung: In Ermangelung frischer Paradeiser außerhalb der Saison können auch geschälte Tomaten aus der Dose verwendet werden. Tipp: Die Suppe kann auch ohne Einmach zubereitet werden, wenn die Paradeiser und das angeröstete Wurzelwerk püriert als Bindung für die Suppe verwendet werden. In diesem Fall wird die Suppe mit Schlagobers und Butterflocken vollendet (montiert).

1 ¼ l Rindsuppe
30 g Öl
½ Zwiebel
100 g Wurzelwerk
500 g vollreife Paradeiser oder geschälte Tomaten aus der Dose (Pelati)
1 El Tomatenmark
1/16 l Rotwein
Salz
Lorbeer
Cayennepfeffer
10–20 g Kristallzucker
Zitronensaft
Petersilie oder Basilikum
40 g Reis oder
40 g Makkaroni
Einmach:
20 g Butter
20 g Mehl

Stambulsuppe

In einer schmackhaft gewürzten Paradeissuppe werden feinnudelig geschnittene grüne Paprikaschoten kurz aufgekocht (für 4 Portionen 2 Paprika).

Hühnercremesuppe

Das geputzte Hühnerklein wird nebst Wurzelwerk, Zwiebel, Weißwein und Pfefferkörnern in Wasser (oder Suppe) gekocht und gesalzen. Mit diesem Sud und dem Obers gießt man eine lichte Einmach auf, lässt sie gut verkochen, montiert sie mit Butterflocken, gibt als Einlage das von den Knochen gelöste Hühnerfleisch und die in Fett gebratene, würfelig geschnittene Hühnerleber sowie die fein gehackte Petersilie hinein. Tipp: Blättrig geschnittene, in Butter gedünstete Champignons und in Salzwasser gekochte Karfiolröschen können auch als Einlage dienen.

¼ l Wasser
Hühnerklein (Junges) von 1–2 Hühnern
60 g Hühnerleber
½ Petersilienwurzel
½ Karotte
¼ Zeller
1/16 l Weißwein
etwas Zwiebel
Pfefferkörner, Salz
10 g Fett für die Leber
⅛ l Schlagobers
40 g Butter zum Montieren
Petersilie
10 dag Karfiolröschen
Einmach:
30 g Butter
30 g Mehl
5 dag Champignons als Einlage

Ganslsuppe

Wird mit Gansljungem wie die Hühnercremesuppe zubereitet.

Ragoutsuppe

1 ¼ l Kalbsfond
⅛ l Schlagobers
Einlage:
100–150 g Kalbfleisch
½ Karfiol
50 g Erbsen
2–3 Champignons
10 g Petersilie, Butter, Salz
Einmach:
30 g Butter, 30 g Mehl

Eine Einmach wird mit Kalbsfond und dem Schlagobers aufgegossen, gut verkocht und gesalzen. Als Einlage gibt man je nach Jahreszeit in Salzwasser gekochten, in Röschen geteilten Karfiol, gekochte Erbsen (oder Spargel), blättrig geschnittene, in Butter mit Petersilie gedünstete Champignons und gekochtes, in Würfel geschnittenes Kalbfleisch oder Hühnerfleisch dazu.

Kalbskopfsuppe

500 g Kalbskopf
2 ¼ l Wasser
Salz
100 g Wurzelwerk
Pfefferkörner
Lorbeerblatt
½ Zwiebel
Salz und Pfeffer
Kalbskopfsud
1/16 l Weißwein
⅛ l Schlagobers
Petersilie
Einmach:
30 g Butter
30 g Mehl

Die fleischigen Teile eines in Salzwasser mit Wurzelwerk und den Gewürzen weich gekochten Kalbskopfs werden würfelig geschnitten. In einer lichten Einmach wird die fein gehackte Zwiebel aufgeschäumt, hierauf mit geseihtem Kalbskopfsud und dem Wein aufgegossen und gut verkocht. Obers beifügen, salzen und pfeffern und mit fein gehackter Petersilie vollenden. Als Einlage verwendet man den würfelig geschnittenen Kalbskopf, allenfalls auch gebähte Semmelschnitten oder Bröselknödel (siehe Seite 104).
Tipp: Gekochte Karfiolröschen, Schalotten, Madeirawein können noch zusätzlich beigefügt werden.

Püreesuppen

Püreesuppen erhalten nicht die Bindung durch eine Einmach, sondern aus den mitgekochten, pürierten Grundbestandteilen, die der Suppe auch den Namen geben.

Weiße Bohnenpüreesuppe

Die vorher eingeweichten Bohnen werden mit dem Einweichwasser ohne Salz zugestellt, mit der in Fett gelb gerösteten Zwiebel weich gekocht und dann passiert. Hierauf macht man eine gelbe Einbrenn, gibt das Passierte hinein, gießt mit dem ganzen Bohnensud und der noch nötigen Suppe auf, salzt und pfeffert die Suppe und lässt sie gut verkochen. Mit Essig abschmecken und mit fein gehackter Petersilie bestreuen. Einlage: gebähte oder geröstete Semmelschnitten, gebackene Tropfteigerbsen, Brandteigkrapferln oder würfelig geschnittenes Selchfleisch. Tipp: mit Selchsud aufgießen.

¾ l Rindsuppe
150 g weiße Bohnen
¾ l Wasser
10 g Fett
etwas Zwiebel
Salz und Pfeffer
etwas Essig
Petersilie
2 Semmeln für Einlage
Einbrenn:
20 g Fett
20 g Mehl

Erbsenpüreesuppe

Wird aus getrockneten Spalterbsen ebenso wie die Bohnenpüreesuppe zubereitet. Eventuell als Einlage auch noch kleinwürfelig geschnittener Speck oder Selchfleisch.

Linsenpüreesuppe

Wie die Bohnenpüreesuppe zubereiten. (Man kann in der Einbrenn auch etwas Knoblauch aufschäumen lassen.) Einlage: gebähte Semmelschnitten, aber auch kleinwürfelig geschnittenes und in Butter gedünstetes Wurzelgemüse. Tipp: Man kann die gesalzene Suppe auch mit Pfeffer und Zitronensaft würzen und gekochte, geschälte und in Scheiben geschnittene Frankfurter als Einlage hineingeben. Außerdem reicht man dazu geröstete Brot- oder Semmelwürfel. Man kann als Einlage auch gekochte ganze Linsen verwenden.

Leberpüreesuppe mit Wurzelwerk

1 ¼ l Rindsuppe
200 g Kalbs- oder Rindsleber
½ Petersilienwurzel
¼ Zeller
1 Zwiebel
1 Karotte
30 g Öl
3 g Knoblauch
Salz und Pfeffer
Majoran
Einmach:
30 g Butter
20 g Mehl
2 Semmeln als Einlage

Das feinblättrig geschnittene Wurzelwerk und die in Scheiben geschnittene Zwiebel werden in heißem Fett angeröstet; die blättrig geschnittene Leber wird 5 Minuten mitgeröstet. Sie wird zweimal faschiert oder mit wenig Flüssigkeit im Mixer püriert. Dann bereitet man eine Einmach zu, gießt mit Rindsuppe auf, würzt mit Salz, Pfeffer, Knoblauch und Majoran und lässt die Suppe gut verkochen und mit dem zum Schluss beigemengten Lebermus einmal aufwallen. Man reicht gewöhnlich geröstete Semmelschnitten, gebackene Tropfteigerbsen oder Brandteigkrapferln zu dieser Suppe.

Kalbfleischpüreesuppe

1 ¼ l Kalbsfond
150 g Kalbfleisch (Schulter)
20 g Öl
Salz
1/16 l Obers
Legieren:
1 Eidotter
1/16 l Schlagobers
Einmach:
20 g Butter
20 g Mehl
1 Semmel als Einlage

Das Kalbfleisch wird in Öl rasch gebraten und in kleine Würfel geschnitten; die Hälfte wird faschiert oder im Mixer püriert und in die Einmach gemengt. Man gießt eine lichte Einmach mit der Knochenbrühe und dem Schlagobers auf, salzt die Suppe und lässt sie gut verkochen; dann legiert man sie mit Obers und Dotter und reicht als Einlage das restliche würfelig geschnittene Kalbfleisch und gebähte Semmelschnitten oder Bröselknödel (siehe Seite 104).

Rehpüreesuppe

120 g Rehfleisch (Hals oder Schulter)
80 g Wurzelwerk
20 g Lauch
60 g Zwiebeln
10 g Thymian
¼ l Orangensaft
schwarze Pfefferkörner, Salz, Wacholder, Lorbeer
20 g Preiselbeerkompott
Senf
etwas Öl
etwas Rotwein
10 g Tomatenmark
1 l Rindsuppe oder Wildfond
0,2 l Schlagobers
Petersilie
Einlage:
Croûtons etc.

Das Rehfleisch klein schneiden. Wurzelwerk und Zwiebeln schälen und das Mirepoix schneiden. Öl erhitzen und das Rehfleisch darin anbraten. Wurzelwerk dazugeben und weiterrösten. Zwiebeln hinzufügen und weiterrösten, Tomatenmark beifügen und rösten, bis es braun ist. Mit Rotwein deglacieren und mit der Suppe aufgießen. Orangensaft, Kräuter und Gewürze beifügen und so lange kochen lassen, bis das Fleisch weich ist. Fleisch und Gemüse umstechen und faschieren. Suppe abseihen und das Faschierte beifügen. 10 Minuten verkochen lassen. Mit Senf, Preiselbeermarmelade und Rotwein abschmecken. Obers dazu und im Mixglas fein pürieren. Mit Eierschwammerln, Croûtons, gehackter Petersilie oder einigen Preiselbeeren als Einlage servieren.

Erdäpfelpüreesuppe

Einmach:
80 g Zwiebeln oder das Weiße vom Lauch
10 g glattes Mehl
20 g Butter
1 l Rindsuppe
300 g Erdäpfel
1 Prise Majoran
3 g Knoblauch
Kümmel
Sauerrahm oder Obers
Petersilie und/oder frischer Majoran
evtl. Trüffel
Einlage:
100 g Erdäpfel

Die geschälten geviertelten Erdäpfel werden in Wasser zu einem Brei verkocht, in eine Zwiebeleinmach eingerührt, mit Majoran, Kümmel und Knoblauch gewürzt, mit Rindsuppe aufgegossen und gut verkocht. Vollenden mit versprudeltem Sauerrahm oder mit halb geschlagenem Obers. Mit gehackter Petersilie bestreuen. Einlage: kleinwürfelig geschnittene, in Salzwasser gekochte Erdäpfel. Tipp: einige Tropfen Trüffelöl in die fertige Suppe.
Frisch gehobelte Trüffeln können, sofern man bei der Würzung mit Kümmel, Majoran und Knoblauch einfühlsam umgeht, diese Suppe in den »Adelsstand« erheben.

Prager Erdäpfelpüreesuppe (Prager Püreesuppe)

Zubereitung wie die Erdäpfelpüreesuppe. Aufgießen auch mit ⅛ Liter Milch und Selchfleischsud.
Einlage: gekochtes, kleinwürfelig geschnittenes Selchfleisch und geröstete Semmelwürfel.

Passierte Kohlsuppe

1 l Rindsuppe
1 kleiner Kopf Kohl
30 g Fett
30 g Mehl
½ Zwiebel
Salz und Pfeffer
200 g Erdäpfel
Petersilie
Majoran

Den geputzten Kohlkopf schneiden, weich kochen und passieren. Die klein geschnittene Zwiebel in Fett anrösten, mit Mehl stauben, mit Rindsuppe aufgießen, salzen und pfeffern. Den passierten Kohl zugeben und verkochen. Als Einlage lässt man eine Viertelstunde vor dem Anrichten kleinwürfelig geschnittene Erdäpfel mitkochen. Anrichten und mit fein gehackter Petersilie bestreuen. Tipp: Kohl mit etwas Knoblauch pürieren. Frischer gezupfter und grob gehackter Majoran eignet sich als Einlage.

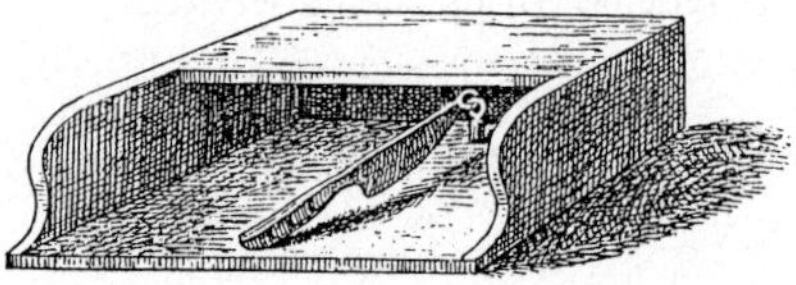

Schaumsuppen

Schaumsuppe von Frühlingskräutern

etwas Olivenöl
20 g Butter
20 g Schalotten
20 g glattes Mehl
1/10 l Noilly Prat
0,8 l Hühnerfond
1/3 l Schlagobers
1/8 Kilo Butter – eiskalte Butterwürfel zum Montieren
Kerbel
Petersilie
Estragon
Melisse
20 g Basilikum
Salz, Pfeffer aus der Mühle
1/16 l Obers zum Schlagen
4 Scheiben Toastbrot
100 g Butterschmalz

In einem flachen Kochtopf Olivenöl und Butter erhitzen; die fein gehackten Schalotten darin anschwitzen. Mehl kurz (mit Schneebesen) anschwitzen und mit Weißwein ablöschen; zur Hälfte reduzieren und danach mit Fond aufgießen. Ca. 10 Minuten kochen und mit Obers auffüllen. 10 Minuten reduzieren, dann würzen.
Vor dem Servieren: gehackte Kräuter mit der Velouté im Mixglas aufmixen. Mit Butterwürfel montieren (Mixstab) und geschlagenes Obers (Besen) einrühren. Toastbrot im Butterschmalz knusprig rösten und im letzten Moment als Einlage geben.

Bärlauchsuppe

Einmach:
30 g Butter
20 g glattes Mehl
0,8 l Gemüsefond
0,2 l Schlagobers
etwas Zwiebeln
60 g Bärlauch
Salz, gemahlener weißer Pfeffer
Muskat
etwas Weißwein
160 g Crème fraîche
Croûtons:
150 g Butterschmalz
120 g Weißbrot

Zwiebel anschwitzen. Bärlauch schneiden und mit andünsten. Würzen, mit Weißwein ablöschen, mit Gemüsefond aufgießen und verkochen lassen. Pürieren, mit Crème fraîche verfeinern und nochmals aufmixen. Toastbrot in kleine Würfel schneiden und im heißen Butterschmalz knusprig braten.

Schaumsuppe vom frischen Paprika mit Zanderstreifen

150 g gemischter Paprika
100 g Zwiebeln
etwas Olivenöl
0,8 l Geflügelfond
0,3 l Schlagobers
Salz, Cayennepfeffer
Einlage:
150 g gemischter Paprika
200 g Zanderfilet
40 g Butter
1/2 Zitrone zum Säuern des Zanders
Salz

Die Paprika für die Garnitur in Rhomben schneiden (2 Stück/Farbe), kurz blanchieren und als Einlage beiseite legen. Die restlichen Paprika grob schneiden, mit den gehackten Zwiebeln in Olivenöl anbraten und mit Geflügelfond aufgießen; ca. 20 Minuten kochen lassen. Im Mixglas pürieren und anschließend durch ein Spitzsieb seihen. Wieder aufkochen lassen, das Obers beigeben und nochmals aufmixen (Mixstab). Blanchierte Paprikastücke und gebratene Zanderfiletstreifen als Einlage geben.

Fenchelschaumsuppe

300 g Fenchel
30 g Butter
etwas Weißwein
½ l Hühnerfond
¼ l Schlagobers
50 g Fenchelbrunoise, blanchiert, als Einlage, und Fenchelkraut
30 g Butter zum Montieren
1 Orange, Zesten und Saft für die Suppe
Filets als Einlage

Fenchel putzen, waschen und in Streifen schneiden. Den Fenchel in Butter anschwitzen, mit Weißwein ablöschen, aufkochen lassen und dann mit Hühnerfond und dem Saft der Orange aufgießen. Die Orangenzesten beigeben und weich kochen. Alles mit Mixstab pürieren und anschließend mit zwei Dritteln der Menge vom Obers langsam bis zu einer cremigen Konsistenz einkochen lassen. Suppe vom Herd nehmen, mit der Butter montieren und abschmecken. Mit geschlagenem Obers, lauwarmen Orangenfilets und Fenchelkraut servieren.

Kürbisschaumsuppe

200 g Kürbis
¾ l Bouillon oder heller Kalbsfond
40 g Butter
50 g Zwiebeln
¼ l Schlagobers
100 g Crème fraîche
Salz, Pfeffer, etwas Kürbiskernöl

Kürbisfleisch klein schneiden. Butter zerlassen und die fein geschnittene Zwiebel darin ansautieren. Kürbis beigeben und leicht dämpfen; mit Obers und der Bouillon aufgießen. Gut durchkochen, bis der Kürbis passierfähig erscheint. Suppe aufmixen und passieren. Würzen, Crème fraîche unterrühren, anrichten und nach Geschmack mit ein wenig Kürbiskernöl beträufeln.

Petersilschaumsuppe

20 g Butter
eiskalte Butterflocken
30 g Zwiebeln
250 g Petersilienwurzel
½ Bund Petersilie
0,8 l Hühnerfond
¼ l Schlagobers
Salz, gemahlener weißer Pfeffer, Muskatnuss
1/16 l Schlagobers

Die fein gehackte Zwiebel und die blättrig geschnittene Petersilienwurzel in Butter anschwitzen. Mit Hühnerfond und Schlagobers aufgießen und verkochen. Die Suppe mit gehackter Petersilie im Mixglas aufmixen und noch einmal aufkochen. Würzen. Mit eiskalten Butterflocken montieren und das halb geschlagene Obers unterziehen. Als Garnitur: frittierte Petersilblätter oder Petersilblätter im Backteig.

Topinambursuppe

300 g Topinambur
½ Zwiebel
etwas Weißwein
½ l Gemüsefond
40 g Butter zum Rösten der Zwiebeln
Butterflocken
¼ l Schlagobers
70 g Crème fraîche
0,3 Bund Kerbel
40 g Butterschmalz zum Frittieren der Topinamburchips
Salz, Pfeffer

Topinambur mit der Bürste waschen und blättrig schneiden. Einige Topinamburstücke für die Einlage beiseite legen. Die Zwiebel anrösten. Topinamburscheiben beifügen, mit Weißwein und Gemüsefond aufgießen, aufkochen, Obers beifügen und verkochen lassen. Crème fraîche dazu. Passieren und mit Butterflocken montieren. Mit Topinamburchips und gezupftem Kerbel servieren.

Schaumsuppe von der Brunnenkresse mit rosa Pfeffer

80 g Brunnenkresse
40 g Blattspinat
20 g Schalotten
etwas Walnussöl
etwas Weißwein
0,6 l Hühnerfond
0,1 l Schlagobers
120 g Butter zum Rösten der Croûtons
60 g Weißbrot für Croûtons
Salz, Pfeffer aus der Mühle
rosa Pfeffer

Schalotten fein schneiden. Im Walnussöl (nicht zu heiß) leicht anschwitzen. Mit Weißwein ablöschen und mit Hühnerfond aufgießen, ca. 10 Minuten ziehen lassen. Blattspinat und Brunnenkresse putzen und waschen. In den kochenden Fond geben und einmal aufkochen lassen. Im Mixglas pürieren; danach wiederum aufkochen. Obers beigeben, einmal aufkochen lassen und abschmecken. Garnitur: eine kleine Rosette Schlagobers, Croûtons, rosa Pfeffer und Kresse.

Regionalsuppen

Klachelsuppe

1 Stück Schweinsstelze
150 g Wurzelwerk
100 g Zwiebeln
20 g glattes Mehl
⅛ l Sauerrahm
Essig
Lorbeerblatt
Wacholderbeeren
Kümmel
Thymian
Pfefferkörner
Salz
Majoran

Schweinsstelze mit Wurzelwerk, Zwiebeln und Gewürzen in kaltem Wasser zustellen und weich kochen; dann kleinwürfelig schneiden. Das Gemüse ebenfalls kleinwürfelig schneiden. Achtung: Das Gemüse ist viel schneller weich als die Stelze und muss entweder früher aus der Suppe genommen und kalt abgefrischt werden oder eine halbe Stunde, bevor die Stelze weich ist, der Suppe beigefügt werden. Suppe mit Sauerrahm und Mehl binden. Fleisch und Gemüse als Einlage verwenden. Mit Essig und den Gewürzen leicht säuerlich abschmecken.
Anmerkung: Anstelle der Stelze können auch Schweinshaxerln, Schweinskopf oder Wangerlfleisch vom Schwein verwendet werden.

Innsbrucker Knoblauchrahmsuppe

1 l Rindsuppe
20 g Butter
40 g Zwiebeln
20 g Dinkelkörner
Knoblauch
Muskatnuss, Salz, Pfeffer
etwas Schlagobers
10 g Schnittlauch
Einlage:
½ Semmel
10 g Butter

Die fein gehackte Zwiebel wird mit den Dinkelkörnern in Butter angeschwitzt; die Knoblauchzehen beifügen und mit der Rindsuppe und dem Schlagobers aufgießen. Alles gut verkochen lassen und würzen. Dann mit dem Pürierstab aufmixen. Einlage: Die Semmeln in Stangerln schneiden und in der Butter knusprig anrösten. Mit fein geschnittenem Schnittlauch servieren.

Altwiener Suppentopf

Mit dem Rindfleisch, der Hühnerkeule, dem Wurzelwerk und den Aromaten, unter Beachtung der unterschiedlichen Garzeiten, eine kräftige Bouillon bereiten (siehe Seite 95). Rindfleisch und Gemüse in Salpikon schneiden. Huhn auslösen, Fleisch in die Suppe geben. Suppe abschmecken, Nudeln dazu, in Öl sautierten Lauch und Markscheiben dazu, noch einmal aufkochen. Mit Schnittlauch anrichten.

400 g Rindfleischknochen
200 g Rindfleisch (Schulterscherzel, Mageres Meisel, Hinteres Ausgelöstes etc.)
1 Hühnerkeule
120 g Wurzelwerk
Salz, Pfefferkörner
Lorbeer, Liebstöckel
2 l Wasser
Einlage:
200 g Lauch, 200 g Karotten
etwas Öl
60 g Suppennudeln
Schnittlauch

Altwiener Erdäpfelsuppe

Gemüse, Erdäpfel, Speck und Zwiebel in kleine Würfel schneiden. Steinpilze einweichen und fein schneiden. Speck und Zwiebelstücke in Öl anschwitzen. Gemüse beigeben und kurz anschwitzen. Mit kaltem Fond aufgießen. Aufkochen lassen, abschäumen und danach die Erdäpfel beigeben. Langsam kochen lassen. Würzen und die Steinpilze beigeben. Sauerrahm (aufgerührt) mit dem Schneebesen einrühren. Abschmecken. Mit Petersilie bestreuen.

1 l Rindsuppe
200 g mehlige Erdäpfel
40 g Hamburger Speck
20 g Zwiebeln, 20 g Lauch
20 g Karotten, 40 g Zeller
20 g getrocknete Steinpilze
etwas Öl
etwas Sauerrahm
10 g Knoblauch
Salz
gemahlener weißer Pfeffer
Majoran, Lorbeerblatt
Petersilie

Brotsuppe

Niederösterreich und Salzburg

Altbackenes zerkleinertes Brot mit einer zerdrückten Knoblauchzehe und der fein gehackten Zwiebel anrösten. Mit der Rindsuppe aufgießen und verkochen lassen, bis sich das Brot verrühren lässt. Mit Salz und Pfeffer abschmecken.

1 l Rindsuppe
150 g Bauernbrot
etwas Öl
50 g Zwiebeln
50 g Knoblauch
Salz
gemahlener schwarzer Pfeffer

Gulaschsuppe (Gulyássuppe)

Die fein geschnittenen Zwiebeln in Öl goldgelb rösten; kleinwürfelig geschnittenes Rindfleisch zugeben und gut durchrösten. Paprizieren und mit einigen Tropfen Essig ablöschen. Das Tomatenmark beifügen und mit Rindsuppe oder Wasser aufgießen. Wenn die Flüssigkeit eingekocht ist, wird die Flüssigkeitsmenge mit Wasser wieder aufgefüllt. Würzen und kochen, bis das Fleisch fast schon weich ist. In kleine Würfel geschnittene Erdäpfel 10 Minuten in der Suppe mitkochen. Mehl mit etwas Wasser glatt rühren und die Suppe damit binden. Noch einmal 10 Minuten verkochen lassen, damit der Rohmehlgeschmack verschwindet.

80 g Zwiebeln
etwas Öl
200 g Rindswadschinken
20 g edelsüßes Paprikapulver
20 g Tomatenmark
etwas Essig
0,8 l Rindsuppe oder Wasser
Kümmel
Knoblauch
Majoran
Salz
120 g Erdäpfel
20 g glattes Mehl

Gebackene Mandel-Kräuter-Knöderln in Gemüsesuppe (Seite 104)

Hühnersuppentopf (Seite 100)

Klare Suppe mit Pilzen und Karotten (Seite 99)

Geeiste Kraftbrühe mit Madeira und Gemüse (Seite 147)

Salat von grünem Spargel mit Gemüsevinaigrette (Seite 155)

Heringssalat (Seite 157)

Steinpilze mit Nudelsalat (Seite 156)

Schinkenkipferln
(Seite 177)

Eierschwammerlsalat
mit Fisolen
(Seite 156)

Einbrennsuppe (Kümmelsuppe)

1 ½ l Wasser
2 g Kümmel
Salz
Einbrenn:
50 g Öl
40 g Mehl
2 Semmeln

(Aniprennti Supp'm Burgenland)

Eine dunkle Einbrenn wird mit Wasser, in dem gehackter Kümmel gekocht wurde, aufgegossen, gesalzen, gekocht und allenfalls geseiht. (Man kann auch 10–20 g zerbröselte Germ dazugeben und die Suppe dann noch einmal aufwallen lassen.) Einlage: geröstete Brot- oder Semmelschnitten, Nudeln, Käsecroûtons.
Anmerkung: Der Kümmel kann auch in der Einbrenn angeröstet werden.

Kärntner Kirchtagssuppe

100 g Beinfleisch
1 Stück Hühnerkeule
100 g Geselchtes
100 g Schweinsfüße
1 Stück Lammstelze
Aber auch anderes »Fleischiges« ist möglich
100 g Wurzelwerk
Petersilie, Lauch, Knoblauch
Neugewürz, Salbei, Lorbeerblatt
Melisse, Liebstöckel
1 Zwiebel
Zimt, Nelken, Safran
20 g glattes Mehl
⅛ l Sauerrahm
1 Eidotter
etwas Essig

Aus dem »Fleischigen«, dem Wurzelwerk, der Zwiebel und den Gewürzen wird eine sehr kräftige und würzige Bouillon zubereitet und abgeseiht. Das Fleisch wird von den Knochen gelöst. Fleisch und Wurzelwerk in Stücke schneiden und als Einlage beiseite legen. Mehl mit etwas Wasser verrühren, in der Suppe verkochen und evtl. mit Essig säuern. Eidotter mit Sauerrahm versprudeln und in die Suppe einrühren. Beigabe: süßer Weizenbrot-Reindling.

Schwammerlsuppe mit Heidensterz

1 Zwiebel
30 g Butter
40 g glattes Mehl
100 g mehlige Erdäpfel
200 g frische Steinpilze oder andere Pilze
1 l Wasser oder Gemüsefond
Salz, Majoran, Kümmel, Thymian, Lorbeer
10 g Petersilie
Heidensterz:
160 g Buchweizenkorn (Heidenmehl)
0,2 l Wasser, Salz
20 g Butter

(Steiermark)

Die kleinwürfelig geschnittenen Erdäpfel und Pilze in Salzwasser oder Gemüsefond kochen. Zwiebel in Butter anrösten, mit Mehl stauben und mit den Schwammerln und Erdäpfeln samt der Kochflüssigkeit aufgießen. Würzen und noch einmal kurz verkochen.

Heidenmehl so lange linden (trocken rösten), bis die Feuchtigkeit verdunstet ist. Mehl in kochendes Salzwasser schütten, kurz aufkochen, mit der Gabel auflockern und bei geringer Hitze ausdünsten lassen. Mit zerlassener Butter abschmalzen.

Mostviertler Mostsuppe

Erdäpfel, Karotten, Zwiebel, Zeller und Lauch putzen und in Würfel schneiden. Speck ebenfalls in Würfel schneiden. Speck und Gemüse kurz anrösten. Nelken dazugeben, mit Most und Rindsuppe aufgießen und ca. 1 Stunde auf kleiner Flamme köcheln lassen. Im Mixer pürieren und durch ein Sieb streichen. Obers zugeben, nochmals aufkochen und mit Salz und Pfeffer abschmecken. Kurz vor dem Servieren mit kalten Butterflocken montieren, Schwarzbrot in Würfel schneiden und in Butterschmalz knusprig anrösten. Suppe mit Schwarzbrotcroûtons bestreuen und mit gezupftem Kerbel garnieren.

30 g mehlige Erdäpfel
30 g Karotten
30 g Zeller
10 g Lauch
10 g Zwiebeln
10 g Räucherspeck
¼ l Most/Obstwein
¼ l Rindsuppe
⅛ l Schlagobers
Salz, Pfeffer, Gewürznelken
Butterflocken
10 g Butterschmalz
10 g Schwarzbrot
Kerbel

Stoßsuppe

(Steiermark)
Das Wasser wird nebst Kümmel und Salz kochen gelassen; dann rührt man saure Milch, in die Mehl gerührt wurde, dazu. Wenn die Suppe aufgekocht ist, gießt man den Sauerrahm hinein und gibt die geschälten, würfelig geschnittenen, in Salzwasser gekochten Erdäpfel als Einlage in die Suppe.

½ l Wasser
5 g Kümmel
½ l saure Milch
10 g Mehl
⅛ l Sauerrahm
200 g Erdäpfel
Salz

Gerstenschleimsuppe (Rollgerstensuppe, passiert)

Die Rollgerste wird in Wasser weich gekocht, dann passiert und in eine Einmach gemengt. Mit Rindsuppe oder Wasser aufgießen, gut verkochen und mit Salz und Zitronensaft würzen. Man legiert die Suppe mit in kalter Milch abgesprudeltem Dotter.

1 ½ l Rindsuppe oder Selchsud
80 g Rollgerste
Wasser zum Einweichen der Rollgerste
Salz, ¼ Zitrone
$\frac{1}{10}$ l Milch
1 Eidotter
Einmach:
30 g Butter (20 g Fett)
20 g Mehl

Wurzelsuppe mit Reis

Das nudelig geschnittene Wurzelwerk und die Pfefferkörner werden in Salzwasser gekocht. In diese Brühe werden Butter und Reis gegeben; Letzterer wird weich gekocht. (Man kann die Suppe mit Eidottern binden und in Butter gedünstete Champignons und Reibkäse hineingeben.)

50 g Karotten
50 g Petersilienwurzel
1 ¼ l Wasser
50 g Zeller
Salz, 2 Pfefferkörner
30 g Butter
50 g Reis

Weinsuppe aus der Thermenregion mit Zimtcroûtons

⅓ l weißer Kalbsfond
⅛ l Schlagobers
⅛ l Weißwein (Zierfandler)
3 Eidotter
Salz
gemahlener weißer Pfeffer
gemahlene Muskatnuss
Einlage:
1 Scheibe Toastbrot
20 g Butterschmalz, Zimt

Kalbsfond und Zierfandler aufkochen. Würzen. Schlagobers beifügen und reduzieren. Mit dem Mixstab über Dunst die Suppe in die Eidotter einschlagen, sodass eine sehr schaumige Konsistenz entsteht.
Diese Suppe muss sofort serviert werden. Sie kann weder aufgewärmt noch warm gehalten werden. Zimtcroûtons (Weißbrotcroûtons mit etwas Zimt) als Einlage.

Biersuppe

½ l Bier
4 Eidotter
40 g Feinkristallzucker
40 g glattes Mehl
¼ l Schlagobers
Salz
2 Semmeln
20 g Butterschmalz

Bier mit Zucker und Salz zum Sieden bringen. Unter ständigem Rühren mit Schlagobers verquirltes Mehl beifügen und aufkochen lassen. Mit Dotter legieren. Semmeln entrinden, in kleine Würfel schneiden und anrösten (Croûtons).

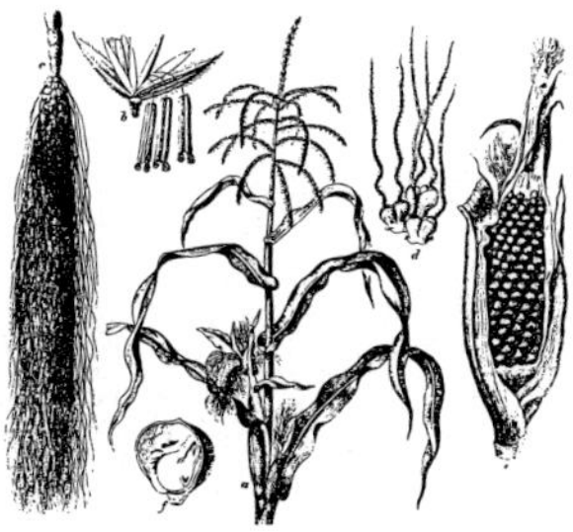

Nationalsuppen und Spezialsuppen

Krautsuppe auf Schweizer Art

250 g frisches Kraut
50 g Öl
10 g Zwiebeln
30 g Mehl
1 ½ l Rindsuppe (oder Wasser) zum Aufgießen
Salz
Pfeffer
200 g speckige Erdäpfel
Bratwurst, Frankfurter oder Selchfleisch

Das feinnudelig geschnittene Kraut im heißen Öl, in dem man vorher die fein gehackten Zwiebeln angeröstet hat, dünsten; mit Mehl stauben und nach dessen Anrösten mit Rindsuppe oder kaltem Wasser aufgießen. Man würzt die Suppe mit Salz und Pfeffer und lässt sie 1 Stunde kochen. Eine Viertelstunde vor dem Anrichten gibt man rohe, geschälte, würfelig geschnittene Erdäpfel hinein und lässt sie weich kochen. Tipp: mit Selchfleischsud aufgießen. Einlage: Scheiben von Bratwurst, Frankfurtern oder Selchfleisch.

Krautsuppe auf siebenbürgische Art (Geichwichpert, Brockensuppe)

Wird in gleicher Weise wie die Krautsuppe auf Schweizer Art zubereitet, aber mit Sauerkraut und über Brotschnitten und mitgekochten Wurst oder Bratwurstscheiben angerichtet.

Klare Ochsenschleppsuppe

10 Portionen
300 g Rindsknochen
300 g Ochsenschlepp
20 g Fett
70 g Petersilienwurzel
100 g Karotten
70 g Zeller
1 Zwiebel
1 Paradeiser
2 ½ l Wasser
Salz
5 Pfefferkörner
1 Lorbeerblatt
2 Eiklar zum Klären
Einlage:
2–3 Champignons
10 g Butter
20 g Erbsen
20 g Fisolen
100 g Karotten
20 g Karfiol

Die klein gehackten Rindsknochen und der an den Gelenken geteilte Ochsenschlepp werden in Fett angeröstet. Würfelig geschnittenes Wurzelwerk zufügen und mitrösten. Zwiebelwürfel zugeben und weiter rösten. Den zerschnittenen Paradeiser zufügen, mit kaltem Wasser aufgießen und aufkochen lassen. Gewürze zufügen und bei kleinem Feuer weich kochen. Wenn das Fleisch weich ist, nimmt man es heraus, löst es von den Knochen und schneidet es in kleine Würfel. Man seiht die Suppe ab und lässt sie auskühlen. Die erkaltete Suppe wird entfettet und eventuell geklärt (Klären von Suppen siehe Seite 92). Als Einlage verwendet man den klein geschnittenen Ochsenschlepp, würfelig geschnittene, in Butter gedünstete Champignons und verschiedene in Salzwasser gekochte, klein geschnittene Gemüse.

Fischbeuschelsuppe

400 g Karpfengräten, -abschnitte und -köpfe
200 g Fischbeuschel (Rogen vom Karpfen)
5 Pfefferkörner
1 Lorbeerblatt
1/32 l Essig
Salz
1 1/2 l Wasser
100 g Wurzelwerk (Karotte, Zeller und Petersilienwurzel)
1/2 Zwiebel
30 g Öl, 30 g Mehl
Salz, Pfeffer
1/16 l Rotwein
1/16 l Sauerrahm

Die Karpfengräten, Flossen und Fischköpfe werden mit Pfefferkörnern, Lorbeerblatt, Salz und Essig in Wasser 30 Minuten langsam gekocht. Danach röstet man das im Öl geriebene Wurzelwerk, die fein gehackte Zwiebel und nach deren Gelbwerden Mehl goldbraun, gießt mit dem geseihten Fischsud auf, gibt die Gewürze hinzu und lässt die Suppe 15–20 Minuten auf kleinem Feuer kochen. Danach wird die Suppe durch ein Sieb (oder im Mixer) passiert und der mit Rotwein glatt gerührte Rahm hineingerührt. Zum Schluss das in leicht gesäuertem Fischwasser extra gekochte, zerkleinerte Fischbeuschel als Einlage zugeben und einmal aufkochen lassen. Mit in Butter gerösteten Semmelwürfeln und Petersilie auftragen.

Unter Fischbeuschel versteht man den Rogen eines Fischs und die übrigen Innereien ohne die Fischblase, Gallenblase und Gedärme.

Krebssuppe

8–10 Krebse (Suppenkrebse)
Kümmel
Petersilienstängel
40 g Butter
100 g Wurzelwerk
1/2 Zwiebel
2 Paradeiser
40 g Mehl
1/16 l Weißwein
Salz
Cayennepfeffer
Weinbrand
1/16 l Obers
Semmelwürfel und Bröselknödel als Einlage

Die gewaschenen lebenden Krebse werden nach und nach mit dem Kopf zuerst in siedendes Salzwasser, in das man Kümmel und Petersilienstängel gibt, eingelegt und 10 Minuten zugedeckt gekocht. Das in den Scheren und dem Schweif befindliche Fleisch wird ausgelöst und später als Einlage in die fertige Suppe gegeben. Das Kochwasser wird geseiht und bereitgestellt. Die Schalen und Reste des Körpers werden in einem Mörser fein gestoßen, mit kleinwürfelig geschnittenem Wurzelwerk, der Zwiebel und den Würfeln der Paradeiser in Butter angeröstet, mit Mehl gestaubt, mit Weißwein abgelöscht, mit 1 Liter Krebssud aufgegossen und etwa 15 Minuten verkocht. Dann wird passiert, mit Cayennepfeffer und Weinbrand abgeschmeckt und mit Obers vollendet. In die Suppe gibt man außer dem unzerteilten Krebsfleisch der Scheren und des Schwanzes geröstete Semmelwürfel und gebackene Bröselknödel als Einlage.

Schwäbische Brotsuppe

1 l Rindsuppe
120 g Brot
50 g Zwiebeln
Fett
1 Ei
Salz und Pfeffer
Petersilie
1 Paar Würstel oder Speckwürfel
evtl. etwas Bier

Das Brot wird kleinwürfelig geschnitten und mit der fein gehackten Zwiebel in Fett geröstet. Sobald es braun ist, wird mit Rindsuppe aufgegossen; das Brot wird völlig zerkocht und passiert. Ein versprudeltes Ei dazugeben, würzen und nochmals aufkochen lassen. Fein gehackte Petersilie zugeben. Einlage: geschälte, in Scheiben geschnittene Würstchen oder geröstete Speckwürfel. Anmerkung: Verwendet man für die Suppe altbackenes Brot, so weicht man es in Wasser ein, drückt es aus und röstet es. Zum Aufgießen kann ebenso etwas Bier verwendet werden.

Französische Zwiebelsuppe

Die Zwiebeln blättrig schneiden, in Öl braun anrösten und aufgießen. Die Suppe und den Wein verkochen lassen und würzen, in feuerfeste Tassen gießen, mit Weißbrot belegen, mit geriebenem Käse bestreuen und im Rohr überbacken.

320 g Zwiebeln
etwas Öl
0,8 l Rindsuppe
Salz, Thymian
Cayennepfeffer
10 g Normalkristallzucker
etwas Weißwein
Einlage:
60 g Weißbrot
40 g Emmentaler

Toskanische Gemüsesuppe

Am Vortag die Bohnen einweichen! Bohnen mit etwas Lorbeer kochen. Gemüse in kleine Würfel schneiden. Die fein gehackte Zwiebel und den Speck in etwas Öl anrösten; dann das Wurzelgemüse kurz mitrösten lassen. Mit Rindsuppe auffüllen und je nach Garzeit nach und nach die einzelnen Gemüse beifügen. Nicht zu lang kochen, damit das Gemüse noch bissfest ist. Würzen. Toskanisches Weißbrot dazureichen. Tipp: Das Weißbrot mit Knoblauchbutter bestreichen und im vorgeheizten Rohr knusprig backen.

40 g Zwiebeln
20 g Stangensellerie
40 g Karotten
40 g Selchspeck
90 g speckige Erdäpfel
40 g Lauch, 150 g Kohl
90 g getrocknete weiße Bohnen
10 g Knoblauch
etwas Lorbeer
etwas Olivenöl
¾ l Rindsuppe
Salz, Pfeffer, Thymian
toskanisches Weißbrot

Borschtsch

Weißkraut, Karotten, Petersilienwurzel putzen und feinnudelig schneiden. Das Gemüse in Butter anrösten, etwas aufgießen, salzen und dünsten. Wasser mit etwas Essig aufkochen. Rote Rüben putzen, feinnudelig schneiden und im Essigwasser weich kochen, Fleisch mit Wurzelwerk kochen. Fleisch aus der Brühe nehmen und in kleine Würfel schneiden. Alle Zutaten mit Suppe aufgießen und abschmecken. Rahm versprudeln und mit gehackter Dille über die angerichtete Suppe geben.
Tipp: Borschtsch kann auch mit Lammfleisch oder vegetarisch zubereitet werden.

2 l Wasser
200 g Weißkraut
100 g Karotten
100 g Petersilienwurzel
20 g Butter
40 g Rote Rüben
200 g Schulterscherzel
80 g Wurzelwerk
Salz, Essig
Kristallzucker, Pfeffer
0,1 l Sauerrahm
10 g Dille

Vegetarisch:

Geputzte, geschälte und feinnudelig geschnittene Rote Rüben, Wurzelwerk und gehackte Zwiebel in etwas Öl anrösten, mit Suppe aufgießen und dünsten. Fein geschnittenes Weißkraut und gewürfelte Erdäpfel zugeben und mitgaren. Kurz vor Ende der Garzeit blanchierte, würfelig geschnittene Paradeiser zugeben und mit Kräutersalz, Knoblauch, Essig und Pfeffer abschmecken. Mit saurem Rahm und gehackter Dille oder fein gehackter Petersilie anrichten.

Zutaten wie oben (außer Schulterscherzel)

Minestrone

1 l Wasser
etwas Öl
20 g Selchspeck
20 g Zwiebeln, 60 g Lauch
40 g Zeller, 40 g Karotten
40 g Kohl
20 g Tomatenmark
10 g Knoblauch
Salbei, Oregano
Salz
Einlage:
40 g Risottoreis oder Nudeln, gekocht
60 g Tomates concassées
20 g Petersilie
20 g Parmesan im Ganzen

Gemüse putzen, waschen und blättrig schneiden. Brunoise schneiden. In Öl anlaufen lassen. Zwiebel und Gemüse dazugeben, weiterrösten. Tomatenmark beifügen, aufgießen und würzen. Die Suppe kochen, bis das Gemüse zwar weich, aber noch bissfest ist. Reis oder Nudeln, Tomates concassées und Parmesan als Einlage geben. Kurz vor dem Servieren mit Petersilie bestreuen.

Muligatawny Soup

Hühner-Curry-Suppe

1 l Hühnerfond
80 g Lauch
40 g Reis
60 g Äpfel
½ Banane
100 g Paradeiser
60 g Zwiebeln
20 g Tomatenmark
10 g Erdnussöl
1 Kl Currypulver

Lauch und Zwiebeln nudelig schneiden und im Erdnussöl anrösten. Äpfel und Banane würfelig schneiden und kurz mitrösten. Tomatenmark beifügen und umrühren; dann das Currypulver beifügen. Mit der Hühnersuppe auffüllen und einige Minuten verkochen. Paradeiser enthäuten, entkernen und gemeinsam mit dem gekochten Reis als Einlage geben. Noch einige Minuten ziehen lassen.

Waterzooi

Genter Fischsuppe

1 l Wasser
60 g Lauch
80 g Stangensellerie
100 g speckige Erdäpfel
80 g Petersilienwurzel
40 g Zwiebeln
40 g Butter
150 g Zander, 200 g Wels
300 g Karpfen
(Alle Fische im Ganzen, da von den Köpfen und Gräten ein Fischfond zubereitet wird.)
0,1 l Weißwein
Bouquet garni (Petersilie, Thymian, Lorbeer)
¼ l Schlagobers
2 Eidotter
geröstete Weißbrotscheiben
Salz, Pfeffer

Fische filetieren und entgräten. Gemüse schälen, waschen und julienne schneiden. Erdäpfel schälen und in kleine Würfel schneiden. Aus den Fischkarkassen und den Gemüseanschnitten einen Fischfond zubereiten. Die Butter in einer flachen Kasserolle aufschäumen; Zwiebelscheiben und Gemüsejulienne darin andünsten. Mit Weißwein ablöschen, kurz verkochen, dann mit dem Fischfond auffüllen und weiter 3–4 Minuten köcheln lassen. Fisch und Bouquet garni dazugeben und weitere 3 Minuten bei schwacher Hitze ziehen lassen. Fisch und Gemüse aus der Suppe heben und warm stellen. Die Suppe etwas reduzieren und nachwürzen. Das Bouquet garni entfernen und die Hitze reduzieren. Mit einer Liaison aus Eidottern und Schlagobers legieren; die Suppe darf nun nicht mehr aufkochen! Fischstücke und Gemüse in einem tiefen Teller anrichten, mit der Suppe auffüllen und mit gehackter Petersilie bestreuen. Dazu serviert man getoastete Weißbrotscheiben.

Serbische Bohnensuppe

Bohnen über Nacht in kaltem Wasser einweichen. Wasser ableeren und Bohnen in reichlich Salzwasser mit einem Lorbeerblatt etwa eine Stunde kochen. Gekochtes Selchfleisch oder Frühstücksspeck in kleine Würfel schneiden und mit der fein gehackten Zwiebel anrösten. Dann stauben, paprizieren, mit Essig ablöschen und mit der Rindsuppe auffüllen. Würzen und noch etwa 15 Minuten verkochen.

160 g getrocknete weiße Bohnen
etwas Öl
20 g Zwiebeln
200 g Frühstücksspeck
oder
40 g Teilsames (Selchfleisch), bereits gekocht, 1 cm dick geschnitten
50 g Knoblauch
etwas Essig
etwas Paprikapulver
1 l Rindsuppe
Pfeffer, Majoran, Lorbeerblatt
Bohnenkraut
30 g Mehl

Trüffelsuppe (nach Paul Bocuse, Lyon)

Hühnerfond (siehe Seite 94) zubereiten und erkalten lassen. Rohes Hühnerfleisch mit dem Gemüse faschieren und daraus mit dem erkalteten Hühnerfond eine Consommé zubereiten. In eine Suppenschüssel (original eine Terrine mit den für die Stadt Lyon typischen Löwenköpfen) das würfelig geschnittene und in Butter gedünstete Gemüse geben. Darauf die Trüffelscheiben legen und mit der in Scheiben geschnittenen Gänseleber abschließen. Mit der Geflügelkraftbrühe aufgießen und würzen. Die Suppenschüssel nun mit einer dünnen Blätterteigplatte hermetisch verschließen. Die Teigplatte vorher mit verquirltem Eidotter bestreichen. Die Suppenschüssel kommt in den auf 220 °C vorgeheizten Ofen. Backen, bis der Blätterteig eine schöne braune Farbe hat. Tipp: Die ausgerollten und ausgestochenen Blätterteigplatten mindestens eine Stunde im Kühlschrank rasten lassen, da sie sich sonst beim Backen zusammenziehen und in die Suppentassen fallen.

Für die Hühnerkraftbrühe:
800 g Hühner
3 Eiklar zum Klären
Salz, Pfefferkörner, Lorbeerblatt
Bouquet garni
50 g Karotten
50 g Gelbe Rüben
50 g Zeller
60 g Zwiebeln
Einlage:
10 g Butter
40 g Karotten
40 g Zwiebeln
40 g Zucchini
40 g Zeller
40 g Champignons
4 g schwarze Trüffel
60 g Gänseleber
Blätterteighaube:
240 g Blätterteig
1 Eidotter

Kalte Suppen und Kaltschalen

Erfrischend und appetitanregend sind in der heißen Jahreszeit kalte Suppen. Diese können sich als gelierte klare Suppe (Consommé froide), als geeiste Gemüsesuppe oder als Kaltschale präsentieren. Kaltschalen sind süße Suppen, deren Grundmaterial vorwiegend aus Obst besteht.

Gazpacho

Geeiste spanische Gemüsesuppe

½ l Rindsuppe
0,1 l Tomatenjuice
200 g Paradeiser
100 g Gurken
80 g Paprika grün
40 g Zwiebeln
10 g Knoblauch
60 g Weißbrot
etwas Essig
etwas Olivenöl
Knoblauch, Salz, Pfeffer
Tabasco
Einlage:
60 g Zwiebeln,
80 g Paradeiser
60 g grüner Paprika
80 g Gurken
40 g Weißbrot

Weißbrot in Wasser einweichen. Zwiebel fein hacken. Den Strunk der Paradeiser ausschneiden; kurz in kochendes Wasser tauchen und schälen. Gurken schälen und Paprika entkernen. Alles grob zerkleinern. Das Gemüse mit ausgedrücktem Weißbrot, Rindsuppe, Tomatensaft, dem zerdrückten Knoblauch und dem Olivenöl, am besten im Mixglas, pürieren. Die Konsistenz überprüfen und eventuell mit etwas Rindsuppe korrigieren. Diese Suppe nun recht pikant (»temperamentvoll«) abschmecken und gut durchkühlen lassen. Die kleinwürfelig geschnittene Gemüseeinlage untermengen. In kleine Würfel geschnittenes Weißbrot extra reichen.

Kalte Buttermilchsuppe mit Liebstöckel

10 g Butter
10 g glattes Mehl
¼ l Hühnerfond
0,1 l Schlagobers
½ l Buttermilch
Salz, Pfeffer
Einlage:
50 g Liebstöckel
Toast
Kräuterbutter

Eine Roux (Einmach) zubereiten; mit dem Hühnerfond aufgießen und ca. 20 Min. verkochen lassen. Schlagobers beigeben, nochmals aufkochen lassen und mixen. Die Suppe kühlen; die Buttermilch einrühren und würzig abschmecken. Kalt stellen. Die Suppe in einer gut gekühlten Tasse anrichten und Julienne vom Liebstöckel als Einlage geben.
Tipp: kleine Toasts mit geschmolzener Kräuterbutter als Beigabe.

Geeiste Gurkensuppe

1 Salatgurke
Dille
0,17 l Joghurt, 3,6 Prozent
40 g magerer Topfen
etwas Schlagobers
Salz, weißer Pfeffer
etwas Zitronensaft
Einlage:
Gurkenperlen (mit Noisette-Ausstecher), Dillsträußchen

Gurke schälen, halbieren und mit einem Löffel die Kerne entfernen. Diese in ein Sieb geben, damit der Saft erhalten bleibt. Gurke in ca. 2 cm lange Scheiben schneiden, salzen und 1 Stunde kalt stellen. Die mit Salz marinierten Gurkenscheiben im Mixglas mit dem Gurkensaft, Joghurt, Topfen und Zitronensaft nicht zu fein pürieren; die gehackte Dille einrühren. Mit Schlagobers vollenden und abschmecken. In gekühlten Suppentassen servieren, mit blanchierten Gurkenperlen und Dillsträußchen garniert.
Anmerkung: Nahezu jeder Koch hat sein eigenes Rezept für die beliebte geeiste Gurkensuppe. Um die Vielfalt der Zubereitungsmöglichkeiten aufzuzeigen, wird nun im nachfolgenden Rezept eine ganz andere Version präsentiert.

Gurken-Dill-Kaltschale mit sautierten Garnelen

¼ l Schlagobers
½ l Rindsuppe
40 dag Gurken
etwas Knoblauch
1 Bund Dille
1 Stück Zitrone
Salz, weißer Pfeffer
Sambal (scharfe asiatische Gewürzmischung)
200 g Garnelen ohne Schale
etwas Öl
½ Zwiebel
1 Schuss Weißwein

Zwiebel ansautieren und entkernte, geschälte Gurken beifügen. Mit Weißwein ablöschen und mit Bouillon auffüllen und aufkochen. Obers beifügen und leicht reduzieren. Mit Salz, Pfeffer, Zitronensaft und Knoblauch würzen. Pürieren und gut durchkühlen. Mit gehackter Dille vollenden. Einlage: Garnelen mit Salz, Zitrone und ein wenig Sambal sowie Knoblauch marinieren, scharf anbraten und warm in der kalten Suppe servieren.

Beerenkaltschale

100 g Ribisel
100 g Himbeeren
100 g Heidelbeeren
100 g Erdbeeren
0,1 l Rotwein, 0,1 l Wasser
50 g Kristallzucker
20 g Vanillepuddingpulver
0,1 l Schlagobers
Zimt

Rotwein, Zucker und Wasser aufkochen; die Beeren und das mit etwas Wasser angerührte Vanillepuddingpulver kurz mitkochen und alles kalt stellen. Mit Zimt würzen und mit Schlagobers anrichten.

Melonenkaltschale

½ Honigmelone
¼ Wassermelone
20 g Staubzucker
etwas Portwein
¼ l Weißwein oder Sekt
etwas Mineralwasser
1 Zitrone
Einlage:
in etwas Portwein marinierte Melonenkugeln

Melonenkugeln ausstechen; die restlichen Melonen pürieren. Melonenkugeln mit Portwein und etwas Zitronensaft marinieren. Die pürierte Melone mit Zucker und Weißwein verrühren, kalt stellen und mit Mineralwasser aufgießen. Mit Zitrone abschmecken und mit Melonenkugeln anrichten.

Erdbeersuppe

200 g Erdbeeren
60 g Staubzucker
0,6 l Milch oder Sekt
evtl. Zitronensaft

Die Erdbeeren werden geputzt, gewaschen, püriert, mit dem Staubzucker schaumig gerührt, mit kalter Milch vermengt und gut gekühlt serviert.
Anmerkung: Dieses Rezept, das aus der Erstausgabe entnommen wurde, wird heute mit kleinen Änderungen in guten Restaurants in der heißen Jahreszeit sehr oft als Zwischengericht gereicht. In diesem Fall nimmt man anstelle der Milch Sekt. Auch der Zuckeranteil wird reduziert. Ein wenig Zitronensaft macht diese Kaltschale nicht nur noch erfrischender, sondern hebt auch den Fruchtgeschmack.

Geeiste Kraftbrühe mit Madeira und Gemüse

1 l Consommé
Einlage:
60 g Jungzwiebeln
60 g junge Karotten mit Grün
60 g Erbsenschoten
60 g Spargel
60 g Karfiol
Kerbel, Schnittlauch
Basilikum
etwas Weißwein
5 El Madeira
Zitronensaft

Eine Consommé wird wie in der Grundrezeptur beschrieben (siehe Seite 97) zubereitet. Die jungen Karotten in Salzwasser blanchieren, kalt abfrischen und schälen. Karfiol in kleine Röschen pflücken und in Salzwasser mit etwas Zitronensaft blanchieren. Spargel schälen; die Enden abschneiden, in kleine Stücke teilen und in Salzwasser mit ein wenig Weißwein blanchieren. Die jungen Zwiebeln und die Erbsenschoten putzen. Das so vorbereitete Gemüse in der Consommé gar ziehen lassen, überkühlen, in flache Teller verteilen, mit Madeira parfümieren, mit den Kräutern bestreuen und noch einmal gut durchkühlen lassen.
Tipp: In diesem Beispiel wurde vor allem Frühlingsgemüse verwendet. Auf jeden Fall sollten die Gemüsesorten der Saison angepasst sein. Für die Zubereitung dieser kalten Kraftbrühe eignen sich nahezu alle Gemüsesorten.

Gelierte Entenconsommé

2 l Wasser
½ Ente
100 g frische Karotten
100 g Gelbe Rüben
100 g Zeller
100 g Petersilienwurzel
100 g Lauch
2 Eiklar
Thymian
0,12 l Rotwein
etwas Sherry
Salz
Pfefferkörner
Wacholderbeeren
Lorbeerblatt
2 Stück Blattgelatine
evtl. Vogerlsalat

1. Schritt:
Entenbouillon
Die Ente auslösen und aus den Karkassen mit der Hälfte des Wurzelwerks eine Bouillon kochen.
2. Schritt:
Entenconsommé
Klärfleisch:
Die ausgelöste Entenkeule mit dem Wurzelwerk grob faschieren, mit den Gewürzen und den Eiklar vermischen und dann im Kühlschrank rasten lassen. Die Entenbouillon nach etwa einer Stunde abseihen, rasch abkühlen lassen und dann mit dem Klärfleisch und dem Rotwein erneut aufstellen (siehe Zubereitung Consommé). Die werdende Consommé 30 min. langsam köcheln lassen, anschließend abseihen und mit dem Sherry abschmecken.
3. Schritt:
Gelieren
Über Nacht kalt werden lassen. Sollte die Consommé nicht gelieren, noch etwas Blattgelatine beifügen und erneut zum Gelieren kalt stellen.
Einlage:
Entenbrust würzen, sehr rosa braten und anfrieren; hauchdünn aufschneiden und die Teller damit auslegen. In einer Höhe von etwa 2 Zentimetern die kalte Consommé, die knapp vor dem Gelieren sein sollte, über die dünn aufgeschnittene Entenbrust in die Teller leeren und noch einmal alles kalt stellen. Hinweis: Mit dem Gelieren geht sehr viel Geschmack verloren, daher sollte man Sulzen und gesulzte Suppen sehr kräftig würzen. Tipp: mit Vogerlsalat garnieren.

Kalte Küche

Salate

Salate sind eine besonders gute Ergänzung zu den Mahlzeiten. Sie sollten möglichst im Rohzustand verwendet werden, damit die für unsere Ernährung so wichtigen Vitamine und Mineralstoffe fast ganz erhalten bleiben. Rohe Gemüse- oder Blattsalate sollten mindestens eine Mahlzeit pro Tag eröffnen. Fast alle Gemüse können roh mit Salatmarinaden zubereitet werden. Salat aus fein geschnittenem jungem Spinat, geriebenen rohen Karotten, Kohlrabi, fein geschnittenen Radieschen, Gurken, Spargelköpfen usw. kann auf grünem Salat mit oder ohne Mayonnaise angerichtet werden. Kraut und Kohl sollten gebrüht, Sauerkraut sollte nicht gekocht, sondern, fein geschnitten, mit heißem Öl übergossen werden. Wurzelgemüse wird entweder gerieben oder sehr feinnudelig geschnitten. Grundbedingung für die Verwendung ist nicht nur tadelloses, frisches und sorgfältigst gereinigtes Gemüse, sondern auch die Zubereitung kurz vor Bedarf. Nur Salate aus den verschiedenen Kohlarten sollten möglichst 1–2 Stunden ziehen.

Salatmarinaden

Essig-Öl-Marinade für Blattsalate und Gemüsesalate

Salz
4 Teile Öl (kaltgepresstes Olivenöl, Kürbiskernöl, Nussöl etc.)
1 Teil Essig (Rotwein- oder Weißweinessig, Balsamico, Apfelessig, Himbeeressig etc.)
Pfeffer aus der Mühle

Die Salate werden gesalzen und mit reichlich Öl übergossen, dann mit einigen Spritzern Essig beträufelt und vermischt. Abschließend kann noch etwas weißer Pfeffer aus der Mühle auf die Salate gerieben werden.

Wichtige Anmerkung:

- Es wird nur so viel Essig/Öl verwendet, wie der Salat aufnehmen kann. Keinesfalls darf sich Flüssigkeit auf dem Boden des Salatgeschirrs bilden.
- Nur hochwertige Essige und Öle garantieren gute Ergebnisse.
- Marinade aus gutem Essig und Öl wird keinesfalls mit Wasser verdünnt!
- Die oft verwendeten »Marinaden« aus Billigessig mit einigen Tropfen Billigöl, stark verzuckert und mit reichlich Wasser verdünnt, übertönen den Eigengeschmack des Salats und sind deshalb in Fachkreisen verpönt.

Anwendungsmöglichkeiten der klaren Marinaden

Salz, Öl, Zitronensaft – Blattsalate, Diätsalate
Salz, Öl, Essig, klein gehackte Kräuter – Blattsalate, Gemüsesalate
Salz, $\frac{1}{16}$ l Öl, 1 roher Eidotter, 1 El Essig, eventuell Sardellenpaste – Blattsalate
Salz, Öl, 1 gekochter, gehackter Eidotter, 1 El Essig, 1 Kl gehackte Schalotte, Cayennepfeffer – Blattsalate, Gemüsesalate

Rahmdressing
⅛ l Rahm, 1/16 l Öl, 1 gekochter Eidotter, Zucker, 2 El Ketchup – Blattsalate

Joghurtdressing
⅛ l Joghurt, 1/16 l Zitronensaft, 1 Kl Senf, 1 El geriebener Kren – Blattsalate, Rohkostsalate

Buttermilchdressing
Salz, ⅛ l Buttermilch, Essig oder Zitronensaft – Blattsalate

French Dressing
Senf, Pfeffer, Öl, Essig und Salz gut vermengen – Blatt- und Feingemüsesalate

Gorgonzoladressing
¼ l Sauerrahm, 2 El Milch, 20 g passierter Gorgonzola, Zitronensaft
Als geschmackliche Ergänzung: Zwiebeln, Kräuter, grob gehackte Nusskerne …

Thousand-Islands-Dressing
(Tomatendressing)
120 g Mayonnaise, 1/16 l Sauerrahm, 1 El Tomatenketchup hot, evtl. Chilisauce, Rotweinessig, Kräutersalz, Paprikapulver

Eierdressing
1 gekochtes, gehacktes Ei, Senf, 1 Tl Weißweinessig, 3 Tl Olivenöl, Knoblauch, Salz, Kräuter

Beilagensalate

Häuptel-, Kopf- oder grüner Salat

Der Salat wird von den äußeren dunklen Blättern befreit, gewaschen und in 4 oder 8 Teile geschnitten. Dann schwenkt man ihn in einem Salatschwinger oder legt ihn auf ein Sieb. Kurz vor dem Anrichten wird der Salat mariniert. Man kann diesen Salat auch mit Buttermilch oder Sauerrahm zubereiten. Für Kranke wird der Salat nudelig geschnitten und statt Essig Zitronensaft verwendet.

Karottensalat (Gelber-Rüben-Salat)

600 g Karotten (Gelbe Rüben)
Öl
Essig oder Saft von 1 Zitrone
Salz
Staubzucker

Karotten oder Gelbe Rüben werden geputzt, gewaschen, auf dem Reibeisen gerieben, mit Salz, Öl, Essig und Zucker vermengt und 1 Stunde stehen gelassen. (Kann auch mit fertiger Mayonnaise oder Sauerrahm vermengt werden.)

Gurkensalat

600 g Gurken
Borretschblätter oder Schnittlauch
Öl
Essig
2 Knoblauchzehen
Salz
gemahlener weißer Pfeffer oder Paprika

I. Art: Die Gurken werden geschält, in dünne Scheiben geschnitten, allenfalls eine halbe Stunde gesalzen stehen gelassen, mit Öl und Essig vermischt und mit Pfeffer oder Paprika bestreut. Um den Gurkengeschmack zu heben, bestreut man den Salat mit nudelig geschnittenen jungen Borretschblättern oder mit fein geschnittenem Schnittlauch oder mit ganz wenig zerdrücktem Knoblauch. Man gießt das durch das Salzen und Stehenlassen ausgetretene überflüssige Gurkenwasser ab, vermeidet es aber, die Gurken auszudrücken, wie es früher üblich war.

II. Art: Der Gurkensalat wird mit 500 g dünnblättrig geschnittenen, gekochten Erdäpfeln vermischt und eventuell mit fein zerdrücktem Knoblauch gewürzt. Der Salat kann auch ohne Einsalzen und Abgießen mariniert werden, er ist so leichter verdaulich.

Gurkensalat mit Rahm

600 g Gurken
$\frac{1}{16}$ l Sauerrahm
Essig
2 Knoblauchzehen
Salz, gemahlener weißer Pfeffer, Dille

Die geschälten, in dünne Scheiben geschnittenen und etwas gesalzenen Gurken werden mit Rahm vermischt und mit Essig gesäuert. Mit fein gehackter Dille, Knoblauch und weißem Pfeffer wird nun der Salat abgeschmeckt.

Paradeissalat

400 g Paradeiser
60 g Zwiebeln
(Oliven-)Öl
(Wein-)Essig
Salz
weißer Pfeffer aus der Mühle

Die gereinigten Paradeiser werden kreuzweise eingeritzt und in einem Sieb in kochendes Wasser gehalten. Dann wird die Haut abgezogen. Sie werden in dünne Scheiben geschnitten, gesalzen und gepfeffert, mit fein gehackten Zwiebeln bestreut und mit reichlich Olivenöl und ein wenig Weinessig mariniert.

Radieschensalat (Rettichsalat)

Radieschen oder schwarze Rettiche werden geschält, in dünne Scheiben geschnitten oder gerieben, mit Salz bestreut und eine halbe Stunde lang im Kühlschrank aufbewahrt. Das aus den Rettichscheiben ausgetretene Wasser wird abgegossen. Die Rettiche oder Radieschen werden mit Öl und leicht gezuckertem Essig vermischt.

Sauerkrautsalat

Das gereinigte, kurz geschnittene Kraut wird mit einer Gabel gelockert und mit Öl, geriebener Zwiebel und etwas Essig vermengt. Man kann auch würfelig geschnittene Äpfel, Essiggurken und grünen Paprika darunter mischen. Eine Variationsmöglichkeit: ⅓ Sauerkraut, ⅓ Paradeiser, ⅓ Gurken marinieren und mit einem hart gekochten, fein gehackten Ei vermischen.

Roter-Rüben-Salat

160 g Rote Rüben
Salz, Pfeffer
Kümmel im Ganzen
etwas Himbeeressig
etwas Walnussöl
10 g roher Kren
10 g Kristallzucker

Die Roten Rüben werden in Salzwasser gekocht, geschält, blättrig geschnitten und noch heiß mariniert.
Der gerissene Kren wird erst kurz vor dem Servieren unter den Salat gemischt.

Roter-Rüben-Kren

Gekochte Rote Rüben werden auf dem Reibeisen gerieben und mit geriebenem Kren und Äpfeln, Salz, Zucker und Essig vermengt. (Kann auch aus rohen Rüben zubereitet werden.)

Fisolensalat

300 g Fisolen
50 g Zwiebeln
etwas Apfelessig
etwas Öl
Salz, weißer Pfeffer
2 g Bohnenkraut

Die Fisolen werden geputzt und in etwa 2 cm lange Stücke geschnitten. Sie werden in Salzwasser gekocht und noch heiß mariniert. Die fein gehackten Zwiebeln und das Bohnenkraut werden unter den kalten Salat gemischt.

Karfiolsalat

400 g Karfiol
Saft von 1 Zitrone
Kümmel im Ganzen
50 g Schalotten
etwas Weißweinessig
etwas Öl
Salz, weißer Pfeffer
10 g Kristallzucker

Der Karfiol wird in Röschen geteilt, in Salzwasser mit etwas Zitronensaft und Kümmel gekocht und noch heiß mariniert. Die fein gehackten Schalotten werden unter den kalten Salat gemischt.

Bohnensalat

320 g getrocknete weiße Bohnen
80 g Zwiebeln
Lorbeer
Weinessig oder Apfelessig
(Kürbiskern-)Öl
Salz, Pfeffer
10 g Kristallzucker

Die Bohnen werden über Nacht in kaltem Wasser eingeweicht und in dem Einweichwasser mit etwas Lorbeer weich gekocht. Die Bohnen abseihen und abfrischen. Die fein gehackten Zwiebeln dazugeben, mit Essig und Öl und den restlichen Gewürzen abschmecken. Tipp: Am besten schmeckt der Bohnensalat, wenn er mit Apfelessig und Kürbiskernöl zubereitet wird.

Linsensalat

Wird wie Bohnensalat zubereitet.

Erdäpfelsalat

600 g speckige Erdäpfel (Kipfler, Sigma oder Sieglinde)
Salz, Pfeffer
Kristallzucker
$\frac{1}{16}$ l Rindsuppe
Essig
etwas Zwiebel
Öl
Schnittlauch oder Petersilie

Die Erdäpfel werden in leicht gesalzenem Wasser weich gekocht, geschält, in dünne Scheiben geschnitten und noch warm mariniert. Rindsuppe mit Salz, Essig und fein gehackter Zwiebel gut verrühren und die Erdäpfel damit vermischen; gut durchziehen lassen. Sodann das Öl untermengen. Anrichten und mit gehackter Petersilie oder fein geschnittenem Schnittlauch bestreuen.

Mayonnaisesalat

400 g speckige Erdäpfel
Mayonnaise siehe Seite 381 (⅔ der Menge)
Essig (am besten Estragonessig)
Salz, gemahlener weißer Pfeffer, Staubzucker, Senf

Die gekochten Erdäpfel werden geschält, in Scheiben geschnitten, noch heiß mit Salz, Pfeffer, Zucker etwas Essig und Senf mariniert und nach dem Überkühlen gut mit der Mayonnaise vermengt.

Zellersalat

400 g Zeller
etwas Weißweinessig
etwas Öl
Saft von 1 Zitrone
Salz, weißer Pfeffer
10 g Kristallzucker

Der Zeller wird geschält, in Salzwasser mit etwas Zitronensaft gekocht, blättrig geschnitten und noch heiß mariniert.
Anmerkung: Karfiol, Schwarzwurzeln und Spargel, mitunter auch Fisolen und Spargelfisolen, werden auch unzerschnitten (ungeteilt) gekocht und auch so aufgetragen oder erst nach dem Kochen zerteilt.
Tipp: Alle gekochten Salate können auch mit gebundenen Marinaden auf Mayonnaise- oder Sauerrahmbasis zubereitet werden.

Kraut- und Rotkrautsalat

400 g Weiß- oder Rotkraut
etwas Öl
etwas Essig
Kümmel im Ganzen
Salz, Kristallzucker, Pfeffer

Das Weißkraut in feine Streifen schneiden, einsalzen, etwa eine halbe Stunde ziehen lassen und ausdrücken. Nun wird das Kraut mit Salz, Pfeffer, Kümmel, Zucker, Essig und Öl mariniert.
Tipp: Feinnudelig geschnittene Lauchstreifen geben eine interessante Geschmacks- und Farbkomponente.

Warmer Krautsalat

400 g Kraut
Essig
Salz, Kümmel
Kristallzucker
40 g Speck

Das feinnudelig geschnittene Kraut wird mit kochendem Wasser zunächst abgebrüht, einige Zeit darin stehen gelassen und dann abgeseiht. Nun wird Essig mit Wasser, Salz, einem Stückchen Zucker und Kümmel kochend über das Kraut gegossen. Nach 10–20 Minuten wird die Flüssigkeit abgeseiht, aufgekocht und wieder über das Kraut gegossen. Dies wiederholt man zwei- bis dreimal. Vor dem Servieren wird in kleine Würfel geschnittener Speck zerlassen und mit den entstandenen Grammeln über das angerichtete Kraut gegeben.

Warmer Krautsalat, mit Speck gedünstet

1 kg Kraut
80 g Speck
Zwiebel
Kümmel
Essig
Salz

Der Krautkopf wird geviertelt und nach Entfernen des Strunks und der starken Blattrippen feinnudelig geschnitten. Der Speck wird in kleine Würfel geschnitten und goldgelb geröstet. Die Speckgrammeln werden aus der Kasserolle entfernt; in dem zurückgebliebenen Fett werden aber zunächst die fein geschnittenen Zwiebeln und der Kümmel leicht angeröstet. Nach Beimengung des Essigs wird das geschnittene, gesalzene Kraut weich gedämpft. Vor dem Servieren streut man die gewärmten Speckgrammeln über das Kraut.

Vorspeisensalate

Apfelsalat

Roh geriebene Äpfel mit roh geriebenem Rettich vermischen und mit Zitronensaft oder mit Mayonnaise würzen.

Spargel mit Essig und Öl (Spargelsalat)

600 g Spargel
Salzwasser
Saft von 1 Zitrone
30 g Kristallzucker, 30 g Butter
½ Tl Essig, $\frac{1}{16}$ l Olivenöl
Salz, weißer Pfeffer aus der Mühle

Der Spargel wird geschält, gewaschen, in 2 cm lange Stücke geschnitten, in Salzwasser mit Zitronensaft, Zucker und Butter gekocht, abgeseiht, noch warm mit Öl und Essig übergossen und kalt serviert.

Salat von grünem Spargel mit Gemüsevinaigrette

400 g grüner Spargel
40 g Karotten
40 g Gelbe Rüben
40 g Zeller
50 g Paradeiser
20 g Schalotten
10 g Petersilie
10 g Estragon
etwas Weißweinessig
etwas Traubenkernöl
Salz, weißer Pfeffer aus der Mühle

Gemüsevinaigrette: Karotten, Gelbe Rüben und Zeller werden geschält, in feines Brunoise geschnitten und in Salzwasser blanchiert. Die Schalotten werden geschält und fein gehackt.
Die Paradeiser werden kreuzweise eingeschnitten, in kochendem Salzwasser 15 Sekunden lang blanchiert, abgezogen und geviertelt; das Innere wird entfernt. Dann in kleine Würfel schneiden (Tomates concassées). Die abgezupften Estragon- und Petersilienblätter werden fein gehackt. Das so vorbereitete Gemüse wird nun mit Salz und Pfeffer gewürzt und mit Essig und Öl mariniert.
Grüner Spargel: Die unteren Enden des grünen Spargels werden abgeschnitten; dann wird der Spargel in Salzwasser etwa 5 Minuten gekocht und mit der Vinaigrette serviert.
Bei Spargel, Karfiol und Zeller kann zum Kochen ein Stückchen Zucker gegeben werden und zum Bleichen etwas Zitronensaft.

Pilzsalat

Frische Pilze werden geputzt und geschnitten und in schwach gesalzenem Wasser gut abgebrüht; dieses wird abgegossen. Noch warm werden die Pilze mit Öl, Essig, Salz, Pfeffer und Zwiebeln gewürzt. Es eignen sich alle essbaren Pilze für Salate, doch sehen die sich an Schnitt- und Bruchstellen verfärbenden Pilze (wie z. B. Kapuzinerpilz, Birkenpilz u. a.) als Salate nicht besonders appetitlich aus. (Champignons brauchen nicht abgebrüht werden.)

Eierschwammerlsalat mit Fisolen

400 g Eierschwammerln
etwas normales Olivenöl
Salz, weißer Pfeffer, Muskatnuss
100 g Fisolen
100 g Spargelbohnen
50 g rote Zwiebeln
10 g Schnittlauch
etwas Weißweinessig
30 g kaltgepresstes Olivenöl

Die Eierschwammerln werden geputzt, gewürzt und in Olivenöl angeröstet. Die Fisolen und Spargelbohnen werden geputzt und in 2 cm lange Stücke geschnitten, dann in Salzwasser knackig gekocht und abgefrischt. Die Pilze mit den Fisolen und den Spargelbohnen vermischen, mit Essig und Öl marinieren und mit fein gehackten roten Zwiebeln und geschnittenem Schnittlauch servieren.

Steinpilze mit Nudelsalat

1 Ei
100 g griffiges Mehl
Essig
Grieß
40 g Rucola
50 g Karotten
Kerbel, Petersilie
Sherryessig, Olivenöl
Salz, Pfeffer aus der Mühle
240 g Steinpilze
Olivenöl zum Braten
Rosmarin

Mehl und Ei mit etwas Grieß und einem Tropfen Essig zu einem Teig kneten. Rasten lassen. Teig in dünne Blätter ausrollen; antrocknen lassen, bis er sich nicht mehr klebrig anfühlt. Wasser mit Salz zum Kochen bringen. Teig schneiden. Etwa 1 Minute kochen lassen und abfrischen. Karotten schälen, in feine Streifen schneiden und blanchieren. Petersilie hacken, Kerbelblätter zupfen. Steinpilze putzen und blättrig schneiden. Nudeln mit den Karotten, Rucola und den Kräutern vermischen und marinieren. Die Steinpilze würzen, in heißem Olivenöl mit einem Rosmarinzweig anbraten und flach auf den Teller legen. Der Nudelsalat wird in der Mitte des Tellers angerichtet. Abschließend noch mit Pfeffer aus der Mühle würzen und mit den restlichen Kräutern bestreuen.

Kürbissalat

400 g Kürbis
Salz
Apfelessig
Kürbiskernöl
Borretsch
10 g Kürbiskerne

Der Kürbis wird geschält und entkernt, nudelig geschnitten, gesalzen, leicht blanchiert (abgebrüht) und noch heiß mit Apfelessig und Kürbiskernöl mariniert, mit Salz und gehacktem Borretsch gewürzt und mit gerösteten Kürbiskernen bestreut.

Kongress-Salat

2 El Senf
Öl
Essig
Salz
400 g Erdäpfel
400 g Karotten
4 Essiggurken

In die verdünnte, gewürzte Mischung aus Senf, Essig und Öl gibt man die würfelig geschnittenen, geschälten, gekochten Erdäpfel, die gekochten Karotten und die rohen Essiggurken, vermischt das Ganze und lässt das Gemisch eine halbe Stunde stehen.
Anmerkung: Wenn die Zutaten kleiner geschnitten werden, kann der Salat als Fülle von grünen Paprika, Paradeisern oder Gurken verwendet werden.

Pariser Gemüsesalat

Gemüse (gekochte, geschnittene Fisolen und Karotten, rohe grüne Paprika, gekochte Erbsen, Zeller und sonstige Saisongemüse) werden in die Mitte einer Salatschüssel gegeben und mit Häuptelsalatblättern und geviertelten harten Eiern verziert. Das French Dressing gesondert dazu auftragen.

Heringssalat

4 Heringe
120 g Erdäpfel
120 g Äpfel
10 g Kapern
2 Essiggurkerln
100 g gekochte Bohnen
40 g Erbsen
$\frac{1}{16}$ l Öl
$\frac{1}{8}$ l Sauerrahm
1 Tl Senf
4 Tomaten für die Rosen und Tomatenwürfel als Garnitur.
Garnitur:
Tomatenrose, 1 hart gekochtes Ei, Keta-Kaviar.

Die Heringe werden in kaltem Wasser gewässert, geputzt, in kleine Stücke geschnitten und mit den gekochten, kleinwürfelig geschnittenen Erdäpfeln und den anderen Zutaten vermengt. Öl und Rahm verrühren und über das Gemisch gießen. Der Salat sollte mindestens 1–2 Stunden vor Bedarf zubereitet werden.

Reissalat

200 g Reis
$\frac{1}{16}$ l Öl
Essig
Salz
Schnittlauch
evtl. Rahm und Mayonnaise

Der in viel Salzwasser halb weich gekochte Reis wird abgeseiht, in frischem, kochendem Salzwasser zugestellt, fertig gekocht, wiederum abgeseiht und abgeschreckt. Gut abtropfen lassen. Mit Öl, Essig, Salz vermischen und mit Schnittlauch bestreut anrichten oder mit Rahm und Mayonnaise vermischen.
Anmerkung: Dieser Salat wird selten so wie hier beschrieben für sich alleine serviert. Er eignet sich aber besonders gut als Vorspeisensalat, mit Schinken, Räucherfischen oder Kräutern gemischt, angerichtet auf einer Blattsalatgarnitur, als Sockel für gebratene Krustentiere oder als Fülle für kalte Paradeiser.

Makkaronisalat

200 g Makkaroni
⅛ l Sauerrahm
Mayonnaise:
1 Eidotter
⅛ l Öl
Essig
Saft von ½ Zitrone
Senf
Salz
Cayennepfeffer
Staubzucker
Schnittlauch

Die Makkaroni werden in Salzwasser weich gekocht, abgeseiht, abgeschreckt und in 2 cm lange Stücke geschnitten. Sie werden dann mit Sauerrahm und einer würzigen Mayonnaise vermischt und erst nach mindestens halbstündigem Stehen angerichtet.
Anmerkung: Wie beim Reissalat werden auch Salate von Teigwaren selten so wie im Grundrezept beschrieben zu Tisch gebracht.
Bei diesen Vorspeisensalaten kann man seiner Kreativität freien Lauf lassen. Hier sind einige Beispiele, die sich für die Gestaltung von köstlichen Vorspeisen als Salat aus Teigwaren eignen.
Man versuche Nudelsalat vermischt mit:
- Curry, Apfelwürfeln und gekochtem Huhn,
- Ketchup, Cognac, Kren und Shrimps,
- Dille, Senf und Streifen vom Räucherlachs,
- Jungzwiebeln, Knoblauch und bunten Paprikawürfeln,
- Schinken-, Gurkerl- und Käsestreifen.

Französischer Salat

250 g speckige Erdäpfel
30 g Gelbe Rüben
30 g Zeller
100 g ausgelöste Erbsen
40 g Karotten
Mayonnaise
1 Apfel
1 Essiggurke

Die Erdäpfel und das Wurzelwerk werden (jedes für sich) in Salzwasser weich gekocht und nach dem Erkalten und vollständigem Abtropfen in kleine Würfel geschnitten; ebenso der Apfel und die Essiggurke. Alles allenfalls mit in Salzwasser gekochten Erbsen in eine Mayonnaise mischen.
Anmerkung: Man kann den Salat mit hart gekochten Eiern, Radieschen, grünem Salat, Vogerlsalat, Gurken, Petersilie, Paradeissalat und dgl. garnieren.

Italienischer Salat

In einen französischen Salat rührt man 1–2 klein geschnittene Sardellen und 1–2 Ostseeheringe.

Waldorfsalat

100 g Zeller
100 g Äpfel
100 g Nüsse
Mayonnaise (siehe Seite 381)
Zitronensaft, Zucker, Salz
4–8 Äpfel
1 Salat

Zeller, sehr feinnudelig geschnitten, in Zitronenwasser leicht überkocht, wird mit ebenso feinnudelig geschnittenen Äpfeln und geschnittenen Nüssen vermengt, mit einer Mayonnaise von 1–2 Eidottern vermischt, mit Salz, Zitronensaft und etwas Zucker gewürzt und kalt gestellt. Rote Äpfel werden beim Stängel gekappt, mit dem Kugelausstecher ausgehöhlt und mit Waldorfsalat gefüllt; den Deckel wieder darauf geben.

Die Äpfel entweder auf grünen Salatblättern oder aber auf einer Serviette anrichten.
Anmerkung: Waldorfsalat kann auch mit rohem Zeller hergestellt werden.

Cocktails

Die aus Amerika stammenden Cocktails werden eingeteilt in:
- Fruchtcocktails,
- Gemüse- oder Pilzcocktails,
- Cocktails von Fischen und Krustentieren, aber auch in
- Fleisch- und Geflügelcocktails.

Melonencocktail

600 g Zuckermelone
etwas roter Portwein
20 g Kristallzucker
etwas Sekt

Melonen halbieren, schälen und in kleine Würfel schneiden. Alternativ kann man auch mit dem Parisienne-Ausstecher Kugeln ausstechen. Mit Zucker und Portwein marinieren. Kurz vor dem Servieren noch den Sekt dazugeben. Mit Minzeblättern garnieren.

Champignoncocktail

300 g frische Champignons
20 g Sonnenblumenkernöl
100 g Essiggurkerln
10 g Petersilie
Salz, Pfeffer
Zitronensaft
60 g Mayonnaise
1/16 l Sauerrahm
grüner Salat
40 g Tomaten
10 g Kresse
½ Zitrone als Garnitur

Champignons putzen, in Würfel schneiden, würzen und in Öl sautieren. Essiggurkerln in kleine Würfel schneiden. Petersilie hacken. Alle diese Zutaten mit Mayonnaise und Sauerrahm vermischen.
Cocktailschalen mit Salatblättern und nudelig geschnittenem Salat (Chiffonade) auslegen. Cocktail darauf anrichten und mit Kresse und Tomatenspalten garnieren.

Kabeljaucocktail

Kabeljaufilets würzen, in wenig Wasser dünsten, auskühlen lassen und würfelig schneiden, Paradeiser blanchieren, entkernen und würfelig schneiden. Spargel in Salzwasser kochen und in 2 cm lange Stücke schneiden. Nüsse grob hacken. Alle diese Zutaten mit pikant gewürzter Mayonnaise und Sauerrahm vermischen und durchziehen lassen. In einem Cocktailglas auf einer Chiffonade von grünem Salat anrichten und mit Eischeiben, Paradeiserwürfeln und französischer Petersilie garnieren.

400 g Kabeljau
Salz
Nüsse
1 Zitrone zum Säuern des Kabeljaus
0,2 l Wasser
200 g Paradeiser
100 g grüner Spargel
4 El Mayonnaise
2 El Sauerrahm
grüner Salat
1 Ei, 40 g Paradeiser
französische Petersilie

Krevettencocktail in Tomatenhälften

Krevetten, Sauerrahm, Mayonnaise, Ketchup und Cognac vermischen. Tomaten 10 Sekunden blanchieren, schälen, halbieren und aushöhlen (evtl. mit Salz, Pfeffer, Worcestersauce und etwas Zitronensaft marinieren). Krevettencocktail in die Tomatenhälften füllen und garnieren.

200 g Krevetten
1 El Sauerrahm
2 El Mayonnaise
1 El Tomatenketchup mild
Cognac
Bummerlsalat
200 g Tomaten
französische Petersilie
Salz, Pfeffer, Worcestersauce, etwas Zitronensaft

Krabbencocktail in Dillmayonnaise

Krabben mit Zitronensaft, Salz und Pfeffer marinieren, in Cocktailschalen auf Salatblatt anrichten, mit Dillmayonnaise überziehen und mit Tomaten- und Eispalten bzw. Dillspitzen garnieren.

300 g Krevetten
Saft von 1 Zitrone
Salz
gemahlener weißer Pfeffer
grüner Salat
Dillmayonnaise:
200 g Mayonnaise
0,1 l Schlagobers
40 g Dille
1 Tomate concassée
1 Ei
Dillspitzen

2 Stück Hühnerkeulen
50 g Zeller
50 g Champignons
Öl
1 Babyananas
40 g roter Paprika
Salz, Essig
1 Zitrone
4 El Mayonnaise
2 El Sauerrahm
grüner Salat
französische Petersilie

Hühnercocktail »Florida«

Hühnerkeulen würzen und bei 200 °C im vorgeheizten Rohr braten. Keulen enthäuten, vom Knochen lösen und Salpikon (siehe Glossar) schneiden. Zeller schälen, brunoise schneiden, in wenig Salz-Essig-Wasser kernig kochen. Champignons putzen, blättrig schneiden, würzen und in Öl anrösten. Paprika feinnudelig schneiden. Ananas schälen und in kleine Spalten schneiden. Alles mit Salz, Essig und Zitronensaft marinieren. Mayonnaise mit Sauerrahm und den oberen Zutaten vermischen und durchziehen lassen. Hühnercocktail auf Salatblättern anrichten. Mit französischer Petersilie und Ananasstücken garnieren.

Kalte Vorspeisen von Eiern

4 Eier
1/10 l Öl
Essig
Salz
Kren

Kreneier

Die hart gekochten Eier werden geviertelt oder halbiert auf einer Glasschüssel angerichtet, mit einer Mischung aus Öl, Essig und Salz übergossen und nach halbstündigem Stehen mit geriebenem Kren bestreut. Dazu reicht man verschiedene grüne Salate oder auch Paprika- und Paradeissalat.

4–8 Eier
80 g Butter
2–3 Sardellen
1 Kl französischer Senf
Kapernbeeren
Petersilienblätter

Gefüllte Eier mit Sardellen und Kapern

Die Eier werden hart gekocht, geschält, an den Spitzen abgeflacht und der Breite nach halbiert. Die Dotter werden aus dem Eiweiß entfernt, passiert und mit flaumig gerührter Butter, passierten Sardellen und französischem Senf zu einer Dottercreme verarbeitet. Diese Creme wird in die halbierten Eier dressiert und mit halbierten Kapern und kleinen Petersilienblättern verziert.

8 Eier
100 g Räucherlachs
Salz
100 g Butter
Worcestersauce, Pfeffer
60 g Räucherlachs
8 dünn geschnittene, halbierte Zitronenscheiben ohne Schale als Garnitur
Dillspitzen

Gefüllte Eier mit Räucherlachs

Die Eier werden hart gekocht und der Länge nach halbiert. Die Dotter werden entfernt, die Höhlung und der Rand mittels Sterntülle mit Fischfülle gefüllt und verziert. In die Mitte legt man ein Stück Räucherlachs und richtet die Eier mit nudelig geschnittenem Salat oder auf einem Sockel von französischem oder italienischem Salat an. Für die Fülle werden der Räucherlachs und die hart gekochten Dotter passiert, zu einem Butterabtrieb gegeben, gesalzen, mit Worcestersauce und etwas Pfeffer gewürzt und schaumig gerührt.

Gefüllte Eier mit Schinken

8 Eier
100 g Schinken
Salz
100 g Butter
Worcestersauce
Pfeffer
Essiggurkerln, Perlzwieberln, französische Petersilie als Garnitur

Die Eier werden hart gekocht und der Länge nach halbiert. Die Dotter entfernen und die Höhlung und den Rand mit Schinkenfülle mittels Sterntülle füllen und verzieren. In die Mitte legt man ein Stück Schinken und richtet die Eier mit nudelig geschnittenem Salat oder auf einem Sockel von französischem oder italienischem Salat an. Für die Fülle werden der faschierte Schinken und die hart gekochten Dotter passiert, zu einem Butterabtrieb gegeben, gesalzen, mit Worcestersauce und etwas Pfeffer gewürzt und schaumig gerührt.

Gefüllte Eier mit Paprika

8 Eier
60 g Paprika
Salz
100 g Gervais
Worcestersauce
Cayennepfeffer
1 Knoblauchzehe
Paprika-Rauten einer jeweils anderen Farbe

Die Eier werden hart gekocht und der Länge nach halbiert. Die Dotter werden entfernt, die Höhlung und der Rand mittels Sterntülle mit Paprikafülle gefüllt und verziert. In die Mitte legt man ein oder zwei Stück der Paprika-Rauten als Garnitur und richtet die Eier mit nudelig geschnittenem Salat oder auf einem Sockel von französischem oder italienischem Salat an. Für die Fülle werden der geschälte und pürierte Paprika und die hart gekochten Dotter passiert, mit dem Gervais vermischt, gesalzen, mit Knoblauch, Worcestersauce und etwas Cayennepfeffer gewürzt und schaumig gerührt. Tipp: Diese Paprikacreme abwechselnd mit rotem, gelbem oder grünem Paprika zubereiten; somit kann man ein abwechslungsreiches Farbenspiel erreichen.

Gefüllte und glacierte Eier

8 Eier
200 g Schinken
Mayonnaise
1/16 l zerlassenes Aspik

Die Eier werden hart gekocht, geschält, an der spitzen oder an der Längsseite abgeflacht und der Länge oder der Breite nach halbiert. Die Dotter werden herausgenommen. Sie werden passiert und mit 2 Esslöffeln Mayonnaise und gehacktem Schinken vermischt. Damit werden die Eier gefüllt, zwei und zwei zusammengesetzt, auf einem Glaciergitter kalt gestellt, mit Aspikmayonnaise (1/3 Aspik, 2/3 Mayonnaise) glaciert und gekühlt. (Statt Schinken kann man Leber- oder Wildmus, Räucherlachs, Sardinen oder ein Gemisch von gehackten Gurkerln, Sardellen, Kapern und Schalotten als Fülle verwenden.)

Eier mit Zunge

8 Scheiben Toastbrot
10 g Butter
120 g geselchte Rindszunge
8 pochierte Eier
Mayonnaise
10 g Kerbel
Zunge (Abschnitte)

Die Toastscheiben werden rund ausgestochen und in heißer Butter goldgelb geröstet. Auf jede erkaltete Scheibe legt man eine Schnitte kalter, gekochter Rindszunge, die nach der Form des Toasts abgerundet wird. Darauf kommt ein kaltes verlorenes Ei. Man übergießt dieses mit sehr dicker Mayonnaise und bestreut es mit fein gehackter Zunge und gezupftem Kerbel.

Pochierte Eier auf Apfel-Zeller-Salat (Schwedische Eier)

8 Eier
Essig
200 g Aspik zum Überglänzen
Salat:
100 g Zeller
1 Apfel
Salz
Mayonnaise:
Salz
etwas Staubzucker
Zitronensaft
Essig
2 Eidotter
¼ l Öl
englischer Senf

Flach pochierte Eier: Die Eier werden in eine Kasserolle mit so viel Essigwasser geschlagen, dass es nicht über den Dotter reicht, 3–4 Minuten pochiert, in kaltes Salzwasser eingelegt, abgetropft, mit Aspik überglänzt und in Muscheln, welche mit Apfel-Zeller-Salat gefüllt werden, gelegt. Apfel-Zeller-Salat: Zeller wird feinnudelig geschnitten, roh gelassen oder in Salzwasser mit viel Zitronensaft halb weich gekocht und ausgekühlt mit Mayonnaise gemischt. Feinnudelig geschnittenen Apfel dazugeben. Salzen, leicht zuckern, mit Essig und Zitronensaft säuern und mit englischem Senf würzen. Kann auch als selbstständiger Salat gereicht werden.

Pasteten, Terrinen und Galantinen

Pastetenbacken war schon bei den Römern und den alten Griechen als die hohe Schule der Kochkunst anerkannt. Die Herstellung von Pasteten ist heute noch die heikelste Arbeit in der kalten Küche. Erstklassige Lebensmittel, ein hohes Maß an Fingerspitzengefühl und Präzision sind die Voraussetzungen für das Gelingen. Aufgrund des allzu sättigenden und nicht leicht verdaulichen Teigmantels werden in letzter Zeit immer öfter Terrinen oder Galantinen auf dem Speiseplan bevorzugt.
Pasteten: eine Fleischfarce, mit der entsprechenden Einlage im Teigmantel (Pastetenteig) pochiert; die Hohlräume, die durch das Backen entstehen, werden mit aromatisiertem Aspik ausgefüllt.
Terrinen: werden wie Pasteten, allerdings ohne Teigmantel und Aspik zubereitet. Um das Austrocknen der Terrinen zu verhindern, wird die Terrinenform mit rohen Speckplatten ausgelegt.
Galantinen (Rollpasteten): Die Farce wird in eine Hülle aus Fleisch, Fisch oder Geflügel gefüllt, in eine Serviette eingerollt und im entsprechenden Fond pochiert.
Eines haben alle drei gemeinsam: Die Fülle ist immer eine Farce.

Grundrezept für Farcen

⅓ vom Namen und Geschmack gebenden Fleisch (Fisch oder Geflügel)
⅓ mageres Schweinefleisch (Schulter)
⅓ grüner Speck
Pastetengewürz
Salz, Pfeffer
Eiswürfel
als Lockerungsmittel:
Schlagobers, eingeweichtes Weißbrot, flüssige Butter oder Eier
verschiedene Einlagen (z. B. Pistazien, Pinienkörner)
weiters zum Marinieren:
Pökelsalz, Weinbrand, Kräuter
Portwein, Madeira, Gin oder trockener Wermut, je nach den verwendeten Grundmaterialien

Das Fleisch wird pariert und in kleine Würfel geschnitten.
Mit Pökelsalz, Pastetengewürz und den entsprechenden Alkoholika wird das Fleisch mariniert und etwa zwölf Stunden lang kalt gestellt.
Der Fleischwolf wird gekühlt, das Fleisch und der Speck werden zweimal durch die feinste Scheibe der Faschiermaschine gedreht und anschließend mit Eiswürfeln zu einer glatten, sehr feinen Masse gecuttert. Im Haushalt geschieht dies unter Zugabe von Schlagobers mit der »Moulinette«. Oder aber die fein faschierte Masse wird durch ein Passiersieb in eine eiskalte Schüssel getrieben. Die restlichen Zutaten werden nach und nach eingearbeitet. Kälte ist dabei die wichtigste »Zutat«, denn wenn die Masse nicht kalt genug ist, verliert sie recht rasch die Bindung. Selbst die Geräte müssen gekühlt sein. Nun werden als Einlage Pistazien, Pinienkörner, rosa Pfefferkörner, kleine Speckwürfel, gedünstete Pilzwürfel (Champignons, Eierschwammerln, Morcheln) u. ä. unter die Farce gemischt.

Gänseleberfarce für Aspikeinlage

300 g Gänseleber
50 g Butter
3 Eidotter
20 g Mehl
Salz
Butter und Mehl für die Form

Die Butter wird abgetrieben, mit den Dottern, der passierten Leber, dem Salz und Mehl gut verrührt und in einer befetteten und bemehlten Form ca. eine halbe Stunde in Dunst pochiert. Erkaltet, wird die Farce in dünne Scheiben geschnitten und in Aspik eingelegt.

Pasteten

Grundteig

für 10 Portionen
Rezept für eine Pastete:
500 g glattes Mehl
10 g Salz
170 g Butter
0,2 l Wasser
2 Eidotter

Der Pastetenteig als Hülle ist ein Klassiker.
Mehl und Butterwürfel locker vermischen; dann Salz, Milch und die Eidotter beifügen und zu einem glatten Teig kneten. Dieser Teig muss vor der Weiterverarbeitung mindestens eine Stunde im Kühlschrank rasten.

Rehpastete

für 10 Portionen
Pastetenteig:
500 g glattes Mehl
170 g Butter
⅛ l Milch
2 Eidotter
Salz

500 g grüner Speck zum Auslegen
300 g Bauchfleisch vom Schwein
100 g Kalbsschulter
200 g Hühnerleber

Marinade:
⅛ l Rotwein
etwas Cognac
0,1 l Madeira
Knoblauch
Salz, Pfeffer, Thymian, Rosmarin, Lorbeerblätter
Orangensaft, Zitronensaft

250 g Crème fraîche
⅛ l Schlagobers
2 Eidotter
100 g Pignolien
100 g Pistazienkerne
500 g ausgelöstes Rehrückenfilet

Aspik (Zubereitung siehe Sulzen):
100 g Aspikpulver oder 9 Blatt Gelatine
¾ l Rindsuppe oder Wasser
Portwein, Cognac

Für den Teig alle Zutaten verkneten. Dann rasten lassen.
Die Pastetenform mit Teig und danach mit grünem Speck auslegen. Farce einfüllen.
Farce: Fleisch und Leber parieren, würfelig schneiden und in der Marinade ziehen lassen (24 Stunden).
Fleisch und Leber durch die feinste Scheibe der Faschiermaschine drehen und danach cuttern. Crème fraîche und Eier dazugeben und das halb geschlagene Obers darunter ziehen. Pistazien und Pignolien dazugeben.
Filetstücke, die in der Mitte der Pastete eingesetzt werden, vorbereiten. Rehfilets würzen und rasch in sehr heißem Öl anbraten; dann erkalten lassen. Die Filets in Speckscheiben einwickeln. Im Idealfall sind diese Filets in der fertigen Pastete innen noch rosa.
Ausfertigen der Pastete: Pastetenform befetten. Mit dem etwa 3–5 mm dick ausgerollten Teig auslegen und darauf dünne Speckscheiben legen. Einen Teil der Farce einfüllen und die Filets einlegen. Mit der restlichen Farce die Form auffüllen. Die Speckenden einschlagen und mit Pastetenteig abdecken. Die Teigränder mit einer Gabel abdrücken, mit Teigornamenten verzieren und mit Eidotter bestreichen. Beim Garen von Fleisch entsteht Dampf, dieser muss durch den Teig austreten können. Zu diesem Zweck werden zwei Abzugsöffnungen (Durchmesser etwa 2 cm) im Teigdeckel ausgestochen und die »Kamine« (runde Keksausstecher) darin eingesetzt. Pastete bei 200 °C bei Unterhitze anbacken (goldbraun), bei 150 °C fertig backen. Die noch warme Pastete mit Aspik ausgießen. Mehrmals nachfüllen. Die erkaltete Pastete weiterhin mit Aspik ausgießen, bis alle Hohlräume ausgefüllt sind.
Tipps:
• Vor dem Backen sollte die Pastete noch etwa eine halbe Stunde im Kühlschrank rasten, damit sich der Teig beim Backen nicht zusammenziehen kann.
• Undichte Teigstellen, in denen das Aspik austritt, können mit Butter abgedichtet werden, die nach dem Festwerden des Aspiks wieder entfernt wird.

Geflügel-Gemüse-Pastete

für 10 Portionen
Teig:
500 g glattes Mehl
200 g Butter
⅛ l Milch, 2 Eidotter
Salz
Farce:
500 g Hühnerbrustfilet
Salz, weißer Pfeffer
¼ l Schlagobers
2 Eier
60 g passierter Spinat
Einlage:
160 g Karotten
160 g Broccoli
160 g Kohlrabi
160 g Gelbe Rüben
Muskatnuss
500 g grüner Speck
Aspik:
100 g Aspikpulver
1 l Wasser
Portwein, Cognac

Für den Teig alle Zutaten verkneten und im Kühlschrank rasten lassen.
Farce zubereiten: Aus Hühnerfleisch, Obers, Eiern und Spinat wird eine Farce bereitet (siehe Farce).
Einlage: Wurzelgemüse jardinière oder brunoise schneiden. Karfiol oder Broccoli in kleine Röschen teilen, sehr kurz blanchieren und unter die Farce mischen.
Pastetenform mit Teig und danach mit grünem Speck auslegen. Die Farce einfüllen und die Pastete mit dem Teig abschließen. Pastete bei 200 °C bei Unterhitze anbacken (goldbraun), bei 150 °C fertig backen. Die noch warme Pastete mit Aspik ausgießen. Mehrmals nachfüllen. (Ausfertigen der Pasteten: siehe Rehpastete.)
Als Teigmantel können für Pasteten auch andere Teige verwendet werden. Brioche als Hülle für die Gänseleberpastete ist bereits ein Standard der modernen Küche.

Gänseleberpastete in Briocheteig

für 10 Portionen
Briocheteig von 400 g Mehl
180 g grüner Speck, in dünne Platten oder Scheiben geschnitten, zum Auslegen
1 Eidotter zum Bestreichen
Fülle:
500 g Gänseleber
Pökelsalz, Zucker
Salz, Pfeffer aus der Mühle
etwas Cognac
etwas roter Portwein
Portweinaspik:
0,1 l roter Portwein
½ l Hühnerfond
8 Stück Blattgelatine

Die Gänseleber auseinander ziehen; vorsichtig die Haut abziehen und die Adern wegschneiden. Die beiden Leberlappen längs teilen. Anschließend die Leber mit Pökelsalz, Salz, Pfeffer aus der Mühle, Zucker, Portwein und Cognac marinieren.
Eine kleine Terrinenform wird mit dünnen Scheiben von grünem Speck ausgelegt. Dann die Gänseleberstücke in die Form pressen. So 5–6 Stunden im Kühlschrank durchziehen lassen. Den Briocheteig etwa 5 mm dick ausrollen; eine Pastetenform damit so auslegen, dass die Teigränder über den Rand der Form hinausragen. Die vorbereitete Gänseleber im Speckmantel auf den Teig stürzen und mit dem Teig abdecken. Kamine ausstechen (siehe Rehpastete) und 20 Minuten an einem nicht zu kalten Ort rasten lassen. Im vorgeheizten Rohr bei 190 °C anbacken und bei 180 °C etwa 35 Minuten fertig backen. Nachdem die Pastete erkaltet ist, wird durch die »Kaminöffnungen« im Teig Portweinaspik gefüllt, um damit alle Hohlräume, die beim Backen entstanden sind, auszufüllen.
Anmerkung: Zu bedenken wäre, dass gegarte Farcen am besten schmecken, wenn die Pastete oder Terrine über Nacht im Kühlschrank rasten kann. Brioche schmeckt lauwarm oder zumindest ganz frisch am besten. Daher ist die Zubereitung dieses Rezepts als Terrine (siehe dort) mit lauwarm serviertem, hausgemachtem Brioche die elegantere Lösung.

Terrinen

Alle Arten Pasteten können auch ohne Teigmantel als Terrinen zubereitet werden. Das gilt selbstverständlich auch vice versa: Alle Terrinen können mit Pastetenteig als Pasteten zubereitet werden.

Kalbsleberterrine

200 g Speck
50 g Schalotten
Petersilie
750 g Kalbsleber
3 Semmeln
3 Eidotter
Salz und Pfeffer
1 Prise Majoran
1 Prise Thymian
250 g roher Speck

Speck, Schalotten und Petersilie werden fein gehackt, mit der enthäuteten, fein geschabten Kalbsleber und den entrindeten, aufgeweichten, gut ausgedrückten Semmeln passiert und mit den Dottern, Salz, Pfeffer, Majoran und Thymian gut vermengt. Das dickflüssige Gemisch wird in eine mit dünnen Speckscheiben ausgelegte Pasteten- oder höhere Biskuitform gefüllt, mit Alufolie bedeckt und im Rohr etwa 1 Stunde in einem Wasserbad bei 140 °C gekocht und überkühlt gestürzt. Ein Teil des Specks kann auch würfelig geschnitten und kurz überkocht in die Lebermasse gemischt werden. (Eventuell mit Aspik anrichten.)

Fleischterrine

250 g Schweinefleisch
250 g Kalbsschnitzel (Schulter)
50 g Fett
50 g Speck
1 Semmel
$\frac{1}{16}$ l Milch
2 Eidotter
Pastetengewürz und Salz
200 g roher Speck

Die Hälfte des Schweine- und des Kalbfleischs wird abgebraten, die andere Hälfte wird roh verwendet. Man faschiert und passiert das Fleisch mit der abgerindeten, in Milch erweichten, ausgedrückten Semmel durch ein Sieb, vermengt es mit dem würfelig geschnittenen Speck und den Dottern und würzt es mit Pastetengewürz und Salz. Eine Form wird mit Speckscheiben ausgelegt, die Masse eingefüllt und eine dünne Speckscheibe darauf gelegt. Dann 1 Stunde im Dunst pochieren und überkühlt stürzen.

Terrine vom Lachs

für 10 Portionen
Farce:
850 g Lachsfilet
Das Mittelstück als Einlage aufheben!
0,1 l Schlagobers
1 Eiklar
etwas Noilly Prat
Salz, gemahlener weißer Pfeffer
Einlage:
150 g Lachsfilet
Das bereitgelegte Mittelstück (Darne)
250 g Blattspinat

Farce: Die Lachsstücke werden zweimal durch die feine Scheibe des Fleischwolfs getrieben und dann durch ein Passiersieb passiert. In einer gut gekühlten Metallschüssel, die auf Eis gestellt wird, werden nun das Obers, Noilly Prat, das Eiklar und die Gewürze eingerührt. Terrinenform vorbereiten: Die Terrinenform wird mit Plastikfolie, dann mit blanchierten Spinatblättern ausgelegt. Die so vorbereitete Form wird nun mit der Lachsfarce bis zur Hälfte gefüllt, mit dem in etwa 2 cm breite Streifen geschnittenen und gewürzten Lachsmittelstück belegt und mit der restlichen Farce aufgefüllt. Mit Spinatblättern abschließen und mit Alufolie abdecken. Bei 130 °C im Wasserbad im Rohr pochieren.

Zanderterrine

für 10 Portionen
500 g Mangold zum Auslegen der Form
Salz
Farce:
500 g Zanderfilet
Salz, Pfeffer, Zitronensaft
¼ l Schlagobers
etwas Noilly Prat
Einlage:
150 g Garnelen ohne Schale, Größe 13/15
20 g Pistazienkerne
rosa Pfefferkörner

Terrinenform mit Klarsichtfolie auslegen und mit blanchierten Mangoldblättern belegen. Farce zubereiten (siehe Lachsterrine). Rosa Pfeffer und Pistazien beifügen. Abwechselnd mit der Farce und den Garnelen die Form füllen. Im Wasserbad bei 90 °C pochieren.

Terrine von Gemüse

für 10 Portionen
500 g Karfiol
500 g Karotten
500 g Broccoli
20 g tiefgekühlter Spinat
½ l Schlagobers
Salzwasser
6 Eier
Salz, Pfeffer, Muskatnuss

Das Gemüse schälen. Ein Drittel des Gemüses in kleine Würfel, Karfiol und Broccoli in Röschen schneiden; kurz blanchieren, abfrischen und als Einlage bereithalten. Das restliche Gemüse grob schneiden und kochen, bis es ganz weich ist. Das Wasser abseihen und mit ca. ⅛ l Obers einreduzieren; fein pürieren und durch ein Sieb streichen. Wenn diese Masse erkaltet ist, werden die Eier beigefügt. – Verwendet man sortenrein nur weißes Gemüse, wird nur Eiklar verwendet. Die Gemüseeinlage unter die Masse mischen, würzen und in eine mit Plastikfolie ausgelegte Form füllen. Diese Form kann noch mit blanchierten Karotten-, Lauch- oder anderen Gemüsescheiben ausgelegt werden. Im Wasserbad etwa 45 Minuten pochieren. Überkühlen lassen und aus der Form stürzen.

Galantinen

Diese Rollpasteten werden immer in ein Tuch oder in Folie gerollt pochiert (das bedeutet, dass sie niemals kochen sollten) und man läßt sie in der Flüssigkeit, in der sie gegart wurden, auskühlen. Als Beilage eignen sich in der Regel Aspikwürfel, die mit Portwein, Madeira oder Cognac aromatisiert wurden, aber auch kalte Saucen, wie die Sauce Cumberland, und vor allem Blattsalate.

Hühnergalantine

für 10 Portionen
1 Huhn
Cognac, Madeira oder Portwein
Farce:
500 g Hühnerbrustfilet
¼ l Schlagobers, 1 Ei
Pastetengewürz, Salz, weißer Pfeffer aus der Mühle
Einlage:
250 g Blattspinat
120 g Champignons
120 g Austernpilze
etwas Olivenöl (normal)
Salz, weißer Pfeffer
Fond:
¼ l Weißwein
¼ kg Wurzelwerk
50 g Zwiebeln
Bouquet garni
Salz, Pfefferkörner, Lorbeerblatt

Das Huhn so auslösen, dass Hühnerbrüste und Keulen noch zusammenhängen; plattieren oder an der Innenseite leicht klopfen und mit Pfeffer, Cognac, Madeira oder Portwein marinieren. Mit Pastetengewürz und Salz würzen. Das ausgelöste Huhn wird mit der Hautunterseite auf ein feuchtes Tuch gelegt und mit den blanchierten Spinatblättern belegt. Aus der Hühnerbrust, dem Schlagobers, dem Ei und den Gewürzen eine Farce bereiten (siehe Kapitel Pasteten, Terrinen und Galantinen); die in Würfel geschnittenen sautierten Pilze als Einlage geben und das mit dem Spinat belegte ausgelöste Huhn damit bestreichen. Straff in das Tuch einrollen und im Fond etwa eine Dreiviertelstunde pochieren. Im Fond auskühlen lassen. Tipp: Anstelle des Tuchs kann man auch eine hitzebeständige Plastikfolie verwenden.

Kalbfleisch-Eierschwammerl-Galantine

für 10 Portionen
800 g Kalbslungenbraten
Salz, gemahlener weißer Pfeffer
Farce:
100 g grüner Speck
200 g Kalbsschulter
⅛ l Schlagobers
etwas Noilly Prat
Salz, weißer Pfeffer aus der Mühle
200 g Eierschwammerln
Petersilie, Salz, Muskatnuss
20 g Butter
160 g Lauch
Zum Pochieren:
2 l Wasser
100 g Karotten, 100 g Zeller
100 g Petersilienwurzel
100 g Zwiebeln
Salz, weiße Pfefferkörner
Lorbeerblatt

Der Kalbslungenbraten wird pariert, der Länge nach eingeschnitten und vorsichtig auseinander geklappt. Mit Plastikfolie belegt, wird er nun vorsichtig geklopft, gesalzen und gepfeffert. Die Eierschwammerln werden geputzt, gewürzt, in Butter sautiert und in ein Sieb geleert. Der ausgetretene Saft der Eierschwammerln wird zum Marinieren des Kalbfleischs verwendet. Für die Farce wird die Kalbsschulter in Würfel geschnitten und mit Noilly Prat, einigen sautierten Eierschwammerln und dem abgesiehenen Saft, Salz und Pfeffer mariniert. Mit diesem marinierten Kalbfleisch, dem grünen Speck und dem Schlagobers wird nun die Farce bereitet (siehe Farce). Der aufgeklappte, leicht geklopfte und gewürzte Kalbslungenbraten wird nun auf ein befeuchtetes Tuch gelegt, mit blanchierten Lauchstreifen ausgelegt, mit der Farce bestrichen und straff eingerollt. Zum Pochieren wird das Wasser mit dem blättrig geschnittenen Gemüse und den Gewürzen zugestellt. Die Galantine wird in diesen kochenden Gemüsefond eingelegt und etwa (je nach ihrer Dicke) eine Dreiviertelstunde pochiert (bei etwa 90 °C ziehen lassen). Galantinen müssen immer im Kochsud auskühlen!

Forellengalantine

für 10 Portionen
Alufolie
30 g Butter, 800 g Forellenfilet
1 Zitrone, Salz, weißer Pfeffer
aus der Mühle, Dille
Farce:
500 g Forellenfilet
$\frac{1}{16}$ l Weißwein
Salz, Pfeffer, Zitronensaft
$\frac{1}{4}$ l Schlagobers, 1 Eiklar
Einlage:
150 g Shrimps
10 g schwarze Trüffel
50 g Pistazienkerne
Zum Pochieren:
2 l Wasser, 0,1 l Weißwein
100 g Karotten, 100 g Zeller
100 g Petersilienwurzel
100 g Zwiebeln
Salz, weiße Pfefferkörner
Lorbeerblatt

Alufolie mit flüssiger Butter bestreichen und die plattierten Forellenfilets eng nebeneinander mit der Hautseite nach unten auflegen. Mit Salz, Pfeffer und Zitronensaft würzen und mit grob gehackter Dille bestreuen. Die Filets mit der Farce bestreichen und straff in der Alufolie einrollen. Wasser mit Weißwein, dem blättrig geschnittenen Gemüse und den Gewürzen zum Kochen bringen und die Fischrolle darin bei 80 °C etwa 15 Minuten pochieren.
Farce: Enthäutete Forellenfilets mit Weißwein, Zitronensaft, Salz und Pfeffer etwa 1 Stunde im Kühlschrank marinieren. Zweimal durch die feinste Scheibe des Fleischwolfs (in eine eiskalte Metallschüssel) faschieren, mit Eiklar und gut gekühltem Obers verrühren und durch ein Passiersieb streichen. Anschließend die klein geschnittene Einlage untermischen.

Mousses

Mousses, früher auch »Schaumbrot« genannt, werden zum Unterschied von Farcen immer aus gegarten, feinst faschierten und pürierten Grundmaterialien zubereitet. Die cremige Konsistenz erhalten sie durch das Untermengen von geschlagenem Obers. Mit Aspik oder Blattgelatine wird die notwendige Bindung oder Standfestigkeit hergestellt. Wird anstelle der Blattgelatine Aspik verwendet, halte man sich an die Faustregel: zwei Drittel der Moussemasse und ein Drittel lauwarmes Aspik.
Anrichten: Mousses werden gerne als Fülle für Tomaten, kalte Fleischrollen oder für Blätterteig verwendet. Sollten sie nicht als Fülle verwendet werden, können sie in einer Schüssel, eventuell noch mit einer Madeira-Aspikschicht übergossen, gekühlt werden. In diesem Fall sticht man mit einem mit heißem Wasser benetzten Löffel Nockerl aus. Werden Mousses in eine Terrinenform gefüllt, gestürzt und in Scheiben geschnitten, muss etwas mehr Aspik oder Blattgelatine verwendet werden. Man kann sie aber auch in Portionsförmchen füllen und vor dem Servieren stürzen.

Schinkenmousse

2 Stück Blattgelatine
120 g Schinken
10 g Butter
10 g glattes Mehl
$\frac{1}{16}$ l Milch
etwas Weinbrand
$\frac{1}{8}$ l Schlagobers
Salz, gemahlener weißer
Pfeffer, Muskatnuss

Die Blattgelatine in kaltem Wasser einweichen. Schinken brunoise schneiden. Aus der Butter und dem Mehl eine Roux blanc (Einmach) zubereiten. Mit der kochenden Milch aufgießen, sodass eine dickliche Sauce Béchamel entsteht. Den Schinken und die eingeweichte Blattgelatine in die Béchamel geben; alles im Mixglas pürieren und würzen. Die eingeweichte Blattgelatine beifügen und auskühlen lassen. Geschlagenes Obers in die kalte Masse einrühren.

Räucherlachsmousse

200 g Räucherlachs
¼ l Schlagobers
etwas Noilly Prat
2 Stück Blattgelatine
50 g Kren
Salz, Pfeffer, Zitronensaft

Blattgelatine in kaltem Wasser einweichen. Räucherlachs fein pürieren und durch ein Passiersieb streichen. Das geschlagene Obers mit den Gewürzen unterheben. Blattgelatine mit Noilly Prat im Wasserbad zergehen lassen und unter die Masse rühren. In Formen abfüllen und erkalten lassen. Anmerkung: Mousse vom Räucheraal oder der Räucherforelle wird auf die gleiche Art zubereitet.

Fasanenmousse

ein halber Fasan
etwas Öl
50 g Schalotten
Salz, Pfeffer, Wacholder
10 g Rosmarin, 10 g Thymian
Lorbeer
10 g Preiselbeerkompott
0,1 l Rotwein
0,2 l Rindsuppe
2 Stück Blattgelatine
0,2 l Schlagobers

Der Fasan wird grob zerteilt, gewürzt und in Olivenöl angebraten. Wenn die Fasanenstücke Farbe genommen haben, werden die grob geschnittenen Schalotten beigefügt und mitgeröstet. Anschließend mit Rotwein und Rindsuppe aufgießen, die Gewürze und Kräuter beifügen und alles so lange zugedeckt dünsten, bis sich das Fleisch vom Knochen löst und die Flüssigkeit nahezu verdunstet ist. Nun werden die Knochen entfernt und alles wird feinst passiert. Die in kaltem Wasser eingeweichte Blattgelatine wird unter die noch warme Masse gemischt. Würzen. Nun das geschlagene Obers in das erkaltete Fasanenpüree rühren.

Kalbslebermousse

250 g Kalbsleber
etwas Zwiebel
Knoblauch
Thymian
Lorbeerblatt
2–3 El Madeira
Salz
Pfeffer
Pastetengewürz
3–4 Blatt Gelatine
⅛ l Obers

Die Kalbsleber wird in dicke Stücke geschnitten, englisch gebraten, mit Madeira gelöscht, mit dem Saft zweimal faschiert und passiert. Man würzt mit etwas blättrig geschnittener Zwiebel, etwas Knoblauch, Thymian und einem kleinen Lorbeerblatt, mit Salz, Pfeffer und Pastetengewürz, rührt die Blätter der eingeweichten, erwärmten Gelatine ein und lässt das Gemisch entweder auf Eis oder in kaltem Wasser unter beständigem Rühren erkalten. Dann wird sehr vorsichtig geschlagenes Obers durchgezogen. Statt der Kalbsleber kann auch Gänseleber verwendet werden, die man ebenso zubereitet.

Fischmousse

300 g gedämpfter Zander
oder ein anderer Fisch
4 Eidotter
Mayonnaise von 1 Eidotter
Salz, Cayennepfeffer
Worcestersauce
Sardelle
4–5 Blatt Gelatine
4–5 El Obers

Fischfilets in Court-bouillon (siehe Fachausdrücke) pochieren und abkühlen lassen. Mit hart gekochten Dottern passieren, mit der Mayonnaise von 1 Dotter binden, mit Salz, Cayennepfeffer, Worcestersauce und eventuell einer passierten Sardelle würzen. Mit eingeweichter, ausgedrückter und erwärmter Gelatine und geschlagenem Obers vermischen und auf Eis kalt rühren.

Spargelmousse

400 g Spargel
10 g Butter
etwas Weißwein
Salz, Zucker
2 Stück Blattgelatine
Zitronensaft
Velouté:
10 g Butter
10 g glattes Mehl
Spargelfond, der beim Kochen des Spargels entstanden ist, zum Aufgießen
0,1 l Schlagobers
0,1 l geschlagenes Obers zum Unterheben

Den Spargel schälen und mit Butter, Salz, Zucker, Weißwein und Zitronensaft etwa 20 Minuten kochen. Den Spargel abfrischen. Die Spitzen in einer Länge von etwa 5 cm abschneiden und für die Garnitur beiseite legen. Blattgelatine in kaltem Wasser einweichen. Die übrig gebliebenen Spargelenden faschieren. Aus Butter, Mehl, Spargelfond und dem Schlagobers eine dicke Velouté (Einmachsauce) bereiten und den faschierten Spargel kurz mitverkochen. Die Spargelmasse im Mixglas pürieren und die Gelatine in die noch warme Masse geben. Das geschlagene Obers unter die kalte Masse rühren.

Sulzen

Aspik wird heute großteils aus industriell vorgefertigten Erzeugnissen zubereitet, wobei man sich bei der Zubereitung genau nach der Anweisung des Herstellers richten sollte.
Folgende Produkte sind im Handel erhältlich:
Gelatineblätter werden für Süßspeisen, aber auch für gesulzte Vorspeisen verwendet. Blattgelatine lässt man in kaltem Wasser aufquellen, um sie durch Erwärmen aufzulösen.
Geleepulver und Gelatinepulver, die zum Überglänzen, Auskleiden (Chemisieren) von Formen und als Beigabe zu gesulzten Salaten, Mayonnaise, Mousses usw. Verwendung finden. Aspik kann aber auch auf folgende Art hergestellt werden.

Aspik (Sulz)

250 g Rindswadschinken
2 Schweinsfüße
2 Kalbsfüße
250 g Schweinsschwarte
4–5 l Wasser
1–2 Karotten
1–2 Petersilienwurzeln
½ Zeller
1 Zwiebel
1 Lorbeerblatt
10 Pfefferkörner
4 Neugewürzkörner
Thymian
1/16 l Weinessig
1/16 l Estragonessig
Salz
Klar von 3 Eiern
¼ l Wasser
Saft von 1–2 Zitronen

Die zerhackten Kalbs- und Schweinsfüße, der in kleine Stücke geschnittene Rindswadschinken und die Schweinsschwarte werden in 4–5 l kaltem Wasser auf den Herd gebracht und unter häufigem Abschäumen mäßig gekocht. Nach zwei- bis dreistündigem Kochen gibt man das in große Stücke geschnittene Wurzelwerk, die Zwiebel, Gewürze, Weinessig und Estragonessig in den Sud und lässt ihn noch 2 Stunden hindurch langsam kochen. Nach dieser Zeit wird der Sud durch ein Sieb geseiht, gesalzen und in einem Porzellangefäß an einen kalten Ort gestellt. Das beim Erstarren an der Oberfläche abgeschiedene Fett wird mit einem Löffel vollständig weggenommen. Dann wird die Sulz in einen Topf gefüllt und man lässt sie auf dem Herd langsam zergehen. Sobald sie heiß ist, wird sie geklärt. Zu diesem Zweck wird in einem Schneekessel das Eiklar mit Wasser geschlagen, mit Zitronensaft vermischt, in den Sud gemengt und nun so lange mit der Schneerute (Handmixer) geschlagen, bis der Sud einmal aufkocht. Dann lässt man ihn auf dem Herdrand ziehen, bis er so klar ist, dass man den Boden des Gefäßes sehen kann. Hierauf seiht man die heiße Sulz durch ein in heißes Wasser getauchtes, gut gespanntes Passierleinen und füllt sie in Gläser. Will man sie für längere Zeit aufbewahren, so kocht man sie noch in Dunst. (Man erhält ungefähr 1 ½ l geklärtes Aspik.) Aspik darf man nicht im Kühlschrank fest werden lassen, da es sonst trüb wird. Man kann Aspik auch ohne Rindfleisch zubereiten.

Aspik nur aus Schweinsschwarten: Zubereitung wie oben angegeben. Auf 1 kg Schwarten 4 l Wasser. Dieses Aspik wird besonders fest und eignet sich daher vor allem zum Chemisieren und zum Spritzen und Verzieren mit Aspik.

Aspik zum Spritzen wird auf Papier sehr fein gehackt, mit Essigwasser oder Weißwein leicht vermischt und mit Papiersäckchen ohne Tülle gespritzt.

Aspikmayonnaise: Eine fertig gewürzte Mayonnaise wird mit gleichen Teilen zerlassenem Aspik nach und nach vermischt, wobei zu beachten ist, dass nur leicht gerührt wird, weil die Aspikmayonnaise sonst Luftblasen bekommt, die nach dem Chemisieren sichtbar sind.

Chemisieren (Auskleiden) mit Aspik: Die zu chemisierenden Blechformen werden in Eis eingegraben, wobei zu beachten ist, dass sie innen vollkommen trocken bleiben. Schwartenaspik (oder 10 g Aspikpulver und ⅛ l Flüssigkeit) wird zerlassen, auf Eis unter beständigem vorsichtigem Rühren zur Öldicke abgekühlt und rasch in die Formen gegossen, dass diese zur Gänze ausgefüllt sind. Nach einigen Sekunden leert man nun das Aspik aus und lässt die Formen kurze Zeit umgestürzt auf dem Eis stehen. Dann dreht man sie um, stellt sie wieder in das Eis und dekoriert beliebig mit schwarzen Rettich- und roten Radieschenschalen, wobei jedes ausgestochene Teilchen in flüssiges Aspik getaucht werden muss.

Chemisieren mit Aspikmayonnaise: Blechformen werden in Eis gestellt und mit Aspik chemisiert. Dann legt man die Formen mit Dekorationsstücken aus, hält sie mit flüssigem Aspik fest, schüttet etwas Aspikmayonnaise hinein und lässt diese sich unter fortwährendem Drehen der Form im Eis so verteilen, dass die ganze innere Fläche gelb überzogen ist. Die restliche Mayonnaise lässt man wieder auslaufen und die Aspikmayonnaise im Eis vollkommen steif werden. Hierauf die beliebige Masse vorsichtig einfüllen. Oben schließt man mit Aspik ab und lässt es steif werden.

Huhn in Aspik (Gesulztes Huhn)

½ l Wasser
1/16 l Essig
20 g Zwiebeln
Pfefferkörner
½ Petersilienwurzel
¼ Zeller, ½ Karotte
Salz, 1–2 Hühner
8 Blatt Gelatine

In einem Sud aus Wasser, Essig, Pfefferkörnern, blättrig geschnittenen Zwiebeln, Wurzelwerk und Salz werden junge Hühner weich gekocht. Der geseihte Hühnersud wird mit Gelatine vermischt und über die zerlegten, auf einer Schüssel angerichteten Hühner gegossen, die man kalt stellt. – Die Pfefferkörner können auch weggelassen werden.

Schweinssulz

6 Schweinsfüße
50 g Schweinsschulter
1 ½ l Wasser
⅛ l Essig
Salz
Pfefferkörner
Neugewürzkörner
Lorbeerblatt
Thymian
50 g Zwiebeln
¼ Zeller
½ Karotte
½ Petersilienwurzel
Zum Übergießen:
1/16 l Öl
⅛ l Essig

Die zerhackten Schweinsfüße und die Schweinsschulter werden unter Zugabe von Essig, Salz, Gewürzen, Zwiebeln, Zeller, Karotte und Petersilienwurzel in 1 ½ l Wasser weich gekocht. Das weich gekochte Fleisch wird aus dem Sud genommen und in kleine Würfel geschnitten, während man die ausgelösten Knochen noch eine Zeit lang in dem Sud weiterkochen lässt, den man schließlich durch ein Tuch seiht, durch Abschöpfen entfettet und mit dem geschnittenen Fleisch vermengt. Das Gemisch wird in kleine, auf Eis zu stellende Formen oder in eine Schüssel gefüllt und nach vollständigem Sulzen aus den Formen gestürzt. Die Sulz wird vor dem Servieren mit Öl und Essig übergossen.
Anmerkung: Will man die Sulz klar haben, so kann man sie wie im Rezept auf Seite 172 beschrieben klären. In dem Fall kann man auch die Formen mit Eier-, Gurken-, Rettichscheiben usw. auslegen.

Tellersulz

Wird ebenso wie gesulztes Huhn zubereitet. Das in Scheiben geschnittene Fleisch wird auf einem Suppenteller angerichtet, mit dem Sud übergossen und stocken gelassen.

Gänseleber in Aspik

200 g Gänseleber
Salz und Pfeffer
Speck oder Fett
½ Zwiebel
Pastetengewürz
3 El Aspik
1/16 l Obers
½ l Aspik zum Chemisieren

Eine schwach gesalzene und gepfefferte Gänseleber wird auf kleinwürfelig geschnittenem Speck oder Fett und angerösteter Zwiebel nach Zugabe einer Prise Pastetengewürz rasch gebraten, passiert, überkühlt, mit zerlassenem Aspik und steif geschlagenem Obers verrührt und in eine ausgekleidete und dekorierte Sulzform eingefüllt. Etliche Stunden im Kühlschrank steif werden lassen. Eine mit Aspik (wie beim Chemisieren mit Aspik beschrieben) ausgekleidete Sulzform mit Ornamenten oder Blumen aus Eischeiben, Radieschen und Erbsen dekorieren, das Ausgelegte mit Aspik beträufeln und im Kühlschrank erstarren lassen. Vor dem Anrichten die Form eine Sekunde in warmes Wasser tauchen und stürzen.

Schinkenrolle in Aspik

I. Art: 4–6 Blatt sehr gleichmäßig geschnittener Toastschinken (normale Einstellung) werden auf einem Pergamentpapier zu einer länglichen geschlossenen Platte aufgelegt, und zwar so, dass der Fettstreifen immer nach unten zu liegen kommt. Man dressiert dann eine dicke Rolle von Gänseleber- oder Kalbslebermousse (siehe dort) der Länge nach auf, schlägt den Schinken wie bei einem Strudel darüber, rollt das Ganze in das Papier ein, bindet die Rolle an beiden Enden fest und lässt sie im Kühlschrank steif werden. Das Papier wird wieder entfernt und die Rolle mit Aspik überglänzt, mit in Aspik getauchten Trüffelscheiben belegt und in gleichmäßige Stücke geschnitten (es ist vorteilhaft, das Messer öfters in heißes Wasser zu tauchen), die auf einem Salatsockel angerichtet werden können. Als Garnitur für die Roulade kommen außer würfelig geschnittenem Aspik noch gefüllte Eier (mit Mousse gefüllt), welche man ebenfalls mit Aspik überglänzt, in Betracht.

II. Art: 4 größere Schinkenscheiben werden zu Stanitzeln gerollt und mit französischem Salat oder mit Dosenstangenspargel gefüllt und mit Aspik überglänzt.

Lachsrolle in Aspik

4–6 schöne, große Scheiben von geräuchertem Seelachs werden, wie bei der Schinkenrolle angegeben, auf Pergamentpapier aufgelegt und mit Fischmousse gefüllt. Man lässt sie gerollt auf Eis erstarren, überglänzt sie mit Aspik und richtet sie auf französischem Salatsockel an.

Zander oder Karpfen in Aspik

800 g Zander oder Karpfen
1 l Salzwasser
1/16 l Essig
1/2 Petersilienwurzel
1/2 Karotte
1/4 Stange Sellerie
1/4 Fenchel
1/2 Zwiebel
Pfefferkörner
12 Blatt Gelatine

Der Fisch wird abgeschuppt, ausgenommen und in einem Sud aus Salzwasser, Essig, blättrig geschnittenem Wurzelwerk, Zwiebeln und Pfefferkörnern auf 80 °C erhitzt; je nach Größe eine viertel bis eine halbe Stunde ziehen lassen. Dann legt man den Fisch ein, gießt zerlassenes Aspik darüber und stellt die Form in den Kühlschrank.

Fischaspik: Der entstandene Fischsud (Fond) wird abgeseiht, wenn notwendig mit 2 Eiklar geklärt (siehe Consommé von Fischen) und mit der eingeweichten Gelatine versetzt.

Anmerkung: Statt den Fisch im Ganzen zu lassen, kann man ihn in Scheiben schneiden und diese im Sud ziehen lassen. Kleine oder portionierte Fische werden in heißer Flüssigkeit (Court-bouillon, siehe Fachausdrücke) aufgesetzt. Zum Einlegen in Aspik verwendet man Schill, Karpfen, Forellen, Seefische u. dgl.

Gesulzte Heringe

4–6 Salzheringe
Beize
¼ l Wasser
¼ l Essig
½ Zwiebel
5 Pfefferkörner
1 El Zucker
6 Blatt Gelatine

Die Salzheringe werden entgrätet und über Nacht in Wasser gelegt. Eine Beize aus Essig, Wasser, blättrig geschnittener Zwiebel, einigen Pfefferkörnern und Zucker lässt man eine Viertelstunde lang kochen, nimmt sie vom Feuer, rührt die erweichten, ausgedrückten Gelatineblätter ein, lässt sie überkühlen und übergießt damit die in kleine Stücke geschnittenen Heringe. Das Ganze wird zum Sulzen kalt gestellt.
Beilage: Man serviert zu gesulztem Hering warme Erdäpfel.

Gemüse in Aspik

Verschiedene Gemüsesorten, wie Karfiol, Spargelspitzen, Erbsen, Kohlsprossen, Fisolen, werden nach dem Putzen in Salzwasser weich gekocht und eine halbe Stunde in eine Marinade eingelegt. Man lässt es abtropfen. Paradeiser werden geschält, in dicke Scheiben geschnitten, die Kerne entfernt und die Scheiben ebenfalls mariniert. Bomben oder andere kleine Formen werden dünn mit Aspik ausgegossen; dieses lässt man erstarren. Man legt die Gemüse (in den Farben abwechselnd) ein, wobei jede einzelne Sorte nach dem Einlegen mit flüssigem Aspik bedeckt wird, welches man nach jeder Lage stocken lässt. Die Formen werden in lauwarmes Wasser getaucht, gestürzt und auf grünen Salatblättern angerichtet. Als Garnierung kommen in Betracht: Eischeiben, Gurkenfächer, Scheiben von Paradeisern, Radieschen usw.

Gebäck mit Fleischfülle

Jägerwecken mit Sardellenbutterfülle

Sardellenbutter:
250 g Butter
4 Sardellen (Sardellenpaste)
2 Essiggurken
30 g geräucherte, gekochte Rindszunge
250 g Schinken
150 g Edamer
2 Sandwichwecken

Die Sardellen werden passiert und mit der Butter gut verrührt, Essiggurken, Rindszunge, Schinken und Edamer werden kleinwürfelig geschnitten, mit der Sardellenbutter vermengt und in ausgehöhlte Sandwichwecken gefüllt, die man einige Stunden im Kühlschrank liegen lässt und dann in Scheiben schneidet.

Sardellenbutter:
250 g Butter
5 Sardellen (Sardellenpaste)
100 g Bratenreste (Wild, Kalbfleisch, Roastbeef)
100 g Schinken oder Selchfleisch
100 g geräucherte Zunge
3 Essiggurken, 20 g Pistazien
2 Sandwichwecken

Mosaikbrot

Aus der Butter und den passierten Sardellen wird Sardellenbutter zubereitet. Bratenreste, Schinken, geräucherte Zunge, Essiggurken und geschälte Pistazien kleinwürfelig schneiden, in die Sardellenbutter mischen und diese Mischung in die ausgehöhlte Sandwichwecken füllen. Nach längerem Liegen im Kühlschrank werden die Sandwichwecken in Scheiben geschnitten. Tipp: Anstelle der Sardellenbutter kann auch Knoblauch-, Kräuter-, Senf- oder Kapernbutter verwendet werden.

100 g Butter, 100 g Mehl
100 g gekochte Kartoffel (roh 150 g)
Salz
250 g Schinken oder Selchfleisch
Klar von 1 Ei zum Bestreichen
Butter und Mehl für das Blech

Schinkenkipferln aus Kartoffelteig

Butter, Mehl, die gekochten, passierten, ausgekühlten Kartoffeln und etwas Salz mengt man auf einem Brett zu einem Teig, den man eine halbe Stunde rasten lässt, dann auswalkt und in viereckige Stücke von 12 cm Kantenlänge schneidet. In die Mitte eines jeden Vierecks gibt man gekochtes, gehacktes Selchfleisch, formt Kipferl, gibt sie auf ein Blech, bestreicht sie mit Eiklar und bäckt sie. Man kann die Kipferln auch mit Salz und Kümmel bestreuen.

100 g Butter, 100 g Mehl
100 g Kartoffeln
Salz
1 Eidotter, 15 g Germ
1 El Milch
250 g Schinken oder Selchfleisch
Klar von 1 Ei
Butter und Mehl für das Blech

Schinkenkipferln aus Kartoffelteig mit Germ

Die Butter wird mit dem Mehl abgebröselt und mit den passierten, ausgekühlten Kartoffeln, Salz, Dotter und in Milch aufgelöster Germ rasch zu einem Teig verarbeitet, den man 1 Stunde im Kühlschrank rasten lässt. Der Teig wird weiter behandelt, wie im Rezept oben beschrieben. Die Kipferln lässt man vor dem Backen an einem mäßig warmen Ort aufgehen.

180 g Butter
250 g Mehl
Salz
2 Eidotter
20 g Germ
2–3 El Milch
250 g Selchfleisch
Klar von 1 Ei
Butter und Mehl für das Blech

Schinkenkipferln aus Germteig

Die Butter wird mit dem Mehl auf einem Brett abgebröselt; dann macht man aus etwas Salz, den Dottern und der mit kalter Milch verrührten Germ einen Teig, den man im Kühlschrank 1 Stunde rasten lässt.
Weitere Zubereitung wie vorhergehendes Rezept.

Schinkenkrapfen mit Rahm

35 g Butter
2 Eidotter
1 Ei
100 g gekochte Erdäpfel (roh 150 g)
200 g Mehl
6 El Sauerrahm
Salz
20 g Germ
2 El Milch
60 g Schinken oder gekochtes Selchfleisch
40 g Fett
40 g Parmesan

Die Butter wird mit den Dottern gerührt; dann gibt man das Ei, die gekochten, erkalteten, passierten Erdäpfel, Mehl, Rahm, Salz und die mit Milch verrührte Germ dazu. Man schlägt den Teig gut ab, lässt ihn zugedeckt an einem warmen Ort aufgehen, gibt ihn sodann auf ein Brett, walkt ihn kleinfingerdick aus und sticht mit dem Krapfenstecher runde Teigscheiben aus. Je eine Teigscheibe wird in der Mitte mit fein gehacktem Schinken oder Selchfleisch belegt und mit einer zweiten Teigscheibe, die man mit der Hand am Rand leicht niederdrückt, überdeckt. Aus diesen beiden übereinander liegenden Teigscheiben sticht man mit einem etwas kleineren Krapfenstecher die eigentlichen Krapfen aus, legt sie umgekehrt auf ein bemehltes Brett, bedeckt sie mit einem erwärmten Tuch und lässt sie nochmals aufgehen. Die Krapfen werden so in heißes Fett gelegt, dass die während des Aufgehens nach oben gekehrte Seite zuerst in das Fett kommt. Sie werden anfangs im zugedeckten Gefäß gebacken und, wenn sie auf einer Seite braun sind, auf der zweiten Seite im offenen Gefäß braun gebacken. Man lässt sie auf Filterpapier oder einem Sieb abtropfen. Die Krapfen werden mit Parmesan bestreut serviert.

Bratwürste in Germteig

300 g Mehl, Salz
70 g Butter, $\frac{1}{8}$ l Milch
Dampfl:
10 g Germ, $\frac{1}{16}$ l Milch
10 g Mehl
Fülle:
300 g Bratwurst
Kümmel
Butter und Mehl für das Blech
1 Ei zum Bestreichen

In das gewärmte, gesiebte Mehl gibt man das Dampfl (siehe Glossar), Salz, zerlassene Butter und Milch und arbeitet den Teig auf einem Brett glatt ab. Hierauf lässt man ihn eine halbe Stunde zugedeckt aufgehen, walkt ihn messerrückendick aus und schneidet 2 Finger breite Streifen daraus. Diese wickelt man über die Bratwürste, gibt diese auf ein bestrichenes, bestaubtes Blech, bestreicht sie mit Ei und bestreut sie mit Kümmel. Man lässt die Röllchen eine halbe Stunde warm aufgehen und bäckt sie im Rohr.

Kalbfleischtäschchen (Kalbfleischrissolen)

300 g Kalbfleisch
60 g Zwiebeln
20 g Fett
Salz und Pfeffer
Muskatnuss
Petersilie
1 Eidotter
Blätterteig (siehe Seite 455)
1 Ei

Das Kalbfleisch wird in Schnitzel geteilt, die man in Fett leicht brät und faschiert. Die fein gehackten Zwiebeln werden in Fett angeröstet, mit dem Kalbfleisch, Petersilie, Salz, Pfeffer, Muskatnuss und Dotter vermischt und kalt gestellt. Ein Blätterteig wird dünn ausgewalkt und mit einem Krapfenstecher in Form kleiner, runder Scheiben ausgestochen. Je eine Scheibe wird in der Mitte mit Kalbfleischfülle belegt und mit einer zweiten Scheibe überdeckt. Die Ränder beider Scheiben werden fest aufeinander gedrückt. Schließlich werden die Täschchen mit verquirltem Ei bestrichen und auf einem unbefetteten Blech im heißen Rohr lichtgelb gebacken.

Hirn-, Spinat-, Kohltäschchen (Rissolen)

Werden ebenso zubereitet, sind dann aber mit einer Sauce oder mit heißer Butter zu servieren.
Als Beilagen Spinat, Erbsen, Blattsalate u. dgl.

Gebäck mit Käse

Käsetorteletten aus Käsemürbteig

50 g Mehl
30 g Butter
30 g Parmesan oder Hartkäse
Salz
2 El Sauerrahm
1 Eidotter zum Bestreichen
Schnittlauch
Fülle:
40 g Roquefort
30 g Butter
Salz
Cayennepfeffer
etwas passierter Spinat

Mehl, Butter, geriebener Parmesan, Salz und Sauerrahm werden zu einem Teig geknetet; dieser wird nach halbstündigem Rasten dünn ausgewalkt, mit einem runden, gezackten Ausstecher ausgestochen, mit Dotter bestrichen und bei stärkerer Hitze hellbraun gebacken. Je zwei Scheiben werden dann mit nachfolgend beschriebener Fülle zusammengesetzt, oben mit derselben Fülle mittels einer Sterntülle verziert und mit sehr fein geschnittenem Schnittlauch bestreut. Fülle: Roquefort und Butter werden durch ein Haarsieb passiert, leicht erwärmt, mit Salz und Cayennepfeffer gewürzt, sehr schaumig gerührt und mit passiertem Spinat gefärbt.

Käsestangerln aus Käsemürbteig

Käsemürbteig, wie im vorhergehenden Rezept beschrieben, wird gut messerrückendick ausgewalkt und in 1 ½ cm breite, 7–8 cm lange Streifen geschnitten oder geradelt. Diese werden mit Dotter bestrichen, mit Parmesan bestreut und im Rohr hell gebacken. Statt mit Parmesan können die Stangerln auch mit grobem Salz und Kümmel bestreut werden.

Käsestangerln aus Blätterteig (Käsestroh)

Blätterteig (siehe Seite 455)
Fülle:
100 g Emmentaler
Salz, Paprika
2–3 El Schlagobers

Der Blätterteig wird 3 mm dick zu einem Rechteck ausgerollt. Auf die eine Hälfte des Teigs streicht man nachfolgend beschriebene Fülle, legt die zweite Hälfte darüber und rollt nun den gefüllten Blätterteig nochmals etwas aus, damit sich die Fülle gut mit dem Teig bindet. Hierauf schneidet man aus dem Teig 1 cm breite und 12 cm lange Stangerln, die man drei- bis viermal um ihre Achse gedreht auf das Blech legt und bei guter Hitze bäckt. Ist die Käsefülle hellbraun gefärbt, so ist das Gebäck fertig. Fülle: Käse wird gerieben, mit den Gewürzen und mit Obers zu einer gerade noch streichfähigen Masse vermengt, die nicht zu locker sein darf, da sonst die Fülle beim Backen ausfließt. Als Beigabe zu Tee, aber auch zu Wild, Rahmsaucen oder Bouillon sehr geeignet.

Käsebutterteig

In einen Butterteig aus Butter, Mehl, Essig, Salz, Cayennepfeffer, Eidotter und kaltem Wasser wird bei jedem Zusammenschlagen nach und nach Parmesan eingestreut. Der fertige Käseblätterteig wird nach dem Rasten messerrückendick ausgerollt, mit verschiedenen Formen ausgestochen, mit Ei bestrichen, abwechselnd mit geriebenem Käse oder Paprika und Kümmel bestreut und bei stärkerer Hitze hellbraun gebacken.

Käseschaumrollen

Butter- oder Blätterteig (siehe Seite 455):
100 g Butter (Margarine)
100 g Mehl
Essig
Salz
Cayennepfeffer
1 Eidotter
40 g Parmesan
Ei zum Bestreichen
geriebener Käse
Kümmel
Paprika zum Bestreuen

Vorstehender Käsebutterteig wird nach dem Rasten dünn ausgerollt, in zirka 2 cm breite und 15–20 cm lange Streifen geschnitten, in der Mitte mit Ei bestrichen, auf dünne Papierrollen spiralenförmig aufgewickelt, eventuell mit Kümmel bestreut, auf nassem Blech hellbraun gebacken und vorsichtig heruntergedreht; im kühleren Backrohr noch durchziehen lassen und nach vollständigem Erkalten mit weißer Gervaisfülle füllen (siehe Käseschnitten aus Simonsbrot).

Chesterkekse

Käsemürbteig:
160 g Mehl
80 g Mandeln
100 g Butter
40 g Parmesan
1–2 Eidotter
40 g Chesterkäse
Salz und Paprika
Fülle:
60 g Butter, 20 g Parmesan
20 g Chesterkäse, Salz
Cayennepfeffer, Paprika
Butter und Mehl für das Blech

Mehl, geschälte, geriebene Mandeln, Butter, geriebener Parmesan, Eidotter, geriebener Chesterkäse, Salz und Paprika werden zu einem Teig vermengt, den man ½ cm dick auswalkt, in 8 cm lange und 3 cm breite Streifen schneidet und auf einem befetteten und bemehlten Blech bäckt. Nach dem Erkalten werden die Streifen mit nachstehend beschriebener Fülle bestrichen und je zwei zusammengesetzt. Fülle: Butter wird flaumig gerührt, dann mit geriebenem Parmesan, Chesterkäse, Salz, Cayennepfeffer und Paprika vermengt. Statt Parmesan und Chesterkäse kann auch Roquefort verwendet werden.

Käseschnitten aus Simonsbrot

4 Scheiben gleichmäßig zugeschnittenes Simonsbrot oder Pumpernickel werden mit grüner Roquefortfülle bestrichen, darauf kommt wieder Simonsbrot. Diese Lage wird mit roter Gervaisfülle bestrichen, die nächste Lage mit weißer Gervaisfülle; nun folgt wieder eine rote Lage. Den Abschluss bildet eine grüne Lage. Das Deckblatt wird mit der weißen Gervaisfülle bestrichen. Man markiert dann mit dem Messer die einzelnen Schnitten, verziert jede einzelne mit grüner Fülle und steckt in die Mitte eine halbe Salzmandel. Nach dem vollkommenen Erstarren die Fülle mit einem in heißes Wasser getauchten Messer scharf durchschneiden.
Roquefortfülle: 120 g Roquefort, 120 g Butter (Zubereitung siehe Käsetorteletten).
Gervaisfülle: 250 g Gervais werden durch ein Haarsieb passiert und mit 120 g weicher Butter, Salz und Cayennepfeffer gewürzt und sehr schaumig gerührt. Die Hälfte dieser Fülle wird mit Paprika hellrot gefärbt.
Salzmandeln: Geschwellte getrocknete Mandeln werden in wenig Öl unter fortwährendem Schütteln der Pfanne hellbraun geröstet, auf ein Sieb gegeben, stark mit Salz bestreut und gut durchgeschüttelt.

Weitere kalte Vorspeisen

Paradeiser mit verschiedener Fülle

Kleinen, runden, festen Paradeisern werden an der Stängelseite Kappen abgeschnitten. Die Früchte werden ausgehöhlt und innen mit etwas Salz und Pfeffer bestreut. Nach etwa halbstündigem Stehen können die Paradeiser nun mit Reissalat, französischem Salat oder anderen Mayonnaisesalaten gefüllt werden und eignen sich so vorzüglich als selbstständige kalte Platte oder auch als Garnierung für Salatplatten.

Gänselebertöpfchen

500–600 g Gänseleber
2 Trüffeln
1 Eidotter
Worcestersauce
1 El Öl
1 El Rum
Salz
Pastetengewürz
250 g roher Speck

Die Gänseleber wird entweder auf der höheren Hälfte mit Trüffeln gespickt und für die Dauer von 1–2 Stunden in eine Mischung aus Dotter, Worcestersauce, Öl, Rum, Salz und Pastetengewürz gelegt, oder es werden aus ihr Würfel geschnitten und diese ebenso behandelt.
Farce: Die Abschnitte nach dem Zurichten der Gänseleber werden passiert und mit Worcestersauce, Pastetengewürz und Salz verrührt. Ein Pastetentiegel wird mit Speckscheiben ausgelegt. Dann füllt man in den Tiegel (oder in eine Portionsform) zunächst die Hälfte der Farce, dann die Gänseleber und schließlich den Rest der Farce, den man noch mit

einer Speckscheibe überdeckt. Der Pastetentiegel wird mit dem Deckel bedeckt und mit einem Papierstreifen verklebt. Die Pastete wird eine Dreiviertelstunde in Dampf gekocht, der Tiegel geöffnet und die an der Oberfläche entstandene Flüssigkeit abgegossen. Zerlassenes Ganselfett darauf geben, sodass die Pastete vollkommen bedeckt ist, und danach an einem kalten Ort aufbewahren.

Gebeizter Lachs

200 g Lachsfilet
20 g Salz
Pökelsalz
Kristallzucker
10 g weiße Pfefferkörner
10 g Senfkörner
40 g Dille
Nach der Beize:
10 g Dijonsenf
Dille

Den Lachs filetieren und von Gräten und Fettansätzen befreien. Gewürze und Kräuter vermengen.
Das Lachsfilet auf ein Blech legen und die Gewürzmischung gleichmäßig über das Filet verteilen. Bei Raumtemperatur ca. 1 Stunde ziehen lassen. Mit Klarsichtfolie überziehen. 48 Stunden kühl beizen lassen. Danach das Filet säuberlich von der Gewürzmischung reinigen, die Lachsseiten hauchdünn mit Dijonsenf bestreichen und regelmäßig mit Dille bestreuen. Anrichten: schräge, dünne Tranchen schneiden (beim Schwanz beginnen) und sie mit Dill-Senf-Sauce, Zitrone, Toast und Butter servieren.

Schellfisch in Essig-Kräuter-Sauce (à la vinaigrette)

Ein gekochter Fisch wird in eine Schüssel gelegt, mit Salz und etwas Pfeffer bestreut, mit einer Mischung aus Öl, Essig und fein gewiegter grüner Petersilie, Estragon und Kerbelkraut übergossen und sofort serviert.

Kalbshirn in Essig-Kräuter-Sauce (à la vinaigrette)

2 Eidotter. 1 Kl Senf
Salz und Pfeffer
4 El Essig, 2 El Öl
Kerbelkraut
Schalotten, Kapern
400–500 g Kalbshirn
1–2 Eier
$\frac{1}{16}$ l Aspik
Petersilie

Die hart gekochten, passierten Eidotter werden mit französischem Senf, Salz, Pfeffer, Essig, Öl, fein gehacktem Kerbelkraut, fein gehackten Schalotten und Kapern gut verrührt und mit abgehäutetem Kalbshirn, das man einige Minuten in Salzwasser aufkochen lässt und in Würfel schneidet, leicht vermischt. Das marinierte Hirn wird in Muscheln angerichtet und mit Scheiben von hart gekochten Eiern, Gemüsewürfeln, Nüssen oder Pilzen garniert.
Tipp: Diese Speise schmeckt am besten lauwarm.

Kalbskopf in Essig-Kräuter-Sauce (à la vinaigrette)

½ Kalbskopf
100 g Wurzelwerk
50 g Zwiebeln
Salzwasser
Vinaigrettesauce (siehe Kapitel kalte Saucen)

Ein gut gereinigter Kalbskopf wird in Salzwasser weich gekocht. Die fleischigen Teile des Kopfs werden von den Knochen gelöst, in Scheiben geschnitten und mit Vinaigrettesauce angerichtet.
Als Garnitur passen: harte Eischeiben, Essiggurken und Rote Rüben.
Diese Speise schmeckt am besten, wenn sie lauwarm serviert wird.

Marinierte Heringe

4–6 Salzheringe
Sauce:
Heringsmilch
⅛ l Öl
¼ l Sauerrahm
Salz
Estragonessig
Worcestersauce
200 g Äpfel
20 g Kapern
30 g Zwiebeln

I. Art: Große Salzheringe, von denen die Hälfte Milchner sein sollten, werden zur Verminderung ihres starken Salzgehalts 10–12 Stunden in frisches Wasser gelegt, dann enthäutet und ausgenommen. Sauce: Die Heringsmilch wird passiert und mit hinzugetropftem Öl und saurem Rahm verrührt. Das Ganze wird mit Salz, Estragonessig und Worcestersauce gewürzt.
Die Heringe werden mit blättrig geschnittenen Äpfeln und Kapern bestreut, mit der Sauce übergossen und für mehrere Stunden kalt gestellt. Kurz vor dem Servieren streut man einige Zwiebelringe darüber.
II. Art: Die Heringsmilch mit Essig abtreiben, mit einem ausgekühlten Sud aus Wasser, Essig, Zwiebeln, Pfeffer, Neugewürz, Lorbeerblatt verrühren, damit die Heringe übergießen und zum Schluss Öl dazugeben und die Heringe einige Tage zugedeckt stehen lassen.

Frische Austern mit Pumpernickel

24 Austern
80 g Pumpernickel
10 g Butter
1 Zitrone
100 g rote Zwiebeln
etwas Himbeeressig

Gut gewaschene Austern mit dem Austernbecher so öffnen, dass der flache Deckel entfernt wird und die Auster ohne Saftverlust in der tieferen Schale liegt; eventuell entstandene Splitter mit einem in Salzwasser getauchten Pinsel entfernen. Auf eine Schüssel mit klein gehacktem Eis betten und mit geviertelten oder in Tüll gepackten halbierten Zitronen umlegen. Gehackte rote Zwiebeln, mit Himbeeressig vermischt, en part dazustellen.
Pumpernickel: Pumpernickelbrot mit schaumig gerührter Butter bestreichen (3 Schichten).
Das Brot in kleine Dreiecke schneiden

Hummer (für Buffet)

1 Hummer
1 Zitrone
Kümmel im Ganzen
Zitronenbutter:
100 g Butter
1 Zitrone (Saft und Schale)
Salz
Garnitur:
100 g Paradeiser
2 Eier
1,8 g Sevruger-Kaviar
französische Petersilie
10 g Dille
Radieschen
Aspikwürfel
französischer Salat

Ein Hummer wird mit Kümmel, Dill- und Petersilienstängel in kochendem Salzwasser – pro 500 g Gewicht 10 Minuten – gekocht; im Kochwasser erkalten lassen. Dann wird der Hummerschwanz an seiner Unterseite vorsichtig aufgeschnitten. Das Schwanzfleisch wird herausgelöst und in Scheiben geschnitten. Ebenso werden die Scheren geöffnet und das Fleisch herausgelöst. Auf einer Platte wird nun ein entsprechender Sockel aus französischem Salat dressiert, der ausgenommene Hummer wird aufgelegt und das in Scheiben geschnittene Schwanzfleisch dachziegelförmig darauf angeordnet. In gleicher Weise wird das Scherenfleisch aufgelegt. Hierauf kann man den Hummer mit schaumig gerührter Zitronenbutter bespritzen. Die Fleischscheiben werden mit Zitronenstückchen, Kaviar (Kaviarersatz) und Paradeisscheiben verziert und mit zerlassenem Aspik überpinselt. Die Platte wird mit französischer Petersilie, Zitronenspalten, Eischeiben (oder Eisechsteln), Radieschen und Aspikwürfeln garniert.

Garnelen

Garnelen
Salzwasser
Kümmel
diverse Saucen

Die Garnelen werden mit Kümmel in kochendem Salzwasser gekocht, ausgelöst und warm oder kalt mit diversen kalten Saucen angerichtet.

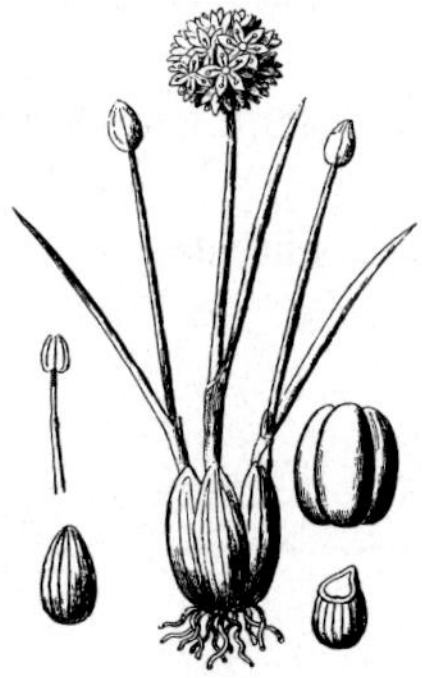

Warme Vorspeisen, Imbisse und Zwischengerichte

… von Eiern

Kernweiche Eier in der Schale

Eier werden in siedendes Wasser eingelegt und 5 Minuten gekocht.

Kernweiche Eier im Glas

Kernweich gekochte Eier werden vorsichtig geschält und in einem Wasserglas serviert.

Kernweiche Eier in Essig und Öl mit Kren

8 Eier
2 El Essig
Salzwasser

Eier werden in siedendes Wasser eingelegt, 5 Minuten lang gekocht, hierauf in kaltes Wasser gegeben, dann geschält, geviertelt, mit Essig und Öl übergossen und mit gerissenem Kren bestreut.

Verlorene (pochierte) Eier

Man lässt in einer Kasserolle Wasser, dem man Essig beigefügt hat, kochen, schlägt die Eier vorsichtig ein, hüllt mit einem Löffel das Eiweiß über den Dotter und lässt die Eier 3–4 Minuten bei nicht wallendem Wasser ziehen. Hierauf legt man sie in kaltes Salzwasser, danach zum Abtropfen auf eine Serviette und schneidet das Eiweißgerinnsel an den Seiten ab. Sollten diese Eier warm serviert werden, so muss man sie eine entsprechende Zeit vor dem Anrichten in warmem Salzwasser erwärmen.

Verlorene (pochierte) Eier, überkrustet (gratiniert)

8 pochierte Eier
Sauce Béchamel:
40 g Butter
30 g Mehl
½ l Milch
Salz, Cayennepfeffer
Worcestersauce
Zitronensaft
30–40 g Parmesan
Brösel, 20–30 g Butter
Butter und Brösel für die Schüssel

Die verlorenen Eier werden zum Abtropfen auf ein Tuch gegeben, dann in eine befettete, mit Bröseln bestreute Gratinierschüssel gelegt, mit der dickflüssigen Sauce Béchamel überzogen, mit geriebenem Parmesan und Semmelbröseln bestreut, mit Butter betropft und 5 Minuten lang ins heiße Rohr gestellt, damit die Speise oben eine gelbe Kruste bekommt. Sauce Béchamel (Milcheinmachsauce): Eine lichte Buttereinmach wird mit siedender Milch aufgegossen und mit Salz, Cayennepfeffer, Worcestersauce, 20–30 g geriebenem Parmesan und Zitronensaft gewürzt.

Verlorene Eier mit Spinat

Die verlorenen Eier werden in einer Gratinierschüssel auf eine Unterlage von Blattspinat gelegt und weiter wie gratinierte Eier zubereitet.

Verlorene Eier im Nestchen

Erdäpfelnester (siehe Kapitel Erdäpfel) werden mit Spinat gefüllt, auf den man ein pochiertes Ei legt. Den übrigen Spinat serviert man separat dazu.

Verlorene Eier mit Sauce Choron

8 Eier
Salzwasser
⅛ l Essig
40 g Butter
8 Scheiben Toastbrot
Sauce Choron:
Sauce hollandaise von vier Eiern
30 g Tomatenmark

Die pochierten Eier werden auf geröstete Toastbrotschnitten gelegt, mit Sauce Choron überzogen und heiß serviert.
Sauce Choron: Sauce hollandaise wird mit Tomatenmark oder Tomatenketchup vermischt.

Verlorene Eier mit Sauce béarnaise

Diese werden wie die »Verlorenen Eier mit Sauce Choron« zubereitet, nur werden anstelle des Tomatenmarks Estragon und fein gehackte Petersilie der Sauce hollandaise beigefügt (Sauce béarnaise).

Mornay-Eier

Verlorene Eier werden auf in Butter gerösteten Toastbrotscheiben in eine Schüssel gelegt und mit der Sauce Mornay nappiert.
Sauce Mornay ist eine Béchamelsauce, der Parmesan beigefügt und die abschließend mit einem Dotter legiert wird.

Eier im Kasseröllchen

In eine gebutterte feuerfeste Portionsporzellanform wird ein wenig gesalzenes Schlagobers gegeben; das Ei wird vorsichtig darauf geschlagen. Das Ei wird in dieser Form im heißen Wasserbad 5 Minuten ohne Deckel pochiert. Tipp: Unter das Ei können verschiedene Beigaben gemischt werden, z. B. Blattspinat, Schinken, Kalbsbries, Gänseleber, Pilze oder Ähnliches. Diese Beigaben müssen natürlich vorher gegart werden. Anstelle der feuerfesten Auflaufförmchen kann man auch Kaffeetassen verwenden.

Eier in Rahm

8 Eier
¼ l Sauerrahm
Sardellen
Petersilie
Schnittlauch
20 g Semmelbrösel
30 g Butter

In eine flache Gratinierschüssel wird saurer Rahm eingefüllt. Man schlägt vorsichtig die Eier hinein und bestreut sie mit den gehackten Sardellen, mit Petersilie, Schnittlauch und Bröseln und betropft sie mit zerlassener Butter. Die Schüssel wird auf einer Unterlage so lange ins heiße Rohr gestellt, bis die Eier kernweich geworden sind und sich eine bräunliche Kruste gebildet hat.
Anmerkung: Diese Eier können auch in feuerfesten Portionsförmchen (Cocotte) zubereitet werden.

Ham and Eggs

200 g Schinken
8 Eier
Salz
30 g Butter

Nicht allzu dünne Scheiben Schinken werden in einer mit etwas Butter bestrichenen Pfanne auf der einen Seite leicht angeröstet. Dann wendet man sie, lässt rohe Eier darauf gleiten, salzt sie und bäckt sie im heißen Rohr oder auf der Platte, bis das Eiweiß geronnen ist. (Statt Schinken kann man auch Wurst verwenden.)

Rühreier

4 Eier
20 g Butter
4 El Obers
Salz

In einer Pfanne lässt man Butter zergehen, gießt die mit Obers verquirlten gesalzenen Eier hinein und lässt sie bei beständigem Rühren mit einem Löffel so lange auf dem Herd rösten, bis das Ei geronnen ist. Man kann Rühreier auch mit gehacktem Schnittlauch oder mit fein gehacktem Schinken bestreut servieren oder in die ungesalzenen Rühreier geputzte, passierte Sardellen oder Spargelspitzen bzw. gedünstete Pilze einrühren.

Eieromelette

Man rechnet als Vorspeise 2 Eier pro Person, für ein Hauptgericht 3 Eier. Die Eier werden mit Salz verquirlt. In einer Omelettenpfanne lässt man etwas Butter oder Fett heiß werden, gießt die Eier dick auf und bäckt sie unter beständigem Schütteln der Pfanne und Rühren mit der Gabel, bis die Masse stockt; die obere Schicht muss weich bleiben. Die Omelette wird gegen die Mitte eingeschlagen und sofort serviert.

Schinkenomelette (Selchfleischomelette)

Wird wie eine (Eier-)Omelette zubereitet, nur mengt man noch feinnudelig geschnittenen Schinken oder gekochtes Selchfleisch unter die verquirlten Eier. Oder man füllt die fertigen Omeletten mit fein gehacktem Schinken, den man in Butter anröstet.

Bauernomelette

200 g Erdäpfel
100 g durchwachsener Speck
40 g Zwiebeln
50 g Butter
Petersilie
8 Eier

Die gekochten Erdäpfel und der durchwachsene Speck werden in nicht zu kleine Würfel geschnitten. Zwiebeln grob hacken. Der Speck wird zerlassen, das Fett davon über die Erdäpfel, die man in einer Pfanne mit den Zwiebeln röstet, gegossen; zuletzt werden die Grammeln (Speckgrieben) darunter gemischt. In einer Omelettenpfanne lässt man die Butter heiß werden, gibt die fein gehackte Petersilie hinein, ca. ein Drittel der mit Speck und Zwiebeln gerösteten Erdäpfel und ein Drittel der mit Salz gesprudelten Eier. Man bäckt unter mehrmaligem Umrühren mit der Gabel und Schütteln der Pfanne 2–3 Omeletten, die man gegen die Mitte zusammenschlägt und sofort serviert.

Omelette mit Champignonfülle

Eieromeletten
Fülle:
100 g Champignons
¼ Zwiebel
Petersilie
50 g Butter
Salz

Die fertigen Omeletten werden mit folgender Fülle belegt und eingeschlagen: Fein gehackte Zwiebel und Petersilie werden in Butter geröstet; dünnblättrig geschnittene Champignons dazugeben, salzen und weichdünsten. (Statt Champignons können auch andere Pilze verwendet werden.)

Omelette mit Hirn, Leber oder Nieren

Eieromeletten aus 8 Eiern
Fülle:
50 g Champignons
Salz
¼ Zwiebel
Petersilie
30 g Butter
1 El Madeira
200 g Kalbsniere, Hirn oder Leber, 30 g Fett, Salz

Die Omeletten werden mit nachstehend beschriebener Fülle belegt und eingeschlagen: Die fein gehackte Zwiebel in Butter anlaufen lassen, hierauf fein gehackte grüne Petersilie und blättrig geschnittene Champignons mitdünsten. Man fügt Madeira und Salz hinzu und lässt die Sauce kurz verkochen. Zuletzt mengt man blättrig geschnittenes, in Fett geröstetes Hirn, Nieren oder rasch abgebratene Leber dazu.

Tegetthoff-Omelette

Eieromeletten
Fülle:
Einmach:
30 g Butter, 20 g Mehl
Gemüsewasser
50 g Erbsen, 50 g Fisolen
½ Karfiol
2–3 Champignons
20 g Butter, Salz
1/16 l Obers, 1 Eidotter

Die Omeletten werden mit nachstehend beschriebener Fülle belegt und eingeschlagen: Eine Einmach wird mit Gemüsewasser aufgegossen und gut verkocht; in die dicke Einmachsauce gibt man in Salzwasser gekochte Erbsen, würfelig geschnittene, gekochte Fisolen, in Röschen zerteilten, gekochten Karfiol und würfelig geschnittene, in Butter gedünstete Champignons. Zuletzt wird die Fülle mit Eidotter und Obers legiert.

Zanderomelette (Livorno-Omelette)

Eieromeletten
1 El Öl
Fülle:
400 g Zander
250 g Paradeiser
Salz und Pfeffer
Petersilie
Zitronensaft

Die Omeletten werden gefüllt und eingeschlagen.
Fülle: Der Zander wird gehäutet, ausgelöst, ausgewaschen, in Stücke geschnitten, gesalzen, in heißem Öl gebraten und mit geschälten, in Stücke geschnittenen, in Öl rasch abgerösteten Paradeisern, Salz, Pfeffer, gehackter grüner Petersilie und etwas Zitronensaft vermischt. Auch Seefische (z. B. Angler, Seelachs) eignen sich als Fülle. Anmerkung: Da Eier zu den geschmacksneutralen Lebensmitteln zählen, kann man bei der Zubereitung der Füllungen der Kreativität freien Lauf lassen.
Weitere mögliche Füllungen:
Gebratene Gänseleberscheiben mit Trüffeln und Madeira
Haschees, Salpikons oder Pürees von Fleisch, Fisch oder Gemüse
Eingemachte Feingemüse, wie Spargeln, Schwarzwurzeln usw.
Duxelles (siehe Glossar)

Omelette (Schnee-Omelette) mit Spinatfülle

¼ l Milch
8 Eidotter
Salz
80 g Mehl
40 g Parmesan
Klar von 8 Eiern
80 g Fett
Spinat (siehe Seite 339, halbe Menge)

I. Art: Die Milch wird mit den Eidottern, Salz, Mehl, dem geriebenen Parmesan gut verquirlt; zum Schluss mengt man den steifen Schnee aus dem Eiklar darunter. Hierauf bäckt man aus dieser Masse 4 Omeletten in folgender Weise: In der Pfanne lässt man ziemlich viel Fett heiß werden, streicht die Masse nicht zu dünn auf und bäckt die Omelette auf beiden Seiten. Dann füllt man sie mit Spinat, schlägt sie in der Mitte zusammen und trägt sie sofort auf.

150 g gekochter, passierter Spinat, 200 g gekochte, passierte Erdäpfel
3–4 Eidotter, 100 g Mehl
⅛ l Milch, Salz

II. Art: Alles zu einer dickflüssigen Masse vermengen; zum Schluss den Schnee darunter ziehen und in einer Omelettenpfanne backen.
Fülle: gehacktes Selchfleisch, gedünstete Pilze, Ketchup und Ähnliches.

Krautomelette

500 g Kraut
50 g Fett
20 g Zwiebeln
Salz
50 g Mehl
3 Eidotter
¼ l Milch
Klar von 3 Eiern

Das Kraut wird fein gehackt, in Fett unter Beigabe der Zwiebel und etwas Wasser gedünstet und entsprechend gesalzen. Aus Mehl, Eidottern, Milch, Salz und dem Schnee aus dem Eiklar wird ein Teig zubereitet, in den man das gedünstete Kraut einmengt und hierauf in der üblichen Weise Omeletten bäckt.

Béchamel-Omelette mit Käse

Sauce Béchamel:
80 g Mehl
80 g Butter
¾ l Milch
8 Eier
Salz
Muskat
200–250 g Käse
120 g Butter zum Backen

I. Art: Aus Mehl, Butter und Milch wird eine Sauce Béchamel gemacht, die man dicklich einkochen lässt. Ist sie etwas überkühlt, rührt man die Eier, Salz und Muskat ein (Zubereitung wie Eieromelette). Wenn diese Omelette halbfest ist, bestreut man sie mit Käsewürfeln, schlägt sie zusammen, stürzt sie auf ein Blech und bäckt sie kurz im Rohr. (Man kann die Omelette auch mit einer weichen Käsecreme füllen.)
II. Art (einfacher): aus 8 Eidottern, ⅛ l Milch, 100 g Mehl und 50 g geriebenem Käse sowie Schnee von 8 Klar eine Masse bereiten, in der Omelettenpfanne auf beiden Seiten hellbraun backen und mit Käse bestreuen.

Palatschinken

Palatschinkenteig
Grundrezept:
100 g glattes Mehl
1 Ei
Eidotter eventuell zugeben
0,2 l Milch
evtl. etwas Öl
eine Prise Salz
etwas Öl zum Backen

Mehl mit ganzem Ei und Dotter, zerlassener Butter, Salz und der Hälfte der Milch zu einem dickflüssigen Teig verrühren; mit der restlichen Milch in die gewünschte Konsistenz bringen. In einer Palatschinkenpfanne wenig Fett erhitzen; so viel Teig unter Drehen in die Pfanne gießen, dass der Boden dünn bedeckt ist. Auf der einen Seite hellbraun anbacken, wenden, fertig backen. Anmerkung: Um Klumpenbildung zu vermeiden, wird der Teig von dick auf dünn gerührt. Bilden sich Mehlklumpen, wird der Teig durch ein Spitzsieb passiert. Fettbeigabe macht den Teig zarter (unterbricht den Kleber im Mehl). Zu heißes Backfett ergibt Blasen und Löcher im Teig und zu starke Bräunung. Richtig temperiertes Fett ergibt glatte Flächen.

Überbackene Spinatpalatschinken

4 Palatschinken
300 g Blattspinat
20 g Lauch
50 g Butter
10 g Knoblauch
Salz, Pfeffer aus der Mühle
Sauce Mornay:
20 g glattes Mehl
40 g Butter
1/16 l Schlagobers
1/8 l Milch
Muskatnuss
60 g geriebener Emmentaler

Die Palatschinken werden zubereitet (siehe Grundrezept).
Der Blattspinat wird in kochendem Salzwasser blanchiert, kalt abgefrischt und gut ausgedrückt. Den halbierten und nudelig geschnittenen Lauch in Butter anschwitzen, leicht überkühlen und zum Spinat geben. Den kalten Spinat mit Knoblauch, Salz und Pfeffer aus der Mühle würzen. Aus Butter, Mehl, Milch, Schlagobers, Ei und Käse wird eine Sauce Mornay zubereitet. Die Palatschinken werden mit der Spinatmasse bestrichen, eingerollt, halbiert und dachschindelförmig in eine mit Butter ausgestrichene Auflaufform geschichtet, mit Sauce Mornay überzogen und im vorgeheizten Rohr bei 190 °C etwa 25 Minuten gebacken.
Anmerkung: Man kann diese Palatschinken auch ohne Sauce Mornay zubereiten. Bei dieser Zubereitungsart wird die Spinatfülle mit etwas geriebenem Käse und einem Ei gebunden, die eingerollten Palatschinken werden mit Butter überpinselt und mit etwas Flüssigkeit beträufelt (Milch oder Suppe). Diese Palatschinken werden dann auf einer kalten oder warmen Sauce angerichtet. Besonders gut eignen sich kalte oder warme Knoblauchsauce, Kräutersaucen und Paradeisersauce.

Fleischpalatschinken Hortobágyi-Art

4 Palatschinken
etwas Öl
50 g geschnittener Hamburger Speck,
80 g Zwiebeln
200 g Faschiertes (halb und halb)
1/8 l Rindsuppe
150 g grüne Paprika
100 g Paradeiser
10 g Knoblauch
Salz, Paprikapulver, Petersilie
40 g glattes Mehl, 0,2 l Sauerrahm

Die Palatschinken werden zubereitet (siehe Grundrezept).
Die fein gehackten Zwiebeln und der klein geschnittene Hamburger Speck werden angeschwitzt, das Faschierte wird beigegeben und alles hellbraun angeröstet. Dann wird gesalzen, das Paprikapulver beigefügt, mit Rindsuppe untergossen und das Ganze etwa 20 Minuten zugedeckt gedünstet. Die in kleine Würfel geschnittenen Paprika zugeben und das Ganze noch einmal 3 Minuten dünsten. Das glatte Mehl wird mit Sauerrahm verrührt und in der Fleischsauce kurz mitverkocht. Die Paradeiser werden kreuzweise eingeritzt und 10 Sekunden in kochendem Wasser blanchiert; dann wird die Haut abgezogen, das Kerngehäuse wird ausgelöst und die Paradeiser werden in kleine Würfel geschnitten. Die Tomates concassées kommen nun zur Palatschinkenfülle. Diese Fülle wird auf die warmen Palatschinken verteilt und diese werden dann eingerollt.

Gemüsepalatschinken

4 Stk. Palatschinken
100 g Kohlrüben
100 g Karotten
60 g Zucchini, 100 g Broccoli
100 g Karfiol
100 g Gelbe Rüben
Bindung:
Gemüseanschnitte
1/16 l Schlagobers
1 Ei, 30 g Butter, Salz
Überguss:
1/4 l Sauerrahm
50 g geriebener Parmesan
2 Eier, Muskatnuss, Salz

Gemüse putzen, waschen, in kleine Würfel schneiden bzw. Karfiol- und Broccoliröschen teilen. Einzeln in Salzwasser kochen und abfrischen.
Bindung: Die Gemüseanschnitte in Scheiben schneiden, in Butter sautieren, mit Obers aufgießen, weich kochen, pürieren und kalt stellen.
Mit Ei vermischen, gekochtes Gemüse untermengen, würzen und in die Palatschinken füllen.
Die Palatschinken werden nun halbiert und dachschindelförmig in eine mit Butter ausgestrichene Auflaufform geschichtet, mit dem Überguss überzogen und im vorgeheizten Rohr bei 190 °C etwa 25 Minuten gebacken.
Überguss: Sauerrahm wird mit Salz, Muskatnuss, dem geriebenen Parmesan und den Eiern verrührt.

… von Gemüsen

Gemüse sollte nie mehr als kernig weich gekocht werden.

Feingemüse

Artischocken

4 Artischocken
1 Zitrone
1/10 l Olivenöl

Von den Artischocken werden die Stängel so abgebrochen, dass möglichst viele Fasern aus dem Boden der Artischocke herausgezogen werden; dann werden die Spitzen der Blätter abgeschnitten. Hierauf legt man die Artischocken zur Vermeidung des Schwarzwerdens in kaltes Wasser, das man mit Zitronensaft gesäuert hat. Sodann werden die Artischocken in Salzwasser mit Zitronensaft gekocht. Wenn sie fast weich sind, werden sie herausgenommen – die nicht fleischigen Fruchtteile in der Mitte entfernt –, mit Öl übergossen und noch kurze Zeit gedämpft.

Fenchel (Finocchio)

Fenchel wird geputzt, je nach Größe geviertelt oder halbiert und in Salzwasser halbweich gekocht. In eine Pfanne gibt man etwas Öl, ein kleines Stückchen Knoblauch, legt die abgetropften Finocchi hinein und lässt sie im Rohr zugedeckt bei mäßiger Hitze ca. eine halbe Stunde dünsten.

Gekochte Gemüse mit Butter und Bröseln (Polnische Zubereitungsart)

Die Gemüse werden vorgerichtet, in siedendem Salzwasser zugedeckt weich gekocht und mit in heißer Butter angerösteten Bröseln, die leicht gesalzen wurden, bestreut.

Spargel mit Butter und Bröseln

600 g Spargel
Saft von 1 Zitrone
30 g Kristallzucker
50 g Butter für das Kochwasser
50 g Butter für die Brösel
50 g Semmelbrösel
20 g Petersilie
evtl. etwas Weißwein

Der Spargel wird von der Spitze zum Ende hin dünn geschält, sofort in Salzwasser mit Zucker, Zitronensaft, einem Stück Butter und eventuell etwas Weißwein ca. 20 Minuten gekocht, abgeseiht und mit in heißer Butter kurz angerösteten Bröseln bestreut. Mit fein gehackter Petersilie servieren.
Anmerkung: Um ein Zerbrechen des Spargels beim Kochen zu verhindern, kann man ihn mit Spagat bündelweise zusammenbinden.

Schwarzwurzeln

1 kg Schwarzwurzeln
1 Schuss Milch
10–20 g Mehl für das Kochwasser
100 g Butter
100 g Brösel

Die Schwarzwurzeln werden geputzt, unter fließendem kaltem Wasser gewaschen, in gleichmäßig lange Stücke geschnitten (3–5 cm) und zur Vermeidung des Schwarzwerdens in verdünnte Milch gelegt. Dann werden sie in Salzwasser mit etwas Mehl gekocht, abgeseiht und mit in heißer Butter angerösteten Bröseln bestreut.

Weiße Rettiche mit Butter und Bröseln (Eiszapfen auf Spargelart)

Eiszapfenrettiche, die durch viele Monate stets frisch vom Garten oder Markt geliefert werden können, eignen sich ganz besonders für diese Zubereitungsweise. Sie stellen eine vorzügliche Vorspeise dar. (Die Zubereitung ist die gleiche wie die von Spargel.)

Kürbis mit Butter und Bröseln

1 kg Kürbis
100 g Butter
60 g Brösel

Der Kürbis wird geschält, halbiert, von den Kernen befreit und in gleichmäßige Stangen oder Stücke geschnitten. Diese werden in siedendem Salzwasser gekocht. Hierauf lässt man sie gut abtropfen, richtet sie an und übergießt sie mit in Butter gerösteten Bröseln.

Gratinierte Gemüse (überkrustet mit Sauce Mornay)

Gratinierter Karfiol

1 Karfiol
Saft von 1 Zitrone
oder etwas Milch
Kümmel im Ganzen
30 g Butter
20 g Brösel
30 g geriebener Parmesan
Sauce Mornay:
30 g Butter
30 g Mehl
Salz, etwas Zitronensaft
20 g geriebener Parmesan
1 Eidotter

Der gereinigte Karfiol wird in Salzwasser mit etwas Milch oder Zitronensaft gekocht, abgeseiht, abgetropft, in einer gebutterten Gratinierschüssel angerichtet, mit Sauce Mornay übergossen, mit geriebenem Parmesan und Bröseln bestreut und mit zerlassener Butter betropft. Man stellt die Speise für die Dauer von 10 Minuten ins heiße Rohr.
Sauce Mornay (Käse-Milch-Einmachsauce): Eine Einmach wird mit Milch aufgegossen, gut verkocht, mit dem Dotter gebunden (legiert) und mit Zitronensaft, Salz und geriebenem Parmesan gewürzt. Anmerkung: Der gekochte Karfiol kann auch in Röschen geteilt und in Muscheln angerichtet werden. Weitere Behandlung wie oben.

Gratinierter Spargel, Topinambur (Erdbirne), Zeller und gratinierte Schwarzwurzeln

Werden in gleicher Weise zubereitet.
Anmerkung: Spargel und Schwarzwurzeln werden vor dem Kochen in zwei bis drei Zentimeter lange Stücke geschnitten, Zeller in einen halben Zentimeter dicke Scheiben, und mit wenig Zitronenwasser gekocht oder weich gedünstet.

Gratinierter Spinat

Gereinigter, großblättriger Spinat wird in Butter sehr rasch gedünstet und weiter wie oben angegeben zubereitet.

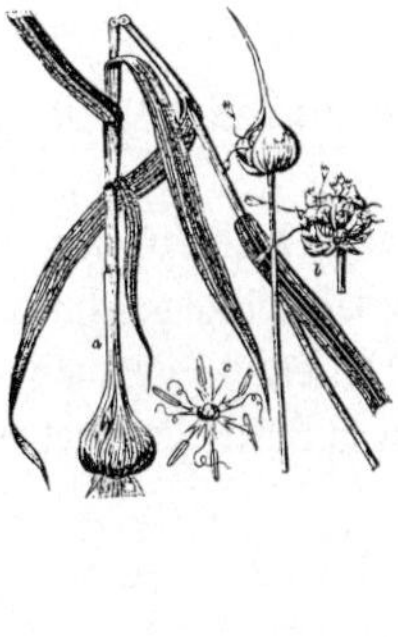

Gratinierte Gemüse (überkrustet mit Sauce hollandaise)

Gratinierter Broccoli

400 g Broccoli
Salz, gemahlener weißer Pfeffer
20 g Butter
Sauce hollandaise:
1 Eidotter, 60 g Butter
Saft von 1 Zitrone
Salz, Worcestersauce
Senf, Cayennepfeffer
Gewürzreduktion:
0,1 l Wasser, Bouquet garni
Pfefferkörner, Knoblauch
50 g Zwiebeln, 0,1 l Weißwein

Broccoli in kleine Röschen zerteilen, in Salzwasser knackig kochen, abfrischen, in Butter schwenken, würzen, mit Sauce hollandaise nappieren und gratinieren.
Sauce hollandaise: Butter zerlassen, klären und abschäumen.
Alle Zutaten für die Gewürzreduktion einkochen, bis nur mehr 1 El Flüssigkeit vorhanden ist. Flüssigkeit abseihen. Den Dotter mit der Gewürzreduktion und den Gewürzen über Wasserbad dickschaumig schlagen. Die flüssige, geklärte Butter langsam einrühren.

Gratinierte Schwarzwurzeln

600 g Schwarzwurzeln
etwas Mehl
Saft von 1 Zitrone
30 g Butter zum Ausstreichen der Form
Sauce hollandaise:
1 Eidotter, 60 g Butter
Saft von 1 Zitrone
Salz, Worcestersauce
Gewürzreduktion:
0,1 l Wasser, Bouquet garni
Pfefferkörner, Knoblauch
50 g Zwiebeln, 0,1 l Weißwein

Die Schwarzwurzeln werden geputzt und unter fließendem Wasser gewaschen. In gleichmäßig lange (jedoch nie unter 3 cm) Stücke schneiden und zur Vermeidung des Schwarzwerdens in gewässerte Milch einlegen. Dann werden sie in Salzwasser mit Zitronensaft und etwas Mehl gekocht, abgeseiht, in feuerfeste Formen angerichtet und mit Sauce hollandaise (siehe gratinierter Broccoli) nappiert und gratiniert.

Gratinierte Gemüse (überkrustet mit Käse)

Gratinierter Fenchel

400 g Fenchel
etwas Weißwein
10 g Kristallzucker
⅛ l Wasser
20 g Butter
Salz
zum Gratinieren:
40 g geriebener Parmesan
20 g Butter

Fenchel putzen und vierteln. Mit Wasser, Weißwein, Salz, Kristallzucker und Butter in einer Kasserolle zugedeckt schmoren. Wenn der Fenchel knackig ist, wird er in eine Gratinierschüssel geschlichtet, mit geriebenem Parmesan bestreut, mit Butterflocken belegt und bei starker Oberhitze überbacken.

Gratinierte Tomaten

400 g Tomaten
40 g geriebener Parmesan
Salz
20 g Butter

Tomaten halbieren, an den Schnittflächen salzen, mit geriebenem Parmesan bestreuen, mit Butterflocken belegen und bei starker Oberhitze überbacken.

Gebackene und gebratene Gemüse

Gebackener Kohl

1 kg Kohl
Pfeffer
100 g Mehl
2 Eier
200 g Brösel
Fett zum Frittieren

Der Kohl wird geputzt, halbiert, in kochendem Salzwasser nahezu weich gekocht und abgeseiht. Der Strunk wird herausgeschnitten und jede Kohlhälfte so ausgepresst, dass ein flaches Schnitzel entsteht. Jedes dieser Stücke wird nun leicht gepfeffert, in Mehl, Eiern und Bröseln paniert und in heißem Fett schwimmend gebacken. Als Beilage eignen sich Salate.

Gebackener Karfiol

1 Karfiol
0,10 l Milch
Kümmel im Ganzen
150 g Fett zum Frittieren
Weinteig:
⅛ l Weißwein
150 g Mehl
Salz
1 El Öl
2 Eidotter
2 Eiklar

Karfiol wird in nicht allzu kleine Röschen geteilt, die man 10 Minuten in Salzwasser mit etwas Milch und Kümmel kocht, abfrischt und gut abtropfen lässt; dann in Wein- oder Bierteig taucht, in heißem Fett bäckt und auf Küchenkrepp wiederum abtropfen lässt.
Weinteig: Der Weißwein wird mit Mehl, Salz, Öl und den Eidottern gut versprudelt; zuletzt wird der Schnee aus dem Eiklar dazugemengt.

Gebackene Sellerieschеiben

Einen halben Zentimeter dicke, in Suppe oder Salzwasser mit etwas Zucker halb gedünstete Selleriescheiben werden leicht abgetrocknet, in Mehl, Ei und Semmelbrösel getaucht und in heißem Fett goldgelb gebacken. Sie eignen sich auch als Beilage zu gebratenem oder gedünstetem Fleisch, zu Saucen (insbesondere Paradeissauce) und Salaten aller Art, auch zu Reis, Tarhonya, Makkaroni usw.
Anmerkung: Selleriescheiben können auch in Wein- oder Bierbackteig frittiert werden.

Gebratene Selleriescheiben

Geschälte Sellerieknollen werden in einen halben Zentimeter dicke Scheiben geschnitten, gesalzen und vorsichtig in heißem Fett goldgelb gebraten. Sie eignen sich als Beigabe zu gebratenem oder gebackenem Fleisch oder man reicht sie mit Erbsen-, Linsen- oder Erdäpfelpüree oder zu Salaten.

Gefüllte Gemüse vegetarisch

Kochsalat, Kohl oder Kraut mit Gemüsefülle

Kochsalat-, Kohl- oder Krautblätter werden abgebrüht; davon eine Lage in eine mit Fett ausgestrichene Kasserolle geben und mit nachfolgender Fülle belegen. Diese wird wieder (gemäß der Unterlage) mit Kochsalat-, Kohl- oder Krautblättern bedeckt, mit in Rahm verquirltem Ei und Salz übergossen, mit Parmesan und Semmelbröseln bestreut und gebacken, bis sich eine schöne Kruste gebildet hat.
Fülle: gehackte Zwiebel und Petersilie, gehackte, gedünstete Champignons oder Pilze, gedünstete Erbsen, Ei und Semmelbrösel.

Gratinierte Artischocken

4 Artischocken
Saft von 1 Zitrone
100 g Zwiebeln
100 g Champignons
Petersilie
20 g Butter für Zwiebeln
geriebener Parmesan
20 g Brösel
30 g Butter
Butter für die Pfanne

Von den Artischocken werden die Stängel, die äußeren Blätter und die Blätterspitzen abgeschnitten. Dann werden die Artischocken ausgehöhlt und in Salzwasser mit Zitronensaft halb weich gekocht. Die fein gehackten Zwiebeln lässt man in Butter anlaufen, gibt die fein gehackten Champignons dazu und röstet dies an. Das Angeröstete wird mit fein gehackter Petersilie vermischt in die ausgehöhlten Artischocken gefüllt. Diese werden in eine leicht befettete Pfanne gelegt, mit geriebenem Parmesan und Bröseln bestreut, mit Butter betropft und 10 Minuten lang in ein heißes Rohr gestellt.

Gefüllte Melanzani

600 g Melanzani
200 g Tomaten
80 g Zwiebeln
20 g schwarze Oliven
etwas Olivenöl (normal)
20 g Knoblauch
französische Petersilie
0,1 l Tomatenjuice
Salz, weißer Pfeffer aus der Mühle
Saft von ½ Zitrone

Melanzani der Länge nach halbieren und die Schnittflächen kurz auf der Grillplatte abbraten. Die Enden abschneiden und die Melanzani mit einem Löffel aushöhlen; danach mit Salz und Pfeffer bestreuen. Das ausgehöhlte Melanzanifleisch klein hacken. Zwiebeln in Streifen schneiden, Knoblauch und Petersilie fein hacken. Aus den Tomaten Concassée herstellen. Die Zwiebeln in Olivenöl Farbe nehmen lassen, danach den Knoblauch und das Melanzanifleisch zugeben; ca. 10 Minuten garen lassen. Tomates concassées, die Hälfte des Tomatensafts, Zitronensaft und die Hälfte der Oliven dazugeben. Mit dieser Mischung die Melanzanihälften füllen und mit einer Olive belegen. In eine feuerfeste Form legen, mit dem restlichen Tomatensaft übergießen und ca. 45 Minuten im vorgeheizten Rohr backen. Lauwarm servieren (niemals im Kühlschrank aufbewahren).

Gefüllte Gemüse mit Fleisch

Gefüllter Krautkopf

1 kg Kraut
Essig
Kümmel
½ Zwiebel
20 g Fett
20 g Speck
¼ l Rind- oder Selchsuppe
Fleischfülle:
200 g Selchfleisch
½ Zwiebel
Petersilie
20 g Fett
1 Ei
Salz und Pfeffer
Einmachsauce:
20 g Mehl
20 g Butter
Selchsuppe
⅛ l Sauerrahm

Der Krautkopf wird gewaschen, in Salzwasser unter Hinzufügen von Essig und Kümmel halb weich gekocht und zum Abtropfen und Erkalten auf ein Sieb gelegt. Hierauf lockert man die Blätter des Kraufkopfs, biegt sie alle vorsichtig zurück, bestreicht sie an der Innenfläche mit nachstehend beschriebener Fülle, presst sie dann fest aneinander, sodass der Krautkopf seine frühere Form wieder erhält, und umschnürt den Krautkopf mit Spagat, um ein Auseinanderfallen der Blätter zu verhindern. Dann röstet man in einem der Größe des Krautkopfs entsprechenden Gefäß fein gehackte Zwiebel in Fett gelb an, belegt den Boden des Gefäßes mit Speckscheiben, legt den Krautkopf darauf und dämpft ihn unter mehrmaligem Begießen mit Wasser (oder Selchsuppe) ungefähr 1 Stunde lang. Eine halbe Stunde vor dem Anrichten übergießt man den Krautkopf mit Einmachsauce und lässt ihn noch dämpfen. Vor dem Servieren entfernt man den Spagat, schneidet den Krautkopf in keilförmige Stücke und übergießt ihn mit der geseihten Sauce.
Fülle: Das Selchfleisch wird gekocht und faschiert und mit Ei, Salz, Pfeffer, gerösteter Zwiebel und Petersiliengrün verrührt.
Einmachsauce: Man macht eine Einmach aus Butter und Mehl, gießt zum Teil mit der Selchsuppe auf. Wenn nötig, salzt man sie noch.

Gefüllter Kohl

Kann wie gefüllter Krautkopf zubereitet werden, Kohl wird jedoch ohne Beigabe von Essig gekocht.

Gefüllte Kohlrabi

4 Kohlrabi
Fülle:
20 g Fett
40 g Zwiebeln
20 g Champignons
Petersilie
200 g gemischtes Faschiertes
1 Ei
evtl. 1 Semmel
Salz, Pfeffer
Einmachsauce:
10 g Butter, 10 g Mehl
¼ l Rindsuppe
⅛ l Schlagobers
Salz und Pfeffer
Petersilie

Die Kohlrabi werden geschält und gewaschen. Dann schneidet man von jedem eine später als Deckel zu verwendende Kappe ab, höhlt die Kohlrabi vorsichtig aus, kocht sie in Salzwasser samt den Kappen halbweich, füllt sie mit nachstehend beschriebener Fleischfülle, bedeckt sie mit den abgeschnittenen Kappen, stellt sie dicht nebeneinander in eine flache Kasserolle und dämpft sie nach Übergießen mit einer Buttersauce noch eine viertel bis halbe Stunde.
Fülle: Die fein gehackten Zwiebeln lässt man in Fett anlaufen, fügt Petersilie und fein gehackte Champignons hinzu und gibt alles nach dem Anrösten zum Faschierten. Dann mengt man noch das Ei, allenfalls auch eine Semmel, Salz und Pfeffer hinein. Es macht die Fülle ausgiebiger und

auch schmackhafter, wenn man das Ausgehöhlte der Kohlrabi kocht und klein geschnitten zur Fleischfülle gibt.
Einmachsauce: Man gießt eine leichte Einmach mit Gemüsewasser oder Rindsuppe und Schlagobers auf, salzt und pfeffert sie und püriert das Ganze mit jungen Kohlrabiblättern und Petersilie kurz im Mixer.
Anmerkung: Die ganz kleinen Blättchen können an den Deckeln als Aufputz bleiben. Champignons sind nicht unbedingt nötig.

… von Pilzen

Gebackene Steinpilze

600 g Steinpilze
Salz
30 g Mehl
2 Eier
100 g Brösel
125 g Fett

Die Stiele und Köpfe der Pilze werden geputzt, in dickere Scheiben geschnitten, gesalzen, in Mehl, Eiern und Bröseln paniert und in heißem Fett gebacken. Zum Backen nimmt man eine hohe Pfanne, da die Pilze schwimmen sollen. Als Beilagen eignen sich Salate oder Sauce tartare.
Anmerkung: Statt in Ei und Bröseln kann man Pilze auch in Bier- oder Weinteig backen.

Gedünstete Pilze

500 g Pilze nach Saison
50 g Zwiebeln
20 g Petersilie
20 g Butter
Salz, Pfeffer, Muskatnuss
evtl. Saft von ½ Zitrone

Steinpilze, Champignons, Eierschwammerl oder Hallimasche werden nach dem Putzen dünnblättrig geschnitten. In heißer Butter lässt man die fein gehackten Zwiebeln anlaufen, gibt die fein gehackte Petersilie und die Pilze hinein, würzt sie und lässt sie ohne Zusatz von Wasser weich dämpfen. Anmerkung: Die Pilze können auch mit Bröseln und Kräutern, wie etwa Estragon, Kerbel oder Petersilie, bestreut und gratiniert werden.

Gratinierte Pilze mit Rucola und Friséesalat

240 g Steinpilze
15 g Karotten
15 g Gelbe Rüben
15 g Zeller, 15 g Lauch
Salz, Pfeffer
Sauce hollandaise:
1 El Gewürzreduktion
1 Eidotter, 80 g Butter
Saft von 1 Zitrone
Salz, Worcestersauce
Salat:
Friséesalat, 60 g Rucola
etwas Olivenöl (normal)
etwas Weißweinessig
etwas Trüffelöl, Salz, Pfeffer

Pilze dünnblättrig schneiden und Teller damit auslegen. Mit blanchiertem Brunoise von Wurzelgemüse bestreuen. Die Sauce hollandaise (siehe Rezept gratinierter Broccoli) mit einer Papiertüte spiralenförmig auf die Pilze dressieren und im Rohr bei 250 °C backen. In der Tellermitte den Salat anrichten.

Pilzgulasch

750 g Hallimasche oder Eierschwammerln
50 g Butter
150 g Zwiebeln
1 Kl Paprikapulver
1 El Essig
Kümmel
250 g Erdäpfel

Die fein gehackten Zwiebeln hellgelb rösten; Paprikapulver, Essig, Kümmel und die Pilze, eventuell etwas geschnittene grüne Paprika und Paradeiser dazugeben und alles ohne Zusatz von Wasser halb weich dämpfen lassen. Eine halbe Stunde vor dem Anrichten gibt man geschälte, geviertelte Erdäpfel dazu und lässt sie noch fertig dünsten. Eventuell muss Wasser nachgegossen werden.

… von Käsen

Käseröstschnitten

200 g Reibkäse (Parmesan oder andere Hartkäse)
100 g Butter
1–2 Eidotter
Paprika
1 Prise Muskatnuss
1 Prise Salz
Weißbrotscheiben

Alle Zutaten werden gut verrührt und ziemlich scharf mit Paprika gewürzt. Mit dieser Masse bestreicht man die Weißbrotscheiben, die man auf einen Drahtrost setzt, im Rohr hell bäckt und heiß serviert, und zwar entweder ohne Beigabe oder mit Radieschen, als Käse- oder Vorspeise oder sonst zu kräftiger Suppe als Einlage.

Gebackener Käse

Einen Zentimeter dicke Käsescheiben oder -schnitten werden in Backteig, der mit Milch, Wein oder Bier angerührt werden kann, eingetaucht und in Fett gebacken oder nur in Mehl, Ei und Bröseln paniert und in Fett gebacken. Als Beilagen eignen sich Gemüse oder Salate.

… von Reis

Für Reisspeisen und Risotti ist es empfehlenswert, weichen runden Reis zu verwenden, da dieser durch sein leicht klebriges Verhalten dem Charakter dieser Speisen mehr entspricht. Unter Risotto versteht man immer ein halbflüssiges, nicht zu kompaktes Gericht.

Risotto

200 g Risottoreis
30 g Butter
40 g Zwiebeln
Suppe oder Wasser
Salz
0,1 l Schlagobers
20 g geriebener Parmesan

Die Zwiebeln schälen und fein hacken. Öl erhitzen und die Zwiebelstücke darin anschwitzen. Reis anlaufen lassen und mit Suppe oder Wasser aufgießen und würzen. Reis unter häufigem Rühren kernig dünsten und das Schlagobers darunter rühren. Vor dem Anrichten etwas Parmesan unter den fertigen Reis mischen. Der Risotto muss sehr saftig und innen noch bissfest sein. Den restlichen Parmesan darüber streuen.
Anmerkung: Den fertigen Risotto kann man auch mit Champignons, Leber, Hühnerfleisch, Schinken und Kräutern vermengen.

Risotto mit Rindermark und Champignons

200 g Risottoreis
70 g Rindermark (oder 60 g Butter)
10 g Zwiebeln
Salz
Rindsuppe (oder Wasser)
2–3 Champignons
20 g Butter
40 g geriebener Parmesan

In heißem, geseihtem Rindermark oder heißer Butter werden die fein gehackten Zwiebeln goldgelb geröstet. Hierauf wird ungewaschener Reis hineingegeben und so lange gerührt, bis er glasig ist. Danach gibt man Salz und etwas Rindsuppe oder Wasser hinzu und lässt den Reis anfangs unter beständigem Umrühren mit einer Gabel und häufigem Nachgießen von Rindsuppe oder Wasser körnig weich dämpfen. In den fertigen Reis mischt man blättrig geschnittene, in Butter gedünstete Champignons und geriebenen Parmesan. Man bestreut den auf einer Schüssel angerichteten Risotto vor dem Servieren auch außen noch mit Parmesan. Man kann dem Reis vor dem Anrichten auch noch geschnittene gebratene Hühnerleber, Hühnerfleisch, gehackten Schinken, gedünstete andere Pilze, Gemüse, in Salzwasser gekochte oder gebratene Fischstücke u. dgl. zusetzen und erhält auf diese Weise Hühnerrisotto, Leberrisotto, Schinkenrisotto, Champignon-Gemüse-Risotto, Fischrisotto usw. Der Risotto sollte sofort serviert werden.

Mailänder Risotto

60 g Butter (50 g Fett oder Öl)
200 g Risottoreis
Salz
50 g geriebener Parmesan
Rindsuppe (oder Wasser)
Paprika, Safran

In heißer Butter, heißem Fett oder Öl lässt man ungewaschenen Reis glasig anrösten, gießt nach und nach unter stetem Rühren mit heißer Rindsuppe oder Wasser auf, salzt, gibt zuletzt geriebenen Parmesan, Safran und Paprika hinein und bestreut den Risotto vor dem Anrichten mit Parmesan.

Kalbfleischrisotto

150 g Kalbfleisch
200 g Risottoreis
60 g Butter
20 g Zwiebeln
Rindsuppe (oder Wasser)
Salz
40 g geriebener Parmesan

In heißer Butter oder in heißem Öl lässt man die fein gehackten Zwiebeln hell anlaufen, gibt das kleinwürfelig geschnittene Kalbfleisch oder Bratenreste hinein und mengt nach dessen Anrösten den Reis darunter. Wenn auch dieser leicht geröstet ist, gießt man mit Suppe oder Wasser auf, salzt und lässt den Reis unter ständigem Rühren und häufigem Nachgießen körnig-weich dämpfen. Man mischt dann noch geriebenen Parmesan darunter und hält den Risotto im Wasserbad warm. Beim Anrichten bestreut man ihn mit geriebenem Parmesan. Auf diese Art bereitet man Champignon- und alle anderen Arten von Risotto zu. Will man Gemüse und Geflügel bzw. Gänseklein dazu verwenden, muss beides vorher geschnitten und nahezu weich gekocht oder gedünstet werden.

Risotto mit jungem Spinat und Grana

130 g Risottoreis
40 g Butter, 40 g Zwiebeln
etwas Weißwein
Salz, Pfeffer
30 g Grana im Ganzem
etwas Schlagobers
0,2 l Hühnerfond
150 g Blattspinat
Garnitur:
40 g gehobelter Grana

Die gehackte Zwiebel und den Reis in Butter ansautieren, mit Weißwein ablöschen, mit Obers und Hühnerfond aufgießen und aufkochen lassen. Blattspinat und gehobelten Parmesan dazugeben und auf cremige Konsistenz einkochen lassen. Mit gehobeltem Grana garniert servieren.

Spargelrisotto

120 g Risottoreis
40 g Butter, 40 g Zwiebeln
etwas Weißwein
1/16 l Obers
Salz, Pfeffer
20 g geriebener Parmesan
160 g grüner Spargel
50 g Butterschmalz, Salz
80 g Parmesan im Ganzen
5 g Kerbel, Butterflocken
Spargelfond zum Aufgießen
Spargelfond:
400 g weißer Spargel
Saft von ½ Zitrone
0,1 l Weißwein, 40 g Butter
10 g Kristallzucker

Den weißen Spargel schälen und in Salzwasser mit Zitronensaft, Zucker, Weißwein und etwas Butter knackig kochen und abfrischen. Den weißen Spargel in Stücke schneiden. Den grünen Spargel ebenfalls in Stücke schneiden und im Butterschmalz langsam sautieren. Die gehackten Zwiebeln und den Reis in Butter anschwitzen, mit Weißwein ablöschen, mit Spargelfond aufgießen und langsam kochen lassen. Wenn der Reis nach einer Kochzeit von etwa 15 Minuten noch sehr kernig ist, grünen Spargel und Obers dazugeben. Geriebenen Parmesan, Butterflocken, evtl. geschlagenes Obers dazugeben und auf cremige Konsistenz einkochen lassen. Mit Kerbel garnieren.

Zucchinirisotto mit Tofu

200 g Naturreis
10 g Kürbiskernöl
70 g Butter
Salz
200 g Zucchini
200 g Räuchertofu
Garnitur:
20 g Kürbiskerne

Reis langsam kochen; den gegarten Reis in einer Schüssel mit Butter und Salz abschmecken.
Zucchini julienne schneiden und in einer Kasserolle andünsten. Den Reis dazugeben und mit etwas Kernöl mischen. Den Tofu in kleine Würfel schneiden, in etwas Fett anbraten und auf den fertigen Risotto streuen.
Rezept: Restaurant Wrenkh, Wien XV

Radicchiorisotto

200 g Radicchio
200 g Risottoreis
50 g Butter, 50 g Zwiebeln
$\frac{1}{16}$ l Rotwein, 1 l Rindsuppe
40 g Äpfel
20 g Parmesan im Ganzen
Salz, Pfeffer

In der Hälfte der Butter die fein gehackten Zwiebelstücke andünsten. Den in Streifen geschnittenen Radicchio beifügen, dann den Reis mitdünsten. Mit Rotwein ablöschen; sobald dieser verdampft ist, mit der Brühe bedecken. Auf mittlerem Feuer langsam köcheln; immer wieder Brühe nachgießen, falls der Reis zu trocken zu werden beginnt. Nach etwa 10 Minuten den fein gewürfelten Apfel unterrühren und mit Salz und Pfeffer würzen. Etwa 20 Minuten köcheln lassen, bis der Reis gar ist, jedoch noch Biss hat. Abschließend die restliche Butter und den Käse unterrühren.

Krebsmeridon (Krebsreis)

10 Krebse
Petersilie, Kümmel
Salzwasser, etwas Zwiebel
50 g Butter, 200 g Reis
Rindsuppe (oder Wasser)
50 g Champignons
15 g Butter
Salz, Cayennepfeffer
80 g Erbsen
Sauce:
2 Eidotter, 60 g Butter
Saft von ½ Zitrone
Paprika
Butter für die Form

Die Krebse werden in Salzwasser mit Petersilie gekocht und ausgelöst. Hierauf röstet man die fein gehackte Zwiebel in Butter an, gibt den Reis dazu, lässt ihn so lange rösten, bis er glasig ist, gießt mit Suppe oder Wasser auf, gibt blättrig geschnittene, in Butter gedünstete Champignons, Salz, Pfeffer und die ausgelösten Krebsstücke dazu und lässt das Ganze zugedeckt weich dünsten. Dann füllt man eine mit Butter ausgestrichene Form schichtweise mit dem gedünsteten Krebsreis und in Salzwasser gekochten Erbsen an, stürzt sie und übergießt sie vor dem Anrichten mit nachfolgend beschriebener Sauce.
Sauce: Dotter, blättrig geschnittene Butter, Zitronensaft, Salz und Cayennepfeffer werden über Dampf dicklich geschlagen, danach mit einer Spur Paprika rosa gefärbt und warm verwendet.
Anmerkung: Es ist vorteilhaft, zur geschmacklichen Hervorhebung und zum Färben der Sauce auch Krebsbutter zu verwenden.

Von Teigwaren

Nudelteig-Grundrezept

Mehl und Eier mit etwas Grieß und einem Tropfen Essig zu einem Teig verkneten und in Klarsichtfolie rasten lassen. Teig in dünne Blätter ausrollen und diese antrocknen lassen, bis sich der Teig nicht mehr klebrig anfühlt. Teig zu Nudeln schneiden. Etwa 2 Minuten in Salzwasser kochen lassen und abfrischen. In zerlassener Butter erwärmen und salzen.

2 Eier
200 g griffiges Mehl
Essig
Salz
etwas Grieß
etwas zerlassene Butter

Pasta asciutta

Sugo: Die fein gehackten Zwiebeln werden in Öl angeröstet; dann werden das klein geschnittene Wurzelwerk und das Fleisch beigefügt und gut durchgeröstet. Die geschälten Tomaten und das Tomatenmark dazugeben. Mit Salz, Pfeffer, Knoblauch und Oregano würzen, mit Rindsuppe oder Wasser auffüllen und langsam etwa 1 Stunde dünsten lassen. Die Spaghetti al dente kochen, kurz abfrischen, würzen und in Butter schwenken.

200 g gemischtes Faschiertes
20 g Öl, 40 g Zwiebeln
Salz, Pfeffer, Knoblauch, Oregano
50 g Tomatenmark
200 g geschälte Tomaten
100 g Wurzelwerk
Rindsuppe oder Wasser
200 g Spaghetti
Salzwasser
20 g Butter zum Schwenken
20 g Parmesan zum Bestreuen

Lasagne

Nudelteig vorbereiten, ausrollen und zu Lasagneblättern zurechtschneiden.
Lasagneblätter, Sauce Mornay, Sugo und geriebenen Käse abwechselnd in eine Gratinierform schlichten.
Mit Sauce Mornay und Parmesan abschließen. Bei 180 °C backen.

Nudelteig von 2 Eiern
oder fertige Lasagneblätter
Sugo: siehe Pasta asciutta
Sauce Mornay (Zubereitung siehe Kapitel Saucen)
10 g Butter, 10 g glattes Mehl
¼ l Milch, 1 Eidotter
Salz, Pfeffer
10 g Parmesan
80 g geriebener Parmesan zum Bestreuen

Nudeln mit Meeresfrüchten

Meeresfrüchte putzen und waschen. Lauch und Karotte in Würfel schneiden. Schalotten und Gemüse in Öl anschwitzen. Die Meeresfrüchte mitsautieren. Alles abschmecken und mit Weißwein ablöschen. Etwas Obers dazugeben und durchkochen lassen. Auf den Nudeln anrichten, mit Kräutern und Trüffelöl vollenden.

Nudelteig von 2 Eiern
100 g Garnelen ohne Schale
200 g frische Miesmuscheln mit Schale
80 g Lauch, 1 Karotte
40 g Schalotten
40 g Butter
Salz, weißer Pfeffer aus der Mühle
etwas Trüffelöl
etwas Weißwein
etwas Schlagobers
Estragon, 20 g Basilikum

Nudeln mit Lachs

Nudelteig von 2 Eiern
180 g Lachsfilet
Olivenöl
etwas Schlagobers
80 g Crème fraîche
8 g Petersilie, Dille, Sherry
Salz, Pfeffer aus der Mühle

Nudelteig zu Bandnudeln schneiden. Etwa 1 Minute kochen lassen und abfrischen. Lachs in kleine Würfel schneiden, würzen, in Olivenöl anbraten, mit Sherry ablöschen und ziehen lassen.
Schlagobers und Crème fraîche aufkochen und kurz reduzieren. Lachs mit Sherry und den Kräutern darunter mischen und nachwürzen. Die Nudeln in dieser Sauce erwärmen.

Tagliatelle in Cremesauce mit Steinpilzen

200 g Tagliatelle (schmale Bandnudeln)
oder Nudelteig von 2 Eiern
20 g getrocknete Steinpilze
100 g frische Steinpilze
160 g Champignons
Zitronensaft
Salz, Pfeffer, Muskatnuss
etwas Öl, etwas Weißwein
40 g Butter
etwas Schlagobers
40 g Crème fraîche
80 g Tomaten
20 g Schnittlauch

Nudeln in Salzwasser mit etwas Olivenöl kochen und mit kaltem Wasser abfrischen. In Olivenöl und Butter die blättrig geschnittenen und mit Zitronensaft, Salz, Pfeffer und Muskat gewürzten Steinpilze und Champignons sautieren. Mit Weißwein deglacieren, mit Obers auffüllen, kurz verkochen und Crème fraîche einrühren. Tomates concassées und Schnittlauch dazugeben und mit den warmen Nudeln vermengen.

Tagliatelle mit Basilikum-Mascarponecreme

200 g Tagliatelle
Basilikum-Mascarponecreme:
50 g Schalotten, 50 g Butter
¼ l Hühnerfond
200 g Mascarpone
10 g Basilikum
20 g Pinienkerne
Salz, Pfeffer

Die fein geschnittenen Schalotten in Butter glasig ansautieren. Mit Hühnerfond auffüllen und leicht reduzieren. Mascarpone beifügen und erneut bis zu einer cremigen Konsistenz einkochen. Salzen, pfeffern und kurz vor dem Servieren mit frischen Basilikumblättern aufmixen. Mit den Nudeln vermengen. Mit Basilikumblättern und gerösteten Pinienkernen garnieren.

Penne mit würziger Tomatensauce (Penne all'arrabiata)

200 g Penne
Tomatensauce:
etwas Olivenöl (normal)
30 g Zwiebeln
40 g Wurzelgemüse
130 g geschälte Tomaten
20 g Tomatenmark
Salz, Pfeffer, Knoblauch,
Oregano, 130 g Tomaten
Basilikum, 50 g Knoblauch
1 Chilischote
Öl

Die Zwiebeln im Öl goldgelb anrösten. Wurzelgemüse beigeben und mitrösten. Tomatenmark und geschälte Tomaten beifügen. Würzen, aufgießen und verkochen. Tomates concassées dazugeben. Al dente gekochte Penne mit Sugo anrichten.

Kärntner Kasnudeln

Nudelteig:
160 g griffiges Mehl
1 El Grieß, 2 Eier, Essig
1 Ei zum Bestreichen
Fülle:
250 g Topfen (40 Prozent)
80 g Semmelwürfel
etwas Milch
etwas Sauerrahm
40 g Butter
Minze, Kerbel
10 g Schnittlauch
10 g Petersilie, Salz
10 g Butter zum Übergießen

Einen nicht zu festen Nudelteig zubereiten und in einer Klarsichtfolie rasten lassen. Teig dünn ausrollen; Kreise mit einem Durchmesser von 8 cm ausstechen, mit Ei bestreichen und im Abstand von 8–10 cm die Fülle dressieren. Die Kreise nun zusammenklappen. Die Ränder »börteln« oder mit Gabelzinken den Rand festdrücken. Partienweise in Salzwasser kochen, kurz abschrecken und mit heißer brauner Butter übergießen.
Fülle: Semmelwürfel mit Milch und Sauerrahm anfeuchten. Butter leicht erwärmen. Kräuter fein hacken. Topfen und andere Zutaten vermischen, würzen und kleine Knödel formen.
Anstelle von Semmelwürfeln können auch gekochte, geschälte und gepresste Erdäpfel verwendet werden (Lavantaler Kasnudeln).

Bärlauchravioli mit brauner Butter und Parmesan

Nudelteig von 2 Eiern
Fülle:
100 g mehlige Erdäpfel
120 g Topfen (20 Prozent)
20 g Butter, 1 Eidotter
100 g Bärlauch
Salz, Pfeffer, 10 g Knoblauch
1 Eiklar zum Bestreichen
120 g Parmesan im Ganzen
100 g Butter zum Schwenken

Nudelteig herstellen und rasten lassen. Teig in dünne Blätter ausrollen. Kreise ausstechen, mit Eiklar bestreichen und die Fülle in der Mitte der Kreise aufdressieren. Die Kreise nun zusammenklappen und die Ränder mit Gabelzinken fest zusammendrücken. Etwa 6 Minuten in Salzwasser kochen, dann in brauner Butter schwenken und mit gehobeltem Parmesan anrichten. Fülle: Bärlauch grob hacken; Erdäpfel kochen und passieren. Alle Zutaten vermischen und gut würzen.

… von Strudeln

Strudelteig

200 g glattes Mehl
20 g Öl
⅛ l Wasser
Salz
Butter

Mehl auf ein Brett sieben; in die Mitte des Mehls eine Mulde drücken. Öl, eine Prise Salz und ca. drei Viertel vom Wasser (lauwarm) in die Mulde geben. Alles zu einem glatten Teig verkneten. Die Konsistenz mit lauwarmem Wasser korrigieren. Teig zu einer Kugel formen und Oberfläche mit Öl bestreichen. Auf einen mit Öl ausgestrichenen Teller setzen und 20 Minuten rasten lassen. Den Tisch mit einem Tuch abdecken, sodass die Ränder über den Tisch hängen. Tuch mit Mehl bestauben. Teig auf den Tisch legen, mit Mehl stauben und dünn ausrollen (ohne Falten). Handrücken bemehlen, unter die Teigränder greifen und den Teig zur Tischkante hauchdünn ausziehen. Strudelteig mit flüssiger Butter bestreichen.

Bohnenstrudel

Strudelteig von 200 g Mehl
oder 1 Strudelblatt
100 g getrocknete weiße Bohnen
10 g Weizengrieß
10 g Schmalz für Grieß
100 g Semmelwürfel
50 g Hamburger Speck
10 g Schmalz für Speck
0,1 l Schlagobers
⅛ l Sauerrahm
Salz, Pfeffer
Bohnenkraut, Petersilie
Wasser-Ei-Gemisch zum Bestreichen
Schweineschmalz für das Blech

Die Bohnen über Nacht einweichen und im Einweichwasser kochen. Die Hälfte der Bohnen zerstampfen, die restlichen Bohnen ganz lassen. Grieß mit Schmalz anrösten und mit etwas Wasser aufquellen lassen. Speck in Würfel schneiden und im Schmalz anrösten. Semmelwürfel beifügen und kurz mitrösten. Das Bohnenpüree, die ganzen Bohnen, Grieß, Semmelwürfel, Speck, Schlagobers und die Gewürze vermischen. Die Bohnenfülle auf das untere Drittel des ausgerollten und mit flüssigem Schweineschmalz bestrichenen Strudelteigs streichen und alles einrollen. Die Strudeln auf ein mit Schmalz befettetes Blech setzen, mit einem Wasser-Eier-Gemisch bestreichen und bei 200 °C im vorgeheizten Rohr backen. Sauerrahm als Sauce dazu reichen.

Krautstrudel

Strudelteig von 200 g Mehl
oder 1 Strudelblatt
200 g Sauerkraut
200 g Weißkraut
100 g Zwiebeln
60 g Kristallzucker
20 g Schmalz
Zitronensaft, Salz, Pfeffer
gemahlener Kümmel
edelsüßer Paprika

Weißkraut feinnudelig schneiden und einsalzen. Sauerkraut kurz durchwaschen. Weißkraut ausdrücken. Zucker im Schmalz zergehen lassen. Die Zwiebeln fein hacken und anschwitzen.
Weißkraut dazugeben und kurz andünsten. Würzen und dann das Sauerkraut dazugeben. Alle Gewürze beifügen. Das Ganze etwa 20 Minuten zugedeckt dünsten. In Strudelteigblätter füllen, mit Schmalz bestreichen und im Rohr bei 200 °C backen.

Gemüsestrudel

Strudelteig von 200 g Mehl
oder 1 Strudelblatt
100 g Kohlrüben
100 g Karotten
60 g Zucchini
100 g Broccoli
100 g Karfiol
100 g Gelbe Rüben
50 g Butter
Salz, Muskatnuss
Bindung:
Gemüseabschnitte
1⁄16 l Schlagobers
1 Ei
50 g Butter

Gemüse putzen, waschen, in Batonettes (Stifte) schneiden bzw. Karfiol und Broccoli in Röschen teilen. Einzeln in Salzwasser mit etwas Butter sehr kurz blanchieren und abfrischen.
Bindung: Gemüsereste in Scheiben schneiden, in Butter sautieren, mit Obers aufgießen, weich kochen und kalt stellen. Masse pürieren und mit Ei vermischen. Das blanchierte Gemüse untermengen, würzen, in Strudelteig füllen, mit Butter bestreichen und bei 180 °C backen.

Südkärntner Spinattopfenstrudel

Strudelteig von 200 g Mehl
oder 1 Strudelblatt
10 g Butter zum Bestreichen
Fülle:
60 g speckige Erdäpfel
60 g Zwiebeln
50 g Butter
150 g Topfen
400 g Blattspinat
1 Ei
20 g griffiges Mehl
20 g Knoblauch
Salz, Pfeffer, Muskatnuss
Überguss:
1/16 l Milch, 1 Ei, Salz

Strudelteig zubereiten, rasten lassen, ausziehen und kurz antrocknen lassen. In Rechtecke der Größe der Backform schneiden. Backform mit Butter ausstreichen und abwechselnd bebutterte Strudelblätter und Fülle einschichten. Mit einem Strudelblatt abschließen. Bei ca. 160 °C im vorgeheizten Rohr backen. Nach der halben Backzeit mit Überguss begießen.
Für die Fülle die Erdäpfel waschen, kochen und durch ein Passiersieb streichen. Den Blattspinat blanchieren, abfrischen und gut ausdrücken. Die fein gehackten Zwiebeln in Butter anlaufen lassen. Spinat beigeben und kurz andünsten. Vom Feuer nehmen. Zerbröselten Topfen, Ei, Erdäpfel, die Gewürze und das Mehl untermischen.
Für den Überguss Eier und Milch vermischen und würzen. Mit Sauerrahm servieren.

Lungauer Erdäpfelstrudel

Strudelteig von 200 g Mehl
oder 1 Strudelblatt
100 g glattes Mehl
800 g Erdäpfel
60 g Frühstücksspeck
80 g Zwiebeln
Salz, Pfeffer
Muskatnuss, Oregano
20 g Butter zum Befetten

Erdäpfel roh schälen und grob in kaltes Wasser reißen. Speck fein schneiden. Die Zwiebeln blättrig schneiden, etwas anrösten und mit den Gewürzen unter die gut ausgedrückten Erdäpfel mischen. Rohr auf 180 °C vorheizen und Blech befetten. Drei Viertel des Teigs mit Fülle bestreichen; restlichen Teig befetten, Ränder über die Fülle schlagen und mit Butter betropfen. Strudel einrollen, mit Hilfe eines Tuchs aufs Blech legen, nochmals befetten und backen.

Lammstrudel

Strudelteig von 200 g Mehl
oder 1 Strudelblatt
100 g Kohl
etwas Schlagobers
Salz, Pfeffer, Muskat
1 Ei
etwas Olivenöl (normal)
20 g Zwiebeln
100 g Lammschulter
Knoblauch
Salz, Pfeffer, Rosmarin
Butter zum Bestreichen

Kohl blanchieren, fein schneiden und in Schlagobers weich dünsten. Würzen, auskühlen lassen und mit Ei binden. Die fein gehackten Zwiebeln in Olivenöl sautieren, zu dem faschierten Lammfleisch mischen und würzen. Die Kohlfülle auf das untere Drittel des ausgezogenen und mit Butter beträufelten Strudelteigs streichen und die Fleischfülle darauf verteilen. Einrollen, mit Butter bestreichen und bei 180 °C backen.

Fleischstrudel

Strudelteig von 200 g Mehl
oder 1 Strudelblatt
30 g Butter zum Beträufeln
Butter für das Blech
Öl
Fülle:
260 g gemischtes Faschiertes
30 g Butter
½ Zwiebel
Paprika, Knoblauch
Salz und Pfeffer
1 Ei, 1 Semmel
Petersilie

Aus Mehl, Öl, Salz und lauwarmem Wasser wird ein Strudelteig gemacht, den man zur Hälfte mit nachfolgend beschriebener Fülle bestreicht. Der unbestrichene Teil wird mit zerlassener Butter bepinselt, der Strudel, von der Fülle ausgehend, eingerollt und auf einem befetteten Blech gebacken.

Fülle: Die fein gehackten Zwiebeln werden mit dem Faschierten angeröstet, mit Salz, Pfeffer, zerdrücktem Knoblauch und Paprika gewürzt und mit einer eingeweichten, ausgedrückten Semmel und einem Ei gebunden. Abschließend noch die fein gehackte Petersilie untermengen.

Als Beilagen passen Spinat, Kohl, gedünstetes Kraut, kalte Saucen oder Salate.

Blätterteigpastetchen

Grundrezept

Blätterteig wird 3 mm dick ausgerollt. Mit einem runden Ausstecher von 7 cm Durchmesser werden Scheiben ausgestochen. Die Hälfte von diesen wird mit einem zweiten Ausstecher von 5 cm Durchmesser nochmals ausgestochen. Die so erhaltenen Teigringe werden auf die ganzen Scheiben gelegt, deren Rand man vorher mit Ei bestrichen hat. Man bestreicht die Pasteten so wie die beim Ausstechen der Ringe abfallenden kleinen Teigscheiben mit Ei. Sie werden auf einem unbestrichenen Blech im Rohr gebacken und mit Haschee oder Ragout gefüllt. Die gebackenen kleinen Teigscheiben werden als Deckel darauf gelegt.

Bei Blätterteigtaschen unterscheidet man zwischen Bouchées und Vol-au-Vents. Sie unterscheiden sich lediglich in der Größe.

Bouchées nennt man die Blätterteigpasteten mit der oben beschriebenen Größe des Durchmessers der Teigscheiben.

Für Vol-au-Vents wird ein Durchmesser von etwa 12 cm und mehr genommen.

Als Fülle werden vor allem Salpikons (siehe Fachausdrücke), kleine Ragouts oder Haschees verwendet.

Blätterteigpastetchen mit Champignons à la crème

Blätterteig von 300 g Mehl oder Tiefkühlblätterteig
60 g Zwiebeln
400 g Champignons
20 g Butter
Salz, Pfeffer, Muskatnuss
Saft von einer halben Zitrone
Weißwein, ⅛ l Schlagobers
20 g Crème fraîche
etwas halb geschlagenes Obers
16 g Petersilie
französische Petersilie

Blätterteig zu Pastetchen (Durchmesser ca. 6 cm) ausstechen, ca. 20 Minuten rasten lassen und bei 200 °C backen. Die fein gehackten Zwiebeln mit den blättrig geschnittenen Champignons in Butter anschwitzen, mit Salz, Pfeffer, Muskatnuss und Zitronensaft würzen und mit Wein kurz andünsten. Mit Crème fraîche und etwas Schlagobers zu einer molligen Konsistenz einkochen und halb geschlagenes Schlagobers unterziehen. Mit gehackter Petersilie vollenden, einfüllen und mit Krauspetersilie garnieren.

Bouchées à la reine

200 g Tiefkühlblätterteig
⅛ l Hühnerbouillon
200 g Hühnerbrustfilet
50 g Crème fraîche
etwas Schlagobers
50 g Schalotten
100 g Champignons
20 g Butter
Weißwein
30 g Butter zum Montieren
Salz, Muskatnuss

Aus dem Blätterteig werden, so wie im vorigen Rezept besprochen, Bouchées zubereitet. Die ausgelöste Hühnerbrust wird in der Geflügelsuppe pochiert. Wenn die Hühnerbrust durch, aber innen trotzdem noch saftig ist, wird sie aus der Suppe gehoben und kalt gestellt. Die überkühlte Hühnerbrust wird nun in Form von Salpikon geschnitten. Die Schalotten werden geschält, fein gehackt und mit den blättrig geschnittenen Champignons angeschwitzt; dann mit Weißwein abgelöscht und mit der Hühnersuppe, dem Schlagobers und der Crème fraîche aufgegossen. Wenn das Ganze einreduziert wurde, also eine cremige Konsistenz hat, wird das Salpikon vom Geflügel beigefügt. Abschließend das Ganze mit Muskatnuss und Salz abschmecken, mit eiskalten Butterflocken montieren und in die vorgewärmten Pastetchen füllen.

Die folgenden Ragouts eignen sich nicht nur zum Füllen von Pastetchen, sie sind auch in Salzmürbteig-Törtchen oder in Muscheln, evtl. gratiniert, als Vorspeise oder Zwischengericht geeignet.

Krebsragout mit Kalbsbries

Sud:
12 Krebse
Kümmel, Petersilie
Krebsbutter:
Krebsschalen
80 g Butter zum Rösten
½ Zwiebel
Ansatz:
Krebsschalen, Krebsbutter
20 g Mehl, Krebssud
Cayennepfeffer, Cognac
Einlage:
ausgelöstes Krebsfleisch
(Schwänze und Scheren)
360 g Kalbsbries
20 g Butter für Kalbsbries
3–4 Champignons
10 g Butter für Champignons
zum Binden:
$\frac{1}{16}$ l Obers, 1 Eidotter
restliche Krebsbutter

Die Krebse werden kalt gewaschen, in kochendem Salzwasser mit Kümmel und Petersilie gekocht, überkühlt und ausgelöst (wobei der Darm aus den Schwänzen zu entfernen ist). Dann werden die Schalen und sonstigen Reste der Krebse im Mörser gestoßen, in einer Kasserolle mit Butter und Zwiebeln angeröstet, mit Krebssud aufgegossen, aufgekocht, abgeseiht und kalt gestellt; die an der Oberfläche erstarrte Krebsbutter wird abgehoben. Mit einem Stück dieser Krebsbutter werden die Schalen nochmals angeröstet; man staubt mit Mehl, lässt es mitrösten, gießt mit dem kalt gestellten Krebssud (Fond) auf und würzt mit Cayennepfeffer und Cognac. Man lässt den Ansatz etwa 20 Minuten verkochen, passiert ihn, gibt das Krebsfleisch, das überbrühte, in Butter gebratene und würfelig geschnittene Kalbsbries und die würfelig geschnittenen, in Butter gedünsteten Champignons dazu, bindet zum Schluss mit in Obers versprudeltem Eidotter und rührt die übrige Krebsbutter dazu.

Weißes Ragout

1 Huhn (Suppenhuhn)
150 g Kalbfleisch (Schulter)
¼ Petersilienwurzel
¼ Zeller
¼ Karotte (Gelbe Rübe)
½ Zwiebel
3 Pfefferkörner
2–3 Champignons
20 g Butter
Fett für die Hühnerleber
200 g Karfiol
Einmachsauce:
20 g Butter, 30 g Mehl
Kalbsfond, Zitronensaft
Salz, Pfeffer
¼ l Schlagobers
Worcestersauce
1 Eidotter, $\frac{1}{16}$ l Schlagobers
zum Legieren

Huhn und Kalbfleisch werden mit blättrig geschnittenem Wurzelwerk, den Zwiebelstücken und den Pfefferkörnern in Salzwasser weich gekocht. Das von den Knochen gelöste, kleinwürfelig geschnittene Hühnerfleisch, das Kalbfleisch und die in Fett gebratene, würfelig geschnittene Hühnerleber werden in eine Einmach gemengt, die man mit dem Fleischfond und Obers aufgießt, mit Salz, Pfeffer, einigen Tropfen Worcestersauce und Zitronensaft würzt, gut verkochen lässt und zuletzt mit Dotter und Schlagobers legiert. Ferner gibt man würfelig geschnittene, in Butter gedünstete Champignons und in Salzwasser gekochte Karfiolröschen in das Ragout.
Als Einlagen eignen sich kleine Bröselknöderln oder Farcennockerln.
Anmerkung: Statt Hühnerfleisch kann auch nur Kalbfleisch genommen werden. Das Ragout wird häufig in Muscheln angerichtet und überkrustet (gratiniert).

Kalbsragout in Muscheln

600 g Kalbfleisch (Schulter)
4 Pfefferkörner
2–3 Champignons
20 g Butter
20 g Parmesan
10 g Brösel
10 g Butter zum Beträufeln
Butter für die Muscheln
Einmachsauce:
30 g Butter
30 g Mehl
Kalbsfond
¼ l Schlagobers
1–2 Eidotter
Zitronensaft
Worcestersauce
Salz

Kalbfleisch von der Schulter wird mit Pfefferkörnern in Salzwasser nicht allzu weich gekocht und in kleine, ¾ cm große Würfel geschnitten. Eine sehr lichte Einmach aus Butter und Mehl wird mit dem Kalbsfond und Schlagobers aufgegossen und aufgekocht, mit Zitronensaft und ein paar Tropfen Worcestersauce gewürzt, mit Dottern gebunden, gesalzen und mit gedünsteten, blättrig geschnittenen Champignons und den Kalbfleischwürfeln vermischt. Das Mischgericht wird in gut befettete Muscheln gefüllt, mit geriebenem Parmesan und Semmelbröseln bestreut, mit Butter betropft und für die Dauer von 10 Minuten in ein heißes Rohr gestellt.

Haschees

Wildhaschee

300 g faschiertes Wildfleisch
80 g Zwiebeln
40 g Zeller, 40 g Karotten
Öl
Salz und Pfeffer
Wacholder, Lorbeer
1 El Preiselbeeren
⅛ l Suppe oder Fond
1/16 l Schlagobers
1/16 l Sauerrahm
Senf

Die Zwiebeln in Öl anrösten. Faschiertes Wildfleisch (am besten die Schulter vom Reh oder Hirsch) und das Wurzelwerk beifügen und weiterrösten. Mit etwas Suppe oder Fond und Schlagobers auffüllen und mit einem Gewürzsäckchen mit Wacholderbeeren und Lorbeerblättern einkochen. Mit Salz, Pfeffer und Preiselbeeren würzen. Mit Senf und Sauerrahm vollenden. Das Haschee wird mit Spiegeleiern oder auch mit Röstschnitten oder in Blätterteigpastetchen aufgetragen.
Tipp: Besondere Geschmacksnoten erzielt man durch das Mitkochen von Orangenzesten, Rotwein und/oder Gin.

Kalbfleischhaschee

300 g faschiertes Kalbfleisch
80 g Zwiebeln
120 g Champignons
Öl
Salz und Pfeffer
¼ l Kalbsfond
1/16 l Weißwein
1/16 l Schlagobers
2 Eidotter
Petersilie

Die fein gehackten Zwiebeln werden in Öl angeröstet. Das faschierte Kalbfleisch und die gehackten Champignons werden beigemengt und ebenfalls angeröstet. Wenn alles schön braun ist, mit Kalbsfond (oder Wasser) und etwas trockenem Weißwein auffüllen und alles einkochen lassen. Würzen. Abschließend mit der Dotter-Obers-Mischung (Liaison) legieren und die fein gehackte Petersilie untermengen. Mit Spiegeleiern oder auch mit Röstschnitten oder in Blätterteigpastetchen anrichten.
Anmerkung: Nach dem Legieren darf das Haschee nicht mehr aufkochen!

Laibchen

Pilzlaibchen

120 g Pilze
20 g Zwiebeln
Petersilie
30 g Butter zum Anrösten
Sauce Béchamel:
30 g Fett
$\frac{1}{16}$ l Milch
30 g Mehl
Salz, Muskatnuss
1 Ei, Semmelbrösel
Öl oder Butterschmalz zum Backen

Die Pilze werden geputzt, blättrig geschnitten und mit in Butter oder Fett angerösteten fein gehackten Zwiebeln und grüner Petersilie halbweich gedünstet. Hierauf macht man aus Fett, Milch, dem Saft der Pilzlinge und Mehl eine Milcheinmach, mengt die Pilze, Salz und das Ei dazu und stellt das Ganze kalt. Dann werden Laibchen oder Kroketten geformt, die man in Bröseln wälzt und in heißem Fett bäckt. Sollten die Laibchen zu weich sein, so mengt man vor dem Formen Brösel darunter.

Spinatlaibchen

250 g Spinat, 1 Ei
etwas Zwiebel, Petersilie
30 g Butter
Salz, Pfeffer aus der Mühle
Knoblauch
Sauce Béchamel:
$\frac{1}{8}$ l Milch
30 g Mehl, 30 g Butter
Panier:
50 g Mehl, 2 Eier
120 g Semmelbrösel
200 g Fett

Der Spinat wird in wenig Salzwasser gekocht, abgeseiht, abgeschreckt, sehr fest ausgedrückt, durch ein Sieb oder durch die Fleischmaschine getrieben (passiert), mit der Milcheinmach, einem Ei und fein gehackten, in Fett angerösteten Zwiebeln, Petersilie, Pfeffer und Salz gut vermengt. Man formt aus diesem Gemisch Laibchen oder Kroketten, die in Mehl, Ei und Semmelbrösel paniert und in heißem Fett gebacken werden.
Als Beilage eignet sich Erdäpfel- oder Häuptelsalat.

Kohllaibchen

1 Häuptel Kohl
30 g Butter
½ Zwiebel, Petersilie
100 g Champignons
Salz
1 Ei, Semmelbrösel
Panier:
2 Eier
Semmelbrösel
Fett zum Backen

Der Kohl wird geputzt, gewaschen, in Salzwasser halb weich gekocht, abgeseiht, abgeschreckt, abgetropft, grob gehackt in heißer Butter mit fein gehackter Zwiebel, Petersilie, gehackten Champignons und Salz weich gedünstet; weiters mit Ei gebunden und mit Bröseln zu Laibchen geformt, in Ei und Bröseln paniert und in heißem Fett gebacken.

Wurstlaibchen

400 g mehlige Erdäpfel
2 Knackwürste
Salz
½ Zwiebel, 20 g Fett
Petersilie
2 Eier, Semmelbrösel
Fett zum Backen

Die Erdäpfel werden geschält, gekocht, im Rohr etwa 1 Minute ausgedampft, mit den Knackwürsten durch die Faschiermaschine (Fleischwolf) getrieben und mit in Fett gerösteter, fein gehackter Zwiebel, der fein gehackten Petersilie, Salz und den ganzen Eiern verrührt. Daraus formt man Laibchen, wälzt sie in Bröseln und bäckt sie in heißem Fett.
Als Beilage gibt man Salate und grüne Gemüse.

Bohnenlaibchen mit Selchfleisch

300 g Bohnen
1 Ei
½ Zwiebel
Petersilie
250 g Selchfleisch
Salz
40 g Butter
80 g Mehl
2 Eier
120 g Semmelbrösel
150 g Fett zum Backen

Die Bohnen werden eingeweicht, dann gekocht, abgeseiht, faschiert und mit dem Ei, der in Butter angerösteten, fein geschnittenen Zwiebel und Petersilie, dem fein gehackten Selchfleisch und Salz gut verrüht. Aus dieser Mischung werden Laibchen geformt, die man auf einem befetteten Blech brät oder in Mehl, dann in Ei und in Semmelbröseln paniert und in heißem Fett bäckt. (Erbsenlaibchen können ebenso zubereitet werden.)

Erdäpfellaibchen

Diese sind auf dieselbe Art wie Bohnenlaibchen herzustellen; statt Bohnen nimmt man 800 g gekochte, geschälte, geriebene Erdäpfel und festigt die Masse mit 100–120 g Mehl.

Kartoffelpuffer

400 g mehlige Erdäpfel
30 g Zwiebeln
Salz, Pfeffer
Muskatnuss, Oregano
1 Ei
20 g griffiges Mehl
etwas Fett

Die Erdäpfel roh schälen, grob reißen, abschwemmen und gut auspressen. Die Zwiebel fein hacken und mit den Gewürzen unter die Erdäpfel mischen. Ei und Mehl zufügen. Man lässt in einer Stielpfanne Fett heiß werden, gibt den Teig löffelweise hinein, drückt ihn flach und bäckt so 3–4 Kuchen (etwa handflächengroß) auf einmal recht resch und knusprig. Wenn sie längere Zeit stehen, verlieren sie sehr an Geschmack und Aussehen.

Kartoffelpuffer mit Speck

400 g mehlige Erdäpfel
30 g Hamburger Speck
30 g Zwiebeln
Salz, Pfeffer
Muskatnuss, Oregano
1 Eidotter
20 g griffiges Mehl
etwas Fett

Die Erdäpfel roh schälen, grob in kaltes Wasser reißen, abschwemmen und gut auspressen. Den Speck fein schneiden, die Zwiebeln blättrig; etwas anrösten, mit den Gewürzen unter die Erdäpfel mischen, Eidotter und Mehl zufügen. In wenig Fett flach herausbacken.

Haferflockenpuffer (Plinsen)

300 g Haferflocken
½ l Milch
1 Ei
40 g Mehl
Salz
Fülle:
20 g Zwiebel
200 g Wurst
20 g Butter
2 El Crème fraîche
⅛ l Schlagobers
Salz

Alle Zutaten vermischen. In einer Stielpfanne Fett heiß werden lassen, den Teig löffelweise hineingeben, flachdrücken und handflächengroße Kuchen beiderseits goldgelb backen. Ungefüllt oder zusammengesetzt mit Wurst-, Gemüse- oder Käsefülle möglichst rasch zu Tisch bringen.
Fülle: Zwiebeln und Wurst in Butter anrösten, mit Crème fraîche und Schlagobers binden, nachwürzen und im Wasserbad warm halten.
Als Beilagen passen Salat, Rote-Rüben-Kren, Gemüse usw.

Haferflockenlaibchen

180 g Haferflocken
½ l Wasser
60 g Butter (40 g Fett)
2 Eidotter
etwas Zwiebel, Petersilie
30 g Fett
Salz und Pfeffer
zum Panieren:
80 g Mehl
Klar von 2 Eiern
1 Ei, 120 g Semmelbrösel
200 g Fett zum Backen

Die Haferflocken vorerst in ⅛ l kaltem Wasser quellen lassen; dann in kochendem Wasser mit Butter langsam unter mehrmaligem Umrühren kochen, bis die Masse ganz dick ist. Wenn sie ausgekühlt ist, mengt man darunter die Dotter, die in Fett angeröstete, fein gehackte Zwiebel und grüne Petersilie, Salz und etwas Pfeffer. Die Eiklar zu Schnee schlagen und unter die Masse heben. Davon sticht man mit einem Löffel große Nocken aus, die man leicht in Mehl wälzt, zu Laibchen formt, in Ei und Semmelbrösel tunkt und in heißem Fett bäckt. Tipp: Man kann grob gehackte Champignons beifügen, die man mit Zwiebeln anrösten lässt.
Als Beilagen serviert man Salate oder grüne Gemüse.

Polentalaibchen

³⁄₁₀ l Wasser
120 g Polenta
etwas Zwiebel
20 g Butter zum Anschwitzen der Zwiebeln
80 g Topfen
Muskatnuss, Salz, Pfeffer
evtl. 10 g Maizena
10 g Parmesan im Ganzen
50 g Butterschmalz zum Backen

Wasser salzen und zum Kochen bringen. Polenta einrühren und kurz verkochen; dann zugedeckt im Rohr etwa 25 Minuten fertig garen. Zwiebel schälen, fein schneiden und anschwitzen. Zwiebel, Topfen, Parmesan und die Gewürze unter die Polentamasse mischen und eventuell mit Maizena zur gewünschten Konsistenz bringen. Mit nassen Händen zu Laibchen formen und in heißem Butterschmalz backen.
Als Beilagen passen Paradeis-, Kräuter-, Knoblauch- oder Schwammerlsauce, verschiedene Gemüse oder Roter-Rüben-Kren und gebratene Lauchscheiben.

Fischlaibchen

400 g Fischfilet
30 g Speck
250 g gekochte Erdäpfel
40 g Zwiebeln
20 g Fett
Petersilie
Salz
Pfeffer
Majoran
Senf
100 g Brösel
⅛–¼ l Milch
80 g Brösel zum Formen
80 g Fett zum Braten

Den in Streifen geschnittenen Speck, dann die Fischfilets und zum Schluss die gekochten Erdäpfel durch die Fleischmaschine treiben und mit den gehackten, hell gerösteten Zwiebeln, der Petersilie, den Gewürzen, den Bröseln und reichlich Milch sehr gut mischen, bis eine gebundene Masse entsteht. Daraus auf einem nassen Brett Laibchen formen, diese in Bröseln wälzen, einkerben, auf ein gut befettetes Blech legen, mit Fett betropfen, im heißen Rohr backen und vor dem Servieren leicht mit Fett bestreichen (oder in einer Pfanne braten; dies benötigt aber mehr Fett).

Als Beilagen passen Salate, Sauerkraut, saure Rüben und grünes Gemüse.

Kroketten

Schinkenkroketten

200 g Selchfleisch
Sauce Béchamel:
1/16 l Milch, 20 g Butter
20 g Mehl, 1 Eidotter
Salz
2 El Sauerrahm
zum Panieren:
20 g Mehl, 1 Ei
100 g Semmelbrösel
200 g Fett zum Backen

Das gekochte, fein gehackte Selchfleisch wird mit der Milcheinmachsauce und mit dem Dotter, Salz und sauren Rahm vermengt und kalt gestellt. Aus dieser Mischung werden Röllchen geformt, die man in Mehl, Ei und Semmelbrösel tunkt, in heißem Fett bäckt und auf Küchenkrepp abtropfen lässt.

Tipp: Werden die Röllchen leicht angefroren, behalten sie beim Panieren leichter die Form.

Als Beilage eignen sich Spinat, kalte Saucen und dgl.

Schinkenkroketten, mit Erdäpfeln zubereitet

120 g Erdäpfel
Butter
2 Eier
Salz, Pfeffer, Muskatnuss
200 g Selchfleisch
50 g Mehl, 1 Ei
60 g Semmelbrösel
200 g Fett zum Backen

Die Erdäpfel werden roh geschält, geviertelt, in Salzwasser weich gekocht, abgeseiht und passiert. Dann treibt man Butter ab, gibt die ganzen Eier, Salz, Pfeffer, etwas Muskatnuss, die Erdäpfel und gekochtes, würfelig geschnittenes Selchfleisch dazu, formt auf einem Brett mit etwas Mehl Röllchen, tunkt sie in Ei und Semmelbrösel und bäckt sie in heißem Fett.

Wildkroketten

Béchamelsauce:
1/16 l Milch
40 g Butter, 40 g Mehl
2 Eidotter
100 g Champignons
40 g Butter
100 g geselchte Zunge
Salz und Pfeffer
2–3 El Madeira
evtl. etwas Wildsauce
500 g Wildfleisch (Rehschulter)
30 g Mehl zum Formen der Röllchen
zum Panieren:
50 g Mehl, 2 Eier
120 g Semmelbrösel
200 g Fett zum Backen

Nach der klassischen Methode wird die Bindung durch Sauce Béchamel hergestellt. In diese rührt man die Eidotter, die würfelig geschnittenen, in Butter gedünsteten Champignons, die gekochte, würfelig geschnittene Zunge, Salz, Pfeffer, Madeira, allenfalls auch etwas Wildsauce, und das kleinwürfelig geschnittene, gebratene Wildfleisch. Man stellt die Masse kalt. Ist sie sehr weich, so streicht man sie fingerdick auf ein Blech und lässt sie im Kühlschrank fest werden. Mit Mehl formt man Röllchen, tunkt sie in Mehl, Ei und Brösel und bäckt sie in heißem Fett.
Als Beilagen reicht man Gemüse, Cumberlandsauce oder Salate.

Hirschkroketten

200 g Hirschschulter
50 g Zwiebeln
30 g Karotten
30 g Gelbe Rüben
30 g Zeller
10 g Lauch
30 g Petersilienwurzel
Olivenöl
1 Kl Tomatenmark
Rotwein, Portwein
1/8 l Rindsuppe
Salz, Pfeffer, Wacholder
Rosmarin
Thymian
1 El Preiselbeerkompott
Petersilie
2 Eier zum Binden
60 g glattes Mehl
40 g Brösel
40 g geriebene Walnüsse
1 Ei
200 g Butterschmalz zum Backen

Nach der modernen Methode bindet das mitpürierte Gemüse die Krokettenmasse.

Hirschschulter in kleine Würfel schneiden, salzen, pfeffern und im Olivenöl anrösten. Unter ständigem Weiterrösten nacheinander Mirepoix (siehe Glossar), die grob geschnittenen Zwiebeln und das Tomatenmark dazugeben, bis dieses schön braun geworden ist. Mit Rotwein und Portwein ablöschen, damit sich alle Röststoffe vom Boden des Geschirrs lösen können, und mit etwas Rindsuppe untergießen. Gewürze in einem Gewürzsäckchen (besser ist ein Tee-Ei, das als Gewürz-Ei immer Verwendung finden kann), Bouquet garni zu einem Bündel binden und dazugeben; zugedeckt fertig dünsten. Wenn die gedünsteten Hirschfleischstücke weich sind, den Gewürzbeutel und das Kräutersträußchen aus dem Topf nehmen und das Fleisch mit dem Gemüse faschieren; dann (im Cutter oder in der »Moulinette« feinst pürieren und durch ein feines Sieb streichen. Nach dem Überkühlen mit den Eiern binden, auf ein Blech streichen (etwa 1,5 cm dick) und anfrieren lassen. Dann in Stäbchen schneiden und wieder einfrieren. In Mehl, Ei und einer Bröse-Walnuss-Mischung panieren. Abschließend im Butterschmalz knusprig backen.
Als kleine Beigaben eignen sich z. B. Rotkrautsalat, div. Schwammerlsaucen, Sauce Cumberland, glacierte Maroni oder ganz einfach Preiselbeerkompott.

Gemüsekroketten

150 g mehlige Erdäpfel
80 g Zeller
160 g Karfiol
160 g Karotten
160 g tiefgekühlte Erbsen
20 g Zwiebeln
20 g glattes Mehl
1 Eidotter
Salz, Pfeffer, Muskatnuss
Panier:
1 Ei
80 g Brösel
zum Frittieren:
¼ l Öl

Erdäpfel roh schälen, in Salzwasser weich kochen, abseihen, im Rohr kurz ausdampfen lassen und durch ein Sieb passieren (mit der Karoffelpresse werden die Erdäpfel nicht fein genug). Gemüse putzen, in kleine Würfel schneiden und jedes extra knackig kochen. Fein geschnittene Zwiebeln anrösten; passierte Erdäpfel und das Gemüse mit dem Eidotter und dem Mehl vermischen, würzen, Kroketten formen, in Ei und Brösel wälzen und in heißem Fett frittieren. Als Beigabe eignet sich jede Art von gebundenem Gemüse, Pilzsauce, alle kalten pikanten und würzigen Saucen oder Salate. Anmerkung: Als vegetarische Hauptspeise bereitet, ergibt die angegebene Menge zwei Portionen.

Puddings, Flans

Gemüsepudding (Gemüsedunstkoch)

Sauce Béchamel:
⅛ l Milch
60 g Butter, 60 g Butter
120 g Mehl, 5 Eidotter, Salz
80 g Champignons
40 g Butter für Champignons
100 g Fisolen, 70 g Erbsen
200 g Karfiol (½ Rose)
5 Eiklar
Butter und Brösel für die Formen
30 g Parmesan

Aus Milch, Butter und Mehl wird eine Sauce Béchamel gemacht; auskühlen lassen. Zu flaumig gerührter Butter mengt man die Eidotter, die Béchamel, Salz, verschiedene Gemüse (wie würfelig geschnittene, in Butter gedünstete Champignons, in Salzwasser gekochte, würfelig geschnittene Fisolen, in Salzwasser gekochte Erbsen, in Röschen zerteilten, in Salzwasser gekochten Karfiol) und den festen Schnee aus dem Eiklar. Die Masse wird in ausgestrichene, ausgestaubte Dariolformen gefüllt, 1 Stunde in Dunst gekocht, gestürzt und mit geriebenem Parmesan bestreut.

Champignonpudding

½ Zwiebel
Petersilie
250 g Champignons
50 g Butter zum Dünsten
80 g Butter
4–5 Eidotter
⅛ l Sauerrahm
50 g Mehl
Salz
Klar von 4–5 Eiern
zum Bestreuen:
50 g Butter
30 g Brösel
Butter und Brösel für die Formen

I. Art: Die fein gehackte Zwiebel wird in Butter anlaufen gelassen; dann fein gehackte Petersilie und kleinwürfelig geschnittene Champignons mitdünsten. In flaumig gerührte Butter mengt man Eidotter, Mehl, Rahm, Salz, die würfelig geschnittenen, in Butter gedünsteten Champignons und den festen Schnee aus dem Eiklar. Man füllt die Masse in reichlich befettete, mit Bröseln ausgestreute Dariolformen und kocht sie eine DreivierteIstunde in Dunst. (Langsam ankochen, anfangs nicht zudecken, erst wenn die Oberfläche etwas Festigkeit zeigt.) Danach lässt man sie ca. eine Viertelstunde rasten. Den aus der Form gestürzten Pudding bestreut man mit in Butter angerösteten Semmelbröseln.
II. Art: Aus 40 g Butter, 60 g Mehl und ¼ l Wasser macht man eine Einmachsauce, lässt sie auskühlen, mischt dann 3 Eidotter, ⅛ l Sauerrahm, 250 g frische Pilze, die man mit fein gehackter Zwiebel in 30 g Butter gedünstet hat, Salz, Pfeffer und den festen Schnee der 3 Eier darunter.

Karfiolpudding

70 g Butter, 3 Eidotter
Salz, Pfeffer
150 g Pilze
20 g Butter zum Dünsten
50 g Zwiebeln
2 Semmeln, 3 Eiklar
1 Rose Karfiol
1 Bund Petersilie
Butter zum Übergießen
Butter und Mehl für die Formen

Zu einem Abtrieb von Butter rührt man Eidotter, Salz, Pfeffer, grob gehackte Pilze, welche in Butter mit den fein gehackten Zwiebeln gedünstet wurden, mischt in Wasser geweichte, gut ausgedrückte, passierte Semmeln dazu und mengt zum Schluss den nicht zu festen Schnee der Eiklar darunter. Gut bebutterte, mit Mehl bestaubte Dariolformen werden mit in Salzwasser gekochten, gut abgetropften Karfiolröschen ausgelegt, mit einer Schicht Pilzmasse bedeckt und mit Petersilie bestreut; darauf abwechselnd Lagen von Karfiol und mit Petersilie bestreuter Pilzmasse schichten, bis alles verbraucht ist. Man kocht den Pudding im Wasserbad eine Dreiviertel- bis 1 Stunde, stürzt ihn und übergießt ihn mit heißer Butter. Dazu wird eine Einmach- oder Pilzsauce oder geriebener Käse serviert.

Spinatpudding

80 g Butter, 3 Eidotter
500 g Spinat
Petersilie
2 Semmeln
⅛ l Milch, ⅛ l Sauerrahm
Salz
3 Eiklar
30 g Semmelbrösel
50 g Butter für Brösel
40 g Brösel zum Bestreuen
Butter und Brösel für die Formen

Butter wird flaumig gerührt, nach und nach mit den Dottern, dem in Salzwasser gekochten, ausgedrückten, fein geschnittenen oder faschierten Spinat, etwas fein gehackter grüner Petersilie, in Milch (bzw. gewässerter Milch) eingeweichten, gut ausgedrückten und passierten Semmeln, Sauerrahm, Salz, dem nicht zu festen Schnee der Eiklar und den Semmelbröseln verrührt. Dieses Gemisch füllt man in reichlich befettete und bemehlte oder mit Bröseln ausgestreute Dariolformen und kocht es eine Dreiviertelstunde in Dampf. Den aus der Form gestürzten Pudding bestreut man mit in Butter angerösteten Semmelbröseln. Man kann den Spinatpudding auch mit gehacktem Selchfleisch oder Schinken umlegt auftragen.

Parmesanpudding

100 g Butter, 4 Eidotter
60 g Parmesan
120 g Mehl, ¼ l Sauerrahm
Salz
Klar von 4 Eiern
Butter und Mehl für die Formen
Garnierung:
80 g Schinken
150 g Fisolen oder Erbsen

Die Butter wird flaumig gerührt und mit den Dottern, dem geriebenen Parmesan, Mehl, saurem Rahm, etwas Salz und dem steifen Schnee der Eiklar vermischt. Dieses Gemisch wird in befettete und bemehlte Dariolformen gefüllt und eine Dreiviertelstunde in Dampf pochiert. Nach dem Stürzen umgibt man den Pudding mit einem Kranz aus fein gehacktem Schinken und in Salzwasser gekochten Fisolen oder Erbsen.

Schinkenreispudding

200 g Reis
Salzwasser oder Rindsuppe
80 g Butter
2–3 Eidotter
50 g Parmesan
200 g Selchfleisch
Salz
Klar von 2–3 Eiern
Parmesan zum Bestreuen
Butter und Mehl für die Formen

Der Reis wird in Salzwasser oder Rindsuppe weich gedünstet. Dann bereitet man einen Abtrieb von Butter, Dottern und Parmesan und mengt das würfelig geschnittene, gekochte Selchfleisch, Salz, den ausgekühlten Reis und zuletzt den festen Schnee aus dem Eiklar darunter. Das Ganze wird in bestrichene und ausgestaubte Dariolformen gefüllt und eine Dreiviertelstunde in Dunst gekocht. Nach dem Stürzen wird der Pudding mit geriebenem Parmesan bestreut. (Er kann auch zusätzlich mit brauner Butter übergossen werden.)

Schinkenpudding (Schinkensoufflé)

Sauce Béchamel:
1/16 l Milch
30 g Butter
40 g Mehl
Salz, Pfeffer, Muskatnuss
250 g Schinken
2 Eidotter, Klar von 2 Eiern
Butter und Mehl für die Formen

In die Sauce Béchamel gibt man Salz, Pfeffer, Muskatnuss, den faschierten Schinken, nach und nach die Eidotter und zuletzt den festen Schnee aus dem Eiklar hinein. Das Gemisch wird in befettete und bemehlte Dariolformen gefüllt und 1 Stunde im Dampf pochiert. Der aus der Form gestürzte Pudding wird mit Madeirasauce aufgetragen (siehe Seite 394).

Leberpudding

300 g Kalbsleber
50 g Fett
1 Zwiebel, Petersilie
30 g Mehl
1/8 l Suppe
100 g Butter, 3 Eidotter
Salz, Pfeffer, Majoran
Klar von 3 Eiern
Semmelbrösel
Butter und Mehl für die Formen

Die dickblättrig geschnittene Kalbsleber lässt man in Fett mit der fein gehackten Zwiebel und der Petersilie rösten, staubt dann mit Mehl, gießt nach dessen Anrösten mit Suppe oder Wasser auf, lässt alles aufkochen und faschiert und passiert die Masse. Ausgekühlt mengt man sie zu einem Abtrieb aus Butter, Dottern, Salz, Pfeffer, Majoran und mengt zum Schluss den festen Schnee aus dem Eiklar dazu. Sollte die Masse zu weich sein, so kann man etwas Brösel dazugeben. Das Gemisch wird in bestrichenen und bestaubten Dariolformen 1 Stunde in Dunst gekocht.
Als Beilage eignen sich Gabelkraut oder Sauerkraut.

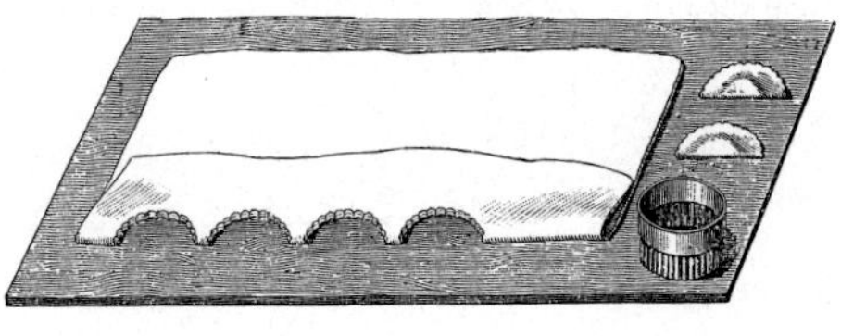

Hirnpudding

350 g Kalbshirn
½ Zwiebel
20 g Fett
Salz und Pfeffer
80 g Butter
3–4 Eidotter
Salz
Sauce Béchamel:
⅜ l Milch
30 g Butter
60 g Mehl
2 Eidotter
150 g Selchfleisch
100 g Champignons
40 g Butter
Erbsen
Petersilie
Klar von 3–4 Eiern
Butter und Mehl für die Formen

Das gewaschene, enthäutete Kalbshirn wird fein gehackt, mit der Zwiebel angeröstet, gesalzen, gepfeffert und ausgekühlt zu einem Abtrieb aus flaumig gerührter Butter, den Eidottern, Salz und der ausgekühlten, mit 2 Eidottern gebundenen Sauce Béchamel gemengt. Dann rührt man noch das gekochte, würfelig geschnittene Selchfleisch, die würfelig geschnittenen, in Butter gedünsteten Champignons, die in Salzwasser gekochten Erbsen, die fein gehackte Petersilie und zuletzt den festen Schnee darunter. Die Masse wird in bestrichenen, bestaubten Dariolformen 1 Stunde gekocht.

Fischpudding

200 g (See-)Fisch
Sauce Béchamel:
30 g Mehl, 30 g Fett
⅛ l Milch, 1 Eidotter
Klar von 1 Ei
Salz
Brösel für die Form
Butter zum Befetten

In die dicke, erkaltete Sauce Béchamel rührt man den Eidotter, den gekochten, in kleine Stücke geteilten Fisch und zum Schluss den festen Schnee ein. Die Masse wird gesalzen, in eine befettete und mit Bröseln bestreute Puddingform gefüllt und ca. 1 Stunde in Dunst gekocht.
Als Beilage passen Salzkartoffeln.

Aufläufe

Schinkenkartoffeln

Butter für die Auflaufschüssel
500 g Kipfler
200 g Selchfleisch
¼ l Sauerrahm
2 Eidotter
Salz
30 g Semmelbrösel
100 g Butter

In eine mit Butter gut bestrichene Auflaufform gibt man zuerst eine Lage gekochte, blättrig geschnittene speckige Erdäpfel, hierauf gekochtes, gehacktes Selchfleisch und fährt so fort, bis Erdäpfel und Selchfleisch aufgebraucht sind; als letzte Lage kommen Erdäpfel. Nun übergießt man das Ganze mit Sauerrahm, den man mit den Eidottern und Salz versprudelt hat, streut obenauf Brösel, betropft diese mit zerlassener Butter und bäckt das Ganze eine halbe Stunde bei guter Hitze.

Schinkenkartoffeln mit Abtrieb

80 g Butter
200 g Selchfleisch
3 Eidotter
750 g Erdäpfel
Salz
⅛ l Sauerrahm
Klar von 3 Eiern
Butter für die Auflaufschüssel

Zur flaumig gerührten Butter mengt man das gekochte, fein gehackte Selchfleisch, die Dotter, die gekochten, geschälten, blättrig geschnittenen Erdäpfel, Salz, Rahm und den festen Schnee aus dem Eiklar. Die Masse füllt man in eine befettete Auflaufform und bäckt sie eine halbe Stunde im Rohr.

Pilzkartoffeln

Pilzkartoffeln werden wie Schinkenkartoffeln zubereitet. Statt Selchfleisch verwendet man 400 g Pilze, welche blättrig geschnitten und mit fein gehackter Zwiebel und Petersilie gedünstet werden.

Mailänder Scheiterhaufen

6 Semmeln
60 g Butter
Petersilie
Paradeissauce:
50 g Fett
50 g Mehl
¼ l Suppe oder Wasser
60 g Tomatenmark
50 g Reibkäse
10 g Kristallzucker
Salz
1 Ei
50 g Reibkäse zum Bestreuen
20 g Butter zum Betropfen

Die altbackenen Semmeln feinblättrig schneiden und in einer Schüssel mit zerlassener Butter übergießen; die fein gehackte Petersilie untermischen. Hierauf bereitet man eine Paradeissauce aus Fett und Mehl zu, gießt mit Suppe oder Wasser auf und mischt das Tomatenmark, den Reibkäse, Zucker und etwas Salz darunter. In die überkühlte Sauce rührt man das Ei. Dann belegt man den Boden einer mit etwas Butter ausgestrichenen feuerfesten Schüssel mit den vorbereiteten Semmelscheiben, bedeckt sie mit der Sauce und wieder mit einer Schicht Semmeln, bis als oberste Schicht Sauce bleibt. Auf diese streut man den Reibkäse, betropft sie mit zerlassener Butter und bäckt das Ganze etwa 1 Stunde bei starker Hitze im Rohr.
Als Beilage passt grüner Salat.

Schinkenkarfiol

200 g Karfiol
100 g Selchfleisch
⅛ l Sauerrahm
2 Eier, Salz
20 g Semmelbrösel zum Bestreuen
30 g Parmesan zum Bestreuen
30 g Butter
Butter und Brösel für die Auflaufform

Der Karfiol wird in Salzwasser gekocht und in Röschen zerteilt. In eine mit Butter ausgestrichene und mit Bröseln bestreute Auflaufform legt man abwechselnd eine Schicht Karfiolröschen und eine Schicht gekochtes, fein geschnittenes Selchfleisch, bis die Masse aufgebraucht ist. Der Sauerrahm wird mit den Dottern und etwas Salz abgesprudelt und darüber gegossen. Die Masse wird mit geriebenem Parmesan und Semmelbröseln bestreut, mit zerlassener Butter betropft und für die Dauer einer halben Stunde ins vorgeheizte Rohr gestellt.

Topfenkartoffeln mit Speck

½ kg Erdäpfel
120 g Topfen
50 g Speck
Salz
Butter und Brösel für die Auflaufform

Die Erdäpfel werden gekocht, geschält und blättrig geschnitten. In eine mit Butter bestrichene und mit Bröseln bestreute Auflaufform gibt man eine Lage Erdäpfel, bestreut sie mit durchgeriebenem Topfen und gerösteten Speckwürfeln, salzt sie und setzt dies fort, bis die Erdäpfel aufgebraucht sind. Man übergießt das Ganze zum Schluss mit dem zerlassenen Speck und stellt es für eine Viertelstunde in das heiße Rohr. Brimsenkartoffeln werden ebenso zubereitet, nur wird die zerlassene Butter statt mit Speck mit Brimsen vermengt.

Schweizer Kartoffeln

1 kg Erdäpfel (Kipfler oder speckige Erdäpfel)
200–300 g Emmentaler
⅜ l Sauerrahm
50 g Butter
50 g Semmelbrösel
Salz, Pfeffer

Gekochte, geschälte Kipfler oder speckige Erdäpfel in Scheiben schneiden, salzen, pfeffern und in eine befettete Auflaufform lagenweise mit blättrig geschnittenem Emmentaler schichten; mit Erdäpfeln abschließen. Dann mit Rahm übergießen, mit klein geschnittenen Butterstückchen und Semmelbröseln belegen und ca. eine halbe bis dreiviertel Stunde im Rohr goldgelb backen.

Leberscheiterhaufen

8 Semmeln
200 g Kalbsleber
20 g Fett
Petersilie
½ Zwiebel
⅛ l Sauerrahm
2 Eier
Salz

Die Semmeln feinblättrig schneiden, Leber schaben, mit der Zwiebel und Petersilie in Fett unter Rühren anlaufen lassen und nach Geschmack würzen. In eine befettete Auflaufform eine Lage der geschnittenen Semmeln schichten, darüber die Lebermasse streichen, zum Schluss wieder Semmelscheiben geben und diese mit dem mit Eiern und Salz vesprudelten Rahm übergießen. Zirka eine halbe Stunde bei starker Hitze im Rohr backen.
Als Beilagen serviert man Champignon-, Kapern- oder Sardellensauce.

Hirnauflauf

Zur Herstellung eines Hirnauflaufs füllt man die für den Hirnpudding angegebene Masse in eine Auflaufform und bäckt sie unter mäßiger Hitze.
Anmerkung: Statt der Sauce Béchamel kann man auch 3 eingeweichte, ausgedrückte, passierte Semmeln nehmen.
Als Beilagen eignen sich Salate.

Heringkartoffeln

1 kg Kipflerkartoffeln
2–3 Matjesheringe
¼ l Sauerrahm
2–3 Eidotter
80 g Butter
Butter für die Form

Die Kipflerkartoffeln werden gekocht, geschält und blättrig geschnitten. Dann gibt man hiervon eine Schicht in eine mit Butter ausgestrichene Auflaufform, legt darauf eine Lage geputzter, würfelig geschnittener, allenfalls nachzusalzender Matjesheringe und fährt so abwechselnd fort, bis man mit Erdäpfeln schließt. Darüber gießt man den mit den Dottern versprudelten Rahm, gibt ein Stück Butter darauf und bäckt alles im Rohr. (Salzheringe vorher wässern.)
Anmerkung: Will man die Erdäpfel mehr binden, so nimmt man entsprechend mehr Rahm und Dotter und gießt den versprudelten Rahm nicht bloß oben darüber, sondern auch über jede Heringlage.

Tartes

Salzmürbteig für Tartes

300 g glattes Mehl
300 g Butter
1 Ei
Salz
⅛ l Wasser
Butter und Mehl für die Form

Alle Zutaten rasch vermischen; den Teig zu einer Kugel formen und etwa 1 Stunde im Kühlschrank rasten lassen. Danach 2–3 mm dick ausrollen und eine ausgebutterte, bemehlte Form damit auslegen. Im vorgeheizten Rohr 10–15 Minuten blind vorbacken. (Blind backen bedeutet, dass der Teig mit getrockneten Linsen beschwert wird, damit er beim Backen die Form behält. Ein kleiner Tipp dazu: Belegt man den in der Form ausgerollten Teig mit einer Alufolie, bleiben nach dem Backen die Linsen nicht am Teig kleben. Wenn der Teig fertig gebacken ist, entfernt man die Linsen wieder.)

Quiche Lorraine

für 10 Portionen
Salzmürbteig für Tartes (siehe dort)
Royal:
¼ l Schlagobers, 1 Ei
Salz, weißer Pfeffer
20 g Petersilie
Fülle:
150 g geschnittener Hamburger Speck
150 g Lauch
200 g Emmentaler im Ganzen
Garnitur:
Salatbouquet

Der Teig wird wie am Beginn des Abschnitts beschrieben vor- und zubereitet.
Fülle: Speck und Käse kleinwürfelig schneiden. Lauch der Länge nach halbieren, waschen und in Streifen schneiden. Danach den Speck mit dem Lauch leicht anrösten; etwas abkühlen lassen und mit dem Käse vermischen. Würzen.
Royal: Das Ei mit Obers, Salz, Pfeffer und Petersilie versprudeln.
Mit der Fülle den Kuchen gleichmäßig belegen, mit der Royal übergießen und bei 190 °C ca. 20 Minuten backen.
Mit Salatbouquet (marinieren!) servieren.

Champignon-Lauch-Tarte

für 10 Portionen
Salzmürbteig für Tartes (siehe dort)
Fülle:
¼ l Sauerrahm
4 Eier
200 g Champignons
200 g Lauch
200 g Emmentaler im Ganzen
50 g Butter
Saft einer Zitrone
Salz, weißer Pfeffer, Muskat

Der Teig wird wie am Beginn des Abschnitts beschrieben vor- und zubereitet.
Fülle: Die Champignons werden blättrig geschnitten, mit etwas Zitronensaft beträufelt und in Butter ansautiert. Der Lauch wird der Länge nach aufgeschnitten, gewaschen, die dunkelgrünen Blätter werden entfernt; er wird nudelig geschnitten und mit den sautierten Champignons kurz mitgedünstet. Wenn das Lauch-Champignon-Gemisch etwas überkühlt ist, werden der Rahm, die Eier, der geriebene Käse, Salz, Pfeffer und Muskat beigemischt. Die Fülle wird nun auf den vorgebackenen Teig gegeben und im vorgeheizten Rohr bei 190 °C etwa 40 Minuten gebacken.

Quiche Marinière oder Matrosenkuchen

für 4 Portionen
Salzmürbteig für Tartes (siehe dort)
Fülle:
80 g Cocktailshrimps
80 g Calamari
80 g Miesmuscheln mit Schale
20 g Zwiebeln
60 g Champignons
100 g Tomatenconcassé
½ grüner Paprika
½ roter Paprika
etwas Olivenöl (normal)
Knoblauch
Salz, Cayennepfeffer
Petersilie, Thymian
Überguss:
2 Eier, 0,1 l Schlagobers

Der Teig wird wie am Beginn des Abschnitts beschrieben vor- und zubereitet.
Fülle: Die Paprikaschoten werden entkernt und in kleine Würfel geschnitten. Die Zwiebeln und die Champignons werden blättrig geschnitten. Die Zwiebeln in Olivenöl anschwitzen. Paprika und die klein geschnittenen Meeresfrüchte dazugeben und alles kurz sautieren. Mit fein gehackter Petersilie und gezupftem Thymian aromatisieren, mit Knoblauch, Salz und Pfeffer würzen und abschließend das Tomatenconcassé dazugeben.
Überguss: Die Eier und das Schlagobers werden mit Salz und Pfeffer gewürzt und versprudelt. Die Fülle wird nun auf den vorgebackenen Teig gegeben, mit dem Überguss aufgefüllt und im vorgeheizten Rohr bei 190 °C etwa 40 Minuten gebacken.

Pikante Kürbistorte

für 10 Portionen
Salzmürbteig für Tartes (siehe dort)
Fülle:
¼ l Sauerrahm
2 Eier
200 g Emmentaler im Ganzen
Salz, weißer Pfeffer
700 g Kürbis
30 g Butter
160 g Lauch
30 g Petersilie
10 g Chilischoten
100 g roter Paprika
10 g Dille

Der Teig wird wie am Beginn des Abschnitts beschrieben vor- und zubereitet.
Der Kürbis wird halbiert und geschält. Die Kerne werden entfernt. Dann wird der Kürbis grob geraspelt. Der Lauch wird der Länge nach halbiert, innen gut gewaschen und nudelig geschnitten. Er wird nun in Butter angeschwitzt; dann kommen der geriebene Kürbis, die Chilischoten, Salz und Pfeffer dazu und das Ganze wird zugedeckt etwa 10 Minuten gedünstet. Diese Kürbisfülle nun in einem Sieb abtropfen und kurz überkühlen lassen. Nun werden der Sauerrahm, die Eier, die gehackte Petersilie, der in kleine Würfel geschnittene Paprika und der geriebene Käse dazugegeben. Mit Salz, Pfeffer und gehackter Dille würzen.
Die Fülle wird auf den vorgebackenen Teig gegeben und im vorgeheizten Rohr bei 190 °C etwa 40 Minuten gebacken.

Krustentiere

Gebackene Scampi

600–800 g Scampi
Salz
60 g Mehl
1–2 Eier
100 g Brösel
200 g Öl

Die Scampischweife werden unter Entfernung des Darms ausgelöst, gesalzen, in Mehl, Eiern und Bröseln paniert und in heißem Fett gebacken.
Als Beilagen serviert man Mayonnaise, Sauce tartare oder dgl.

Gebratene Scampi

600–800 g Scampi
Salz
60 g Mehl
¼ l Öl

Die Scampischweife werden aus den Schalen gelöst, auf dem Rücken leicht eingeschnitten und, nachdem man den Darm herausgezogen hat, gesalzen, in Mehl getaucht und in heißem Öl herausgebraten.
Als Beilagen geeignet sind Mayonnaise, Sauce tartare oder dgl.

4–8 Flusskrebse
Salzwasser
10 g Petersilie
10 g Kümmel

Flusskrebse

Die Krebse werden in kochendem Wasser mit Kümmel und Petersilie 8–10 Minuten gekocht.
Da erkaltete Krebse wesentlich an Wohlgeschmack verlieren, trägt man die Krebse zumeist in ihrem Sudwasser in eigenen Krebstöpfen (in Ermangelung solcher in Suppentöpfen) auf.
Anmerkung: Die Krebse müssen einzeln nach und nach ins kochende Wasser eingelegt werden, damit das Wasser nicht zu sehr abkühlt, was das Abtöten grausamerweise verlangsamen würde.
Es empfiehlt sich, kurz vor dem Servieren der gekochten Krebse die mittlere Schwanzflosse mit dem Darm zu entfernen.

Schalentiere

Als Schalentiere bezeichnet man die mit einer zweiklappigen Kalkschale umgebenen Muscheln. Zu den bei uns im Handel befindlichen Arten zählen die Austern-, Mies- oder Pfahlmuscheln sowie die Jakobsmuscheln und die Pilgermuscheln. Alle Schalentiere müssen sich, wenn sie lebend gehandelt werden, in einer fest verschlossenen Schale befinden und bis zur Verarbeitung lebend sein. Tote Schalentiere dürfen unter keinen Umständen verarbeitet werden. Es bilden sich durch die rasche Zersetzung des Eiweißes gefährliche Giftstoffe. Lebende Tiere nur kurzzeitig bei einer Temperatur unter 3 °C leicht gepresst (um ein Öffnen zu verhindern) aufbewahren.

1 kg Miesmuscheln
50 g Olivenöl
½ Zwiebel
3 Zehen Knoblauch
⅛ l Weißwein
Salz
Pfeffer
Petersilie
Weißbrot

Gedünstete Muscheln

Die Muscheln gut waschen und bürsten; eventuell anhaftende Schnecken und Ablagerungen abkratzen. Das Olivenöl leicht erhitzen und die klein geschnittene Zwiebel und die Knoblauchscheiben kurz anschwitzen. Die Muscheln zugeben; sofort zudecken und etwa 2 Minuten dünsten. Weißwein, Salz und Pfeffer dazugeben und noch etwa 6–8 Minuten fertig dünsten. Die Muscheln in einer Schüssel anrichten. Saft mit etwas fein gehackter Petersilie einkochen lassen und extra zu den Muscheln reichen. Beim Essen Muschelschalen auseinander ziehen und die leere Muschelhälfte als Löffel verwenden. Saft mit Weißbrot auftunken.

Gratinierte Jakobsmuscheln

500 g Jakobsmuscheln
4 Muschelschalen
20 g Butter
Salz
Pfeffer
Weißwein
50 g Reibkäse
Butter
Sauce Duxelles:
20 g Butter
½ Zwiebel
50 g Champignons
20 g Petersilie
20 g Estragon
Salz
Pfeffer
1/16 l Obers

Die Schalen der Jakobsmuscheln mit Butter beträufeln; das Muschelfleisch mit dem anhaftenden Rogen darin verteilen. Salzen, pfeffern, mit Weißwein beträufeln, mit der dicken Kräutersauce überziehen, mit Reibkäse bestreuen, mit Butter beträufeln und etwa 10–15 Minuten im vorgeheizten Backrohr überbacken.
Sauce Duxelles: die klein geschnittene Zwiebel in Butter anrösten; fein gehackte Champignons zugeben und weiterrösten; gehackte Kräuter, Gewürze und Obers zugeben und dickflüssig einkochen.

Weichtiere

Schnecken und Frösche werden als Weichtiere bezeichnet. Da beide in vielen Ländern unter Naturschutz stehen, sind Schnecken nur in begrenzter Menge und meist nur als Konserve oder tiefgekühlt erhältlich. Froschschenkel kommen nur in tiefgekühlter Form aus dem Ausland in den Handel. Sie stehen wie erwähnt in Österreich unter strengem Naturschutz.

Schnecken (Weinbergschnecken)

48 (Weinberg-)Schnecken
reichlich Wasser, Essig und Salz
½ Karotte
½ Petersilienwurzel
¼ Zeller
½ Zwiebel
⅛ l Weißwein
⅛ l Essig
1/16 l Öl
20 g Kren

Man gibt die Schnecken, nachdem man den kalkhaltigen Verschluss entfernt hat, in viel Wasser und peitscht sie mit viel Salz und Essig gut durch, wäscht sie dann so lange, bis sie ganz vom Schleim befreit sind. Dann legt man sie in kochendes Salzwasser und kocht sie 10 Minuten. Hierauf zieht man mit einer zweizinkigen Gabel die Tiere aus dem Häuschen, spült den eventuell noch anhaftenden Schleim ab und entfernt das schwarze Ende (Schwänzchen oder Kloake). Danach kocht man sie in Salzwasser mit Suppengemüse, Zwiebel und Weißwein etwa 3–4 Stunden weich, hebt sie aus dem Sud, übergießt sie noch warm mit Essig und Öl und bestreut sie mit gerissenem Kren. Werden die Schnecken noch weiter verarbeitet, lässt man sie im Sud erkalten.

Hauptspeisen

Kleingerichte

Innereien

Als Innereien werden die inneren Teile von Schlachttieren bezeichnet. In der österreichischen Regionalküche spielen die Innereien eine wichtige Rolle. Liest man in den Kochbüchern der »Altvorderen«, sind diese Bücher mit traditionellen Wiener Gerichten wie Bruckfleisch, gerösteter Leber, saure Nierndln, Hirn mit Ei etc. überfüllt. Es scheint, als sei der gute Ruf der Wiener Küche zum großen Teil auf Zubereitungsvariationen von Innereien zurückzuführen. Tatsächlich reicht die geschmackliche Palette von der eher neutralen Würzung, wie sie z. B. bei Hirn mit Ei (Salz, Pfeffer und Petersilie) erfolgt, bis hin zu den nahezu wagemutigen Würzkombinationen, die beim Bruckfleisch und dem Wiener Beuschel zum Zuge kommen.
In Folge der veränderten Ernährungsgewohnheiten in unserer schnelllebigen Zeit verlieren die Innereien durch ihre oft sehr zeitaufwendige Zubereitung immer mehr an Bedeutung. Die bekannten Probleme der Massentierhaltung dürften ebenso eine nicht zu unterschätzende Rolle spielen, denn die Sünden der Profitmaximierung in der Tierhaltung schlagen sich vorwiegend in den Innereien zu Buche. Man denke dabei an die Entgiftungsfunktion mancher Innereien (Nieren, Leber ...).
Ernährungsphysiologisch ist jedoch der hohe Gehalt an Vitamin B und Eisen anzumerken.

Bruckfleisch

500 g Bruckfleisch:
Das sind vom Rind: Leber, Herz, Kronfleisch, Liachtln (Aorta oder Herzröhren), Milz (nur der Vollständigkeit halber angegeben) und Bries
50 g Zwiebeln, 50 g Karotten
50 g Zeller, 50 g Gelbe Rüben
50 g Petersilienwurzel
20 g Öl
10 g Tomatenmark
etwas Rotwein
¾ l Rindsuppe, etwas Bier
10 g Knoblauch
Salz, Pfeffer, gemahlener Kümmel, Majoran
Bouquet garni bestehend aus: Lorbeer, Lauch, Petersilienstängeln

Innereien putzen und blättrig schneiden. (Die Milz wird heute durch einen größeren Anteil an Herz und Leber ersetzt.) Zwiebeln schälen und fein hacken. Wurzelgemüse schälen und mit dem Krenreißer reiben. Knoblauch schälen. Bouquet garni zu einem Kräutersträußchen binden. Die fein gehackten Zwiebeln anrösten, das Herz und die Liachtln beifügen und ebenfalls anrösten. Wenn alles Farbe genommen hat, wird das geriebene Wurzelwerk mitgeröstet, das ebenfalls leicht Farbe annehmen muss; dann wird das Tomatenmark mitgeröstet. Mit Rotwein ablöschen und den Wein fast zur Gänze einkochen. Mit Rindsuppe und Bier aufgießen und etwa 45 Minuten zugedeckt dünsten lassen (am besten im Rohr, dies dauert allerdings etwas länger). Nun werden Leber, Milz und das Kronfleisch in den Saft gegeben. Mit Salz, Pfeffer, Knoblauch, Kümmel und Majoran würzen und das Bouquet garni beigeben. Nachdem das Ganze nun noch 1 Stunde gedünstet wurde, wird das Bries dazugegeben

und weiterhin eine halbe Stunde gedünstet. Abschließend das Kräuterbündel entfernen. Das Gemüse hat sich ganz verkocht und gibt der Sauce die gewünschte Bindung.
Hinweis: In Originalrezepten wird das Bruckfleisch noch mit abgerührtem Schweinsblut gebunden. Heute wird aus ästhetischen Gründen meist darauf verzichtet.
Als Beilagen eignen sich Semmelknödel, Semmelterrine oder Serviettenknödel.

Kalbsbeuscherl

400 g Kalbslunge mit Herz
Essig
80 g Wurzelwerk
20 g Zwiebeln
Thymian
Lorbeerblatt
Salz, Pfefferkörner
Sauce:
20 g Öl
20 g glattes Mehl
40 g Zwiebeln
¼ Zitrone
1 Sardelle
10 g Kapern
10 g Knoblauch
20 g Essiggurkerln
10 g Petersilie
Beuschelfond
10 g Senf
etwas Sauerrahm

Das Beuschel kochen: Wasser zum Kochen bringen; Salz, Essig, gewaschenes Beuschel mit Herz und Gewürzen beifügen. Mit einem kleineren Deckel beschweren, damit das Beuschel nicht aus der Kochflüssigkeit ragt. Das Wurzelwerk und die Zwiebeln putzen, waschen und mitkochen. Wenn das Beuschel fast durch ist, mit kaltem Wasser abfrischen und die Haut abziehen; Achtung: Das Herz braucht etwas länger. Alles gut erkalten lassen (Tipp: leicht anfrieren) und feinnudelig schneiden. Beuschelgewürz zubereiten; dafür Zwiebeln, Gurkerln, Kapern und Petersilie fein hacken, Zitrone waschen und Zesten reißen, Sardellen und Knoblauch zerdrücken.
Öl erhitzen und das Mehl braun anrösten. Das Beuschelgewürz dazugeben und kurz weiterrösten. Mit Beuschelfond aufgießen und einkochen. Mit verrührtem Sauerrahm und Senf die Sauce vollenden.
Die Sauce wird nun über das Beuschel geleert (nicht umgekehrt, da man zumeist zu viel von der Sauce erwischt) und alles noch einmal aufgekocht.
Als Beilagen passen Semmelknödel, Serviettenknödel oder Grießstrudel.
Anmerkung: Kalbs- und Schweinsbeuschel bestehen aus Lunge und Herz (Kochzeit eine Dreiviertel bis 1 Stunde), Rindsbeuschel besteht nur aus Lunge (Kochzeit 2 Stunden).

Kuttelflecke (Löser oder Blättermagen) auf Südtiroler Art

750 g Kuttelflecke
$\frac{1}{16}$ l Öl
50 g Brösel
120 g Tomatenmark
Salz
Parmesan 20 g
etwas Rindsuppe (oder Wasser)

Die gut gereinigten Kuttelflecke werden in Salzwasser weich gekocht und feinnudelig geschnitten. Zunächst werden die Brösel in heißem Öl angeröstet, dann die Kuttelflecke unter Hinzufügung von Tomatenmark, Salz und etwas Rindsuppe noch einige Minuten lang gedämpft. Kurz vor dem Anrichten mischt man geriebenen Parmesan in die Kuttelflecke.
Als Beilage eignen sich Salzkartoffeln.

Kutteln in Weinsauce

1 kg Kutteln
30 g Butter (Öl)
50 g Selchspeck
½ Zwiebel
30 g Mehl
2 Zehen Knoblauch
3 Paradeiser (oder Tomatenmark)
⅛ l Weißwein
Rindsuppe (oder Wasser)
Salz, Pfeffer, Zitronensaft
Petersilie

Die gut gereinigten, gut gewässerten Kutteln werden in Salzwasser weich gekocht, dann ausgekühlt und nudelig geschnitten. Hierauf röstet man in der Butter oder im Öl den würfelig geschnittenen Speck und die fein gehackte Zwiebel gelb an, staubt mit Mehl und röstet alles kurz durch. Man gibt ein wenig zerdrückten Knoblauch und die geschälten, entkernten, gewürfelten Paradeiser dazu, löscht mit Weißwein ab, gießt mit etwas Suppe auf und lässt das Ganze gut aufkochen. Sodann fügt man die Kutteln und nach Geschmack Salz, Pfeffer und Zitronensaft dazu und lässt das Ganze noch eine halbe Stunde dünsten.
Vor dem Servieren gibt man noch fein gehackte Petersilie dazu.

Kutteln in Champagnersauce

1 kg Kutteln
30 g Butter (Öl)
½ Zwiebel
etwas Rindsuppe
¼ l Champagner
1/16 l Schlagobers
1/16 l Crème fraîche
Salz, Pfeffer
Zitronensaft
Petersilie

Die gut gereinigten, gut gewässerten Kutteln werden in Salzwasser weich gekocht, dann ausgekühlt und nudelig geschnitten. Hierauf röstet man in Butter die fein gehackte Zwiebel gelb an, löscht mit Champagner ab, gießt mit etwas Suppe auf und lässt das Ganze gut aufkochen. Man fügt das Schlagobers und die Crème fraîche bei und lässt die Sauce auf eine cremige Konsistenz einreduzieren. Sodann gibt man die Kutteln und nach Geschmack Salz, Pfeffer und Zitronensaft dazu und lässt das Ganze noch eine halbe Stunde dünsten. Vor dem Servieren fügt man noch fein gehackte grüne Petersilie dazu.
Tipp: Anstelle des Zitronensafts kann man auch alten Weißwein verwenden, da dieser den Champagnergeschmack verstärkt oder zumindest unterstützt.

Gebackenes Kalbsbries

600 g Kalbsbries
Salz
20 g Mehl
1 Ei, 60 g Brösel
120 g Fett

Das blanchierte und enthäutete Bries wird in flache Stücke geschnitten, gesalzen, wie Schnitzel paniert und in Fett gebacken.
Als Beilagen reicht man Salate oder grüne Gemüse.

Kavaliersbries

400–600 g Kalbsbries
20 g Mehl
60 g Fett
2–3 Champignons
20 g Butter
100 g Spargelspitzen
1 Rose Karfiol
Rindsuppe (oder Wasser)
Salz, Zitronensaft
evtl. Eidotter und Obers
Einmach:
50 g Butter, 50 g Mehl

Das Kalbsbries wird in Salzwasser abgebrüht, enthäutet, in Scheiben geschnitten, gesalzen, in Mehl getaucht und in Fett gebraten. Die geviertelten, in Butter gedünsteten Champignons, in Salzwasser gekochten Spargelspitzen und Karfiolröschen sowie das gebratene Bries werden in einer aus Butter, Mehl und Suppe (oder Wasser) hergestellten Einmachsauce, die man mit Zitronensaft und Salz würzt, eingelegt und eine Viertelstunde gedünstet.
Als Beilagen passen gedämpfter Reis oder Risipisi.
Die Sauce kann mit Eidotter und Obers legiert werden.

Geröstete Leber

400–500 g Kalbsleber
100 g Fett
100 g Zwiebeln
Majoran
etwas Rindsuppe
etwas Rotwein
Salz und Pfeffer

Die Haut der Leber wird abgezogen und die Leber in kleine Scheiben geschnitten. In heißem Fett werden zunächst die fein gehackten Zwiebeln, dann die Leber unter mehrmaligem Schwenken angeröstet. Dann wird Majoran beigefügt, mit Rotwein und Rindsuppe aufgegossen und mit dem Saft kurz verkocht. Knapp vor dem Anrichten wird die Leber gesalzen und gepfeffert.

Saure Leber

Geröstete Leber wird vor dem Salzen mit ein wenig Essig bespritzt.
Falls man eine größere Menge Sauce zur Leber wünscht, so kann man sie vor dem Aufgießen mit Suppe und Rotwein mit Mehl stauben und anrösten.

Gebackene Kalbsleber

500 g Kalbsleber
Salz
40 g Mehl
1 Ei
60 g Brösel
120 g Fett

Die Kalbsleber wird in Scheiben geschnitten, in das Mehl, das gut gesalzene Ei und die Brösel getaucht und in heißem Fett gebacken.
Tipp: Kalbsleber wird mürber, wenn sie vorher einige Stunden in Milch eingelegt wurde.
Als Beilagen passen Salate und grüne Gemüse.

Pikante Spinatpalatschinken (Seite 191)

Kärntner Kasnudeln (Seite 206)

Tiroler Kalbsleber

500 g Kalbsleber
Pfeffer
10 g Mehl
50 g Fett , 30 g Zwiebeln
15 g Mehl zum Stauben
Rindsuppe (oder Wasser)
ein paar Kapern
1 El Essig, Salz
$\frac{1}{16}$ l Sauerrahm

Die Kalbsleber wird in einen halben Zentimeter dicke Scheiben geschnitten, gepfeffert, mit einer Seite in Mehl getaucht und rasch gebraten. In demselben Fett werden nun die fein geschnittenen Zwiebeln goldgelb angeröstet, die man staubt und mit Rindsuppe oder Wasser aufgießt. In diese Sauce gibt man die fein gehackten Kapern, Essig und Salz, lässt alles gut verkochen und gibt 5 Minuten vor dem Anrichten die gebratene Leber und den Rahm hinein. Danach nicht mehr kochen lassen.
Als Beilagen schmecken gedämpfter Reis, Nockerln oder Erdäpfelschmarren.

Gefüllte Kalbsleber

500 g Kalbsleber
Salz
Pfeffer
Fülle:
30 g Speck
etwas Zwiebel, Petersilie
10 g Fett
1 Eidotter, 1 Ei
30 g Semmelbrösel
$\frac{1}{16}$ l Sauerrahm
30 g Fett
$\frac{1}{16}$ l Sauerrahm zum Aufgießen

Die Kalbsleber wird untergriffen (eine Tasche wird für die Fülle eingeschnitten) und nur sehr wenig gesalzen und gepfeffert.
Für die Fülle werden der kleinwürfelig geschnittene Speck, die fein gehackten Zwiebeln und die Petersilie in Fett angeröstet und nach dem Erkalten mit dem Ei, dem Dotter, den Semmelbröseln, dem sauren Rahm, Salz und Pfeffer vermischt. Mit diesem Gemisch wird die Leber gefüllt, dann zusammengenäht oder in ein Schweinsnetz gehüllt und in heißem Fett unter häufigem Begießen 1 Stunde im nicht zu heißen Rohr gebraten. Der Saft wird eine Viertelstunde vor dem Anrichten entfettet und mit saurem Rahm aufgegossen.
Als Beilagen serviert man gedämpften Reis, Salat u. dgl.

Kalbsleber in Wacholderrahm

500 g Kalbsleber
10 g Mehl
50 g Fett
2–3 Wacholderbeeren
Salz, Pfeffer
$\frac{1}{16}$ l Sauerrahm
etwas Rindsuppe (oder Wasser)

Die Leber wird in Scheiben von einem halben Zentimeter Dicke geschnitten, in Mehl getaucht und rasch abgebraten. In den Saft mengt man die gestoßenen Wacholderbeeren, Salz, Pfeffer und sauren Rahm, gießt allenfalls noch etwas Rindsuppe oder Wasser zu und lässt die Leber noch einige Minuten darin dämpfen.
Als Beilagen passen gedünsteter Reis, Makkaroni, Nockerlnoder Nudeln.

Gebratene Gänseleber (warm oder kalt)

400 g Gänseleber
$\frac{3}{8}$ l Milch
20 g Mandeln
60 g Gänsefett
Salz

I. Art: Die Gänseleber, nach Möglichkeit eine weiße, wird vom anhaftenden Fett und der dicken Haut befreit, 1 Stunde in Milch gelegt, dann mit geschälten, in Stiften geschnittenen Mandeln gespickt, in heißes Gänsefett gelegt und gebraten. Sie wird gesalzen, in Scheiben geschnitten und mit dem Fett übergossen angerichtet. Man kann gebratene Leber auch kalt servieren; dann legt man sie nicht in Milch, spickt sie nur mit Mandeln und stellt sie gebraten samt dem Fett kalt. Nach dem Erkalten wird sie in Scheiben geschnitten oder auch im Topf (oder in der Terrine) aufgetragen.
Statt mit Mandeln kann man die Leber auch mit Champignons oder Trüffel spicken.
II. Art: Von einer Gänseleber schneidet man schräg schöne gleichmäßig dicke Scheiben ab, die man auf einer Seite in Mehl dreht und in heißem Fett rasch abbratet. Das Fett wird dann abgegossen, mit 1–2 Esslöffeln Madeira und etwas Worcestersauce gelöscht und einmal aufgekocht.

Gefüllter Ganshals

1 Ganshals
Suppe
Fülle:
2 Semmeln, 30 g Butter oder 20 g Gänsefett
1 Ei, 1 Eidotter
Salz, Pfeffer, evtl. Muskatnuss
50 g Leber
100 g rohes Gänsefleisch

Die abgezogene, gereinigte Halshaut wird an einem Ende zusammengebunden, mit der Fülle gefüllt, abgebunden und in kochender Suppe weich gekocht; herausnehmen und erkalten lassen.
Für die Fülle erweichte Semmeln fein zerzupfen, mit Butter oder Gänsefett, Ei, Dotter, Salz, Pfeffer (eventuell Muskatnuss) würzen, gut verrühren und die gebratene faschierte Leber und das rohe Fleisch dazumengen.

Geröstete Nieren

Werden wie geröstete Leber zubereitet.

Nieren mit Hirn

2 Schweinsnieren
2 Schweinshirne
50 g Zwiebeln
50 g Fett
Salz
Pfeffer
Paprika
Majoran

Die entsprechend vorgerichteten Nieren werden blättrig geschnitten; die Schweinshirne werden enthäutet und gehackt. Die geschnittenen Zwiebeln lässt man in Fett anrösten, gibt die Nieren hinein, brät sie schnell ab, mengt das Hirn darunter und lässt es eine Weile mitrösten. Zuletzt gibt man Salz, Pfeffer oder Paprika und Majoran hinein.
Als Beilagen eignen sich gedünsteter Reis, Erdäpfelschmarren u. dgl.

Gespicktes Kalbsherz

500 g Kalbsherz
40 g Speck
Salz, Pfeffer
30 g Fett
Rotwein, Rindsuppe
80 g Wurzelwerk
Bouquet garni bestehend aus: Lauch, Petersilienstängel, Lorbeerblatt
$\frac{1}{16}$ l Sauerrahm
evtl. etwas Mehl

Das Kalbsherz wird gespickt, gesalzen, gepfeffert, in heißem Fett allseitig angebraten und unter Zugabe von Rotwein, Rindsuppe, Wurzelgemüse und Bouquet garni weich gedünstet. Dann wird der Saft entfettet, mit Rahm (eventuell mit etwas Mehl verquirlt) aufgegossen und aufgekocht.
Tipp: Man kann auch einen Teil des mitgekochten Gemüses feinst pürieren und zur Bindung verwenden.
Als Beilagen passen Reis, Nudeln, Erdäpfel usw.

Vom Kopf

Kalbszunge in Madeirasauce

1–2 Kalbszungen
30 g Öl
Madeirasauce (siehe Seite 394)
gedünsteter Reis

Die Zungen werden in Salzwasser weich gekocht, abgehäutet und in Scheiben geschnitten. Diese werden in heißem Öl geröstet, in Madeirasauce gedünstet, angerichtet und mit gedünstetem Reis umlegt. Man kann diesen auch gesondert anrichten.

Kalbskopf mit Wurzelwerk

½ Kalbskopf
½ Karotte
½ Petersilienwurzel
¼ Zeller
$\frac{1}{16}$ l Essig
½ Karotte, ½ Petersilienwurzel, ¼ Zeller zum Bestreuen
Salz, Pfefferkörner
40 g Butter
20 g Brösel
Petersilie

Der Kalbskopf wird in Salzwasser nebst blättrig geschnittenem Wurzelwerk gekocht. Das Fleisch wird ausgelöst und in Scheiben geschnitten. Diese richtet man an, bestreut sie mit nudelig geschnittenem, mit Essig und Gewürzen in Salzwasser weich gekochtem Wurzelwerk, mit in Butter gerösteten Bröseln und gehackter Petersilie (oder außerdem mit geriebenem Kren).
Der Kalbskopf muss während des Kochens stets mit Wasser bedeckt sein, damit er schön weiß bleibt.

Kalbskopfschnitzel

½ Kalbskopf
100 g Wurzelwerk
Pfefferkörner
50 g Zwiebeln
30 g Mehl
1 Ei
50 g Brösel
100 g Fett

Von einem in Salzwasser gekochten Kalbskopf werden die fleischigen Teile abgelöst, in Form einer Kugel in eine Serviette eingebunden und noch 10–15 Minuten lang gekocht. Dann wird die Serviette samt ihrem Inhalt zwischen zwei mit Gewichten beschwerten Brettchen flach gelegt. Nach dem vollständigen Erkalten wird das gepresste Kalbskopffleisch aus der Serviette genommen und in Scheiben geschnitten. Diese werden in Mehl, Ei und Brösel getaucht und in heißem Fett gebacken.
Als Beilagen schmecken Gemüse, Salate und auch Sauce béarnaise.

Gebackener Kalbskopf (Gebackener Lammkopf)

Das Fleisch eines weich gekochten Kalbskopfs (Lammkopfs) wird abgelöst. Die Fleischstücke werden in gleichmäßige Schnitten geteilt; diese werden allenfalls nachgesalzen, in Mehl gewälzt, in Ei und Brösel getaucht und knusprig gebacken.
Als Garnierung dienen gebackene Petersilie, Zitronenscheiben und Gurkenscheibchen.
Als Beilagen werden Salate aller Art, Gemüse oder Sauce tartare serviert.

Geröstetes Hirn

2 Kalbshirne
40 g Fett
20 g Zwiebeln
Salz und Pfeffer
Petersilie

Das Hirn wird ein paar Minuten in lauwarmes Wasser gelegt, enthäutet, fein gehackt und in heißem Fett, in dem man die fein gehackten Zwiebeln angeröstet hat, unter ständigem Rühren geröstet. Zuletzt wird das Hirn gesalzen, etwas gepfeffert und mit Petersilie bestreut.

Gebackenes Kalbshirn

2 Kalbshirne
Salz
20 g Mehl
1 Ei
60 g Brösel
120 g Fett

Das gewaschene, blanchierte, enthäutete Hirn wird in flache Stücke geschnitten, gesalzen, wie Schnitzel paniert und in Fett gebacken.
Als Beilagen passen Salate oder grüne Gemüse.

Hirnröstschnitten (Hirnpofesen)

4 altbackene Semmeln
¼ l Milch, 1 Ei
60 g Brösel
100 g Fett zum Herausbacken
ca. 1 ½ Zwiebeln
Petersilie
20 g Fett zum Anrösten
250 g Kalbshirn
1–2 Eier
Salz, Pfeffer

Die abgerindeten Semmeln werden in Dreiviertelzentimeter dicke Scheiben geschnitten, in die gesalzene Milch getaucht, paniert und in heißem Fett gebacken. Hierauf röstet man die fein geschnittenen Zwiebeln und die Petersilie in Fett an, gibt das abgehäutete, gehackte Kalbshirn dazu, etwas später die verquirlten Eier, Salz und Pfeffer und röstet alles fertig. Mit dieser Fülle werden die gebackenen Schnitten bestrichen und je zwei zusammengelegt.
Als Beilagen kommen Spinat oder andere Gemüse und auch Salate in Frage.
Beliebt sind auch Pofesen mit Spinat-, Gemüse-, Spargel-, Pilz- und anderen Füllen, wie z. B. Kalbsnierenpofesen.
Einzelne (ungefülllte) Röstschnitten, die wie Croûtons als Beigaben zu Gemüsen, Wildpürees u. a. Verwendung finden, heißen »Arme Ritter«.

Faschiertes

Faschierter Braten

200 g Rindfleisch
200 g Schweinefleisch
(Schopfbraten, Schulter)
oder
400 g gemischtes Faschiertes
1 Semmel
1 Ei
Salz und Pfeffer, Majoran
20 g Zwiebeln, Petersilie
20 g Fett
⅛–¼ l Wasser
20 g Brösel zum Festigen der Masse
60 g Öl
evtl. Butterflocken

Mageres Rindfleisch und fettes Schweinefleisch (oder gemischtes Faschiertes) werden mit der eingeweichten, ausgedrückten Semmel faschiert, mit Ei, Salz, Pfeffer, Majoran, den fein gehackten, in Fett angerösteten Zwiebeln, der Petersilie und Wasser sehr gut durchgearbeitet und auf einem Brett mit feuchten Händen zu einer Rolle geformt. Diese wird in einer Pfanne mit heißem Öl und im Rohr unter mehrmaligem Zugießen von Rindsuppe oder Wasser gebraten. Eine Viertelstunde vor dem Anrichten entfettet man den Saft, gießt mit der Rindsuppe auf und reduziert den Saft ein wenig. Man kann den Saft abschließend noch mit eiskalten Butterflocken binden.
Als Beilagen kann man Salate, Kartoffelpüree, Erdäpfelschmarren oder Gemüse servieren.
Anmerkung: Man kann den Braten auch in ein Schweinsnetz hüllen, wodurch er noch saftiger wird und keine Risse an der Oberfläche entstehen.

Stephaniebraten

Der faschierte Braten wird mit hart gekochten Eiern, Essiggurkerln und Frankfurter Würsteln gefüllt, in ein Schweinsnetz gerollt und so gebraten.

Schweinslaibchen

500–600 g Schweinefleisch
(Schulter)
20 g Fett, 20 g Zwiebeln
Petersilie
1 Semmel
⅛ l Milch (oder Wasser)
Salz und Pfeffer
1 Zehe Knoblauch
1⁄16 l Wasser
20 g Mehl
60 g Fett

Das faschierte rohe Schweinefleisch wird mit den in Fett angerösteten Zwiebeln und der Petersilie, dann mit der in Milch oder Wasser eingeweichten, ausgedrückten Semmel, Salz, Pfeffer, Knoblauch und etwas Wasser vermengt. Man formt Laibchen, taucht sie auf beiden Seiten in Mehl und brät sie in heißem Fett.
Als Beilagen schmecken grüne Gemüse und Erdäpfel, Salat, Erdäpfelschmarren, Kartoffelpüree, Erbsenpüree oder Kraut.
Anmerkung: Man kann zu den Schweinslaibchen nebst frischem Schweinefleisch auch Bratenreste verwenden, doch bindet man in diesem Fall die Masse mit 1 Ei und gibt keine Semmel dazu.

Fleischlaibchen

400 g Faschiertes (halb und halb)
40 g Zwiebeln
2 Semmeln
10 g Knoblauch
1 Ei
Petersilie
Salz, Pfeffer, Majoran
20 g Brösel
20 g Öl

Das rohe Rind- und Schweinefleisch wird mit den in Wasser eingeweichten, ausgedrückten Semmeln faschiert. Dann gibt man die fein geschnittenen, in Fett angerösteten Zwiebeln, Petersilie, das Ei, Salz, Pfeffer, Majoran und Wasser hinein und vermischt das Ganze. Nun formt man kleine Laibchen, wälzt sie in den Bröseln und brät sie sehr langsam in heißem Fett.
Anmerkung: Man kann die Eier in der Masse weglassen. Die Laibchen können auch in Mehl, Ei und Bröseln paniert und in Fett gebacken werden. Teilt man die Masse nicht in Laibchen, sondern formt man einen länglichen Braten daraus, so bezeichnet man die Speise als faschierten Braten (siehe entsprechendes Rezept).
Man serviert die gleichen Beilagen wie zu den Schweinslaibchen.

Gefüllte Paprika mit Paradeissauce

400 g grüne Paprika
10 g Öl zum Beträufeln
Fülle:
200 g Faschiertes (halb und halb)
20 g Butter, 20 g Zwiebeln
Knoblauch, 10 g Petersilie
40 g Reis (lang)
etwas Öl, $\frac{1}{10}$ l Wasser
Salz, Pfeffer, Majoran
Tomatensauce:
50 g Butter, 20 g Zwiebeln
40 g glattes Mehl
400 g Paradeiser oder
40 g Tomatenmark
0,6 l Rindsuppe, etwas Rotwein
Salz, Zucker, Zitronensaft

Die Deckel der Paprikaschoten beim Stiel abschneiden; Schoten aushöhlen und alle Kerne entfernen. Die Zwiebeln schälen und fein hacken. Die Petersilie waschen und ebenfalls fein hacken. Den Knoblauch schälen und zerdrücken.
Öl erhitzen. Den Reis für die Fülle glasig anlaufen lassen, mit doppelter Wassermenge aufgießen und salzen. Den Reis zugedeckt bei kleiner Flamme oder im Rohr ausdünsten lassen.
Für die Fülle Butter erhitzen und die Zwiebel hell anrösten; Knoblauch dazugeben und kurz überkühlen. Faschiertes und gedünsteten Reis mit allen Zutaten vermischen und würzen.
Die Paprika füllen – evtl. Deckel draufsetzen – und in eine Kasserolle setzen; mit Öl beträufeln und etwa 20 Minuten im vorgeheizten Rohr braten. Anschließend mit Tomatensauce auffüllen und zugedeckt etwa 30 Minuten dünsten.
Tomatensauce: Die klein geschnittenen Zwiebeln werden in der Butter angeröstet und mit Mehl gestaubt. Die gewaschenen, halbierten Paradeiser werden zugegeben. Alles mit Rindsuppe oder Wasser aufgießen, mit Salz, Zucker, Zitronensaft und Rotwein nach Geschmack würzen und etwa eine Viertelstunde kochen lassen. Passieren oder im Mixer pürieren.
Anmerkung: In Ermangelung frischer Paradeiser kann auch Tomatenmark (ca. 20 g) oder, noch besser, eine Dose geschälter Tomaten verwendet werden.

Polpetti (Schweins-, Rinds- oder Kalbslaibchen auf italienische Art)

Kleine gebratene Laibchen mit italienischer Tomatensauce (siehe dort) übergießen und in der Sauce kurz ziehen lassen.

Kohl- oder Krautrouladen

800 g Weißkraut oder Kohl
40 g Butter für die Pfanne
80 g Zwiebeln
80 g Hamburger Speck
¼ l Sauerrahm
10 g glattes Mehl
Fülle:
400 g Faschiertes (halb und halb)
1 Ei
1 Semmel
Milch zum Einweichen der Semmel
etwas Öl
20 g Zwiebeln
Petersilie
Salz, Pfeffer, Majoran

Den Strunk der Kraut- oder Kohlblätter herausschneiden. Die Blätter in kochendem Salzwasser blanchieren, abfrischen, auf Küchenkrepp trocken tupfen und mit der Faschiertenmasse füllen. Eine Pfanne mit Butter ausstreichen, die gehackten Zwiebelstücke hineingeben, die Krautrouladen hineinschlichten, mit Hamburger Speck belegen und bei 180 °C im Rohr braten. Den entstehenden Saft mit Sauerrahm und Mehl binden.
Für die Fülle die fein gehackten Zwiebeln rösten und mit der eingeweichten, gut ausgedrückten Semmel und den anderen Zutaten unter das Faschierte mischen.
Für die Fülle kann anstelle der Semmel auch Reis verwendet werden: Öl erhitzen. Den Reis glasig anlaufen lassen, mit der doppelten Wassermenge aufgießen und würzen. Den Reis bei kleiner Flamme oder im Rohr ausdünsten lassen. Die Zwiebeln schälen, fein hacken und hell anrösten, Petersilie fein hacken. Faschiertes und gedünsteten Reis mit allen Zutaten vermischen und würzen. Für die Tomatensauce die fein gehackten Zwiebeln in Öl anschwitzen. Mehl mitrösten, kurz vom Feuer nehmen, Tomatenmark zugeben, mit Wasser aufgießen, verkochen lassen und würzen.

Griechische Beefsteaks

600 g Rindfleisch
1 Eidotter, 50 g Fett
etwas Zwiebel
Salz und Pfeffer
gedünsteter Reis:
80 g Reis, Salz
½ Zwiebel, 10 g Butter
Rindsuppe (oder Wasser)
80 g Fett zum Braten
Tomatensauce

Zu dem fein gehackten Rindfleisch gibt man den Dotter, die in Fett angeröstete Zwiebel, Salz, Pfeffer und den gedünsteten Reis (siehe Seite 366). Daraus formt man runde Laibchen, brät sie in heißem Fett rasch ab und trägt sie mit Tomatensauce auf.
Als Beilagen eignen sich Reis, Kartoffelröllchen oder Kartoffelbrei.

Deutsche Beefsteaks (Gehackter Lungenbraten auf deutsche Art)

600 g Rindfleisch
80 g Butter, 2 Semmeln
Wasser, 20 g Zwiebeln
1 Ei
Salz, Pfeffer, Majoran
80 g Fett, 20 g Butter
Rindsuppe (oder Wasser)
1 Zwiebel für Garnitur

Das Rindfleisch wird fein gehackt (faschiert) und mit zerlassener Butter, eingeweichten, ausgedrückten Semmeln, den fein gehackten, in Butter gerösteten Zwiebeln, Ei, Salz, Pfeffer und Majoran gut vermischt. Daraus werden beefsteakförmige dicke Laibchen geformt, die in heißem Fett braun gebraten werden. Der Bratensaft wird entfettet und mit Butter und Rindsuppe (oder Wasser) aufgekocht. Mit gebratenen Zwiebelringen garnieren.
Als Beilagen dienen Erdäpfel, Pürees, Gemüse oder Salate.

Faschierte Kalbsbutterschnitzel

400 g Kalbsschulter
1 Ei, 0,1 l Schlagobers
Salz
weißer Pfeffer aus der Mühle
Muskat
Petersilie
40 g Brösel zum Ausarbeiten
40 g Butterschmalz
¼ l brauner Kalbsfond
40 g Butter

Das Kalbfleisch parieren, klein schneiden und faschieren. Die Petersilie hacken.
Das faschierte Kalbfleisch mit dem Ei, Obers und den Gewürzen gut abarbeiten. Die Arbeitsfläche mit Bröseln bestreuen und mittels Palette ovale Steaks (ca. 150 g) formen. Die faschierten Kalbsschnitzel auf beiden Seiten in Butterschmalz langsam braten, dann im Kalbsfond ziehen lassen. Nachdem die Butterschnitzel angerichtet sind, wird der Kalbsfond mit eiskalten Butterwürfeln montiert.

Königsberger Klopse

400 g Kalbsschulter
1 Semmel
¼ l Milch
20 g glattes Mehl
40 g Zwiebeln
1 Ei
Salz, Muskat, Zitronensaft
0,4 l weißer Kalbsfond
Kapernsauce:
70 g Butter
70 g glattes Mehl
0,1 l Schlagobers
20 g Kapern
Salz, Zitronensaft
Petersilie

Das Kalbfleisch parieren. Die Semmel entrinden und in Milch einweichen. Die Zwiebeln schälen, schneiden und in Butter anschwitzen. Für die Sauce Petersilie hacken und die Kapern waschen, sofern diese eingesalzen sind.
Das Fleisch, die ausgedrückte Semmel und die Zwiebeln faschieren, mit Ei binden und mit Zitronensaft und den anderen Gewürzen abschmecken. Mit feuchten Händen Knödel formen (ca. 4–5 dag) und im Kalbsfond ca. 10–12 Minuten mehr ziehen als kochen lassen.
Roux blanc herstellen; mit dem Kalbsfond, in dem die Knödel gekocht wurden, aufgießen und ca. 30 Minuten verkochen lassen. Das Obers beigeben und bis zur gewünschten Dicke reduzieren. Die Knödel in dieser Sauce noch einmal aufkochen bzw. erhitzen, dann die Sauce mit den Kapern, der Petersilie, Salz und Zitronensaft vollenden. Abschließend kann die Sauce noch montiert oder legiert werden.

Andauer Auflauf

480 g Faschiertes (halb und halb)
120 g Zwiebeln
40 g Öl
Salz, gemahlener weißer Pfeffer, Thymian
80 g Tomatenmark
etwas Rotwein
Petersilie
280 g Bandnudeln
0,2 l Sauerrahm
40 g Parmesan im Ganzen
etwas Butter für die Form

Die Zwiebeln schälen und fein hacken. Die Petersilie fein hacken. Den Käse reiben. Sauerrahm abrühren. Die Nudeln al dente kochen und abfrischen. Das Backrohr auf Oberhitze vorheizen.
Die Zwiebelstücke anrösten; das Fleisch und einen Thymianzweig dazugeben und mitrösten; tomatisieren und mit Rotwein ablöschen. Das so zubereitete Faschierte nun mit den Nudeln und der Petersilie vermischen, abschmecken und in eine bebutterte, feuerfeste Form geben. Den Sauerrahm darüber gießen. Mit Käse bestreuen und 20 Minuten überbacken.

Cevapcici

400 g Faschiertes (halb und halb)
120 g Zwiebeln
Pfeffer, Majoran
Salz
10 g Knoblauch
1 Ei
Paprika
etwas Öl

Den Griller vorheizen. Zwiebeln schälen und fein hacken. Den Knoblauch schälen und zerdrücken.
Alle Zutaten gut vermischen und ziehen lassen. Daumendicke, etwa 4–5 cm lange Röllchen formen. Diese mit Öl einstreichen und auf allen Seiten grillieren.

Ragouts

Rindsragout

600 g Rindswadschinken oder Hals oder Schulter
40 g Öl, 60 g Karotten
60 g Gelbe Rüben
60 g Zeller, etwas Lauch
½ Zwiebel, Tomatenmark
etwas Rotwein
1 l brauner Kalbsfond
Salz, Pfeffer, Thymian
Knoblauch, Lorbeer
⅒ Schlagobers
etwas Sauerrahm

Das Rindfleisch würfelig schneiden, in heißem Fett mit geschnittenem Gemüse (Mirepoix) und der Zwiebel anrösten. Tomatenmark dazugeben und weiterrösten, bis das Tomatenmark braun ist. Mit Rotwein ablöschen und mit braunem Fond aufgießen. Würzen. Zugedeckt dünsten, bis das Fleisch weich ist. Umstechen. Den Sauerrahm mit einem Teil des weich gedünsteten Wurzelwerks pürieren und die Sauce damit binden. Das Fleisch in die Sauce geben, noch einmal kurz verkochen lassen und abschließend mit halb geschlagenem Obers vollenden.

Senffleisch

600 g Rindswadschinken
oder Hals oder Schulter
200 g Zwiebeln
1/16 l Öl
etwas Essig
0,1 l Rindsuppe
10 g griffiges Mehl
0,4 l brauner Rindsfond
oder
0,4 l Rindsuppe
30 g Senf, etwas Essig
Salz, Pfeffer

Das Fleisch in Würfel schneiden. Die Zwiebeln schälen und fein hacken. Die Zwiebeln goldgelb rösten. Das Fleisch beigeben; würzen und weiterrösten, bis das Fleisch Farbe angenommen hat; dann mit Essigwasser ablöschen und mit etwas Suppe untergießen. Das Fleisch weich dünsten und dabei den Saft »eingehen lassen«, d. h. so lange reduzieren, bis die Flüssigkeit verdampft ist. Mit etwas Mehl stauben, kurz weiterrösten und mit braunem Fond oder Rindsuppe auffüllen. Mit Senf und Essig abschmecken und noch einmal kurz überdünsten.
Als Beilagen passen gut Erdäpfel, Teigwaren oder Nockerl.

Zwiebelfleisch

600 g mageres Rindfleisch
600 g Rindswadschinken
oder Hals oder Schulter
400 g Zwiebeln
1/16 l Öl
etwas Essig
0,1 l Rindsuppe
10 g griffiges Mehl
400 g Rindsfond
oder
0,4 l Rindsuppe
Salz, Pfeffer

Das Fleisch in Würfel schneiden. Die Zwiebel schälen und fein hacken; goldgelb rösten. Das Fleisch beigeben; würzen und weiterrösten, bis das Fleisch Farbe angenommen hat; dann mit Essigwasser ablöschen und mit etwas Suppe untergießen. Das Fleisch weich dünsten und dabei den Saft »eingehen lassen« (siehe vorhergehendes Rezept). Mit etwas Mehl stauben, kurz weiterrösten und mit braunem Fond oder Rindsuppe auffüllen. Abschmecken und noch einmal kurz überdünsten.
Als Beilagen passen wiederum Erdäpfel, Teigwaren oder Nockerl.

Majoranfleisch

500–600 g Rindfleisch
(hinteres oder vorderes
Ausgelöstes)
50 g Fett, 120 g Zwiebeln
Salz, 10 g Mehl, Majoran
1/8 l Sauerrahm
Rindsuppe (oder Wasser)

Das Rindfleisch wird wie Zwiebelfleisch (siehe Seite 244) gedämpft. Nach dem Einkochen des Safts staubt man es mit Mehl, gibt Majoran, Rahm und Rindsuppe oder Wasser hinzu und lässt die Sauce aufkochen. Als Beilagen eignen sich Nudeln, Nockerln, Makkaroni, Erdäpfel oder Reis.

Münchner Pickelsteine

500–600 g Rindfleisch
(hinteres Ausgelöstes)
50 g Fett
250 g Zwiebeln
1 El Essig
Salz
Rindsuppe (oder Wasser)
20 g Mehl
3 El Weißwein
Zitronenschalen
Knoblauch
Petersilie

Das Fleisch wird abgehäutet und großwürfelig geschnitten. In heißem Fett werden zunächst die fein gehackten Zwiebeln und nach Zugabe von Essig das Fleisch angeröstet, das man schließlich salzt und mit Rindsuppe (oder Wasser) weich dämpft. Wenn das Fleisch weich und der Saft eingekocht ist, wird alles mit Mehl gestaubt und nach dessen Anrösten mit Rindsuppe oder Wasser und Weißwein aufgegossen. Die Sauce wird mit dem zerdrückten Knoblauch, den fein gehackten Zitronenschalen, ebensolcher Petersilie, Kapern und Majoran vermengt. Außerdem wird das

Kapern
Majoran
100 g Karotten
1–2 Kohlrabi
600–800 g Erdäpfel

Fleisch mit in Salzwasser gekochten, tournierten Karotten und Kohlrabi und in Salzwasser gekochten Erdäpfelkugeln vermischt.
Zur Verbesserung des Geschmacks kann man in Salzwasser gekochte Erbsen und blättrig geschnittene, in Butter gedünstete Champignons dazugeben; auch Karfiol, Paradeiser und Lauch nach Geschmack.
Die Erdäpfelkugeln können auch in Salzwasser halb weich gekocht und in heißem Fett gebraten werden.

Matrosenfleisch

500–600 g Rindfleisch (hinteres Ausgelöstes)
50 g Speck
15–20 g Mehl
50 g Fett
Salz
Zitronenschalen
ein paar Kapern
Kerbel
Rindsuppe (oder Wasser)
⅛ l Sauerrahm
Kapern

Aus dem hinteren Ausgelösten (Rindswadschinken, Gschnatter, Hals oder Schulter) werden Scheiben geschnitten und angeröstet; dann aus der Kasserolle genommen und warm gestellt. Man röstet in dem Bratenfett Speck und Mehl an, gibt die fein geschnittenen Zitronenschalen, Kerbel und Kapern hinein, gießt mit Rindsuppe oder Wasser auf, lässt darin das Fleisch noch etwa eine Stunde (je nach Qualität) dämpfen und mischt glatt gerührten Sauerrahm in die Sauce, die man noch einmal aufkochen lässt. – Sollte die Sauce zu dünn sein, kann man den Rahm auch mit etwas Mehl verrühren.
Als Beilagen serviert man Reis, Makkaroni oder Erdäpfel.

Gedünsteter Ochsenschlepp

700–1.000 g Ochsenschlepp
50 g Fett
½ Karotte, ½ Petersilienwurzel
¼ Zeller, 20 g Zwiebeln
1 Zweig Thymian
½ Lorbeerblatt
ein wenig Muskatnuss
5 Pfefferkörner, Salz
30 g Mehl
Rindsuppe (oder Wasser)
$\frac{1}{16}$ bis ⅛ l Madeira oder Rotwein

Das blättrig geschnittene Wurzelwerk und die Zwiebeln werden angeröstet und der in Stücke geteilte Ochsenschlepp und die Gewürze hineingegeben; salzen und weich dünsten. Dann wird das Fleisch herausgenommen, das Wurzelwerk gestaubt, mit Suppe oder Wasser aufgegossen und unter Zugabe von Madeira oder Rotwein gut verkocht, passiert und über das angerichtete Fleisch gegossen. (Gebundene Ochsenschleppsuppe bereitet man ebenso zu.)
Als Beilage reicht man Knödel.

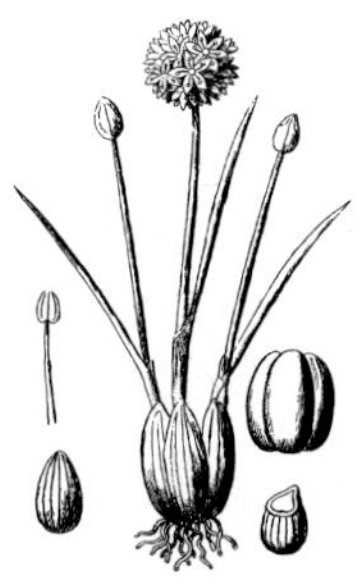

Braunes Ragout vom Rinderfilet mit Kalbsbries

Der Lungenbraten wird abgehäutet und in Schnitten geteilt; diese werden gesalzen und englisch gebraten. Die Fleischabschnitte, zerkleinerten Rindsknochen und das würfelig geschnittene Wurzelwerk röstet man in Fett gelb an, gibt die Zwiebel und nach deren Anrösten Mehl hinein. Sobald das Mehl braun geröstet ist, wird mit Rindsuppe oder Wasser aufgegossen, die Gewürze werden hinzugefügt und das Ganze wird 1 Stunde lang gekocht. Die Knochen werden entfernt und die Sauce geseiht, gesalzen, gepfeffert, mit Worcestersauce, Madeira und Zitronensaft gewürzt. In die Sauce gibt man nun die würfelig geschnittenen, in Butter gedünsteten Champignons, die in große Würfel geschnittenen abgebratenen Fleischschnitten und das abgebrühte, in Fett gebratene würfelig geschnittene Kalbsbries. Man lässt das Ganze noch etwa 10 Minuten ziehen.

500 g Rindsknochen
400 g Rindslendenstück (Filetsteak)
½ Petersilienwurzel
½ Karotte, ¼ Zeller, ½ Zwiebel
50 g Fett, 20 g Mehl
10 Pfefferkörner
5 Neugewürzkörner
1 Lorbeerblatt, Thymian
1 Prise Ingwer, Muskatnuss
Salz, Pfeffer
Rindsuppe (oder Wasser)
Worcestersauce, Zitronensaft
1–2 El Madeira oder Rotwein
2–3 Champignons
30 g Butter, 400 g Kalbsbries
30 g Öl

Zwiebelfleisch à la minute

Das sehr gut abgelegte Rindfleisch (Lungenbraten u. dgl.) wird blättrig geschnitten, gewürzt und in heißem Fett rasch abgebraten; aus der Pfanne nehmen und warm stellen. Das Fett wird aus der Pfanne abgeleert und die fein gehackten Zwiebeln werden im Bratrückstand mit etwas Butter angeröstet. Wenn die Zwiebeln braun sind, wird mit etwas Mehl gestaubt, mit kochender Rindsuppe aufgegossen und der Saft reduziert. Fleisch und Majoran werden nun beigefügt und kurz ziehen gelassen.
Als Beilagen kommen Erdäpfel, Reis, Nudeln oder Nockerln in Frage.

500–600 g Lungenbratenspitzen oder -kopf
Salz
Pfeffer
50 g Fett
120 g Zwiebeln
10 g Mehl
Rindsuppe oder brauner Fond
Majoran

Eingemachtes Kalbfleisch

Das Fleisch wird in Würfel geschnitten und mit Suppe oder Wasser bedeckt aufgekocht. Nach etwa einer halben Stunde Kochzeit werden das geschälte und nicht zu dünnblättrig geschnittene Wurzelwerk, die Zwiebelstücke und die Gewürze beigegeben und alles zusammen weich gekocht. Hierauf wird das Fleisch aus dem Sud genommen und der Kochsud geseiht.
Mit dem Kochsud und dem Schlagobers wird eine Einmach aufgegossen. Sie wird aufgekocht und gewürzt. Das Fleisch und die in wenig Salzwasser gekochten Karfiolröschen, das mitgekochte Gemüse und die Bröselknöderln werden daruntergemengt. Abschließend wird noch mit Dotter-Obers-Mischung legiert.
Tipp: Als Beigaben passen in Butter geröstete, geviertelte Champignons, Spargelspitzen und Erbsen.

600–800 g Kalbsschulter
Suppe (oder Wasser)
½ Karotte, ½ Petersilienwurzel
¼ Zeller, ½ Zwiebel
$\frac{1}{16}$ l Obers
1 Eidotter
Salz, Pfefferkörner
Lorbeerblatt
Muskatnuss
¼ l Schlagobers
Einlage:
½ Karfiol
Bröselknöderln
Einmach:
40 g Butter, 40 g Mehl

Kalbsfrikassee (säuerlich eingemachtes Kalbfleisch)

600 g Kalbsschulter
30 g Speck
30 g Fett
½ Karotte, ½ Petersilienwurzel
¼ Zeller, ½ Zwiebel
Suppe (oder Wasser)
2 Eidotter
1/16 l Obers (Milch)
Salz, Zitronensaft
Muskatnuss

Die Kalbsschulter wird in Würfel geschnitten. Der kleinwürfelig geschnittene Speck wird in Fett glasig angeröstet. Die Fleischwürfel, das würfelig geschnittene Wurzelwerk und die Zwiebelstücke werden, ohne Farbe zu nehmen, darin angeschwitzt, mit Suppe oder Wasser aufgegossen und weich gedünstet. Kurz vor dem Anrichten mit Eidottern und Obers (Milch) legieren und mit Salz, Zitronensaft und Muskatnuss würzen.
Als Beilagen sind Reis oder Knödel möglich.

Kalbsragout »Marengo«

800 g Kalbsschulter (oder Hals oder Brust)
20 g Öl, 40 g glattes Mehl
Salz, Pfeffer, 0,1 l Weißwein
0,7 l brauner Kalbsfond
120 g Schalotten
120 g Champignons
100 g Tomaten
10 g Knoblauch
Petersilie
Bouquet garni, bestehend aus:
Petersilienstängel, Thymian, Lorbeerblatt
oder Rindsuppe

Das Kalbfleisch parieren und in Würfel à 40 g schneiden. Die Champignons in Würfel schneiden. Die Schalotten schälen (größere halbieren). Die Tomaten blanchieren, schälen, vierteln und entkernen. Den Knoblauch schälen und zerdrücken. Die Petersilie hacken. Das Bouquet garni zu einem Kräutersträußchen binden.
Das Kalbfleisch in heißem Öl anrösten; wenn es Farbe angenommen hat, mit Mehl stauben. Mit Weißwein und braunem Kalbsfond auffüllen und würzen. Wenn der Saft aufgekocht hat, wird degraissiert; dann kommen das Kräuterbündel (Bouquet garni), der Knoblauch und die Tomaten dazu.
Nach einer Garzeit von etwa 25 Minuten werden die Champignons und die Schalotten beigefügt. Noch einmal 10 Minuten dünsten und nach dem Anrichten mit gehackter Petersilie bestreuen.

Schweinsragout in Knoblauchsauce

800 g Schweinsschulter oder ausgelöste Stelze
20 g Öl
Salz, Pfeffer
gemahlener Kümmel
100 g Zwiebeln
40 g Knoblauch
100 g Tomaten
0,1 l Weißwein
0,7 l brauner Kalbsfond oder Rindsuppe
40 g glattes Mehl
Bouquet garni, bestehend aus:
Petersilienstängel, Thymian, Lorbeerblatt, Petersilie

Das Schweinefleisch parieren und in Würfel à 40 g schneiden. Die Zwiebeln schälen und fein hacken. Die Tomaten blanchieren, schälen, vierteln und entkernen. Den Knoblauch schälen und zerdrücken. Die Petersilie hacken. Das Bouquet garni zu einem Kräutersträußchen binden.
Das Schweinefleisch in heißem Öl anrösten. Wenn es Farbe angenommen hat, die Zwiebelstückchen beifügen und mitrösten. Wenn diese goldgelb sind, Knoblauch und Tomaten beifügen; weiterrösten und mit Mehl stauben. Mit Weißwein und braunem Kalbsfond auffüllen und würzen. Wenn der Saft aufgekocht hat, wird degraissiert; dann kommen das Kräuterbündel (Bouquet garni), der Knoblauch und die Tomaten dazu. Nach einer Garzeit von etwa 30 Minuten (bei der Stelze etwas länger) kann die Konsistenz, sollte die Sauce zu dünn sein, mit Mehlbutter noch korrigiert werden. Noch einmal 10 Minuten dünsten und nach dem Anrichten mit gehackter Petersilie bestreuen.

Schöpsenragout

1 kg Schöpsenschulter
Salz
50 g Fett
½ Petersilienwurzel
½ Karotte
100 g Zwiebeln
Lorbeerblatt, Thymian
Pfefferkörner
Neugewürzkörner, Ingwer
Muskatnuss
Rindsuppe (oder Wasser)
30 g Mehl
Worcestersauce
1 El Zitronensaft
1 El Madeira
250 g Erdäpfel, 250 g Karotten
1 Kohlrabi, ¼ Zeller
100 g Spargel, 50 g Erbsen
2–3 Champignons
20 g Butter

Das ausgelöste, vom Fett befreite Fleisch einer Schöpsenschulter wird in Würfel geschnitten, gesalzen, mit dem in Fett gerösteten Wurzelwerk, den Zwiebeln und Gewürzen unter Zugabe von Rindsuppe oder Wasser gedämpft. Wenn das Fleisch weich und der Saft eingedünstet ist, gibt man Ersteres heraus, staubt den Saft mit Mehl, gießt nach dessen Anrösten mit Suppe auf und gibt Worcestersauce, Madeira und Zitronensaft hinein. In die durchgeseihte Sauce gibt man außer dem Schöpsenfleisch noch in Salzwasser gekochte, geformte (tournierte) Erdäpfel, Karotten, Zeller und Kohlrabi, klein geschnittenen Spargel, Erbsen und blättrig geschnittene, in Butter geröstete Champignons.

Steirisches Schöpsernes

1 kg Schöpsenschulter
1 Karotte
½ Petersilienwurzel
¼ Zeller, ½ Zwiebel
Pfefferkörner
Thymian, Salz
1/16 l Essig
Rindsuppe (oder Wasser)
1 kg Erdäpfel, 50 g Butter
40 g Semmelbrösel

Die Schöpsenschulter wird abgehäutet, entfettet, ausgelöst und großwürfelig geschnitten. Das so hergerichtete Fleisch wird mit viel nudelig geschnittenem Wurzelwerk, Essig und Gewürzen in Salzwasser oder Suppe weich gekocht. Ist das Fleisch halb weich, so gibt man die roh geschälten, geviertelten Erdäpfel dazu und lässt sie mitkochen. Dann wird das Fleisch mit nudelig geschnittenem Wurzelwerk und den Erdäpfeln angerichtet und mit etwas abgeschmecktem Kochsud und eventuell mit in Butter angerösteten Semmelbröseln übergossen.

Irish Stew

1 kg Schöpsenschulter
50 g Zwiebeln
20 g Fett
Petersilie
Salz und Pfefferkörner
1 Kohl
½ Petersilienwurzel
¼ Zeller
1 Karotte
800 g Erdäpfel

Das magere, abgebrühte, würfelig geschnittene Schöpsenfleisch wird mit den in Fett angerösteten fein gehackten Zwiebeln, mit fein gehackter Petersilie, Salz, Pfefferkörnern und ein wenig Wasser halbweich gedünstet. Dann werden der gewaschene, geviertelte Kohlkopf, das nudelig geschnittene Wurzelwerk und die geschälten, geviertelten Erdäpfel hinzugefügt und bis zum völligen Garsein des Fleisches mitgekocht. Das Fleisch wird samt den Wurzeln, dem Kohl und den Erdäpfeln auf einer Schüssel angerichtet und mit dem Sud, in dem es gekocht wurde, übergossen.

Rehragout

800 g Rehschulter ohne Knochen
etwas Öl
Salz, Pfeffer
40 g Selchspeck
40 g Karotten
40 g Gelbe Rüben
40 g Zeller
40 g Petersilienwurzel
40 g Zwiebeln
1 El Tomatenmark
0,1 l Rotwein
½ l Rehfond
Wacholderbeeren, Pfefferkörner
Lorbeer
Rosmarin, Thymian
Senf, Preiselbeeren,
⅛ l Sauerrahm

Das Fleisch in Würfel à 30 g schneiden, würzen und in heißem Öl scharf anbraten. Den Speck und das Mirepoix im Bratrückstand anrösten. Die grob würfelig geschnittenen Zwiebeln dazugeben und weiterrösten. Tomatenmark beifügen und rösten, bis es eine braune Farbe hat. Dann mit Rotwein deglacieren (ablöschen), mit dem Fond aufgießen und aufkochen. Das Fleisch beigeben und dünsten. Wenn das Fleisch weich ist, herausnehmen. Die Sauce mit dem Mixstab pürieren, damit das mitgedünstete Gemüse die Sauce bindet, passieren und mit Gewürzen, Senf und Preiselbeeren abschmecken. Das Fleisch dazugeben, noch einmal aufkochen und mit abgerührtem Sauerrahm vollenden.
Tipp: Mit etwas Orangensaft und Gin abzuschmecken, gibt dem Ragout eine besondere Note.

Hirschragout, Hasenragout und Ragout von der Gämse

Werden wie Rehragout zubereitet.

Hasenjunges (Hasenklein)

1 Hasenjunges
Sud:
1 Prise Thymian
½ Petersilienwurzel
½ Karotte, ⅛ Zeller
30 g Zwiebeln
⅛ l Essig
4 Pfefferkörner
2 Gewürzkörner
1 Lorbeerblatt
Zitronenschalen
Sauce:
40 g Fett, 40 g Mehl
Zucker, ½ Zwiebel, Petersilie
1 Zweig Thymian
1 Lorbeerblatt, Zitronensaft
Essig, ⅛ l Sauerrahm

Das Hasenjunge wird in Stücke geschnitten und in kochendem Salzwasser mit dem blättrig geschnittenen Wurzelwerk, den Zwiebeln, dem Essig und den Gewürzen weich gekocht. Dann macht man eine dunkle Einbrenn, lässt den Zucker darin gelb werden, gibt die fein gehackte Zwiebel und Petersilie hinein, gießt nach deren Anrösten mit dem geseihten Sud auf und gibt die fein gehackten Gewürze und, wenn nötig, noch etwas Zitronensaft und Essig dazu. Wenn die Sauce aufgekocht hat, gibt man das gekochte Hasenjunge und den glatt gerührten Rahm hinein und lässt das Fleisch noch in der Sauce dünsten.
Als Beilagen passen Knödel oder Nockerln.

Gulyás (Gulasch) und Pörkölt

Rindsgulyás

70 g Fett
400 g Zwiebeln
2 Kl edelsüßer Paprika
1 El Essig
500–600 g Rindfleisch, Wadschinken, vorderes und hinteres Ausgelöstes
Kümmel, Majoran
Knoblauch
Salz
Rindsuppe (oder Wasser)
5 g Mehl

In heißem Fett werden zunächst die blättrig geschnittenen Zwiebeln braun geröstet; Paprika, Essig und das großwürfelig geschnittene Fleisch nebst ein wenig fein gehacktem Kümmel, Majoran, Knoblauch, Salz und Rindsuppe oder Wasser dazugeben. Unter wiederholtem Nachgießen von Rindsuppe oder Wasser wird das Fleisch weich gedämpft. Wenn der Saft klar geworden ist, staubt man mit Mehl, gießt nach dessen Anrösten mit Suppe oder Wasser auf und lässt die Sauce verkochen. Als Beilagen passen Erdäpfel, Nockerln u. dgl.

Saftgulyás

Wird wie Rindsgulyás hergestellt, jedoch unter Verwendung von gleich viel Zwiebeln wie Fleisch und unter Weglassung von Mehl.

Schöpsengulyás

Wird ebenso wie Rindsgulyás zubereitet.

Rehgulyás

Kann wie Rindsgulyás zubereitet werden, wird jedoch in der Würzung durch Zugabe von Lorbeerblatt, zerdrücktem Wacholder, Zitronenschale und Tomatenmark ergänzt. Zum Schluss etwas verrührten Sauerrahm dazugeben.

Zigeunergulyás

300 g Rindfleisch (Wadschinken)
150 g Hammelfleisch (Schöpsenschulter)
150 g Schweinefleisch (Schulter), 80 g Speck
200 g Zwiebeln
Rosenpaprika
1 El Essig
Kümmel, Majoran, Salz
2 Zehen Knoblauch
Rindsuppe (oder Wasser)
Tomatenmark

Der kleinwürfelig geschnittene Speck wird zunächst allein, dann mit den fein gehackten Zwiebeln und dem Paprika und nach Hinzugießen des Essigs mit dem in große Würfel geschnittenen Rindfleisch, dem gehackten Kümmel und dem Majoran leicht angeröstet. Wenn die Flüssigkeit verdampft ist, mengt man das ebenfalls in große Würfel geschnittene Hammelfleisch zu dem Rindfleisch, lässt es zuerst anrösten und nach Zugabe von Rindsuppe oder Wasser mitdünsten. Schließlich wird in gleicher Weise das Schweinefleisch mit den beiden anderen Fleischsorten angeröstet und gesalzen. Es wird Knoblauch zugegeben und dann gedämpft. Wenn alles Fleisch weich ist, wird das Gulyás mit Tomatenmark gefärbt.
Als Beilagen passen Erdäpfel, Knödel oder Nockerln.

Bruckfleisch (Seite 229)

Gefüllte Paprika mit Paradeissauce (Seite 240)

Gefüllte Kalbsbrust (Seite 294)

Grammelpogatscherln (Seite 455)

Kalbsgulyás

600–800 g ausgelöste Kalbsstelze oder -schulter
20 g Fett, 40 g Speck
200 g Zwiebeln
1 El Essig
1 Kl Rosenpaprika
Salz, 10 g Mehl
Rindsuppe (oder Wasser)
⅛ l Sauerrahm

In heißem Fett wird der kleinwürfelig geschnittene Speck goldgelb geröstet; dann gibt man die fein gehackten Zwiebeln und nach deren Gelbwerden Paprika, Essig, das in große Würfel geschnittene Fleisch, Salz und etwas Wasser dazu und dünstet das Fleisch weich. Wenn der Saft klar ist, wird er gestaubt und mit Rahm und Wasser aufgegossen. Das Fleisch wird noch etwas in der Sauce gedünstet.
Als Beilagen eignen sich Nockerln, Nudeln, Reis, Erdäpfel usw.

Kalbspörkölt

100 g Speck
200 g Zwiebeln
1 Kl Rosenpaprika
1 El Essig
600–800 g Kalbswadschinken (oder -karree)
Salz
Rindsuppe (oder Wasser)
1 El Tomatenmark

Das Kalbspörkölt wird in der gleichen Weise zubereitet wie Kalbsgulyás, nur wird die Sauce nicht mit Mehl gestaubt und mit Rahm aufgegossen, sondern es wird Tomatenmark dazugegeben. Das Kalbspörkölt kann mit etwas in kaltem Wasser angerührter Stärke leicht gebunden werden.
Als Beilagen serviert man Nockerln, Nudeln, Tarhonya, Reis, Erdäpfel u. a.

Lammpörkölt

Wird wie Kalbspörkölt zubereitet.
Als Beilagen passen Nockerln, Nudeln, Salzkartoffeln, Reis u. a.

Schöpsenpörkölt

800–1000 g Schöpsenfleisch (Schulter)
weitere Zutaten siehe Kalbspörkölt

Die Schöpsenschulter wird ausgelöst, nach Entfernung des Fetts in größere Würfel geschnitten und weiter wie Kalbspörkölt zubereitet.
Als Beilagen eignen sich Nockerln, Salzkartoffeln, Tarhonya u. a.

Schweinsgulyás

400–600 g Schweinefleisch (Schulter)
50 g Fett
150 g Zwiebeln
Rosenpaprika
1 El Essig
Salz
Kümmel
Knoblauch
Rindsuppe (oder Wasser)
10 g Mehl
$\frac{1}{16}$ l Sauerrahm

In heißem Fett werden die fein gehackten Zwiebeln goldgelb geröstet; hierauf Paprika, Essig, das in große Würfel geschnittene Fleisch, Salz, Kümmel, Knoblauch und etwas Suppe oder Wasser dazugegeben. Das Fleisch wird weich gedünstet, was ungefähr 1 Stunde dauert. Dann wird der Saft gestaubt, mit Rahm und Wasser aufgegossen und das Fleisch noch etwas in der Sauce gedünstet.
Als Beilagen passen Salzkartoffeln oder Nockerln.
Anmerkung: Statt des Fetts kann man auch 80 g Speck verwenden.

Schweinspörkölt

Schweinspörkölt wird auf die gleiche Weise zubereitet wie Schweinsgulyás, nur nimmt man für den Ansatz 80 g Selchspeck, fügt Tomatenmark hinzu und verwendet kein Mehl und keinen Rahm.
Eventuell mit Stärkemehl leicht binden.
Als Beilagen gibt man Nockerl, Nudeln u. a.

Krautfleisch

400–600 g Schweinefleisch (Schulter oder Bauchfleisch, Jungschweinernes)
60 g Zwiebeln
50 g Fett
Rosenpaprika
Essig
Salz, Kümmel
500 g Sauerkraut
1/16 l Sauerrahm
50 g Erdäpfel

Man lässt die fein geschnittenen Zwiebeln in Fett goldgelb anrösten, gibt Paprika, etwas Essig und das in große Würfel geschnittene Schweinefleisch, Salz und Kümmel hinzu und lässt das Fleisch unter Zugießen von etwas Wasser dämpfen. Ist es halb weich, gibt man zwei- bis dreimal durchschnittenes und gewaschenes Sauerkraut dazu und lässt es damit vollständig weich dämpfen. Zum Schluss fügt man Rahm und ein geschälter, roh geriebener Erdapfel hinzu und lässt alles gut verkochen.

Szeklergulyás

Wird unter Weglassung der Erdäpfel und Hinzufügung von 1 Esslöffel Tomatenmark und unter Verwendung von 200 g Zwiebeln wie Krautfleisch zubereitet, jedoch stärker als dieses mit Paprika gewürzt.

Fischgulasch

750 g Fischfilet (Zander, Kabeljau, Hecht u. Ä.)
60 g Speck
30 g Öl
200 g Zwiebeln
Paprika, Essig
20 g Mehl
30 g Tomatenmark
500 g Erdäpfel
Salz, Zitronensaft

Den Fisch abhäuten, auslösen, in Schnitten teilen, salzen und mit Zitronensaft beträufeln. Der kleinwürfelig geschnittene Speck wird in dem Öl zerlassen und die fein gehackte Zwiebel darin hellgelb angeröstet. Der Paprika wird aufgeschäumt; es wird alles mit Essig gespritzt, mit Mehl gestaubt und nach kurzem Anrösten mit Wasser aufgegossen, gesalzen und aufgekocht. Man gibt nun das Tomatenmark und die geviertelten Erdäpfel dazu, kocht diese ungefähr 20 Minuten, legt die Fischstücke hinein und dünstet alles bei schwachem Feuer zugedeckt, ohne umzurühren, noch ungefähr 8 Minuten.

Eintopfgerichte

Mengenangaben für 4–5 Portionen.

Kalbfleischeintopf mit Karfiol und Erbsen

600 g Kalbfleisch
60 g Fett
350 g Reis
1 Karfiol, 500 g Erbsen
Salz, ¾ l Wasser
30 g Käse

Das Fleisch wird würfelig geschnitten und in heißem Fett hellbraun angebraten. Man vermengt es dann mit dem Reis, dem in kleinere Röschen geteilten Karfiol und den Erbsen, salzt und dünstet alles unter Zugabe von Wasser zugedeckt bei mäßiger Hitze auf der Platte oder im Rohr weich. Beim Anrichten streut man den Käse darüber.

Eintopf mit Schöpsenfleisch

750 g Schöpsenschulter
60 g Fett oder Öl
2 Stangen Lauch
750 g Erdäpfel
30 g Tomatenmark
Petersilie
Salz
Pfeffer
½ l Rindsuppe (oder Wasser)

Das Fleisch wird entfettet, in Scheiben oder Würfel geschnitten, gesalzen, gepfeffert und in heißem Fett rasch abgebraten. Dann dünstet man es unter Zugabe von Suppe oder Wasser halb weich und gibt nach dem Verdunsten der Flüssigkeit den geputzten, in etwa 4 cm lange Stücke geschnittenen Lauch dazu. Man dünstet diesen kurz an, gibt die geviertelten Erdäpfel und das Tomatenmark oder 2 geschälte, geschnittene Paradeiser dazu, gießt mit Wasser auf und lässt das Ganze zugedeckt bei schwacher Hitze noch eine Dreiviertelstunde dünsten. Beim Anrichten fein gehackte Petersilie darüber streuen.

Fischeintopf

500 g Fischfilet
750 g Kohl
500 g Erdäpfel
50 g Speck
1 Zwiebel
100 g Wurzelwerk
Salz
Kümmel

Die Zwiebel wird im klein geschnittenen Speck angeröstet, das fein geschnittene Wurzelwerk und der fein geschnittene Kohl werden darin gedünstet und Salz und gehackter Kümmel dazugegeben. Dann fügt man die geschälten, würfelig geschnittenen Erdäpfel und, wenn der Kohl und die Erdäpfel weich sind, den würfelig geschnittenen Fisch dazu und lässt alles noch 8 Minuten ziehen.

Fischrisotto

500 g Seefisch
80 g Öl
50 g Zwiebeln
350 g Rundkornreis
30 g Tomatenmark
Salz, Zitronensaft
½ l Fischsuppe (oder Wasser)
60 g Reibkäse

Der Fisch wird abgehäutet, ausgelöst, in ungefähr 3 cm große Würfel geschnitten, gesalzen, mit Zitronensaft beträufelt und eine halbe Stunde ziehen gelassen. In heißem Öl röstet man die fein gehackte Zwiebel kurz an, gibt den Reis dazu, röstet ihn ebenfalls an und gießt alles mit Suppe oder Wasser auf. Nun salzt man leicht nach, mischt das Tomatenmark dazu und dünstet den Reis zugedeckt bei schwacher Hitze im Rohr oder auf der Platte weich. Man mischt die Fischstücke darunter und lässt das Ganze noch etwa 5 Minuten zugedeckt ziehen. Während des Dünstens kann man öfters mit einer Gabel umrühren. Zum Schluss mischt man einen Teil des geriebenen Käses darunter und streut den restlichen Käse beim Anrichten darüber.

Fleischeintopf

600 g Rind- oder Schweinefleisch
50 g Öl
50 g Zwiebeln
150 g Wurzelwerk
1 großer Kohlrabi
200 g Fisolen
300 g Erbsen
½ Kohl
500 g Erdäpfel
100 g Pilze
3 Paprikaschoten
Salz, Pfeffer

Das Fleisch in Scheiben schneiden, salzen, pfeffern, in heißem Öl auf ringelig geschnittener Zwiebel anbraten, mit Wasser aufgießen und ungefähr eine Dreiviertelstunde dünsten. Dann gibt man das in Streifen geschnittene Wurzelwerk, die schräg geschnittenen Fisolen und den nudelig geschnittenen Kohlrabi dazu, etwas später den nudelig geschnittenen Kohl, die Erbsen, die würfelig geschnittenen Erdäpfel und die blättrig geschnittenen Pilze hinein, gibt so viel Wasser dazu, dass alles knapp bedeckt ist, und kocht das Ganze zugedeckt gar. Sehr schmackhaft wird die Speise, wenn man nudelig geschnittene Paprikaschoten mitdünsten lässt.

Gemüseeintopf

500 g Karotten
2–3 Kohlrabi
1 Zeller
2 Stangen Lauch
500 g Erdäpfel
80 g Fett
1 Karfiol
Salz
Pfeffer
Suppe (oder Wasser)
100 g Reibkäse
Petersilie

Die Gemüse und die Erdäpfel werden nach dem Putzen in Scheiben oder in Batonettes geschnitten und in heißem Fett kurz gedünstet. Dann gibt man den in Röschen geteilten Karfiol darunter, salzt und pfeffert, gießt mit Suppe oder Wasser auf, sodass das Gemüse knapp bedeckt ist, und lässt es sehr gut zugedeckt bei schwacher Hitze ungefähr 25 Minuten dämpfen.
Beim Anrichten streut man geriebenen Käse und fein gehackte Petersilie darüber.
Anmerkung: Die Gemüse können je nach Jahreszeit und Marktangebot gewählt werden. So geben z. B. Spargel, Karotten, Erbsen und Schnittbohnen einen sehr schmackhaften Eintopf. Auch Kohlsprossen oder junger Kohl können verwendet werden.

Selchfleischeintopf mit Gemüse

500 g Selchfleisch (Schulter, Teilsames oder Bauchfleisch)
1 großer Kohl
400 g Karotten oder Kohlrabi
2 Stangen Lauch oder
150 g Zwiebeln
800 g Erdäpfel

Das Selchfleisch wird halb weich gekocht. Man gibt dann den geviertelten Kohl, die zu Batonettes geschnittenen Karotten oder Kohlrabi sowie den in Stücke geschnittenen Lauch oder die ringelig geschnittene Zwiebel dazu. Obenauf werden die in dicke Scheiben geschnittenen Erdäpfel gelegt. Das Ganze wird gar gekocht. Das Fleisch wird zerteilt und auf dem Gemüse angerichtet.

Kalbszunge mit Wurzelwerk

2 Kalbszungen
200 g Wurzelwerk
80 g Zwiebeln
Essig
5 Pfefferkörner
750 g Erdäpfel
50 g Kren
Salz

Die geputzten Kalbszungen werden in kaltem Salzwasser mit etwas Essig und Pfefferkörnern aufgestellt; dann gibt man das nudelig geschnittene Wurzelwerk und die nudelig geschnittenen Zwiebeln dazu und kocht alles 40–50 Minuten. Nun kommen die roh geschälten, geviertelten Erdäpfel hinzu; alles noch eine halbe Stunde kochen lassen.
Vor dem Anrichten legt man die Zunge einige Minuten in kaltes Wasser, damit sie sich leichter schälen lässt, gibt sie aber dann zum Erhitzen wieder in den Sud zurück. Die Erdäpfel und das Wurzelwerk richtet man in tiefen Tellern an, legt die Zungenscheiben obenauf, gießt den Sud und streut den geriebenen Kren darüber. (Statt Kalbszungen können auch Schweinszungen verwendet werden.)

Kohlrabieintopf

600 g Rindfleisch (Zapfen oder Schlegel) oder Schweinsschulter
30 g Mehl
50 g Zwiebeln
60 g Fett oder Öl
500 g Kohlrabi
2 Paradeiser (oder 50 g Tomatenmark)
3 Stangen Lauch
750 g Erdäpfel, ⅛ l Sauerrahm
Salz, Pfeffer, Majoran

Das Fleisch wird blättrig geschnitten, mit Salz, Pfeffer und Majoran gewürzt, gut mit Mehl bestaubt und mit der ringelig geschnittenen Zwiebel in heißem Fett oder Öl rasch abgebraten. Man salzt, gießt mit dem Rahm und so viel Wasser auf, dass das Ganze bedeckt ist, lässt alles einmal aufwallen und dünstet es zugedeckt entweder im Rohr oder auf der Platte bei schwacher Hitze 1–1 ½ Stunden. Dann gibt man die in dicke Scheiben geschnittenen Kohlrabi, die geschnittenen Paradeiser, den in Stücke geschnittenen Lauch und die in Scheiben geschnittenen Erdäpfel dazu (der Lauch kann auch weggelassen werden) und dämpft den Eintopf noch 20 Minuten, bis das Gemüse weich ist.

Kohlreis

100 g Speck
50 g Zwiebeln
ca. 400 g Kohl
350 g Reis
⅛ l Wasser zum Aufgießen
Salz
¾ l Suppe (oder Wasser)
250 g gekochtes Selchfleisch oder Wurst
50 g Reibkäse

In kleinwürfelig geschnittenem Speck röstet man die fein gehackte Zwiebel hellgelb an, gibt den gewaschenen, nudelig geschnittenen Kohl dazu, gießt – nachdem man den Kohl kurze Zeit saftlos gedünstet hat – mit etwas Wasser auf und lässt den Kohl wieder dünsten, bis er trocken geworden ist. Nun röstet man darin den Reis leicht an, gießt mit Suppe oder Wasser auf, salzt und lässt die Speise zugedeckt bei schwacher Hitze auf der Platte oder im Rohr 20 Minuten dämpfen. Nach ungefähr einer Viertelstunde mengt man mit einer Gabel das in Scheiben geschnittene Selchfleisch oder die geschälte, in Scheiben geschnittene Wurst darunter. Beim Anrichten mit Käse bestreuen.

Krauteintopf

250 g kleine weiße Bohnen
Lorbeerblatt
Thymian
80 g Speck
50 g Zwiebeln
Paprika
350 g Sauerkraut
2 Paradeiser (oder 50 g Tomatenmark)
750 g beliebige Wurst
⅛ l Sauerrahm
Salz
Kristallzucker

Die ausgesuchten Bohnen werden gewaschen und über Nacht eingeweicht; dann stellt man sie mit Einweichwasser, Lorbeerblatt und Thymian auf und kocht sie weich. In dem kleinwürfelig geschnittenen Speck röstet man die fein gehackte Zwiebel hellgelb, lässt den Paprika aufschäumen, gibt das geschnittene, eventuell gewaschene Sauerkraut und die geschälten Paradeiser hinein, salzt, würzt mit etwas Zucker und lässt das Kraut unter Zugabe von wenig Wasser weich dünsten. Dann mischt man die in Scheiben geschnittene Wurst oder Selchfleisch und die Bohnen darunter, gießt mit Rahm auf und lässt das Ganze noch ungefähr eine halbe Stunde zugedeckt dünsten.

Nudelhuhn

1 Suppenhuhn
150 g Wurzelwerk
Salz
Nudeln:
1 Ei
150 g Mehl
etwas Wasser

Das geputzte, gereinigte Huhn wird ausgenommen, gewaschen und halbiert; dann stellt man es in kaltem Wasser auf, gibt den Magen, die Leber und das nudelig geschnittene Wurzelwerk dazu, salzt und lässt es, je nach Alter des Huhns, 1–2 Stunden weich kochen.
Man nimmt das Huhn heraus, kocht in die Brühe feine Suppennudeln (siehe Seite 101) ein und gießt sie über das zerteilte, in einem Suppentopf oder einer tiefen Schüssel angerichtete Huhn. (Das Wurzelwerk kann auch vor dem Einkochen der Nudeln abgeseiht werden.)

Pichelsteinerfleisch

600 g hinteres Ausgelöstes oder Wadschinken
30 g Mehl
250 g Zwiebeln
80 g Fett
Suppe (oder Wasser)
1 El Essig
Zitronenschalen
5 g Kapern
Knoblauch, 250 g Karotten
2 größere Kohlrabi
1 Zeller, 500 g Erdäpfel
Majoran, Salz, Pfeffer

Das Fleisch wird in Würfel geschnitten, gesalzen, gepfeffert und mit Mehl bestaubt. In heißem Fett röstet man die geschnittenen Zwiebeln hellbraun, gibt das Fleisch dazu und röstet es ebenfalls. Nun gießt man mit Suppe oder Wasser auf, würzt mit Essig, fein gehackten Zitronenschalen und Kapern, zerdrücktem Knoblauch und Majoran und lässt das Fleisch dämpfen. Indessen putzt man das Gemüse und schneidet es in gleichmäßige Würfel, die man dem Fleisch beifügt. Man gießt so viel Wasser zu, dass das Gemüse knapp bedeckt ist, und lässt das Ganze zugedeckt weiterdünsten.
Eine halbe Stunde vor dem Anrichten mischt man die würfelig geschnittenen Erdäpfel dazu und dämpft nun alles weich.
Tipp: Man kann Pilze zugeben, eventuell auch ⅛ l Weißwein.

Ritschert

500 g gelbe Erbsen (oder 350 g kleine weiße Bohnen)
200 g Rollgerste
150 g Speck
100 g Zwiebeln
Salz, Pfeffer
eventuell Selchfleisch (oder Würste)
Suppe (oder Wasser)

Die Erbsen und die Rollgerste werden – separat – zuerst kalt abgeschwemmt und über Nacht in kaltem Wasser eingeweicht. Dann werden sie mit dem Einweichwasser zum Kochen gebracht und weich gekocht. Die Rollgerste abseihen, kurz kalt abschwemmen und abtropfen lassen. Den würfelig geschnittenen Speck glasig rösten, die ringelig geschnittenen Zwiebeln mitrösten, bis sie goldbraun sind. Die abgetropfte Rollgerste und die gekochten Erbsen dazumischen; salzen und pfeffern. Das Selchfleisch oder die Würste zugeben und alles zusammen unter zeitweiliger Beigabe von Suppe (z. B. Selchsuppe, Rindsuppe etc.) oder Wasser weich dünsten.
(Verwendet man Bohnen statt Erbsen, ist die Zubereitung die gleiche.) Das Ritschert sollte dicksuppig gehalten werden.

Rumford-Eintopf

300 g Bratwurst
20 g Mehl
40 g Fett
150 g Pilze
250 g Rindsknochen
250 g Rollgerste
200 g Wurzelwerk
evtl. 2 Paradeiser
Salz

Die Bratwurst wird aus der Haut auf ein mit Mehl bestaubtes Brett gepresst, eingedreht und in heißem Fett braun gebraten. In demselben Fett dünstet man die blättrig geschnittenen Pilze glasig und nimmt sie dann heraus. Die Knochen, welche splitterfrei sein müssen, röstet man im selben Fett leicht an. Man gießt mit Wasser auf, salzt und kocht darin die Rollgerste halb weich. Dann gibt man das würfelig geschnittene Wurzelwerk, eventuell geschnittene Paradeiser, etwas später die gedünsteten Pilze dazu und lässt alles gar werden. Die Bratwürste schneidet man in kleinere Stücke, mengt sie darunter und lässt sie noch 5–10 Minuten durchziehen, ohne zu kochen. Die Speise sollte leicht suppig sein. (Die Knochen sind vor dem Einlegen der Würste zu entfernen.)

Bodenständige Hauptspeisen

Schinkenfleckerln

240 g Mehl
1 Ei, Salz, 80 g Butter
2 Eidotter
200 g Selchfleisch
¼ l Sauerrahm
Klar von 2 Eiern, 1 Ei
Butter und Brösel für die Auflaufform

Zubereitung des Nudelteigs (siehe Seite 204).
Die Fleckerln aus Nudelteig werden 5–10 Minuten in Salzwasser gekocht, abgeseiht und abgeschreckt. Die flaumig gerührte Butter wird mit den Dottern, dem Ei, Salz, dem gekochten, fein gehackten Selchfleisch, dem Sauerrahm, den gekochten Fleckerln und dem Schnee der Eiklar vermischt. Das Ganze wird in eine befettete und mit Bröseln bestreute Auflaufform gefüllt und im Rohr gebacken.

Krautfleckerln

120 g Weißkraut
40 g Zwiebeln
240 g Fleckerln
30 g Kristallzucker
20 g Schmalz
Salz
Pfeffer
gemahlener Kümmel

Das Kraut halbieren und den Strunk ausschneiden. Das Kraut dann feinnudelig oder -würfelig schneiden. Die Zwiebeln schälen und fein hacken. Die Fleckerln kochen und abfrischen.
Die Zwiebeln und der Zucker werden im Schmalz goldgelb geröstet. Dann wird das Kraut beigefügt und im eigenen Saft weich gedünstet. Wenn der Saft verkocht ist, das Kraut noch etwas rösten. Mit den Fleckerln vermischen, erwärmen und würzen.

Reisfleisch

600 g Kalbsschulter oder vorderes Kalbfleisch
50 g Selchspeck
120 g Zwiebeln
50 g Fett
1 El Rosenpaprika
Salz
240 g Reis
Rindsuppe (oder Wasser)
30 g Parmesan

In heißem Fett werden der kleinwürfelig geschnittene Speck und dann die fein gehackten Zwiebeln goldgelb angeröstet. Hierauf gibt man Paprika, das in große Würfel geschnittene Kalbfleisch und Salz hinein und lässt das Fleisch im eigenen Saft halb weich dämpfen. Danach werden der Reis und so viel Suppe oder Wasser dazugegeben, dass der Reis zwei Finger hoch überdeckt ist. Alles weich dämpfen. Vor dem Anrichten mengt man die Hälfte des angegebenen Parmesans darunter, während man den restlichen Teil darüber streut.

Geflügelreis

1 Huhn
40 g Butter (oder Fett)
Salz
20 g Butter
½ Zwiebel
Rindsuppe (oder Wasser)
240 g Reis
Petersilie

Das ausgenommene Huhn wird geviertelt und samt dem geputzten Magen und der Leber in Fett oder Butter kurz angeröstet, gesalzen und mit wenig Flüssigkeit weich gedämpft. Die klein geschnittene Zwiebel lässt man in Butter glasig anlaufen, gießt mit dem abgeseihten Dünstfond und Rindsuppe oder Wasser auf und lässt den Reis darin zugedeckt weich dämpfen. In der Zwischenzeit wird das Hühnerfleisch von den Knochen

gelöst, klein geschnitten und nebst dem geschnittenen Magen und der Leber mit dem Reis vermischt. Anrichten und mit Petersilie bestreuen. Dem Reis können noch gedämpfte Champignons und gekochte Erbsen zugefügt werden.
Als Beilagen passen Blattsalate.

Spinatnockerln mit Rahm, Steinpilzen und Bergkäse

Nockerln:
100 g Blattspinat
2 Eier
300 g griffiges Mehl
¼ l Milch nach Bedarf
Salz, Pfeffer
$\frac{1}{16}$ l Schlagobers
60 g geriebener Bergkäse
Steinpilzsauce:
120 g Steinpilze
20 g Butter, 30 g Zwiebeln
$\frac{1}{16}$ l Schlagobers
2 El Sauerrahm
10 g Petersilie
Saft von einer halben Zitrone
Röstzwiebelringe:
100 g Öl, 40 g Zwiebeln, Salz

Für den Nockerlteig den Spinat putzen, waschen, blanchieren und pürieren oder passierten Tiefkühlspinat auftauen. Mehl, Eier, Salz, Milch und den Spinat zu einer zähflüssigen Masse vermischen. Den Nockerlteig mit einem Nockerlhobel oder der Rückseite eines groben Reibeisens in kochendes Salzwasser pressen. Nockerln kurz aufkochen lassen; herausnehmen, kalt abschrecken und in einem Sieb kurz abtropfen lassen.
Die Spinatnockerln werden in der heißen Steinpilzsauce erhitzt. Den Rahm mit dem geriebenen Bergkäse vermischen und in die Steinpilznockerln einrühren. Die gerösteten Zwiebelringe über die Nockerln geben.
Für die Steinpilzsauce lässt man die fein gehackten Zwiebeln in Butter anlaufen. Man gibt die geputzten und blättrig geschnittenen Pilze dazu und lässt alles kurz dünsten. Den Sauerrahm und das Schlagobers beigeben, aufkochen und die fein gehackte Petersilie dazugeben. Mit Salz, Pfeffer, Zitronensaft und Petersilie abschmecken.

Eiernockerln

Der Teig für die Eiernockerln wird – unter Weglassen des Spinats – wie jener für die Spinatnockerln zubereitet. Den Nockerlteig mit einem Nockerlhobel oder der Rückseite eines groben Reibeisens in kochendes Salzwasser pressen. Nockerl kurz aufkochen lassen; herausnehmen, kalt abschrecken und in einem Sieb kurz abtropfen lassen. Die Nockerln in heißer Butter schwenken und mit 2 verquirlten Eiern, in die man auch $\frac{1}{16}$ l Sauerrahm geben kann, übergießen. So lange rösten, bis die Eier gestockt sind.
Als Beilagen passen Salate oder Saucen.

Gratinierte Käsenockerln aus Brandteig

Brandteig:
¼ l Wasser
60 g Butter
Salz
180 g Mehl
120 g Reibkäse
4 Eier
Butter zum Ausbuttern der Schüssel
Überguss:
¼ l Milch, 2 Eier, 50 g Reibkäse

Brandteig (Seite 426) ohne Zucker und mit Wasser statt Milch zubereiten.
Wasser, Butter und Salz aufkochen lassen, geriebenen Hartkäse und das Mehl dazugeben und bei mäßiger Hitze so lange rühren, bis sich die Masse vom Löffel löst. Auskühlen lassen und die Eier einrühren. Aus diesem Teig kleine Nockerln formen, die man in kochendem Salzwasser aufkochen und 10 Minuten ziehen lässt. Dann werden die Nockerln in eine gebutterte Gratinierschüssel gelegt, mit Milch, in welche man zwei Eier und etwas Salz eingerührt hat, übergossen, mit geriebenem Käse bestreut und im heißen Backrohr gratiniert.

Erdäpfelgulasch

40 g Fett
40 g Speck
40 g Dürre (Wurst)
200 g Zwiebeln
1 Kl Rosenpaprika
1 Tl Essig
500 g mehlige Erdäpfel
Salz, gemahlener Kümmel, Majoran

In heißem Fett lässt man den in kleine Würfel geschnittenen Speck mit der der Länge nach geviertelten und blättrig geschnittenen Wurst anlaufen, röstet darin die fein geschnittenen Zwiebeln goldgelb an. Man gibt Rosenpaprika dazu, löscht mit Essig ab und fügt die geschälten, geviertelten Erdäpfel, die Gewürze und so viel Wasser bei, dass die Erdäpfel fast bedeckt sind. Die Erdäpfel werden nun so lange gedünstet, bis sie weich sind.
Es kann geschnittener frischer grüner Paprika – evtl. auch Wurst – dazugegeben werden.

Fleischknödel

500 g Mehl
⅜ l Wasser
Salz
Fülle:
200 g Fleischreste (oder Wurst)
½ Zwiebel, Petersilie
20 g Fett
30 g Brösel
50 g Fett zum Rösten der Brösel

Das Mehl wird gesalzen und mit ⅜ l kochendem Wasser abgebrüht. Aus diesem Teig sticht man mit einem Löffel gleich große Stücke aus, drückt sie auf einem bemehlten Brett auseinander, belegt sie mit der Fleischfülle oder gehackter Wurst und formt Knödel, die man in kochendes Salzwasser einlegt und ca. 10 Minuten langsam kocht. Beim Anrichten übergießt man die Knödel mit in Fett gerösteten Bröseln.
Die Fleischfülle (bzw. Wurst) wird zubereitet, indem man die Fleischreste fein hackt und mit der ebenfalls fein gehackten, in Fett gerösteten Zwiebel und der Petersilie vermengt.

Grammelknödel

200 g mehlige Erdäpfel
10 g Butter
Salz (ca.1 Kl/1 kg Erdäpfel)
10 g Maizena
10 g Weizengrieß
50 g glattes Mehl
1 Ei
Fülle:
120 g Grammeln
50 g Zwiebeln, 10 g Schmalz
Paprika, Knoblauch
gemahlener Kümmel
gemahlener weißer Pfeffer

Die großen mehligen Erdäpfel kochen oder dämpfen; noch heiß schälen und auf ein bemehltes Nudelbrett passieren (Erdäpfelpresse). Die Butter in Flocken darauf verteilen. Salzen, die übrigen Zutaten lose darunter mischen, zuletzt das verquirlte Ei darüber verteilen und alles schnell zu einem Teig verarbeiten. Knödel formen und in kochendem Wasser garen.
Für die Fülle die Zwiebeln schälen und fein hacken, die Grammeln grob hacken. Die Zwiebeln im Schmalz glasig anschwitzen, die Grammeln dazugeben und alles kurz durchrösten. Mit Knoblauch, Paprika, Kümmel, Salz und Pfeffer würzen. Gut kühlen; kleine Kugeln formen und anfrieren. Mit dem Teig umhüllen und je nach Größe etwa 10 Minuten lang kochen.

Innviertler Speckknödel

Teig:
250 g glattes Mehl
250 g griffiges Mehl
¼ l Milch
¼ l Wasser
1 Eidotter
Fülle:
250 g geschnittener Hamburger Speck
100 g Schnittlauch
Pfeffer

Das glatte und das griffige Mehl, Wasser, Milch und den Eidotter zu einem festen Teig kneten und etwas rasten lassen. In der Zwischenzeit den Speck feinwürfelig schneiden, mit Pfeffer und geschnittenem Schnittlauch vermengen und leicht kneten, bis der Speck zusammenhaftet. Mit einem Kaffeelöffel aus dieser Speckmasse kleine Kugeln ausstechen. Den Teig in gleich große Stücke teilen und mit den Fingern gleichmäßig dünn über die Speckkugeln ziehen. Die fertigen Knödel sollten etwa nussgroß sein.
Die Knödel ca. 10 Minuten in Salzwasser kochen.

Schlutzkrapferln mit Erdäpfelfülle und Steinpilzen

Nudelteig:
320 g griffiges Mehl
10 g Öl, Salz, Pfeffer
2 Eier
1 Ei zum Bestreichen
20 g Butter zum Übergießen
Fülle:
10 g Butter oder
10 g Butterschmalz
40 g Zwiebeln
160 g Steinpilze
1 Eidotter
160 g speckige Erdäpfel
10 g Schnittlauch
Salz, Pfeffer

Aus Mehl, Öl, Salz, den Eiern und bei Bedarf einen Nudelteig zubereiten; rasten lassen und dünn ausrollen.
Einen breiten Streifen mit Ei bestreichen. Die Fülle nussgroß auf den Teig dressieren, den Teig darüber klappen, andrücken, halbmondförmig ausstechen und die Ränder mit den Gabelzinken festdrücken. In Salzwasser kochen, kurz abschrecken und mit heißer Butter übergießen.
Für die Fülle die Erdäpfel waschen, schälen, kochen und durch die Erdäpfelpresse drücken. Die Steinpilze putzen, waschen und grob hacken. Die Zwiebeln fein hacken und in Butterschmalz hell anrösten. Steinpilze zugeben und sautieren. Schnittlauch fein schneiden. Die passierten Erdäpfel, Dotter und Schnittlauch zugeben, mit Salz und Pfeffer abschmecken und erkalten lassen.

Schwammerlsterz

300 g Eierschwammerln
50 g Zwiebeln
10 g Knoblauch
40 g Butter
120 g Maisgrieß
(statt Maisgrieß kann auch Weizengrieß verwendet werden)
¼ l Rindsuppe
10 g Petersilie
Salz nach Bedarf

Die Schwammerln im trockenen Zustand putzen und zerkleinern (oder der Faser nach in gleichmäßige Stücke reißen, weil sie dadurch nicht so viel Flüssigkeit verlieren). Die Zwiebeln schälen und fein hacken. Den Knoblauch schälen und zerdrücken.
Die Butter in einer Kasserolle zerlaufen lassen und die Zwiebelstücke darin anschwitzen. Schwammerln, Petersilie und gehackten Knoblauch einfügen, wenig salzen und mit etwas Suppe untergießen. Zugedeckt die gesamte Flüssigkeit verdunsten lassen. Den Grieß beifügen, durchmischen und mit der Rindsuppe aufgießen. Hat der Grieß angezogen, nicht mehr umrühren, ihn aber von Zeit zu Zeit mit einer Gabel lockern. Nach 20 Minuten ist der Schwammerlsterz fertig.
Als Beilage passen alle Blattsalate.
Dieses Rezept kann auch mit allen anderen Speisepilzen zubereitet werden.

Knödelschmarren

Semmel- oder Erdäpfelknödel
2 Eier
50 g Fett
Salz

Knödelschmarren wird meist aus übrig gebliebenen Semmel- oder Erdäpfelknödeln hergestellt. Die Knödel werden blättrig geschnitten und in heißem Fett (mit oder ohne Zugabe von Bröseln) geröstet.
Die Speise kann verbessert werden, indem man über den fertigen Schmarren abgesprudelte Eier gießt, die man so lange mitrösten lässt, bis sie stocken. Es können auch klein geschnittene Zwiebeln mitgeröstet werden.

Grenadiermarsch

Abgeschmalzene Nudeln und Erdäpfelschmarren werden mit blättrig geschnittener, in Fett gerösteter Zwiebel vermischt. Diese Speise ist eine gute Restverwertung. Nockerln und blättrig geschnittene Knödel können ebenfalls dafür verwendet werden.

Mailänder Spaghetti

250 g Spaghetti
40 g Butter
150 g geschälte Paradeiser
Salz und Pfeffer
Knoblauch
etwas Öl
Basilikum
40 g Parmesan

Die Spaghetti werden in Salzwasser weich gekocht, abgeseiht, abgeschmeckt und in heiße Butter gegeben. Dann lässt man die geschälten Paradeiser dicklich einkochen, gibt Salz, Pfeffer und etwas zerdrückten Knoblauch, der in sehr heißem Öl angeröstet wurde, dazu und lässt die Sauce aufkochen. Man passiert sie, gibt die Spaghetti und feinnudelig geschnittenes Basilikum hinein und bestreut die Spaghetti vor dem Anrichten mit geriebenem Parmesan. (Man kann auch noch 100 g in 50 g Butter gedünstete, blättrig geschnittene Champignons zugeben.)

Fleischspeisen

Unter Fleisch versteht man im Allgemeinen das Muskelfleisch warmblütiger Tiere, welches für den menschlichen Genuss bestimmt ist. Man unterscheidet zwischen Schlachtfleisch, Schlachtgeflügel (Haus- und Mastgeflügel), Wild und Wildgeflügel (Federwild).
Das Fleisch von Schlachttieren kann Kalb-, Rind-, Schweine-, Schaf- und Pferdefleisch sein, wobei Letzteres besonders gekennzeichnet werden muss.
Unter Geflügel versteht man sämtliches Haus- und Mastgeflügel, wie Huhn, Perlhuhn, Truthahn, Ente, Gans und Taube, welche ebenfalls geschlachtet werden.
Unter Wild und Wildgeflügel fasst man sämtliche für den menschlichen Genuss geeignete jagdbare Tiere zusammen.

Vom Rind

Tafelspitz

600 g Tafelspitz
Knochen
60 g Zwiebeln
80 g Wurzelwerk
Salz
Pfefferkörner
Bouquet garni:
Lorbeerblatt
20 g Schnittlauch
Petersilienstängel

Die Knochen blanchieren (kurz überkochen, dann abfrischen). Den Tafelspitz parieren (zuputzen, die Sehnen wegschneiden). Die obere Fettschicht darf keinesfalls weggeschnitten werden, denn sie ist nicht nur charakteristisch für den Tafelspitz, sondern sie verstärkt auch den typischen Geschmack. Die Zwiebeln halbieren und an den Schnittflächen auf der Herdplatte anbraten. Das Wurzelgemüse waschen und schälen. Die Kräuter für das Bouquet garni waschen.
Die blanchierten Knochen werden in kaltem Wasser zugestellt und langsam zum Kochen gebracht. Der aufsteigende Schaum muss laufend abgeschöpft werden. Die Pfefferkörner und der Tafelspitz werden nun in die kochende Flüssigkeit eingelegt und ein wenig gesalzen. Das Ganze sollte leicht wallend köcheln. Das Wurzelwerk und das Bouquet garni sollten erst eine Dreiviertelstunde vor Beendigung der Kochzeit beigefügt werden, damit der frische Gemüsegeschmack der Suppe erhalten bleibt und das Gemüse als Garnitur für den Tafelspitz verwendet werden kann. Die gesamte Kochzeit für den Tafelspitz beträgt je nach Fleischqualität und -größe etwa 2 ½–3 Stunden. Ist das Fleisch fertig gekocht, wird es aus der Suppe gehoben und etwa 1 ½ Zentimeter dick aufgeschnitten. Wie jedes andere Fleisch wird auch der Tafelspitz gegen die Faser geschnitten. Aber Achtung: Die Faser verläuft an der Spitze etwas anders als am Ende des Tafelspitzes. Der Tafelspitz wird, wenn er angerichtet ist, mit heißer Bouillon übergossen, leicht gesalzen und mit dem in Scheiben geschnittenen mitgekochten Wurzelwerk serviert. Er kann noch mit mitgekochten Rindermarkscheiben belegt werden. Abschließend mit Schnittlauch bestreuen.

Klassische Beilagen zum Tafelspitz sind Röstkartoffeln oder gestürzte Erdäpfel; Schnittlauchsauce und Apfelkren; eingemachte Gemüse wie Dillfisolen oder Cremespinat.

Gekochtes Rindfleisch

600 g Rindfleisch
1 ½ l Wasser
Salz, Pfefferkörner
½ Karotte
½ Petersilienwurzel
¼ Zeller
30 g Zwiebeln
Bouquet garni

Das Fleisch (am besten Hieferscherzel, Dicker Spitz, Schulterscherzel oder Beinfleisch) wird in die kochende, leicht gesalzene Brühe (Zubereitung siehe Tafelspitz oder Rindsuppe, Seite 95, 267) gegeben und weich gekocht.
Als Beilagen dienen Gemüse, Saucen, Salate, Erdäpfel, Rote Rüben, Kraut u. a.
Anmerkung: Die Reste gekochten Rindfleisches schneidet man nudelförmig und verwendet sie kalt, mit Öl, Essig und Zwiebel angemacht, als Salat (Rindfleischsalat).

Tellerfleisch

600 g Rindfleisch
1 Karotte
½ Petersilienwurzel
¼ Zeller
½ Zwiebel
½ Stange Lauch
Salz
250 g Kohl
500 g Erdäpfel
Schnittlauch

(Suppe und Gemüse in einem Gericht; auch »Künstlersuppe« genannt.)

Das in Schnitten geteilte Fleisch wird in kochendes Wasser eingelegt. Nach einer halben Stunde gibt man das grobnudelig geschnittene Wurzelwerk, die Zwiebel, den Lauch und Salz dazu und lässt die Suppe noch eine halbe Stunde langsam kochen. Dann gibt man den geviertelten Kohl und die geschälten geviertelten Erdäpfel dazu und lässt die Suppe so lange weiterkochen, bis alle Zutaten weich sind.
Beim Anrichten wird das Fleisch in Würfel geschnitten, mit allen Zutaten in der Suppe angerichtet und mit fein geschnittenem Schnittlauch bestreut.

Gekochte Rindszunge

1 Rindszunge
200 g Wurzelgemüse
50 g Zwiebeln
Pfefferkörner
Lorbeerblatt

Eine frische Rindszunge wird in Salzwasser mit Wurzelwerk, Zwiebeln, Pfefferkörnern und Lorbeer weich gekocht, in kaltes Wasser gelegt, abgehäutet, wieder erwärmt und in Scheiben geschnitten.
Die Rindszunge kann nun mit gekochten Wurzelstreifen und Kren serviert werden. Sie wird auch gerne mit Kapern-, Dill- oder Sardellensauce nappiert gegessen.
Als Beilagen eignen sich Reis oder Erdäpfel.

Pökelzunge

Bereitet man in gleicher Weise zu, nur wird sie in ungesalzenem Wasser gekocht und zumeist mit Erbsen-, Bohnen- oder Erdäpfelpüree angerichtet.

Polnische Rindszunge

1 Rindszunge
polnische Sauce:
50 g Mandeln
50 g Rosinen
Schale von einer halben Zitrone
⅛ l Rotwein
braune Sauce
$\frac{1}{16}$ l Essig
80 g Kristallzucker
Salz
80 g Butter

Eine Rindszunge wird in Salzwasser weich gekocht, dann in kaltes Wasser gelegt, geschält, wieder erwärmt und in Scheiben geschnitten. Diese werden mit polnischer Sauce übergossen.
Für die polnische Sauce die geschälten, in Stiften geschnittenen Mandeln, die Rosinen und die fein gehackten Zitronenschalen in Rotwein kochen. Dann mischt man braune Sauce, Essig, Zucker und Salz hinzu, lässt die Sauce 5–10 Minuten langsam kochen und vermischt sie schließlich mit etwas Butter.
Als Beilage dienen Knödel.

Landbayrischer Rostbraten

800 g Rostbraten (4 Stück)
Salz und Pfeffer
Fülle:
80 g Butter, 1–2 Eier
150 g gekochtes Selchfleisch
250 g Erdäpfel
⅛ l Sauerrahm
1 Prise Muskatnuss
1 Prise Majoran
¼ Petersilienwurzel
⅛ Zeller, ¼ Karotte
½ Zwiebel, 60 g Fett
Rindsuppe (oder Wasser)
20 g Mehl
⅛ l Sauerrahm für die Sauce

Die ausgelösten und zurechtgeschnittenen Rostbraten werden geklopft, gesalzen, gepfeffert und mit einem Gemisch aus flaumig gerührter Butter, Eiern, fein gehacktem Selchfleisch, gekochten, geschälten, in kleine Würfel geschnittenen Erdäpfeln, saurem Rahm, Salz, etwas Muskatnuss und Majoran bestrichen. Einrollen, mit einem Spagat binden, auf Wurzelwerk und Zwiebeln in Fett anrösten und nach Hinzugabe von Rindsuppe oder Wasser bis zum Weichwerden dämpfen. Schließlich wird das Wurzelwerk mit Mehl gestaubt und nach dem Anrösten mit Suppe aufgegossen. Die Sauce wird geseiht und Rahm dazugegeben. Einmal aufkochen und über die halbierten, auf einer Schüssel angerichteten Rostbraten gießen.
Als Beilage passt Reis.

Reinrostbraten (Rostbraten in der Kasserolle)

800 g Rostbraten (4 Stück)
Salz
80 g Fett, 30 g Zwiebeln
Paprika
Kümmel und Majoran
30 g Tomatenmark
Rindsuppe (oder Wasser)
400 g Erdäpfel

Die ausgelösten Rostbraten werden geklopft, gesalzen und in heißem Fett rasch abgebraten. In dem gleichen Fett röstet man hierauf die fein geschnittenen Zwiebeln, gibt Paprika, fein gehackten Kümmel und Majoran sowie Tomatenmark hinzu und gießt mit Rindsuppe oder Wasser auf. In dieser Sauce werden die wieder eingelegten Rostbraten gedämpft. Wenn sie halb weich sind, gibt man roh geschälte, etwas überkochte Erdäpfel dazu und lässt alles miteinander weich dämpfen.
Anmerkung: Der beschriebene Rostbraten kann auch unter weiterer Zugabe von Wurzelwerk und Champignons gedämpft (gedünstet) werden (Gedünsteter Rostbraten).

Gerollter Rostbraten

800 g Rostbraten (4 Stück)
Salz
100 g Zwiebeln
60 g Fett
Mehl
Rindsuppe (oder Wasser)
¼ l Sauerrahm
Fülle:
60 g Speck, 2 Sardellen
60 g Zwiebeln
Kapern, Petersilie

Die dünn geschnittenen Rostbraten werden geklopft und gesalzen. Dann bestreicht man sie mit einer Mischung aus dem fein geschnittenen Speck, den geputzten, passierten Sardellen, den fein geschnittenen Zwiebeln, ebensolchen Kapern und etwas gehackter Petersilie, rollt sie zusammen und bindet sie mit einem feinen Spagat. In einer Kasserolle röstet man die fein gehackten Zwiebeln in Fett an, gibt die Rostbraten hinein und lässt sie so lange im eigenen Saft dünsten, bis sie leicht angebräunt sind. Dann staubt man sie, gießt nach Anrösten des Mehls mit Suppe oder Wasser auf und lässt sie weiterdünsten, bis sie weich sind. Zuletzt gibt man Rahm dazu und lässt die Sauce einmal aufkochen.
Als Beilagen passen gedämpfter Reis, Nudeln oder Makkaroni.

Rostbraten mit Fleischfülle

800 g Rostbraten (4 Stück)
Salz und Pfeffer
¼ Petersilienwurzel
¼ Karotte
⅛ Zeller
50 g Zwiebeln
Pfefferkörner
50 g Fett
10 g Mehl
Rindsuppe (oder Wasser)
¼ l Sauerrahm
Fülle:
40 g Speck
20 g Zwiebeln
Petersilie
100 g Rindfleisch
1 Semmel
1 Ei
Salz und Pfeffer

Die Rostbratenstücke werden geklopft, gesalzen, gepfeffert, mit Fülle bestrichen, eingerollt und mit einem Spagat gebunden. Man röstet das feinblättrig geschnittene Wurzelwerk und die Zwiebeln in Fett an, gibt die Rostbraten und Pfefferkörner hinein und dünstet das Fleisch, bis es weich ist. Dann nimmt man es heraus, entfettet den Saft, staubt die Sauce, gießt mit Suppe oder Wasser und Rahm auf, lässt die Sauce einmal aufkochen und passiert sie über die in die Hälfte geschnittenen Rostbraten.
Für die Fülle werden der fein gehackte Speck, die Zwiebeln und die Petersilie, das gehackte, rohe Rindfleisch, die abgerindete, in Wasser erweichte, ausgedrückte, passierte Semmel mit Ei vermengt und mit Salz und Pfeffer gewürzt.
Als Beilagen passen Reis, Erdäpfelschmarren, Salzkartoffeln oder Makkaroni.

Rindsrouladen mit Spinat-Fleisch-Fülle (Seite 280)

Eszterházy-Rostbraten (Seite 282)

Gebratene Fasane, Perl- und Rebhühner (Seite 320)

Gebratener Rehrücken (Seite 312)

Rostbraten mit Schinkenreisfülle

Die Rostbratenstücke werden wie im vorhergehenden Rezept zubereitet und mit Schinkenreis gefüllt.
Für die Fülle wird gedünsteter Reis mit 50 g klein gehacktem Schinken (Selchfleisch) vermengt und mit 1 Eidotter gebunden.

Roastbeef, englisch gebraten

6 Portionen
1 kg Beiried
Salz
gemahlener schwarzer Pfeffer
Fett
Rindsuppe (oder Wasser)
20 g Butter

Das ausgelöste Beiried wird gesalzen, gepfeffert, in einer Pfanne mit heißem Fett an der Oberseite angebraten, gewendet und im heißen Rohr 10 Minuten gebraten. Danach reduziert man die Temperatur auf etwa 120 °C und lässt das Roastbeef noch 1 Stunde weiterbraten. Das Roastbeef wird aus der Pfanne genommen und bei etwa 60 °C warm gestellt. Der Bratrückstand wird entfettet, mit Rindsuppe oder Wasser und einem Stück Butter aufgekocht und abgeschmeckt. Das fertig gebratene Roastbeef sollte nach Durchschneiden an der Schnittfläche eine rosa Färbung aufweisen (englisch gebraten).
Als Beilagen reicht man gedämpfte oder gekochte Gemüse, Reis, Risipisi, Champignons, Sauce tartare, Remouladensauce, Erdäpfel in allen Formen u. a. Garnituren.
Anmerkung: Aus weniger als einem Kilogramm Fleisch kann man Roastbeef schwer zubereiten.

Contre-Filet (gespicktes Beiried)

1 kg Beiried
30 g Speck
Salz und Pfeffer
50 g Fett
Rindsuppe (oder Wasser)
20 g Butter

Das ausgelöste Beiried wird auf der höheren Seite bis zum schmalen Teil von Haut und Fett befreit, auf dieser Seite gespickt, dann gesalzen und gepfeffert und weiter wie im vorhergehenden Rezept behandelt.
Als Beilagen passen Erdäpfel, Reis, Gemüse, saure Beilagen, Salate, Saucen, scharfe und süße Essigfrüchte, Senfgemüse u. a. Garnituren.

Gebratenes Rinderfilet

800 g Lungenbraten (Mittelstück)
Salz und Pfeffer
50 g Speck
50 g Fett
Rindsuppe (oder Wasser)
20 g Butter

Der Lungenbraten wird abgehäutet, gespickt, gesalzen, gepfeffert und mit heißem Fett 20–25 Minuten in heißem Rohr gebraten. Der Saft wird sodann entfettet und mit Rindsuppe oder Wasser und Butter aufgekocht.
Als Beilagen eignen sich Gemüse aller Art, Reis, Risipisi, Sauce tartare, französischer Salat, scharfe Essigfrüchte (Mixed Pickles), Erdäpfel, Apfelmus, Dunstobst u. a. Garnituren.

Filet à la Colbert (Rindslende nach Colbert)

800 g Lungenbraten
Salz und Pfeffer
50 g Fett
Duxelles:
20 g Fett
Petersilie
50 g Champignons
20 g Zwiebeln
1 Kohlkopf
¼ Schweinsnetz
Rindsuppe (oder Wasser)
30 g Butter zum Montieren

Der Lungenbraten wird abgehäutet, gesalzen, gepfeffert, in sehr heißem Fett bei starker Hitze 10 Minuten rundum angebraten und dann überkühlt. Das Schweinsnetz wird in kaltes Wasser eingelegt. Die Zwiebeln, Champignons und die Petersilie werden fein gehackt; damit wird die Duxelles (siehe Glossar) zubereitet. Der Kohl wird vom Strunk befreit, die großen Blätter werden abgelöst, der Rest wird geteilt und alles zusammen wird in siedendem Salzwasser blanchiert; danach kalt abschirmen. Das Rohr wird auf 200 °C vorgeheizt.
Das Schweinsnetz wird zu einem Rechteck aufgelegt, das etwas mehr als der Größe des Fleischstücks entspricht.
Darauf werden die blanchierten Kohlblätter gelegt und mit Duxelles bestrichen. Nun kommt der ausgekühlte Lungenbraten darauf. Alles wird straff eingerollt und bei starker Hitze unter häufigem Begießen mit dem ausgetretenen Fett 20 Minuten halb durch (englisch) gebraten. Der Saft wird sodann entfettet und mit Rindsuppe oder Wasser aufgekocht. Mit eiskalter Butter montieren.
Als Beilagen gibt es Butterkartoffeln, Kartoffelkugeln (Pommes noisettes), Reis u. dgl.

Filet à la Wellington (Rindslende in Blätterteig)

Ein Lungenbraten wird wie zuvor beschrieben gebraten und in einem messerrückendick ausgewalkten, mit Duxelles bestrichenen Blätterteig (von 150 g Butter, 150 g Mehl) eingeschlagen. Der Teig wird mit Ei bestrichen und bei starker Hitze gebacken.

Rindsbraten

600 g Rindsbraten
60 g Selchspeck
Salz
Pfeffer aus der Mühle
20 g Öl zum Anbraten
50 g Karotten
50 g Gelbe Rüben
50 g Zeller
50 g Petersilienwurzel
80 g Zwiebeln
80 g Lauch
10 g Tomatenmark
etwas Estragonsenf
0,1 l Rotwein
1 l Suppe oder brauner Fond
Petersilie
Knoblauch
Lorbeerblatt
Pfefferkörner
Sauerrahm

Den Selchspeck in Streifen schneiden und leicht anfrieren. Das Rindfleisch parieren und mit den Speckstreifen längs zur Faser spicken. Das Wurzelgemüse waschen und in Würfel von etwa 2 cm Seitenlänge (Mirepoix) schneiden. Die Zwiebel schälen und ebenfalls so schneiden.
Den Lauch halbieren und waschen. Die Petersilie waschen und den Knoblauch schälen.
Fleisch mit Salz und Pfeffer aus der Mühle würzen und in heißem Öl anbraten. Wenn das Fleisch an allen Seiten Farbe genommen hat, aus dem Topf nehmen und warm stellen. Das geschnittene Wurzelwerk im Bratrückstand anrösten. Wenn dies Farbe angenommen hat, die Zwiebeln beifügen und weiterrösten. Dann das Tomatenmark beigeben und so lange rösten, bis das Fett sich von rot auf braun färbt. Mit dem Rotwein deglacieren (ablöschen) und mit Rindsuppe oder braunem Fond aufgießen; aufkochen. Das Fleisch einlegen und zudecken. Anschließend im Backrohr bei 220 °C zugedeckt weich dünsten lassen; dabei das Fleisch immer wieder mit dem Saft übergießen und öfters umdrehen. Eine Stunde vor Beendigung des Garvorgangs Knoblauch, Lauch, Petersilie, Lorbeer und Pfefferkörner beifügen und das Fleisch weiterdünsten, bis es weich ist. Die gesamte Garzeit beträgt je nach Größe und Qualität des Fleisches etwa 2 ½–3 Stunden. Danach Fleisch herausnehmen, die Sauce degraissieren und mit dem Wurzelwerk durch ein Spitzsieb passieren. Mit Senf und Rotwein abschmecken und noch einmal aufkochen. Falls die Sauce zu wenig Bindung hat, kann man etwas von dem mitgedünsteten Mirepoix pürieren und mit diesem Gemüsepüree der Sauce Bindung geben (die schmackhafteste und modernste Variante). Klassisch wäre die Bindung mittels einer braunen Einbrenn. Diese Methode wird heute jedoch kein Küchenchef mehr empfehlen. Rindsbraten in dünne Tranchen schneiden und mit der Sauce nappiert servieren.
Tipp: Das beste Fleisch für den Rindsbraten ist das »Weiße Scherzel«, aber Vorsicht! Ein wenig zu lange gedünstet, wird es trocken und bröselig. Ungeübte nehmen besser das Hieferscherzel oder das Tafelstück.

Frankfurter Braten

Man verwendet in Wiener Gasthäusern an Stelle des Specks Frankfurter Würstel zum Durchziehen des Fleisches, und zwar in der Weise, dass die quer aufgeschnittenen Portionen ein mosaikartiges Bild geben. Die Zubereitung erfolgt wie für den Rindsbraten.

Senfbraten

Nicht gespicktes Rindfleisch, sonst wie Rindsbraten. Die Sauce sollte stark mit französischem Senf, Rotwein und Schalotten gewürzt werden (Sauce Robert).

Rindsbraten à la mode

So wird der Rindsbraten dann benannt, wenn er mit Speck, Gurken und Karotten gespickt wurde.
Als Beilagen passen Nudeln, Reis, Makkaroni, Erdäpfelknödel, Erdäpfelröllchen u. a.
Anmerkung: Sollte sich das Wurzelwerk bräunen, so gießt man während des Bratens Wasser zu.

Saftbraten (Beiried)

Er wird nicht gespickt und die Sauce nicht gestaubt, jedoch mit etwas mehr Tomatenmark gefärbt.

Rindsbraten mit Rahmsauce (Rahmbraten)

Die Zubereitung erfolgt wie für den Rindsbraten. Die Sauce mit Schlagobers und Sauerrahm vollenden und evtl. mit Zitronensaft und Zitronenzesten abschmecken.

Champignon- oder Pilzlingsbraten

Die Zubereitung gleicht der des Rindsbratens. Die Abschnitte beim Zurichten der Schwämme in der Sauce mitdünsten, die Champignons oder sonstigen Pilze in Butter dünsten und beim Anrichten auf das Fleisch geben; die Sauce, mit Schlagobers und Sauerrahm vollendet, darübergießen.

Znaimer Braten

Wird wie Senfbraten zubereitet. In die fertige Rindsbratensauce werden jedoch blättrig geschnittene Salzgurken gemengt. Mit Sauerrahm vollenden.

Jägerbraten

Das Fleisch mit geräuchertem Speck sehr stark spicken, sonst wird es wie Rindsbraten zubereitet. In die fertige Sauce werden dünne Scheibchen Essiggurken, gedünstete Champignons, Kapern und geröstete Räucherspeckwürfel gegeben.

Paradeisbraten

750 g Rindfleisch
50 g Speck, Salz und Pfeffer
30 g Fett, 60 g Zwiebeln
250 g Paradeiser (oder
2 El Tomatenmark)
Rindsuppe (oder Wasser)
⅛ l Rotwein
Beurre manié:
20 g Mehl, 10 g Butter

Das Rindfleisch (Hieferschwanzel oder Beiried) wird gespickt, gesalzen, gepfeffert und auf in Fett angerösteten Zwiebeln, unter Zugießen von Wasser und Begießen mit dem eigenen Saft, im Rohr gebraten. Wenn das Fleisch halb weich ist, gibt man die halbierten Paradeiser (oder das Tomatenmark), Rotwein und eine Beurre manié hinzu und dünstet das Fleisch, bis es weich ist. Zuletzt wird die Sauce durch ein Sieb getrieben. Als Beilagen kommen Erdäpfelknödel, Nockerln, Nudeln, Risipisi u. a. in Frage.

Bürgerlicher Rindsbraten

750 g Rindfleisch
(Hieferschwanzel)
40 g Speck
Salz und Pfeffer
40 g Fett
80 g Zwiebeln
Rindsuppe (oder Wasser)
20 g Mehl
⅛ l Rotwein
¼ l Sauerrahm
120 g Karotten
½ Zeller
Erbsen
50 g Champignons
20 g Butter

Das Rindfleisch wird gespickt, gesalzen und gepfeffert. In heißem Fett werden erst die fein gehackten Zwiebeln, dann das Rindfleisch allseitig angeröstet und unter mehrmaligem Nachgießen von Rindsuppe oder Wasser weich gebraten. Wenn das Fleisch weich und der Saft klar geworden ist, wird dieser entfettet, mit Mehl gestaubt und, wenn auch angeröstet wurde, mit Rindsuppe oder Wasser und Rotwein aufgegossen; durch ein Sieb treiben und das Fleisch darin 10–15 Minuten dünsten. Nochmals mit Rahm aufkochen. Karotten und Zeller werden geschält, geformt (tourniert) und mit den Erbsen in Salzwasser weich gekocht, abgeseiht und noch ein wenig in der Sauce gedämpft, in die man noch blättrig geschnittene, in Butter gedünstete Champignons mengt.
Das zerteilte Fleisch wird mit der Sauce übergossen.
Als Beilagen passen Nudeln, Makkaroni, Reis oder Butterteigmonde.

Pester Lungenbraten

750 g Lungenbraten
Salz und Pfeffer
30 g Fett
30 g Speck
80 g Zwiebeln
1 Kl Rosenpaprika
1 El Essig
Rindsuppe (oder Wasser)
10 g Mehl
40 g Tomatenmark
⅛ l Sauerrahm

Der vorgerichtete Lungenbraten wird gesalzen, gepfeffert, in heißem Fett erst allseitig angebraten und dann unter häufigem Begießen 10 Minuten im Rohr gebraten. Dann seiht man das Fett ab, gibt den würfelig geschnittenen Speck und die fein gehackten Zwiebeln hinein, lässt sie goldgelb anrösten, gibt Paprika und Essig dazu, staubt dies etwas, gießt mit Suppe oder Wasser auf, mengt Tomatenmark dazu und lässt den Lungenbraten zugedeckt 30 Minuten langsam schmoren. Die abgeseihte Sauce wird mit abgerührtem Rahm vollendet.
Als Beilagen eignen sich Nudeln, Nockerln oder Tarhonya.

Rindsrouladen

750 g Rindsschnitzel
100 g Essiggurkerln
100 g Karotten, 100 g Zeller
100 g Selchspeck
40 g Öl zum Anbraten der Rouladen
die Anschnitte der Gemüsestreifen und des Specks
1 kleine Zwiebel
10 g Tomatenmark
1/10 l Rotwein, 1 l Rindsuppe
Thymian, Lorbeer, Knoblauch
1/10 l Sauerrahm
20 g glattes Mehl
Salz, Pfeffer, Senf
Worcestersauce

Die Rindsschnitzel klopfen, würzen, mit Senf bestreichen und mit Streifen von Gurkerln, Speck, Karotten und Zeller belegen. Straff einrollen, mit einem Spagat binden und in heißem Öl auf allen Seiten scharf anbraten. Die Rouladen nun aus der Pfanne nehmen und warm stellen. Im Bratrückstand die Speck- und Gemüseanschnitte anrösten. Wenn diese Farbe genommen haben, die grob geschnittene Zwiebel mitbraten und tomatisieren. Das Tomatenmark mitrösten, bis es eine schöne braune Farbe hat; dann mit Suppe und Rotwein aufgießen, Thymian, Lorbeer und grob zerdrückten Knoblauch beigeben und aufkochen lassen. Die Rouladen werden nun in diesem Saft etwa 1 ½ Stunden weich gedünstet. Wenn die Rouladen fertig sind, hebt man sie aus dem Saft und stellt sie warm. Den Saft mit dem im Sauerrahm verrührten Mehl binden, aufkochen lassen, durch ein Drahtsieb passieren, mit Senf und Worcestersauce abschmecken und noch einmal kurz verkochen lassen. Abschließend sollten die Rouladen in der Sauce kurz ziehen.

Rindsrouladen mit Spinat-Fleisch-Fülle

750 g Rindsschnitzel
200 g Blattspinat
Fülle:
400 g durchzogener Speck
50 g Zwiebeln
20 g Butter
10 g Petersilie
100 g Faschiertes vom Rind
1 Semmel
1 Ei
40 g Öl
100 g Wurzelwerk
1 kleine Zwiebel
10 g Tomatenmark
1/10 l Rotwein
1 l Rindsuppe
Thymian, Lorbeer, Knoblauch
1/10 l Sauerrahm
20 g glattes Mehl
Salz, Pfeffer
Senf, Worcestersauce

Den Blattspinat putzen, waschen, in Salzwasser blanchieren und kalt abfrischen. Das Wurzelwerk putzen, die Zwiebel schälen und beides in grobe Würfel schneiden (Mirepoix).
Die Zwiebeln für die Fülle und die Petersilie fein hacken. Die Semmel in Wasser einweichen.
Die Rindsschnitzel klopfen, salzen und pfeffern, mit Blattspinat belegen und mit der Fleischfülle (siehe unten) bestreichen. Straff einrollen, mit Spagat binden und in heißem Öl auf allen Seiten scharf anbraten. Die Rouladen nun aus der Pfanne nehmen und warm stellen. Im Bratrückstand das Mirepoix anrösten. Wenn dieses Farbe genommen hat, tomatisieren. Das Tomatenmark mitrösten, bis es eine schöne braune Farbe hat; dann mit der Suppe und Rotwein aufgießen. Thymian, Lorbeer und grob zerdrückten Knoblauch beigeben und aufkochen lassen. Die Rouladen werden nun in diesem Saft etwa 1 ½ Stunden weich gedünstet.
Wenn die Rouladen fertig sind, hebt man sie aus dem Saft und stellt sie warm. Den Saft mit dem im Sauerrahm verrührten Mehl binden, aufkochen lassen, durch ein Drahtsieb passieren, mit Senf und Worcestersauce abschmecken und noch einmal kurz verkochen lassen. Abschließend sollten die Rouladen in der Sauce kurz ziehen.
Für die Fülle werden der fein gehackte Speck und die Zwiebelstücke angeröstet und mit der Petersilie, dem faschierten rohen Rindfleisch, der in Wasser eingeweichten, ausgedrückten, passierten Semmel und dem Ei vermengt und mit Salz und Pfeffer gewürzt.

Lungenbraten mit Rahm

750 g Lungenbraten
40 g Speck
Salz und Pfeffer
¼ Petersilienwurzel
¼ Karotte, ⅛ Zeller
30 g Zwiebeln
Pfefferkörner
½ Lorbeerblatt
1 Prise Thymian
Ingwer, Muskatnuss
50 g Fett, 20 g Mehl
Rindsuppe (oder Wasser)
etwas Zitronensaft
⅛ l Sauerrahm

Der Lungenbraten wird von Fett und Haut befreit, gespickt, gesalzen, gepfeffert und auf dem in Fett hellgelb angerösteten Wurzelwerk, den Zwiebeln und Gewürzen sehr rosa gebraten, wobei man Suppe oder Wasser zugibt und ihn öfter mit dem Saft begießt. Dem mittlerweile klar gewordenen Saft wird nun etwas Fett abgeschöpft. Das Fleisch wird herausgenommen, die Wurzeln werden gestaubt und nach Anrösten des Mehls wird mit Rindsuppe oder Wasser aufgegossen. Dann werden das Fleisch und etwas Zitronensaft wieder dazugegeben. Das Fleisch wird zugedeckt geschmort. Der Lungenbraten sollte zum Schluss in der Mitte noch rosa sein. Abschließend vermengt man die Sauce mit Rahm, passiert sie und lässt sie noch kurz verkochen.
Als Beilagen reicht man Nudeln, Reis, Butterteigmonde u. Ä.
Anmerkung: Man kann auch etwas Rotwein in die Sauce geben.

Rostbraten in der Pfanne

800 g Rostbraten (4 Stück)
Salz und Pfeffer
60 g Fett
Rindsuppe
20 g Butter

Die gut abgelegenen Rostbratenstücke werden geklopft, gesalzen, gepfeffert, am Rand mehrmals eingeschnitten, in heißem Fett beiderseits rasch braun gebraten, aus der Pfanne genommen und warm gestellt. Der Bratrückstand wird entfettet, mit Rindsuppe aufgekocht und mit eiskalten Butterflocken montiert. Der Rostbraten kann nun in die Sauce gegeben werden und kurz nachziehen, darf aber keinesfalls mehr aufkochen.
Als Beilagen passen mitgebratene Erdäpfel, Salzkartoffeln, Erdäpfelschmarren, Reis, Gemüse u. dgl.

Rostbraten auf dem Rost (Grill)

Die Rostbratenstücke werden geklopft, am Rand mehrmals eingeschnitten, gesalzen, gepfeffert, in Öl getaucht und auf dem Rost beiderseits mäßig gebraten.
Als Beilagen eignen sich Erdäpfelschmarren, Bratkartoffeln, Pickles, Salz- oder kleine Gurken, Gemüse u. dgl.

Zwiebelrostbraten

800 g Rostbraten (4 Stück)
Salz und Pfeffer
20 g Mehl
60 g Fett
100 g Zwiebeln
Rindsuppe (oder Wasser)

Die Rostbratenstücke werden geklopft, am Rand mehrmals eingeschnitten, gesalzen, gepfeffert, auf einer Seite in Mehl getaucht und beiderseits in heißem Fett gebraten; aus der Pfanne nehmen und warm stellen. Der Bratrückstand wird entfettet, mit Rindsuppe aufgekocht und mit eiskalten Butterflocken montiert. Der Rostbraten kann nun mit einem kleinen Teil der gerösteten Zwiebeln in die Sauce gegeben werden und kurz nachziehen, darf aber keinesfalls mehr aufkochen. Dann röstet man ringelig geschnittene Zwiebeln in Fett knusprig hellbraun und streut sie auf die Rostbraten. Als Beilagen reicht man Erdäpfelschmarren, Bratkartoffeln, Reis u. dgl.

Eszterházy-Rostbraten

600 g Rostbraten (4 Stück)
Salz, Pfeffer
etwas Öl
20 g glattes Mehl
50 g Gelbe Rüben
50 g Karotten
50 g Zeller
50 g Lauch
0,2 l brauner Kalbsfond (oder Rindsuppe)
30 g Butter
$\frac{1}{16}$ l Sauerrahm
10 g Schnittlauch

Die Rostbratenstücke werden am Rand mehrmals eingeschnitten, geklopft, gesalzen, gepfeffert, mit einer Seite in Mehl getaucht und in heißem Fett beiderseits gebraten. Das Fleisch wird dann aus der Pfanne genommen und warm gestellt. Das Fett wird abgegossen, der Bratrückstand mit braunem Fond oder Rindsuppe eingekocht. Mit abgerührtem Sauerrahm, in den man wenn notwendig etwas Mehl einrührt, wird die Sauce vollendet.
Gemüse – julienne – schneiden und kurz blanchieren. In der Pfanne blättrig geschnittene Zwiebel im Bratrückstand anrösten, mit Demi-glace ablöschen und aufkochen. Gemüse beigeben, mit Sauerrahm vollenden und abschmecken.
Die Rostbratenstücke werden angerichtet, mit der Sauce übergossen und mit dem nudelig geschnittenen Wurzelwerk, das man vorher in Butter gedämpft hat, und dem fein geschnittenen Schnittlauch bestreut.
Als Beilagen eignen sich Salzkartoffeln, Erdäpfelschmarren, Nudeln, Nockerln u. Ä.

Rumpsteak (Beiriedstück)

800 g Beiried (4 Stück)
60 g Fett oder Öl
20 g Butter
Rindsuppe (oder Wasser)
Salz und Pfeffer

Das Beiried wird in 2–3 cm dicke Scheiben geschnitten, die man mit dem Messerrücken klopft, salzt, pfeffert, am Rand mehrmals einschneidet und in heißem Fett beiderseits 8–10 Minuten in der Pfanne oder auf dem Rost brät. Der Bratensaft wird entfettet, mit Butter und Rindsuppe oder Wasser aufgekocht und über die angerichteten Rumpsteaks gegossen.
Als Beilagen passen Erdäpfel, alle Arten Gemüse, französischer Salat, Pickles usw. Auf die Rumpsteaks gibt man zumeist ein Stückchen Kräuterbutter (siehe Seite 380).

Rumpsteak auf Weinhändlerart

800 g Beiried (4 Stück)
Salz, Pfeffer
1/16 l Öl
50 g Rindsmark
50 g Champignons
20 g Parmesan
Semmelbrösel
20 g Butter
Sauce:
225 g Rindsknochen
½ Petersilienwurzel
½ Karotte, ¼ Zeller
½ Zwiebel, 50 g Fett
20 g Mehl
Rindsuppe (oder Wasser)
1/16–1/8 l Rotwein
Pfefferkörner
Neugewürzkörner
½ Lorbeerblatt
1 Prise Thymian
Ingwer, 1–2 El Madeira

Die daumendicken Fleischstücke werden gesalzen, in der Pfanne oder auf dem Rost halb gebraten, schräg in Scheiben geschnitten, in einer Gratinierschüssel angerichtet und mit der Sauce übergossen. Weiters mit abgebrühtem, in Scheiben geschnittenem Rindsmark und blättrig geschnittenen Champignons belegt, mit geriebenem Parmesan und Semmelbröseln bestreut, mit zerlassener Butter betropft und 5 Minuten in das heiße Rohr gestellt.
Für die Sauce werden die Knochen, das Wurzelwerk und die halbe Zwiebel in Fett braun geröstet und gestaubt. Das Mehl wird angeröstet. Mit Suppe oder Wasser, dem Bratensaft und Rotwein aufgießen. Die Gewürze hinzufügen, gut verkochen, passieren und mit Madeira, Salz und Pfeffer versetzen.

Filetsteak (Rindslendenstück)

Aus einem gut abgelegenen, abgehäuteten Lungenbraten werden 3 cm dicke Scheiben geschnitten, die man etwas abrundet, salzt, pfeffert und in sehr heißem Fett oder Öl beiderseits 5–6 Minuten oder auf dem Rost englisch brät.
Als Beilagen reicht man verschiedene Gemüse, Kartoffelkugeln, gebackene Erdäpfel oder Spiegeleier.

Rindslendenscheiben (Tournedos) à la bouquetière (grilliert)

Auf dem Rost gebratene Rindslendenscheiben auf einer länglichen Platte auf Röstschnitten anrichten, mit verschiedenen Gemüsen bukettartig umlegen und mit Jus servieren.

Rindslendenscheiben nach Metternich

Aus Risotto, in den man blättrig geschnittene Pilze rührt, macht man kleine Sockel, legt auf jeden ein Tournedos, belegt dieses mit in Butter gedünsteten Champignonköpfchen und übergießt das Ganze mit Bratensaft.

Beiriedschnitzel

800 g Beiriedschnitten (4 Stück)
Salz
evtl. Pfeffer
60 g Fett oder Öl
20 g Butter
Rindsuppe (oder Wasser)

Die gut abgelegenen Fleischschnitten werden geklopft, gesalzen und eventuell auch gepfeffert, am Rand mehrmals eingeschnitten und beiderseits in heißem Fett 8–10 Minuten gebraten. (Rasch zu bratende Fleischstücke sollten stets gut abgelegen und mürbe sein.) Rindsschnitzel warm stellen und Bratrückstand mit Suppe aufgießen, reduzieren und mit Butter montieren.

Gebackenes Beiried

800 g Beiriedschnitten (4 Stück)
Salz
60 g Mehl
1–2 Eier
80 g Brösel
200 g Fett

Die Fleischschnitten werden wie die obigen vorgerichtet, in Mehl, Eiern und Bröseln paniert und in heißem Fett gebacken.

Vom Kalb

Naturschnitzel

600 g Kalbsschnitzel (vom Schlegel, 4 Stück)
Salz
20 g Öl
30 g Mehl
Rindsuppe (oder Wasser)
Butter

Die Schnitzel werden am Rand mehrmals eingeschnitten, auf einer Seite geklopft, gesalzen, in Mehl getaucht und in heißem Fett auf beiden Seiten (und zwar zuerst auf der bemehlten Seite) goldbraun gebraten. Der Bratensaft wird entfettet und mit Rindsuppe oder Wasser aufgekocht. Eiskalte Butterflocken mit dem Schneebesen zügig einrühren und den Saft über die Schnitzel gießen.
Als Beilagen eignen sich Reis, Risipisi, Gemüse und Salate.

Sardellenschnitzel

600 g Kalbsschnitzel (vom Schlegel, 4 Stück)
Salz
30 g Mehl
20 g Öl
20 g Mehl
2–3 Sardellen
1/16 l Sauerrahm
Rindsuppe (oder Wasser)

Es werden Naturschnitzel zubereitet. Den Bratrückstand staubt man mit ein wenig Mehl und gießt mit etwas Rindsuppe oder Wasser auf. Knapp vor dem Anrichten gibt man die fein gehackten oder passierten Sardellen (oder auch Sardellenbutter) und Rahm dazu und lässt die Sauce etwas verkochen. Dann legt man die Schnitzel in die Sauce und lässt sie darin kurz ziehen. Als Beilagen passen Reis, Erdäpfel, Nockerln oder Tarhonya.

Paprikaschnitzel

600 g Kalbsschnitzel (vom Schlegel, 4 Stück)
Salz
80 g Fett
30 g Speck
30 g Zwiebeln
10 g Mehl
1 Kl Rosenpaprika
Rindsuppe (oder Wasser)
1/8 l Sauerrahm

Die Schnitzel werden wie Naturschnitzel gebraten, aus der Pfanne genommen und warm gestellt. In demselben Fett wird kleinwürfelig geschnittener Speck zerlassen; damit werden die fein gehackten Zwiebeln licht angeröstet. Mit Mehl stauben und, nachdem dieses angeschwitzt ist, den Paprika beifügen. Danach sofort mit Rindsuppe oder Wasser aufgießen. Nach erfolgtem Aufkochen mengt man Salz und abgerührten sauren Rahm in die Sauce, lässt das Ganze etwas verkochen, legt die gebratenen Schnitzel hinein und lässt sie darin etwa 5 Minuten ohne aufzukochen ziehen. Als Beilagen bieten sich Reis, Risipisi, Nockerln, Nudeln, Tarhonya oder Erdäpfel an.

Rahmschnitzel

Diese werden in gleicher Weise wie Paprikaschnitzel, jedoch ohne Paprika zubereitet.

Champignonschnitzel

600 g Kalbsschnitzel (4 Stück, von Kaiserteil oder Nuss)
40 g Öl, Salz
40 g glattes Mehl
10 g Schalotten
120 g Champignons
Saft von 1 Zitrone
etwas Butter, 1/8 l Weißwein
0,2 l brauner Kalbsfond oder Rindsuppe, 0,1 l Schlagobers
evtl. 40 g Butter für Butterwürfel, Petersilie

Die Champignons schälen, blättrig schneiden und mit Zitronensaft marinieren. Die Schalotten schälen und fein hacken. Die Petersilie waschen und fein hacken. Die Schnitzel klopfen und einschneiden.
Die Kalbsschnitzel salzen, in Mehl wenden und in heißem Öl anbraten. Das Fleisch aus der Pfanne nehmen und warm stellen. Das Fett aus der Pfanne abgießen, etwas Butter in den Bratrückstand geben und darin die Schalotten und die Champignons sautieren. Mit Wein deglacieren (ablöschen) und mit Rindsuppe oder braunem Fond aufgießen; dann kurz reduzieren (einkochen lassen). Schlagobers dazugeben und wiederum reduzieren. Evtl. mit kalten Butterwürfeln montieren. Die Schnitzel in die Sauce einlegen und kurz ziehen lassen. Die Sauce darf jedoch nicht mehr aufkochen. Mit fein gehackter Petersilie bestreuen.

Kaiserschnitzel

600 g Kalbsschnitzel (4 Stück, von Kaiserteil oder Rose)
40 g Öl
Salz
40 g glattes Mehl
etwas Weißwein
0,4 l Kalbsfond oder Rindsuppe
4 Zitronen
Kapern
2 El Sauerrahm
Petersilie

Die Kapern hacken. Die Zitronen heiß waschen und etwas von der Schale abreiben. Die Petersilie waschen und fein hacken. Die Schnitzel klopfen und einschneiden.
Die Kalbsschnitzel salzen, in Mehl wenden und in heißem Öl anbraten. Das Fleisch aus der Pfanne nehmen und warm stellen. Das Fett aus der Pfanne abgießen, den Bratrückstand mit Wein deglacieren und mit Rindsuppe oder braunem Fond aufgießen; dann kurz reduzieren. Kapern, Zitronenzesten und den abgerührten Sauerrahm beifügen. Die Kalbsschnitzel in die Sauce einlegen und kurz ziehen lassen. Die Sauce darf jedoch nicht mehr aufkochen. Mit fein gehackter Petersilie bestreuen.

Parmesanschnitzel

Die geklopften, gesalzenen Schnitzel werden bemehlt, in verquirlte Eier getaucht, mit einer Gabel herausgehoben, in geriebenem Käse (Parmesan) gewälzt und rasch in heißem Fett nicht zu braun gebacken.

Kalbsschnitzel mit Kräutersauce

600 g Kalbsschnitzel (Kalbsschale, 4 Stück)
Salz
20 g glattes Mehl
etwas Olivenöl (normal)
20 g Zwiebeln
etwas Weißwein
0,2 l brauner Kalbsfond oder Rindsuppe
etwas Schlagobers
Schnittlauch
Kerbel
Petersilie
Basilikum
20 g Butter

Basilikum und Petersilie abzupfen und fein hacken. Schnittlauch fein schneiden. Die Kerbelblätter abzupfen. Die Kalbsschnitzel klopfen und einschneiden.
Die Kalbsschnitzel salzen, in Mehl wenden und in heißem Öl anbraten. Das Fleisch aus der Pfanne nehmen und warm stellen. Das Fett aus der Pfanne abgießen, den Bratrückstand mit Wein deglacieren und mit Rindsuppe oder braunem Fond aufgießen; dann kurz reduzieren. Schlagobers dazugeben und wiederum reduzieren. Die Schnitzel in die Sauce einlegen und kurz ziehen lassen. Die Sauce darf jedoch nicht mehr aufkochen. Abschließend die Kräuter in die Sauce geben. Mit eiskalter Butter montieren.

Kalbsroulade mit Madeirasauce

600 g Kalbsschnitzel (4 Stück, vom Kaiserteil)
10 g glattes Mehl
20 g Öl
Salz, Pfeffer aus der Mühle
Butter zum Montieren
Fülle:
120 g Kalbsschulter
20 g Butter
80 g Champignons
Zitronensaft
10 g Schalotten, Petersilie
1 Eidotter, 1/16 l Schlagobers
Rosmarin, Salbei
Sauce:
30 g Butter, 10 g Schalotten
0,3 l brauner Kalbsfond
etwas Madeira
20 g Butter zum Montieren

Die Kalbsschnitzel klopfen; eventuell die Sehnen an den Rändern einschneiden.
Für die Fülle Schalotten, Champignons und Petersilie fein hacken. Die Kalbsschulter sehr fein faschieren. Die Schalotten mit den Champignons in Butter anschwitzen; zuletzt die Petersilie dazugeben. Auskühlen lassen. Mit dem faschierten Kalbfleisch vermengen, mit Eidotter und Obers zu einer cremigen Farce aufschlagen und würzen.
Die Fülle auf die Kalbsschnitzel auftragen, diese einrollen und mit Zahnstocher befestigen. Langsam in Öl an allen Seiten anbraten, dann etwa 5–8 Minuten im Rohr bei etwa 150 °C fertig braten. Die Rouladen aus dem Topf nehmen und warm stellen. Das Fett aus dem Topf abschütten und die Butter im Bratrückstand schmelzen. Schalotten darin anschwitzen, mit Madeira deglacieren und mit braunem Kalbsfond aufgießen. Reduzieren und die Rouladen in der Sauce, ohne zu kochen, ziehen lassen. Rouladen auf Teller anrichten und die Sauce mit Butter montieren.

Gefülltes Kalbsschnitzel

600 g Kalbsschnitzel (4 Stück, vom Kaiserteil oder Nuss)
Salz
Fülle:
50 g Champignons
etwas Zwiebel, Petersilie
20 g Butter (oder Fett)
100 g Kalbfleisch (Schulter)
1 Eidotter, 1 El Sauerrahm
50 g Fett
½ Zwiebel zum Dünsten
Rindsuppe (oder Wasser)
Mehl, ⅛ l Sauerrahm

Die Kalbsschnitzel werden dünn geklopft und gesalzen.
Für die Fülle Champignons, Zwiebeln und Petersilie fein hacken, in Butter anrösten und mit dem faschierten Kalbfleisch, Dotter, saurem Rahm und Salz vermischen.
Man verteilt die Fülle gleichmäßig auf die Schnitzel, rollt die Schnitzel zusammen, bindet sie mit einem Bindfaden und dünstet sie auf der in Fett angerösteten Zwiebel, anfangs im eigenen Saft, später unter Zugießen von Suppe oder Wasser, weich. Sobald die Schnitzel weich sind und der Saft klar ist, wird der Bratensaft mit Mehl gestaubt und, wenn dieses angeröstet ist, mit Rindsuppe oder Wasser und saurem Rahm aufgegossen.
Als Beilagen eignen sich Reis, Erdäpfel u. Ä.

Gespickte Kalbsvögerln

600–700 g Kalbsvögerl (ausgelöste Kalbsstelzen)
80 g Selchspeck, Salz
50 g Butter, ½ Zwiebel
brauner Kalbsfond oder Rindsuppe
¹⁄₁₆ l Schlagobers
20 g Mehl, ⅛ l Sauerrahm
Petersilie

Die Kalbsvögerl werden in Portionsstücke geschnitten, die man spickt und salzt. In Butter werden die Fleischstücke rundum goldbraun angebraten (eventuell auch übrig gebliebener Speck). Die klein geschnittene Zwiebel kurz mitrösten. Mit braunem Kalbsfond oder Rindsuppe und dem Schlagobers aufgießen und weich dünsten. Das Fleisch herausnehmen, die Sauce mit dem Sauerrahm, der mit dem Mehl glatt gerührt wurde, binden. Kurz durchkochen und über die Vögerl passieren. Anrichten und mit fein gehackter Petersilie bestreuen.

Kalbsroulade, mit Duxelles gefüllt

600–700 g Kalbsschlegel
40 g Fett
Rindsuppe oder Kalbsfond
10 g Butter
Fülle:
30 g Zwiebeln
20 g Butter (Fett)
2–3 Champignons
Salz, Pfeffer
Petersilie
1 Ei

Für die Fülle fein gehackte Zwiebeln in heißer Butter anrösten; die fein gehackten Champignons darin weich dünsten, salzen, pfeffern und nach dem Erkalten mit Petersilie und einem Ei vermischen. Die Fülle wird auf geklopfte, gesalzene Kalbsschnitzel gestrichen, die man einrollt, bindet, in heißem Fett braun brät und mit Suppe oder Wasser weich dünstet. Der Bratensaft wird mit Rindsuppe oder Wasser aufgekocht und mit Butter montiert.
Als Beilagen eignen sich gedünsteter Reis, Risipisi, grüne Gemüse oder Salat.

Kalbsroulade mit Speckeinlage

100 g Speck
Paprika
30 g Zwiebeln
30 g Fett
⅛ l Sauerrahm

Auf die nach dem vorhergehenden Rezept vorbereiteten Schnitzel legt man je einen in Paprika gewälzten, fingerdicken Speckstreifen, rollt die Schnitzel zusammen, bindet die Röllchen mit Spagat und dünstet sie auf den fein gehackten Zwiebeln, die man vorher in Fett goldgelb geröstet hat. Während des Dünstens muss ab und zu Wasser nachgegossen werden. Eine Viertelstunde vor dem Servieren entfettet man den Saft, entfernt den Spagat und lässt dann die Röllchen mit Sauerrahm fertig dünsten. Man kann den Saft auch stauben.

Wiener Schnitzel

600 g Kalbsschnitzel (Schlegel, 4 Stück)
Salz
60 g Mehl
1–2 Eier
80 g Brösel, 200 g Fett

Die Schnitzel werden am Rand mehrmals eingeschnitten, geklopft, gesalzen, in Mehl, Eiern und Bröseln paniert und in heißem Fett schwimmend gebacken. Auf Küchenkrepp abtropfen lassen.
Anmerkung: Die Pfanne mit dem heißen Fett sollte beim Backen ständig leicht geschüttelt werden, um ein Aufgehen (Soufflieren) der Panier zu erreichen.

Als Beilagen passen Salate aller Art und grüne Gemüse; zumeist auch Beigabe einer Zitronenspalte.

Pariser Schnitzel

600 g Kalbsschnitzel (Schlegel, 4 Stück)
Salz
50 g Mehl
2 Eier
200 g Fett

Die Kalbsschnitzel werden am Rand mehrmals eingeschnitten, geklopft, gesalzen, in Mehl und Eier getaucht und in heißem Fett nicht zu braun gebacken.
Als Beilagen serviert man Salate, Gemüse, Reis oder Kartoffelkugerln.

Kalbsgeschnetzeltes Zürcher Art

600 g Kalbslungenbraten
Salz
gemahlener weißer Pfeffer
20 g glattes Meh, 20 g Öl
50 g Zwiebeln, 100 g Champignons, Petersilie
40 g Butter
etwas Weißwein
0,1 l brauner Kalbsfond oder Rindsuppe
0,1 l Schlagobers
Butter zum Montieren

Die Zwiebeln schälen und fein schneiden. Die Champignons putzen und fein schneiden. Die Petersilie hacken.
Das Fleisch salzen, pfeffern, in Mehl wälzen und scharf anbraten; aus der Pfanne nehmen. Fett entfernen und Butter beifügen. Die Zwiebeln mit den Pilzen sautieren. Mit Weißwein ablöschen und mit braunem Fond oder Rindsuppe auffüllen. Reduzieren, das Obers beifügen und erneut reduzieren. Das Fleisch beigeben und leicht ziehen lassen. Zur Vollendung mit Butter montieren und mit gehackter Petersilie bestreuen.

Kalbsgeschnetzeltes mit asiatischem Gemüse

600 g Kalbslungenbraten
etwas Öl
Salz
Pfeffer aus der Mühle
etwas Sojasauce
1 Chilischote
10 g Ingwerwurzel
Knoblauch
100 g Champignons
60 g grüner Paprika
60 g roter Paprika
80 g Sojasprossen
60 g Jungzwiebeln
0,2 l weißer Kalbsfond oder Rindsuppe
20 g Koriander, Maizena

Den Kalbslungenbraten parieren und blättrig schneiden. Die Champignons putzen und blättrig schneiden. Die Paprikaschoten julienne schneiden. Das Grüne von den Jungzwiebeln in etwa 2 cm breite Ringe schneiden, das Weiße fein hacken. Die Ingwerwurzel schälen und feinnudelig schneiden. Den Knoblauch schälen und fein hobeln. Die Chilischote halbieren, entkernen und fein hacken.
Das Fleisch salzen und pfeffern; dann im Wok oder in einer Pfanne mit wenig sehr heißem Öl anbraten. Die weißen Jungzwiebeln, die Champignons, Paprikaschoten und Sojasprossen dazugeben und weiterrösten. Knoblauch und Ingwer beifügen. Mit etwas Fond oder Rindsuppe aufgießen, würzen, aufkochen und das Grüne von den Jungzwiebeln dazugeben. Maizena mit wenig kaltem Wasser verrühren und die Sauce damit binden.
Mit gezupften Korianderblättern servieren.

Kalbsrückensteak mit Spargelspitzen

750 g ausgelöster Kalbsnierenbraten
Salz, Pfeffer aus der Mühle
20 g Öl
Sauce:
30 g Butter, 30 g Schalotten
etwas Weißwein
½ l brauner Kalbsfond
Kerbel, Estragon, Petersilie
Zitronensaft zum Kochen bzw. Abschmecken
80 g Butter zum Montieren
Kristallzucker
1/16 l Weißwein
100 g grüner Spargel
100 g weißer Spargel
80 g Butter zum Erwärmen
Salz

Den Spargel putzen, in Salzwasser mit Zucker und Zitronensaft kochen und in Eiswasser abkühlen. Den Spargelfond zum Erwärmen beiseite stellen. Kräuter abzupfen und Petersilie hacken. Den Kalbsrücken (vom Nierenbraten) parieren, Steaks zu ca. 150 g schneiden.
Die Steaks würzen und in Öl beidseitig braten (innen rosa). Warm stellen. Das Fett von der Pfanne abschütten. Im Bratrückstand Butter zergehen lassen und die Schalotten anschwitzen. Mit Wein, Spargelfond und braunem Kalbsfond aufgießen; auf die Hälfte reduzieren und passieren. Die Sauce aufkochen und abschmecken. Kräuter dazugeben und mit Butter montieren. Spargel vor dem Servieren im Spargelfond mit Butter vorsichtig erwärmen.

Kalbssteak auf Rahmkürbis

750 g ausgelöster Kalbsnierenbraten
Salz, Pfeffer
100 g Butterschmalz
Sauce:
etwas Öl
Parüren vom Zuputzen des Kalbsrückens
100 g Wurzelwerk
50 g Zwiebeln
10 g Tomatenmark
Thymian, Petersilienstängel, Lauch, Lorbeerblatt (Bouquet garni), Pfefferkörner
1 l Wasser
20 g Butter zum Montieren
Rahmkürbis:
100 g Lauch, 500 g Kürbis
50 g Butter
etwas Weißwein
0,15 l Sauerrahm
50 g Kürbiskerne
10 g Kürbiskernöl
Dille

Den ausgelösten Kalbsrücken parieren, in Steaks à 150 g schneiden und kalt stellen. Das Wurzelgemüse putzen, ebenso wie die Zwiebeln schälen und würfelig schneiden (Mirepoix). Den Kürbis entkernen, schälen und grob raspeln. Den Lauch halbieren, waschen und feinnudelig schneiden. Die Dille hacken.
Für den Fond die Parüren in Öl langsam braun rösten. Unter ständigem Weiterrösten das Wurzelwerk, die Zwiebeln und das Tomatenmark beifügen. Wenn alles schön braun ist, mit Wasser aufgießen. Sobald der Saft aufkocht, die Gewürze und das Bouquet garni dazugeben. Etwa 1 Stunde kochen lassen. Fond abseihen und für die Zubereitung der Sauce bereitstellen.
Den Lauch in Butter anschwitzen und den Kürbis beifügen; mit Weißwein ablöschen. Den abgerührten Sauerrahm beifügen, würzen und zugedeckt etwa 15 Minuten dünsten lassen. Den angerichteten Rahmkürbis mit einigen Tropfen Kernöl beträufeln und mit trocken gerösteten Kürbiskernen bestreuen.
Die Kalbssteaks würzen und in Butterschmalz auf beiden Seiten anbraten. Im Rohr dann etwa 7–8 Minuten bei 150 °C braten. Das Fleisch sollte innen noch zart rosa sein. Das Fleisch nun warm stellen und das Fett aus der Pfanne abschütten. Den Bratensatz mit braunem Fond auffüllen und reduzieren. Abschließend mit eiskalten Butterflocken montieren.

Forelle blau (Seite 324)

Gebratenes Zanderfilet mit Pilzen und Thymian (Seite 325)

Kalbssteak in der Pfanne

Ziemlich dick geschnittene Naturschnitzel von der Kalbsnuss oder Kalbslendenfilets werden einzeln in zum Servieren geeigneten Pfannen (Kasserollen) gebraten, mit Spiegeleiern belegt, mit Erdäpfelkugeln umlegt und so aufgetragen.

Überkrustete Parma-Kalbskoteletts

800 g Kalbskoteletts (4 Stück)
Salz
60 g Fett
80 g Schinken (4 Scheiben)
20 g Parmesan
20 g Semmelbrösel
20 g Butter
Gratiniersauce:
20 g Butter, 20 g Mehl
⅜ l Milch, Zitronensaft
Worcestersauce
20 g Parmesan
1 Eidotter, $\frac{1}{16}$ l Obers

Die Kalbskoteletts werden geklopft, am Rand mehrmals eingeschnitten, gesalzen, auf einer Seite in heißem Fett gebraten und so auf ein Backblech oder in eine gebutterte Gratinierschüssel gelegt, dass die rohe Seite nach oben gekehrt ist. Diese wird mit je einer Scheibe Schinken belegt, mit einer dicken Gratiniersauce überzogen, mit geriebenem Parmesan und den Semmelbröseln bestreut und mit geschmolzener Butter betropft. Die Koteletts werden dann eine Viertelstunde in ein heißes Rohr gestellt. Für die Gratiniersauce wird eine lichte Buttereinmach mit Milch aufgegossen, dick eingekocht, mit Zitronensaft, einigen Tropfen Worcestersauce, Salz und geriebenem Parmesan gewürzt und mit einem Eidotter, der mit kaltem Obers vermischt wurde, legiert.
Als Beilagen eignen sich Reis, Erbsen, Gemüse usw.

Nierenbraten

1,5 kg Nierenbraten (hinterer Teil des halben Kalbsrückens mit Niere)
Salz
50 g Fett
Butter
Rindsuppe (oder Wasser)

In Österreich wird der Nierenbraten vielfach unausgelöst mit der Niere gebraten und sodann zu jeder Schnitte gebratenem Fleisch eine Scheibe gebratene Niere dazugegeben. Der abgehäutete Nierenbraten wird am Knochen eingehackt, gesalzen, in heißem Fett angebraten und im Rohr 1–1 ½ Stunden (je nach Größe und Fleischqualität) gebraten; in der Endphase des Bratens öfters mit frischer Butter bestreichen (glacieren). Der Bratrückstand wird entfettet, mit Butter versetzt, mit Rindsuppe oder Wasser aufgekocht und extra zum Fleisch gereicht.
Als Beilagen passen Reis, Risipisi, Salat oder junge zarte Gemüse.

Wiener Kalbsrücken

2 kg Kalbsrücken
Salz
80 g Fett
20 g Butter
Rindsuppe (oder Wasser)

Der Kalbsrücken wird abgehäutet, gesalzen und mit der Niere in heißem Fett unter mehrmaligem Begießen mit dem Bratenfett etwa 1 Stunde im Rohr gebraten. Der fertige Braten wird aus der Bratpfanne gehoben und warm gestellt. Das Fett wird aus der Pfanne geleert, der Bratrückstand mit Rindsuppe oder Wasser aufgegossen, kurz verkocht, abgeseiht und noch einmal aufgekocht. Abschließend werden eiskalte Butterflocken mit dem Schneebesen zügig in den Saft eingerührt (montiert). Nach dem Montieren darf der Bratensaft nicht mehr aufkochen. Das gebratene Fleisch wird von den Knochen gelöst und in Scheiben geschnitten, diese werden wieder auf das Knochengerippe gelegt und mit der blättrig geschnittenen Niere belegt. Der Saft wird in einer Schale zu dem Braten aufgetragen.
Als Beilagen eignen sich Salate, Gemüse, Reis oder Risipisi.

Gefüllte Kalbsbrust

2 kg Kalbsbrust
Salz
Butter für den Saft
Öl zum Anbraten der Kalbsbrust
Rindsuppe (oder Wasser)
Semmelfülle:
3 Semmeln
½ Zwiebel
20 g Butter
etwa ⅛ l Milch
1–2 Eier
Muskatnuss, Salz, Petersilie
Semmelbrösel

Die Kalbsbrust wird eingehackt und von den Rippen befreit; dann wird an der Schmalseite eine Art Tasche eingestellt (untergriffen) und die Kalbsbrust gesalzen. Hierauf wird sie mit der unten angeführten Semmelfülle (oder auch mit Leberfülle) gefüllt, zusammengenäht und im heißen Rohr mit etwas Öl unter mehrmaligem Begießen und allfälligem Zugießen von Rindsuppe oder Wasser 2–3 Stunden gebraten. Der Bratensaft wird entfettet und mit Butter, Rindsuppe oder Wasser aufgekocht.
Für die Semmelfülle werden die in Würfel geschnittenen Semmeln mit der klein geschnittenen, in Butter angerösteten Zwiebel vermischt, mit Milch, Eiern, Gewürzen und der fein gehackten Petersilie versprudelt und ebenfalls mit den Semmelwürfeln vermischt. Ist die Masse zu trocken, noch etwas Milch zufügen; ist sie zu feucht, mit einigen Semmelbröseln binden.
Sautierte Champignons und Erbsen können der Fülle hinzugefügt werden.

Leberfülle:
40 g Butter
100 g Kalbsleber
Zwiebel, Petersilie
Butter, 1 Ei
1–2 Semmeln, ⅛ l Milch
Salz und Pfeffer, Brösel

Für die Leberfülle die flaumig gerührte Butter mit der fein geschabten Leber, den fein gehackten, in Butter angerösteten Zwiebeln und Petersilie, Ei, in Milch eingeweichten, ausgedrückten Semmeln, Salz, Pfeffer und Bröseln vermischen.

Kalbsbrust mit Pastetenfülle

2 kg Kalbsbrust
Salz
50 g Fett
Butter
Rindsuppe (oder Wasser)
Fülle:
60 g Butter, 2 Eidotter
Salz, Pastetengewürz
5 g Pistazien
250 g Kalbfleisch (Schulter)
20 g Schinken
$\frac{1}{16}$ l Obers oder Milch

Die untergriffene, gesalzene Kalbsbrust wird mit nachfolgend beschriebener Fülle gefüllt, zugenäht und in heißem Fett unter allfälligem Zusatz von etwas Suppe oder Wasser bei oftmaligem Begießen gebraten. Der Saft wird entfettet, mit Wasser aufgekocht und mit der Butter, die man darin aufkochen lässt, vollendet.
Für die Fülle mengt man in die flaumig gerührte Butter die Dotter, Salz, Pastetengewürz, die klein gehackten Pistazien, das feinst faschierte rohe Kalbfleisch, den würfelig geschnittenen gekochten Schinken und das Obers.
Als Beilagen reicht man Reis, Gemüse, Salate.

Glacierte Kalbsbrust

1 kg Kalbsbrust
Salz, 50 g Fett
Duxelles:
50 g Champignons
50 g Schalotten (oder Zwiebeln)
Petersilie
Butter
1 Stückchen Fleischglace oder etwas Rindsuppe

Die Kalbsbrust wird eingehackt, von den Rippen befreit, gewaschen, abgetrocknet und untergriffen. Hierauf wird sie gesalzen, innen mit Duxelles (Champignongemisch, siehe Glossar) bestrichen, zusammengenäht und in heißem Fett gebraten. Wenn das Fleisch weich ist, wird es herausgenommen, ein Stückchen Fleischglace oder kräftige Rindsuppe wird in den entfetteten Saft gegeben und dieser dick eingekocht. Vor dem Anrichten wird der Braten mehrmals mit dem Saft bestrichen; den Rest zu dem angerichteten Fleisch reichen.

Eingemachte Kalbsbrust

1 kg Kalbsbrust
Kalbsfond:
200 g Kalbsknochen
½ Karotte
½ Petersilienwurzel
⅛ Zeller
½ Zwiebel
Salz
Einmachsauce:
30 g Butter
40 g Mehl
½ l Kalbsfond
100 g Champignons
20 g Butter
250 g Spargel
½ Karfiol

Die Kalbsbrust wird in einem Kalbsfond (siehe Seite 94) gekocht. Dann wird eine Einmachsauce aus Butter, Mehl und dem Kalbsfond hergestellt, in der man die portionierten Kalbsbrustschnitten ziehen lässt. Dazu gibt man noch blättrig geschnittene, in Butter gedünstete Champignons, klein geschnittenen gekochten Spargel und Karfiolröschen.
Als Beilage serviert man Bröselknöderln.

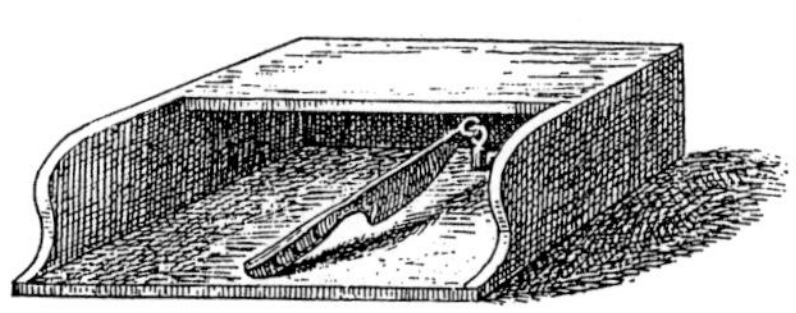

Gespickte Kalbsnuss mit Rahmsauce

800 g Kalbsnuss
Salz
40 g Speck, 30 g Schinken
etwas Rindsuppe
Brösel, 20 g Parmesan
20 g Butter
Sauce:
⅛ l Sauerrahm, 1–2 Eidotter
40 g Parmesan, 5 g Maizena

Die Kalbsnuss wird abgehäutet, mit Speck und Schinken gespickt, gesalzen und mit etwas Rindsuppe ungefähr 1¼ Stunden lang weich gedämpft. Das Fleisch wird in dünne Scheiben geschnitten, auf einer Schüssel angerichtet, mit Sauce übergossen, mit Parmesan und Bröseln bestreut, mit zerlassener Butter betropft und vor dem Auftragen ins heiße Rohr zum Gratinieren gestellt.
Für die Rahmsauce wird Rahm mit den Dottern, dem geriebenen Parmesan und Maizena über Dunst dicklich geschlagen.

Gefüllte Kalbsnuss

800 g Kalbsnuss
Salz
50 g Fett zum Braten
30 g Butter
Rindsuppe oder Wasser
Fülle:
120 g Kalbfleisch (Schulter)
⅛ l Milch (oder Wasser)
1 Semmel, 30 g Butter
1 Eidotter
Salz, Pfeffer
20 g Zunge

Die Kalbsnuss wird abgehäutet und eingeschnitten. Dann wird sie mit der Fülle gefüllt, zugebunden, gesalzen und im heißen Rohr gebraten. Der Saft wird entfettet, mit Suppe oder Wasser aufgegossen, verkocht und mit Butter montiert. (Man kann das Fleisch aber auch auf in Fett angeröstetem Knochen und Wurzelwerk braten.)
Für die Fülle wird die Butter schaumig gerührt; dann gibt man das faschierte Kalbfleisch, den Dotter, die abgerindete, in Milch (oder Wasser) eingeweichte und ausgedrückte Semmel, die Gewürze und die würfelig geschnittene Zunge dazu und verrührt alles. Anstelle der Zunge kann auch Schinken verwendet werden.
Als Beilagen passen Gemüse, Reis, Risipisi oder Erdäpfelschmarren.

Gespickter Kalbsschlegel

800 g Kalbsschlegel (Nuss oder Frikandeau)
40 g Speck
Salz
50 g Öl
Rindsuppe (oder Wasser)
30 g Butter
ev. Sauerrahm und geriebener Parmesan

Der Kalbsschlegel wird gespickt, gesalzen, in heißem Fett allseitig angebraten und dann unter mehrmaligem Übergießen mit dem Bratenfett im Rohr gebraten. Der fertige Braten wird aus der Bratpfanne gehoben und warm gestellt. Das Fett wird aus der Pfanne geleert, der Bratrückstand mit Rindsuppe oder Wasser aufgegossen, kurz verkocht, abgeseiht und noch einmal aufgekocht. Abschließend werden eiskalte Butterflocken mit dem Schneebesen zügig in den Saft eingerührt (montiert). Nach dem Montieren darf der Bratensaft nicht mehr aufkochen.
Man kann den gespickten und gebratenen Schlegel, wenn er fertig gebraten ist, auch mit saurem Rahm begießen, mit geriebenem Parmesan bestreuen und noch 5 Minuten in das heiße Rohr stellen.

Kalbsfrikandeau, mit Speck, Essiggurkerl und Schinken gespickt

800 g Kalbsfrikandeau
30 g Speck
1 Essiggurke
30 g Schinken
Salz
½ Karotte, ½ Petersilienwurzel
½ Zwiebel
50 g Fett
Rindsuppe (oder Wasser)
⅛ l Sauerrahm, ⅛ l Weißwein
20 g Kapern

Das Frikandeau wird abgehäutet, mit dem Speck, der geschälten Essiggurke und Schinken gespickt, gesalzen und auf einer Unterlage von würfelig geschnittenem Wurzelwerk und Zwiebeln in heißem Fett im Rohr langsam gebraten. Der Bratensaft wird entfettet, mit Rindsuppe (oder Wasser), saurem Rahm und Weißwein aufgegossen, kurz verkocht und passiert. Danach die fein gehackten Kapern zugeben.
Als Beilagen passen gedünsteter Reis, Risipisi oder Butterkartoffeln.
Anmerkung: Es können auch alle anderen Teile des Schlegels oder der Schulter verwendet werden.

Niederländischer Kalbsschlegel

800 g Kalbsschlegel (Nuss oder Frikandeau)
40 g Paprikaspeck
Salz
Thymian
1 Lorbeerblatt
Zitronenschalen
50 g Fett
Rindsuppe (oder Wasser)
⅛ l Sauerrahm

Der Kalbsschlegel wird abgehäutet, mit Paprikaspeck gespickt, gesalzen, mit fein gehacktem Thymian, Lorbeerblatt und Zitronenschalen eingerieben und in heißem Fett unter häufigem Begießen mit dem Bratenfett gebraten. Der fertige Braten wird aus der Bratpfanne gehoben und warm gestellt. Das Fett wird aus der Pfanne geleert, der Bratrückstand mit Rindsuppe oder Wasser aufgegossen, kurz verkocht, abgeseiht und mit abgerührtem Sauerrahm noch einmal aufgekocht.
Als Beilagen sind Erdäpfel, Reis oder Nudeln zu empfehlen.

Schlussbraten und Kalbsfrikandeau

Diese werden unter Verwendung der entsprechenden Fleischstücke wie der Nierenbraten zubereitet. Das Kalbsfrikandeau wird jedoch vorher mit Speck gespickt.

Gebratene Kalbsstelze

1–2 Kalbsstelzen
Salz
100 g Öl
Rindsuppe (oder Wasser)
30 g Butter

Die Kalbsstelzen werden gesalzen und in heißem Fett unter Begießen mit dem Bratenfett gebraten. Der Bratensaft wird mit Butter und Rindsuppe oder Wasser aufgekocht.
Als Beilagen dienen Salate, Gemüse oder Reis.
Anmerkung: Kalbsstelzen können auch vor dem Braten gespickt werden.

Gekochte Kalbsschulter

600–700 g Kalbsschulter (ausgelöst)
Salz
1 ½ l Salzwasser
⅛ l Essig
½ Petersilienwurzel
¼ Zeller, ½ Karotte
etwas Zwiebel
10 Pfefferkörner
3 Neugewürzkörner
Sauce:
⅛ l Kalbfleischsud
2–3 Eidotter, 100 g Butter
1 Sardelle, Zitronensaft
Worcestersauce

Die Kalbsschulter wird gesalzen, eingerollt, mit Spagat umwickelt und mit blättrig geschnittenem Wurzelwerk, Zwiebel, Neugewürz- und Pfefferkörnern in leicht gesalzenem, mit Essig gesäuertem Wasser gekocht. Das gekochte Kalbfleisch wird in 1 cm dünne Scheiben geschnitten, mit nachfolgend beschriebener Sauce übergossen und entweder warm serviert oder zum Erkalten bzw. Sulzen in den Kühlschrank gestellt, um später kalt angerichtet zu werden.
Für die Sauce wird der geseihte, ausgekühlte Kalbfleischsud mit den Dottern und der in Stücke geschnittenen Butter über Dampf dicklich geschlagen und schließlich mit einer geputzten, passierten Sardelle, einigen Tropfen Worcestersauce und Zitronensaft vermischt.
Als Beilage passen Salzkartoffeln.
Anmerkung: Man kann das gerollte Fleisch in eine Serviette einbinden, damit es nicht so leicht durch den Spagat eingerissen wird.

Gebackene Kalbsfüße

2 Kalbsfüße
Salz
1 Ei
etwas Milch oder Wasser
30 g Mehl
100 g Brösel
200 g Fett

Die halbierten, geputzten Kalbsfüße werden in Salzwasser weich gekocht. (Am vorteilhaftesten tags zuvor, damit sie ein bisschen übertrocknen.) Danach wird das Fleisch von den Knochen gelöst, in Mehl, Ei und Bröseln paniert und in heißem Fett gebacken. Um dem von den Knochen gelösten Fleisch eine schönere Form zu geben, kann man dieses in eine Pastetenform legen und über Nacht beschweren.
Als Beilagen serviert man Salate oder Gemüse.

Vom Schwein

Schweinsbraten

800 g Schopfbraten
Salz
Pfeffer
Kümmel
30 g Knoblauch
30 g Öl
0,3 l Rindsuppe (oder Wasser)

Backrohr auf 220 °C vorheizen. Den Schopfbraten parieren und mit Salz, Pfeffer, Kümmel und dem zerdrückten Knoblauch kräftig einreiben. In heißem Öl auf allen Seiten anbraten; dann im Rohr anfangs bei sehr großer Hitze – dann die Hitze auf etwa 170 °C reduzieren – fertig braten. Den Schweinsbraten aus der Pfanne heben und warm stellen. Den Bratrückstand mit Rindsuppe oder Wasser aufgießen und ein wenig einkochen lassen.
Tipp: Der Bratensaft wird wesentlich kräftiger, wenn das Fleisch auf einer Unterlage von gehackten Knochen gebraten wird.

Gebratenes Schweinskarree

800 g Schweinskarree
Salz
Kümmel
Knoblauch
30 g Fett
Rindsuppe (oder Wasser)

Die Wirbelknochen des Karrees werden eingehackt, das Fleisch mit Salz, gehacktem Kümmel und zerdrücktem Knoblauch eingerieben und in heißem Fett im Rohr gebraten. Der Bratensaft wird entfettet und mit Rindsuppe oder Wasser aufgekocht.
Als Beilagen dienen Kraut, Erdäpfel, Erdäpfelsalat, Krautsalat u. a.

Gebratener Jungschweinsschlegel

etwa 1 kg Jungschweinsschlegel
Salz
Kümmel
60 g Öl
Rindsuppe (oder Wasser)

Der Jungschweinsschlegel wird ausgelöst und in so viel heißes Wasser gelegt, dass die nach unten gekehrte Schwarte bedeckt ist; er wird gedämpft, bis die Schwarte weich ist. Dann wird die Schwarte des Schlegels in ca. 1 cm breiten Abständen mit etwa ½ cm tiefen Einschnitten versehen (geschröpft) und mit Salz und Kümmel eingerieben. Hierauf wird der Schlegel mit der Schwartenseite nach oben in eine Pfanne gelegt, mit heißem Öl übergossen und unter mehrmaligem Übergießen mit dem ausgetretenen Fett gebraten. Die Schwarte muss schön braun und knusprig gebraten werden, dabei öfters mit dem Bratensaft übergießen. Der Bratrückstand wird entfettet und mit Rindsuppe oder Wasser eingekocht.
Als Beilagen bieten sich Gemüse, Erdäpfel, Salate u. dgl. an.
Jungschweinskarree und Jungschweinsrücken werden ebenso zubereitet.

Schweinsschlegel mit Senf

800 g Schweinsschlegel
Salz
40 g Speck
Petersilie
Kümmel
½ Zwiebel
Paprika
30 g Fett
1 Zwiebel
Rindsuppe (oder Wasser)
1 El Senf
⅛ l Sauerrahm

Der Schweinsschlegel wird gesalzen und mit kleinfingerdick geschnittenem, in fein gehackte Petersilie, gehackten Kümmel, einer halben gehackten Zwiebel und Paprika getauchten Speck gespickt. Dazu ein Loch in das Fleisch stechen und dann, mit dem Kochlöffelstiel nachhelfend, die vorbereiteten Speckstreifen einschieben. Der Schlegel wird mit Spagat gebunden. Dann wird das Fleisch auf in Fett gerösteter, grob geschnittener Zwiebel im Rohr gebraten. Sobald das Fleisch weich ist, wird der Bratrückstand entfettet, mit Rindsuppe oder Wasser aufgekocht, mit französischem Senf und saurem Rahm vermischt und kurz eingekocht.
Als Beilagen passen Kipflerkartoffeln, polnische Erdäpfel oder Erdäpfelkroketten.

Kümmelbraten

1 kg Bauchfleisch
20 g Zwiebel
10 g Knoblauch
Kümmel
Lorbeerblatt
Salz, Pfeffer
20 g Öl
Rindsuppe (oder Wasser)

Die Zwiebel wird geschält und geviertelt. Auch den Knoblauch schälen und zerdrücken. Die Schweinsbrust wird in kochendem Salzwasser mit etwas Kümmel und Lorbeerblatt zugestellt und etwa 15 Minuten, bis die Schwarte weich ist, gekocht. Dann wird die Schwarte in Abständen von etwa 1 cm rund 5 mm tief eingeritzt (geschröpft).
Das Fleisch wird nun mit Salz und Pfeffer gewürzt und im heißen Rohr etwa 10 Minuten angebraten. Danach wird es mit viel Kümmel und Knoblauch bestrichen. Die Temperatur im Rohr auf etwa 170 °C reduzieren, die Zwiebelvierteln beifügen und das Fleisch fertig braten. Die Garzeit beträgt etwa 1 ½ Stunden. Jedes frisch gebratene Fleisch sollte vor dem Anschneiden noch etwa 5 Minuten an einem warmen Ort rasten. Das Fleisch wird aus der Pfanne gehoben und der Bratrückstand mit Suppe oder Wasser aufgegossen; diesen Saft etwas reduzieren und abseihen. Dünne Tranchen schneiden und mit Bratensaft servieren.

Gefüllte Schweinsbrust

1 kg Bauchfleisch
Lorbeerblatt
Salz
Pfeffer
Kümmel im Ganzen
gemahlener Kümmel
20 g Knoblauch
etwas Öl
Rindsuppe (oder Wasser)
Fülle:
3 Semmeln
60 g Zwiebeln
60 g Champignons
40 g Erbsen
40 g Butter
Petersilie
2 Eier
1 l Milch
Majoran

Den Knoblauch schälen und zerdrücken. Die Schweinsbrust wird in kochendem Salzwasser mit etwas Kümmel und Lorbeerblatt zugestellt und etwa 15 Minuten, bis die Schwarte weich ist, gekocht.
Dann wird die Schwarte in Abständen von etwa 1 cm rund 5 mm tief eingeritzt.
Für die Fülle werden die Semmeln in kleine Würfel geschnitten. Die Zwiebeln werden geschält und fein gehackt und dann angeröstet. Die Champignons werden blättrig geschnitten und in Butter angedünstet. Die Petersilie wird fein gehackt. Die Zwiebeln, Petersilie und Champignons werden unter die Semmelwürfel gemischt. Die Milch wird mit den Eiern versprudelt, gewürzt und ebenfalls über die Semmeln geleert. Erbsen und Majoran dazugeben, alles vermischen und etwa 15 Minuten durchziehen lassen.
In die Schweinsbrust wird eine Tasche geschnitten, die mit der oben beschriebenen Fülle gefüllt wird.
Die Öffnung der Tasche wird mit Spagat und einer Dressiernadel zugenäht. Das Fleisch wird mit Salz und Pfeffer gewürzt und im heißen Rohr etwa 10 Minuten angebraten. Danach wird es mit viel Kümmel und Knoblauch bestrichen. Die Temperatur im Rohr auf etwa 170 °C reduzieren und so das Fleisch fertig braten. Die Garzeit beträgt etwa 1 ½ Stunden. – Jedes frisch gebratene Fleisch sollte vor dem Anschneiden noch etwa 5 Minuten an einem warmen Ort rasten. Das Fleisch wird aus der Pfanne gehoben und der Bratrückstand mit Suppe oder Wasser aufgegossen; etwas reduzieren und abseihen. Dünne Tranchen schneiden und mit Bratensaft servieren.

Spareribs

Schweinsripperln, etwas Öl
Marinade:
Tomatenketchup hot
20 g Tabasco, 1 Knoblauch
10 g Salz, 10 g Ingwerwurzel
80 g Honig

Alle Zutaten gut vermengen und die Rippchen ca. 2 Tage darin marinieren. Im vorgeheizten Rohr braten oder grillieren.

Unterkärntner Bauernbrat'l

400 g Schweinskarree
400 g Lammkotelett
1/16 l Weißwein
0,4 l Rindsuppe
2 Zehen Knoblauch
Salz, Kümmel
Pfeffer aus der Mühle
200 g Zwiebeln

Lamm- und Schweinskoteletts würzen und beidseitig gut anbraten. Den Bratrückstand mit Weißwein ablöschen und mit Rindsuppe auffüllen. Die Koteletts in eine tiefe Bratpfanne schlichten und mit der Flüssigkeit übergießen. Würzen. Mit den julienne geschnittenen Zwiebeln bedecken und im Backrohr ca. 45 Minuten fertig dünsten.

Surbraten

600 g Surkarree
etwas Öl
100 g Zwiebeln
Rindsuppe (oder Wasser)
400 g mehlige Erdäpfel

Die Zwiebeln schälen und vierteln. Den Surbraten in einer Bratpfanne würzen, mit Öl begießen und in das vorgeheizte Rohr schieben. Je heißer das Rohr ist, desto schneller schließen sich die Poren und das Fleisch bleibt innen saftig. Nach etwa 10 Minuten die Hitze auf ca. 180 °C reduzieren. Die Zwiebeln beifügen und alles fertig braten. Das Fleisch aus der Pfanne nehmen und warm stellen. Das Bratenfett großteils abschütten, mit Rindsuppe oder Wasser auffüllen und einkochen. Abschließend den Saft abseihen.
Für die Beilage Erdäpfel schälen und nach der halben Bratzeit, also nach 1 Stunde, roh zum Braten ins Rohr geben und mitbraten.

Waldviertler Jungschwein

800 g Jungschweinsbraten
Knoblauch, Salz, Kümmel
20 g Zwiebeln
60 g Äpfel
Pfeffer, Thymian, Lorbeerblatt
1/16 l Bouillon
1/16 l Weißwein

Knoblauch mit Salz und Kümmel gut zerdrücken und damit das Fleisch einreiben. Mit der Schwarte nach oben in eine feuerfeste Form legen, die fein gehackten Zwiebeln, das Lorbeerblatt, Apfelspalten und die übrigen Gewürze dazugeben und mit der Suppe übergießen. Im Backrohr bei 250 °C zugedeckt 60–90 Minuten lang schmoren. Dann den Deckel abnehmen, den Braten mit Wein übergießen und noch 15 Minuten lang bei Oberhitze bräunen.

Gedämpfter Schweinsschlegel mit Wurzelwerk

800 g Schweinsschlegel
Salz, Kümmel
Knoblauch
40 g Fett
½ Petersilienwurzel
¼ Zeller
½ Karotte
½ Zwiebel
Rindsuppe (oder Wasser)
1/16 l Weißwein
10 g Mehl
¼ l Sauerrahm

Der Schweinsschlegel wird gesalzen, mit Kümmel und zerdrücktem Knoblauch eingerieben und mit Spagat gebunden. In heißem Fett werden das Wurzelwerk und die halbe Zwiebel angeröstet. Darauf wird der Schlegel erst allseitig angebraten und dann, bei wiederholtem Nachgießen von Rindsuppe oder Wasser und Weißwein, weich gedämpft. Sobald das Fleisch weich und der Saft klar ist, wird der Saft entfettet, das Wurzelwerk mit Mehl gestaubt und, wenn dieses angeröstet ist, mit Suppe oder Wasser aufgegossen. Die Sauce wird passiert und mit saurem Rahm aufgekocht. (Der Schlegel kann aber auch nur in heißem Fett unter Zugabe von etwas Essig und Wasser gedämpft werden.)
Als Beilagen passen Erdäpfelschmarren, Prinzessinnenkartoffeln, Herzoginnenkartoffeln usw.
Schweinslungenbraten kann ebenso zubereitet werden.

Steirisches Wurzelfleisch, Krenfleisch

600–800 g Schweinefleisch (Jungschweinernes, Bauchfleisch, ausgelöste Schulter oder Stelze, zuweilen auch Schweinskopf oder Schweinsfüße)
25 g Zwiebeln
⅛ l Essig, Pfefferkörner
½ Karotte, ¼ Zeller
½ Petersilienwurzel
80 g Kren, 1 kg Erdäpfel
Salz, Kümmel

Das Bauchfleisch – heute wird eher ausgelöste Schweinsschulter oder -stelze verwendet – wird mit Zwiebeln unter Zugabe von Essig, Kümmel und Pfefferkörnern in Salzwasser weich gekocht. 10 Minuten bevor das Fleisch fertig ist, wird das nudelig geschnittene Wurzelwerk mitgekocht. Dann wird das Fleisch in Tranchen geschnitten und mit dem Wurzeljulienne angerichtet, mit einem Teil des geseihten Suds übergossen und mit geriebenem Kren bestreut. Man umlegt das so zubereitete Fleisch mit Salzkartoffeln.

Schweinskopf

1 Schweinskopf
etwas Essig
etwas Weißwein
1 St. Bouquet garni
Salz
Pfefferkörner
Lorbeer
200 g Wurzelwerk
Garnitur:
französische Petersilie
1 Zitrone
100 g Kren

Salzwasser wird mit Essig, Weißwein, Bouquet garni und Gewürzen zum Kochen gebracht. Der geputzte Schweinskopf wird eingelegt und weich gekocht. Dann wird er aus dem Sud gehoben, auf einer Platte angerichtet und mit französischer Petersilie, Zitronenscheiben und frisch gerissenem Kren garniert.

Gekochtes Selchfleisch

600 g Selchfleisch
¼ Zeller
½ Petersilienwurzel
½ Karotte
½ Zwiebel
1 Lorbeerblatt

Das Selchfleisch wird in siedendes Wasser gegeben und mit dem Wurzelgemüse, der Zwiebel und dem Lorbeerblatt, jedoch ohne Zusatz von Salz, gekocht.
Als Beilagen empfehlen sich Sauerkraut, saure Rüben, Knödel, Hülsenfrüchten- oder Erdäpfelpüree, Kohl u. dgl.
Anmerkung: Der Selchfleischsud kann als Suppe (Selchfleischsuppe) verwendet werden. Als Einlage eignen sich am besten Grieß, Reis, Erdäpfel und Rollgerste. Der Sud kann auch zum Aufgießen von Saucen und Gemüsen verwendet werden.

Gebratenes Selchkarree

800 g Selchkarree
40 g Öl
Rindsuppe (oder Wasser)

Das Selchkarree wird gekocht und in heißem Fett gebraten. Der Bratensaft wird entfettet und mit Rindsuppe oder Wasser aufgekocht.
Als Beilagen reicht man Kraut, Hülsenfrüchte oder Erdäpfelpüree.

Paprikaschnitzel vom Schwein

600 g Schweinsschnitzel
etwas Öl
Salz
Pfeffer aus der Mühle
Kümmel
1 Zehe Knoblauch
10 g Paprikapulver edelsüß
10 g glattes Mehl
grüne Paprika
rote Paprika
60 g Zwiebeln
0,2 l Rindsuppe
0,15 l Weißwein
50 g Butter
Schnittlauch

Die Paprikaschoten julienne schneiden. Die Zwiebeln schälen und fein julienne schneiden. Die Schnitzel klopfen und eventuell die Ränder einschneiden, würzen, auf der geklopften Seite in Mehl tauchen und in einer Pfanne mit etwas Öl braten; aus der Pfanne nehmen und warm stellen. In der gleichen Pfanne vorerst Zwiebeln, danach Paprikaschoten anschwitzen. Mit Wein ablöschen, mit Rindsuppe aufgießen und reduzieren. Schnitzel in der Sauce kurz ziehen lassen. Dann anrichten und die Sauce mit eiskalten Butterflocken montieren. Abschließend die fertig angerichteten, mit Sauce nappierten Schnitzel mit Schnittlauch bestreuen.
Als Beilage schmecken Braterdäpfel.

Schweinskoteletts mit Kümmelglace

Die Schweinskoteletts werden am Rand mehrmals eingeschnitten, geklopft, gesalzen, auf einer Seite in Mehl getaucht, zuerst auf dieser in heißem Fett gebraten und mit Kümmel bestreut, dann auf der anderen Seite gebraten. Die Koteletts werden aus der Pfanne genommen und warm gestellt. Der Bratrückstand in der Pfanne wird entfettet, mit Rindsuppe oder Wasser aufgekocht, reduziert und mit eiskalten Butterflocken montiert.
Als Beilagen eignen sich mitgebratene Erdäpfel und Salate.

Schweinskoteletts mit Sauce Zingara

1 kg Koteletts (4 Stück)
80 g Tomaten
100 g Champignons
Zitronensaft
100 g Pökelzunge
70 g Schinken
70 g Essiggurkerln
20 g glattes Mehl
40 g Öl
etwas Butter
Madeira
Salz, Pfeffer, Kümmel, Knoblauch
0,4 l brauner Kalbsfond
Schnittlauch

Aus den Tomaten Concassé herstellen (siehe dort). Die Champignons putzen, blättrig schneiden und mit Zitronensaft beträufeln. Die Zunge kochen, kalt abfrischen, schälen, überkühlen. Schinken und Essiggurkerln julienne schneiden.
Die Koteletts leicht klopfen, an den Rändern einschneiden, würzen, mit der geklopften Seite in Mehl tauchen und in heißem Fett, mit der Mehlseite nach unten, beiderseitig langsam braten. Das Fleisch aus der Pfanne nehmen und warm stellen. Im Bratrückstand etwas Butter zergehen lassen; die Champignons anrösten, Schinken und Zunge beifügen, mit Madeira ablöschen und mit Kalbsfond auffüllen. Die Sauce kurz verkochen lassen, Tomates concassées beifügen und mit Butter montieren. Vor dem Servieren Schnittlauch unter die fertige Sauce geben. Koteletts mit Sauce Zingara nappieren und mit Bratkartoffeln anrichten.

Schweinskoteletts mit Duxelles

800 g Schweinskoteletts (4 Stück)
Salz, Kümmel
20 g Mehl
30 g Fett
10 g Öl
etwas Zwiebel
40 g Champignons
20 g Mehl
Rindsuppe (oder Wasser)
⅛ l Sauerrahm
Petersilie

Die Schweinskoteletts werden am Rand mehrmals eingeschnitten, geklopft, gesalzen, mit Kümmel bestreut, mit einer Seite in Mehl getaucht und in heißem Fett rasch abgebraten. Dann röstet man die gehackten Zwiebeln und die Champignons in Öl an, staubt, lässt es anrösten, gießt mit Suppe oder Wasser auf, gibt Salz und die abgebratenen Schweinskoteletts hinein und lässt sie 10 Minuten zugedeckt ziehen. Die Sauce darf dabei nicht mehr aufkochen. Die Koteletts werden aus der Sauce genommen und warm gestellt. Zur Sauce fügt man Rahm und die gehackte Petersilie hinzu und lässt sie noch kurz aufkochen.
Als Beilagen passen Salz- oder Kipflerkartoffeln.
In gleicher Weise kann man Schweinsschnitzel und Schweinslungenbraten zubereiten.

Schweinskoteletts auf dem Rost (Grill)

800 g Schweinskoteletts (4 Stück)
Salz
50 g Öl
20 g Brösel
Kräuterbutter (siehe Seite 380)

Die Schweinskoteletts werden am Rand mehrmals eingeschnitten, geklopft, gesalzen, mit Öl bestrichen, mit Semmelbröseln bestreut, in Öl getaucht und auf dem Rost auf beiden Seiten braun gebraten. Dazu wird Kräuterbutter aufgetragen.
Falls man keinen Rost besitzt, legt man die in Öl getauchten Koteletts in eine unbefettete Omelettenpfanne und brät sie darin bei starker Hitze.

Gedämpfte Schweinskoteletts

Fein gehackte Zwiebeln und Kümmel werden in Fett angeröstet und mit Rindsuppe und ein wenig Essig aufgekocht. In diesem Saft werden die gebratenen Schweinskoteletts 10 Minuten gedämpft.

Gebackene Schweinskoteletts

600–800 g Schweinskoteletts
Salz, Kümmel
50 g Mehl
1–2 Eier
100 g Semmelbrösel
150 g Fett

Die Schweinskoteletts werden geklopft, am Rand mehrmals eingeschnitten, gesalzen, mit Kümmel bestreut, in Mehl, die verquirlten Eier und Semmelbrösel getaucht und in heißem Fett gebacken.
Schweinsschnitzel bereitet man ebenso zu.

Schweinslungenbraten nach Colbert

600 g Schweinslungenbraten
Salz, Kümmel
Duxelles:
20 g Zwiebeln, Petersilie
20 g Champignons
20 g Schweinefett
1 Kohl (300 g)
100 g Speck
100 g Schweinsnetz
20 g Schweinefett
Rindsuppe (oder Wasser)

Wird wie Rindslendenschnitten nach Colbert zubereitet (siehe Seite 276).

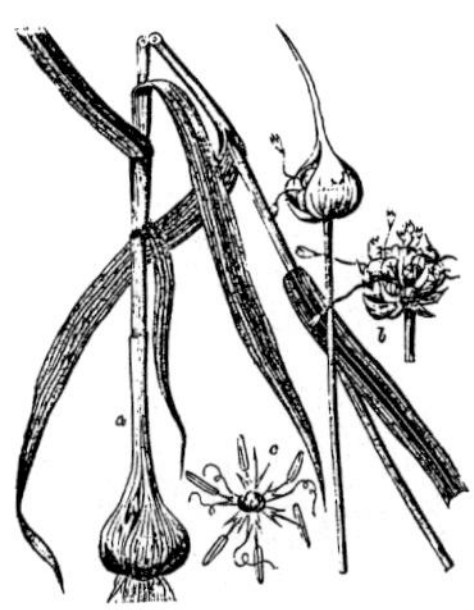

Schweinsmedaillons, mit Gorgonzola überbacken

600 g Schweinslungenbraten
Salz, Pfeffer
10 g Öl
130 g Gorgonzola oder anderer Blauschimmelkäse
20 g Butter
0,2 l brauner Kalbsfond oder Rindsuppe
30 g Butter zum Montieren

Der Schweinslungenbraten wird pariert und in etwa 2 cm dicke Medaillons geschnitten, gesalzen, gepfeffert und auf beiden Seiten in heißem Öl gebraten. Die Medaillons sollten in der Mitte noch rosa sein. Die Fleischstücke werden nun aus der Pfanne genommen, mit dem Gorgonzola belegt und im Rohr bei starker Oberhitze überbacken.
Für die Sauce wird das Fett aus der Pfanne abgeleert, etwas Butter in dem Bratrückstand geschmolzen und mit braunem Fond oder Rindsuppe aufgegossen. Den Saft einreduzieren und mit eiskalten Butterflocken montieren.

Schweinslungenbraten im Bierbackteig

600 g Schweinslungenbraten
Salz, Pfeffer
Bierbackteig:
⅛ l Bier
100 g glattes Mehl
Salz
1 Eidotter, 1 Eiklar
200 g Butterschmalz zum Ausbacken

Der Schweinslungenbraten wird pariert und in 2 cm dicke Medaillons geschnitten. Der Bierbackteig wird vorbereitet (siehe Seite 397).
Der Schnee für den Bierbackteig wird erst im letzten Moment geschlagen und unter den Teig gehoben. Die Schweinsmedaillons werden gewürzt, durch den Bierbackteig gezogen und in heißem Butterschmalz knusprig gebacken. Anschließend lässt man die Medaillons auf Küchenkrepp abtropfen.
Als Beilagen passen alle Salate und kalte Saucen wie Sauce tartare, Knoblauchsauce, Cocktailsauce usw.

Spanferkel

1 Spanferkel
Salz
Kümmel
¼ l Bier
100 g Speck

Ein Spanferkel wird innen mit Salz und Kümmel eingerieben – nachdem man die Ohren und das Schwänzchen mit Papier umhüllt hat –, auf ein Blech gesetzt und unter öfterem Bestreichen mit einem in Bier getauchten Speckstück 2–3 Stunden in einem mäßig heißen Rohr gebraten.
Als Beilage serviert man kalten oder warmen Krautsalat.

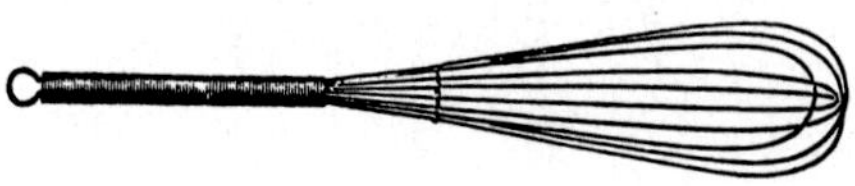

Vom Schöpsen und vom Lamm

Der verschnittene Widder wird als Hammel, speziell in Österreich aber als Schöps bezeichnet. Als Lamm bezeichnet man das Jungtier von Schaf und Widder unabhängig vom Geschlecht.
Die folgenden Kochanleitungen sind auch für Kitz- und Kaninchenfleisch verwendbar.

Gedünstete Schöpsenschulter

800 g Schöpsenschulter
Salz
Rindsuppe (oder Wasser)
50 g Speck
1 Zwiebel, 4 Paradeiser
1–2 Zehen Knoblauch
Bouquet garni:
Thymian, Rosmarin
1 Lorbeerblatt
Petersilienstängel

Das Fleisch wird von den Knochen gelöst, gerollt und gebunden, gesalzen und rundum angebraten.
Im Bratrückstand den würfelig geschnittenen Speck und die blättrig geschnittene Zwiebel anrösten, die halbierten Paradeiser und die zerdrückten Knoblauchzehen zugeben, mit wenig Rindsuppe oder Wasser aufgießen, das Bouquet garni beifügen und das Fleisch darin weich dünsten. Die Sauce wird passiert und vor dem Servieren um das portionierte Fleisch gegossen.
Als Beilagen eignen sich Reis, Nudeln oder Makkaroni.

Gebratener Lammschlegel

1 kg Lammschlegel
Salz, Pfeffer
40 g Fett
20 g Butter
Rindsuppe (oder Wasser)
Knoblauch, Thymian
Rosmarin

Der Schlegel wird abgehäutet, von allem Fett befreit, gesalzen, gepfeffert, in heißem Fett allseitig angebraten und unter häufigem Begießen mit dem eigenen Fett gebraten, bis er innen genügend rosa ist. Der Bratrückstand wird entfettet und mit Butter, Rindsuppe, Thymian und Rosmarin aufgekocht.
Als Beilagen bieten sich Reis, Erdäpfel oder grüne Gemüse an.
Anmerkung: Schöps und Lamm zählen zu den dunklen Fleischarten und werden daher nicht ganz durchgebraten.

Lammschlegel mit Bohnen und Speck (Bretonische Art)

800–1000 g Lammschlegel
Salz, Pfeffer
50 g Öl
Rindsuppe (oder Wasser)
1 Zwiebel, ½ Karotte
½ Petersilienwurzel, ¼ Zeller
Rosmarin, Thymian
150 g weiße Bohnen
50 g Speck
2 Paradeiser, Bohnenkraut
50 g Butter

Der Lammschlegel wird abgehäutet, vom Fett befreit, gesalzen und gepfeffert. Das Wurzelwerk und die Zwiebel werden würfelig geschnitten und in Öl goldgelb geröstet. Der Lammschlegel wird darin angebraten und unter mehrmaligem Zugießen von Rindsuppe oder Wasser mit Thymian und Rosmarin geschmort. Zuletzt lässt man den Saft einkochen, seiht das Fett ab, gießt mit Suppe auf und seiht den Saft durch. Der Lammschlegel wird zerteilt, auf einer großen Fleischplatte wieder wie früher zusammengelegt und mit gekochten weißen Bohnen, die mit Speck, mit geschälten, entkernten, würfelig geschnittenen Paradeisern (Tomates concassées) und etwas Bohnenkraut in Butter gedünstet werden, umlegt.

Lammschlegel mit Champignons

600 g ausgelöster Lammschlegel
Salz
50 g Speck
40 g Fett
10 g Butter
200 g Champignons
etwas Mehl
Rindsuppe (oder Wasser)
2 El Sauerrahm
20 g Butter zum Montieren der Sauce

Der Lammschlegel wird ausgelöst, entfettet, gespickt, gesalzen, in heißem Fett angebraten und im vorgeheizten Rohr gebraten. Wenn der Lammschlegel fertig gebraten, das heißt innen noch rosa ist, wird er aus der Pfanne genommen und warm gestellt. Der Bratrückstand wird entfettet und die Butter darin geschmolzen, in der die Champignons gedünstet werden. Wenn die Flüssigkeit der Champignons verkocht ist, wird mit Mehl gestaubt und mit Rindsuppe aufgegossen. Die Sauce nun kurz verkochen lassen, abgerührten Sauerrahm beifügen, noch einmal aufkochen und den Saft über das tranchierte Fleisch gießen.
Als Beilagen passen Reis, Risipisi, Erdäpfel oder Herzoginnenkartoffeln.

Karree vom Weidelamm, mit Kräuterbröseln gratiniert

1,5 kg Lammrücken mit Knochen
etwas Olivenöl (normal)
Thymian, Rosmarin
2 Knoblauchzehen
Salz
Pfeffer aus der Mühle
etwas Rotwein
0,2 l Lammfond
50 g Butter in Würfeln zum Montieren
20 g Dijonsenf
Kräuterbrösel:
70 g Butter
60 g Brösel
10 g Petersilie
10 g Schnittlauch
1 Knoblauchzehe

Alle Zutaten für die Kräuterbröseln vermengen, in Papier zu einer Rolle formen und im Kühlschrank fest werden lassen.
Lammrücken auslösen, parieren und in Olivenöl, Thymian, Rosmarin und Knoblauch eine Stunde marinieren. Den Fettansatz nicht entfernen.
Aus den Knochen und Parüren einen Lammjus herstellen.
Lammkarree aus der Marinade nehmen, etwas abtropfen lassen, mit Salz und Pfeffer würzen und in einer Pfanne mit Olivenöl auf der Fettseite langsam braten. Nach etwa 5 Minuten die Thymian- und Rosmarinzweige sowie den Knoblauch beigeben und das Karree öfters mit Bratenfett übergießen. Nach ca. 10 Minuten aus der Pfanne nehmen, wenden und an einer warmen Stelle rasten lassen. Aus der Pfanne das Fett abgießen und mit Rotwein ablöschen; danach mit Lammfond aufgießen, reduzieren. Vor dem Servieren mit Butterwürfeln montieren und durch ein feines Sieb passieren. Die Kräuterbröselrolle in 1 cm dicke Scheiben schneiden. Das Lammkarree mit Dijonsenf leicht einstreichen, mit den Kräuterbröselscheiben belegen und im Backrohr bei starker Oberhitze rund 5 Minuten glacieren. Karree tranchieren und mit Lammjus servieren.
Als Beilagen serviert man marktfrisches Gemüse oder Ratatouille sowie sautierte oder Lyoner Erdäpfel.

Lammkarree in Erdäpfelkruste

600 g Lamm-Racks (fertig vorbereitete Lammrückenstücke
etwas Olivenöl (normal)
10 g Knoblauch
10 g Thymian, Salz, Pfeffer
Erdäpfelkruste:
500 g mehlige Erdäpfel
40 g Zwiebeln
etwas Joghurt (3,5 Prozent)
1–2 Eier, 20 g Maizena
Sauce:
¼ l Lammfond, 40 g Butter zum Montieren

Lammkarree parieren und mit Salz, Pfeffer aus der Mühle und Knoblauch würzen. In heißem Fett mit etwas Thymian anbraten und im Rohr bei rund 150 °C sehr rosa garen. Die Erdäpfelmasse auf das Fleisch drücken, wobei die Knochen frei bleiben sollten, und bei 180 °C frittieren (auf Küchenkrepp abtropfen). Auf Tellern anrichten und mit eingekochter, montierter Lammsauce (siehe Seite 393) umkränzen.
Für die Erdäpfelkruste die Zwiebeln schälen und fein hacken; die Erdäpfel waschen, schälen und durch den Krenreißer reißen. Alle anderen Zutaten beifügen. Bevor diese Kruste an die Lammrücken gepresst wird, gut ausdrücken.
Als Beilage eignen sich gebratene mediterrane Gemüse.

Gebratene Lammkoteletts

1 kg Lammkoteletts
Salz, Pfeffer
30 g Mehl
50 g Fett, 20 g Butter zum Montieren
Rotwein, Rindsuppe
Knoblauch, Rosmarin, Thymian
Butterflocken

Die Lammkoteletts werden von nicht mitzubratendem Fett befreit. Das Fleisch wird vom unteren Teil der Rippe gelöst, gegen die Rose zusammengeschoben, leicht geklopft, gesalzen, gepfeffert, auf einer Seite in Mehl getaucht und in heißem Fett beiderseits braun, aber innen noch rosa, gebraten.
Der Bratrückstand wird entfettet, mit Rotwein abgelöscht, mit Rindsuppe, zerdrücktem Knoblauch und den Kräutern kurz verkocht, abgesiehen und mit eiskalten Butterflocken montiert; dann über die angerichteten Koteletts gießen.
Dazu schmecken Reis oder Erdäpfel und Senfsauce.

Lammkoteletts in Blätterteig

1 kg Lammkoteletts
Salz, Mehl
½ kg Blätterteig
Ei zum Bestreichen
Öl zum Anbraten
Duxelles:
40 g Champignons,
20 g Zwiebeln, Petersilie, Salz
Pastetengewürz
Saft:
Abschnitte vom Lamm
200 g Wurzelwerk
Fett
1⁄16 l Weißwein, 1 El Tomatenmark, Suppe

Die Lammkoteletts werden pariert und so mit den Knochen geschnitten, dass die Rose etwa 2 cm dick bleibt. Die Koteletts werden gesalzen, mit einer Seite in Mehl getaucht und in sehr heißem Öl beiderseitig rasch und kurz abgebraten; dann kalt gestellt. Der Blätterteig wird ausgerollt, rund ausgestochen und in der Mitte mit Duxelles bestrichen. Darauf wird ein Lammkotelett gelegt, das wiederum mit Duxelles bestrichen wird. Dann klappt man die Lammkoteletts in dem Blätterteig so ein, dass die Rippen herausschauen. Beim Verschließen der Blätterteighülle beachte man, dass alle Koteletts nach einer Seite sehen. Man legt sie dann auf ein nasses Blech, bestreicht sie auf der glatten Seite mit Ei, verziert jedes mit ausgestochenem Blätterteig und bäckt die Koteletts bei starker Hitze hellbraun.
Saft: Die Abschnitte vom Zurichten der Koteletts und klein geschnitte-

nes Wurzelwerk werden in Fett leicht geröstet, mit Weißwein, Tomatenmark und etwas Suppe aufgegossen und gut verkocht.
Als Beilage reicht man gedünstete Gemüse.

Lammkeule »boulangere«

1,5 kg Lammkeule
etwas Olivenöl (normal)
Salz, Pfeffer
10 g Knoblauch
10 g Thymian
10 g Rosmarin
½ kg speckige Erdäpfel
40 g Zwiebeln
20 g Butter
Salz, Pfeffer
¼ l Lammfond
40 g Butter zum Montieren

Zunächst ein Lammfond wie auf Seite 393 beschrieben zubereiten.
Die Erdäpfel werden geschält und in etwa 1 ½ cm dicke Scheiben geschnitten. Zwiebeln schälen und fein hacken.
Die Erdäpfel werden in eine mit Olivenöl befettete und mit klein gehackten Zwiebeln ausgestreute Bratpfanne geschichtet, gesalzen, gepfeffert und mit zerlassener Butter beträufelt, eventuell mit einem Thymian- und Rosmarinzweig belegt. Die ausgelöste, gewürzte Lammkeule wird nun auf die Erdäpfel gegeben und im Rohr etwa eine Stunde gebraten.
Der eingekochte, montierte Lammfond wird abgeseiht, abgeschmeckt, reduziert und mit eiskalten Butterflocken montiert.

Geschmorte Lammstelze

4 Lammstelzen
30 g Knoblauch
40 g Zwiebeln
40 g Karotten
40 g Gelbe Rüben
40 g Zeller
20 g Petersilienwurzel
½ l Rindsuppe
Thymian und Rosmarin
Meersalz

Das Gemüse waschen, die Zwiebel schälen und beides mirepoix schneiden. Knoblauch schälen und zerdrücken. Das Gemüse in eine Kasserolle geben. Die Lammstelzen salzen, mit Knoblauch einreiben und auf das Gemüse legen. Im vorgeheizten Rohr bei 220 °C etwa 20 Minuten braten, dann mit kochender Rindsuppe oder Lammfond untergießen, die Kräuter dazugeben und zugedeckt schmoren.
Wenn die Stelzen fertig sind – sie können am Knochen noch leicht rosa sein –, aus dem Saft heben, die Sauce durch ein Spitzsieb passieren, abschmecken und mit eiskalten Butterflocken montieren.

800–1000 g Lammbrust
Fülle:
30 g Butter
1–2 Eidotter
10 g Pistazien
150 g Lammfleisch (Schulter)
Pastetengewürz, Salz
1/16 l Obers
40 g Fett
20 g Butter
Rindsuppe (oder Wasser)

Gefüllte Lammbrust

Die Lammbrust wird in derselben Weise vorbereitet wie eine Kalbsbrust (siehe Seite 294).
Für die Fülle wird flaumig gerührte Butter mit den Eidottern, den geschälten, halbierten Pistazien, dem faschierten Lammfleisch (oder Kalbfleisch), Pastetengewürz, Salz und Obers verrührt.
Nachdem die Lammbrust gefüllt und zugenäht worden ist, wird sie in heißes Fett gelegt und unter Zugießen von Rindsuppe oder Wasser gebraten. Zuletzt seiht man das Fett ab und bereitet mit Butter und Rindsuppe einen Saft.
Als Beilagen passen Salate und Gemüse.

Gefüllte Kitzbrust

Wird ebenso zubereitet wie die gefüllte Kalbsbrust mit Semmelfülle (siehe Seite 294), allerdings werden die Semmeln vor dem Schneiden entrindet.

600–800 g Kitz (Schulter, Schlegel, Rippenstück)
Salz
50 g Mehl
1 Ei
80 g Brösel
150 g Fett

Gebackenes Kitz

Das Fleisch wird in Stücke geteilt; diese werden gesalzen, in Mehl, Ei und Bröseln paniert und in heißem Fett gebacken.
Als Beilagen reicht man grüne Gemüse oder Salate.

Vom Wild

Beim Wild unterscheidet man zwischen Haarwild – wie Hirsch, Reh, Gämse, Hase, Wildkaninchen und Wildschwein – und Federwild oder Wildgeflügel, wozu man Fasan, Rebhuhn, Schnepfe, Wachtel, Wildente und Wildgans zählt. Junges, zartes Wild sollte nach Möglichkeit gebraten werden, älteres, grobfaseriges Wild wird zum Dünsten oder für Pasteten verwendet.
Wild sollte nur dann gebeizt werden, wenn die Beize für die nachfolgende Zubereitung Verwendung findet, da sonst zu viele Nährstoffe verloren gehen.
Frisch geschossenes Wild sollte 8–10 Tage in sauerstoffreicher Luft in kühlen Räumen im Fell oder Federkleid abhängen, um für den Genuss entsprechend mürbe zu werden und seinen typischen Wildgeschmack (Hautgout) zu entwickeln. Im Handel erhältliches, zerteiltes Fleisch sollte möglichst bald verarbeitet werden.

Innereien von Reh und Hirsch wie Leber oder Hirn können gebacken oder geröstet werden; Zunge lässt sich kochen oder räuchern.
Beim Braten von Wildfleisch sollte darauf geachtet werden, dass man es nie ganz durchbrät, um so ein Austrocknen zu vermeiden. Am besten ist Wild englisch gebraten.

Beize für Wild

1 ¼ l Wasser
⅛ l Essig
½ Karotte
½ Petersilienwurzel
¼ Zeller
30 g Zwiebel
6 Wacholderbeeren
10 Pfefferkörner
15 Neugewürzkörner
Lorbeerblatt
Thymian
Zitronensaft

Das Wasser wird mit Essig, dem blättrig geschnittenen Wurzelwerk, den Zwiebeln nebst Wacholderbeeren, den Pfeffer- und Neugewürzkörnern sowie Lorbeerblatt und Thymian eine halbe Stunde gekocht.
Das Wildfleisch wird mit der überkühlten Beize übergossen und 2–3 Tage zugedeckt stehen gelassen. Der Sud muss immer über dem Fleisch stehen (täglich wenden!).
Man kann das Fleisch auch für 1–2 Tage in Buttermilch oder in einer Ölmarinade (1/16 l Öl vermischt mit dem Saft einer Zitrone) legen.
Durch das Beizen wird Wild von nicht allzu guter Qualität mürber. Zu bedenken wäre jedoch, dass die Beize den typischen Eigengeschmack des Fleisches übertönt. Das bedeutet, dass man mit wesentlich billigeren Fleischstücken ähnliche Geschmacksresultate erzielen kann. (Siehe z. B. in älteren Kochbüchern unter Zubereitungen wie »Falscher Hase« oder »Rindfleisch, Lamm oder Leber auf Wildbretart« usw.)

Gebratener Rehrücken

1 Rehrücken
150 g Speck
Salz
Pfeffer
5 Wacholderbeeren
100 g Fett
Wasser, Rindsuppe oder Wildfond
⅛ l Sauerrahm

I. Art: Der Rehrücken wird abgehäutet, gespickt, gesalzen, gepfeffert, mit feinst gestoßenen Wacholderbeeren eingerieben und in einer Pfanne mit heißem Fett im vorgeheizten Rohr unter mehrmaligem Begießen mit dem eigenen Saft etwa eine Dreiviertelstunde lang gebraten (um ein Verdrehen des Rückens beim Braten zu verhindern, kann man einen Stahlstab durch den Rückenmarkkanal stecken). Dabei ist darauf zu achten, dass das Fleisch innen noch leicht rosa bleibt. Der Bratrückstand wird entfettet, mit Wasser, Rindsuppe oder Wildfond abgelöscht, aufgekocht, durch ein Sieb geseiht und rund um den tranchierten Braten oder separat angerichtet.
Man kann durch Zugabe von Rahm in den Bratensaft den Rehrücken »à la crème«, also in Rahmsauce servieren.
Als Beilagen passen Preiselbeeren, Ribiseln, Erdäpfel, Reis oder Butterteigmonde (Fleurons).

II. Art: Garnierter Rehrücken. Der Rehrücken wird abgehäutet und die Rippen knapp beim Fleisch abgehackt. Auch der Halsteil und das vor-

stehende Rückgrat werden weggehackt. Dann wird der Rehrücken gespickt, mit Salz, Pfeffer und Wacholderbeeren eingerieben, eventuell mit Zitronensaft betropft, mit heißem Fett bei starker Hitze eine halbe bis Dreiviertelstunde halbenglisch gebraten. Die Längsfilets werden dann vorsichtig ausgelöst und in ganz schräge Scheiben geschnitten, welche man wieder in ihrer ursprünglichen Form auf das mit Gänseleber- oder Kastanienmus bestrichene Gerippe auflegt. Das Rückgrat wird mit demselben Mus mittels großer Tülle bespritzt und der Rehrücken, der auf einer großen Platte angerichtet sein muss, mit Garnituren umlegt. Der Saft wird separat gereicht.
Als Garnituren kommen in Betracht: Torteletten (Mürbteigtörtchen) mit Kastanien- oder Gänselebermus, gefüllte Äpfel, gefüllte Tomaten, gefüllte Champignons usw.

Hasenbraten

Wird wie Rehrücken zubereitet.

Gedünsteter Hase in Rahmsauce

1 Hase (Rücken und Läufe)
100 g Speck
Salz, Pfeffer
3 Wacholderbeeren
½ Karotte
½ Petersilienwurzel
¼ Zeller
30 g Zwiebel
50 g Fett
20 g Mehl
Rindsuppe (oder Wasser) zum Aufgießen
1/16 l Rotwein
10 Pfefferkörner
5 Neugewürzkörner
1 Lorbeerblatt
1 Prise Thymian
Muskatnuss, Ingwer
10 g Ribiselgelee oder Preiselbeersaft
Zitronensaft
⅛ l Sauerrahm

Der Hase wird abgehäutet, gespickt, gesalzen, gepfeffert, mit den zerdrückten Wacholderbeeren eingerieben und auf in Fett angeröstetem Wurzelwerk und Zwiebeln unter häufigem Begießen mit dem Fett angebraten. Hierauf wird der Hase herausgenommen, die Wurzeln werden gestaubt und nach Anrösten des Mehls mit Rindsuppe oder Wasser und Rotwein aufgegossen. Dann fügt man die Gewürze, Zitronensaft, Ribiselgelee oder Preiselbeersaft hinzu, gibt das Fleisch wieder hinein, lässt es zugedeckt weich dünsten, übergießt den Hasen eine Viertelstunde vor dem Anrichten mit versprudeltem Rahm, lässt ihn einmal aufkochen und seiht beim Anrichten die Sauce über den Braten.
Hirsch- oder Rehschlegel kann man ebenso zubereiten.
Als Beilagen passen Reis, Nudeln, Knödel, Prinzessinnenkartoffeln, Herzoginnenkartoffeln, Erdäpfelröllchen oder Butterteigpasteten mit Preiselbeeren oder Ribiseln.

Gedünstete Rehschulter

1 kg Rehschulter
Salz
½ Petersilienwurzel
½ Karotte
¼ Zeller
½ Zwiebel
50 g Fett
Tomatenmark, Pfefferkörner
Neugewürzkörner
1 Lorbeerblatt
1 Prise Thymian, Ingwer
Rindsuppe (oder Wasser)
$\frac{1}{16}$ l Rotwein, ⅛ l Sauerrahm
Zitronensaft

Die Rehschulter wird pariert, eingerollt und mit einem Spagat zusammengebunden. Sie wird gewürzt und in heißem Fett auf allen Seiten angebraten, dann aus dem Topf genommen und warm gestellt. Im Bratrückstand lässt man das würfelig geschnittene Wurzelwerk und die halbe Zwiebel gelb werden, gibt das Fleisch hinein, lässt es weiter ein wenig anrösten, röstet dann noch Tomatenmark mit, gießt Rindsuppe oder Wasser auf, fügt die Gewürze hinzu und dünstet das Fleisch weich. Hierauf nimmt man das Fleisch heraus und püriert ein wenig von dem mitgedünsteten Wurzelwerk, um der Sauce Bindung zu geben. Die Sauce wird nun passiert. Rahm, Rotwein und Zitronensaft hinzufügen und das Fleisch in der Sauce noch einmal kurz überdünsten.
Als Beilagen reicht man Knödel, Nudeln, Reis, Makkaroni usw.

Hirsch- und Rehschnitzel (Filets)

600 g Schlegel
80 g Speck
Salz
Mehl zum Eintauchen
80 g Öl
Mehl zum Stauben
Butter
Rindsuppe (oder Wasser)
$\frac{1}{16}$ l Sauerrahm
1 Zitrone

Vom ausgelösten Schlegel werden Schnitzel geschnitten, die man klopft, am Rand einschneidet, spickt und salzt. Dann taucht man sie leicht in Mehl ein und brät sie in Fett rasch ab. Schließlich seiht man den größten Teil des Fetts ab, lässt Butter im Bratrückstand aufschäumen, staubt das Übrige und gießt mit Suppe oder Wasser auf. Man lässt die Sauce gut verkochen, gibt den Rahm und die Schnitzel dazu und kocht sie noch einmal kurz auf. Die Zitronen werden in dünne Scheiben geschnitten und zu den Schnitzeln angerichtet.

Hirsch- und Rehschnitzel (Filets), englisch gebraten

Die Schnitzel werden wie beim vorhergehenden Rezept vorbereitet, aber nicht in Mehl getaucht, sondern nur in heißem Fett auf beiden Seiten rasch gebraten.
Das restliche Fett wird abgegossen, der Saft mit etwas Butter und Rindsuppe oder Wasser aufgekocht und über die angerichteten Schnitzel gegossen.
Als Beilagen eignen sich Reis, Kartoffelkroketten, Sauce Cumberland usw.

Gekochtes Wildschwein

800 g Wildschweinfleisch (Schulter oder Schlegel)
Pfefferkörner
Lorbeerblatt
Neugewürzkörner
½ Zwiebel, ½ Karotte
½ Petersilienwurzel
½ Zeller
1/16 l Rotwein
Salz

Das Fleisch vom Wildschwein wird in Wasser unter Hinzufügen von Pfefferkörnern, Lorbeerblatt, Neugewürzkörnern, feinnudelig geschnittener Zwiebel und julienne geschnittenem Wurzelwerk, Rotwein und Salz weich gekocht, in Scheiben geschnitten, auf einer Schüssel angerichtet, mit dem Wurzelwerk bestreut und dem geseihten Sud übergossen.
Als Beilagen werden kalte Saucen (z. B. Sauce Cumberland), Hagebuttengelee, geriebener Kren oder gekochte Erdäpfel serviert.
Anmerkung: Die Gewürze in ein Leinensäckchen binden, damit sie nach dem Kochen problemlos entfernt werden können.

Gebratenes Wildschweinkarree

1 kg Karreeteile vom Wildschwein
Öl
Salz, Pfeffer aus der Mühle
50 g Räucherspeck
50 g Zwiebeln
60 g Karotten
40 g Zeller
40 g Petersilienwurzeln
1 El Tomatenmark
1/16 l Rotwein
Rindsuppe
Bouquet garni, bestehend aus: Lorbeer, Petersilienstängel, Thymian, Rosmarin
Pfefferkörner, Wacholderbeeren
Butter zum Montieren

Das Rohr auf 220 °C vorheizen. Die Karreeteile entsehnen und parieren. Den Räucherspeck in kleine Würfel schneiden. Gemüse und Zwiebel schälen und grob würfeln (Mirepoix).
Das Karree wird gewürzt und mit den Sehnen im Rohr rosa gebraten, dann aus der Pfanne gehoben. Man lässt es an einem warmen Ort rasten. Das Wurzelwerk wird in der Pfanne mit den Parüren geröstet, dann werden die Zwiebeln beigefügt; weiterrösten lassen. Wenn alles Farbe genommen hat, wird das Tomatenmark beigefügt und so lange geröstet, bis das Fett nicht mehr rot ist. Mit Rotwein ablöschen und mit Rindsuppe auffüllen. Nachdem alles aufgekocht hat, wird degraissiert. Die Aromaten und das Bouquet garni beifügen. Diesen Fond nun gut durchkochen lassen, dann abseihen, reduzieren, den ausgetretenen Saft des Wildschweinrückens dazugeben und mit eiskalten Butterflocken montieren.

Vom Geflügel

Unter Geflügel versteht man im Allgemeinen Schlachtgeflügel (Haus- oder Mastgeflügel) wie Hühnergeflügel, Truthahn, Ente, Gans, Taube und Perlhuhn.
Alle in freier Wildbahn lebenden Geflügelarten werden als Wildgeflügel bezeichnet.
Junges Geflügel wird in erster Linie gebraten oder gebacken, ältere Tiere werden gekocht oder gedünstet.

Brathuhn

1–2 Hühner
Salz
50 g Öl
20 g Butter
französische Petersilie
Suppe oder Wasser

Die Hühner werden küchenfertig hergerichtet, ausgewaschen, gesalzen, bridiert, in heißem Öl zuerst auf einer Brustseite eine Viertelstunde, sodann auf der anderen Brustseite ebenfalls eine Viertelstunde gebraten. Auf den Rücken wenden und unter häufigem Begießen mit dem eigenen Saft eine weitere halbe Stunde fertig braten. Der Bratrückstand wird entfettet. Ein Stück Butter auf die Hühner geben, damit diese einen schönen Glanz bekommen, und den Bratrückstand mit etwas Suppe oder Wasser aufkochen. Die Hühner werden tranchiert und mit französischer Petersilie verziert angerichtet. Der Saft wird separat gereicht.
Als Beilagen passen Salat, Reis oder junges Gemüse.

Wiener Backhuhn

1 Huhn
Salz
zum Panieren:
100 g glattes Mehl
2 Eier
200 g Brösel
zum Frittieren:
500 g Butterschmalz
2 Zitronen
Petersilie

Das Huhn wird in zwei Keulen und zwei Brüste geteilt; diese werden wiederum halbiert, sodass 8 Teile entstehen. Die Haut wird abgezogen; die Knochen sollten nicht ausgelöst werden, da das Hühnerfleisch saftiger bleibt, wenn es am Knochen gebacken wird. Die Keulen werden nun entlang der Röhrenknochen leicht eingeschnitten, damit das Fleisch schneller durchgebacken wird.
Die Hühnerteile werden kurz vor der Zubereitung gesalzen und mit Mehl, den versprudelten Eiern (ohne jegliche Zugabe von Milch, Sodawasser, Öl und dgl.) paniert. Zum Panieren sollten nur die (sauberen) Hände verwendet werden; das Panieren mit der Gabel ist eine Unsitte und kann die Oberfläche der Panier beeinträchtigen, weil die Panade mit den Gabeleinstichen unterbrochen wird. Die panierten Hühnerstücke werden in heißes Butterschmalz eingelegt; während des Backens die Temperatur leicht reduzieren. Das Fett sollte ein wenig geschüttelt werden, damit die Panier leichter souffliert (aufgeht). Die Hühner nun auf Küchenkrepp abtropfen lassen. In heißem Fett Petersilienblätter frittieren. (Achtung: Das spritzt ein wenig.) Eine halbe Zitrone als Garnitur beigeben.
Als Beilage schmeckt Erdäpfelsalat.

Burgunderhuhn

1 Huhn
Salz, weißer Pfeffer
20 g Öl
Sauce:
100 g Champignons
40 g Selchspeck
40 g Zwiebeln
0,2 l brauner Kalbsfond
0,2 l Rotwein
10 g Maizena
20 g Butter
Petersilie

Das Huhn wie das Backhuhn auslösen. Zwiebeln, Speck und Champignons in grobe Würfel schneiden. Petersilie hacken.
Die Hühnerstücke in heißem Öl anbraten, aus der Pfanne nehmen und warm stellen. Zwiebeln und Speck anrösten, dann die Champignons dazugeben, mit Rotwein ablöschen und mit Kalbsfond oder Hühnersuppe aufgießen. Einreduzieren und mit Maizena und Butter binden. Die Hühner in die Sauce einlegen, durchziehen lassen; nicht mehr aufkochen. Abschließend mit fein gehackter Petersilie bestreuen.

Gebratene Masthühner (Kapaun, Poularde)

1 Poularde
Salz
50 g Speck
30 g Fett
20 g Butter

Die gereinigten, ausgenommenen Hühner werden innen und außen gesalzen und bridiert. Brust und Schenkel spicken und in heißem Fett unter oftmaligem Begießen mit dem ausgetretenen Fett etwa 1 Stunde wie Brathühner braten.

Gefülltes Huhn

An gut gereinigten, ausgenommenen Hühnern wird die die Brust bedeckende Haut gelockert und der so entstandene Hohlraum mit einer Leber- oder Semmelfülle gefüllt. Die Leberfülle wird aus einem Gemisch von in Butter gerösteten, fein gehackten Zwiebeln, Petersilie und feinblättrig geschnittener Gans- und Hühnerleber, die man gesalzen und mit Madeira aufgegossen hat, zubereitet (siehe gefüllte Kalbsbrust, Seite 294).
Die gefüllten Hühner werden bridiert, in heißem Fett eine Dreiviertel- bis 1 Stunde lang bei mehrmaligem Übergießen mit dem ausgetretenen Fett gebraten. Der Bratrückstand wird entfettet, mit Rindsuppe oder Wasser aufgekocht und abschließend mit Butter montiert.
Die Semmelfülle besteht aus flaumig gerührter Butter, Dottern, Ei, erweichten, ausgedrückten Semmeln, in Butter gerösteten Hühnerlebern, blättrig geschnittenen, in Butter gedünsteten Champignons und Salz. Die Fülle wird mit Bröseln gefestigt. Lässt man Leber oder Champignons weg, wird die Fülle lichter.
Als Beilagen passen Reis, Risipisi oder Salate.

Gebratene Gans

Gans ohne Gänseklein (Gansljunges)
Salz
Majoran
4 kleine Äpfel
Rindsuppe (oder Wasser)

Einer geputzten, ausgenommenen Gans werden Hals, Flügel und Füße abgeschnitten. Außen wird die Gans mit Salz, innen außerdem mit Majoran eingerieben und allenfalls mit kleinen geschälten oder ungeschälten Äpfeln gefüllt. Dann wird die Gans bridiert, mit der Brustseite nach unten in eine Pfanne mit etwas heißem Fett gegeben und im Rohr unter häufigem Begießen mit dem eigenen ausgetretenen Fett 1 bis 1 ½ Stunden gebraten; umdrehen und noch eine weitere Stunde braten. Das sich ausbratende Fett wird öfter abgeschöpft. Vor dem Anrichten wird der Bratrückstand entfettet und mit Rindsuppe oder Wasser aufgekocht. Damit die Haut knusprig wird, setzt man den Braten kurz vor dem Anrichten, unter Begießen mit Bratenfett, einer sehr hohen Hitze im Rohr aus.
Als Beilagen dienen Bratkartoffeln, Krautsalat u. dgl.
Das abgeschöpfte Gänsefett kann kalt gestellt als Brotaufstrich verwendet werden.

Gansbrust oder Gansbiegel mit Ritschert

Gansbrust oder Gansbiegel
Ritschert:
100 g Rollgerste
100 g Bohnen
10 g Fett
10 g Mehl
Zwiebel
Petersilie
Rindsuppe (oder Wasser)

Zubereitung der Gansbrust bzw. des -biegels siehe gebratene Ente.
Das Ritschert kann gesondert aufgetragen oder zwischen Haut und Fleisch eingefüllt und mit dem Fleisch gedünstet werden.
Ritschert wird auf folgende Art hergestellt: Rollgerste und Bohnen werden weich gekocht, in eine Einbrenn, in der man Zwiebeln und Petersilie anlaufen lässt, gemischt und mit so viel Suppe oder Wasser aufgegossen, als nötig ist, damit sich dies zu einer dicken, nichtflüssigen Speise einkocht.

Gansljunges (Gänseklein)

2 Gänseklein
Salz
½ Petersilienwurzel
¼ Zeller
½ Karotte
20 g Zwiebeln
20 g Fett
Wasser
Sauce:
40 g Butter
30 g Mehl
¾–1 l Gänsekleinfond
Salz
20 g Butter
8 Champignons
1 Karfiol

Das Gänseklein (Gansljunges) wird gut geputzt, gewaschen, in Stücke geschnitten, gesalzen, auf in Fett angeröstetem Wurzelwerk und Zwiebeln leicht gedämpft und nach Zugießen von Wasser weich gekocht (weitere Zubereitung wie Einmachhühner).
Als Beilage serviert man Bröselknödel oder Reis.

Gebratene Ente

Ente
Salz
Majoran
40 g Fett (allenfalls nur Fett der Ente selbst)
30 g Butter
Rindsuppe (oder Wasser) zum Aufgießen

Die Ente wird geputzt, ausgenommen, mit Salz und Majoran eingerieben, dressiert und in heißem Fett bei öfterem Begießen eine Dreiviertel- bis 1 Stunde gebraten. Der Bratrückstand wird entfettet, ein Stück Butter dazugegeben. Mit Rindsuppe oder Wasser aufgießen und aufkochen lassen.
Man kann die Enten auch mit Orangenhälften oder Äpfeln füllen.
Alte Enten dünstet man mit Fett und Wurzelwerk, bis sie weich sind, und lässt sie dann nicht zugedeckt unter öfterem Begießen braun werden.

Gefüllte Taube

Wird wie gefülltes Huhn zubereitet.

Gebratener Indian (Truthahn, Puter)

1 Indian
Salz
50 g Fett
Rindsuppe (oder Wasser)
30 g Butter

Ein gereinigter, ausgenommener Indian wird innen und außen gesalzen, bridiert, an der Brust und an den Schenkeln gespickt und in heißem Fett 2 ½–3 Stunden bei oftmaligem Übergießen mit dem Bratenfett gebraten. Der Bratrückstand wird entfettet und mit etwas Rindsuppe oder Wasser aufgekocht, der Indian mit Butter glaciert.
Als Beilagen passen Salat, Rotkraut, Reis oder Kompott (gedünstet oder eingekocht).

Gefüllter Indian

1 Indian
Fülle:
Magen, Leber, Herz des Indians
2 Semmeln
2 Eier
Zwiebel
Majoran, Thymian
Salz
Brösel
100 g Fett
Rindsuppe (oder Wasser)

Der Indian wird trocken geputzt und ausgenommen. Dann werden an den Schenkeln die starken Sehnen herausgezogen; den Indian anschließend sengen und waschen. Die Haut an der Brust wird, um ein Zerreißen zu verhüten, vorsichtig untergriffen.
Man bereitet folgende Fülle zu: Magen, Leber und Herz des Indians werden mit in Wasser erweichten und ausgedrückten Semmeln faschiert. Die Eier, die fein gehackten Zwiebeln, Majoran, Thymian, Salz und Brösel dazugeben und gut verrühren. Diese Fülle wird unter die vom Brustfleisch abgelöste Haut eingefüllt. Der Indian wird sodann bridiert, innen und außen gesalzen und in heißem Fett unter mehrmaligem Begießen mit dem Bratenfett gebraten. Wenn das Fleisch weich ist, seiht man das Fett ab und bereitet mit Butter und Rindsuppe einen Saft.
Als Beilagen reicht man Salate, Reis, Risipisi, französischen Salat usw.

Putenschnitzel, Putengeschnetzeltes

Werden wie Kalbfleisch verarbeitet.

Gebratene Fasane, Perl- und Rebhühner

Die Fasane oder Hühner werden hergerichtet, ausgenommen, gewaschen, gesalzen, gepfeffert, dressiert, in eine große Speckscheibe gewickelt, mit Spagat gebunden und in heißem Fett bei oftmaligem Begießen gebraten. Dann wird das Fett abgeschöpft. Die Hühner werden entweder natur gebraten oder mit Rahm übergossen. Der Saft wird aufgekocht.
Als Beilagen bieten sich Preiselbeerkompott, Rotkraut, Specklinsen oder Linsensalat an.

Schneehühner, Tauben und Wachteln

Können wie Fasane zubereitet werden.

Perlhuhn in Rahmsauce

1–2 Perlhühner
Salz
80 g Speck
50 g Fett
¼ Karotte
½ Petersilienwurzel
100 g Zeller
½ Zwiebel
½ Lorbeerblatt
Pfefferkörner
Rindsuppe (oder Wasser)
10 g Mehl
¼ l Sauerrahm

Die geputzten, ausgenommenen Perlhühner werden innen und außen gesalzen, bridiert und auf der Brust mit Speckscheiben belegt; Brust und Schenkel können auch gespickt werden. Auf in Fett goldgelb geröstetem Wurzelwerk und Zwiebeln, dem Lorbeerblatt und Pfefferkörnern unter Nachgießen von Suppe oder Wasser und Begießen eine Dreiviertel- bis 1 Stunde schmoren. Dann wird das Wurzelwerk mit Mehl gestaubt und, wenn dies angeröstet ist, mit Rindsuppe oder Wasser und Rahm übergossen. Die Sauce wird passiert und zu den zerlegten Perlhühnern aufgetragen.
Als Beilagen passen Herzoginnenkartoffeln, Prinzessinnenkartoffeln, Reis oder Preiselbeeren.

Fasane, Schneehühner und Wildenten

Können ebenso zubereitet werden.

Brathuhn auf dem Rost

1–2 Brathühner
Salz
1 dl Öl
20 g Semmelbrösel

Die gereinigten, ausgenommenen Hühner werden in die Hälfte oder in Viertel geteilt (Knochen eventuell auslösen), gesalzen, in Öl getaucht, mit Semmelbröseln bestreut und abermals in Öl getaucht. Auf dem Rost unter mehrmaligem Betropfen mit frischem oder dem abgeronnenen Öl beiderseits braten.

Villeroihuhn

2 junge Hühner
¼ Petersilienwurzel
⅛ Zeller, ¼ Karotte
20 g Zwiebeln
Salzwasser
Villeroisauce
1 Ei
100 g Semmelbrösel
200 g Fett

Ausgenommene, gereinigte junge Hühner werden unter Hinzugabe von Wurzelwerk und Zwiebeln in kochendes Salzwasser gegeben, weich gekocht, enthäutet, geviertelt, ausgekühlt in Villeroisauce getaucht, auf ein mit Bröseln bestreutes Blech gelegt und 1 Stunde kalt gestellt. Nach dem Erkalten werden sie in Ei und Semmelbrösel getaucht und in sehr heißem Fett gebacken. Auf Filterpapier abtropfen lassen.
Als Beilage harmonieren Salat oder feines Gemüse.

Huhn in Paradeissauce

1–2 Brathühner
Salz
50 g Butter
50 g Schalotten
20 g Mehl
1/16 l Weißwein
Suppe oder Wasser
40 g Tomatenmark
50 g Champignons
20 g Butter
gebackene Eier:
4 Eier
⅛ l Öl

Geputzte, ausgenommene, gewaschene Hühner werden geviertelt, gesalzen und in Butter rasch angebraten. Im Bratrückstand lässt man die fein gehackten Schalotten goldgelb anrösten, gibt das Mehl dazu, röstet kurz durch, löscht mit Weißwein ab, gießt mit wenig Suppe oder Wasser auf und fügt Tomatenmark und die würfelig geschnittenen, in Butter gedünsteten Champignons hinzu. In dieser Sauce werden die Hühner eine halbe Stunde gedünstet. Sie werden mit gebackenen Eiern umlegt angerichtet.
Für die gebackenen Eier schlägt man Eier einzeln in eine Schale, lässt sie vorsichtig in heißes Öl gleiten, schlägt das Eiklar über die Dotter und lässt sie so lange garen, bis das Eiklar gestockt ist. Die Dotter müssen noch weich sein.
Als Beilage schmeckt Spinatauflauf.

Paprikahuhn

2 Brathühner
Salz
50 g Speck, 100 g Zwiebeln
1 Kl Rosenpaprika
1 El Essig
Hühnersuppe oder Wasser
10 g Mehl
⅛ l Sauerrahm

In kleinwürfelig geschnittenem, angeröstetem Speck werden die fein gehackten Zwiebeln goldgelb geröstet. Paprika, Essig, die ausgenommenen, geviertelten (geteilten) Hühner, Salz und kochenden Hühnerfond oder Wasser dazugeben. Man lässt die Hühner weich dämpfen, nimmt sie heraus und stellt sie warm. Das Mehl wird mit dem Sauerrahm verrührt und im Saft gut verkocht. Hierauf gibt man die Hühner in die Sauce und lässt sie noch einige Minuten darin dämpfen.
Als Beilagen passen Nockerln, Nudeln oder Erdäpfel.
Tipp: Besonders gut wird die Sauce, wenn man einige frische rote Paprikawürfel mit Zwiebeln und Speck anröstet und die Sauce anschließend mit dem Stabmixer püriert.

Einmachhühner

1–2 Hühner
Salz
50 g Butter
½ Karotte, ½ Petersilienwurzel
⅛ Zeller, ½ Zwiebel
Suppe (oder Hühnersuppe)
Einmach:
40 g Butter, 40 g Mehl
¾ l Hühnerfond
8 Champignons
20 g Butter
½ Karfiol, 150 g Spargel
Salz, Zitronensaft
Muskatnuss
Schlagobers, 20 g Butter zum Montieren

Die gereinigten, geputzten, ausgenommenen jungen Hühner werden geviertelt, gesalzen und nebst dem ausgenommenen Magen, dem Herz, den Flügerln und Hälsen in Butter mit Wurzelwerk und Zwiebeln, ohne Farbe zu nehmen, angeschwitzt, sodann mit Suppe oder Wasser weich gedünstet. Eine Einmach wird mit dem geseihten Hühnerfond aufgegossen und kurz durchgekocht. In die Sauce gibt man die Hühnerstücke, blättrig geschnittene, in Butter gedämpfte Champignons, in Salzwasser gekochte Karfiolröschen und den in Stücke geschnittenen Spargel und lässt alles zusammen kurz aufkochen. Mit Salz, Zitronensaft und Muskatnuss abschmecken. Abschließend mit Schlagobers und Butterflocken montieren.
Als Einlage passen Bröselknöderln und als Beilage empfiehlt sich gedünsteter Reis.

Fische

Fische sorgfältig putzen und möglichst unter fließendem Wasser waschen; nicht im Wasser liegen lassen. Leicht salzen und mit Essig oder Zitronensaft beträufeln. (Für eine Portion berechnet man 200–250 g.) Frische Fische gehören rasch verarbeitet, da Fischfleisch sehr rasch verdirbt.

Süßwasserfische

Kennzeichen des Garseins von ganzen Süßwasserfischen: Heraustreten der Augen in Form eines weißen Kügelchens; für in Stücke geteilte Fische: An den Gräten, die sich sehr leicht herausziehen lassen müssen, darf kein Fleisch haften bleiben.
In Ermangelung von Fischwannen mit durchlöchertem Einsatz und Deckel kann man auch eine Spargelwanne oder ein anderes geeignetes Geschirr verwenden, in das man den Fisch, um ihn ganz herausnehmen zu können, in einen Tüllfleck gehüllt legt. Fische werden immer mit dem Rücken nach oben eingelegt; sie werden schmackhafter, wenn man sie gesalzen und mit Zitronensaft beträufelt eine halbe Stunde ziehen lässt. Vielfach kocht man die Fische (auch Seefische) nur in Salzwasser; sie werden aber in dem im Folgenden angegebenen Fischfond wesentlich schmackhafter. Wenn man Fischköpfe und etwaige Abschnitte vom Entgräten zur Verfügung hat, so kann man auch diese für den Sud verwenden.
Das »Blaukochen« der Flussfische entspricht im Allgemeinen dem Kochen in Essigsud.

Gekochter Fisch

1 kg Fisch
Court-bouillon (Sud):
Essig
1 Petersilienwurzel
1 Karotte
50 g Zeller
½ Zwiebel
Thymian
1 Lorbeerblatt
Pfefferkörner, Salz
80 g Butter

(Hecht, Karpfen, Lachs, Zander usw.)
Der Fisch wird abgeschuppt und ausgenommen. Hernach legt man ihn in eine Fischwanne, übergießt ihn mit dem kochenden Sud (Court-bouillon, siehe Glossar) aus Wasser, Essig, sehr viel Salz, blättrig geschnittenem Wurzelwerk, Zwiebel, Pfefferkörnern, Thymian und Lorbeerblatt, lässt ihn einmal aufwallen und dann zugedeckt bei ganz geringer Hitze je nach Größe bis zu einer halben Stunde ziehen. Der angerichtete Fisch wird mit zerlassener Butter übergossen oder mit Sauce hollandaise serviert. (Auf diese Art kann man alle Süß- und Seewasserfische zubereiten.)
Als Beilage eignen sich Salzerdäpfel.

Forelle blau

4 Forellen (zu je 200 g)
Court-bouillon (Sud):
Essig
1 Petersilienwurzel
1 Karotte
50 g Zeller
½ Zwiebel
Thymian
1 Lorbeerblatt
Pfefferkörner, Salz
60 g Butter

Die Forellen sollten sofort nach dem Abschlagen verwendet werden. Sie werden nur ausgenommen – wobei man sie so wenig als möglich berühren sollte, damit der ihnen anhaftende Fischschleim (Schleimhaut), der beim Kochen die Blaufärbung bewirkt, nicht weggewischt wird. Dann lässt man sie, mit einem kochenden Sud aus Salzwasser, Essig, Wurzelgemüse, Thymian, Lorbeerblatt und Pfefferkörnern übergossen, auf dem Herdrand so lange ziehen, bis die Augen als weiße Kügelchen hervortreten.
Damit sich die Forellen beim Kochen nicht verziehen – d. h., eine hübsche Form behalten und schön angerichtet werden können –, werden sie mit einem oder allenfalls zwei kleinen Speilen »ausgespannt«. Will man kleine Forellen nicht gerade auflegen, so durchsticht man mit einer Dressiernadel Schwanz und Kinnlade und bindet sie mit einem Bindfaden rund zusammen. (Rheinanken können ebenso zubereitet werden.)
Zerlassene Butter wird extra dazu serviert.

Wurzelkarpfen

1 kg Karpfenfilet
Court-bouillon (Sud):
ca. 1 Liter Wasser
150 g Zwiebeln
100 g Karotten
100 g Gelbe Rüben
100 g Zeller
Salz, Pfefferkörner
Lorbeerblatt
Thymian
Essig, Salz
20 g Butter
10 g Petersilie

Die Karpfenfilets portionieren und an der Hautseite mehrmals einschneiden. Die Zwiebeln und das Wurzelgemüse schälen. Die Hälfte der Zwiebeln und des Gemüses wird in feine Streifen geschnitten, die andere Hälfte feinblättrig.
Aus dem Wasser, den blättrig geschnittenen Zwiebeln, dem Gemüse, den Pfefferkörnern, dem Lorbeer, dem Thymian, Essig und Salz wird eine Court-bouillon (siehe Glossar) zubereitet. Die Gemüse- und Zwiebeljulienne wird in Butter angedünstet; die Karpfenstücke werden darauf gelegt und mit der kochenden Court-bouillon übergossen. Das Ganze lässt man nun etwa 10 Minuten ziehen. Die Karpfenstücke werden mit dem Wurzelwerk, etwas Sud und gehackter Petersilie angerichtet.

Gebratene Fische

Die Fische werden abgeschuppt, ausgenommen, gewaschen, abgetrocknet, gesalzen, rundum in glattes Mehl getaucht, in heißes Öl gegeben und unter oftmaligem Begießen im Rohr gebraten. Nachdem man den Saft abgefettet hat, richtet man den Fisch an und gießt zerlassene, ziemlich braun gewordene Butter oder Sardellenbutter darüber. (Man kann auf ähnliche Weise Fischfilets in einer Pfanne braten.)
Als Beilage eignen sich Salzerdäpfel.

Fische, auf dem Rost gebraten

Werden ganze Fische oder Fischfilets auf dem Rost gebraten, salzt man sie vor dem Auflegen, pfeffert oder papriziert sie mitunter auch ganz wenig, bestreicht sie mit Öl und wälzt sie in Bröseln. Vor dem Auftragen belegt man die Fische mit kleinen Stückchen Maîtrebutter (siehe Seite 380).
Als Beilage passt gut Sauce hollandaise.

Fogosch mit Champignons

1 kg Fogosch
50 g glattes Mehl
Salz
40 g Öl
60 g Champignons
60 g Butter

Der Fisch wird abgeschuppt, ausgenommen, gewaschen, gesalzen, rundum in das Mehl getaucht, in heißes Öl gegeben und unter oftmaligem Begießen im Rohr gebraten. Etwa 10 Minuten vor dem Anrichten wird der Saft entfettet und der Fisch mit blättrig geschnittenen, in Butter gedünsteten Champignons übergossen.
Als Beilage kann man wiederum Salzerdäpfel servieren.

Gebratenes Zanderfilet mit Pilzen und Thymian

600 g Zanderfilet
120 g Champignons
80 g Steinpilze
100 g Jungzwiebeln
Salz, Pfeffer aus der Mühle
Saft 1 Zitrone
20 g glattes Mehl
etwas Olivenöl (normal)
1 Zweig Thymian
20 g Butter
1/16 l Fischfond
40 g Butter zum Montieren

Die Haut der Zanderfilets wird leicht eingeritzt (ziseliert). Die Champignons werden geputzt und die Stiele entfernt; große Champignonköpfe werden halbiert oder geviertelt. Die Steinpilze werden geputzt und nicht zu dünnblättrig geschnitten. Die Jungzwiebeln werden geputzt und das Grüne wird davon abgeschnitten.
Die Fischfilets werden mit Salz und Pfeffer aus der Mühle gewürzt, mit Zitronensaft beträufelt, auf der Hautseite bemehlt und knusprig gebraten. Die Filets aus der Pfanne nehmen und im Rohr bei 60 °C warm stellen. Das Öl aus der Pfanne wird abgeleert und man lässt Butter darin zergehen. Die Pilze und die Jungzwiebeln werden in dieser Butter kurz angeschwitzt. Alles nun mit Fischfond auffüllen, den frischen abgezupften Thymian beifügen und kurz verkochen. Abschließend mit eiskalten Butterflocken montieren. Dieser Pilz-Thymian-Saft wird auf die vorgewärmten Teller verteilt und die Fische werden draufgesetzt.
Als Beilage eignen sich vor allem Pariser Erdäpfel (siehe Seite 357).

Forelle nach Müllerinnen-Art

4 Bachforellen
20 g glattes Mehl
Salz, Zitronensaft für Würzung
30 g Öl
40 g Butter
Sauce:
1/16 kg Butter
etwas Fischfond
etwas Weißwein
Worcestersauce
20 g Petersilie
Zitronensaft

Fische säubern und gut trocknen. Flossen mit der Fischschere etwas stutzen. Fischfond zubereiten (siehe Seite 95). Petersilie hacken.
Die vorbereiteten Fische würzen und in Mehl wenden. Mit Öl und Butter, zuerst bei starker Hitze und danach bei reduzierter Temperatur, auf beiden Seiten goldgelb braten. Fische aus der Pfanne nehmen und warm stellen. Das Fett aus der Pfanne ableeren; Butter darin schmelzen. Zitronensaft, Worcestersauce, Fond und Weißwein dazugeben, eventuell salzen und mit viel gehackter Petersilie vollenden. Die Forellen auf Tellern oder Platten anrichten und mit der Sauce meunière nappieren. Eventuell vor dem Gast filetieren.
Als Beilage eignen sich Petersilienerdäpfel und Blattsalate.

Gebratenes Welsfilet mit Apfel-Balsam-Sauce

800 g Welsfilet
50 g glattes Mehl zum Wälzen
etwas Olivenöl
50 g Butter
Sauce:
10 g Kristallzucker
0,1 l Fischfond
0,1 l brauner Kalbsfond
100 g Äpfel
etwas Balsamessig
50 g Butter
Salz, Pfeffer

Die Welsfilets putzen. Den Fischfond zubereiten. Die Apfelperlen ausstechen; auch kleine Würfel sind möglich.
Die Welsfilets würzen, auf einer Seite in das Mehl tauchen und im Öl, mit der bemehlten Seite zuerst, braten. Die Filets aus der Pfanne nehmen und das überschüssige Fett ableeren. In dem Bratrückstand etwas Butter zerlassen und den Zucker darin karamellisieren. Mit dem Fischfond und dem braunen Kalbsfond auffüllen, reduzieren, mit Balsamessig, Salz und Pfeffer abschmecken und mit der Butter montieren. In die fertige Sauce die Apfelperlen geben und sie erhitzen. Die Welsfilets mit dieser Sauce nappieren.

Gebackener Karpfen

1 kg Karpfen
Salz
etwas Zitronensaft
40 g Mehl
1–2 Eier
100 g Brösel
150 g Fett

Der Karpfen wird abgeschuppt, ausgenommen, gewaschen, der Länge nach halbiert und in 3–4 cm breite Stücke geschnitten. Diese werden gesalzen, mit Zitronensaft beträufelt, im Mehl, den Eiern und den Bröseln paniert und in heißem Fett gebacken. Man lässt die Stücke auf Küchenkrepp abtropfen.
Als Beilage passen gut Salate (besonders Erdäpfel-, Zeller- und Brunnenkressesalat).
Reinanken, aber auch Seefische werden ebenso zubereitet.
Kleinere Fische, z. B. Weißfische, Sardellen u. ä., werden im Ganzen gebacken.

Gebackene Sardellen

800 g Sardellen
Salz
2 Eier
60 g Mehl
120 g Brösel
200 g Fett

Die frischen Sardellen werden abgeschuppt und am Bauch geöffnet. Das Innere (Eingeweide) wird entfernt. Die Sardellen werden gesalzen, im Mehl, den Eiern und den Bröseln paniert und in heißem Fett gebacken. Als Beilagen bieten sich Salate, Sauce tatare, Remouladensauce u. dgl. an.

Fischfilets in Bierteig

1 kg Fischfilets
Salz
Saft 1 Zitrone
Petersilie
Bierteig (siehe Seite 397)
200 g Öl oder Butterschmalz

Die Filets werden auf eine Schüssel gelegt, gesalzen, mit Zitronensaft und Petersilie mariniert, in Bierteig getaucht und in heißem Fett gebacken. Auf Küchenkrepp abtropfen lassen.
Beigegeben wird Remouladensauce (siehe Seite 382).

Zander auf Matrosenart

1 kg Zander
1/16 l Öl, 1/2 Zwiebel
1/16 Liter Rotwein
60 g Tomatenmark
1–2 El Essig, Salz
Fischköpfe
Semmelcroûtons:
1 1/2–2 Semmeln
40 g Butter

Der Fisch wird hergerichtet und in Scheiben (Filets) geteilt; diese werden gesalzen. Dann röstet man in heißem Öl die fein gehackte Zwiebel an, gießt mit dem Rotwein auf, gibt nach Geschmack Tomatenmark, Salz, Essig, dann die Fischköpfe hinein und lässt die Sauce eine halbe Stunde kochen. Hernach passiert man die Sauce, gibt die Filets hinein und lässt sie ziehen. Den Rand der Schüssel verziert man mit dreieckig geschnittenen, in Butter gerösteten Semmelschnitten.

Geschmorter Zander auf normännische Art

1 kg Zander
Salz
30 g Butter
20 g Zwiebeln
5 Pfefferkörner
1/16 l Wasser
1/16 l Weißwein
Sauce:
1/16 l Fischfond
2 Eidotter
100 g Butter
Saft von einer halben Zitrone
Cayennepfeffer
Worcestersauce
Garnierung:
100 g Champignons
20 g Butter

Der Zander wird abgehäutet, halbiert, ausgewaschen und gesalzen. Man gibt ihn in eine mit Butter ausgestrichene Kasserolle. Er wird mit der blättrig geschnittenen Zwiebel und einigen Pfefferkörnern bestreut, mit dem kalten Wasser und Weißwein übergossen und eine Viertelstunde zugedeckt gedünstet. Dann richtet man ihn an, bedeckt ihn mit einem mit Butter bestrichenen Papier und stellt ihn bis zum Servieren warm. Hierauf gibt man die Fischabschnitte (Rückgrat) in den vorhandenen Sud, lässt diesen noch einige Minuten kochen, seiht ihn ab und lässt ihn auskühlen. Für die Sauce werden die Dotter, die blättrig geschnittene Butter und der Fischfond über Dunst dicklich geschlagen. Nach Geschmack werden Salz, Cayennepfeffer, Worcestersauce und Zitronensaft dazugegeben und über den angerichteten Fisch gegossen.
Die Schüssel wird am Rand mit blättrig geschnittenen, in Butter weich gedünsteten und nachher gesalzenen Champignons verziert.

Seefische

Seefische kommen in Ländern, die nicht direkt am Meer liegen, meist in geschlachtetem Zustand entweder nur gekühlt oder tiefgekühlt in den Handel. Gekühlte Seefische bewahrt man bis zum Verbrauch, der immer am selben Tag erfolgen sollte, im Kühlschrank oder in gestoßenem Eis auf. Um das Fischfleisch zu festigen und ihm einen Teil seines anhaftenden Geruchs zu nehmen, beträufelt man es vor dem Gebrauch mit Zitronensaft.

Schellfisch in Essig-Kräuter-Sauce (à la vinaigrette)

Ein gekochter Schellfisch wird auf eine Platte gelegt, mit Salz und etwas Pfeffer bestreut, mit einer Mischung aus Öl, Essig, fein gehackter Petersilie, Estragon und Kerbelkraut übergossen und sofort serviert.

Gekochter Schellfisch

1 kg Schellfisch
¼ Zitrone
80 g Butter
Sud:
Salz
⅛ l Essig
8 Pfefferkörner
4 Neugewürzkörner
250 g Wurzelwerk
1 Zwiebel
1 Lorbeerblatt

Der Fisch wird abgeschuppt, innen gut gereinigt, gewaschen, abgetrocknet, mit Zitronensaft beträufelt und in eine siedende Mischung aus Wasser, Salz, Essig, Pfefferkörnern, Neugewürz, Wurzelwerk, Zwiebel und Lorbeerblatt gelegt. Nach einmaligem Aufwallen des Wassers zieht man die zugedeckte Fischwanne vom Feuer und lässt den Fisch 10–15 Minuten darin ziehen. Sobald der Fisch gar ist, hebt man ihn vorsichtig aus dem Wasser, legt ihn auf eine Platte und übergießt ihn mit brauner (bis zum Braunwerden erhitzter) Butter. Nach dem Kochen kann die Haut des Fisches entfernt werden.
Zu gekochten Fischen gibt man außer Salzerdäpfeln auch Senfsauce, Sauce hollandaise, Mayonnaise, Champignonsauce u. ä. In diesem Fall entfällt der Butterüberguss.

Brodetto

⅛ l Olivenöl
250 g Zwiebeln
2 Knoblauchzehen
1½ kg Seefische (Angler, Kabeljau, Dorsch, Seelachs, Schellfisch, Barsch, Tintenfisch)
2 Lorbeerblätter
5 Pfefferkörner, Salz
1 Zitrone
2 Paradeiser
Wasser oder Fischfond

Man lässt ziemlich viel Öl heiß werden und die Zwiebelscheiben und etwas Knoblauch darin anlaufen. Hierauf legt man die gewaschenen Fischstückchen hinein und fügt die Lorbeerblätter, die Pfefferkörner, Salz, Zitronenscheiben, die passierten Paradeiser und so viel Wasser dazu, dass die Fische gut bedeckt sind. Man lässt sie nun etwa 20 Minuten ziehen und gießt ein wenig Wasser nach. Statt des Wassers kann man auch den Fischfond aus Kopf und Gräten nehmen. Für Brodetto verwendet man eine oder auch mehrere Fischarten.

Gebratener Schellfisch mit Sardellenbutter

1 kg Schellfisch
Saft einer viertel Zitrone
Salz
2 Sardellen
40 g Fett
Sardellenbutter:
10 g Butter
2 Sardellen

Der Fisch wird auf einer Seite abgehäutet, abgetrocknet, mit Zitronensaft beträufelt, gesalzen, mit Sardellenstreifen gespickt, in heißem Fett unter mehrmaligem Begießen im Rohr gebraten und mit der heißen Sardellenbutter serviert. Statt mit Sardellenstreifen kann man auch mit Paprika bestreuen und mit etwas Sauerrahm aufgießen.
Als Beilage eignen sich Salzerdäpfel.

Mit Knoblauch gebratene Goldbrasse

4 Brassen
4 Knoblauchzehen
Salz, weißer Pfeffer
8 Zweige Thymian
20 g Petersilie
Saft 1 Zitrone
40 g griffiges Mehl
etwas Olivenöl
40 g Butter

Die Brassen säubern und abschuppen. Die Flossen etwas stutzen. Den Knoblauch schälen und blättrig schneiden oder hobeln.
Die Brassen in der Bauchhöhle mit den Kräutern und dem Knoblauch füllen; mit Zitronensaft beträufeln, würzen und im Mehl wenden. Die Fische in heißem Öl rasch anbraten; dann im vorgeheizten Rohr fertig braten. Die Brassen aus der Pfanne nehmen und warm stellen. Das überschüssige Öl aus der Pfanne ableeren. Die Butter aufschäumen und Knoblauch in die Butter geben. Die schäumende Butter über die angerichteten Fische gießen.

Gebratene Fische mit feinen Kräutern

Die Fische werden abgehäutet, abgetrocknet und mit Zitronensaft beträufelt. Hierauf schneidet man sie in 2 cm dicke Scheiben, salzt sie, taucht sie in Mehl und brät sie in heißem Fett.
Für die Sauce werden fein gehackte Schalotten oder Zwiebeln in Butter geröstet, Kerbelkraut, Estragon und Petersilie werden mit fein gehackten Champignons gedünstet; es wird mit Mehl gestaubt, mit Wasser aufgegossen und gut verkocht. Hernach gibt man sauren Rahm und die gebratenen Fischstücke hinein und lässt diese in der Sauce noch etwas dämpfen.

Gratinierte Fische

Zum Überkrusten eignen sich alle (See-)Fischarten.
Die Fischschnitten werden in Salzwasser gekocht oder gesalzen, mit Zitronensaft beträufelt und in Fett leicht gebraten. Dann bestreicht man die Schnitten mit Küchenkräutern oder nur mit Petersilie und Tomatenmark, belegt sie mit Butterstückchen, bestreut sie mit Semmelbröseln und mit geriebenem Käse und bäckt sie im Rohr.

Gratinierter Schellfisch

1 kg Schellfisch
Erdäpfelpüree:
500 g Erdäpfel
1/16 l Milch
20 g Parmesan zum Bestreuen
10 g Semmelbrösel zum Bestreuen
20 g Butter
Salz
Sauce:
30 g Butter
20 g Mehl
1/4 l Milch
etwas Zitronensaft
Worcestersauce
20 g Parmesan
1 Eidotter

Ein gekochter Schellfisch wird ausgelöst, auf einer Schüssel angerichtet und rundherum mit Erdäpfelpüree verziert. Dann wird der Fisch mit der nachfolgenden Sauce übergossen, mit dem Parmesan und den Semmelbröseln bestreut, mit der zerlassenen Butter betropft und 10 Minuten vor dem Anrichten in das Rohr gestellt. Der Fisch kann auch roh in Scheiben geteilt, gesalzen, in eine mit klein geschnittener Zwiebel ausgestreute, befettete Gratinierschüssel gelegt, mit befettetem Papier belegt und 10 Minuten im Rohr gedämpft werden.
Für die Sauce macht man eine Buttereinmach, gießt mit der Milch auf, gibt den Zitronensaft, Salz und einige Tropfen Worcestersauce hinein und lässt die Sauce dick einkochen. Man fügt den geriebenen Parmesan dazu und bindet die Sauce mit dem Eidotter (Gratiniersauce).
Für das Erdäpfelpüree (zum Spritzen) werden die geschälten rohen Erdäpfel geviertelt, weich gekocht, abgeseiht, mit etwas siedender Milch zerstampft, passiert und gesalzen. Der Brei muss dick sein.

Gratinierte Seezunge

1 kg Seezunge
Salz
80 g Butter
1/8 l Weißwein
20 g Champignons
20 g Parmesan
15 g Brösel
20 g Butter
Butter für das Papier
Sauce:
Gräten und Flossen des Fisches
Pfefferkörner
Wurzelwerk
1/2 Zwiebel
30 g Butter
20 g Mehl
Worcestersauce
Zitronensaft
Cayennepfeffer
1 Eidotter
1/16 l Milch

Die Seezungen werden abgehäutet und die Filets ausgelöst; in einer Gratinierschüssel auf heiße Butter legen, mit Salz bestreuen, mit dem Weißwein übergießen, mit einem befetteten Papier belegen und eine Viertelstunde im Rohr dämpfen. Die Filets werden mit den geputzten, blättrig geschnittenen Champignons belegt, mit der nachstehend beschriebenen Sauce übergossen, mit den Semmelbröseln und dem geriebenen Parmesan bestreut, mit der zerlassenen Butter betropft und vor dem Anrichten noch einmal 10 Minuten lang ins heiße Rohr gestellt.
Für die weiße Gratiniersauce werden die Flossen und Gräten des Fischs mit dem Wurzelwerk, der Zwiebel und den Pfefferkörnern in Salzwasser gekocht. Von diesem geseihten Sud gießt man so viel auf eine Einmach aus der Butter und Mehl, dass eine dickflüssige Sauce entsteht, die man mit Worcestersauce, Zitronensaft, Cayennepfeffer und Salz würzt und kurz vor dem Übergießen mit dem in Milch verquirlten Eidotter vermengt.
Zur Aromatisierung der Sauce könnte man noch verwenden: Ingwer, Lorbeerblatt, Kuttelkraut, Muskatnuss und Madeira.

Seezungenfilets in Weißwein

1 kg Seezunge
Salz
20 g Schalotten
4 Pfefferkörner
4 Neugewürzkörner
⅛ l Weißwein
Butter für das Papier
Sauce:
20 g Butter
20 g Mehl
¼ l Fischfond
1/16 l Obers
1–2 Eidotter

Die Seezungen werden gewaschen und abgehäutet. Die Filets (Schnitten) werden ausgelöst und gesalzen. Der Boden einer Kasserolle wird mit fein gehackten Schalotten, Pfeffer- und Neugewürzkörnern belegt. Man gibt die Schnitten darauf, begießt sie mit dem Weißwein, belegt sie mit einem befetteten Papier und lässt sie 10 Minuten im Rohr dämpfen.
Für die Sauce wird der nach dem Dämpfen der Fische zurückbleibende Saft mit einer aus der Butter, dem Mehl und dem Fischfond zubereiteten, mit den Eidottern und dem Obers gebundenen Einmachsauce vermischt, passiert und über die auf einer Schüssel angerichteten Schnitten gegossen.
Als Beilage serviert man Salzerdäpfel.

Kabeljau in Sauce vin blanc

600 g Kabeljau
0,2 l Fischfond
40 g Schalotten
etwas Weißwein
Sauce vin blanc:
30 g Butter
20 g glattes Mehl
etwas Weißwein
0,2 l Fischfond
0,2 l Schlagobers
Salz
gemahlener weißer Pfeffer
Zitronensaft
Butterflocken zum Montieren

Den Fisch portionieren und die Gräten zupfen. Den Fischfond zubereiten (siehe Seite 95). Die Schalotten fein schneiden (ersatzweise das Weiße vom Lauch). Den Fischfond mit den Schalotten und dem Wein aufkochen. Die Fischfilets in den kochenden Sud einlegen und ca. 5 Minuten pochieren (nicht kochen!) Dann aus dem Sud heben und warm stellen.
Für die Sauce die Butter schmelzen und mit Mehl eine Einmach zubereiten. Mit Wein und dem Sud, der durch das Pochieren der Fischfilets entstanden ist, aufgießen und reduzieren (einkochen). Anschließend den Obers beigeben und noch etwas reduzieren. Würzen. Zur Vollendung mit den eiskalten Butterflocken montieren.

Pochierter Steinbutt mit Sauce vin blanc, auf Blattspinat

800 g Steinbutt
0,6 l Fischfond
Sauce vin blanc:
10 g Butter
10 g glattes Mehl
0,2 l Fischfond
etwas Weißwein
1/16 l Schlagobers
Salz
400 g Blattspinat, 100 g Butter
1 Knoblauchzehe
Butterflocken zum Montieren

Den Steinbutt filetieren und im Fischfond pochieren. Mit Sauce vin blanc (siehe vorhergehendes Rezept) auf Blattspinat anrichten (Zubereitung siehe Seite 339).

Rotzunge in Muscheln

1 kg Rotzunge
Saft einer halben Zitrone
Salz
Butter für die Pfanne und das Papier
20 g Parmesan
20 g Brösel
20 g Butter zum Beträufeln
Erdäpfelpüree
Butter zum Ausstreichen der Muscheln
Sauce:
30 g Butter
30 g Mehl
ca. ½ l Milch
1 Ei
1 Eidotter
Salz, Pfeffer, Muskatnuss
Zitronensaft, Worcestersauce
Muschelschalen zum Anrichten

Die Fische werden abgehäutet, die Filets werden ausgelöst, mit Zitronensaft beträufelt und gesalzen. Sie werden entweder rasch abgebraten oder in eine bebutterte Pfanne gelegt, mit einem bebutterten Papier bedeckt und 10 Minuten im Rohr gedämpft. Die Fische werden dann in bebutterte Muscheln gefüllt, mit der nachfolgenden Béchamelsauce überzogen, mit dem Parmesan und den Bröseln bestreut, mit der Butter betropft und mit einem Kranz von Erdäpfelpüree verziert. 10 Minuten vor dem Auftragen stellt man die Muscheln ins Rohr.
Béchamelsauce: In heiße Butter rührt man Mehl, gießt mit Milch auf, rührt dies auf dem Herd glatt ab und lässt die Milcheinmach kurz einkochen. Dann überkühlt man die Sauce, mengt Ei, Dotter, Salz, Muskatnuss und Pfeffer hinein und schmeckt mit Zitronensaft und Worcestersauce ab. Wenn der Fischfond keinen unangenehmen Geschmack hat, kann die Milcheinmach mit diesem aufgegossen werden.
Man kann auch Fischreste für diese Speise verwenden.

Gedünsteter Fisch mit Tomaten

1 kg Seefischfilet
60–80 g Öl
200 g Zwiebeln
Salz
1–2 Zitronen
8 Paradeiser

Die Filets in Portionen teilen, salzen und jedes Stück mit einer Zitronenscheibe belegen. Dann lässt man in einer flachen Pfanne Öl heiß werden, röstet darin die fein gehackten Zwiebeln an, legt die Filets darauf – dazwischen geviertelte feste Paradeiser – und salzt sie leicht. Das Ganze nur kurz dünsten, sodass die Paradeiser nicht die Form verlieren (mit einer Backschaufel herausheben).

Gemüsefisch

Wird wie gedünsteter Fisch mit Tomaten zubereitet. An Stelle der Paradeiser nimmt man Wurzelwerk, eventuell auch Erbsen. Das kleinwürfelig geschnittene Gemüse wird in Öl vorgedünstet, die Filets werden darin eingelagert und weich gedünstet. Statt sie mit Zitronenscheiben zu belegen, die Filets nur mit Zitronensaft würzen.

Krustentiere

Dazu zählen Hummer, Langusten und Flusskrebse, welche im Allgemeinen lebend in den Handel kommen.
Sodann gibt es die in konservierter oder tiefgekühlter Form angebotenen Arten, wie Garnelen oder Krevetten, je nach ihrer Größe und Herkunft benannt: Langustinen, Kaisergranaten oder Scampi sowie Königskrabben und Seespinnen, um die bei uns bekanntesten Arten zu erwähnen.
Von nicht konservierten oder tiefgekühlten Krustentieren dürfen nur lebende Exemplare zur weiteren Verarbeitung verwendet werden. Verendete Krustentiere verderben durch die rasche Eiweißzersetzung und es kann dadurch zu gefährlichen Fischvergiftungen kommen. Die Tiere können lebend bis zu zwei Tage in mit feuchter Holzwolle oder mit feuchtem Seetang ausgelegten Behältern (Körben) im Kühlschrank gelagert werden.
Sofort getötet werden die Krustentiere, indem sie mit dem Kopf voran in stark kochende Flüssigkeit eingelegt werden.

Gekochter Hummer

2 Stück Hummer, jeder etwa 800 g
Sud:
2 l Salzwasser
Salz, Kümmel
Petersilie
20 g Dille

Für den Sud Salzwasser mit Kümmel, Petersiliengrün und Dille aufkochen lassen. Den Hummer je nach Größe etwa 10–12 Minuten im Sud kochen. Aus dem Sud nehmen. Durch eine drehende Bewegung wird der Schwanz vom Hummer abgetrennt. Panzer mit der Hand kräftig drücken (anknacken), von der Unterseite her aufbrechen oder mit einer Geflügelschere aufschneiden und das Fleisch auslösen. Die Scheren mit dem Messerrücken anbrechen und auslösen oder mit den angebrochenen Panzern servieren.
Als Beilagen reicht man Mayonnaisesaucen, Sauce hollandaise und deren Ableitungen, Sauce vin blanc und Toastbrotscheiben.

Hummer à l'armoricaine

2 Stück Hummer, jeder etwa 800 g
Sud:
2 l Salzwasser
Kümmel, Petersilie
20 g Dille
Sauce:
20 g Olivenöl, etwas Butter
50 g Schalotten, 50 g Zeller
50 g Karotten
Salz, Pfeffer
20 g Knoblauch
etwas Cognac
etwas Weißwein
¼ l Hummerfond
100 g Tomates concassées
1 El Fleischglace
Estragon
etwas Schlagobers
40 g Butter
das Hummercorail
100 g Petersilie
Salz, Cayennepfeffer

Für den Sud Salzwasser mit Kümmel, Petersiliengrün und Dille aufkochen lassen. Den Hummer je nach Größe etwa 2 Minuten im Sud kochen. Aus dem Sud nehmen. Mit einer drehenden Bewegung wird der Schwanz vom Hummer abgetrennt. Corail und Magensäcke werden entfernt. Der Hummer wird nun zerteilt und mit dem Panzer in etwa 2 cm breite Scheiben geschnitten. Alle Hummerstücke mit Salz und Pfeffer würzen und im erhitzten Olivenöl anrösten. Das Olivenöl abgießen und etwas Butter in dem Röstrückstand zerlassen. Die grob geschnittenen Schalotten, den würfelig geschnittenen Zeller, die Karotten und die zerdrückte Knoblauchzehe in der Butter anlaufen lassen.
Mit Cognac flambieren; mit Weißwein und Hummerfond auffüllen, Tomates concassées, Fleischglace und Estragon beifügen. Zugedeckt etwa 10 Minuten ziehen lassen. Die Hummerstücke aus dem Topf nehmen und warm stellen. Den Fond mit Schlagobers zu einer cremigen Konsistenz einreduzieren. Mit der Butter, die mit dem Hummercorail durch ein Sieb passiert wurde, montieren. Mit Petersilie vollenden und mit Salz und Cayennepfeffer abschmecken. Die Hummerstücke nun wieder in diese Sauce einlegen.

Hummer Thermidor

2 Stück Hummer, jeder etwa 800 g
Sud:
2 l Salzwasser
Kümmel, Petersilie
20 g Dille
etwas Cognac zum Marinieren
Sauce:
40 g Butter
100 g Schalotten
etwas Weißwein
etwas Hummersud
Petersilie, 20 g Dille
Sauce Béchamel
10 g Dijonsenf
Cayennepfeffer
etwas Schlagobers
20 g Parmesan im Ganzen

Für den Sud Salzwasser mit Kümmel, Petersiliengrün und Dille aufkochen lassen. Den Hummer je nach Größe etwa 10–12 Minuten im Sud kochen. Aus dem Sud nehmen und der Länge nach halbieren. Den Darm mit einem kleinen Messer entfernen (oder herausziehen). Magen und Corail entfernen. Das Hummerfleisch aus den Scheren ausbrechen und vom Schwanz ablösen; in grobe Scheiben schneiden und mit Cognac marinieren. Die Hummerkarkassen vom Schwanz mit kaltem Wasser abspülen und beiseite legen. Die geschälten, würfelig geschnittenen Schalotten in der Butter andünsten, mit dem Weißwein ablöschen und reduzieren. Mit dem Hummersud aufgießen und den größten Teil der Flüssigkeit reduzieren. Die Sauce Béchamel unterrühren, passieren und mit scharfem Senf und Cayennepfeffer abschmecken. Einen Teil der Sauce in die Hummerschalen geben und mit den Hummerscheiben belegen. Die restliche Sauce mit Schlagobers auflockern, auf die Hummerscheiben verteilen, mit Käse bestreuen und gratinieren.

Languste mit Gurke und Dille

2 Langusten, jede etwa 800 g
Sud:
2 l Salzwasser
Kümmel
Petersilie
20 g Dille
Sauce:
50 g Schalotten, 40 g Butter
etwas Weißwein
etwas Noilly Prat
¼ l Fischfond
1 Stück Salatgurke
40 g Crème fraîche
Saft 1 Zitrone
Salz, Cayennepfeffer
10 g Dille
0,1 l Schlagobers

Für den Sud Salzwasser mit Kümmel, Petersiliengrün und Dille aufkochen lassen. Die Langusten je nach Größe etwa 8 Minuten im Sud kochen. Aus dem Sud nehmen. Von der Unterseite her aufbrechen. Das Fleisch in Scheiben schneiden. Die geschälten Schalotten blättrig schneiden und in Butter anschwitzen. Mit Noilly Pratt und dem Weißwein aufgießen, reduzieren, mit dem Fischfond auffüllen und weiter reduzieren. Die Salatgurke schälen, der Länge nach halbieren, das Kerngehäuse auskratzen und die Gurke in etwa 2 cm breite Scheiben schneiden. Sie dann etwa 2 Minuten in der Sauce ziehen lassen; danach Crème fraîche einrühren. Die Langustenscheiben nun in der Sauce ziehen lassen, mit Salz, Cayennepfeffer und Zitronensaft abschmecken und mit halb geschlagenem Obers und gehackter Dille vollenden.
Als Beilagen schmecken gut Erdäpfel und Blätterteighalbmonde.

Riesengarnelen in Basilikumfond

500 g Garnelen ohne Schale (Größe 13/15)
etwas Olivenöl
Meersalz, Pfeffer aus der Mühle
Zitronensaft
10 g glattes Mehl
Cognac
10 g Schalotten
10 g Butter
⅛ l Weißwein
¼ l Fischfond
1/16 l Schlagobers
10 g Basilikum, 20 g Kresse

Die Garnelen putzen, mit Meersalz, Pfeffer aus der Mühle und dem Zitronensaft würzen, leicht bemehlen, in Olivenöl langsam nicht zu scharf sautieren und mit Cognac ablöschen; herausnehmen. In derselben Pfanne die Schalotten mit wenig Butter anschwitzen, mit dem Weißwein ablöschen, aufkochen lassen und mit dem Fischfond aufgießen; ca. 10 Minuten langsam kochen lassen. Das Schlagobers beigeben und noch einmal kurz kochen lassen. Die Kresse beigeben und alles mit dem Stabmixer aufmixen. Das gehackte Basilikum zum Schluss dazugeben und abschmecken.

Scampi im Backteig

800 g Scampi ohne Schale
Salz, Saft 1 Zitrone
Petersilie
20 g glattes Mehl
Bierbackteig:
0,15 l Bier
100 g glattes Mehl
Salz
1 Eidotter, 1 Eiklar
200 g Butterschmalz zum Ausbacken

Scampi auslösen und mit dem Zitronensaft und der gehackten Petersilie marinieren. Auf allen Seiten bemehlen, durch den unten beschriebenen Bierbackteig ziehen und in heißem Butterschmalz knusprig backen. Auf Küchenkrepp abtropfen lassen.
Für den Backteig das Mehl mit dem Salz und dem Bier zu einem glatten Teig verrühren und den Dotter zugeben. Im letzten Augenblick den Schnee mit einer Prise Salz schlagen und unter den Teig heben.
Die Scampi im Backteig mit Sauce Choron (siehe Seite 24) servieren.

Gebratene Garnelen mit Knoblauch und Tomaten

600 g Garnelen mit Schale
10 g Knoblauch oder Bärlauch
Salz, Pfeffer
etwas Olivenöl
Sauce:
etwas Riesling
etwas Fischfond
500 g Crème fraîche
Olivenöl
40 g Butter
2 Fleischtomaten für Tomates concassées

Die Garnelenschwänze der Länge nach halbieren, mit dem gehackten Knoblauch oder Bärlauch, Pfeffer, Salz und Olivenöl marinieren.
Für die Sauce den Weißwein und den Fischfond auf die Hälfte einkochen. Die Crème fraîche dazugeben und kurz mitkochen lassen.
Die Garnelenschwänze in heißem Olivenöl rasch beidseitig braten und auf den Tellern anrichten.
Die Fleischtomaten mit Butter im Bratrückstand kurz sautieren, mit der Sauce aufgießen, aufkochen, abschmecken und die Garnelen damit nappieren.

Geröstete Krebse mit Schalotten und Tomaten

400 g Flusskrebse
Sud:
1 l Wasser
10 g Petersilie
10 g Dille
Kümmel
Sauce:
etwas Olivenöl
40 g Butter
100 g Schalotten
etwas Weißwein
etwas Noilly Prat
¼ l Fischfond
200 g Paradeiser
Saft 1 Zitrone
Salz, Cayennepfeffer
etwas Cognac
40 g Butter zum Montieren

Die Schalotten schälen und blättrig schneiden. Die Paradeiser blanchieren und Tomates concassées schneiden.
Die Petersilie waschen und hacken. Die Krebse im kochenden Sud etwa 15 Sekunden überbrühen; herausnehmen, der Länge nach halbieren und Magen und Darm entfernen.
Die Krebse in sehr heißes Olivenöl mit der Schnittfläche nach unten einlegen. Kurz anrösten, umdrehen und auf der anderen Seite weitere 40–50 Sekunden rösten. Die Krebse aus der Pfanne nehmen und warm stellen. Das Öl aus der Pfanne ableeren und die Butter in dem Bratrückstand schmelzen. Die Schalotten in dieser Butter anschwitzen, mit dem Weißwein ablöschen, mit Noilly Prat und dem Fischfond auffüllen und einkochen lassen. Die Paradeiser und die Krebse beigeben und mit Cayennepfeffer, Salz, Zitronensaft und etwas Cognac abschmecken. Abschließend mit den eiskalten Butterflocken montieren.

Beilagen und Garnituren

Gemüse, Hülsenfrüchte und Pilze

Gemüse sollte so frisch wie möglich verwendet werden. Erst kurz vor der Zubereitung rasch waschen und nie im Wasser liegen lassen, um ein Auslaugen zu verhindern.
Es sollten schonende Garmachungsarten angewandt werden; junges, zartes Gemüse lieber in Butter dämpfen, statt es zu kochen.
Beim Kochen sollte man immer wenig siedendes Wasser verwenden. Das Gemüsekochwasser zum Aufgießen von Suppen und Saucen nehmen. Viele Gemüsespeisen können durch Hinzufügen von etwas zurückbehaltenem Rohgemüse (auch Petersilie, Schnittlauch, Dillkraut, Tomatensaft, Zitronensaft usw.) in ihrem Vitamingehalt aufgewertet werden. Diese Zutaten dürfen nicht mehr mitkochen. Nie Natron hinzufügen, um die Kochzeit abzukürzen. Die Vitamine werden dadurch schwer geschädigt. (Die Zugabe von Natron ist laut Lebensmittelgesetz verboten.)
Hülsenfrüchte sollte man mindestens 12 Stunden vor der Zubereitung kurz waschen und in kaltem Wasser einweichen. So kann die Zellulose bereits zu quellen beginnen. Da dabei aber auch alle wasserlöslichen Inhaltsstoffe gelöst werden, die Hülsenfrüchte immer im Einweichwasser, ohne Salz oder Säurezugabe, kochen. Erst die fertige Speise salzen und säuern.
Da Pilze leicht verderben, müssen sie immer am selben Tag des Erwerbs verbraucht werden. Ist dies nicht möglich oder möchte man sie aufheben, ist es am besten, sie durch Trocknen zu konservieren. Wenn man Pilze nicht im Fachhandel bezieht, sollte man nur solche verarbeiten, die man wirklich kennt.
Fertige Pilzgerichte sollte man niemals aufheben oder tiefkühlen, sonst besteht akute Vergiftungsgefahr.

Gemüse natur

Gekochte Gemüse mit kalter Butter (englische Zubereitungsart)

Erbsen, Fisolen, Karfiol, Karotten, Kochsalat, Kohl, Kohlsprossen, Spargel, Spinat usw. werden geputzt, gewaschen und in siedendem Salzwasser weich gekocht; abtropfen lassen und sehr heiß mit einigen Stücken frischer Butter servieren. Bei Erbsen kann man dem Salzwasser etwas Zucker und auch ein Stück Butter beimengen. Kohl und Kochsalat werden halbiert. Zeller wird vor dem Kochen nudelig oder blättrig geschnitten. Bei den Kohlsprossen sollten die äußeren derben und unschönen Blätter entfernt und die Strunke kreuzweise eingeschnitten werden, damit sie schneller weich werden.

Gekochte Gemüse mit heißer Butter (französische Zubereitungsart)

Die Gemüse werden vorgerichtet, in siedendem Salzwasser zugedeckt weich gekocht und abgeseiht. Dann lässt man Butter in einer Stielpfanne heiß werden, gibt fein gehackte Petersilie und Salz dazu und dünstet die Gemüse noch 2 Minuten unter Schwingen der Pfanne. Zarte Fisolen und Spinat werden ganz gelassen. Schöner junger Spinat kann auch nur in heißer Butter unter Zugabe von wenig Salz – bei starker Hitze, unter fleißigem Schütteln der Kasserolle – ca. 5 Minuten gedämpft werden.

Mischgemüse

Man kann dazu alle Arten von Gemüse verwenden, wie z. B. Kohlrabi, Karotten, Fisolen, Spargelfisolen, Erbsen, Karfiol, Spargel, Kohlsprossen, Zeller u. a. m. Jedes der verwendeten Gemüse wird geputzt – Wurzel- und Stangengemüse werden geschnitten – und jedes für sich in Salzwasser weich gekocht. Nach dem Abseihen gibt man alle verwendeten Gemüse in heiße Butter, schwenkt sie gut durch, salzt sie und mischt sie mit fein gehackter Petersilie. Das angerichtete Gemüse kann noch mit geriebenem Parmesan bestreut werden.

Gekochte Gemüse in Olivenöl (italienische Zubereitungsart)

Die Gemüse werden in siedendem Salzwasser zugedeckt fast weich gekocht und in Olivenöl gedünstet. (Das Öl darf nicht überhitzt werden!) 1 Esslöffel Öl entspricht ca. 25 g Olivenöl.
Als Öl verwendet man am besten kaltgepresstes Olivenöl.

400 g Blattspinat
100 g Lauch
100 g Butter
1 Knoblauchzehe
Salz, Pfeffer aus der Mühle

Blattspinat

Der Spinat wird gewaschen und geputzt, der Knoblauch geschält, Das Helle vom Lauch wird gewaschen und in feine Streifen geschnitten.
Die Spinatblätter werden kurz in kochendem Salzwasser blanchiert und dann abgefrischt. Wenn der Spinat kalt ist, wird er gut ausgedrückt. Der Lauch wird in Butter angeschwitzt; dann den Spinat beigeben. Mit Salz und Pfeffer aus der Mühle würzen. Die Knoblauchzehe wird auf die Zinken einer Gabel gesteckt und mit dieser wird der Spinat dann umgerührt.

800 g Karotten
60 g Butter
20 g Kristallzucker
Pfeffer aus der Mühle
Petersilie

Glacierte Karotten

Die Karotten werden geschält, geschnitten oder tourniert und mit wenig Salzwasser, Zucker, Pfeffer und Butter zugedeckt gedünstet. Wenn die Karotten fertig sind, sollte das ganze Wasser verdunstet sein und mit den Karotten sollten nur mehr Butter, Zucker und die Gewürze im Kochtopf übrig geblieben sein. Butter, Zucker und die Gewürze bilden nun eine glänzend-würzige Schicht über der Karottenoberfläche (sie glacieren die Karotten). Zum Schluss noch fein gehackte Petersilie dazugeben.

Glacierte Kohlrabi, Zeller oder Gelbe Rüben

Werden wie glacierte Karotten zubereitet.

Karotten mit Erbsen, mit Fisolen, mit Karfiol, mit Spargel usw.

Zur Herstellung dieser beliebten Mischgemüse werden die Gemüse einzeln gekocht und gedünstet und nach Fertigstellung miteinander vermengt.

500 g ausgelöste Erbsen
20 g Butter zum Dünsten
10 g Staubzucker
50 g Butter
Petersilie

Grüne Erbsen

Junge, ausgelöste Erbsen werden in wenig kochendem Salzwasser mit Butter weich gedünstet. (Wenn die Erbsen fertig sind, sollte fast das gesamte Wasser verdunstet sein.) Ein frisches Stück Butter, fein gehackte Petersilie und etwas Staubzucker zugeben und schwenken; wenn nötig nachsalzen. Junge, zarte Erbsen können auf die gleiche Art und Weise auch in der Hülse zubereitet werden.

Gedünsteter Lauch

2 Stangen Lauch
50 g Butter
20 g Zwiebeln
100 g Wurzelwerk
Salz
Pfeffer

Der untere, weiße Teil des Lauchs wird in 5 cm lange Stücke geschnitten, gut gewaschen, in kochendem Salzwasser 2 Minuten überkocht (blanchiert) und dann abgeseiht. In einer passenden Kasserolle werden die klein geschnittenen Zwiebeln und das kleinwürfelig geschnittene Wurzelwerk in Butter angeröstet. Der Lauch wird darüber geschichtet, gesalzen, gepfeffert und unter Zugabe von wenig Flüssigkeit weich gedünstet.

Linsen natur

160 g getrocknete Linsen
Lorbeerblatt
20 g Hamburger Speck
80 g Zwiebeln
20 g Butter
10 g Knoblauch
30 g Essiggurkerln
10 g Kapern
Petersilie
Essig, Senf
Salz
weißer Pfeffer aus der Mühle

Die Linsen werden über Nacht in kaltem Wasser eingeweicht. Die Zwiebeln werden geschält und fein gehackt.
Die Kapern waschen und hacken. Den Knoblauch schälen und zerdrücken. Die Essiggurkerln fein hacken. Die Petersilie waschen und fein hacken. Den Speck kleinwürfelig schneiden.
Die Linsen werden mit einem Lorbeerblatt im Einweichwasser gekocht. Der fein geschnittene Speck wird mit den Zwiebeln in Butter angeröstet; dann werden Knoblauch, Gurkerln, Kapern und die Petersilie beigefügt und alles noch einmal durchgeröstet. Die Linsen werden dazugegeben und noch einmal erhitzt. Mit Essig und Senf nachwürzen.
Tipp: Anstelle der Kapern und des Knoblauchs kann auch kleinwürfelig geschnittenes Wurzelgemüse verwendet werden.

Specklinsen

250 g Linsen
150 g Speck
Essig
Salz

Zu kleinwürfelig geschnittenem, gelb geröstetem, mit Essig abgelöschtem Speck werden in Wasser gekochte, abgeseihte und gesalzene Linsen gemischt.
Specklinsen sind eine beliebte Beigabe zu Rebhühnern.

Gabelkraut (einfaches Sauerkraut)

500 g Sauerkraut
½ Zwiebel
80 g Fett
1 Knoblauchzehe
5 Wacholderbeeren
1 Lorbeerblatt
Kümmel
Salz

Die Zwiebel wird in feine Streifen geschnitten und in Fett goldgelb geröstet. Das Sauerkraut zugeben, Knoblauch, Kümmel, Wacholderbeeren und Lorbeerblatt zufügen. Mit Wasser knapp bedecken und weich kochen; eventuell mit Salz abschmecken. Durch Lagerung bereits zu sauer gewordenes Sauerkraut muss in kaltem Wasser rasch abgeschwemmt werden.
Als Beilage passt gut Erdäpfelschmarren.

Gebundene Gemüse

Die Zutaten

Für gebundene Gemüse eignen sich fast alle Gemüsesorten; Beispiele:

- Cremespinat
- Rahmfisolen oder Dillfisolen
- Wiener Kohl
- Eingemachte Kohlrabi
- Eingemachte Karotten
- Einmacherdäpfel
- Kochsalat mit Erbsen
- Eingemachte Erbsen mit Schinken
- Spargelragout
- Gebundene Schwarzwurzeln
- Pilze à la crème

Unter den unterschiedlichen Benennungen versteckt sich die nahezu gleiche Zubereitungsart. (Nicht sehr hübsch sind Benennungen, die mit ...gemüse enden, wie z. B. Karfiolgemüse; dies wäre ein Doppelbegriff. Besser wäre es, eingemachter Karfiol oder gebundener Karfiol zu sagen.)

Eingemachte Gemüse werden alle nach demselben Prinzip zubereitet:

Das Gemüse wird blanchiert,
mit der passenden Einmachsauce gebunden und
mit den zum Gemüse passenden Gewürzen versetzt.
Unterschiede gibt es nur:

- in der unterschiedlichen Dauer des Blanchierens, denn je härter das Gemüse ist, umso länger ist die Kochzeit;
- in der unterschiedlichen Schneideart;
- in der unterschiedlichen Verwendung harmonischer Geschmacksträger.

Geschmacksträger können sein:
der Aufgussfond, z. B. Spargelfond beim Spargelragout, Milch beim Spinat;
Geschmacksträger, die angeröstet werden; z. B. Zwiebel, Speck, Pilze, Wurzelgemüse;
Kräuter und Gewürze: Salz, Pfeffer, Muskatnuss, Rosmarin, Thymian, Majoran usw.

Was zu welchem Gemüse?

Eingemachte Gemüse	**Aufgussmittel**	**Würzung**
Cremespinat	Milch und Schlagobers für die Béchamelsauce	Gemahlener weißer Pfeffer, Muskatnuss, Knoblauch, braune Butter
Rahmfisolen oder Dillfisolen	Rindsuppe oder Hühnersuppe oder Gemüsefond und Schlagobers (Sauerrahm)	Zwiebel, Dille, evtl. gemahlener weißer Pfeffer, Zitronensaft oder Essig
Wiener Kohl	Rindsuppe oder Gemüsefond oder Selchfond und Sauerrahm oder Crème fraîche	Zwiebel, Speck, Kümmel, Knoblauch, gemahlener weißer Pfeffer, frischer Majoran
Eingemachte Kohlrabi	Rindsuppe oder Kalbsfond oder Gemüsefond und Schlagobers oder Crème fraîche	Zitronensaft, Weißwein, gemahlener weißer Pfeffer, evtl. frischer Estragon oder Petersilie
Eingemachte Karotten	Rindsuppe oder Gemüsefond und Schlagobers oder Crème fraîche	Gemahlener weißer Pfeffer, Zucker, Schnittlauch oder Petersilie
Einmacherdäpfel	Rindsuppe und Sauerrahm	Gemahlener weißer Pfeffer, Essig oder Zitronensaft, Essiggurkerln, Dille
Kochsalat mit Erbsen	Rindsuppe oder Gemüsefond und Schlagobers oder Crème fraîche	Gemahlener weißer Pfeffer, Petersilie, Muskatnuss
Eingemachte Erbsen mit Schinken	Rindsuppe oder Gemüsefond und Schlagobers oder Crème fraîche	Gemahlener weißer Pfeffer, Petersilie, Muskatnuss
Spargelragout	Spargelfond und Schlagobers	Zitronensaft, Weißwein, Zucker
Gebundene Schwarzwurzeln	Gemüsefond und Schlagobers	Zitronensaft, Weißwein, Zucker
Pilze à la crème	Milch und Schlagobers	Zitronensaft, Muskatnuss, Petersilie

Die Zubereitung

• Die Gemüse waschen und putzen; dann in entsprechende Stücke schneiden
• Die Gemüse blanchieren, das heißt in kochendes Salzwasser einlegen. Blattgemüse kurz überkochen, härtere Gemüsesorten länger überkochen.
• Abfrischen; am besten in Wasser mit Eiswürfeln geben, damit der Garprozess unterbrochen wird und das Gemüse knackig bleibt und sich nicht verfärbt.
Wichtig ist, dass die Kerntemperatur, also die Temperatur in der Mitte des Gemüses, rasch abkühlt.
Dann sofort aus dem Wasser nehmen, damit das Gemüse nicht ausgelaugt wird.
Spinat wird nach dem Blanchieren ausgedrückt und püriert oder faschiert.

Einmachsauce

Zutaten:
Für 1 l Flüssigkeit (Aufgussmittel und Schlagobers)
80 g Butter und
80 g Mehl
• Für Saucen wird immer glattes Mehl verwendet!!

Die Einmach:

• Eine Roux blanc (weiße Einmach) wird zubereitet. Sollten Zwiebeln und Speck benötigt werden, werden diese erst in Butter angeröstet; dann erst wird das Mehl beigegeben.
Das Mehl muss in der Butter einmal aufschäumen, damit die Stärke in Dextrine umgewandelt wird.
• Man bedenke: Stärke schmeckt immer mehlig, Dextrin nicht!
• Die Einmach nun von der Herdplatte nehmen und etwa eine Minute überkühlen. Wenn Einmach und Aufguss kochend heiß sind, besteht die Gefahr der Klumpenbildung!!

Das Aufgussmittel:

• Ob Rindsuppe, Gemüsefond oder Milch, egal für welches Aufgussmittel man sich entscheidet, es muss KOCHEN!! Wird mit kalter Flüssigkeit aufgegossen, ist die Gefahr des Anbrennens sehr groß.
• Die überkühlte Einmach wird mit der kochenden Flüssigkeit aufgegossen.
Wie dick oder wie dünn die Sauce ist, erkennt man erst nach dem Aufkochen. Aus diesem Grund ist es wichtig, schon bei der Zubereitung der Einmach ein Gefühl für die benötigte Menge an Butter und Mehl zu bekommen.
Anmerkung: Da Lebensmittel nicht immer in ihrer Beschaffenheit und Wirkung gleich sind, ist Fingerspitzengefühl beim Kochen entscheidend.

• Im nächsten Schritt wird die Sauce auf das Gemüse gegeben, niemals umgekehrt, denn es wird nur so viel Sauce verwendet, als für die Bindung des Gemüses notwendig ist.
• Würzen und vollenden.

Kohl (Wirsing)

1 Häuptel Kohl
40 g Butter
50 g Zwiebeln
30 g Mehl
Suppe oder Gemüsefond
1/16 l Crème fraîche
1 Erdapfel
Salz, Pfeffer
Kümmel
Knoblauch
Majoran
Petersilie

Der Kohl wird grobnudelig geschnitten, in siedendem Salzwasser blanchiert, abgeseiht und abgefrischt. (Das Kochwasser wird nicht aufgehoben.) Aus der Butter, den fein gehackten Zwiebeln und dem Mehl wird eine Einmach zubereitet, in der man etwas Kümmel und zerdrückten Knoblauch aufschäumen lässt, die man mit Suppe oder Gemüsefond und Crème fraîche aufgießt und mit Salz, Pfeffer, Majoran und gehackter Petersilie würzt. Darin werden der Kohl und ein roh geschälter, geriebener Erdapfel noch eine Dreiviertelstunde gedünstet.
Als Beilage eignen sich Erdäpfel in allen Zubereitungsarten oder einfach Mischbrot.
Tipp: Mit der Zwiebel kann auch etwas klein geschnittener Selchspeck angeröstet werden,

Kochsalat

500 g Kochsalat
40 g Butter
20 g Mehl
20 g Zwiebeln
1/8 l Rindsuppe oder Gemüsewasser
1/16 Liter Schlagobers
Salz
Muskatnuss
Petersilie

Vom Kochsalat werden die äußeren Blätter entfernt. Hierauf wird er halbiert, gewaschen, in kochendem Salzwasser blanchiert, abgeseiht, grob gehackt und in eine gut verkochte Einmach aus Butter und Mehl gemengt, in der man vorher ein wenig fein gehackte Zwiebeln angeröstet hat. Das Gemüse wird, wenn nötig, noch mit dem Gemüsewasser oder Suppe und Schlagobers aufgegossen, gesalzen und mit Muskatnuss gewürzt. (Man mischt auch gerne in Salzwasser gekochte Erbsen darunter.) Zum Schluss fein gehackte Petersilie untermischen.

Cremespinat

800 g Blattspinat
10 g Knoblauch
Salz, Pfeffer
Béchamelsauche:
30 g glattes Mehl
40 g Butter
0,2 l Milch
0,1 l Schlagobers
40 g Butter

Salzwasser zum Kochen aufstellen. Den Spinat putzen und waschen, den Knoblauch schälen.
Den Spinat in Salzwasser kochen, abseihen und abfrischen. Dann gut ausdrücken und fein faschieren oder in der Moulinette pürieren. Eine Béchamelsauce zubereiten: Die Butter in einer Kasserolle zergehen lassen, das Mehl beifügen, einmal aufschäumen lassen und kurz zur Seite stellen. Diese Einmach mit kochender Milch und Schlagobers aufgießen und kurz verkochen lassen. Den Spinat in die Béchamel geben und aufkochen lassen. Abschließend braune Butter und Gewürze einrühren.

Mangold

Mangoldblätter werden hauptsächlich wie Spinat zubereitet; vorher werden die Stiele entfernt.

Mangoldstiele

Junge Mangoldstiele sind gelblich-weiß. Sie können geschält und dann gekocht bzw. in Butter gedünstet werden; entweder mit Butter und Bröseln oder in einer Einmach gebunden servieren.

Eingemachter Spinat mit Speck

500 g Spinat
40 g Speck
40 g Zwiebeln
40 g Mehl
¼ l Rindsuppe oder Milch
Petersilie

Der geputzte Spinat wird blanchiert, abgeseiht und grob gehackt. Dann gibt man zum kleinwürfelig geschnittenen, hellgelb gerösteten Speck die fein gehackten Zwiebeln und das Mehl, lässt alles goldgelb anrösten, gibt die fein gehackte Petersilie hinein, gießt mit kochender Milch oder Rindsuppe auf und lässt diese Einmachsauce gut verkochen. Hierauf wird der Spinat darunter gemengt und alles gesalzen und kurz aufgekocht.

Kohlsprossen auf Wiener Art

500 g Kohlsprossen
40 g Butter
30 g Mehl
½ Zwiebel
⅛ l Rindsuppe oder Gemüsewasser
1/16 l Crème fraîche
Salz
gemahlener Kümmel
Petersilie

Die äußeren Blätter der Kohlsprossen werden entfernt und der Strunk wird kreuzweise eingeschnitten; dann werden die Kohlsprossen gewaschen, in kochendem Salzwasser knackig gekocht und abgefrischt.
Eine Einmach aus Butter, fein gehackter Zwiebel und Mehl wird mit dem Gemüsewasser oder der Rindsuppe und der Crème fraîche aufgegossen und gut verkocht. Hierauf werden die Sprossen eingemischt, mit Salz und Kümmel gewürzt und einige Minuten gekocht. Anrichten und mit gehackter Petersilie bestreuen. Die Kohlsprossen müssen ganz bleiben und sollten weder stark gerührt noch bis zum Zerfallen gekocht werden. Als Beilagen eignen sich Erdäpfel und Reis.

Eingemachter Spargel

800 g Suppenspargel
Salzwasser
Kristallzucker
Saft von 1 Zitrone
$\frac{1}{4}$ l Spargelwasser
$\frac{1}{8}$ l Schlagobers
20 g Butter
20 g Mehl

Der Spargel wird geputzt. Die Stangen werden in kleine Stücke geschnitten, in Salzwasser mit Kristallzucker und Zitronensaft weich gekocht, abgeseiht, in eine Einmach, die man mit dem Spargelwasser und Schlagobers aufgegossen und gut verkocht hat, eingelegt und etwas gekocht. Um zu verhindern, dass sich die zarten Spargelspitzen verkochen, gibt man sie häufig erst später als die Stangenstücke in die Einmach.

Eingemachter Karfiol

1 Karfiol
$\frac{1}{16}$ l Milch
Kümmel
20 g Butter
20 g Mehl
$\frac{1}{8}$ l Karfiolwasser
$\frac{1}{16}$ l Schlagobers
Petersilie

Der Karfiol wird geputzt, gewaschen, in kleine Röschen geteilt und in Salzwasser mit etwas Milch und Kümmel knackig gekocht. Hernach bereitet man eine Buttereinmach zu, gießt sie mit dem Karfiolwasser und Schlagobers auf und lässt sie gut verkochen. Die Einmachsauce wird nun über die Karfiolröschen geleert, die man noch einmal aufkochen lässt. Zum Schluss mischt man gehackte Petersilie darunter. Fein gehackte zarte grüne Karfiolblätter können beigegeben werden.

Eingemachte Schwarzwurzeln

Werden wie der Karfiol zubereitet.
Anmerkung: Die Schwarzwurzeln werden unter fließendem Wasser geschält, in 4–5 cm lange Stücke geschnitten und sofort in Milchwasser oder mindestens in frisches kaltes Wasser gelegt. Dem Kochwasser sollte etwas Mehl und Essig oder Zitronensaft zugesetzt werden.

Kohlrabi

4 Kohlrabi
40 g Butter (oder Fett)
10 g Zucker
40 g Mehl
$\frac{1}{4}$ l Gemüsewasser
$\frac{1}{16}$ l Crème fraîche
Salz

Die Kohlrabi werden geschält, halbiert, blättrig geschnitten und in Salzwasser knackig gekocht. Dann lässt man in heißer Butter oder Fett den Zucker gelb werden und röstet das Mehl kurz an. Diese Einmach gießt man mit dem kochenden Gemüsewasser auf, salzt sie, lässt sie gut verkochen und fügt die Crème fraîche bei. Die Einmachsauce wird unter den gekochten Kohlrabi gemischt. Man gibt die fein gehackten jungen, zarten Kohlrabiblätter (oder Petersilie) hinein und lässt alles noch einmal aufkochen.

Gebundenes Mischgemüse (Gemüsejardinière)

100 g Karotten oder Rüben
150 g Kohlrabi
150 g Karfiol
250 g Erbsen
100 g Fisolen
100 g Kohlsprossen
40 g Butter
30 g Mehl
¼ l Rindsuppe (oder Wasser)
1/16 l Crème fraîche
Salz
Petersilie

Die Karotten und die geschälten Kohlrabi werden in kleine Würfel (Jardinière) oder Stifte (Batonnets) geschnitten und tourniert oder zu kleinen Kugeln (Parisienne) ausgestochen. Sowohl die Karotten als auch der Kohlrabi, der Karfiol, die Erbsen, die geschnittenen Fisolen und die Kohlsprossen werden, jedes Gemüse für sich, in Salzwasser nicht allzu weich gekocht, abgeseiht und abgefrischt. Der Karfiol wird sodann in kleine Röschen geteilt. Eine Einmach wird mit dem Gemüsesud und etwas Rindsuppe oder Wasser aufgegossen. Crème fraîche beifügen, salzen und alles gut verkochen. Schließlich mengt man die gekochten Gemüse hinein. Mit gehackter Petersilie bestreuen.

Gratiniertes Mischgemüse

Richtet man Mischgemüse gratiniert in Muscheln an, so behält man einen kleinen Teil der Einmachsauce zurück. Man lässt diese dick einkochen, übergießt mit ihr das in Muscheln angerichtete Mischgemüse, bestreut es mit 30 g geriebenem Parmesan und 20 g Semmelbröseln, betropft es mit 30 g zerlassener Butter und stellt die Muscheln für 10 Minuten ins heiße Rohr.

Grüne Fisolen auf Wiener Art

500 g Fisolen
Einbrenn:
40 g Fett
40 g Mehl
½ Zwiebel
Rindsuppe (oder Fisolenwasser)
⅛ l Sauerrahm
1 El Essig
Dillkraut
Salz und Pfeffer

Die Fisolen werden geputzt, gewaschen, geschnitten, in Salzwasser vorgekocht, abgefrischt und abgeseiht. Dann macht man aus dem Fett, der fein gehackten Zwiebel und dem Mehl eine Einbrenn, gießt mit der Suppe oder dem Fisolenwasser auf und lässt die Flüssigkeit gut verkochen. Hierauf gibt man die Sauce auf die abgeseihten Fisolen, fügt etwas Essig, Salz, ein wenig Pfeffer und Rahm bei und kocht alles noch kurz auf. Abschließend wird das gewaschene, fein gehackte Dillkraut dazugemischt.
Als Beilagen serviert man Erdäpfel.
Anmerkung: Dillkraut und Rahm können auch weggelassen werden.

Grüne Erbsen auf Wiener Art

800–1000 g Erbsen
50 g Butter, 50 g Mehl
Rindsuppe (oder Erbsenwasser)
20–30 g Zucker
Petersilie
Salz

Die Erbsen werden gewaschen, in Wasser weich gekocht und abgeseiht. Danach macht man eine Buttereinmach, lässt sie ein wenig anlaufen und gießt mit Erbsenwasser oder Suppe auf. In die Einmach gibt man nun die Erbsen, den Zucker, die fein gehackte Petersilie und Salz und lässt sie noch ein wenig kochen.
Anmerkung: Damit etwas größere Erbsen schneller weich werden, gibt man in das Wasser ein nussgroßes Stück Butter.

Linsen auf Wiener Art

200 g getrocknete Linsen
1 l Wasser
1 Lorbeerblatt
1 Zwiebel
1 Tl Kapern
1 Zitrone
10 g Sardellen
2 Knoblauchzehen
20 g Schmalz
40 g Selchspeck
Thymian, Petersilie
20 g glattes Mehl
Salz, Pfeffer
Essig

Die Linsen über Nacht einweichen. Die Zwiebel schälen, die Kapern und die Zitrone waschen und die Zitronenschale abreiben (Zitronenzesten). Sardellenfilets, Knoblauch, Petersilie und Zwiebel fein hacken.
Die Linsen im Einweichwasser mit einem Lorbeerblatt weich kochen. (Salz verlängert die Garzeit, daher noch nicht salzen.) Das Fett erhitzen, den Speck und das Mehl beifügen und unter ständigem Rühren braun rösten (Einbrenn). Dann die gehackten Würzzutaten (Linsengewürz) beigeben und kurz mitrösten. Mit dem Linsenfond und Essig aufgießen und verkochen, bis sich der Rohmehlgeschmack verloren hat. Die Sauce über die Linsen geben und noch einmal aufkochen. Das Gericht eignet sich als Beilage zu Selchfleisch, Bratwürsteln oder gekochtem Rindfleisch. Eingebrannte Linsen können aber auch mit Spiegelei und Knödeln, wie Serviettenknödeln, Semmelknödeln oder Tiroler Knödeln, serviert werden.

Bohnen (Weiße Bohnen)

Diese werden wie Linsen zubereitet und eventuell mit Selchsuppe aufgegossen.
Man setzt den Bohnen häufig noch ein halbes Lorbeerblatt und ein wenig Thymian oder Bohnenkraut zu.

Bohnengulasch

200 g Bohnen
200 g Wurst oder Selchfleisch
30 g Fett
30 g Speck
120 g Zwiebeln
30 g Mehl
1 Erdapfel
Paprika
Essig
Salz
Suppe (oder Wasser)

Die über Nacht eingeweichten Bohnen werden weich gekocht. In heißem Fett röstet man den kleinwürfelig geschnittenen Speck und die fein gehackten Zwiebeln hellgelb an, staubt mit Mehl, gibt Paprika, Essig und Salz dazu, gießt mit Suppe oder Wasser auf und lässt die Sauce gut verkochen. Man mischt sie dann mit den Bohnen und der würfelig geschnittenen Wurst oder dem Selchfleisch und lässt das Ganze noch eine Viertelstunde kochen.

Erbsenpüree

240 g gelbe (getrocknete) Erbsen
½ Zwiebel
Petersilie
10 g Butter
10 g Mehl
Rindsuppe (oder Wasser)
30 g Öl
5 g Butter zum Anrösten
40 g Zwiebeln zum Bestreuen
Salz

Die Erbsen werden mit dem Einweichwasser, der in Fett angerösteten Zwiebel und der Petersilie weich gekocht und passiert. Hierauf werden sie in eine Einmach aus Butter und Mehl gemischt, mit Rindsuppe oder Wasser aufgegossen, gesalzen, gut verkocht, püriert und beim Anrichten mit der klein gehackten, in Fett braungerösteten Zwiebel oder Zwiebelringen bestreut.
Man kann zum Erbsenpüree auch Obers und einen Eidotter beigeben.

Linsen- oder Bohnenpüree

Dieses Püree bereitet man auf die gleiche Art wie das Erbsenpüree zu.
Anmerkung: Alle diese Pürees können auch ohne Einbrenn hergestellt und nur mit heißer Butter oder heißem Fett abgeschmalzen werden. Um die Hautbildung an der Oberfläche zu verhindern, belegt man das Püree mit kleinen Stückchen frischer Butter.

Linsenpüree zu Wild und Wildgeflügel

250 g Linsen
40 g Butter
⅛ l Obers
1–2 Eidotter
Salz
Pfeffer
Muskatnuss

Die weich gekochten Linsen werden abgeseiht, passiert, mit der Butter, den Dottern und dem Obers vermischt, gewürzt und im Wasserbad bis zum Gebrauch warm gehalten.

Weiße Rüben

500 g Weiße Rüben
40 g Butter
20 g Mehl
½ Zwiebel
Rindsuppe (oder Wasser)
5 g Zucker
Essig
Salz

Die weißen Rüben werden geschält, kleinwürfelig geschnitten, in Salzwasser weich gekocht und abgeseiht. (Ein Stück Brot mitkochen, das vermindert den Geruch.) Eine Einmach aus Butter, der fein gehackten Zwiebel und Mehl wird mit Rindsuppe oder Wasser aufgegossen. Nach erfolgtem Verkochen werden den gekochten Rüben Salz, Zucker und Essig beigemengt.

Wiener Sauerkraut

800 g Sauerkraut
40 g Öl
40 g Mehl
½ Zwiebel
30 g Erdäpfel
Rindsuppe (oder Wasser)
Salz
evtl. Zucker, Kümmel, Knoblauch

Das Sauerkraut wird mit kaltem Wasser zugestellt und weich gekocht. Hierauf macht man eine goldgelbe Einbrenn aus Öl, gehackten Zwiebeln und Mehl, gibt das Kraut samt dem Wasser und einen geriebenen halben rohen Erdapfel hinein, gießt mit Suppe oder Wasser auf, salzt und lässt alles gut verkochen. Man kann auch mit etwas Zucker, Kümmel und Knoblauch würzen.
Anmerkung: Sauerkraut gewinnt – wie auch saure Rüben – durch Aufwärmen an Eigengeschmack.

Saure Rüben

500g saure Rüben
Salz
5 g Zucker
40 g Fett oder 60 g Speck
40 g Mehl
½ Zwiebel
Rindsuppe (oder Wasser)
Salz

Sauer eingelegte, geschnittene Rüben werden mit Zucker weich gekocht. Dann macht man eine Einbrenn aus Fett oder Speck, gehackter Zwiebel und Mehl und gießt mit Suppe oder Wasser (allenfalls mit Selchsud) auf. Man gibt die Rüben hinein, salzt alles und lässt die Rüben gut verkochen. Als Beilage passt Erdäpfelschmarren.
Vorzüglich schmecken saure Rüben zu Frankfurter Würsteln. Am häufigsten isst man sie zu gekochtem Rindfleisch.
Anmerkung: Wenn die Rüben zu sauer sind, müssen sie vor dem Kochen ausgedrückt werden. Man kann auch einen blättrig geschnittenen Apfel oder eine Speckscheibe oder Speckschwarte mitkochen lassen und mit Kümmel würzen.

Kürbiskraut

1–1 ½ kg Kürbis
50 g Butter (oder Fett)
50 g Mehl
Dillkraut
½ Zwiebel
1 Prise Paprika
Rindsuppe (oder Wasser)
Essig
⅛ l Sauerrahm
Salz

Der Kürbis wird geviertelt, geschält, nach Entfernung des Kerngehäuses feinnudelig geschnitten oder grob gerissen, gesalzen und eine halbe Stunde stehen gelassen. In einer Einmach röstet man die Zwiebel an, gibt Dillkraut und Paprika und das ausgedrückte Kraut hinein, würzt mit etwas Essig, lässt das Ganze eine halbe Stunde dünsten und vollendet mit abgerührtem Rahm.
Als Beilage reicht man Erdäpfel.

Gedünstetes Sauerkraut

800 g Sauerkraut
50 g Speck
10 g Mehl
Salz

Das Sauerkraut wird nach Hinzugabe von ein wenig Wasser in einer Kasserolle weich gedämpft. Dann röstet man in einer zweiten Kasserolle kleinwürfelig geschnittenen Speck an, den man mit Mehl staubt und, nachdem auch dieses angeröstet wurde, mit dem gedämpften Kraut vermischt.
Als Beilagen eignen sich Erdäpfel und Fleisch- oder Grammelknödel.

Gedünstetes Weißkraut

800 g Weißkraut
80 g Fett
40 g Zucker
1 kleine Zwiebel
10 g Mehl
2 El Essig
Rindsuppe (oder Wasser)
Kümmel, Salz

Man lässt in heißem Fett den Zucker und dann die ringelig geschnittene Zwiebel goldgelb werden, gibt das feinnudelig geschnittene Weißkraut, Kümmel und Salz dazu und dämpft alles unter Beimengung von Essig anfangs im eigenen Saft und später mit Rindsuppe oder Wasser weich. Dann wird mit Mehl gestaubt und, wenn dieses angeröstet ist, mit Rindsuppe oder Wasser aufgegossen und kurz verkocht.
Als Beilage passt Erdäpfelschmarren.

Weinkraut

800 g Weißkraut
50 g Fett
20 g Zwiebeln
Rindsuppe (oder Wasser)
10 g Mehl
⅛ l Weißwein
Salz
evtl. Petersilie

Das Weißkraut wird feinnudelig geschnitten und mit kochendem Wasser abgebrüht. Die fein gehackten Zwiebelstücke röstet man in Fett an, gibt das abgeseihte Kraut hinzu, salzt und dämpft mit Suppe oder Wasser weich. Dann wird das Kraut ein wenig gestaubt, mit Weißwein und Suppe oder Wasser aufgegossen und aufgekocht. (Eventuell fein gehackte Petersilie zum Schluss beifügen.)

Rotkraut

1–2 Häuptel Rotkraut
1 Apfel
Saft 1 Zitrone
Kümmel
1 Zimtrinde
Salz
10 g Kristallzucker für Apfel
100 g Öl
20 g Kristallzucker
½ Zwiebel
⅛ l Rotwein
10 g Stärkemehl
evtl. Rindsuppe (oder Wasser)

Das Rotkraut wird geputzt, gewaschen und geviertelt, der Strunk wird entfernt und feinnudelig geschnitten. Das Kraut wird mit dem geschälten, blättrig geschnittenen Apfel, dem Zitronensaft, Kümmel, Zimtrinde, Salz und Zucker vermischt, leicht zusammengedrückt und mindestens eine halbe Stunde mariniert. In heißem Öl wird zunächst Zucker mit der in feine Streifen geschnittenen Zwiebel goldgelb geröstet; mit Rotwein löschen. Das geschnittene Kraut mit der Marinade zugeben und, wenn nötig, unter Beigabe von Rindsuppe oder Wasser dünsten. Sobald das Kraut weich ist, wird es mit in Wasser abgerührtem Stärkemehl gebunden und abgeschmeckt.

Rotkraut mit Kastanien (Maroni)

In das vorher beschriebene Rotkraut werden gebratene oder gekochte, geschälte Kastanien eingerührt. Es ist eine Beigabe zu gebratener Gans, Ente, Federwild und Wild allgemein, zu gebratenen Schweins-, Kalbs- und Schöpsenkoteletts, zu Bratwürsten und Bratspeck.

Karotten, in Butter gedünstet und gestaubt

800 g Karotten
60 g Butter
10 g Zucker, Salz
Pfeffer aus der Mühle
20 g Mehl
Rindsuppe (oder Wasser)
Crème fraîche, Petersilie

Die Karotten werden geputzt, feinnudelig oder würfelig geschnitten, dann mit Salz, Pfeffer und Zucker in Butter gedünstet, gestaubt und mit Suppe oder Wasser aufgegossen. Crème fraîche beigegeben und aufkochen lassen. Abschließend mit fein gehackter Petersilie bestreuen. (Beliebt ist, Karotten mit gedünsteten Erbsen zu mischen.)

Melanzani und Zucchini, mit Tomaten gedämpft

800–1000 g Melanzani
3–4 (500 g) Zucchini
500 g Paradeiser
200 g Zwiebeln
⅛ l Öl
Knoblauch
1 El gehackte Petersilie
Salz
Pfeffer

Die fein gehackten Zwiebeln werden in Öl goldgelb geröstet; hierauf der zerdrückte Knoblauch und die fein gehackte Petersilie beigemengt. Dann gibt man die geschälten würfelig geschnittenen Melanzani und Zucchini hinein, salzt, pfeffert und lässt das Gemüse dünsten. Zum Schluss fügt man die geschälten, geschnittenen Paradeiser bei und lässt das Ganze unter mehrmaligem leichtem Rühren noch ca. 10 Minuten dünsten. (Eventuell Parmesan dazu servieren.)
Als Beilagen eignen sich Makkaroni oder Salzerdäpfel.
Das Gericht kann für sich allein als Gang (Vorspeise, Abendspeise) oder als Beigabe zu gebratenen, gekochten oder gebackenen Fleischspeisen gereicht werden.

Gedünstete Schalotten oder Perlzwiebeln

Sowohl die Schalotten als auch die Perlzwiebeln werden entweder nur in Butter gedünstet oder sie werden zuerst in nicht zu scharfem Weinessig gedämpft und hierauf kurz in Karamellzucker überdünstet (glaciert).

Ratatouille

100 g Zucchini
100 g Melanzani
½ grüner Paprika
500 g roter Paprika
100 g Paradeiser
100 g Zwiebeln
etwas Olivenöl
40 g Tomatenmark
100 g Gemüsefond
1 Knoblauch
Thymian, Rosmarin
Salz, Pfeffer

Das Gemüse kleinwürfelig schneiden (etwa ½ cm Seitenlänge). Die Zwiebeln schälen; den Paprika halbieren und das Kerngehäuse und die weißen Teile entfernen. Zwiebeln und Paprika in der gleichen Größe schneiden wie das Gemüse.
Tomates concassées vorbereiten. Thymian und Rosmarin zupfen und hacken.
Den Knoblauch schälen und zerdrücken.
Die Zwiebelstücke im Olivenöl anschwitzen; danach das Gemüse mitrösten und Knoblauch und die Kräuter beigeben. Tomatisieren, mit Gemüsefond aufgießen und kurz verkochen lassen. Zum Schluss Tomates concassées beigeben und abschmecken.

Letscho (Lecsó)

600 g grüner Paprika
400 g Paradeiser
40 g durchzogener Speck
80 g Zwiebeln
10 g Knoblauch
20 g Öl oder Schmalz
20 g Tomatenmark
1 Tl edelsüßer Paprika
Salz, Pfeffer

Die Paprikaschoten halbieren, entkernen und in Würfel oder Streifen schneiden. Die Paradeiser blanchieren, abziehen, vierteln und entkernen. Den Speck würfelig schneiden. Die Zwiebeln großwürfelig schneiden. Den Knoblauch schälen und zerdrücken.
Den Speck und die Zwiebeln in Öl oder Schmalz anrösten; dann tomatisieren und paprizieren. Die Paprikawürfel oder -streifen beifügen und kurz dünsten lassen. Abschließend die Paradeiserviertel zugeben, würzen und ein wenig ziehen lassen.
Das Gericht eignet sich als Beilage zu Faschiertem, Schweinskoteletts, Rostbraten und gebratenem Fisch.

Rote Rüben (warm)

800 g Rote Rüben
50 g Butter
⅛ l Rotwein
20 g Mehl
10 g Zucker
Kümmel
Rindsuppe (oder Wasser)

Die Roten Rüben werden geschält, würfelig geschnitten und mit etwas Butter, Wasser, Rotwein und Kümmel weich gedünstet; dann etwas stauben. Nach Anrösten des Mehls mit Rindsuppe oder Wasser aufgießen und zuckern.
Tipp: Kren oder gezupfte Korianderblätter harmonieren ausgezeichnet mit Roten Rüben.

Maronipüree

500 g Maroni
150 g Zeller
50 g Butter
2–3 El Madeira
⅛ l Schlagobers
Salz, Pfeffer

Die geschälten Maroni werden mit einem Stückchen Zeller weich gekocht, passiert, in einem Schneekessel bei schwacher Hitze ausgedünstet und mit Butter, Salz, Pfeffer und Madeira gewürzt. So viel Schlagobers dazugeben, dass eine geschmeidige Masse entsteht. Man hält das Püree im Wasserbad warm und belegt es mit kleinen Butterstückchen, damit es nicht abtrocknet. (Als Fülle für Torteletten und zu feinen Garnierungen geeignet.)

Gebackene Zwiebelringe

Die Zwiebelringe werden in einen Teig aus Milch und Mehl getaucht und in heißem Fett gebacken. Man lässt sie auf Küchenkrepp abtropfen und salzt sie kurz vor dem Anrichten (Beilage zu englisch gebratenem Fleisch).

Erdäpfel

Aus ernährungsphysiologischen Gründen wäre es vorteilhaft, die Erdäpfel immer mit der Schale zuzubereiten, da gerade besonders wichtige Vitamine (vor allem Vitamin B und C gehen verloren) und Mineralstoffe unmittelbar unter der Schale liegen. Da dies aber nicht bei allen Zubereitungsarten möglich ist, sollte man einige Richtlinien beachten:

- Erdäpfel vor dem Schälen gut waschen,
- erst im letzten Moment schälen,
- möglichst dünn schälen,
- geschält nicht zu lange im Wasser lassen,
- gleich große oder in möglichst gleiche Stücke geteilte Erdäpfel zustellen,
- feste (speckige) Sorten zum Kochen und Braten verwenden,
- mehlige Sorten für Teige und Püree.

Salzerdäpfel

500 g speckige Erdäpfel
Salz
evtl. Kümmel

Die Erdäpfel werden geschält, geviertelt, gesalzen und zugedeckt gekocht oder gedämpft. Oft wird dem Wasser auch Kümmel beigegeben.

Petersilienerdäpfel

500 g speckige Erdäpfel
60 g Butter
Petersilie
Salz

Die Erdäpfel werden gewaschen, gesalzen, in der Schale gekocht, gesalzen, geschält und in heißer Butter und fein gehackter Petersilie geschwenkt.

Speckerdäpfel

500 g speckige Erdäpfel
100 g Speck
Salz
evtl. Sauerrahm und etwas Knoblauch

Die Erdäpfel werden geschält, geviertelt, gesalzen, gedämpft und knapp vor dem Anrichten mit kleinwürfelig geschnittenem geröstetem Speck übergossen.

Oder:

Erdäpfel in der Schale kochen, schälen, der Länge nach vierteln und in durchzogenen Speck einwickeln; dann im Rohr garen, bis der Speck knusprig ist.

Tipp: Diese Erdäpfel mit abgerührtem Sauerrahm, dem zerdrückter Knoblauch und etwas Salz beigefügt wurde, überziehen.

Braterdäpfel

Die Erdäpfel werden geschält, geviertelt, in heißes Fett gelegt und, gut zugedeckt, rasch goldgelb bis bräunlich gebraten. Dann lässt man das Fett abtropfen und salzt die Erdäpfel.
Ganze Kipfler dämpft und schält man und brät sie bei großer Hitze rasch goldgelb bis braun. Zum Schluss salzen.

Braterdäpfel in der Schale, ohne Fett

Schöne größere Erdäpfel mit einer Bürste waschen, abtrocknen und halbieren oder in dicke Scheiben schneiden; mit Salz und Kümmel bestreuen, auf ein Backblech legen und im Rohr 1 bis 1 ¼ Stunden goldgelb braten.

Braterdäpfel in der Schale, mit Fett

Die gut gereinigten Erdäpfel abtrocknen, in messerrückendicke Scheiben schneiden, salzen, mit etwas Mehl bestreuen und in heißem Fett oder Öl unter leichtem Schütteln der Pfanne braten.

Kartoffelnester (Kartoffelkörbchen)

1 kg Erdäpfel
300 g Fett
Salz

Rohe Erdäpfel werden geschält, sehr feinnudelig geschnitten und in kaltes Wasser gelegt. Dann gibt man sie auf ein Sieb zum Abtropfen, trocknet sie mit einem Tuch ab und gibt davon so viel, als man für ein Nestchen braucht, in die Nestkörbchenform, die man zuvor in heißes Fett getaucht hat. Wenn die Körbchen dann im Fett goldgelb gebacken wurden, werden sie aus der Form gestürzt und gesalzen.
Man verwendet sie als Beigabe zu Braten und füllt sie zu diesem Zweck mit verschiedenen Gemüsen.

Gebackene Kartoffelscheiben

800 g Kipfler
200 g Fett
Salz

Geschälte rohe Kipfler werden in dünnblättrige, runde Scheibchen geschnitten, mit einem Tuch trockengewischt, damit sie beim Backen nicht zu stark spritzen, und in kleinen Partien in heißem Fett knusprig gebacken. Auf Küchenkrepp abtropfen lassen und erst kurz vor dem Anrichten salzen.

800 g speckige Erdäpfel
200 g Fett
Salz

Pommes frites

Geschälte rohe Erdäpfel werden dicknudelig geschnitten, in heißem Fett (etwa 160 °C) vorgebacken, kurz vor dem Anrichten in heißem Fett bei 180 °C knusprig gebacken und gesalzen.

800 g speckige Erdäpfel
200 g Fett
Salz

Stroherdäpfel

Geschälte rohe Erdäpfel werden möglichst gleichmäßig feinnudelig geschnitten und in Wasser gelegt. Wenn alle geschnitten sind, auf ein Sieb zum Abtropfen geben, mit einem Tuch abtrocknen und in sehr heißem Fett backen. Auf Küchenkrepp abtropfen lassen und kurz vor dem Anrichten salzen.

1 kg speckige Erdäpfel
750 g Fett
Salz

Rohscheiben (Polstererdäpfel, Pommes soufflées)

Große, rohe Erdäpfel werden in ganz gleichmäßige quadratische Scheiben von ca. 3 Zentimeter Kantenlänge und einem halben Zentimeter Dicke geschnitten und in kleinen Partien in heißem Fett so lange gebacken, bis sie auflaufen. Auf Küchenkrepp abtropfen lassen und dann kurz vor dem Anrichten salzen.
Anmerkung: Es empfiehlt sich, zwei Pfannen mit Fett aufzustellen, die Scheiben erst in wenig heißem Fett zu überbacken, bis sie außen trocken sind, und dann erst in sehr heißem Fett fertig zu backen, wobei sie polsterartig auflaufen (soufflieren).

Kartoffelkugerln (Pommes noisettes)

Aus geschälten rohen Erdäpfeln werden Kugerln ausgestochen, die man in Salzwasser 5 Minuten kocht, abtrocknet und dann in heißem Fett im Rohr brät und salzt.
Pommes parisiennes werden ebenso zubereitet, nur werden sie größer ausgestochen.
Anmerkung: Die Anschnitte kann man für Erdäpfelsuppen oder -püree verwenden.

Rösterdäpfel (Rösti)

500 g speckige Erdäpfel
etwas Zwiebel
20 g Öl oder Schmalz
Salz

Die gekochten, geschälten Erdäpfel werden, sobald sie ausgekühlt sind, grob gerissen (Röstireißer), gesalzen und mit etwas fein gehackter Zwiebel in heißem Fett angeröstet. Wenn die Rösterdäpfel warm sind, werden sie in der Pfanne leicht zusammengedrückt und unter Zugabe von etwas Fett auf beiden Seiten knusprig gebraten.

Gestürzte Erdäpfel

Die gekochten, geschälten Erdäpfel werden, sobald sie ausgekühlt sind, grob gerissen (Rösti), mit etwas fein gehackter Zwiebel angeröstet und in einer befetteten, mit Bröseln ausgestreuten Kasserolle im Rohr lichtbraun gebacken. Dann auf eine Platte stürzen.

Erdäpfelschmarren

500 g speckige Erdäpfel
½ Zwiebel
50 g Fett (Schweineschmalz)
Salz

Die in der Schale gekochten Erdäpfel werden heiß geschält, blättrig geschnitten, gesalzen und in heißem Fett (mit Zwiebel) leicht angeröstet.

Kartoffelpuffer

500 g mehlige Erdäpfel
40 g Zwiebeln
etwas Sauerrahm
1 Ei
20 g Maizena
Salz, Pfeffer

Die Zwiebel schälen und fein hacken. Die Erdäpfel waschen, schälen und fein reiben. Alle Zutaten zusammenmischen; die Masse gut ausdrücken, zu Laibchen formen und in heißem Fett goldgelb braten.

Kartoffelpuffer aus grob gerissenen Erdäpfeln

400 g mehlige Erdäpfel
30 g geschnittener Hamburger Speck
30 g Zwiebeln
1 Ei
20 g griffiges Mehl
Salz, Pfeffer
Muskatnuss, Oregano
Thymian

Die Erdäpfel roh schälen, grob reißen, abschwemmen und gut auspressen. Den Speck fein schneiden, die Zwiebel fein hacken und mit den Gewürzen unter die Erdäpfel mischen. Ei und Mehl zufügen, würzen und in wenig Fett flach herausbacken.

500 g speckige Erdäpfel
60 g Fett, 60 g Mehl
1 Zwiebel
Rindsuppe (oder Wasser)
Zitronenschalen
Salz, $\frac{1}{10}$ l Essig
1 kleines Lorbeerblatt
Thymian, 4–6 Essiggurken
3–4 El Sauerrahm
Petersilie

Eingebrannte Erdäpfel

Erdäpfel, am besten Kipfler, werden in Salzwasser gekocht, geschält und in Scheiben geschnitten. In einer braunen Einbrenn aus Fett und Mehl wird die fein gehackte Zwiebel angeröstet. Nach dem Aufgießen mit Rindsuppe oder Wasser werden Salz, Essig, die Gewürze und die Zitronenschalen eingemischt und die Sauce gut verkocht. Schließlich mengt man die Erdäpfelscheiben, die blättrig geschnittenen Gurkerln, den abgerührten Sauerrahm und die fein gehackte Petersilie in die Sauce.

800 g speckige Erdäpfel
60 g Fett
60 g Mehl
Rindsuppe (oder Wasser)
Salz
Essig
Majoran

Majoranerdäpfel

Die Erdäpfel, am besten Kipfler, werden in Salzwasser gekocht, geschält und in Scheiben geschnitten. Eine braune Einbrenn aus Fett und Mehl wird mit Rindsuppe oder Wasser aufgegossen und mit Salz, Essig und Majoran vermischt. Die Sauce gut verkochen. Schließlich mengt man die Erdäpfelscheiben in die Sauce.

500 g mehlige Erdäpfel
150 g Butter
$\frac{1}{8}$ l Milch
Salz
Muskatnuss

Erdäpfelpüree

Die Erdäpfel werden geschält, geviertelt, in Salzwasser gekocht, passiert und mit zerlassener Butter und ein wenig heißer Milch verrührt. Abschließend mit Salz und Muskatnuss abschmecken.

Gebackenes Erdäpfelpüree

Unter obiges Erdäpfelpüree mengt man 1 Dotter und den festen Schnee von 1 bis 2 Eiklar. Diese Masse füllt man in eine befettete Auflaufschüssel und bäckt sie eine halbe Stunde im Rohr. Der Masse können auch 100 g klein geschnittenes Selchfleisch oder blättrig geschnittene sautierte Pilze beigefügt werden. Oft wird das Püree vor dem Backen mit geriebenem Parmesan bestreut.

Erdäpfelteig

500 g mehlige Erdäpfel
100 g Mehl
20 g Grieß 50 g Butter
1–2 Eidotter
Salz, Muskatnuss

Variante 1)
Die Erdäpfel werden in der Schale gekocht, geschält und gut überkühlt. Am besten wird der Teig, wenn die Erdäpfel Kühlschranktemperatur haben. Keinesfalls sollte man die Erdäpfel in kaltem Wasser liegen lassen, bis sie in der Mitte abgekühlt sind. Die Erdäpfeln werden dann durch die Erdäpfelpresse gedrückt und mit flüssiger Butter, Mehl und Grieß sowie Salz, Muskatnuss und Eidotter rasch verknetet.
Variante 2)
Die Erdäpfel werden gewaschen, geschält, geviertelt, in kaltem Salzwasser zugestellt und zugedeckt weich gekocht. Dann wird das Wasser abgeleert, die Erdäpfel werden auf ein Backblech gegeben und für etwa zwei bis drei Minuten in ein mittelheißes Rohr gestellt, damit die restliche Flüssigkeit ausdampfen kann. Die Erdäpfel werden noch heiß durch ein Passiersieb gedrückt und mit der flüssigen Butter und mit den restlichen Zutaten rasch verknetet.

Erdäpfelknödel

Der oben beschriebene Erdäpfelteig wird auf einem bemehlten Brett zu einer Rolle geformt. Mit einer Teigkarte werden nun gleich große Stücke von der Teigrolle abgetrennt, die dann mit bemehlten Händen zu Knödel geformt werden. Die Knödel lässt man in kochendem Salzwasser etwa 10 Minuten mehr ziehen als kochen.

Erdäpfelnudeln (Schupfnudeln)

Der zuvor beschriebene Erdäpfelteig wird auf einem bemehlten Brett zu einer 1 cm dicken Rolle geformt. Mit einer Teigkarte werden nun 2 cm lange Stücke von der Teigrolle abgetrennt, die man dann mit bemehlten Händen an den Enden spitz formt und in kochendem Salzwasser etwa 10 Minuten mehr ziehen als kochen lässt. Die Nudeln können dann in Butter geschwenkt werden. Bei manchen Speisen ist es vorteilhaft, wenn die Erdäpfelnudeln in der Butter leicht Farbe nehmen. In diesem Fall werden die Nudeln aus dem kochenden Wasser gehoben, kalt abgefrischt und dann in Butter gebraten, bis sie Farbe bekommen haben.

Gnocchi

Der bereits beschriebene Erdäpfelteig wird auf einem bemehlten Brett zu einer daumendicken Rolle geformt. Mit einer Teigkarte werden nun nussgroße Stücke von der Teigrolle abgetrennt, die dann mit bemehlten Händen zu Knöderln geformt und mit Gabelzinken etwas eingedrückt werden.
Die Gnocchi lässt man dann in kochendem Salzwasser etwa 10 Minuten mehr ziehen als kochen.

Erdäpfelnockerln

Den Erdäpfelteig auf einem bemehlten Brett zu 1 ½ cm dicken Rollen formen.
Diese werden in 3–4 cm lange Stücke geschnitten, die man in Salzwasser kocht und in heißer Butter rollt.
Anmerkung: Man kann die Nockerln auch in mit Butter gerösteten Semmelbröseln rollen.

Schlesische Erdäpfelknödel

500 g mehlige Erdäpfel
150 g Mehl
1 Eidotter
Salz
40 g Butter
200 g Zwiebel
80 g Öl
50 g Butter
30 g Bröseln

Ein Teig aus Erdäpfeln, Mehl, Ei, Salz und Butter wird auf einem bemehlten Brett 1 cm dick rechteckig ausgewalkt, mit blättrig geschnittenen, in Öl hellgelb gerösteten Zwiebelstücken bestreut und wie ein Strudel zusammengerollt. Von diesem schneidet man gleichmäßige 4 bis 5 cm große Stücke ab, die man in reichlich kochendes Salzwasser einlegt, 5–8 Minuten langsam kocht und beim Anrichten mit in brauner Butter oder Fett gerösteten Bröseln bestreut.

Gefüllte Erdäpfelroulade

Den Erdäpfelteig rollt man zu einem Rechteck aus, bestreut ihn mit viel angerösteter Zwiebel und Bröseln oder mit gehackter Wurst, Selchfleisch oder gedünsteten Schwämmen, rollt ihn wieder zusammen, bestreicht die Roulade mit flüssiger Butter und bäckt sie auf einem befetteten Blech bei 180 °C.
Als Beilagen passen alle Gemüse und Salate.
Anmerkung: Die Kartoffelrolle kann auch in eine gut befettete Serviette eingerollt und gebunden 45 Minuten in Salzwasser gekocht werden. (Statt einer Serviette kann auch hitzebeständige Plastikfolie verwendet werden.)

Waldviertler Knödel

1 kg mehlige Erdäpfel
30 g Butter
1 Ei
Salz
Muskatnuss

Ein Drittel der Erdäpfel wird in der Schale gekocht, geschält, gut abgekühlt und durch eine Erdäpfelpresse gedrückt. Die restlichen Erdäpfel werden roh geschält und fein gerieben (mit einem Krenreißer in ein kaltes Wasser gerissen), dann gut ausgedrückt und mit den anderen Zutaten vermischt. Zur Bindung wird die Stärke verwendet, die sich in der Schüssel mit den rohen Erdäpfeln abgesetzt hat, oder man fügt einfach einen halben Teelöffel Stärke bei.
Aus diesem Teig werden Knödel geformt, die etwa 15 Minuten in Salzwasser gekocht werden.

Duchesse-Masse

500 g mehlige Erdäpfel
10 g Butter
2 Eidotter

Die Erdäpfel werden gewaschen, geschält, in Viertel geschnitten und weich gekocht. Das Kochwasser wird abgeschüttet. Die Erdäpfel werden auf ein Backblech gegeben und in ein mittelheißes Rohr für etwa 3 Minuten zum Ausdampfen gestellt. Noch heiß werden die Erdäpfel durch ein Passiersieb gedrückt und mit den restlichen Zutaten rasch abgearbeitet.

Erdäpfelgebäck (Pommes Duchesse)

Die Duchesse-Masse wird mit einem Dressiersack mit Sterntülle auf ein befettetes Blech dressiert, mit versprudeltem Ei (es geht leichter, wenn das Ei mit etwas Milch verdünnt wird) bestrichen und im Rohr gebacken.

Prinzessinnenkartoffeln

80 g Butter
30 g Parmesan
1 Ei
1 Eidotter
Salz
800 g mehlige Erdäpfel
Butter und Mehl für das Blech

Die flaumig gerührte Butter wird mit dem geriebenen Parmesan, dem Ei, dem Eidotter, Salz und den passierten gekochten Erdäpfeln vermengt. Von dem Teig spritzt man mit dem Spritzsack kleine Häufchen auf ein mit Butter bestrichenes, bestaubtes Blech, bestreicht sie eventuell mit Ei und bäckt sie im Rohr.

Mandelkroketten

Aus einer Duchesse-Masse werden etwa 2 Zentimeter große Kugeln geformt, die eventuell mit einem Stück Trüffel gefüllt werden. Dann in Ei, Mehl und einem Gemisch aus Bröseln und gehobelten Mandeln panieren und in heißem Fett frittieren.

Birnenkartoffeln (Pommes de terre Williams)

Aus einer Duchesse-Masse werden Birnen geformt und in Mehl, Ei und Brösel paniert. In das untere Ende wird eine Gewürznelke, als Stängel ein Spaghettistück eingesetzt. Dann in heißem Fett backen.

Kartoffelkroketten

Aus einer Duchesse-Masse formt man eine daumendicke Rolle, die überkühlt wird, schneidet sie in 5 cm lange Röllchen, paniert diese mit Ei und Bröseln und bäckt sie in heißem Fett.

Kartoffelröllchen

800 g rohe Erdäpfel
40 g Butter
1–2 Eier
10 g Parmesan
Muskatnuss, Salz
80 g Mehl
30 g Mehl zum Formen
1–2 Eier zum Panieren
80 g Brösel
200 g Fett

Die gekochten, geschälten, heiß passierten Erdäpfel werden, wenn sie ausgekühlt sind, mit der Butter, den Eiern, dem Parmesan, Salz, Muskatnuss und dem Mehl zu einem Teig verarbeitet, den man kurz abknetet. Dann formt man daraus eine daumendicke Rolle, schneidet sie in 5 cm lange Röllchen, paniert diese mit Ei und Bröseln und bäckt sie in heißem Fett.
Anmerkung: Man kann auch Butter und Eier vorher rühren, hierauf die übrigen Zutaten dazumengen und auf einem Brett weiter behandeln wie oben angegeben ist.

Pommes Dauphine

500 g mehlige Erdäpfel
Brandteig:
⅛ l Milch
30 g Butter
70 g glattes Mehl
2 Eier
Salz
200 g Butterschmalz zum Frittieren

Die Erdäpfel werden gewaschen, geschält, in Vierteln geschnitten und weich gekocht. Das Kochwasser wird abgeschüttet. Die Erdäpfel werden auf ein Backblech gegeben und für etwa 3 Minuten in ein mittelheißes Rohr zum Ausdampfen gestellt. Noch heiß werden die Erdäpfel durch ein Passiersieb gedrückt und mit dem Brandteig (siehe Seite 426) vermischt. Aus dieser Masse werden mit zwei Suppenlöffeln Nockerln ausgestochen und in heißem Butterschmalz knusprig frittiert.

Erdäpfel-Germ-Teig

140 g Butter
2 Eidotter
140 g gekochte Erdäpfel
Salz
Dampfel:
200 g Mehl
10–20 g Germ
1 El Milch

Zu der flaumig gerührten Butter mengt man Dotter, Salz, die gekochten, passierten Erdäpfel, Mehl und das Dampfel (siehe Seite 20). Ist der Teig zu fest, so gibt man noch etwas Milch dazu, schlägt den Teig gut ab und lässt ihn kurze Zeit gehen.

Kartoffelröllchen mit Germ

Der Erdäpfel-Germ-Teig wird auf einem bemehlten Brett zu Röllchen geformt (Kroketten). Man lässt diese kühl aufgehen und bäckt sie in heißem Fett. Auf Küchenkrepp abtropfen lassen.

Erdäpfelbuchteln

Der Erdäpfel-Germ-Teig wird zu einer daumendicken Rolle geformt und dann in nussgroße Stücke geteilt. Diese werden in flüssige Butter getaucht und in eine befettete Kasserolle geschlichtet. Der Teig muss nun noch etwa 10 Minuten aufgehen; dann im Rohr bei 160 °C backen. Erdäpfelbuchteln können auch mit Duxelles, fein geschnittenem Schinken, fein gehackten Kräutern, Pilzen u. ä. gefüllt werden.

Ofenerdäpfel

2 kg speckige Erdäpfel

Möglichst große Erdäpfel roh mit etwas Salz in Alufolie einpacken und bei 200 °C im Rohr ca. 1–1 ½ Stunden backen. Vor dem Servieren jeden Erdapfel mit der Folie kreuzweise einschneiden und aufdrücken. In die so entstandene Öffnung eine Fülle geben .

Sauerrahm mit Schnittlauch:
0,12 l Sauerrahm
20 g Schnittlauch
Salz, etwas weißer Pfeffer

Fülle 1: Alle Zutaten gut verrühren.

Crème fraîche mit Keta-Kaviar:
0,12 l Crème fraîche
50 g Keta-Kaviar
Zitronensaft

Fülle 2: Crème fraîche mit etwas Zitronensaft gut verrühren und mit Keta-Kaviar servieren

Pommes Macaire (Kleine Erdäpfellaibchen)

400 g mehlige Erdäpfel
40 g Butter
1 Eidotter
Salz
Muskatnuss

Erdäpfel gut abbürsten, in Folie wickeln und etwa eine Stunde im Rohr garen.
Aus der Folie nehmen, halbieren, mit einem Suppenlöffel das Innere der Erdäpfel aus der Schale kratzen und durch ein Drahtsieb passieren. Dotter und die Gewürze unter die passierten Erdäpfel rühren. Kleine Laibchen formen und in Fett goldgelb backen.

Gefüllte Erdäpfel

8 Erdäpfel (1 Stück etwa 100 g)
Fülle:
60 g Butter
1 Ei
Salz
Sauerrahm
200 g Selchfleisch oder Wurst
Butter zum Betropfen

I. Art: Die festen Erdäpfel werden gewaschen, auf ein Blech gelegt und im Rohr gebraten oder blanchiert. Dann werden sie ausgehöhlt, mit nachfolgender Fülle gefüllt, mit zerlassener Butter betropft und vor dem Anrichten noch kurze Zeit ins Rohr gestellt.
Für die Fülle mengt man in die flaumig gerührte Butter das zerkleinerte Ausgehöhlte der Erdäpfel, Ei, Salz, das fein gehackte Selchfleisch oder die Wurst und Sauerrahm.

8 Erdäpfel (1 Stück etwa 10 g)
Salz
Fülle:
80 g Butter
100 g Selchfleisch
Salz
Pfeffer
Muskatnuss
⅛ l Obers

II. Art: Gleich große gelbe Erdäpfel werden mit einer Bürste sehr gut gereinigt, bis sie eine hellgelbe Farbe erhalten, auf ein Backblech in Salz gestellt und im Rohr bei mittlerer Hitze hellbraun und weich gebraten. Dann schneidet man einen Deckel leicht keilförmig heraus, höhlt die Erdäpfel vorsichtig aus, füllt sie mit einem Gupf und setzt den Deckel an einer Seite schief auf, sodass die Fülle seitlich wie bei einem Cremekrapferl hervorschaut. Zum Warmhalten in das Rohr stellen.
Für die Fülle rührt man in den Butterabtrieb das Ausgehöhlte der Erdäpfel, das klein geschnittene Selchfleisch, die Gewürze und das flüssige Obers ein.
Anmerkung: Beim Füllen der Erdäpfel sind der Kreativität keine Grenzen gesetzt. Hier einige Vorschläge:
Anstelle von Schinken oder Wurst können auch Räucherlachs, sautierte Pilze, Kräuter- oder Gemüsemischungen, Geflügelsalpikon usw. Verwendung finden.

Reis und Getreide

Der Reis ist ein Grasgewächs und kommt in verschiedenen Arten in den Handel.
Als Rohreis mit Silberhäutchen und Keimling findet er vor allem in der Vollwertküche und Diätküche Verwendung. Sein Vitamin- und sein Mineralstoffgehalt sind wesentlich höher als jener von geschältem Reis. Er ist durch den Fettkeim nicht lange lagerfähig und hat eine ungefähr doppelt so lange Garzeit als geschälter Reis.
Reis ist als Lang- oder Rundkornreis erhältlich.
Langkornreis ist ein glasiges langes Korn, welches auch als Hartreis bezeichnet wird und zum Dünsten und Kochen geeignet ist.
Rundkornreis oder Weichreis wird beim Garen klebrig und breiig und findet für Risotti, Süßspeisen und Puddings Verwendung.

Gekochter Reis

200 g Langkornreis
2 l Salzwasser (10fache Menge des Reises)
Salz
20 g Butter

Der Reis wird in kochendem Salzwasser zugestellt und weich gekocht. Das dauert etwa 16 bis 18 Minuten. Wenn der Reis fertig gekocht ist, wird er mit kaltem Wasser gut abgespült.
Vor dem Servieren wird der Reis mit Butter vermischt, gesalzen und in einer Pfanne, je nach Menge auf dem Herd oder mit befettetem Papier abgedeckt im Rohr, erhitzt.

Wiener Reis

200 g Langkornreis
0,4 l Wasser (doppelte Menge des Reises)
20 g Butter
Salz
½ Zwiebel
4 Gewürznelken

Das Wasser wird mit Butter und Salz zum Kochen gebracht. Dann werden der Reis und die geschälte, mit Gewürznelken gespickte Zwiebel dazugegeben und alles wird so lange gekocht, bis der Reis den Großteil der Flüssigkeit aufgenommen hat. Der Reis wird nun zugedeckt und soll etwa 20 Minuten im Rohr bei etwa 150 °C dünsten. Während dieser Zeit darf der Reis nicht umgerührt werden.
Den Reis aus dem Rohr nehmen, die Zwiebel entfernen und den Reis mit der Gabel auflockern.
Locker auf dem Teller anrichten.
Anmerkung: Wenn man sich bemüht, den Reis Körnchen für Körnchen locker zuzubereiten, sollte man ihn auch locker auf dem Teller anrichten. Den Reis in Schöpfer oder gar in Formen gepresst auf den Teller zu »künsteln«, widerspricht der meisterhaften Zubereitung.

Pilawreis

20 g Butter
½ Zwiebel
200 g Langkornreis
0,4 l Rindsuppe oder Gemüsesud (oder Wasser)
Salz

Die fein gehackte Zwiebel in Butter anlaufen lassen. Den Reis dazugeben und kurz umrühren, bis der Reis glasig angelaufen ist. Der Reis wird mit der Rindsuppe – man kann auch Gemüsefond oder Wasser nehmen – aufgegossen und so lange unter Rühren gekocht, bis ein Großteil der Flüssigkeit vom Reis aufgenommen wurde. Der Reis wird nun zugedeckt und soll etwa 20 Minuten im Rohr bei etwa 150 °C dünsten. Während dieser Zeit darf der Reis nicht umgerührt werden.
Reis aus dem Rohr nehmen und mit der Gabel auflockern.
Locker auf dem Teller anrichten.

Kräuterreis

Fein gehackte Petersilie, fein geschnittener Schnittlauch, gezupfter Kerbel und grob geschnittene Estragonblätter werden unter den fertigen Pilawreis gemischt.

Nussreis

Grob gehackte Walnüsse und fein gehackte Petersilie werden unter den fertigen Pilawreis, den man mit Walnussöl anstelle der Butter angesetzt hat, gemischt.

Risipisi (Reis mit Erbsen)

Unter den fertigen Pilawreis werden gekochte Erbsen gemischt.

Letschoreis

Trockenes Letscho wird unter den fertigen Pilawreis gemischt.

Champignonreis

200 g Langkornreis
20 g Butter
½ Zwiebel
100 g Champignons
Saft von einer halben Zitrone
0,4 l Rindsuppe oder Gemüsesud (oder Wasser)
Salz
Petersilie

Die fein gehackte Zwiebel mit den blättrig geschnittenen und mit Zitronensaft beträufelten Champignons in Butter anlaufen lassen. Reis dazugeben und kurz umrühren, bis der Reis glasig angelaufen ist. Der Reis wird mit Rindsuppe – man kann auch Gemüsefond oder Wasser nehmen – aufgegossen und so lange unter Rühren gekocht, bis der Großteil der Flüssigkeit vom Reis aufgenommen wurde. Der Reis wird nun zugedeckt und soll etwa 20 Minuten im Rohr bei etwa 150 °C dünsten. Während dieser Zeit darf

der Reis nicht umgerührt werden. Den Reis aus dem Rohr nehmen, salzen, gehackte Petersilie beifügen und den Reis mit der Gabel auflockern.
Locker auf dem Teller anrichten.

Curryreis

200 g Langkornreis
20 g Butter
½ Zwiebel
50 g Äpfel
50 g Bananen
1 Tl Kokosraspel
1 Tl Tomatenketchup (oder Tomate concassée von einer halben Tomate)
1 Tl Curry
0,4 l Rindsuppe oder Gemüsesud (oder Wasser)
Salz, Petersilie oder gezupfte Korianderblätter

Die fein gehackte Zwiebel mit den in kleine Würfel geschnittenen Äpfeln und Bananen in Butter anlaufen lassen. Kokosraspel und Curry beifügen und umrühren. Tomatenketchup und den Reis dazugeben und kurz wiederum umrühren. Der Reis wird mit Rindsuppe – man kann auch Gemüsefond oder Wasser nehmen – aufgegossen und so lange unter Rühren gekocht, bis der Großteil der Flüssigkeit vom Reis aufgenommen wurde. Der Reis wird nun zugedeckt und soll etwa 20 Minuten im Rohr bei etwa 150 °C dünsten. Während dieser Zeit darf der Reis nicht umgerührt werden.
Reis aus dem Rohr nehmen, salzen, gehackte Petersilie oder die Korianderblätter beifügen und den Reis mit der Gabel auflockern.
Locker auf dem Teller anrichten.

Risotto

200 g Risottoreis (Arborio)
2 Schalotten
2 El Olivenöl
1/16 l Weißwein (Grauer Burgunder)
1 l Hühnersuppe (wenn das Risotto zu Fischen oder Krustentieren serviert wird, dann Fischfond)
50 g Parmesan oder Grana
20 g Butter

Den Risottoreis in ein Spitzsieb geben und waschen; dann im Olivenöl glasig anlaufen lassen und die grob geschnittenen Schalotten dazugeben. Mit Weißwein ablöschen, kurz reduzieren und mit dem passenden Fond auffüllen, bis der Reis von der Flüssigkeit bedeckt ist. Auf der Herdplatte offen kochen lassen; laufend umrühren und immer wieder Fond nachgießen, bis der Reis gar ist. Der Risotto sollte eine cremige Konsistenz aufweisen, ja darf sogar leicht »suppig« wirken, und sollte im Inneren noch »Biss« haben.
Abschließend werden noch geriebener Parmesan und Butterflocken eingerührt.

Rundkornreis

Wird wie Langkornreis zubereitet. Das Verhältnis Reis zu Wasser beträgt jedoch 1 Teil Reis zu 1 ½ Teilen Flüssigkeit.

Naturreis

Wird wie Langkornreis zubereitet, benötigt jedoch eine längere Garzeit. Man kann je nach Sorte und Qualität mit etwa 30 bis 45 Minuten rechnen.

Wilder Reis

100 g schwarzer Reis (Wildreis)
3 l Salzwasser
Butter
Salz
Muskatnuss

Der Reis wird in reichlich Salzwasser gekocht. Die Garzeit beträgt etwas mehr als eine Stunde. Wenn der Reis weich ist, wird er mit kaltem Wasser abgefrischt. Vor dem Servieren mit Butter erwärmen und mit Salz und Muskatnuss abschmecken.
Tipp: Erhitzt man den wilden Reis in brauner Butter, wird der nussige Geschmack des Reises unterstrichen.
Wilder Reis harmoniert zu Fisch und Krustentieren, Geflügel und kurz gebratenem hellem Fleisch.

Perlweizen (Bulgur)

Wird wie Reis (in allen seinen Ableitungen) zubereitet, benötigt jedoch weniger Wasser zum Dünsten. Das Mischverhältnis beträgt 1 Teil Perlweizen zu 1 ½ Teilen Fond oder Wasser.

Hirse

Kann wie Reis in all seinen Ableitungen zubereitet werden. Die Garzeit ist wesentlich kürzer (etwa 10 Minuten) und das Verhältnis Hirse zu Flüssigkeit beträgt 1 Teil Hirse zu 2 ½ Teilen Flüssigkeit.

Polenta

½ Zwiebel
40 g Butter
150 g Maisgrieß (Polenta)
½ l Gemüsefond (oder Wasser)
1/16 l Schlagobers
Salz
Muskatnuss
Parmesan oder Grana

Die Zwiebel in Butter anschwitzen. Den Maisgrieß beifügen, einmal umrühren und dann mit der Flüssigkeit (Verhältnis: 1 Teil Maisgrieß zu 4 Teilen Flüssigkeit) aufgießen. Mit Salz und Muskat würzen, einige Minuten unter ständigem Rühren kochen lassen und dann zugedeckt im Rohr oder im Wasserbad etwa 25 Minuten ziehen lassen. Mit Parmesan oder Grana bestreuen.

Polentanockerln

Aus der fertig gekochten Polentamasse sticht man mit einem in heißes Wasser getauchten Esslöffel Nockerln aus, bestreut sie mit geriebenem Parmesan und übergießt sie mit sehr heißer brauner Butter.
Die Polentanockerln müssen sofort serviert werden.
Sie passen zu fast jedem Fleisch mit Sauce und können auch als vegetarische Hauptspeise mit beliebigem Salat oder Gemüse serviert werden.

Heidensterz (Buchweizensterz)

240 g Heidenmehl
1 l Salzwasser
80 g Schweinefett
80 g Speck für Grammeln

In siedendes gesalzenes Wasser schüttet man möglichst rasch Heidenmehl (Buchweizenmehl), sodass sich ein Knödel bildet, der im Wasser schwimmend bei zugedecktem Kochtopf etwa 10 Minuten gekocht wird. Dann löst man den Knödel, der meist am Rand des Topfes klebt, los, dreht ihn mit einem Kochlöffel von oben nach unten, durchsticht ihn mit dem Stiel des Kochlöffels und kocht ihn nun abermals 10 Minuten. Dann gießt man das Wasser ab, zerreißt den Knödel mit einer Gabel und gibt das abgeschüttete, heiße Wasser nach und nach dazu, wodurch man erreicht, dass das ganze Mehl vom Wasser durchdrungen wird. Über die gut gelockerte Masse gießt man heißes Schweinefett, mischt gut durch und lässt die Masse bei mäßiger Hitze eine Viertelstunde zugedeckt stehen. Größere Brocken zerteilt man abermals, richtet den Sterz in einer warmen Schüssel an und gibt vor dem Auftischen heiße Speckgrammeln darüber.
Heidensterz wird als Beigabe zu klarer Rindsuppe oder als Hauptspeise z. B. mit Salat gegessen.

Ritschert

100 g Rollgerste
100 g Bohnen
30 g Fett
20 g Mehl
½ Zwiebel
Petersilie
Rindsuppe (oder Wasser)
Salz und Pfeffer
evtl. 200 g Selchfleisch

Die Rollgerste und die Bohnen werden weich gekocht, in eine verkochte Einmach aus Fett, Zwiebel, Mehl und Petersilie gemischt und mit so viel Suppe oder Wasser aufgegossen, als nötig ist, damit sich alles zu einer dicken, nicht flüssigen Speise einkocht. Man würzt sie mit Salz und Pfeffer.
Für ein Ritschert mit Selchfleisch mengt man zu obigem Ritschert noch 200 g würfelig geschnittenes gekochtes Selchfleisch.

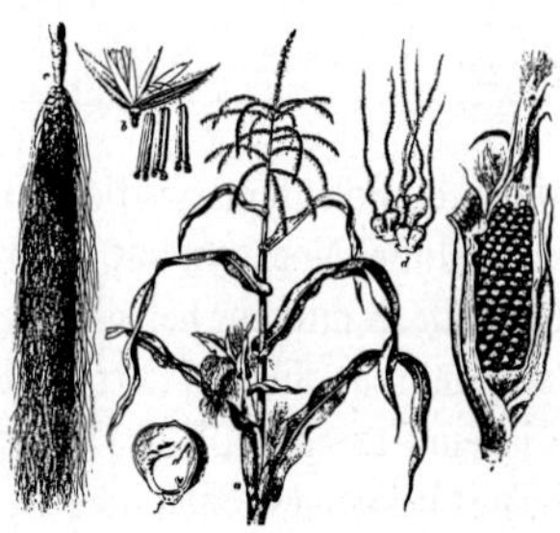

Teigwaren

Teigwaren in viel kochendes Wasser (1 Teil Teigwaren, 10 Teile Wasser) einrühren und anfangs auch mit einem Kochlöffel aufrühren. Erst kurz vor Ende der Kochzeit Salz beifügen. Wenn die Teigwaren sofort nach dem Abseihen serviert werden, nicht abschrecken, sondern nur in heißem Fett schwenken.
Ein Zusammenkleben der Teigwaren kann durch Ölzugabe ins Kochwasser verhindert werden.
Die Rezepte für die folgenden »Nudelspeisen« sind zwar für die meisten Arten von (fertigen) Teigwaren, wie z. B. Makkaroni, Spaghetti, Penne, Hörnchen u. ä., geeignet. Da jedoch Maschinen zum Ausrollen von Nudelteig nicht nur in Gewerbeküchen immer öfter Platz finden, sondern auch immer mehr die Haushaltsküchen erobern, liegt das Hauptaugenmerk auf die Zubereitung des hausgemachten Nudelteiges.

Nudelteig

1 Ei
100 g griffiges Mehl
1 Tropfen Essig

Ei, Mehl und Essig werden zu einem festen Teig verarbeitet. Der Teig wird dünn ausgerollt und angetrocknet, dann geschnitten. Die Nudeln werden in reichlich Salzwasser etwa 2 Minuten gekocht und kurz abgespült, damit der Garvorgang unterbrochen und die überflüssige Stärke abgeschwemmt wird. Die fertigen Nudeln werden dann in Butter geschwenkt und gewürzt.
Anmerkung: Der Nudelteig sollte nicht gesalzen werden, da Salz Flüssigkeit anzieht und dadurch die Verarbeitung erschwert und die Haltbarkeit – sollten die Nudeln getrocknet und aufbewahrt werden – verkürzt wird.

Schneidearten für die ausgerollten Nudelteigblätter

Capellini	die dünnste Bandnudelart
Bavette, Trenette	sehr flache Bandnudeln
Tagliarini	3–4 Millimeter breite Bandnudeln
Tagliatelli oder Fettucine	etwa 6 Millimeter breite Bandnudeln
Tagliatelli verde	grüne Tagliatelli
Pappardelle	sehr breite Bandnudeln
Lasagne	Teigblätter

Grüne Nudeln

Der Nudelteig wird mit passiertem Spinat grün eingefärbt. Die Konsistenz wird mit etwas mehr Mehl reguliert.

Rote Nudeln

Der Nudelteig wird mit Tomatenmark (oder mit Rotem-Rüben-Saft) rot eingefärbt. Die Konsistenz wird mit etwas mehr Mehl reguliert.

Schwarze Nudeln

Der Nudelteig wird mit Tinte vom Sepia (Tintenfisch) schwarz eingefärbt. Die Konsistenz wird mit etwas mehr Mehl reguliert.

Nudeln mit Parmesan

Nudelteig von einem Ei
50 g Butter (oder Fett)
30 g Parmesan

Die Nudeln werden in Salzwasser gekocht, abgeseiht, eventuell abgeschreckt, in heißer Butter oder heißem Fett geschwenkt, mit geriebenem Parmesan bestreut und angerichtet

Gemüsenudeln

Nudelteig von einem Ei
20 g Butter, 50 g Karotten
50 g Gelbe Rüben, 50 g Lauch
50 g Zuckererbsenschoten
Salz, Zucker
Pfeffer aus der Mühle
Petersilie

Das Gemüse wird geputzt, julienne (in feine Streifen) geschnitten, mit Salz, Pfeffer und etwas Zucker gewürzt und in Butter weich gedünstet. Die gekochten Nudeln werden im Gemüse erhitzt, abgeschmeckt und mit Petersilie bestreut.

Nudeln in Crème fraîche

Crème fraîche wird mit etwas Schlagobers und Salz erhitzt und mit den gekochten Nudeln vermischt.

Heidensterz (Seite 370)

Tiroler Knödel (Seite 378)

Paprikarahmnudeln

Teig:
1 Ei, 100 g griffiges Mehl
Essig
Sauce:
400 g roter Paprika
60 g Zwiebeln
20 g Butter
0,2 l Schlagobers
0,1 l weißer Kalbsfond oder Rindsuppe, 10 g Knoblauch
Salz, Pfeffer, Paprikapulver

Nudelteig herstellen und rasten lassen. Dünne Bandnudeln schneiden und kurz kochen.
1 Paprika brunnoise schneiden. Restliche Paprika grob schneiden und mit gehackten Zwiebeln ansautieren; Paprikapulver beifügen. Mit Kalbsfond und Obers aufgießen, würzen und weich kochen. Im Mixglas pürieren und anschließend durch ein Spitzsieb streichen. Paprikabrunoise und Nudeln in die Sauce geben und erwärmen, evtl. nachwürzen.

Nudelauflauf

Nudelteig von einem Ei
50 g Butter
1–2 Eidotter
Salz, 20 g Parmesan
⅛ l Sauerrahm
Schnee von 1–2 Eiklar
Butter und Brösel für die Form

Die Nudeln werden in Salzwasser gekocht, abgeseiht und abgeschmeckt. Butter wird flaumig gerührt und mit den Dottern, dem Salz, dem geriebenen Parmesan, dem Sauerrahm, den gekochten Nudeln und dem Schnee des Eiklars vermischt. In eine befettete und mit Bröseln bestreute Auflaufform füllen, eine halbe Stunde im Rohr backen und in der Form servieren.

Überkrustete (gratinierte) Nudeln

Nudelteig von einem Ei
⅛ l Sauerrahm
1 Eidotter
1 Ei, Salz, 20 g Parmesan
20 g Semmelbrösel
20 g Butter
Butter und Brösel für die Auflaufform

Die in Salzwasser gekochten, abgeseihten und abgeschreckten Nudeln werden in eine befettete und mit Bröseln bestreute Auflaufform gefüllt, mit einer Mischung aus saurem Rahm, Dotter, Ei und Salz übergossen, mit geriebenem Parmesan und Semmelbröseln bestreut, mit geschmolzener Butter betropft und 10 Minuten lang in ein heißes Rohr gestellt.
Ebenso zubereitet werden gratinierte Makkaroni, Spaghetti usw.

Haluska

Nudelteig von einem Ei
50 g Selchspeck
2 El Sauerrahm
8 g Topfen
Salz

Aus einem dünn ausgerollten Nudelteig werden erst breite Streifen geschnitten, dann Flecken gezupft. Diese werden in Salzwasser gekocht und kalt abgefrischt. Der Selchspeck wird in kleine Würfel geschnitten und in der Pfanne ausgelassen. Die Teigflecken werden im ausgelassenen Speck und dem dabei entstandenen Fett »abgeschmalzen«, mit Sauerrahm übergossen und mit Topfen(bröckerln) bestreut.

Tarhonya

20 g Butter
½ Zwiebel
120 g Tarhonya (1 Teil)
¼ l Wasser (2 Teile)
Salz

Die Zwiebel glasig anschwitzen; Tarhonya dazugeben und kurz anlaufen lassen. Mit Wasser aufgießen, salzen, aufkochen lassen und zugedeckt im Rohr etwa 15 Minuten dünsten.
Anmerkung: Es können Selchspeckwürfel, Pilze oder Paprikawürfel mitgedünstet werden.

Spätzle

200 g griffiges Mehl
1 Ei
⅛ l Wasser
20 g Butter
Salz

Das Salzwasser zustellen und zum Kochen bringen, Alle Zutaten kurz vermischen; dann den Teig mit Hilfe eines Spätzlesiebs in das kochende Salzwasser eintropfen und kurz kochen lassen. Mit einem Siebschöpfer in kaltes Wasser geben, abseihen und gut abtropfen lassen. In Butter schwenken und salzen.
Anmerkung: Die Nockerln können mit passiertem Spinat grün, mit Tomatenmark rot oder mit Sepia-Tinte schwarz eingefärbt werden.

Butternockerln

Nockerlteig für einfache Mehlnockerln:
200 g Mehl
1 Ei
ca. 3/16 l Milch
30 g Butter
Salz
Nockerlteig für feine Butternockerln:
200 g Mehl
2 Eier, ⅛ l Milch
60 g Butter
Salz

Das Fett wird flaumig gerührt oder zerlassen und dann mit dem Ei, dem Mehl, der Milch und Salz kurz, ohne ihn abzuschlagen, zu einem ziemlich weichen Teig verrührt.
Gleich danach wird dieser Teig in Form kleiner Nockerln mit einem Löffel oder mit einem Nockerlbrett und einem Messer (Spätzle) oder durch die Nockerlmaschine in siedendes Salzwasser eingekocht und ca. 5 Minuten gekocht. Dann werden die Nockerln abgeseiht, mit heißem Wasser abgeschwemmt, abgetropft und in heißer Butter geschwenkt.
Diese Nockerln werden vorzugsweise als Beilage zu Fleischspeisen mit Paprikasauce u. dgl. verwendet.

Zwiebelnockerln

In 80 g heißem Fett lässt man 200 g in dünne Scheiben geschnittene Zwiebeln hellbraun rösten, gibt die Nockerln hinein, salzt sie und lässt sie unter häufigem Schütteln heiß werden.

Hirsespätzle mit Jungzwiebeln

120 g Hirse
1 Ei
3–4 El Wasser
70 g Jungzwiebeln
Salz, 10 g Butter

Aus der frisch gemahlenen Hirse mit Ei und Wasser einen nicht zu festen Teig zubereiten. Den Teig mit einem Spätzlehobel in kochendes Salzwasser hobeln. Öfters umrühren. Nockerln mit einem Siebschöpfer aus dem Wasser nehmen, abfrischen und abseihen. Gut abtropfen lassen und in Butter schwenken.
Das Weiße der Jungzwiebeln wird fein gehackt, das Grüne in etwa einen halben Zentimeter breite Streifen geschnitten.
Das Weiße der Jungzwiebeln wird in Butter angeröstet, die Spätzle und das Grüne der Jungzwiebeln werden beigefügt und alles wird kurz durchgeschwenkt.
Anmerkung: Die Verarbeitung mit Jungzwiebeln ist nur exemplarisch. Die Zubereitungsmöglichkeiten sind nahezu unerschöpflich. Auch bei den nächsten beiden Rezepten werden Variationen, die zur Weiterverarbeitung Anwendung finden könnten, aufgezeigt.

Weizenspätzle mit Kürbiskernen

120 g Weizenvollkornmehl
1 Ei
3–4 El Wasser
10 g Butter
30 g Kürbiskerne
Salz

Aus Weizenvollkornmehl wird mit Ei und Wasser ein zäher Teig zubereitet. Den Teig durch einen Spätzlehobel in kochendes Salzwasser pressen; dabei öfters umrühren. Etwa 3 Minuten kochen lassen; dann die Nockerln mit einem Siebschöpfer aus dem Wasser nehmen, abfrischen und abseihen. Gut abtropfen lassen, salzen und in Butter schwenken.
Die Weizenspätzle werden in Butter angeschwitzt, die Kürbiskerne in einer Pfanne ohne Fett angeröstet, grob gehackt und mit den Weizenspätzle vermischt.

Dinkelspätzle mit Bergkäse und Kräutern

120 g Dinkelmehl
1 Ei
3–4 El Wasser
20 g Butter
Petersilie
Schnittlauch
Kerbel
Estragon
30 g geriebener Bergkäse
Salz

Aus dem Dinkelmehl mit dem Ei und dem Wasser einen nicht zu festen Teig zubereiten. Den Teig mit einem Spätzlehobel in kochendes Salzwasser hobeln; dabei öfters umrühren. Die Nockerln mit einem Siebschöpfer aus dem Wasser nehmen, abfrischen und abseihen. Gut abtropfen lassen und in Butter schwenken.
Die Spätzle werden in Butter sautiert und die gehackten Kräuter werden beigefügt. Noch einmal durchschwenken.
Auf dem Teller angerichtet, werden die Spätzle mit dem Bergkäse bestreut.
Anmerkung: Natürlich schmecken Vollwertspätzle am besten, wenn sie aus frisch gemahlenem Getreide zubereitet werden.

Knödel

Semmelknödel

6 Semmeln
½ Zwiebel
Petersilie
60 g Butter
¼–½ l Milch
1–2 Eier
50 g Mehl
Salz

Die Semmeln werden klein würfelig geschnitten und in Fett (oder Butter) nebst der Zwiebel und der Petersilie geröstet, bis sie knusprig sind. Dann sprudelt man die Milch, die Eier und das Salz ab, übergießt damit die Semmeln und lässt sie anziehen. Hierauf wird Mehl nach Bedarf dazugegeben und leicht eingemischt. Knödel formen, in kochendes Salzwasser einlegen und etwa 10 Minuten kochen.
Einen Probeknödel kochen und, wenn nötig, etwas Mehl einarbeiten.
Anmerkung: Das Anrösten der Semmeln ist nicht nötig, wenn getrocknetes Knödelbrot verwendet wird.

Tiroler Knödel

6 Semmeln
½ Zwiebel
Petersilie
120 g Selchfleisch
60 g Butter
¼–½ l Milch
3 Eier
30 g Mehl
Salz

Die Semmeln werden kleinwürfelig geschnitten und in Butter nebst der Zwiebel, dem würfelig geschnittenen Selchfleisch und der Petersilie geröstet, bis sie knusprig sind. Dann sprudelt man die Milch, die Eier und das Salz ab, übergießt damit die Semmeln und lässt sie anziehen. Hierauf wird Mehl nach Bedarf dazugegeben und leicht eingemischt. Dann werden Knödel geformt, in kochendes Salzwasser eingelegt und etwa 10 Minuten gekocht.
Einen Probeknödel kochen und, wenn nötig, etwas Mehl einarbeiten.
Anmerkung: Das Anrösten der Semmeln ist nicht nötig, wenn getrocknetes Knödelbrot verwendet wird.

Serviettenknödel

6 Semmeln
⅛ l Milch
2–3 Eier
80 g Butter
Salz
Butter für die Serviette

Die Eier werden mit der Milch, der zerlassenen Butter und Salz verquirlt und über die kleinwürfelig geschnittenen Semmeln gegossen, Wenn die Semmeln die ganze Flüssigkeit aufgesogen haben, werden sie in eine mit Butter bestrichene Serviette eingerollt und mit dieser in Salzwasser eine halbe Stunde gekocht. Der gekochte Knödel wird aus der Serviette genommen und in Scheiben geschnitten.
Anmerkung: Serviettenknödel können als Mehlspeise allein oder mit Röstern u. dgl. angerichtet oder als Beigabe zu Fleischspeisen mit Sauce verwendet werden.

Böhmische Knödel

4 altbackene Semmeln
20 g Butter
400 g Mehl
1 Ei
40 g Germ
Salz
lauwarmes Wasser nach Bedarf

Die Semmeln werden kleinwürfelig geschnitten und in heißer Butter leicht angeröstet. Aus dem Mehl, dem Ei, lauwarmem Wasser, Germ und Salz wird ein ziemlich lockerer Germteig gerührt, in den man die gerösteten Semmeln einmischt. Der Teig muss nun etwa 20 Minuten an einem warmen Ort aufgehen.
Aus der Masse werden 7–8 cm dicke, ungefähr 20 cm lange Rollen geformt, die man aufgehen lässt und in Salzwasser 15 Minuten zugedeckt kocht. Die Knödel werden aus dem Wasser gehoben und in Scheiben geschnitten.
Das Gericht eignet sich als Beilage zu allen Saucengerichten.

Erdäpfelknödel mit Semmelwürfeln

80 g Butter (oder Fett)
2 Eier
4 Semmeln
40 g Butter
600 g mehlige Erdäpfel
60 g griffiges Mehl
Salz

Die flaumig gerührte Butter oder das Fett wird mit den Eiern, den kleinwürfelig geschnittenen, in Butter gerösteten Semmeln, den in der Schale gebratenen, passierten Erdäpfeln, dem Mehl und Salz vermischt. Aus der Masse werden Knödel geformt, die man eine Viertelstunde lang in einer offenen Kasserolle sehr vorsichtig in Salzwasser kocht. (Einen Probeknödel kochen und, wenn nötig, eventuell etwas Grieß einarbeiten.)

Grießknödel

50 g Butter
3/8 l Milch
150 g Grieß
2 Eier
3 Semmeln
40 g Butter
Salz

Die Milch und die Butter lässt man aufkochen, gibt den Grieß hinein und rührt ihn auf dem Feuer so lange, bis ein sehr dicker Knödel entsteht. Nach dem Auskühlen rührt man die Eier, Salz und die würfelig geschnittenen, in Butter gerösteten Semmeln ein. Man lässt die Masse etwas anziehen, formt Knödel und kocht sie 10 Minuten in Salzwasser.

Grießknödel aus abgebranntem Grieß

500 g Grieß
100 g Öl
1/2 l Salzwasser
50 g Butter
30 g Brösel

Der mittelfeine Grieß wird in heißem Öl angeröstet, verrührt und mit kochendem Salzwasser abgebrüht. Man lässt den Grieß zugedeckt 1 Stunde lang stehen, formt Knödel, legt sie in kochendes Salzwasser und lässt sie zugedeckt 5–8 Minuten langsam kochen. Die Knödel werden mit gerösteten Bröseln übergossen und entweder als Beilage zu Saucen, Beuschel u. dgl. oder als Nachspeise mit Zwetschkenröster gereicht.

Buttermischungen

Gewürzbutter

100 g Butter
Salz, Cayennepfeffer
Worcestersauce
Senf, Zitronensaft

Alle Zutaten vermischen und schaumig rühren.
Butter zum Bestreichen von Canapés und Sandwiches.

Kräuterbutter (Maîtrebutter)

100 g Butter
Saft von einer Zitrone
evtl. Worcestersauce
Petersilie
Schnittlauch
Estragon oder Basilikum
Salz
gemahlener weißer Pfeffer

Die flaumig gerührte Butter wird mit Zitronensaft, den fein gehackten Kräutern, Salz und Pfeffer vermengt. Diese Masse streicht man auf ein befeuchtetes Pergamentpapier, formt eine Rolle und lässt sie im Kühlschrank anziehen. Ausgerollt in Scheiben schneiden und weiterverwenden. Man kann die Maîtrebutter auch mit einigen Tropfen Worcestersauce würzen.
Für Gegrilltes jeder Art.

Café de Paris-Butter

100 g Butter
Knoblauch, Kren, Senf
Weinbrand, Salz
Cayennepfeffer
Zitronensaft, Estragon
Petersilie, frischer Majoran
Salbei, Worcestersauce

Die Butter wird schaumig gerührt und mit den gehackten Kräutern und den restlichen Zutaten vermischt. Die Butter kann wie die Kräuterbutter zu Rollen geformt werden oder mit dem Dressiersack zu Rosetten dressiert werden.
Für gegrilltes dunkles Fleisch (Entrecôte »Café de Paris«).

Zitronenbutter

100 g Butter
Saft und Schale von einer Zitrone
Salz

Die Butter wird mit Salz, Zitronensaft und -zeste sehr schaumig gerührt und meist halb zerlassen auf gebratene Fische gegeben.

Knoblauchbutter

100 g Butter
Knoblauch
Salz

Die schaumig gerührte Butter wird mit reichlich Knoblauch und Salz vermischt.
Für Fische und Grilladen.

Schneckenbutter

Knoblauchbutter mit gehackten Schalotten und Petersilie.

Beurre Colbert

100 g Butter
2 El Fleischglace
Saft von einer Zitrone
Petersilie
Salz

Die Butter wird mit lauwarmer Fleischglace, gehackter Petersilie, Salz und Zitronensaft schaumig gerührt.

Saucen

Kalte Saucen

Mayonnaise

3 Eidotter
Salz
1 El Estragonessig
Worcestersauce
Saft von einer halben Zitrone
½ Kl französischer Senf
1 kleine Messerspitze Cayennepfeffer
⅜ l Öl

Die Dotter werden mit Salz, Essig, Worcestersauce, Zitronensaft, Senf und Cayennepfeffer mit der Schneerute verrührt. Dann wird tropfenweise das Öl eingerührt. (Wenn das Öl zu schnell zugegeben wird, kann die Mayonnaise gerinnen.)
Anmerkung: Die Zutaten zur Mayonnaise sollten nicht aus dem Kühlschrank kommen, sondern küchenwarm sein. Aufgehoben wird fertige Mayonnaise zugedeckt und kühl.
Wird die Mayonnaise im Mixer zubereitet, kann man statt 3 Dottern 2 ganze Eier nehmen.
Mayonnaise wird am häufigsten zu englisch gebratenem (halb gebratenem) Fleisch oder zu Fischen, Krustentieren, gekochten Hühnern usw. aufgetragen.
Als Garnierung nimmt man nudelig geschnittenen grünen Salat, Krautsalat, Aspik, Kapern, Oliven u. dgl. (Will man Mayonnaise für Rohkostsalate verwenden, empfiehlt es sich, die Mayonnaise mit etwas Milch oder Tomatensaft zu verdünnen.)
Geronnene Mayonnaise wird wieder servierfähig, wenn man in einer frischen Schüssel 1–2 Löffel heißen Essig mit einem Löffel geronnener Mayonnaise glatt verrührt und hierauf die restliche geronnene Mayonnaise unter beständigem Rühren langsam beimengt.

Tomatenmayonnaise (Sauce tyrolienne)

In die Mayonnaise wird so viel Tomatenmark eingerührt, bis sie hellrot gefärbt ist. Als Einlage gibt man Tomatenconcassé.

Mousseline-Mayonnaise

Mayonnaise mit halb geschlagenem Schlagobers und Zitronensaft.

Sauce tartare

1 kleine Essiggurke
½ Sardelle
Kapern
Estragon
½ Zwiebel
Petersilie
Mayonnaise (siehe oben)

Eine Essiggurke, eine geputzte Sardelle, Kapern, Estragon, Zwiebel und Petersilie werden ganz fein gehackt und in eine Mayonnaise gemischt. Die Sauce ist bis zum Anrichten kalt zu stellen.
Sie ist eine gute Beigabe zu kaltem und warmem Braten und Fischen.
Anmerkung: Sollte die Sauce tartare nicht sofort verarbeitet werden, wird die Zwiebel weggelassen.

Scharfe Kräutersauce (Sauce Ravigote)

In eine Mayonnaise mengt man fein gehackte Petersilie, Schnittlauch, Kerbel, Sauerampfer, Schalotten, Kapern, Sardellen und abgeriebene Zitronenschalen.
Diese Sauce gibt man zu englisch gebratenem Fleisch und zu Fischen.

Remouladensauce

Eine Sauce tartare wird mit gezupftem Kerbel, 1–2 hart gekochten, passierten Dottern und mit etwas Kaviar vermengt. Auch englischen oder französischen Senf kann man nach Geschmack beimischen.
Auch diese Sauce gibt man zu englisch gebratenem Fleisch und Fischen.

Grüne Sauce (Sauce verte)

Blanchierter Spinat, Kerbel, Kresse und Petersilie werden püriert und unter die Mayonnaise gerührt.
Diese Sauce gibt man ebenfalls zu englisch gebratenem Fleisch und zu Fischen.

Schnittlauchsauce

1 Eidotter
3 Eidotter von gekochten Eiern
Salz, 1 El Estragonessig
Worcestersauce
Saft von einer halben Zitrone
½ Kl französischer Senf
1 kleine Messerspitze Cayennepfeffer
2 Semmeln, Essig
etwas Staubzucker
1 Bund Schnittlauch, ¼ l Öl

Altbackene Semmeln werden entrindet und in Wasser eingeweicht. Die Semmeln werden ausgedrückt und mit den Dottern von den gekochten Eiern passiert. Dann werden die restlichen Zutaten mit Ausnahme des Öls gut verrührt. Das zimmerwarme Öl wird nun tropfenweise, wie bei der Mayonnaise, eingerührt, bis eine saucige Konsistenz entsteht. Sollte die Sauce zu dick werden, kann man sie mit etwas Gurkerlessig verdünnen; das gilt übrigens für alle Mayonnaisesaucen.
Mit klein geschnittenem Schnittlauch vermengen.

Kalte Sardellensauce

3 Eidotter, 3 Sardellen
ca. $\frac{1}{16}$ l Öl
ca. $\frac{1}{16}$ l Essig
französischer Senf
Zitronensaft

Die hart gekochten Dotter und die Sardellen werden passiert; dann rührt man tropfenweise Öl hinzu, außerdem mit Wasser vermischten Essig, französischen Senf und nach Geschmack Zitronensaft.

Heringsauce

Mayonnaise (siehe Seite 381)
2 Ostseeheringe (Milchner)
1–2 Sardinen
$\frac{1}{8}$ l Milch oder Obers

In eine Mayonnaise ohne Salz und Senf rührt man die passierte Milch von den Ostseeheringen; dann mischt man die geputzten, in kleine Stücke geschnittenen Heringe und geschnittene Sardinen dazu und mengt zum Schluss Milch oder Obers ein.

Essig-Kräuter-Sauce (Sauce vinaigrette)

40 g Zwiebeln
2 Essiggurken
20 g Kapern, Petersilie
1 Ei, 1 Tomate (concassée)
$\frac{1}{16}$ l Öl
4 El Estragonessig
$\frac{1}{16}$ l Weißwein
Salz, Senf, Worcestersauce

Die Zwiebel, die geschälten Essiggurken, Kapern, Petersilie und ein hart gekochtes Ei werden fein gehackt und mit Tomate concassée, Estragonessig, Weißwein, Salz, Senf und Worcestersauce vermischt. Dann wird das Öl langsam eingerührt.
Diese Sauce wird zu Fleischsulzen, Kalbskopf, kaltem Braten u. dgl. gereicht, zu Krebsen aber ohne Gurken und Kapern.

Sauce Cumberland

150 g Ribiselgelee
150 g Preiselbeeren
$\frac{1}{8}$ l Rotwein
2 Orangen (Schalen und Saft)
$\frac{1}{2}$ Ingwerwurzel
1 Kl englischer Senf
Salz, Cayennepfeffer

Preiselbeeren und Ribiselgelee werden mit den feinnudelig geschnittenen Orangenschalen, dem geschälten und fein gehackten Ingwer, dem Rotwein und dem Saft einer Orange aufgekocht, passiert und dann mit Salz, Cayennepfeffer und Senf gewürzt. Diese Sauce lässt man einige Zeit stehen und rührt sie vor der Verwendung einmal um.
Anmerkung: Die Sauce kann im Kühlschrank auch etliche Tage aufgehoben werden. Falls sie dabei zu dick wird, mit Rotwein oder Orangensaft verdünnen.

Sauce Cumberland mit Hagebuttenmark

2 El Ribiselgelee
2 El Hagebuttenmark
1/16 l Rotwein
20 g Kren
5 g englisches Senfmehl
Saft von einer halben Orange
Saft von einer Viertel Zitrone
1/16 l Rotwein
Schale von einer halben Orange
Schale von einer Viertel Zitrone

Ribiselgelee und Hagebuttenmark werden glatt verrührt; hierauf Rotwein, Senfmehl, Orangen- und Zitronensaft und gerissenen Kren beimengen. Man lässt die Mischung einige Zeit zugedeckt stehen und passiert sodann die Sauce. Dann fügt man feinnudelig geschnittene Orangen- und Zitronenschalen, die man in Rotwein ebenfalls zugedeckt weich kochen ließ, hinzu.

Essigkren

Frisch geriebener Kren wird mit Rindsuppe stark angefeuchtet und mit Essig, der ein wenig gesalzen wird, verdünnt und kalt als Beigabe zu gekochtem Rindfleisch serviert.

Apfelkren

1 kg Äpfel
Essig
Saft von einer Zitrone
Kren nach Geschmack
Zucker

I. Art: Die Äpfel werden geschält, gerieben und mit Essig, Zitronensaft, geriebenem Kren und Zucker vermengt.
II. Art: Die Äpfel werden geschält, geviertelt, mit etwas Zitronensaft gedünstet, passiert und dann mit den übrigen Zutaten vermengt. Durch diese Zubereitungsweise erhält der Apfelkren eine helle Farbe.
Er dient als Beilage zu gekochtem Rindfleisch.

Preiselbeerkren

Geriebener Kren wird mit Zucker, Zitronensaft und eventuell Salz gewürzt und mit passierten Preiselbeeren vermischt.

Warme Saucen

Weiße Grundsaucen

Grundrezept Einmachsauce (Sauce velouté)

Für etwa 10 Portionen
50 g Butter
50 g glattes Mehl
¾ l heller Fond als Geschmacksträger
¼ l Schlagobers

Eine Roux blanc (weiße Einmach) wird zubereitet.
Das Mehl muss in der Butter einmal aufschäumen; dann die Einmach von der Herdplatte nehmen und kurz überkühlen (Gefahr der Klumpenbildung!).
Die überkühlte Einmach wird mit dem passenden kochenden Fond aufgegossen und aufgekocht. Dann wird das Schlagobers beigegeben und die Sauce auf die gewünschte Konsistenz reduziert.

Sauce Béchamel

Milcheinmachsauce
Eine Einmach wird mit kochender Milch und Schlagobers aufgegossen, gewürzt und verkocht.
Als Gewürz können sowohl ein Kräutersträußchen (Bouquet garni) als auch Muskatnuss oder andere Aromaten mitverkocht werden.

Sauce Mornay

1 l dick eingekochte Sauce Béchamel
3 Eidotter
3 El Schlagobers
80 g Parmesan

Käsesauce
Eine sehr dick eingekochte Sauce Béchamel (Einmach aus 100 g Butter und 100 g glattem Mehl für einen Liter Flüssigkeit) wird mit Obers und Eidottern legiert und mit geriebenem Käse versetzt.
Die Sauce wird vor allem zum Gratinieren verwendet.

Kalbseinmachsauce

Sauce velouté de veau
Eine Einmach wird mit hellem Kalbsfond und Schlagobers aufgegossen (siehe Grundrezept Einmachsauce).

Sauce allemande

So nennt man eine mit Obers und Dottern legierte Kalbseinmachsauce.

Geflügeleinmachsauce

Sauce velouté de volaille
Eine Einmach wird mit hellem Geflügelfond (Hühnersuppe) und Schlagobers aufgegossen (siehe Grundrezept Einmachsauce).

Sauce suprême

Ist eine Geflügeleinmachsauce, die mit eiskalten Butterflocken montiert wurde.

Fischeinmachsauce

Sauce velouté de poisson
Eine Einmach wird mit Fischfond und Schlagobers aufgegossen (siehe Grundrezept Einmachsauce).

Sauce vin blanc

Fischeinmachsauce, die mit Weißwein verkocht und mit eiskalten Butterflocken montiert wurde.

Ableitungen der weißen Grundsaucen

Gurkensauce (aus frischen Gurken)

2 große frische Gurken
50 g Fett
50 g Mehl
½ Zwiebel
¾ l Kalbs-, Geflügel- oder Fischfond (aber auch Rindsuppe), je nach Weiterverwendung
1/16 l Schlagobers
Salz
Essig nach Geschmack
1/16 l Sauerrahm
Dillkraut

Eine Einmach aus Fett, fein gehackter Zwiebel und Mehl wird mit Fond oder Rindsuppe und Schlagobers aufgegossen und gut verkocht. Hierauf fügt man Salz und Essig nach Geschmack hinzu und lässt sie wieder verkochen. Dann gibt man die geschälten, in nicht zu dünne Scheiben geschnittenen Gurken hinein und kocht diese ungefähr eine Viertelstunde, bis sie weich sind. Zum Schluss gibt man den Rahm dazu.
Durch Beigabe von fein gehacktem Dillkraut kann die Sauce gewürzt werden.
II. Art: 60 g Butter zergehen lassen. Darin die blättrig geschnittenen Gurken weich dünsten. Mit 1–2 Esslöffeln Mehl stauben, salzen, mit Rahm und etwas Suppe aufgießen und verkochen lassen.

Gurkensauce (aus Essiggurken oder Salzgurken)

Wird ebenso zubereitet, nur müssen die Essiggurken feinblättrig geschnitten werden und etwa 20 Minuten in der Sauce ziehen.

40 g Fett, 40 g Mehl
etwas Zwiebel
¾ l Kalbs-, Geflügel- oder Fischfond (aber auch Rindsuppe), je nach Weiterverwendung
⅛ l Schlagobers
1 großes Büschel Dillkraut
Salz, Essig
1/16 l Sauerrahm
Zucker

Dillsauce

Eine Einmach wird mit fein gehackter Zwiebel hergestellt und mit dem passenden Fond oder Rindsuppe und Schlagobers aufgegossen. Salz, Essig und klein geschnittene Dillstängel hinzugeben und eine Viertelstunde verkochen. Dann wird die Einmach passiert, mit den fein gehackten, vorher abgezupften Dillspitzen, Sauerrahm und einer Spur Zucker abgeschmeckt und noch einmal aufgekocht.

40 g Fett
40 g Mehl
½ Zwiebel
30 g Kapern
¾ l Kalbs-, Geflügel- oder Fischfond (aber auch Rindsuppe), je nach Weiterverwendung
⅛ l Schlagobers, Petersilie

Kapernsauce

Eine Einmach aus Fett, fein gehackter Zwiebel und Mehl gießt man mit dem passenden Fond oder Rindsuppe und Schlagobers auf, gibt die etwas ausgewässerten, fein gehackten Kapern hinzu und lässt die Sauce verkochen. Zum Schluss fein gehackte Petersilie einrühren.
Anmerkung: Da die Kapern ziemlich scharf sind, ist es gut, sie einige Zeit in Wasser zu legen und die Sauce nicht zu salzen. Die Sauce kann durch Hinzugabe von ⅛ l Sauerrahm vollendet werden.

1 l Sauce velouté aus Fisch, Kalb oder Geflügel, je nach Weiterverwendung
Fines Herbes: Petersilie, Schnittlauch, Kerbel und Estragon oder Basilikum.
Butter zum Montieren.

Kräutersauce

Eine Einmachsauce wird mit den gehackten Kräutern versetzt und mit Butterflocken montiert.

Kräutercremesauce

Die Kräutersauce wird mit Crème fraîche und halb geschlagenem Schlagobers vollendet.

120 g Sauerampfer
40 g Butter, 40 g Mehl
¾ l Kalbs-, Geflügel- oder Fischfond (aber auch Rindsuppe), je nach Weiterverwendung
⅛ l Schlagobers, 1/16 l Sauerrahm, Salz

Sauerampfersauce

Der Sauerampfer wird in Salzwasser blanchiert, abgefrischt, ausgedrückt und fein gehackt in eine Einmachsauce gemixt.

Schwammerlsauce

200 g Schwammerln
½ Zwiebel
50 g Butter zum Dünsten
50 g Butter für Einmach
50 g Mehl
¾ l passender Fond oder Rindsuppe
⅛ l Schlagobers
1/16 l Sauerrahm
Salz
Muskatnuss
Petersilie
Zitronensaft
Butter zum Montieren

Geputzte, feinblättrig geschnittene Schwammerln werden in Butter, in der man die Zwiebel anlaufen ließ, weich gedünstet. Dann macht man eine Einmach, gießt sie mit dem passenden Fond oder Rindsuppe und Schlagobers auf, lässt sie gut verkochen, gibt Rahm und Salz hinzu, lässt die Schwämme in dieser Sauce noch eine Viertelstunde kochen und würzt mit Muskatnuss, Zitronensaft und fein gehackter Petersilie nach. Abschließend montiert man die Sauce mit eiskalten Butterwürfeln.
Anmerkung: Die Sauce lässt sich auch aus 20 g getrockneten Schwammerln herstellen, die man aber vor ihrer Verwendung mindestens eine halbe Stunde lang in lauwarmem Wasser (oder aber über Nacht in kaltem Wasser) einweichen muss. Falls man die Sauce nicht ausgiebig braucht, kann man die weich gedünsteten Schwammerln bloß stauben, mit Rindsuppe oder Wasser aufgießen und wie oben angegeben würzen.

Knoblauchsauce

40 g Fett, 40 g Mehl, Salz
2–3 Knoblauchzehen
¾ l Kalbs-, Geflügel- oder Fischfond (aber auch Rindsuppe), je nach Weiterverwendung
⅛ l Schlagobers
1/16 l Obers und 2 Eidotter zum Legieren oder
40 g Butter zum Montieren

Der Knoblauch wird geschält und mit etwas Salz fein zerdrückt. In einer Einmach lässt man den Knoblauch kurz aufschäumen, gießt mit dem passenden Fond oder Rindsuppe und Schlagobers auf, salzt nach Geschmack und lässt die Sauce gut einkochen. Abschließend wird die Sauce noch montiert oder legiert.

Sardellensauce auf Wiener Art

40 g Fett
40 g Mehl
½ Zwiebel
Rindsuppe (oder Wasser)
2 große Sardellen
Petersilie
Zitronensaft

In einer lichtbraunen Einbrenn lässt man die fein gehackte Zwiebel anrösten und gießt mit Rindsuppe oder Wasser auf. Dann gibt man die passierten oder fein gehackten Sardellen dazu, lässt sie gut verkochen, fügt fein gehackte Petersilie bei und säuert die Sauce mit Zitronensaft.

Aufgeschlagene Buttersaucen

Sauce hollandaise

Gewürzreduktion:
1/16 l Essig
1/16 l Wasser
10 g Schalotten
4 Pfefferkörner
Lorbeer
2 Eidotter
160 g Butter
Salz, 1 Kl Senf
Saft von einer Viertel Zitrone
Worcestersauce
Cayennepfeffer

Für die Gewürzreduktion werden Essig und Wasser mit den fein geschnittenen Schalotten und Aromaten bis zur Hälfte eingekocht und durchgeseiht. Nach dem Auskühlen gibt man die Dotter dazu und schlägt die Flüssigkeit über Dunst, bis sie dicklich ist. Dann gibt man unter beständigem Rühren zerlassene Butter tropfenweise hinzu und würzt die Sauce mit Salz, Pfeffer, Senf, Worcestersauce und Zitronensaft. Die Sauce sollte kurz vor dem Anrichten zubereitet und warm serviert werden.
Anmerkung: Wenn die Sauce gerinnt, gibt man einen Esslöffel kaltes Wasser dazu und rührt so lange, bis sie wieder glatt ist.

Sauce Mousseline

Sauce hollandaise
1/16 l Schlagobers

Eine Sauce hollandaise wird unmittelbar vor dem Anrichten mit fest geschlagenem Schlagobers vermischt.

Aurorasauce

Eine Sauce hollandaise wird mit ein wenig Tomatenmark rosa gefärbt.

Sauce béarnaise

In etwas stärker gesäuerte und schärfer gewürzte Sauce hollandaise mengt man fein gehacktes Kerbelkraut, ein klein wenig Estragon und grüne Petersilie ein.

Krebs-Butter-Sauce

Es wird eine Sauce hollandaise gemacht, die mit Krebsbutter gefärbt und mit dem ausgelösten Krebsfleisch vermischt wird. Statt Wasser kann der Krebssud verwendet werden.

Braune Grundsaucen

Zum Aufgießen brauner Saucen wird immer ein brauner Fond verwendet.
Das erste Rezept der braunen Grundsaucen, also der braune Fond, präsentiert sich als neutraler Grundfond, der für alle braunen Saucengerichte, nach der entsprechenden Würzung, angewendet werden kann. So kann sowohl das braungedünstete Wild, wenn es mit Wacholder, Preiselbeeren und Orangenschale gewürzt wird, als auch das Lamm mit der Knoblauch-, Thymian- und Rosmarinwürzung nach dem Anbraten in diesem Fond zubereitet werden.
Will man professionelle Fonds, bereitet man die braunen Fonds auf die gleiche Art und Weise mit den passenden Knochen und Gewürzen zu.

Brauner Fond

60 g Fett
500 g Rinds- oder Kalbsknochen
¼ Zeller
½ Petersilienwurzel und Grün
½ Karotte
½ Zwiebel
1 El Tomatenmark
⅛ l Weißwein
Rindsuppe (oder Wasser)
5 Pfefferkörner
1 Lorbeerblatt
¼ Lauch

In heißem Fett werden nussgroß zerhackte Kalbs- oder Rindsknochen braun geröstet. Es wird würfelig geschnittenes Wurzelwerk (Mirepoix) zugegeben und weitergeröstet. Bevor das Wurzelwerk braun ist, gibt man die grob geschnittene Zwiebel dazu und lässt alles braun rösten. Dann wird das Tomatenmark beigefügt; dieses lässt man auch anrösten, bis das Fett nicht mehr rot, sondern schön braun ist. Man löscht mit Weißwein ab, gießt mit Rindsuppe oder Wasser auf und gibt Pfefferkörner, Lauch und Lorbeerblatt hinzu. Man lässt die Sauce 2–3 Stunden kochen, schöpft das auf der Oberfläche sich sammelnde Fett und den Schaum ab, passiert den Fond und verwendet ihn nach Bedarf.
Für den Haushalt ist es empfehlenswert, diesen Fond in größeren Mengen vorzubereiten und entweder in kleinen Tiefkühlbeuteln oder im Eiswürfelbehälter einzufrieren.

Brauner Wildfond

Wie brauner Fond; jedoch mit Speckabschnitten ansetzen und das Bouquet garni (Petersiliengrün, Lauch und Lorbeer) mit einem Thymian- und Rosmarinzweig erweitern. Typische Wildgewürze verwenden (Wacholder, Preiselbeeren, Orangenzeste …)

Gemüsestrudel mit Paprikasauce (Seite 207)

Polentalaibchen mit Paradeissauce (Seite 215)

Braune Grundsauce (Sauce demi-glace)

60 g Fett
500 g Rindfleisch
Rindsparüren
¼ Zeller
½ Petersilienwurzel und -grün
½ Karotte
½ Zwiebel
1 El Tomatenmark
⅛ l Weißwein
2 l brauner Fond
5 Pfefferkörner
1 Lorbeerblatt
¼ Lauch
1/16 l Rotwein oder Wasser
1Kl Stärkemehl

In heißem Fett werden Rindfleisch und Parüren braun auf allen Seiten geröstet; dann das Rindfleisch aus der Pfanne nehmen und warm stellen. Das würfelig geschnittene Wurzelwerk (Mirepoix) zugeben und weiterrösten. Bevor das Wurzelwerk braun ist, gibt man die grob geschnittene Zwiebel dazu und lässt alles braunrösten. Dann wird das Tomatenmark beigefügt; dieses lässt man auch anrösten, bis das Fett nicht mehr rot, sondern schön braun ist, löscht mit Weißwein ab, gießt mit braunem Fond oder Wasser auf und würzt mit Pfefferkörnern und Lorbeerblatt. Man gibt Lauch hinzu, lässt die Sauce 2–3 Stunden kochen und schöpft das auf der Oberfläche sich sammelnde Fett und den Schaum ab. Die Sauce wird nun mit in Rotwein (oder Wasser) abgerührtem Stärkemehl gebunden und durch ein feines Sieb passiert.
Anmerkung: Die Zubereitung der Sauce demi-glace ist sehr ähnlich der des braunen Fonds. Die Unterschiede sind in der Zubereitung hervorgehoben: a) die zusätzliche Fleischkraft. b) Als Aufgussmittel dient der braune Fond. c) Die Sauce ist gebunden; ob die Bindung nun mit Stärkemehl, Gemüsepüree aus dem mitgegarten Wurzelwerk oder mit einer Einbrenn erfolgt, ist Geschmackssache.

Braune Lammgrundsauce

Wird wie die Sauce demi-glace, allerdings mit Lammfleisch und Lammparüren zubereitet und geschmacklich mit Knoblauch, Thymian und Rosmarin abgestimmt.

Fleischglace

2 l brauner Fond
½ kg Kalbfleischanschnitte
Knochen

Der braune Fond wird mit Knochen und Parüren (Fleischanschnitten) wie dort beschrieben zubereitet und auf etwa ein Zehntel seiner Anfangsflüssigkeit reduziert (eingekocht).

Ableitungen der braunen Grundsaucen

Rahmsauce

¼ l Sauce demi-glace
⅛ l Sauerrahm
evtl. Rotwein

Die braune Grundsauce wird mit abgerührtem Sauerrahm versetzt und aufgekocht, evtl. noch mit Zitronensaft oder besser mit Rotwein nachgewürzt.

Burgundersauce

¼ l Sauce demi-glace
50 g Schalotten
100 g Champignons
20 g Butter, ⅟₁₆ l Rotwein
40 g Butter zum Montieren

Blättrig geschnittene Champignons und geviertelte Schalotten in Butter anlaufen lassen; mit Rotwein (Burgunder) auffüllen, reduzieren und zur Grundsauce geben. Kurz verkochen und mit Butterflocken montieren.

Senfsauce (Sauce Robert)

¼ l Sauce demi-glace
50 g Schalotten
englischer Senf
⅟₁₆ l Rotwein
40 g Butter zum Montieren

Die Schalotten fein schneiden und im Rotwein etwa 5 Minuten verkochen lassen. Dann mit der Grundsauce auffüllen, Senf beifügen und mit Butter montieren.

Pfeffersauce (Sauce poivrade)

¼ l Sauce demi-glace
5 Pfefferkörner
Cognac
40 g Butter zum Montieren

Die zerdrückten Pfefferkörner und der Cognac werden in der Grundsauce mitgekocht und abschließend wird diese Sauce mit Butterflocken montiert.

Grüner-Pfeffer-Sauce (Sauce Madagaskar)

¼ l Sauce demi-glace
grüne Pfefferkörner
Cognac
⅟₁₆ l Schlagobers

Die zerdrückten grünen Pfefferkörner und der Cognac werden in der Grundsauce aufgekocht und mit Schlagobers kurz reduziert.

Teufelssauce (Sauce Diable)

¼ l Sauce demi-glace
Pfefferkörner, 1 Chilischote
1 Tomate concassée
Cognac
40 g Butter zum Montieren

Die zerdrückten Pfefferkörner, die gehackte Chilischote, die Tomate concassée und der Cognac werden in der braunen Grundsauce mitgekocht und abschließend wird diese Sauce mit Butterflocken montiert.

Madeirasauce

¼ l Sauce demi-glace
Madeira
40 g Butter zum Montieren

Madeira wird in die Grundsauce gegeben. Aufkochen lassen und abschließend diese Sauce mit Butterflocken montieren.

Sauce Zingara

¼ l Sauce demi-glace
100 g Champignons
Saft von einer Zitrone
100 g Schinken
100 g Pökelzunge
40 g Essiggurkerln
20 g Butter, 2 El Madeira
40 g Butter zum Montieren

Die feinnudelig geschnittenen und mit Zitronensaft beträufelten Champignons, den Schinken, die Pökelzunge und die Gurkerln werden in Butter angeschwitzt, mit Madeira abgelöscht, mit Sauce demi-glace aufgegossen, verkocht und mit Butter montiert.

Selbständige Saucen

Paradeissauce

750 g Paradeiser
½ Zwiebel
40 g Olivenöl
30 g Karotten
Rindsuppe (oder Wasser)
Salz, Zucker
Zitronensaft
1/16 l Rotwein
Knoblauch, Basilikum
Oregano

Die klein geschnittene Zwiebel und die blättrig geschnittenen Karotten werden in Olivenöl angeröstet. Die gewaschenen, reifen, halbierten Paradeiser werden zugegeben, alles wird mit Rindsuppe oder Wasser aufgegossen, mit Salz, Zucker, Zitronensaft und Rotwein nach Geschmack gewürzt und etwa eine Viertelstunde gekocht; dann mit Knoblauch, Oregano und frischem Basilikum würzen. Passieren oder im Mixer pürieren. Anmerkung: In Ermangelung frischer Paradeiser können auch geschälte Tomaten aus der Dose (ca. 200 g) verwendet werden.

Paradeissauce auf Wiener Art

500 g Paradeiser
(250 g Tomatenmark)
50 g Speck
100 g Wurzelwerk
½ Zwiebel, 50 g Fett
40 g Mehl
Rindsuppe (oder Wasser)
Essig, Salz
Pfefferkörner, Lorbeerblatt
Zucker

Der kleingeschnittene Speck wird mit dem kleingeschnittenen Wurzelwerk und der Zwiebel in Fett hell angeröstet, mit Mehl gestaubt und kurz weitergeröstet. Die gewaschenen, zerteilten Paradeiser oder das Tomatenmark werden zugegeben und etwas mitgeröstet. Alles mit Rindsuppe oder Wasser aufgießen, mit Essig, Salz, Pfefferkörnern, Lorbeerblatt und Zucker würzen, gut verkochen und passieren.

Paprikasauce

20 g Butter
½ Zwiebel
400 g roter Paprika
Paprikapulver
¼ l Schlagobers
½ l Rindsuppe oder Gemüsefond
1 Knoblauchzehe
Salz, Pfeffer
gemahlener Kümmel

Die Paprika grob schneiden; mit der gehackten Zwiebel anrösten und das Paprikapulver beifügen. Mit Gemüsefond oder Rindsuppe und Obers aufgießen; würzen und die Paprika weich kochen. Mit dem Stabmixer pürieren, durch ein Sieb streichen und noch einmal aufkochen lassen.

Currysauce

30 g Erdnussöl
60 g Zwiebeln
20 g glattes Mehl
80 g Lauch
60 g Äpfel
½ Banane
Kokosraspel
Currypulver
20 g Tomatenmark
¼ l Hühnerfond
⅛ l Schlagobers.

Den Lauch und die Zwiebeln nudelig schneiden und im Erdnussöl anrösten. Das Mehl beifügen. Einmal aufschäumen lassen, dann den würfelig geschnittenen Apfel, Kokosraspeln und die Banane kurz mitrösten. Tomatenmark beifügen und umrühren; dann das Currypulver dazugeben, mit der Hühnersuppe auffüllen, aufkochen, Schlagobers hinzu und einige Minuten verkochen. Abschließend alles mit einem Mixstab pürieren und durch ein Sieb passieren.

Semmelkren (warm)

3 Semmeln
¼ l Rindsuppe
2 El Obers (oder Milch)
20 g Butter
40 g Kren
Salz

Die Semmeln werden entrindet, blättrig geschnitten, mit heißer Suppe übergossen, aufgekocht, versprudelt und mit dem geriebenen Kren, Obers, Salz und Butter vermischt.
Tipp: Man kann statt Obers 1–2 Dotter nehmen.

Mandelkren (warm)

20 g Mandeln
40 g Butter
½ l Milch
Mehl
Salz
Kristallzucker
Kren nach Geschmack

Gestiftelte oder geriebene weiße (geschälte) Mandeln werden in Butter geröstet und mit Mehl gestaubt. Wenn das Mehl angeröstet ist, gießt man mit kochender Milch auf, gibt Zucker und etwas Salz dazu, lässt alles gut verkochen und mengt knapp vor dem Anrichten geriebenen Kren darunter.

ten Seite gebräunt ist, mit einer Gabel in kleine Stücke gerissen. Nachdem auch diese Stücke noch kurze Zeit angeröstet worden sind, werden sie angerichtet und mit Staubzucker bestreut.

Kirschenschmarren

Wird ebenso zubereitet, nur mengt man noch 200 g von den Stängeln befreite, entkernte Kirschen ein.

Rahmschmarren

Der Schmarrenteig wird mit Sauerrahm anstelle der Milch zubereitet.

Dalken

Rahmdalken

Teig (ca. 8 Stück):
¼ l Sauerrahm
150 g Mehl
3 Eidotter
Salz
60 g Kristallzucker
Klar von 3 Eiern
Fett zum Backen
Marmelade
Staubzucker zum Bestreuen

Der Rahm wird mit dem Mehl gut verquirlt, dann mit den Dottern, Salz und zum Schluss mit dem mit Kristallzucker steif geschlagenen Schnee der Eiklar vermischt. In den Vertiefungen einer Dalkenform lässt man etwas Fett heiß werden, gibt je einen Esslöffel von dem Teig hinein, bäckt die Dalken beiderseits auf dem Feuer und setzt je zwei mit Marmelade zusammen, worauf man sie mit Staubzucker bestreut und heiß aufträgt. (Die Masse kann man auch ohne Zucker zubereiten und die Dalken mit geriebenem Käse bestreuen.)

Böhmische Dalken

Teig:
½ l Milch
250 g Mehl
1 Kl Backpulver
1–2 Eidotter
Salz
Klar von 1–2 Eiern
100 g Kristallzucker
1 Kl Rum
Fett zum Backen
Powidl
zucker zum Bestreuen

Das Mehl, mit Backpulver vermischt, wird mit Milch gut verrührt, dann mit den Dottern, Salz und dem mit Kristallzucker steif geschlagenen Eiklarschnee und Rum vermengt. Weitere Zubereitung wie bei den Rahmdalken.

Aus Mürbteig

Mürbteige sind auf dem Brett zu verarbeiten. Als Fett ist wenn möglich Butter, eventuell Margarine zu wählen. Das Fett sollte sehr kalt sein.
Das Mengenverhältnis beträgt 3 : 2 : 1 (Mehl 300 g, Butter 200 g, Staubzucker 100 g). Damit der Teig noch als Mürbteig gilt, muss das Gewicht der Butter zumindest die Hälfte des Mehlgewichts erreichen; sonst wird der Teig zu hart.
Es gibt Abwandlungen mit Dottern, Mandeln, Nüssen, Schokolade, Zitronenschale und Gewürzen.
Zubereitung: Die Butter wird in das Mehl geschnitten. Harte Butter ist nach dem Vermischen mit dem Mehl mit dem Rollholz leicht durchzurollen, mit dem Messer fein zu zerschneiden und mit den Händen rasch und kurz abzubröseln (Mürbteig = Bröselteig). Die übrigen Zutaten werden dazugegeben und mit möglichst kühlen Händen rasch zu einem Teig verknetet. Nicht lange abarbeiten! Vor der weiteren Verwendung sollte der Teig eine halbe Stunde kühl gestellt werden.
Wird statt Butter oder Margarine Butterschmalz, Schweineschmalz oder Öl genommen, so muss dem Teig etwas Flüssigkeit, Milch oder Wasser, beigegeben werden. In diesem Fall kann man die Fettmenge ungefähr um ein Viertel des Gewichts verringern.
In Fett gebackene Mürbteige verlangen eine geringere Fettzugabe im Teig, dafür aber etwas Rum.
Verwendet man zur Herstellung des Teigs Mandeln, Nüsse, Gewürze u. dgl., so erhält man einen Linzer Teig.
Die Backtemperatur für mürbe Teige liegt bei etwa 200 °C.

Apfelstrudel (aus Mürbteig)

Mürbteig:
200 g Mehl
100 g Butter
50 g Staubzucker, Salz
1 Eidotter
1 El Milch
1 El Wein
Fülle:
500 g Äpfel
60 g Kristallzucker
40 g Rosinen, evtl. Zimt und Mandeln
Klar von 1 Ei zum Bestreichen und Zusammenkleben
Staubzucker zum Bestreuen

Das Mehl wird mit der Butter abgebröselt und mit Zucker, Salz, Dotter, Milch und Wein rasch zu einem Teig geknetet, den man 1 Stunde im Kühlschrank rasten lässt.
Der Teig wird in Form eines Rechtecks dünn ausgerollt, in der Mitte mit den geschälten, blättrig geschnittenen Äpfeln, Zucker und Rosinen bestreut und allenfalls mit Zitronensaft betropft. Die Seitenteile des Teigs werden über die Fülle gelegt und mit Eiklar aneinander geklebt. Von den Teigresten können Streifen geschnitten und zur Verzierung kreuzweise über den Strudel gelegt werden, den man hierauf mit Eiklar bestreicht, eine halbe bis eine Dreiviertelstunde bei etwa 190 °C im Rohr bäckt und auskühlen lässt.
Anmerkung: In die Fülle kann man nach Belieben auch Zimt und geschälte, gestiftelte Mandeln geben. Aus obiger Masse lässt sich ein großer oder zwei kleine Strudel zubereiten.

Apfelschnitten

Mürbteig:
180 g Mehl
120 g Butter
30 g Staubzucker
2 El Sauerrahm
Schale von einer viertel Zitrone
Fülle:
500 g Äpfel, 30 g Rosinen
30 g Kristallzucker
1 Ei zum Bestreichen oder Milch
20 g Staubzucker zum Bestreuen

Die Butter wird mit Mehl abgebröselt und mit dem Staubzucker, dem Rahm und der abgeriebenen Zitronenschale rasch zu einem Teig verknetet. Die Hälfte des Teigs wird messerrückendick ausgerollt, auf ein Blech gelegt, allenfalls (damit der Teig nicht speckig wird) leicht überbacken, mit den geschälten, blättrig geschnittenen Äpfeln, Kristallzucker und Rosinen bestreut und mit der zweiten ausgerollten Teighälfte bedeckt. Anschließend bestreicht man das Ganze mit verquirltem Ei, bäckt es im Rohr und zerteilt es in Schnitten, die man mit Zucker bestreut.
Statt der Schnitten kann man auf dieselbe Weise einen Kuchen in einer Tortenform backen. Auch geschälte, gestiftelte oder gehobelte Mandeln und etwas Rum lassen sich in die Fülle mengen.
Etwa 10 Minuten bei 170 °C vorbacken, bei etwa 190 °C backen.

Apfeltorte

Mürbteig:
100 g Butter
125 g Mehl
1 Ei
30 g Staubzucker
Schale von einer viertel Zitrone
Klar von 1 Ei
Fülle:
400 g Äpfel
$\frac{1}{16}$ l Wasser
40 g Kristallzucker
30 g Marillenmarmelade
10 g Rosinen
Zitronensaft (oder Rum)

Die Butter wird mit Mehl abgebröselt; dann gibt man das Ei, den Staubzucker und die abgeriebene Zitronenschale dazu und lässt den Teig eine halbe Stunde kalt rasten. Nun wird er auf einer bemehlten Tortenform einen halben Zentimeter dick ausgerollt und mit unten angeführter Fülle bestrichen. Der restliche Teig wird zu dünnen Rollen geformt, die gitterförmig über die Fülle gelegt werden; eine dickere Rolle bildet ringsherum einen Rand, den man leicht an den Tortenreifen andrückt. Man bestreicht die Torte mit Eiklar und bäckt sie 1 Stunde im Rohr. Backtemperatur: 170 °C.
Für die Fülle werden die Äpfel geschält, geviertelt und mit Wasser und Kristallzucker musartig verkocht. Dann gibt man Marillenmarmelade und Rosinen dazu, würzt mit Zitronensaft oder Rum und lässt die Fülle auskühlen.
Anmerkung: Die Teigplatte kann man vor dem Füllen leicht überbacken. Auch kann man die Marmelade statt in die Fülle auf die überbackene Teigplatte geben und so ein Speckigwerden verhindern.

Ribiselschnitten

Mürbteig:
180 g Mehl
120 g Butter
1–2 Eidotter
60 g Staubzucker
Zitronenschale
Fülle:
300 g Ribisel
60 g Kristallzucker
Klar von 1–2 Eiern
50 g Staubzucker

Die Butter wird mit dem Mehl abgebröselt und mit dem Staubzucker, der Zitronenschale und den Dottern auf einem Brett rasch zu einem Teig verarbeitet, welchen man eine halbe Stunde kalt rasten lässt. Hierauf rollt man ihn gut messerrückendick aus, überbäckt ihn auf einem unbestrichenen Blech und bestreicht ihn nach dem Auskühlen mit dem beim Aufkochen der Ribiseln entstehenden kalten Sirup, belegt ihn mit den aufgekochten Ribiseln, worauf man die unten angegebene Schneemasse dünn darüber streicht und den Kuchen für kurze Zeit, bis zum Braunwerden der Schneemasse, nochmals ins Rohr schiebt.
Ribiselfülle: Im kochenden Zuckerwasser lässt man die Ribiseln nur einmal aufkochen, fasst sie mit einem Siebschöpfer heraus und dickt den Saft bis zur Geleeprobe ein.
Anmerkung: Heute wird eher fertige Ribiselmarmelade verwendet.
Für die Schneemasse wird fest geschlagener Schnee mit Staubzucker leicht vermischt.
Anmerkung: Etwas leichter und sicherer geht es, wenn man den Schnee mit einem Tropfen Zitronensaft und wenig Salz halb ausschlägt, dann pro Ei 25 g (1 El) Kristallzucker nach und nach einschlägt; wenn der Schnee dann steif ist, die restliche Zuckermenge – also 25 g gesiebter Staubzucker pro Ei – vorsichtig unter den Schnee heben. Achtung beim Schneeschlagen mit Küchengeräten! Wenn der Eischnee zu stark geschlagen ist, lässt sich der Zucker nur mehr sehr schwer einarbeiten.

Weintraubenkuchen

Mürbteig:
240 g Mehl
160 g Butter
80 g Staubzucker
40 g Mandeln
Saft und Schale von einer halben Zitrone
1–2 Eidotter
Klar von 2 Eiern zum Bestreichen
80 g Marillenmarmelade, evtl. Maraschino
500 g Weintrauben
150 g Kristallzucker
¼ l Wasser
40 g Mandeln
evtl. 10 g Pistazien

Von Mehl, Butter, Staubzucker, den geschälten, geriebenen Mandeln, dem Zitronensaft, der abgeriebenen Zitronenschale und den Dottern wird auf einem Brett ein Mürbteig gemacht. Dann rollt man den Teig aus, belegt damit den Boden einer Tortenform und gibt dem Kuchen einen erhöhten Rand, indem man den zu einer Rolle geformten Teigrest an der Seitenwand der Form festdrückt. Der Kuchen wird mit Eiklar bestrichen und licht gebacken, worauf man ihn mit Ausnahme des Randes ganz dünn mit Marillenmarmelade bestreicht. Darauf legt man dicht nebeneinander Weintrauben, die man in kochendem Zucker eingelegt und nach mehrmaligem Aufwallen herausgeholt hat. Auf die Weintrauben streicht man sodann sehr dünn Marillenmarmelade (die man mit ein wenig Maraschino verrühren kann), bestreut die Mitte des Kuchens mit geschälten, gestiftelten Mandeln und stellt den Kuchen für einige Minuten wieder ins Rohr, bis die Mandeln gelb geworden sind. (Der Rand des Kuchens kann auch mit geschälten, gehackten Pistazien bestreut werden.)

Statt der Marillenmarmelade kann auch der bis zur Geleeprobe eingedickte, allenfalls mit etwas Maraschino verrührte Traubensaft (Zuckersaft) verwendet und der Kuchen mit einer Schneehaube überzogen werden. Den Schnee belegt man eventuell mit Trauben und stellt den Kuchen in das Rohr, bis der Schnee fest ist.
Für die Schneehaube den festen Schnee von 4 Eiklar mit 200 g Kristallzucker vermischen.
Statt Weintrauben kann man auch rohe Ribiseln, halbierte geschälte Pfirsiche, Marillen, Äpfel, Ringlotten, die vorher in gesponnenem Zucker weich gekocht wurden, zum Belegen verwenden.

Kirschkuchen (aus Mürbteig)

Mürbteig:
140 g Mehl, 90 g Butter
60 g Staubzucker
1 Eidotter
Butter und Mehl für die Tortenform
250 g getrocknete Linsen zum »Blindbacken« (s. Glossar)
250 g Kirschen
Fülle:
180 g Kristallzucker
4 Eidotter, Klar von 4 Eiern
100 g Biskuitbrösel (zerriebene Biskotten)
Staubzucker zum Bestreuen

Man bröselt die Butter mit dem Mehl ab, gibt dann den Staubzucker und den Dotter dazu und vermengt alles rasch zu einem Teig, den man ausrollt, in eine befettete und bemehlte Tortenform eindrückt und »blind« bäckt.
Auf den hell gebackenen Teig legt man dunkle Kirschen dicht nebeneinander und gibt folgende Masse darüber: Kristallzucker und Dotter werden sehr schaumig gerührt und mit dem Schnee der Eiklar und Biskuitbröseln vermengt.
Der Kuchen wird bei etwa 170 °C im vorgeheizten Rohr fertig gebacken und nach dem Auskühlen mit Staubzucker bestreut.
Tipp: Auf den Teig Alufolie oder Backtrennpapier legen und darauf erst die Linsen; dann kann man sie nach dem Backen leichter entfernen, weil sie sich nicht in den Teig »eingraben« können.

Mohnkuchen

Mürbteig:
210 g Mehl, 140 g Butter
70 g Staubzucker
1 Eidotter
Mohnfülle:
3 Eidotter
120 g Kristallzucker
30 g Zitronat, 20 g Rosinen
Zitronenschale
120 g Mohn
Klar von 3 Eiern
Staubzucker zum Bestreuen
Butter für die Form

Der Mürbteig aus Mehl, Butter, Staubzucker und Dotter wird in der Größe eines Tortenblechs ausgerollt und in der befetteten Tortenform nur ein wenig gebacken. Dann gibt man die Mohnfülle darauf und bäckt den Kuchen fertig.
Für die Mohnfülle werden die Dotter mit dem Kristallzucker schaumig gerührt und mit dem nudelig geschnittenen Zitronat, den Rosinen, fein geschnittenen Zitronenschalen, dem geriebenen Mohn und dem Schnee der Eiklar vermischt.
Nach dem Auskühlen mit Staubzucker bestreuen.

Nusskuchen

Mürbteig:
200 g Mehl
200 g Butter
30 g Staubzucker
3 El Sauerrahm
1 Eidotter
Nussfülle:
6 Eidotter
200 g Kristallzucker
1 El Rum
200 g Nusskerne
Schale von einer viertel Zitrone
Klar von 7 Eiern
1 Ei zum Bestreichen

Das Mehl wird mit der Butter und dem Staubzucker abgebröselt und mit dem Sauerrahm und dem Dotter zu einem Teig verknetet. Der Teig wird ausgerollt und in zwei gleich große, dem Boden eines mit einem Rand versehenen Backblechs oder einer Tortenform entsprechende Scheiben geschnitten. Die eine Scheibe wird auf das Blech gelegt und 1–2 cm hoch mit Nussfülle bedeckt, während man die zweite auf die Nussfülle legt. Der Kuchen wird mit verquirltem Ei bestrichen und 1 Stunde gebacken.
Für die Nussfülle werden die Dotter mit dem Kristallzucker und der fein gehackten Zitronenschale gut verrührt und mit Rum, dem Schnee der Eiklar und den geriebenen Nüssen vermischt.

Apfelkuchen

Zubereitung wie Nusskuchen.
Für die Fülle braucht man 500 g blättrig geschnittene Äpfel, 60 g Zucker, 20 g Rosinen und 20 g grob gehackte Walnüsse.

Topfenschnitten

Mürbteig:
210 g Mehl
140 g Butter
1 Ei
1 El Rum
1 El Sauerrahm
30 g Staubzucker
Fülle:
40 g Butter
1 Eidotter
40 g Staubzucker
Vanille
30 g Rosinen
Zitronenschale
200 g Topfen
Sauerrahm
Klar von 1 Ei
1 Ei zum Bestreichen
Staubzucker zum Bestreuen

Das Mehl wird mit der Butter abgebröselt und mit dem Ei, Rum, Rahm und dem Staubzucker zu einem Teig verknetet. Nach halbstündigem Rasten wird der Teig in zwei gleich große messerrückendicke Rechtecke ausgerollt. Eines davon wird auf einem unbestrichenen Blech hellbraun überbacken. Man bestreicht dieses Rechteck mit Topfenfülle, legt die zweite Teigplatte darauf, bestreicht sie mit Ei und bäckt den Kuchen bei stärkerer Hitze hellbraun. Ausgekühlt, wird er in Schnitten geteilt und angezuckert.
Für die Fülle rührt man den Dotter, den vanillierten Staubzucker, die Rosinen, die abgeriebene Zitronenschale, den passierten Topfen, etwas Rahm und den festen Schnee des Eiklars zu einem Butterabtrieb.

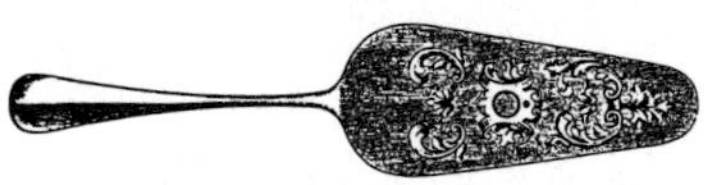

Traunkirchner Torte

Mürbteig:
280 g Mehl, 250 g Butter
70 g Staubzucker
Vanille
Creme I (Marmeladecreme):
70 g Staubzucker
Klar von 2 Eiern
70 g Marmelade
Creme II (Kaffeecreme):
200 g Staubzucker
$\frac{1}{16}$ l schwarzer Kaffee
Klar von 4 Eiern
Butter und Mehl für das Blech
$\frac{1}{8}$ l Schlagobers

Die schaumig gerührte Butter wird zunächst mit dem Staubzucker, dann mit dem Mehl verrührt. Aus diesem auf einem Nudelbrett auszuwalkenden Teig werden mit dem Tortenreifen vier kreisrunde Scheiben ausgestochen, die man auf befetteten und bemehlten Backblechen bei starker Hitze bäckt. Nach dem Erkalten werden zwei Blätter mit Creme I und zwei mit Creme II bestrichen und in der Weise übereinander gelegt, dass auf je ein Blatt mit Creme I ein solches mit Creme II folgt. Auf das oberste Blatt wird vor dem Servieren Schlagobers gestrichen.
Für Creme I wird das Eiklar zu steifem Schnee geschlagen, mit Zucker ausgeschlagen und mit der Marmelade verrührt.
Für Creme II werden der Staubzucker und der starke schwarze Kaffee dick eingekocht und mit dem steifen Schnee der Eiklar über Dampf so lange geschlagen, bis eine dicke Creme daraus geworden ist.

Spitzbuben

Mürbteig:
140 g Butter
210 g Mehl
70 g Staubzucker
Zitronenschale
1 Eidotter
Klar von 2 Eiern
Marmelade
Staubzucker zum Bestreuen

Die Butter wird mit dem Mehl abgebröselt und mit dem Staubzucker, der abgeriebenen Zitronenschale und dem Dotter zu einem Teig verknetet, den man 4 mm dick ausrollt und in Form von runden Scheiben, Sternen u. Ä. aussticht.
Bei der Hälfte der Scheiben wird in der Mitte ein Kreis (oder auch drei kleine) ausgestochen (Oberteile) und mit Eiklar bestrichen. Alle werden auf einem Blech gebacken. Die Unterteile werden mit Marmelade (vorzugsweise Ribiselmarmelade) bestrichen und die Oberteile darauf gesetzt. Mit Staubzucker bestreuen.

Wiener Tascherln

Mürbteig:
210 g Mehl
140 g Butter
70 g Staubzucker
Zitronenschale
1 hart gekochter Eidotter
1 roher Eidotter
100 g Ribiselmarmelade
Klar von 1 Ei zum Bestreichen

Das Mehl wird mit der Butter abgebröselt und mit dem Staubzucker, der fein gehackten Zitronenschale, dem hart gekochten, passierten und dem rohen Dotter zu einem Teig geknetet, den man 3 mm dick ausrollt und in Quadrate von 8 cm Seitenlänge radelt.
Jedes der Quadrate wird in der Mitte mit ein wenig Ribiselmarmelade belegt. Die Ecken der Quadrate werden über die Marmelade zusammengefasst und festgedrückt. Die Tascherln werden mit Eiklar bestrichen und im Rohr gebacken.

Mürbe Brezeln

Mürbteig:
210 g Mehl, 140 g Butter
70 g Staubzucker
1 Eidotter, 1 Ei
Klar von 1 Ei zum Bestreichen
Hagelzucker (siehe Glossar)

Die Butter wird mit dem Mehl und dem Staubzucker abgebröselt, mit dem Dotter und dem Ei rasch zu einem Teig verknetet. Aus diesem werden dünne Rollen gemacht, die man zu Brezeln formt, mit Eiklar bestreicht, mit Hagelzucker bestreut und bei stärkerer Hitze im Rohr lichtgelb bäckt.

Nuss-Stangerln

Mürbteig:
120 g Mehl, 100 g Butter
1–2 Eidotter
30 g Staubzucker
1 El Milch
Nussfülle:
200 g Nusskerne
100 g Kristallzucker
1/16 l Wasser
1 El Milch, 10 g Butter
Glasur:
Klar von 1–2 Eiern
200 g Staubzucker
Zitronensaft

Mehl, Butter, Dotter, Zucker und Milch werden auf einem Brett zu einem Teig verarbeitet. Dieser wird messerrückendick ausgerollt, zuerst mit der Nussfülle, dann mit der Eiweißglasur dünn bestrichen und mit einem in kaltes Wasser getauchten Messer in 1 ½ cm breite und 6 cm lange Streifen geschnitten. Diese werden auf einem Blech im Rohr gebacken, bis sie sich vom Blech lösen.
Für die Nussfülle werden die Nüsse gerieben und mit heißem, gesponnenem Zucker, Milch und Butter verrührt.
Für die Glasur wird das Eiklar mit dem gesiebten Staubzucker und etwas Zitronensaft so lange gerührt, bis ein eingetauchter Löffel dick überzogen wird.

Nuss- oder Haselnusskrapferln

Mürbteig:
140 g Mehl
140 g Butter
140 g Staubzucker
140 g Nusskerne
2 Eidotter
1 El Orangensaft
Klar von 1 Ei zum Bestreichen
80 g halbierte Nüsse
Marmelade

Das Mehl wird mit der Butter abgebröselt und mit dem Staubzucker, den geriebenen Nüssen, den Dottern und dem Orangensaft zu einem Teig verarbeitet, den man 3 mm dick ausrollt und mit einem runden Ausstecher von etwa 3 cm Durchmesser aussticht. Die Scheiben werden mit Eiklar bestrichen – die halbe Anzahl außerdem noch mit Nusskernen belegt – und gebacken.
Nach dem Erkalten werden jene Krapferln, die nicht mit Nüssen belegt wurden, mit Marmelade bestrichen und mit je einem mit einer Nuss verzierten Krapferl zusammengesetzt.

Nussschifferln

Mürbteig:
140 g Mehl, 140 g Butter
70 g Staubzucker
Schale von einer halben Zitrone, 70 g Mandeln
1 Eidotter
Nussfülle:
200 g Nüsse
100 g Kristallzucker, Zimt
2 Gewürznelken, ⅛ l Milch
Staubzucker zum Bestreuen
halbierte Nüsse zum Verzieren

Die Butter wird mit dem Mehl abgebröselt und mit dem Staubzucker, den geriebenen, ungeschälten Mandeln, der fein gehackten Zitronenschale und dem Dotter zu einem Teig verknetet, den man 3 mm dick ausrollt, in Schifferlformen aus Blech eindrückt und mit Nussfülle belegt. Über die Nussfülle wird ein flacher Teigdeckel gelegt.
Die Schifferln werden bei mäßiger Hitze im Rohr gebacken, dann aus der Form gestürzt, mit Staubzucker bestreut oder mit Schokoladeglasur überzogen und mit einer halben Nuss verziert.
Für die Nussfülle werden die geriebenen Nüsse mit dem Kristallzucker, dem Zimt und den gestoßenen Gewürznelken in die kochende Milch eingerührt und 3 Minuten verkocht.

Erdbeerschifferln

Mürbteig:
150 g Mehl
140 g Butter
50 g Staubzucker
1 Eidotter
Zitronenschale
250 g getrocknete Linsen zum »Blindbacken« (siehe Glossar)
50 g Staubzucker
¼ l Schlagobers
Walderdbeeren

Das Mehl wird mit der Butter abgebröselt und mit dem gesiebten Staubzucker, dem Dotter und etwas fein gehackter Zitronenschale rasch zu einem Teig verarbeitet, den man eine halbe Stunde rasten lässt. Dann wird der Teig auf einem bemehlten Brett messerrückendick ausgerollt, in der Größe der Schifferlformen ausgestochen, in diese eingedrückt und blind gebacken.
Die Schifferln werden dann vorsichtig gestürzt, vor dem Anrichten mittels großer Sterntülle mit gezuckertem Schlagobers gefüllt und mit den frischen Walderdbeeren bestreut. Man kann in das Schlagobers auch 2–3 Löffel Erdbeermark (oder roh passierte Erdbeeren) einmengen.
Tipp: Besonders gut sind kleine Mürbteigschiffchen und -törtchen, wenn diese vor dem Füllen mit zerlassener Schokolade ausgepinselt werden. Wenn Kochschokolade verwendet wird, muss sie mit zerlassener Butter verdünnt werden.

Obstschüsserln

Mürbteig:
200 g Mehl, 180 g Butter
40 g Mandeln
80 g Staubzucker, 2 Eidotter
150 g getrocknete Erbsen (oder Bohnen) zum »Blindbacken« (siehe Glossar)
Fülle:
500 g Kirschen, 225 g Ribiseln
500 g Pfirsiche (oder Marillen)
225 g Weintrauben
50 g Himbeeren (oder Erdbeeren)
250 g Kristallzucker
⅛ l Wasser

Mehl, Butter, die ungeschälten, geriebenen Mandeln, Staubzucker und Dotter werden auf einem Brett zu einem Teig verarbeitet, den man eine halbe Stunde kalt rasten lässt. Dann rollt man ihn messerrückendick aus, drückt ihn in Schifferlformen, legt eine Papierhülse ein und füllt diese mit getrockneten Hülsenfrüchten aus, damit die Schüsserln ihre Form behalten. Die Schüsserln werden im Rohr gebacken und nach Erkalten gefüllt.
Für die Fülle werden die Kirschen und Pfirsiche (oder Marillen) würfelig geschnitten, dann gleichzeitig mit den Weintrauben, Himbeeren

(oder Erdbeeren) und Ribiseln in gesponnenem Zucker gedünstet, herausgenommen und kalt gestellt. Der Saft wird bis zur Geleeprobe eingekocht und über die eingefüllten Früchte gegossen; kalt stellen.

Apfelschnitten mit Mandeln

Mürbteig:
140 g Butter, 140 g Mehl
70 g Staubzucker
70 g Mandeln, 1 Eidotter
Zitronenschalen
Eiklar zum Bestreichen
1 kg Äpfel
100 g Kristallzucker
$\frac{1}{10}$ l Wasser
80 g Mandeln

Butter, Mehl, Staubzucker, die geriebenen, braunen Mandeln, der Dotter und die abgeriebenen Zitronenschalen werden auf einem Brett zu einem Teig verarbeitet, den man eine halbe Stunde im Kühlschrank rasten lässt. Dann rollt man ihn messerrückendick aus, schneidet 2 gleich lange, 10 cm breite Streifen aus, gibt sie auf ein Blech, bestreicht sie mit Eiklar, verziert sie mit einem Rand von der übrig gebliebenen Teigmasse und bäckt sie im Rohr. Man füllt die Vertiefung mit geschälten, blättrig geschnittenen, in gesponnenem Zucker gedünsteten Äpfeln und bestreut sie mit geschälten, grob gehackten Mandeln. (Statt Schnitten kann man auch einen Kuchen backen.)

Braune Apfelschnitten

Mürbteig:
180 g Butter
240 g Mehl
60 g Schokolade
60 g Staubzucker
30 g Mandeln
2 Eidotter
Fülle:
750 g Äpfel
100 g Kristallzucker
$\frac{1}{16}$ l Wasser
Zitronensaft
Klar von 1 Ei zum Bestreichen
Staubzucker und Zimt zum Bestreuen

Die Butter wird mit dem Mehl abgebröselt und mit der geriebenen Schokolade, dem Staubzucker, den geriebenen, ungeschälten Mandeln und den Dottern auf einem Brett zu einem Teig verarbeitet, den man einen halben Zentimeter dick ausrollt. Hierauf schneidet man daraus 2 gleich große Rechtecke und überbäckt das eine auf einem unbestrichenen, unbestaubten Blech. Wenn der Teig leicht gebacken ist, gibt man darauf die Fülle, setzt das zweite, rohe Rechteck darauf, bestreicht das Ganze mit dem Eiklar und bäckt es fertig. Ausgekühlt, werden daraus beliebige Schnitten geschnitten, die mit Zucker und Zimt bestreut werden.
Für die Fülle werden Kristallzucker, Wasser und Zitronensaft aufgekocht und die dünnblättrig geschnittenen Äpfel darin etwas überdünstet.

Ischler Törtchen

Mürbteig:
280 g Mehl
240 g Butter
140 g Staubzucker
150 g Mandeln
1 Messerspitze Zimt
Haselnussbuttercreme:
50 g Haselnüsse
250 g Butter
50 g Staubzucker
Klar von 2 Eiern
100 g Kristallzucker
100 g Marillenmarmelade
Schokoladeglasur (Tunkmasse oder Glasurmasse)
Haselnüsse

Das Mehl wird mit der Butter abgebröselt und mit dem Staubzucker, den geschälten, geriebenen Mandeln und dem Zimt zu einem Teig geknetet, den man nach dem Rasten 2–3 mm dick ausrollt und in Form kreisrunder, ca. 8 cm großer Scheiben aussticht.
Nachdem die Scheiben gebacken wurden und ausgekühlt sind, setzt man je 2 Scheiben mit Haselnussbuttercreme zusammen, bestreicht sie mit glatt gerührter Marillenmarmelade, überzieht sie dünn mit Schokoladeglasur (Tunkmasse oder Glasurmasse) und belegt sie mit einer gebrannten Haselnuss.
Für die Haselnussbuttercreme wird zuerst die küchenwarme Butter glatt und dann mit gesiebtem Staubzucker gut schaumig gerührt. Die Eiklar werden mit der Hälfte des Kristallzuckers zu einem festen Schnee geschlagen und mit den gebrannten, geriebenen Haselnüssen unter die Buttermasse gerührt.
Achtung, Salmonellengefahr! Nur pasteurisierte Eiklar verwenden.
Tipp: Anstelle des Eischnees kann auch Vanillepudding von einem Viertelliter Milch unter die Butter gerührt werden.

Spitzbuben (aus Linzer Teig)

Mürbteig:
280 g Mehl
240 g Butter
140 g Staubzucker
150 g Mandeln
1 Messerspitze Zimt
100 g Marmelade
Staubzucker zum Bestreuen

Das Mehl wird mit der Butter abgebröselt und mit dem Staubzucker, den geschälten, geriebenen Mandeln und dem Zimt zu einem Teig verknetet, den man 2 mm dick ausrollt und in Form kreisrunder Scheiben aussticht. Aus einer Hälfte dieser Scheiben sticht man mit einem runden Ausstecher von 1 cm Durchmesser drei kleine Löcher aus. Das Ausgestochene wird mit den Teigresten verarbeitet und wieder ausgerollt.
Nachdem die Scheiben gebacken wurden und ausgekühlt sind, bestreicht man je eine ganze Scheibe mit Marmelade und setzt sie mit einer durchlöcherten, mit Zucker bestreuten Scheibe zusammen.

Linzer Augen

Werden wie Spitzbuben zubereitet, jedoch nur ein Loch ausstechen.

Gespritzte Linzer Bäckerei

160 g Butter
160 g Staubzucker
2 Eier
330 g Mehl
Zitronenschalen
Zimt

Die Butter mit dem Zucker sehr schaumig rühren; dann die abgeriebenen Zitronenschalen, Zimt und die Eier dazugeben; nochmals schaumig rühren und dann erst das gesiebte Mehl einmengen. Sollte die Masse zu fest sein, etwas Milch oder Wasser hinzufügen. Daraus mit einem Dressiersack auf ein befettetes Backblech Formen spritzen und hell backen; eventuell mit Zitronenglasur bestreichen oder in Schokolade tunken.

Linzer Torte

Mürbteig:
100 g Mehl
210 g Butter
210 g Mandeln
100 g Staubzucker
2 Gewürznelken
Zimt
Zitronenschalen
2 Eidotter
100 g unpassierte Ribiselmarmelade (oder Kirschenkonfitüre)
Staubzucker zum Bestreuen
Klar von 1 Ei zum Bestreichen

Das Mehl wird mit der Butter abgebröselt, mit den ungeschälten, geriebenen Mandeln, dem Zucker, den fein gestoßenen Gewürznelken, dem Zimt, den abgeriebenen Zitronenschalen und dem Dotter auf einem Brett zu einem Teig verarbeitet und einige Zeit rasten gelassen.
Der Teig wird auf einer bemehlten Tortenform einen halben Zentimeter dick ausgerollt und mit Ribiselmarmelade oder Kirschenkonfitüre bestrichen. Aus dem restlichen Teig macht man ein Gitter, das man über die Torte legt, und eine Rolle, die man entlang des inneren Randes an den Tortenreifen leicht andrückt. Man bestreicht die Torte mit Eiklar und bäckt sie 1 Stunde bei mäßiger Hitze im Rohr.
Anmerkung: Um ein Speckigwerden der Torte zu verhindern, belegt man sie vor dem Anstreichen mit Marmelade mit einer Backoblate.

Weiße Linzer Torte

Mürbteig:
180 g Mehl
150 g Butter
150 g Staubzucker
4 Eidotter
Zitronenschale
210 g Mandeln
Zimt
Vanille
Ribiselmarmelade
Butter und Mehl für die Form
Staubzucker zum Bestreuen

Die Butter wird schaumig gerührt und mit dem Staubzucker, den Dottern, der abgeriebenen Zitronenschale, den geschälten, geriebenen Mandeln, Zimt, Vanille und Mehl vermengt.
Die Masse wird in eine befettete und bemehlte Tortenform gefüllt und im Rohr gebacken. Die erkaltete Torte wird waagrecht durchgeschnitten und an den Schnittflächen mit Ribiselmarmelade bestrichen, worauf man beide Hälften wieder zusammensetzt. Die Torte wird mit Staubzucker bestreut.

Linzer Torte (mit Schokolade)

Mürbteig:
180 g Mehl
210 g Butter
180 g Staubzucker
180 g Mandeln
3 Eidotter
1 Ei
80 g Schokolade
Backoblate
Ribiselmarmelade
1 Ei zum Bestreichen

Das Mehl wird mit der Butter und dem Staubzucker abgebröselt und mit den ungeschälten, geriebenen Mandeln, den passierten hart gekochten Dottern, einem ganzen rohen Ei und geriebener Schokolade auf einem Brett zu einem Teig verknetet. Zwei Drittel des Teigs werden in eine Tortenform eingedrückt, mit einer Backoblate belegt und dann mit Ribiselmarmelade gefüllt. Aus dem Rest des Teigs formt man mehrere dünne Röllchen, die man gitterförmig über die Torte legt, und eine dickere Rolle, die man entlang des inneren Rands an die Tortenform andrückt. Hierauf wird die Torte mit verquirltem Ei bestrichen und 1 Stunde bei 170 °C gebacken.

Linzer Törtchen

Mürbteig:
140 g Butter, 70 g Mehl
70 g Staubzucker
70 g Haselnüsse
70 g Brösel
30 g Schokolade
Fülle:
150 g Marmelade
Glasur:
160 g Schokolade
240 g Kristallzucker
¼ l Wasser, 30 g Butter
5 g Pistazien zum Bestreuen

Aus Butter, Mehl, Zucker, den geriebenen Haselnüssen, den gesiebten Bröseln und der geriebenen Schokolade wird auf einem Brett rasch ein Teig gemacht, den man im Kühlschrank eine halbe Stunde rasten lässt. Man rollt ihn dann messerrückendick aus, sticht mit einem runden Ausstecher Scheibchen aus, bäckt sie auf einem ungebutterten Blech bei mittlerer Hitze und setzt nach dem vollständigen Erkalten je zwei Scheibchen an den Grundflächen mit Marmelade zusammen. Die Törtchen werden mit Schokoladeglasur (Zubereitung siehe Seite 546) überzogen und mit geschälten, fein gehackten Pistazien bestreut.

Karlsbader Ringerln

Mürbteig:
200 g Butter
60 g Staubzucker
Zitronenschalen
1 roher Eidotter
2 hart gekochte Eidotter
250 g Mehl
30 g Mandeln
20 g Kandiszucker
1 Ei zum Bestreichen

Die schaumig gerührte Butter wird mit dem Staubzucker, den fein gehackten Zitronenschalen, den rohen und hart gekochten Dottern und dem Mehl zu einem Teig vermengt, den man nach halbstündigem Rasten im Kühlschrank messerrückendick ausrollt und in Form von Ringen aussticht.
Diese werden mit verquirltem Ei bestrichen, mit den geschälten, grob gehackten Mandeln und dem grob gestoßenen Kandiszucker bestreut und in mäßig heißem Rohr hell gebacken.

Zimtkarten

Mürbteig:
250 g Mehl, 150 g Butter
100 g Staubzucker
2 Eidotter
2 Gewürznelken
Zitronenschalen
Zimt
Klar von 1 Ei zum Bestreichen
40 g Mandeln

Die Butter wird mit dem Mehl, dem Staubzucker, den Dottern, den gestoßenen Gewürznelken, den abgeriebenen Zitronenschalen und Zimt auf einem Brett zu einem Teig verarbeitet, den man 2 mm dick ausrollt. Daraus werden Rechtecke von 8 cm Länge und 5 cm Breite geschnitten. Diese Karten werden mit Eiklar bestrichen, an den vier Ecken und in der Mitte mit je einer geschälten, halbierten Mandel belegt und auf einem unbefetteten Blech gebacken.

Husarenkrapferln

Mürbteig:
210 g Mehl
140 g Butter
70 g Staubzucker
2 Eidotter
Klar von 1 Ei zum Bestreichen
30 g Mandeln
30 g Hagelzucker
100 g Marillenmarmelade

Die Butter wird mit dem Staubzucker, dem Mehl und den Dottern auf einem Brett zu einem Teig verarbeitet.
Daraus werden kleine Kugeln geformt, die man auf ein unbefettetes Blech legt und in der Mitte mit einem Kochlöffelstiel eindrückt. Die Krapferln werden mit Eiklar bestrichen, mit den geschälten, grob gehackten Mandeln und dem groben Zucker (Hagelzucker) bestreut und bei mäßiger Hitze im Rohr lichtgelb gebacken. Die Vertiefungen der erkalteten Krapferln werden mit Marillenmarmelade gefüllt.

Haselnuss-Scheiben

Mürbteig:
100 g Butter
150 g Mehl
50 g Staubzucker
Ingwer
Klar von 1 Ei
50 g Haselnüsse

Die Butter wird mit dem Mehl abgebröselt und mit dem Staubzucker, dem Ingwer und dem Eiklar auf einem Brett zu einem Teig verarbeitet, in den man geschälte ganze Haselnüsse einknetet. Hiervon wird eine Rolle geformt, in Papier gehüllt, 1½ Stunden in den Kühlschrank gelegt, dann in dünne Scheiben geschnitten und auf einem unbestrichenen Blech im Rohr gebacken.

Haselnusswürfel

Mürbteig:
70 g Butter, 70 g Mehl
70 g Mandeln
70 g Staubzucker
1 Eidotter
Zitronenschalen
Prise Zimt, 2 Nelken
Creme:
70 g Butter, 60 g Schokolade
40 g Staubzucker, 1 Eidotter
120 g Tunkmasse
30 g Haselnüsse (oder andere Nüsse) zum Garnieren
Angelika (oder Kirschen) zum Garnieren

Die Butter wird mit dem Mehl abgebröselt und mit den geriebenen Mandeln, dem Zucker, dem Dotter, den fein gehackten Zitronenschalen, dem Zimt und den gestoßenen Nelken auf einem Brett rasch zu einem Teig verarbeitet, den man messerrückendick ausrollt, in zwei Finger breite Streifen schneidet und bäckt.
Der eine Streifen wird mit Tunkmasse überzogen und nach dem Erkalten in Quadrate geschnitten, der andere fingerhoch mit Creme bestrichen. Die glasierten Quadrate werden darauf gelegt und danach in Würfel geschnitten, die entweder mit Haselnüssen, mit Angelika oder mit Kirschen verziert werden.

Für die Creme gibt man zur schaumig gerührten Butter überkühlte, erweichte Schokolade, einen Dotter und Zucker.

Haselnusstörtchen

Mürbteig:
100 g Butter, 140 g Mehl
70 g Staubzucker
70 g Haselnüsse
Mehl für das Blech
Fülle:
200 g Nusskerne
120 g Kristallzucker
$\frac{1}{10}$ l Wasser, 30 g Butter
Schokoladeglasur
5 g Pistazien

Butter, Mehl, Staubzucker und die geriebenen Haselnüsse (evtl. etwas Milch) werden auf einem Brett zu einem Teig verarbeitet. Man rollt diesen stark messerrückendick aus, sticht mit einem kleinen Ausstecher runde Scheiben aus, bäckt sie bei mäßiger Hitze auf einem bemehlten Blech, füllt sie mit der folgenden Fülle, setzt zwei und zwei zusammen, überzieht sie mit Schokoladeglasur und bestreut sie mit geschälten, fein gehackten Pistazien.
Für die Nussfülle wird der Kristallzucker mit Wasser bis zum Spinnen gekocht und mit den geriebenen Nüssen und der Butter gut verrührt.

Nussbäckerei

Mürbteig:
250 g Mehl
200 g Butter
100 g Staubzucker
100 g Nüsse
Staubzucker zum Bestreuen

Das Mehl wird mit der Butter abgebröselt und mit dem Staubzucker und den geriebenen Nüssen rasch zu einem Teig verarbeitet, den man im Kühlschrank eine halbe Stunde rasten lässt. Diesen rollt man dann messerrückendick aus und sticht beliebige Formen aus, die im mittelheißen Rohr hellgelb gebacken und dann angezuckert werden.
Nussbäckerei wird als nicht sehr süße Tee- und Weinbäckerei verwendet.

Korsikaner

Mürbteig:
70 g Butter
240 g Mehl
140 g Staubzucker
Zimt
2 Gewürznelken
Schale von einer halben Zitrone
70 g Mandeln
2 Eier
Klar von 1 Ei zum Bestreichen
Butter und Mehl für das Blech

Die Butter wird mit dem Mehl, dem Staubzucker, Zimt, den gestoßenen Gewürznelken, der abgeriebenen Zitronenschale, den ungeschälten, geriebenen Mandeln und den Eiern zu einem Teig verarbeitet, den man auf einem mit Mehl bestreuten Brett 3 mm dick ausrollt. Davon werden Streifen von ungefähr 2 cm Breite und 7 cm Länge geradelt, die man mit Eiklar bestreicht und auf einem befetteten und bemehlten Blech bäckt.

Vanillekipferln

Mürbteig:
180 g Mehl, 100 g Butter
50 g Staubzucker
50 g Mandeln
1 Eidotter
60 g Staubzucker
1 Päckchen Vanille

Mürbteig:
250 g Mehl, 150 g Butter
100 g Mandeln
70 g Staubzucker
½ Päckchen Backpulver
1 Ei, 100 g Staubzucker
1 Päckchen Vanille

I. Art: Mehl, Butter, Zucker, die geschälten, geriebenen Mandeln und der Dotter werden auf einem Brett zu einem Teig verarbeitet. Daraus formt man kleine Kipferln, die auf einem Blech hell gebacken und noch heiß in einem Vanille-Staubzucker-gemisch gedreht werden.
Anmerkung: Man sollte den Teig vor der Ausarbeitung mindestens 1 Stunde kühl rasten lassen.
II. Art: Mehl wird auf ein Brett geleert. Mit den übrigen Zutaten zügig zu einem Teig verkneten; jedoch nicht zu stark kneten, da der Teig sonst bröselig wird und sich nicht ausrollen lässt. Die weitere Zubereitungsweise siehe oben.

Teeschnitten

Mürbteig:
140 g Mehl
140 g Butter
70 g Staubzucker
140 g Mandeln
1 Messerspitze Zimt
1 Eidotter
150 g Ribiselmarmelade
Creme:
Klar von 6 Eiern
210 g Staubzucker
140 g Mandeln

Das Mehl wird mit der Butter abgebröselt und mit dem Staubzucker, den ungeschälten, geriebenen Mandeln, Zimt und einem Dotter rasch zu einem Teig verarbeitet, den man auf einem mit Mehl bestreuten Brett messerrückendick ausrollt. Hierauf wird der Teig in 10 cm breite Streifen geschnitten, auf beiden Seiten mit einem Rand versehen, auf ein Backblech gelegt und bei starker Hitze nur halb gebacken.
Auf den Teig wird Ribiselmarmelade und darüber die wie folgt beschriebene Creme gestrichen.
Für die Creme rührt man das Eiklar mit gesiebtem Staubzucker und geriebenen, ungeschälten Mandeln über Dunst so lange, bis die Masse ziemlich dick ist. Die Schnitten werden dann noch so lange im Rohr gebacken, bis sie oben eine Kruste haben. Ausgekühlt, schneidet man sie in fingerbreite Schnitten.

Elisabethschnitten

Mürbteig:
100 g Butter, 150 g Mehl
50 g Staubzucker
50 g Mandeln, 1 Ei
Schaummasse:
210 g Kristallzucker
$\frac{1}{10}$ l Wasser
Klar von 6 Eiern
100 g Erdbeermark
Schokoladeglasur

Die Butter wird mit dem Mehl abgebröselt und mit dem Zucker, den ungeschälten, geriebenen Mandeln und dem Ei rasch auf einem Brett zu einem Teig verarbeitet. Hierauf wird der Teig messerrückendick ausgerollt, in zwei beliebig lange und ungefähr 8 cm breite Streifen geschnitten, auf ein unbestrichenes Blech gegeben und im Rohr gebacken.
Nach dem Erkalten streicht man die Schaummasse 5 cm hoch auf, stellt die Streifen für wenige Sekunden in ein warmes Rohr, bis die Schaummasse ein leichtes Häutchen bekommt, und überzieht sie dann mit Schokoladeglasur. Hierauf wird der Streifen parallel zur schmalen Kante in etwa 5 cm breite Stücke geteilt.

Für die Schaummasse wird der Kristallzucker mit Wasser bis zum großen Flug gekocht, dann noch heiß in den sehr festen Schnee der Eiklar eingeschlagen, kalt geschlagen und mit Erdbeermark vermischt (großer Flug, siehe Seite 558).
Anmerkung: In die Schaummasse kann man auch frische Walderdbeeren mischen.

Ableitungen vom Mürbteig

Schneeballen

Mürbteig:
90 g Mehl
3 Eidotter
30 g Butter
1 El Sauerrahm
1 Kl Rum
Salz
200 g Fett
Staubzucker zum Bestreuen
Fruchtsirup oder Hexenschaum

Mehl, Dotter, Butter, Rahm, Rum und Salz werden auf einem Brett zu einem Teig verarbeitet, den man so lange knetet, bis er Blasen bekommt, worauf man ihn eine halbe Stunde im Kühlschrank rasten lässt. Dann walkt man den Teig dünn aus, radelt viereckige Flecke (von 6 cm Kantenlänge), in die man wiederum fingerbreite Streifen einradelt, jedoch so, dass der Rand rundherum ganz bleibt. Man schiebt einen Kochlöffelstiel zwischen die Teigstreifen, um ihnen die charakteristische Form zu geben, legt so die Flecken in heißes Fett (180 °C) ein, zieht dann den Kochlöffel heraus, schüttelt die Pfanne (Kasserolle) ein wenig und bäckt die Schneeballen goldgelb. Man nimmt sie aus dem Fett, lässt sie auf Küchenkrepp abtropfen, bestreut sie mit Zucker und serviert sie warm mit Fruchtsirup oder Hexenschaum.

Gebackene Rosen

Schneeballenteig
Klar von 1 Ei
40 g Marillenmarmelade
200 g Fett

Der bei den Schneeballen (siehe vorheriges Rezept) beschriebene Teig wird ausgewalkt und mit runden oder fünfblättrigen Ausstechern oder mit Gläsern in drei verschiedenen Größen ausgestochen. Die größten Scheiben sollten einen Durchmesser von ungefähr 7 cm, die kleinsten einen von 3 cm haben.
In diese Scheiben werden vom Rand gegen die Mitte zu fünf kurze Einschnitte gesetzt. Je drei Fleckchen von verschiedener Größe werden in Form einer Rose mit Eiklar in der Mitte aufeinander geklebt, sodass das größte unten und das kleinste oben ist. Dann in Fett bei 180 °C backen und auf Küchenkrepp abtropfen lassen. In die Mitte der Rosen, die warm serviert werden, gibt man etwas Marillenmarmelade.

Polsterzipfe

Mürbteig:
250 g Mehl, 30 g Butter
$\frac{1}{16}$ l Sauerrahm
2–3 Eidotter
10 g Staubzucker
Salz, 1 El Rum
Marmelade (Marillen-, Ribisel-, Kirschenmarmelade oder Powidl)
Klar von 2–3 Eiern
Mehl für das Brett
Staubzucker zum Bestreuen

Das Mehl wird mit der Butter abgebröselt und mit den anderen Zutaten auf einem bemehlten Brett zu einem Teig verarbeitet, den man dünn ausrollt. Dann werden mit dem Mehlspeisrädchen Quadrate ausgeradelt, mit Marmelade gefüllt und zu Dreiecken zusammengeschlagen. Die mit Eiklar bestrichenen Ränder werden niedergedrückt und in heißem Fett gebacken.
Anrichten und mit Zucker bestreuen.

Salzgebäck aus Mürbteig

Mürbteig-Salzstangerln

Salzmürbteig:
200 g Mehl
140 g Butter
3 El Sauerrahm
Salz
1 Eidotter zum Bestreichen
grobes Salz

Das Mehl wird mit der Butter abgebröselt und mit dem Rahm und Salz zu einem Teig verknetet, aus dem man dünne Rollen von 10 cm Länge formt. Diese werden mit Dotter bestrichen, mit grobem Salz bestreut und auf dem Blech bei stärkerer Hitze gebacken.

Kümmel- bzw. Parmesanstangerln

Werden wie Salzstangerln zubereitet, nur statt mit Salz mit gehacktem Kümmel oder mit geriebenem Parmesan bestreut.

Salzbäckerei

Salzmürbteig:
200 g Butter
280 g Mehl
1 Ei
1 Eidotter zum Bestreichen
Salz
Kümmel

Die Butter wird mit dem Mehl abgebröselt und mit Salz und dem Ei zu einem Teig verknetet, den man nach halbstündigem Rasten im Kühlschrank einen halben Zentimeter dick auswalkt.
Aus dem Teig werden kreisrunde und viereckige Scheiben oder beliebige andere Formen ausgestochen, die man mit Dotter bestreicht, mit Salz und Kümmel bestreut und auf einem unbestrichenen Blech bäckt.

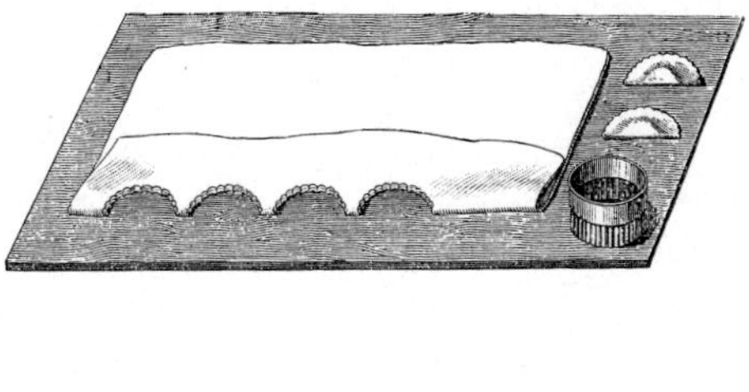

Aus Nudelteig

(Zubereitung von Nudelteig siehe Seite 204)

Topfennudelauflauf

Nudelteig:
260 g Mehl
2 Eier, 3 Eidotter
100 g Butter
100 g Staubzucker
2 Eidotter, 140 g Topfen
1/16 l Sauerrahm
100 g Rosinen
Saft und Schale von einer viertel Zitrone
Klar von 2 Eiern
Butter und Brösel für die Schüssel
Staubzucker zum Bestreuen

Ein dünn ausgerollter Nudelteig wird zu Nudeln geschnitten, die in Salzwasser gekocht und mit kaltem Wasser abgeschreckt werden.
Dann bereitet man einen Abtrieb aus Butter, Staubzucker, den Dottern, dem passierten Topfen, Rahm, Zitronensaft und fein gehackter Zitronenschale und mengt die Rosinen und die abgeseihten, abgeschreckten und vollkommen ausgekühlten Nudeln und zuletzt den Schnee der Eiklar darunter. Diese Masse füllt man in eine gut mit Butter und Bröseln ausgestreute Auflaufschüssel und bäckt sie im Rohr.

Nudelauflauf mit Mohn und Nüssen

Nudelteig von 1 Ei
Mehl zum Bemehlen des Bretts
50 g gemahlener Mohn
50 g Staubzucker
50 g gemahlene Walnüsse
Überguss:
100 g Topfen (20 Prozent)
1/8 l Sauerrahm
2 Eier
10 g Vanillezucker
40 g Staubzucker

Den Nudelteig auf einem bemehlten Brett dünn ausrollen, antrocknen lassen und dann zu Bandnudeln schneiden.
Die Nudeln in kochendem Salzwasser 1 Minute kochen und mit kaltem Wasser abfrischen.
Die Hälfte der Nudeln mit Mohn und Staubzucker vermischen und in eine ausgebutterte Auflaufform verteilen.
Topfen mit dem Sauerrahm, den Eiern und dem Vanillinzucker verrühren (Überguss) und die Hälfte davon über die Mohnnudeln leeren.
Die restlichen Nudeln mit den Nüssen und dem Staubzucker vermischen und auf die Mohnnudeln verteilen.
Den restlichen Überguss darüber leeren und im Rohr bei 180 °C backen.

Nuss- und Mohnnudeln

Nudelteig von 1 Ei
Mehl zum Ausarbeiten
60 g Butter
80 g gemahlener Mohn
oder 100 g geriebene Nüsse (Wal- oder Haselnüsse)
50 g Staubzucker zum Bestreuen

Ausgerollter, getrockneter Nudelteig wird in ein Viertelzentimeter breite Nudeln geschnitten, die man in Salzwasser kocht, abseiht und mit kaltem Wasser übergießt. Nach dem vollständigen Abtropfen gibt man die Nudeln in heiße Butter, vermengt sie mit geriebenem Mohn oder geriebenen Nüssen und bestreut sie vor dem Servieren mit Staubzucker.

Topfentascherln

Nudelteig von 1 Ei
Fülle:
150 g Butter
80 g Staubzucker
1 Eidotter, 1 Ei
400 g Topfen
50 g Rosinen
1 El Sauerrahm
Klar von 1 Ei zum Bestreichen
100 g Butter
80 g Semmelbrösel

Der Nudelteig wird dünn ausgerollt. Ungefähr 5 cm vom Rand wird der Teig in ebensolchen Abständen mit Topfenfülle belegt und diese ringsum mit Eiklar bestrichen. Der Rand des Teigs wird nun über die Fülle geschlagen und rundherum niedergedrückt. Viereckige oder runde Tascherln ausradeln.
Die Tascherln werden 10 Minuten in Salzwasser gekocht, abgeseiht und mit in heißer Butter gerösteten Bröseln dicht bestreut.
Für die Topfenfülle wird die schaumig gerührte Butter mit dem Staubzucker, dem Dotter, dem Ei, dem passierten Topfen, den Rosinen und dem Sauerrahm verrührt.

Powidltascherln

Nudelteig von 1 Ei
100 g Butter
100 g Brösel
Powidlfülle:
250 g Powidl
100 g Staubzucker
Rum
etwas Zimt

Der Nudelteig wird dünn ausgerollt. Es werden Kreise mit einem Durchmesser von ungefähr 7 cm ausgestochen. In die Mitte der ausgestochenen Teigscheiben wird die Powidlfülle – ein Gemisch aus den nebenstehend angeführten Zutaten – dressiert und ringsum mit Eiklar bestrichen. Die Teigkreise werden nun über die Fülle geschlagen und mit den Zinken einer Fleischgabel an den Rändern zusammengedrückt.
Die Tascherln werden 10 Minuten in Salzwasser gekocht, abgeseiht und in mit heißer Butter gerösteten Bröseln gewälzt.

Aus Strudelteig

Strudelteig

Mengenverhältnis für gebackene Strudel:
250 g glattes Mehl
⅛ l Wasser, 25 g Öl
Salz, einige Tropfen Essig
glattes Mehl zum Ausziehen des Teigs
Butter zum Bestreichen des ausgezogenen Strudelteigs
Mengenverhältnis für gekochte Strudel:
250 g glattes Mehl
1/16 l Wasser, 1 Ei
Salz, einige Tropfen Essig
glattes Mehl zum Ausziehen des Teigs

Das Mehl auf ein Brett sieben, in die Mitte des Mehls eine Mulde drücken. Öl, Essig, eine Prise Salz und ca. Dreiviertel vom Wasser (lauwarm) in die Mulde geben und zu einem glatten Teig verkneten. Die Konsistenz mit lauwarmem Wasser korrigieren. Den Teig zu einer Kugel formen, die Oberfläche mit Öl bestreichen. Auf einen mit Öl ausgestrichenen Teller setzen und 20 Minuten rasten lassen. Den Tisch mit einem Tuch abdecken, sodass die Ränder über den Tisch hängen. Das Tuch mit Mehl bestauben. Den Teig auf den Tisch legen, mit Mehl stauben und dünn ausrollen. Handrücken bemehlen, unter die Teigränder greifen und den Teig zur Tischkante hin hauchdünn ausziehen. Dann streicht man die Fülle auf ein Drittel des Teigs und betropft das freie Drittel mit zerlassener Butter. Den dick bleibenden Rand des ausgezogenen Teigs schneidet man weg und rollt den Strudel, von der mit der Fülle bestrichenen Seite beginnend, ein.

Anmerkung: Bei gebackenen Strudeln ist es nicht nötig, zum Teig ein Ei zu geben; allenfalls kann Eiklar verwendet werden. Eier machen den Teig spröde.

Ausgezogener Apfelstrudel

Strudelteig (siehe voriges Rezept)
Fülle:
100 g Butter
100 g Brösel
1 ½ kg Äpfel
evtl. Mandeln oder Walnüsse
100 g Kristallzucker
1 Kl Zimt
50 g Rosinen
Butter (oder Fett) zum Bestreichen
Butter für das Blech
Staubzucker zum Bestreuen

Ein Strudelteig wird auf einem bemehlten Tuch, womöglich in rechteckiger Form, dünn ausgezogen. Ein Drittel des Teigs wird mit in Butter gerösteten Bröseln, dann mit geschälten, blättrig geschnittenen Äpfeln, der Zimt-Kristallzucker-Mischung und Rosinen bestreut. Das freie Drittel wird mit zerlassener Butter betropft. Der Strudel wird, von der mit der Fülle bestrichenen Seite beginnend, eingerollt, auf ein befettetes Blech gelegt, mit zerlassener Butter bestrichen, eine Dreiviertelstunde im Rohr bei ca. 180 °C gebacken und warm mit Staubzucker bestreut serviert.
Man kann allenfalls noch 50 g gestiftelte Mandeln oder grob gehackte Walnüsse unter die Äpfel mischen.
Anmerkung: Entscheidend für das geschmackliche Ergebnis ist die Verwendung von säuerlichen Äpfeln; wenn die Äpfel süß sind, sollten sie mit Zitronensaft beträufelt werden.

Kirschenstrudel

Strudelteig
Fülle:
100 g Butter
100 g Brösel
1 kg Kirschen
120 g Kristallzucker
Butter oder Fett zum Bestreichen
Butter für das Blech
Staubzucker zum Bestreuen

Ein dünn ausgezogener Strudelteig wird mit Butter betropft, mit in Butter gerösteten Bröseln, entkernten Kirschen und Zucker bestreut und weiter wie ein Apfelstrudel behandelt.

Zwetschkenstrudel

Wird in gleicher Weise mit halbierten, entkernten Zwetschken zubereitet.

Rhabarberstrudel

Strudelteig
Fülle:
100 g Butter, 100 g Brösel
1 kg Rhabarber
200 g Kristallzucker
50 g Rosinen
Butter zum Bestreichen
Butter für das Blech
Staubzucker zum Bestreuen

Ein Strudelteig wird auf einem bemehlten Tuch dünn ausgezogen, zunächst mit in Butter gerösteten Bröseln, dann mit geschältem, in 1 cm dicke Scheiben geschnittenem Rhabarber, Kristallzucker und Rosinen bestreut (siehe Apfelstrudel). Der Strudel wird eingerollt auf ein befettetes Blech gelegt, mit zerlassener Butter bestrichen, im Rohr gebacken und vor dem Servieren mit Staubzucker bestreut.

Weintraubenstrudel

Strudelteig
Fülle:
500 g Weintrauben, wenn möglich kernlos
20 g Staubzucker
2 Eidotter, 2 Eiklar
20 g Kristallzucker
gemahlener Zimt
abgeriebene Zitronenschale
50 g Haselnüsse
20 g glattes Mehl
Salz
1/16 kg Butter zum Bestreichen des Teigs und des Blechs
Staubzucker zum Bestreuen

Die Eidotter werden mit dem Staubzucker, dem Zimt und der abgeriebenen Zitronenschale schaumig gerührt.
Die Eiklar werden mit einer Prise Salz und dem Kristallzucker zu Schnee geschlagen. Das Mehl wird gesiebt und mit den geriebenen Nüssen vermischt.
Die Eidottermasse wird vorsichtig unter den Schnee gehoben. Bevor Schnee und Dottermasse gut vermischt sind, wird langsam die Mehl-Nuss-Mischung untergehoben. Mit dieser Masse wird ein Drittel des ausgezogenen Strudelteigs fingerdick bestrichen. Die entkernten Weintrauben werden dann über diese Masse gestreut. Der restliche Strudelteig wird mit flüssiger Butter beträufelt, von der Fülle beginnend eingerollt, auf ein bestrichenes Blech gesetzt und bei 180 °C im vorgeheizten Rohr etwa 40 Minuten gebacken. Vor dem Servieren mit Staubzucker bestreuen.

Heidelbeerstrudel

Wird in gleicher Weise mit Heidelbeeren zubereitet.

Tiroler Strudel

Strudelteig
Fülle:
160 g Butter
6 Eidotter
abgeriebene Schale einer halben Zitrone
gemahlener Zimt
20 g Staubzucker
80 g Datteln
160 g Walnüsse
10 g Kletzen
50 g Rosinen
50 g getrocknete Feigen
6 Eiklar
60 g Kristallzucker
Salz
Butter zum Beträufeln
Butter zum Bestreichen des Blechs

Das Rohr auf 180 °C vorheizen. Etwas Butter zerlassen und ein Blech bestreichen. Die Nüsse grob hacken und die Feigen und Datteln in kleine Würfel schneiden.
Die Butter, die Eidotter, die abgeriebene Zitronenschale, Zimt und Staubzucker werden schaumig gerührt; dann die Datteln, Nüsse, Feigen, Kletzen und Rosinen beifügen. Die Eiklar werden mit einer Prise Salz und dem Kristallzucker zu Schnee geschlagen und vorsichtig unter den Butterabtrieb gehoben.
Die Fülle wird auf ein Drittel des ausgezogenen Strudelteigs gestrichen; der restliche Teig wird mit Butter beträufelt. Den Strudel einrollen, auf ein befettetes Blech setzen und etwa eine Dreiviertelstunde lang backen.

Milchrahmstrudel

Strudelteig
Fülle:
120 g Butter
100 g Kristallzucker
4 Eidotter
Saft und Schale von einer halben Zitrone, Salz
3 Semmeln
¼ l Sauerrahm
Klar von 3–4 Eiern
50 g Rosinen
Butter zum Bestreichen
Butter für die Pfanne
Staubzucker zum Bestreuen
Royal:
¼ l Milch, 3 Eier, Vanillezucker

Ein dünn ausgezogener Strudelteig wird mit folgender Fülle bestrichen: Zur schaumig gerührten Butter gibt man nach und nach den Zucker, die Dotter, Zitronensaft und -schale, ein wenig Salz, die abgerindeten, in Wasser eingeweichten, ausgedrückten, passierten Semmeln, Rahm und den Eiklarschnee.
Auf die Fülle streut man Rosinen, rollt den Strudel ein, gibt ihn in eine mit Butter bestrichene Pfanne, bestreicht ihn mit zerlassener Butter und bäckt ihn etwa 40–50 Minuten bei 180 °C. Wenn der Strudel halb gebacken ist, übergießt man ihn mit Royal (Milch, Eier und Vanillezucker verrühren).
Der Strudel wird mit Staubzucker bestreut und warm serviert.

Topfenstrudel

Strudelteig
Fülle:
80 g Butter
60 g Staubzucker
2 Eidotter
250 g Topfen
⅛ l Sauerrahm
Zitronenschale
Klar von 2 Eiern
30 g Rosinen
Butter zum Bestreichen
Butter für die Pfanne
Staubzucker zum Bestreuen
Kanarimilch (siehe Seite 544)

Ein ausgezogener Strudelteig wird mit folgender Fülle bestrichen: Die schaumig gerührte Butter wird mit Staubzucker, den Dottern, dem passierten Topfen, dem Rahm, der abgeriebenen Zitronenschale und dem Schnee der Eiklar vermengt.
Auf die Fülle streut man Rosinen, rollt den Strudel ein, legt ihn in eine befettete Pfanne, bestreicht ihn mit zerlassener Butter und bäckt ihn, worauf man ihn in Stücke teilt, mit Zucker bestreut und warm mit Kanarimilch zu Tisch bringt. Die Backzeit beträgt etwa 40–45 Minuten bei 180 °C.

Süßer Erdäpfelstrudel

Strudelteig
Fülle:
70 g Butter, 50 g Staubzucker
2 Eidotter, Saft und Schale einer halben Zitrone
40 g Mandeln
300 g mehlige Erdäpfel
$\frac{1}{4}$ l Sauerrahm
Klar von 2 Eiern
20 g Rosinen
$\frac{1}{4}$ l Milch zum Übergießen
Butter zum Bestreichen
Butter für das Blech
Staubzucker zum Bestreuen
Kanarimilch (siehe Seite 544)

Auf einen dünn ausgezogenen Strudelteig wird folgende Fülle gestrichen: Zu schaumig gerührter Butter gibt man den Zucker, die Dotter, Zitronenschale und -saft, die geschälten, geriebenen Mandeln, die gekochten und passierten Erdäpfel, den Rahm und den Schnee der Eiklar. Auf die Fülle streut man Rosinen, dann rollt man den Strudel ein und behandelt ihn wie den Rahmstrudel. Dazu reicht man Kanarimilch.

Süßer Kürbisstrudel

Strudelteig von 300 g Mehl
Butter für das Blech
50 g Butter zum Beträufeln des Strudelteigs
40 g Butter
100 g Brösel
30 g Kürbiskerne
10 g gemahlener Zimt
50 g Kristallzucker
30 g Rosinen
Fülle:
10 g Butter
30 g Kristallzucker
$\frac{1}{16}$ l Orangensaft
500 g Kürbis
$\frac{1}{16}$ l Sauerrahm
Staubzucker zum Bestreuen

Den Strudelteig zubereiten (siehe dort). Den Kürbis schälen, die Kerne entfernen und grob reißen.
Die Zimt-Zucker-Mischung bereitstellen. Die Kürbiskerne trocken in einer Pfanne anrösten und die Brösel in Butter bräunen. Die Butter zergehen lassen und ein Backblech damit bestreichen.
Backrohr auf 190 °C vorheizen.
Den Kristallzucker in einer Kasserolle karamellisieren, Butter beifügen, einmal umrühren und mit Orangensaft ablöschen. Alles verkochen lassen, bis sich die Zuckerklumpen aufgelöst haben, dann den Kürbis in dieser Flüssigkeit dünsten, bis die ganze Flüssigkeit verdampft ist. Danach kurz überkühlen.
Den Strudelteig ausziehen und mit Butter beträufeln. Das untere Drittel des Strudelteigs mit den gerösteten Butterbröseln bestreuen, die Kürbisfülle darauf verteilen. Rosinen, Zimt-Zucker-Mischung und die Kürbiskerne über der Fülle verteilen und mit Sauerrahm übergießen. Den Strudel dann straff einrollen, auf das vorbereitete Blech legen und etwa 45 Minuten backen.
Den fertigen Strudel mit Staubzucker bestreuen.
Als Beigaben harmonieren Zimtsabayon, Orangensabayon oder Vanillesauce.

Strudelteig ohne Öl
Fülle:
80 g Butter
2–3 Eidotter
⅛ l Sauerrahm
150 g Grieß
Salz
Klar von 2–3 Eiern
80 g Butter
50 g Brösel
Staubzucker zum Bestreuen

Gekochter Grießstrudel

Auf einen ausgezogenen Strudelteig wird folgende Fülle gestrichen: Die schaumig gerührte Butter wird mit den Dottern, dem mit Sauerrahm vermischten Grieß, Salz und dem Schnee der Eiklar vermengt.
Der Strudelteig wird eingerollt und hierauf mit einem bemehlten Kochlöffelstiel in 4–6 cm breite Stücke geteilt und fest durchgedrückt. Dann mit einem Messer durchschneiden, die Ränder allenfalls noch fest zusammendrücken. Die Stücke in kochendes Salzwasser einlegen und unter einmaligem Wenden 20 Minuten pochieren. Der Strudel wird sofort angerichtet, mit in Butter gerösteten Semmelbröseln übergossen und mit Staubzucker bestreut. Man reicht dazu Zwetschkenröster.
Anmerkung: Grießstrudel ist mit oder ohne Butter und Semmelbröseln auch als Beilage zu Fleischspeisen mit Saucen, zu Beuschel usw. zu empfehlen. Ohne Butter und Brösel bildet er auch eine beliebte Suppeneinlage.
Tipp: Den Strudel nicht straff einrollen, sondern locker zusammenklappen, da sonst beim Abtrennen der Strudelteigteile die Grießfülle herausquillt. Gekaufter Strudelteig ist nicht elastisch genug und eignet sich daher nicht für Zubereitungsarten mit gekochten Strudeln!

Grießstrudel mit Topfenfülle

Die Zubereitungsweise ist die gleiche wie die des Grießstrudels (siehe vorheriges Rezept).
Zur Fülle gibt man noch 100 g passierten Topfen dazu.
Diese Fülle wird auf einen ausgezogenen Strudelteig gestrichen, den man einrollt. Der Strudel wird auf ein befettetes Blech gelegt, mit zerlassener Butter bestrichen und gebacken.
Anmerkung: Man kann in die Fülle der letzten beiden Strudel noch 50 g in Rum eingeweichte Korinthen oder Rosinen geben.

Aus Brandteig

Bei der Zubereitung des Brandteigs sollte Folgendes beachtet werden: Man lässt Milch oder Wasser (je nach Angabe) mit Butter und Salz aufkochen, schüttet das Mehl auf einen Schub hinein und rührt den Teig bei mäßiger Hitze so lange, bis er sich vom Kochgeschirr und dem Kochlöffel löst und sich eine milchige Schicht auf der Unterseite des Geschirrs bildet.
Dann gibt man ihn in eine Rührschüssel und rührt mit einem Schneebesen nach und nach die Eier dazu. Nach jedem Ei muss der Teig glatt verrührt werden, bevor man das nächste Ei dazugibt. Schließlich wird der Teig gut abgetrieben und noch warm verarbeitet.

Brandteig sollte auf einem mit Butter befetteten Backblech in einem gut vorgewärmten Rohr bei etwa 200 °C gebacken werden. Beim Backen des Brandteigs sollte das Rohr gut geschlossen sein, damit sich im Inneren Dampf entwickelt. Der Dampf dient als Treibmittel und lockert das Gebäck.
Wird der Teig in Fett gebacken, dann sollte dieses heiß sein, damit der Teig nicht zu viel davon aufnimmt.
Für in Fett gebackene Brandteige Milch, für im Rohr gebackene Brandteige Wasser verwenden.

Brandteig-Grundrezepte:

Brandteig zum Backen im Rohr

für 10 Portionen
⅛ l Wasser
Salz
40 g Butter
60 g glattes Mehl
2 Eier

Wasser, Butter und Salz aufkochen. Das Mehl rasch zugeben und unter Rühren weiterkochen, bis sich Masse ballt und vom Gefäß löst. Die Teigmasse ist ausreichend »abgebrannt«, wenn sich am Geschirrboden ein weißer Belag bildet.
Die Eier nach und nach flott in den heißen Teig einarbeiten, bis eine spritzfähige Konsistenz entstanden ist. Das dressierte Gebäck sofort im vorgeheizten Rohr backen. Die ersten Minuten nicht öffnen, bis sich eine feste Kruste gebildet hat, sonst fällt das Gebäck zusammen. Dann bäckt man bei abfallender Hitze weiter. Das Gebäck ist fertig, wenn es sich vom Blech löst und beim Anklopfen hohl klingt.
Anmerkung: Die Menge der angegebenen Eier ist nur eine Richtlinie und von Faktoren wie der Größe der Eier, der Aufnahmefähigkeit des Mehls, von der Temperatur der Eibeigabe u. v. m. abhängig. Wichtig ist, dass der Brandteig eine »schmierige« gerade noch dressierfähige Konsistenz hat. Um Brandteig perfekt zubereiten zu können, braucht man sehr viel Übung und ein hohes Maß an Fingerspitzengefühl.

Brandteig zum Frittieren

⅛ l Milch
Salz, 40 g Butter
60 g glattes Mehl
2 El Rum, 2 Eier

Die Zubereitung ist die gleiche wie beim Grundrezept »Brandteig zum Backen im Rohr«.

Vollwertbrandteig

⅛ l Wasser
Salz
40 g Butter
80 g Weizenvollkornmehl
2 Eier

Die Zubereitung ist die gleiche wie beim Grundrezept »Brandteig zum Backen im Rohr«.

Cremekrapferln

Brandteig zum Backen im Rohr
1 Eiklar
Vanillecreme oder Kaffeeschaum (siehe Kapitel »Rund ums Süße«)
Staubzucker zum Bestreuen

Aus Wasser, Butter, Salz, Mehl und Eiern wird ein Brandteig zubereitet. Dann formt man mit einem Esslöffel, den man in Eiklar taucht, runde Krapferln, die auf ein befeuchtetes Blech gelegt, mit Eiklar bestrichen und im Rohr gebacken werden. Beim Backen darauf achten, dass das Rohr genügend heiß ist und dass die Krapferln vollständig ausgebacken sind, bevor man sie herausnimmt, da sie sonst leicht zusammenfallen. Aus demselben Grund dürfen die aus dem Rohr genommenen Krapferln nicht gleich an einen kalten Ort gebracht werden.
Die Krapferln werden seitlich eingeschnitten, nach dem vollständigen Erkalten mit Vanillecreme oder Kaffeeschaum gefüllt und mit Zucker bestreut.
Die angegebene Menge reicht für etwa 20 Stück.

Brandteigkrapferln mit Schokoladeüberguss

Brandteig (siehe vorheriges Rezept)
Klar von 1 Ei zum Bestreichen
Butter für das Blech
¼ l Schlagobers
Sauce:
120 g Schokolade
120 g Kristallzucker
10 g Reismehl
10 g Butter

Auf dieselbe Weise, wie bei den Cremekrapferln angegeben, werden längliche Brandteigkrapferln hergestellt, die man nach vollständigem Erkalten – knapp vor dem Servieren, weil sie sonst nicht knusprig bleiben – mit geschlagenem Schlagobers füllt, auf einer Schüssel bergartig anrichtet und vor dem Anrichten mit Schokoladesauce übergießt.
Für die Schokoladesauce wird die Schokolade mit Zucker, Reismehl und kaltem Wasser zugestellt und so lange gekocht, bis der letzte von einem eingetauchten Löffel abfallende Tropfen einen dünnen Faden zieht. Dann rührt man die Butter ein und stellt die Sauce kalt. Statt 10 g Reismehl und 10 g Butter kann man auch 5 g Reismehl und ¼ l Schlagobers verwenden.

Kaffee-Eclairs

für 10 Portionen
Brandteig zum Backen im Rohr
Fülle:
4 Eidotter
100 g Staubzucker
20 g Vanillezucker
⅛ l Milch
4 Blatt Gelatine
etwas weißer Rum
¼ l Schlagobers
Glasur:
150 g Staubzucker
2 El starker kurzer Kaffee

Der Brandteig wird mit einem Dressiersack mittels einer Sterntülle biskottenförmig auf ein befettetes Blech dressiert, im vorgeheizten Rohr gebacken, abgekühlt und in der Mitte der Länge nach eingeschnitten. Für die Creme werden die Dotter mit Zucker und der Milch über Dampf schaumig geschlagen. Die eingeweichten Gelatineblätter werden ausgedrückt und in die warme Masse gegeben; dann wird die Schaummasse kalt gerührt und mit weißem Rum parfümiert. Knapp vor dem Stocken (bevor die Gelatine beginnt fest zu werden) wird das geschlagene Obers eingerührt.
Die Creme wird nun ebenfalls mit einer Sterntülle in die angeschnittenen Eclairs dressiert, die abschließend mit der Oberseite in die Kaffeeglasur getunkt werden.
Für die Glasur wird starker kurzer Kaffee mit so viel Staubzucker verrührt, dass eine glasurartige Konsistenz entsteht.

Profiteroles

für 10 Portionen
Brandteig zum Backen im Rohr
zum Füllen:
¼ l Schlagobers
etwas Vanillezucker
Überguss:
150 g Schokolade
10 g Butter
$\frac{1}{16}$ l Schlagobers

Das Rohr auf 200–220 °C vorheizen. Ein Blech befetten und den Brandteig zubereiten.
Mit Dressiersack und Sterntülle Krapferln aus Brandteig auf das Blech dressieren und bei 220 °C abfallend backen. Wenn die Krapfeln fertig sind, auskühlen lassen. Schlagobers mit Vanillezucker steif schlagen und in einen Dressiersack füllen. Mit der Tülle von unten durch den Krapferlboden stoßen und so das Gebäck füllen. Abschließend mit Schokoladesauce – Obers aufkochen und die Schokolade und die Butter darin schmelzen – überziehen.

Marillenknödel aus Brandteig

Brandteig (für 20–24 Stück):
½ l Wasser
Salz
120 g Butter
240 g glattes Mehl
4 Eier
750 g kleine Marillen
100 g Butter zum Rösten
80 g Brösel
Staubzucker zum Bestreuen

Aus den angegebenen Mengen Wasser, Butter, Mehl, Eiern und Salz wird ein Brandteig hergestellt. Man formt eine dicke Rolle und schneidet davon dünne Scheiben ab, in welche man eine Marille einwickelt, und zwar so, dass die Frucht gänzlich vom Teig umhüllt ist. Die Knödel werden in kochendes Salzwasser eingelegt, ungefähr 5 Minuten langsam pochiert, herausgefasst und in Bröseln gedreht, die man vorher in heißer Butter goldgelb geröstet hat. Vor dem Servieren bestreut man die Knödel mit Staubzucker.
Anmerkung: Besonders gut schmecken diese Knödel, wenn man den Kern durch ein mit Barack beträufeltes Zuckerwürfelstück ersetzt. Fein ist auch mit Barack abgeknetetes Marzipan als Ersatz für den Kern.

Zwetschkenknödel aus Brandteig

Brandteig (für 20–24 Stück):
½ l Wasser, Salz
120 g Butter
240 g glattes Mehl
4 Eier, 750 g Zwetschken
100 g Butter
80 g Brösel
Staubzucker zum Bestreuen

Der Brandteig für die Zwetschkenknödel wird wie jener für die Marillenknödel zubereitet. Statt der Marillen wickelt man Zwetschken in den Teig, und zwar so, dass jede Frucht gänzlich vom Teig umhüllt ist.
Anmerkung: Besonders gut schmecken diese Knödel, wenn man den Kern durch ein mit Slibowitz beträufeltes Zuckerwürfelstück ersetzt. Gut passt auch ein Stück Bitterschokolade oder Nougat als Ersatz für den Kern.

Spritzkrapfen (Spritzstrauben)

Brandteig zum Frittieren:
3 dl Milch
30 g Butter
200 g Mehl
4 Eier, Salz
½ Kl Rum
250 g Fett zum Backen
Staubzucker zum Bestreuen

Ein aus nebenstehend angeführten Zutaten bereiteter Brandteig wird durch einen Dressiersack mit Sterntülle in 10–12 cm langen Stücken in heißes Fett gespritzt und langsam goldgelb gebacken; auf Filterpapier abtropfen lassen. Die Spritzkrapfen werden mit Zucker bestreut und warm angerichtet.
Als Beigaben harmonieren Fruchtsäfte oder verdünnte Marmeladen.

Windbeutel

Brandteig zum Frittieren:
3 dl Milch, 30 g Butter
150 g Mehl, Salz
20 g Staubzucker
4 Eier
Fett zum Backen
Vanillecreme (siehe Kapitel »Rund ums Süße«)
Staubzucker zum Bestreuen

Aus nebenstehend angeführten Zutaten wird ein Brandteig bereitet, von dem man mit einem Esslöffel große Nocken in heißes Fett einlegt, langsam schwimmend braun bäckt und auf Filterpapier abtropfen lässt.
Die Windbeutel werden seitwärts eingeschnitten, nach dem Erkalten mit Vanillecreme gefüllt und mit Staubzucker bestreut.

Ableitungen vom Brandteig

Cremedunstkoch

Brandteig
3 dl Milch
5 Eidotter
70 g Butter
100 g Mehl
40 g Staubzucker
Vanille
Klar von 4 Eiern
Butter und Kristallzucker für die Form

Man quirlt einen Dotter in Milch ein, lässt diese mit Butter heiß werden und schüttet Mehl hinein. Danach rührt man den Teig so lange auf dem Feuer, bis er sich vom Löffel löst.
Nach dem Erkalten werden die restlichen Dotter und Staubzucker mit Vanille nach und nach in den Teig gerührt und fester Eiklarschnee eingemengt.
In einer befetteten, mit Kristallzucker ausgestreuten Puddingform wird die Masse eine Stunde lang in Dampf pochiert. Der knapp vor dem Servieren aus der Form gestürzte Pudding wird mit Chaudeau oder Fruchtsaft angerichtet (siehe Kapitel »Dessertsaucen«).

Kaiserpudding

Brandteig:
100 g Butter, 100 g Mehl
⅜ l Milch
150 g Staubzucker, Vanille
4 Eidotter, Klar von 4 Eiern
Butter und Zucker für die Form
Vanillecreme (siehe Kapitel »Rund ums Süße«)

Zuerst wird auf dem Herd das Mehl, dann die siedende Milch mit der heißen Butter vermischt. Die Masse wird vom Herd genommen und kalt gerührt, dann mit Vanillezucker, Dottern und dem Schnee der Eiklar verrührt, in eine befettete und mit Zucker ausgestreute Puddingform gefüllt und eine Dreiviertelstunde in Dampf gekocht.
Zu dem aus der Form gestürzten Pudding reicht man Vanillecreme.

Kaffeedunstkoch

Dunstkochmasse:
80 g Butter, 80 g Staubzucker
4 Eidotter, 80 g Mandeln
2 Semmeln
⅛ l schwarzer Kaffee
Klar von 4 Eiern
Butter und Kristallzucker für die Form
Kaffeecreme:
2 dl Obers, 3 Eidotter
100 g Kristallzucker, 1 Ei
3 El schwarzer Kaffee
¼ l Schlagobers

Zur schaumig gerührten Butter gibt man den Staubzucker, nach und nach die Dotter, geriebene, ungeschälte Mandeln, die abgerindeten, in starkem schwarzem Kaffee erweichten, gut ausgedrückten, passierten Semmeln und den festen Schnee der Eiklar. Die Masse wird in einer bestrichenen, mit Kristallzucker ausgestreuten Form 1 Stunde im Dunst pochiert. Zu dem Pudding gibt man Kaffeecreme oder Schlagobers.
Für die Kaffeecreme werden Obers, Dotter, Ei, Kristallzucker und starker schwarzer Kaffee über Dampf dicklich geschlagen und erkaltet mit fest geschlagenem Schlagobers vermengt.
Tipp: Die Creme hält besser, wenn man in die warme Masse zwei eingeweichte, ausgedrückte Blätter Gelatine gibt.

Karamelldunstkoch

80 g Kristallzucker
100 g Butter
100 g Mehl
¼ l Milch
4 Eidotter
Klar von 4 Eiern
Butter und Kristallzucker für die Form
Karamellcreme:
⅜ l Milch
4 Eidotter
30 g Kristallzucker
Karamell:
40 g Kristallzucker
⅜ l Wasser
⅛ l Schlagobers
30 g Staubzucker für das Schlagobers

Der Kristallzucker wird braun geröstet, mit siedender Milch langsam aufgegossen und dann mit Butter und Mehl verrührt und dick eingekocht. Nach dem Erkalten rührt man noch die Dotter und den steifen Schnee der Eiklar dazu. Die Masse wird in eine befettete, mit Zucker oder mit Karamellzucker ausgestreute Puddingform gefüllt und eine Stunde im Dunst pochiert. Der gestürzte Pudding wird mit Karamellcreme übergossen und ringförmig mit gezuckertem Schlagobers umgeben.
Karamellcreme: Milch, Dotter, Zucker und Karamell werden über Dampf dicklich geschlagen (statt 4 Dotter eventuell nur 2 Dotter und 30 g Mehl verwenden).
Karamell: Der Kristallzucker wird in einer Kasserolle gebräunt, mit Wasser aufgegossen, aufgekocht und reduziert.

Aus Erdäpfelteig

Mengenverhältnis: 1 kg mehlige Erdäpfel, 250–300 g Mehl, 1 Ei, Salz (30 g Grieß, 60 g Fett).
Zubereitung: Die gedämpften Erdäpfel werden heiß geschält und sofort mit der Kartoffelpresse oder dem Nudelwalker zerdrückt. Hierauf die übrigen Zutaten dazumengen und rasch zu einem Teig verarbeiten. Dieser darf nicht lange geknetet werden, damit er nicht nachlässt und zu viel Mehl eingemengt werden muss.
Anmerkung: Rezepte für Erdäpfelteig gibt es mehr, als es Köche gibt: Dies liegt vor allem daran, dass sich die vielen verschiedenen Sorten – und sogar dieselbe Sorte, je nach Jahreszeit – unterschiedlich auf die Beschaffenheit des Teigs auswirken. Gegenmittel: Fingerspitzengefühl kommt vor Rezeptgenauigkeit.
Tipp: 200 g Topfen zum Erdäpfelteig mischen, sofern er für Süßspeisen verwendet wird.

Erdäpfelnudeln

Erdäpfelteig:
500 g mehlige Erdäpfel
125 g Mehl
30 g Butter
20 g Grieß
1 Ei
Salz
80 g Fett
80 g Brösel

Die passierten Erdäpfel verarbeitet man mit Mehl, Butter, Grieß, Ei und Salz auf einem Brett noch warm zu einem glatten Teig, den man in mehrere Stücke schneidet. Jeden Teil formt man auf dem bemehlten Brett zu einer daumendicken Rolle, schneidet davon gleiche Stückchen ab und rollt sie mit der mit Mehl und Grieß bestaubten Hand zu kleinen, gespitzten Nudeln, die man in kochendes Salzwasser einlegt und ungefähr 3–5 Minuten kochen lässt (bis alle an der Oberfläche schwimmen). Dann werden die Nudeln abgeseiht und mit kaltem Wasser übergossen, was man als »Abschrecken« bezeichnet. Man lässt das Wasser vollständig abtropfen und mischt die Nudeln zu den in Fett gerösteten Bröseln oder schwenkt sie nur in Fett. Statt sie in Salzwasser zu kochen, kann man die Erdäpfelnudeln auch in eine stark befettete Pfanne geben, mit Fett betropfen und im heißen Backrohr knusprig backen.

Erdäpfelnudeln mit Mohn

Die warmen Nudeln werden in einer Mischung aus geriebenem Mohn, zerlassener Butter und Staubzucker gewälzt (50 g Butter, 50 g Mohn, 50 g Zucker).

Zwetschken- oder Marillenknödel aus Erdäpfelteig

Erdäpfelteig (½ kg Erdäpfel für ca. 6–12 Knödel)
500 g kleine Marillen oder Zwetschken
80 g Butter
50 g Semmelbrösel
Staubzucker zum Bestreuen

Der Erdäpfelteig wird zu einer dicken Rolle geformt, die man in dünne Scheiben schneidet. In jede wird eine Frucht eingehüllt, wobei man sorgsam darauf achtet, dass die Frucht ganz von Teig umgeben ist, dieser aber doch möglichst dünn ist.
Die Knödel werden in siedendes Wasser eingelegt, 5 Minuten lang vorsichtig gekocht, abgeseiht, in Semmelbröseln, die man zuvor in Butter angeröstet hat, gewälzt und vor dem Servieren mit Staubzucker bestreut.
In einigen Gegenden bestreut man diese Knödel vor dem Anrösten mit geriebenem, mit Staubzucker vermischtem Mohn. Auch mit passiertem Topfen und mit heißer Butter übergossen werden diese Knödel gerne gegessen.
Anmerkung: siehe dazu auch die Tipps zum Füllen der Obstknödel im Kapitel »Brandteig«.

Marillentascherln aus Erdäpfelteig

Erdäpfelteig
150 g getrocknete Marillen (oder 500 g frische Marillen)
Klar von 1 Ei zum Bestreichen
80 g Butter (oder Fett)
80 g Semmelbrösel
Staubzucker zum Bestreuen

Der Erdäpfelteig wird messerrückendick ausgewalkt; 6 cm vom Teigrand entfernt legt man in 2 cm breiten Abständen halbierte frische Marillen oder getrocknete Marillen, die man 2 Stunden in warmem Wasser eingeweicht und danach abgetropft hat, auf den Teig und bestreicht ihn rund um die Frucht mit Eiklar, schlägt den Teigrand über die Früchte und radelt halbkreisförmige oder viereckige Tascherln aus.
Die Tascherln werden 3–5 Minuten lang vorsichtig in Salzwasser gekocht und abgeseiht, worauf man sie in die in Butter gerösteten Semmelbrösel gibt. Vor dem Servieren werden die Tascherln mit Staubzucker bestreut.

Powidltascherln

Statt der Marillen verwendet man Powidl zur Fülle (siehe auch unter Nudelteig).

Aus Germteig

Germteig (Grundrezept)

300 g Mehl
50 g Staubzucker
50 g Butter
1 Ei
⅛ l Milch
20 g Germ
Salz

Bei der Herstellung des Germteigs sollte man Folgendes beachten: Mehl, Milch und Butter sollten in lauwarmem Zustand verwendet werden. Das Mehl gibt man am besten in eine Schüssel und stellt es für einige Zeit an einen warmen Ort.

Um eine Gärprobe (Dampfl) herzustellen, verrührt man die Germ, nachdem man sie in kleine Stückchen geteilt hat, erst mit ein wenig lauwarmer Milch, dann mit Mehl und Zucker zu einem glatten Brei (dünnen Tropfteig) und stellt sie an einen mäßig warmen Ort zum Aufgehen. Wenn die Gärprobe das Doppelte der ursprünglichen Höhe im Gefäß erreicht hat, wird sie zum Teig gegeben. Wenn die Germ nicht aufgeht, also nicht gärungsfähig ist, darf sie nicht verwendet werden.
Man drückt in das in der Schüssel befindliche vorgewärmte Mehl eine Mulde, gibt die Gärprobe hinein und lässt sie darin aufgehen. Vorteilhaft ist es, die verschiedenen Zutaten zum Teig, wie Milch, zerlassene Butter, Eier, Zucker und die aufgegangene Gärprobe gut miteinander zu versprudeln und zum gesalzenen, erwärmten Mehl hinzuzufügen. Anders ist es, wenn die Butter abgetrieben wird. Man gibt dann die übrigen Zutaten nach und nach dazu.

Wenn man alle vorgeschriebenen Zutaten zum Teig gegeben und ihn gut verrührt hat, wird er mit dem Kochlöffel abgeschlagen. Dies hat so lange zu geschehen, bis sich der Teig vom Kochlöffel und der Schüssel löst und große Blasen bildet, worauf man ihn an der Oberfläche mit ein wenig Mehl bestaubt, mit einem Tuch bedeckt und an einen mäßig warmen Ort zum Aufgehen stellt. Ist der Teig dick oder enthält er viel Butter, dann braucht er längere Zeit zum Aufgehen; ist er leicht, dann genügt eine kürzere Zeit.
Wenn der Teig das Anderthalb- bis Zweifache der ursprünglichen Höhe erreicht hat, wird er entsprechend verwendet. Gewöhnlich lässt man ihn vor dem Backen nochmals 20 Minuten aufgehen.
Das Garsein der Germteige erkennt man daran, dass beim Einstechen eines Holzspießes in den Teig kein Teig daran haften bleibt. Gebackene Germteige müssen nach dem Garwerden sofort aus der Form gestürzt bzw. vom Blech gelöst und auf ein Brett gelegt werden, weil sie sonst durch den sich bildenden Dunst an der Grundfläche feucht und nicht resch werden.

Germblätterteig:
Siehe Germteig, in welchen ein Butterziegel eingearbeitet wird (Plunderteig). Butterziegel zur Grundmasse: 100 g Mehl, 300 g Butter oder Margarine.

Warme Mehlspeisen

Dampfnudeln mit Vanillesauce (Buchteln)

Germteig:
200 g Mehl
15 g Germ zur Gärprobe
etwa 3 El Milch
20 g Staubzucker
50 g Butter
1 Eidotter
$\frac{3}{16}$ l Milch
Salz
60 g Butter für die Teigstücke
Vanillecreme (siehe Seite 543)

Das Mehl wird in eine Schüssel gegeben und warm gestellt. Die Germ verrührt man mit Milch, einer Messerspitze Staubzucker und mit so viel Mehl, dass ein dünner Tropfteig entsteht (Gärprobe, Dampfl), den man aufgehen lässt. Die geschmolzene Butter wird mit den Dottern, einem Achtelliter lauwarmer Milch, dem Zucker und der aufgegangenen Germ (dem Dampfl) verquirlt und nebst Salz zum Mehl gegeben. Dieser nunmehr ziemlich weiche Teig wird gut verrührt und so lange abgeschlagen, bis er sich vom Kochlöffel löst. Nach einstündigem Gehen gibt man ihn auf das mit Mehl bestreute Brett, formt eine Rolle und schneidet davon gleichmäßig nudelförmige Stücke ab, taucht diese in zerlassene Butter, legt sie in eine Auflaufschüssel, in der man $\frac{1}{16}$ l Milch warm werden ließ, lässt sie aufgehen und bäckt sie im Rohr hellgelb. Man serviert dazu Vanillecreme.

Germknödel

Germteig:
250 g Mehl
etwa $\frac{1}{8}$ l Milch
1 Ei, 1 Eidotter
20 g Staubzucker
50 g Butter
Salz
Zitronenschalen
Dampfl:
10 g Germ
10 g Staubzucker
$\frac{1}{16}$ l Milch
etwa 20 g Mehl
100 g Powidl
Rum, Zimt
150 g Butter zum Übergießen
30 g geriebener Mohn
30 g Zucker zum Bestreuen

Das erwärmte Mehl wird mit der Gärprobe (dem Dampfl), ferner einer Mischung aus lauwarmer Milch, Ei, Dotter, Zucker, geschmolzener Butter, Salz und abgeriebenen Zitronenschalen zu einem Teig vermengt. Dieser wird so lange abgeschlagen, bis er sich vom Kochlöffel löst. Den Teig, der ziemlich fest gehalten sein muss, lässt man 1 Stunde lauwarm aufgehen. Dann sticht man ihn mit einem Löffel in Form von Nockerln aus, drückt diese mit der bemehlten Hand auseinander, gibt mit Rum und Zimt vermischten Powidl hinein und formt Knödel daraus, die man auf einem bemehlten Brett warm aufgehen lässt.
Dann legt man die Nockerln (nicht zu viele auf einmal) mit der oberen Seite nach unten in eine mit siedendem Salzwasser gefüllte Rein ein, kocht sie zugedeckt 3 Minuten auf der einen Seite, dreht sie um und kocht sie nicht zugedeckt noch 4 Minuten auf der anderen Seite. Sie dürfen dann nicht im Wasser liegen bleiben, sondern müssen sofort herausgenommen und, damit sie nicht zusammenfallen und der Dampf entweichen kann, mit einer Gabel mehrmals angestochen werden.

Wenn man viele Knödel zu kochen hat und sie daher nicht auf einmal einlegen kann, so gibt man die bereits gekochten in eine Pfanne mit etwas zerlassener Butter und stellt sie ins offene Rohr oder über Dunst. Zum Schluss bestreut man sie mit geriebenem Mohn und Zucker und gießt zerlassene Butter darüber.
Anmerkung: Die Knödel können mit zerlassenem Fett bestrichen, mit kochender Milch knapp bedeckt in einer großen Kasserolle zugedeckt ausdunsten oder auch auf einem befetteten Sieb zugedeckt über Dunst gar gemacht und ungefüllt als Beilage zu Beuschel, Hasenjungem u. dgl. serviert werden. In diesem Fall rollt man den aufgegangenen Teil auf einem bemehlten Brett 3–4 cm dick aus, sticht mit einem großen runden Ausstecher Scheiben aus, die man auf dem Brett warm aufgehen lässt und wie obenstehend weiterbehandelt.
Die Knödel können auch als selbstständiges Gericht mit Saucen oder grünem Salat serviert werden. Als Fülle kommen dann Grammeln oder gedünstete Pilze, allenfalls auch trocken gehaltene Haschees in Betracht. Diese Knödel werden mit in Butter gerösteten Bröseln gereicht.

Nussknödel

300 g Mehl
⅛ l Milch
Salz
50 g Staubzucker
2 Eier
Zitronenschale
Dampfl:
20 g Germ
10 g Staubzucker
1/16 l Milch
30 g Mehl
Nussfülle:
50 g Butter
100 g Kristallzucker
250 g Nüsse
150 g Butter zum Übergießen
50 g Staubzucker zum Bestreuen
50 g Nüsse zum Bestreuen

Das Mehl wird in einer Rührschüssel gewärmt. Dann macht man ein Dampfl aus Germ, Zucker, lauwarmer Milch und Mehl und lässt es aufgehen. In lauwarmer Milch löst man den Staubzucker und das Salz auf, sprudelt die Eier hinein und vermengt das Ganze nebst dem aufgegangenen Dampfl mit dem Mehl und den Zitronenschalen zu einem ziemlich festen Teig, den man gut abschlägt und aufgehen lässt.
Dann walkt man ihn auf einem bemehlten Brett 2 cm dick aus, betropft ihn mit zerlassener Butter und bestreut ihn mit dem Kristallzucker und den geriebenen Nüssen. Der Teig wird eingerollt wie ein Strudel, den man zu einer Schnecke dreht, lose in eine in heißem Wasser geschwenkte, gut ausgedrückte Serviette bindet und 1 Stunde in Salzwasser kocht. Beim Anrichten wird der Knödel mit Butter übergossen und mit geriebenen Nüssen und Staubzucker bestreut.

Böhmische Dalken (aus Germteig)

Das erwärmte Mehl, Salz, die Milch, die Eier, den Kristallzucker und das Dampfl aus Germ werden zu einem dickflüssigen Teig vermischt, den man gut abschlägt und zum Aufgehen an einen warmen Ort stellt. In Dalkenformen gibt man etwas zerlassenes Fett und gießt, wenn dieses heiß geworden ist, von der Masse einen kleinen Schöpfer voll ein. Man bäckt die Dalken auf beiden Seiten braun, bestreicht eine mit Powidl, setzt eine zweite darauf und bestreut sie mit Staubzucker oder Zimt-Zucker-Mischung.

Germteig:
300 g Mehl
3 g Salz
etwa ¼ l Milch
2 Eier
30 g Kristallzucker
Dampfl:
10 g Germ
10 g Staubzucker
1/16 l Milch
20 g Mehl
100 g Fett
150 g Powidl
Staubzucker zum Bestreuen

Germomeletten

Aus dem Dalkenteig können auch Omeletten gebacken werden. Man lässt in einer Omelettenpfanne etwas Fett heiß werden und gießt 1 Schöpflöffel des gegangenen Teigs ein, sodass die Pfanne fingerdick damit bedeckt ist. Der Teig wird beiderseits hellbraun gebacken, auf einer Seite mit Marmelade bestrichen, halbmondförmig zusammengeschlagen und angezuckert serviert.
Statt mit Marmelade können diese Omeletten auch mit Apfelmus gefüllt werden.

Savarin (Reifkuchen) mit Orangen

In einen Abtrieb aus Butter, Staubzucker und Eiern gibt man die Milch, das Mehl und die Gärprobe aus Germ und Salz und schlägt den Teig gut ab. Dann füllt man ihn in zwei befettete, bemehlte Ringformen, lässt ihn aufgehen und bäckt ihn.
Der warme Reifkuchen wird auf eine Schüssel gestürzt und mit nachfolgend beschriebenem Saft übergossen.
Überguss: Die Schale von einer Orange wird mit Kristallzucker in Wasser gekocht und die Flüssigkeit hierauf geseiht, eventuell noch mit etwas Rum gewürzt.
Für die Garnierung wird Staubzucker in Wasser bis zum Spinnen gekocht und mit Cointreau aromatisiert. Die Orangen werden in Spalten geteilt, in den gesponnenen Zucker getaucht und zur Verzierung des aus der Form gestürzten Reifkuchens (Savarins) verwendet.
Anmerkung: Heute ist es eher üblich, die Savarins in Portionsreifenförmchen zuzubereiten.

Germteig:
125 g Mehl
80 g Butter
30 g Staubzucker
2 Eier
etwa ⅛ l Milch
10 g Germ für die Gärprobe
Salz
Butter und Mehl für die Formen
Überguss:
Schale von einer Orange
125 g Kristallzucker
¼ l Wasser
evtl. etwas Rum
Garnierung:
80 g Staubzucker
¼ l Wasser
2 El Cointreau
2 Orangen

Kaffee- und Teegebäck

Milchbrot

500 g Mehl
Salz
Zitronenschalen
$\frac{1}{5}$ l Milch
80 g Butter
60 g Staubzucker
20 g Germ für die Gärprobe
50 g Rosinen
Butter und Mehl für das Blech

Das erwärmte Mehl wird mit Salz, den Zitronenschalen, einer Mischung aus lauwarmer Milch, geschmolzener Butter, Staubzucker und einer Gärprobe aus Germ gut abgeknetet. Zum Schluss werden die geputzten Rosinen eingearbeitet. Den Teig dann an einem mäßig warmen Ort aufgehen lassen.
Hierauf formt man aus dem Teig einen runden Laib, legt ihn auf ein befettetes und bemehltes Blech und lässt ihn noch eine halbe Stunde an einem warmen Ort ruhen. Eventuell bestreicht man ihn mit Ei und bäckt ihn eine Dreiviertelstunde im Rohr.

Striezel

400 g Mehl
Salz
ca. $\frac{3}{16}$ l Milch
80 g Staubzucker
100 g Butter
1 Eidotter
1 Ei
20 g Germ für die Gärprobe
abgeriebene Zitronenschalen
100 g Rosinen
Klar von 1 Ei zum Bestreichen
50 g Mehl zum Einkneten
Butter und Mehl für das Blech
1 Ei zum Bestreichen

Das erwärmte Mehl, Salz, die Milch, der Staubzucker, die geschmolzene Butter, der Dotter, das Ei, die Gärprobe aus Germ und die geriebene Zitronenschale werden zu einem Teig vermischt, den man gut abschlägt und auf einem Brett zu einem festen Teig knetet, wobei man auch die Rosinen einmengt. Den Teig aufgehen lassen.
Aus dem Teig formt man 4 dicke, 3 halb so starke und 2 sehr dünne Rollen von gleicher Länge. Aus den jeweils gleich starken Rollen wird je ein »Zopf« geflochten. Der dünnste Zopf wird mittels Eiklar auf den stärkeren und dieser in gleicher Weise auf die Mitte des stärksten geklebt.
Der auf diese Weise hergestellte Striezel wird auf ein befettetes und bemehltes Blech gelegt und nach abermaligem, einstündigem Aufgehen an einem mäßig warmen Ort mit Ei bestrichen und eine Stunde im Rohr gebacken (180 °C).
Dieser Striezel kann auch in der Weise hergestellt werden, dass die Butter mit dem Zucker, dem Dotter und dem Ei gerührt, dann erst mit den übrigen Zutaten vermengt und hernach der Teig abgeschlagen wird. Die weitere Behandlung erfolgt wie oben beschrieben. Bei der Herstellung des Striezels auf diese Art ist etwas mehr Milch nötig.
Anmerkung: Man kann den Striezel vor dem Backen mit geschälten, stiftelig geschnittenen Mandeln oder grobem Zucker bestreuen.

Striezel (ohne Ei)

500 g Mehl
ca. 2 dl Milch
50 g Fett
70 g Staubzucker
Salz, Zitronenschalen
80 g Rosinen
20 g Germ für die Gärprobe
Butter und Mehl für das Blech
evtl. 1 Ei zum Bestreichen

Aus dem Mehl, der Milch, dem zerlassenen Fett, dem Zucker, Salz, der Zitronenschale, den Rosinen und dem Dampfl macht man einen festen Teig, den man auf ein bemehltes Brett gibt, sehr gut durcharbeitet und zum Aufgehen an einen warmen Ort stellt.
Aus dem aufgegangenen Teig formt man einen Striezel (siehe oben), lässt ihn auf einem gebutterten Blech nochmals eine halbe Stunde gehen, bestreicht ihn eventuell mit Ei und bäckt ihn 1 Stunde, anfangs bei größerer, später bei geringerer Hitze.

Stollen

200 g Mehl, Ei
30 g Staubzucker
5 g gerebelte Mandeln, Salz
einige Tropfen Bittermandelöl
Zitronenschalen
1 Päckchen Vanillin
3 El Milch, 100 g Butter
60 g Korinthen, 60 g Rosinen
20 g fein geschnittene Mandeln
20 g Zitronat
Dampfl:
20 g Germ, 3 El Milch
60 g Mehl, Butter für das Blech
Butter zum Bestreichen
Staubzucker

Mehl, Ei, Zucker, die geriebenen Mandeln, Salz, Mandelöl, Zitronenschalen, Vanillin und Milch, die geschabte Butter, das Dampfl, Korinthen, Rosinen, die fein geschnittenen Mandeln und das klein geschnittene Zitronat zu einem festen Teig kneten und aufgehen lassen. Dann den Teig zu einem Wecken formen; diesen seiner Längsseite entsprechend von der Mitte aus etwa 2 cm hoch ausrollen und die dick belassene Hälfte auf die ausgerollte Hälfte überschlagen (ca. 2 cm Rand frei lassen).
Den Stollen auf ein nur wenig befettetes Backblech legen und abermals zugedeckt warm stellen. Ist er aufgegangen, wird er mit einem spitzen Messer der ganzen Länge nach 1 cm tief eingeschnitten, bei guter Hitze zirka eine Dreiviertelstunde gebacken, noch heiß mit frischer Butter bestrichen und sehr gut angezuckert, wodurch der Stollen lange saftig bleibt.

Früchtebrot

250 g Feigen
125 g Datteln
125 g gekochte Kletzen
125 g gekochte gedörrte Zwetschken
60 g Rosinen
50 g Arancini
50 g Haselnüsse
50 g Nüsse
1 Kl gestoßener Zimt
Neugewürz und Nelken
$\frac{1}{16}$ l Rum

Die gekochten Kletzen, die gekochten, entkernten Zwetschken und alle anderen Früchte bis auf die Rosinen werden kleinwürfelig geschnitten, mit Rum, den Gewürzen und den Rosinen (allenfalls Zitronenschalen) in der Rührschüssel gut vermengt und zugedeckt über Nacht stehen gelassen.
Am nächsten Tag mengt man das feste Dampfl gut darunter, formt auf einem nassen Brett runde oder längliche Laibchen, gibt sie auf Oblaten, bestreicht sie oben mit Ei, belegt sie mit geschälten, halbierten Mandeln und bäckt sie bei mäßiger Hitze, je nach Größe 1–2 Stunden.
Anmerkung: Will man einen besonders schönen Glanz erzielen, so bestreicht man die Laibchen während des Backens öfter mit gesponnenem Zucker.

Dampfl:
10 g Germ,
80 g Mehl, ⅛ l Milch
Salz
2 Oblaten
1 Ei zum Bestreichen
80 g Mandeln

Die mit Rum und den Gewürzen vermengten Früchte können zugedeckt bis zu 8 Tagen stehen bleiben, wodurch sie den Rum- und Gewürzgeschmack besser aufnehmen.

Früchtebrot in Teighülle

Die nach vorherigem Rezept geformten Früchtebrötchen (Laibchen) werden in aufgegangenem Germteig, der aus nachstehenden Zutaten zubereitet wurde, eingeschlagen, hernach mit Ei bestrichen, mit halbierten, geschälten Mandeln verziert und auf einem befetteten Blech bei ganz schwacher Hitze gebacken.
Germteig: 200 g Mehl, 60 g Butter, 30 g Zucker, 1/16 l Milch, 10 g Germ, 1 ganzes Ei, Salz. Der Teig muss ziemlich fest gehalten sein.

Gugelhupf (sehr feine Masse)

400 g Mehl
160 g Butter
100 g Kristallzucker
4 Eidotter, Salz
etwa ¼ l Milch
30 g Germ zur Gärprobe
Klar von 2 Eiern
100 g Rosinen
Butter und Mehl für die Form
30 g Mandeln zum Auslegen der Form
Zucker zum Bestreuen

Die schaumig gerührte Butter wird mit der Hälfte des Kristallzuckers, den Dottern, dem Mehl, Salz, der Milch und einer Gärprobe aus Germ zu einem weichen Teig vermengt, den man gut abschlägt, bis er sich vom Rührlöffel löst. Hierauf wird er mit dem Schnee, der mit dem restlichen Zucker ausgeschlagen wurde, und den Rosinen vermischt, in eine sehr gut gebutterte, bemehlte und mit geschälten Mandeln ausgelegte Gugelhupfform gefüllt und zum Aufgehen an einen mäßig warmen Ort gestellt. Danach wird der Gugelhupf bei mäßiger Hitze 1 Stunde im Rohr gebacken, auf ein Gitter gestürzt und mit Zucker bestreut.

Gugelhupf (einfache Masse)

500 g Mehl
60 g Butter
50 g Staubzucker
1 Ei
abgeriebene Schale von einer halben Zitrone
Salz
20 g Germ
50 g Rosinen
⅜ l Milch

Zubereitung siehe obige Kochanleitung.

Kärntner Reindling

300 g Mehl, 1 Ei, 1 Eidotter
¼ l Milch, 60 g Butter
20 g Germ zur Gärprobe
30 g Staubzucker
Zitronenschalen
Salz
Fülle:
150 g Rohzucker
60 g Rosinen
1 Kl Zimt
Butter und Mehl für die Form
Zucker zum Bestreuen

Das erwärmte Mehl, das Ei, den Dotter, die Milch, die zerlassene Butter, die aufgegangene Germ, Salz, Zucker und Zitronenschalen werden in einem Weitling verrührt. Der Teig wird gut abgeschlagen und zum Aufgehen an einen mäßig warmen Ort gestellt. Dann walkt man ihn auf einem bemehlten Tuch 1 cm dick aus, bestreut ihn mit Rosinen, Rohzucker und Zimt, rollt und dreht ihn zusammen und gibt ihn in eine befettete und bemehlte Gugelhupfform. Nach nochmaligem Aufgehen wird der Reindling gebacken und nach dem Stürzen aus der Form mit Zucker bestreut.

Streuselkuchen

Teig:
140 g Mehl
Salz, ⅟₁₆ l Milch
1–2 Eidotter, 30 g Butter
10 g Zucker
10 g Germ für die Gärprobe
Zitronenschalen
Streusel:
100 g Mehl
40 g Mandeln
Zitronenschalen
1 Messerspitze Zimt
50 g Zucker, 60 g Butter
Butter für das Blech

Das Mehl wird mit Salz, der Milch, den Dottern, der geschmolzenen Butter, Zucker, Zitronenschalen und einer Gärprobe aus Germ zu einem Teig vermengt, den man gut abschlägt, an einem warmen Ort aufgehen lässt, dann 1 cm dick auf ein befettetes Blech drückt und nochmals aufgehen lässt.
Für die Streusel Mehl, geschälte, geriebene Mandeln, abgeriebene Zitronenschalen, Zimt und Zucker mit geschmolzener Butter betropfen, gut vermischen oder fein verbröseln, damit kleine Klümpchen entstehen; auf den auf dem Blech liegenden Teig streuen, den man eine halbe Stunde lang bäckt.
Anmerkung: Der Streuselkuchen kann auch gefüllt werden. Man drückt die Hälfte des Teigs auf das gebutterte Blech, bestreicht ihn mit einer beliebigen Fülle (Topfen-, Mohn-, Nuss- oder Powidlfülle) und bedeckt diese mit der der Größe des unteren Teigs entsprechenden zweiten Teighälfte. Weitere Vorgehensweise wie oben beschrieben.

Brioche

1. Tag:
300 g Mehl, ca. ⅛ l Milch
50 g Staubzucker, 2 Eidotter
1 Ei
Salz
Dampfl:
15 g Germ, 20 g Mehl
⅟₁₆ l Milch, 20 g Staubzucker
2. Tag:
80 g Butter, 2 Eidotter
150 g Mehl, 50 g Butter
Butter und Mehl für das Blech, 1 Ei zum Bestreichen
30 g Hagelzucker zum Bestreuen

Das erwärmte Mehl, das Dampfl, Milch, Zucker, die Dotter, Ei, Salz und die geschmolzene Butter werden zu einem Teig verrührt, den man gut abschlägt und für 1 Stunde zum Aufgehen an einen warmen Ort stellt. Über Nacht lässt man ihn an einem kühlen Ort zugedeckt in der Rührschüssel rasten. Am folgenden Tag gibt man den Teig auf ein bemehltes Brett, gibt Dotter und Mehl, das man mit der Butter abgebröselt hat, dazu, knetet den Teig fest ab, formt mit etwas Mehl Kipferln, Striezel, Ringerln oder Weckerln und gibt sie auf ein bestrichenes und bemehltes Blech. Man bestreicht sie mit Ei, bestreut sie mit weißem Hagelzucker, lässt sie 20 Minuten warm aufgehen und bäckt sie dann im anfangs heißen, dann etwas weniger heißen Rohr.

300 g Mehl
60 g Butter
1 Eidotter
50 g Staubzucker
Salz
abgeriebene Schale von einer halben Zitrone
ca. $^{3}/_{16}$ l Milch
15 g Germ für die Gärprobe
70 g Mandeln
70 g Zitronat
50 g Rosinen
Zimt
80 g Butter
Mehl für das Brett
Fett für die Rein

Wespennester

Die Butter wird schaumig verrührt und mit dem Dotter, dem Staubzucker, etwas Salz, der abgeriebenen Zitronenschale, der lauwarmen Milch, dem erwärmten Mehl und der Gärprobe aus Germ vermengt. Man schlägt diesen Teig mit dem Kochlöffel so lange ab, bis er sich von diesem löst, und lässt ihn an einem mäßig warmen Ort aufgehen. Dann walkt man ihn auf einem bemehlten Nudelbrett aus, schneidet ihn in 2 ungefähr 25–30 cm breite Streifen, bestreut diese mit geschälten, stifteilig geschnittenen Mandeln, fein geschnittenem Zitronat, Rosinen und Zimt (allenfalls auch mit in Stückchen geschnittener Schokolade) und rollt sie so ein, dass man lange, dünne Strudel erhält. Diese schneidet man in 5–6 cm lange Stücke, die man in zerlassene Butter taucht und in eine befettete Rein so einlegt, dass sie mit der Schnittfläche den Boden berühren.
Hierauf lässt man die Wespennester eine halbe Stunde lang an einem mäßig warmen Ort gehen und bäckt sie im Rohr.
Anmerkung: Man kann Wespennester auch warm auftragen und gibt in diesem Fall Kanarimilch dazu.

Schnecken

Man schneidet die aus festerem Teig wie für Wespennester hergestellten Strudel in 2–3 cm breite Stücke, die man auf ein befettetes Blech gibt, nach nochmaligem Aufgehen mit Ei bestreicht und bäckt. Die fertigen Schnecken werden mit heißer Marillenmarmelade überpinselt und mit verdünntem Fondant, der mit Rum- oder Zitronengeschmack versetzt wurde, bestrichen.

Kranzkuchen

Man fertigt einen Strudel wie für Wespennester, schneidet ihn der Länge nach ganz durch und legt jeden der beiden Teile so auf, dass dessen geschlossene runde (äußere) Seite nach unten, die aufgeschnittene (innere) Seite des Strudels nach oben gekehrt ist. Dann werden die beiden Teile miteinander zu einer Art Spirale verflochten (bei welcher jedoch auch stets die aufgeschnittenen Seiten nach oben gekehrt sind) und diese zu einem Kranz gedreht. Der Kranz wird dann auf ein befettetes Blech gelegt und an einem warmen Ort zum Aufgehen gestellt. Wenn er genügend aufgelockert ist, wird er mit Ei bestrichen, bei mäßiger Hitze hellbraun gebacken und noch heiß mit verdünntem Fondant bestrichen.
Anmerkung: Statt der Fondantglasur kann auch folgende Zuckerglasur

verwendet werden: 100 g Zucker werden mit 1/16 l Wasser bis zum großen Flug gekocht und mit einem Pinsel über den fertigen Kranzkuchen gestrichen.

Pinze

1. Tag:
300 g Mehl
25 g Germ für die Gärprobe
Milch, 1 Eidotter
50 g Staubzucker
40 g Butter, Salz
2. Tag (zum Einkneten):
1 Eidotter
70 g zerlassene Butter
1 El Rum, Zitronenschale
1 Eidotter zum Bestreichen

Aus dem vorgewärmten Mehl, der Gärprobe und den für den 1. Tag angegebenen Zutaten einen festen Germteig bereiten und über Nacht kühl aufgehen lassen. Am nächsten Tag die anderen Zutaten und eventuell, wenn nötig, auch noch etwas Mehl einkneten. Der Teig muss ziemlich fest und sehr gut abgearbeitet sein. Daraus 1–2 Laibchen formen, aufgehen lassen, von der Mitte nach außen dreimal einschneiden, mit Dotter bestreichen und bei guter Hitze backen, bis sie goldbraun sind und hohl klingen.

Teeblätter

150 g Mehl
15 g Germ
Salz
20 g Fett
3–4 El Wasser
Staubzucker
Fett zum Bestreichen

Die mit kaltem Wasser verrührte Germ mit den anderen Zutaten zu einem geschmeidigen, weichen Teig verarbeiten, in ungefähr 50 Stücke teilen, mit dem Rollholz sehr dünn und oval ausrollen, auf beiden Seiten mit Fett bestreichen, in Staubzucker tauchen und auf einem befetteten Blech bei starker Hitze, unter einmaligem Wenden, goldgelb backen.
Andere Zubereitungsart: Den Teig sehr dünn wie Strudelteig ausrollen, Rhomben radeln und weiterverarbeiten wie oben angegeben.

Westfäler Kipferln

240 g Mehl
180 g Butter
30 g Staubzucker
2 Eidotter
1/8 l Milch
30 g Germ
Salz
Marillenmarmelade
Klar von 1 Ei zum Bestreichen
Staubzucker zum Bestreuen

Das Mehl wird mit der Butter abgebröselt und mit dem Zucker, den Dottern, der in kalter Milch abgerührten Germ und Salz zu einem Teig verknetet. Der Teig wird 3 mm dick ausgerollt, zu viereckigen Stücken geschnitten, die man, mit etwas Marillenmarmelade belegt, einrollt, zu Kipferln formt und warm aufgehen lässt. Die Kipferln werden mit Klar bestrichen und auf einem unbefetteten Blech bei stärkerer Hitze im Rohr gebacken. Anrichten und mit Zucker bestreuen.

Nuss- oder Mohngermkipferln

Werden ebenfalls aus obigem Teig hergestellt. (Für die Nussfülle siehe folgendes Rezept; Mohnfülle siehe Mohnkolatschen.)

Pressburger Nuss- und Mohnbeugel

250 g Mehl
120 g Butter
20 g Staubzucker
15 g Germ
1/16 l Milch
1 Eidotter
Salz
Fülle:
140 g Kristallzucker
1/8 l Wasser
300 g geriebene Nüsse
30 g Arancini
30 g Butter
Zitronenschalen
1 Ei zum Bestreichen

Die Butter wird mit dem Mehl abgebröselt und mit dem Staubzucker, der in kalter Milch verrührten Germ, Salz und dem Dotter zu einem Teig verarbeitet, den man gut abknetet und zugedeckt auf einem Brett rasten lässt. Nach Verlauf einer Dreiviertelstunde walkt man den Teig aus und schneidet 10 cm lange und 7 cm breite Rechtecke, die man mit Fülle belegt, einrollt und zu Kipferln (Beugeln) formt. (Diesen Teig kann man auch für einen Strudel verwenden.)
Man legt die Beugel auf ein unbefettetes Blech, bestreicht sie mit Ei, lässt sie an einem lauwarmen Ort aufgehen und trocknen, zieht sie in der Mitte ein wenig auseinander, damit die mit Ei bestrichene Oberfläche kleine Risse bekommt, die ihnen nach dem Backen die bekannte Form und Zeichnung geben, und bäckt sie.
Für die Nussfülle wird Kristallzucker mit Wasser ein wenig gekocht, mit den geriebenen Nüssen, den Arancini, den Zitronenschalen und der Butter gut verrührt und auf einem nassen Blech zu Röllchen geformt.
Mohnfülle: siehe Mohnkolatschen, folgende Seite.

Buchteln

Germteig:
300 g Mehl
20 g Germ für die Gärprobe
1/8 l Milch
1 Ei
50 g Butter
Salz
50 g Staubzucker
Zitronenschalen
Powidl
80 g Butter
Staubzucker zum Bestreuen

Aus dem Mehl, der Milch, Salz, dem Ei, dem Zucker, der zerlassenen Butter, den Zitronenschalen und der Gärprobe aus Germ wird ein weicherer Teig zubereitet, den man abschlägt, bis er sich vom Kochlöffel löst. Ist der Teig zur doppelten Höhe aufgegangen, walkt man ihn auf einem bemehlten Brett nicht zu dünn aus und schneidet ihn in ungefähr 8 cm lange und 6 cm breite Rechtecke. Jedes der Rechtecke wird an der schmäleren Seite mit Powidl belegt, eingerollt und in zerlassene Butter getaucht.
Die Buchteln werden nebeneinander in eine befettete Kasserolle geschichtet und nach nochmaligem Aufgehen im mittelheißen Rohr gebacken, bis sie sich vom Rand der Kasserolle oder Pfanne und auch voneinander lösen. Die Buchteln werden dann noch warm gestürzt, aber erst nach Überkühlung voneinander gelöst und angezuckert.

Topfenkolatschen aus Germteig

Teig:
300 g Mehl
20 g Germ zur Gärprobe
50 g Staubzucker
etwa ⅛ l Milch
1 Ei, 50 g Butter, Salz
50 g Mehl für das Brett
Fülle:
50 g Butter
100 g Zucker
1–2 Eidotter
Klar von 1–2 Eiern
250 g Topfen
20 g Rosinen
Zitronenschalen
Butter für das Blech
Klar von 1 Ei zum Bestreichen
evtl. 30 g Mandeln

Man bereitet einen festeren Germteig, schlägt ihn gut ab und lässt ihn aufgehen.
Den Teig drückt man auf einem bemehlten Brett auseinander, rollt ihn messerrückendick aus, schneidet viereckige Stücke, gibt die Topfenfülle darauf, schlägt die Ecken übereinander und drückt die Kanten zusammen. Man legt die Kolatschen auf ein befettetes Blech und lässt sie nochmals aufgehen. Dann bestreicht man sie mit Eiklar (streut allenfalls geschälte, gehackte Mandeln darauf) und bäckt sie im mäßig heißen Rohr.
Für die Topfenfülle gibt man zu einem Butterabtrieb die Dotter, Zucker, den Schnee aus den Eiklar, den passierten Topfen, die Rosinen und die Zitronenschalen.
Man kann auch aus dem Teig Scheiben ausstechen, die man auf ein befettetes Blech legt, mit dem Finger von der Mitte gegen den Rand zu auszieht, mit Fülle belegt und gehen lässt. Die weitere Behandlung erfolgt wie oben beschrieben.

Mohnkolatschen (Brünner Kolatschen)

Germteig
Fülle:
120 g Mohn
80 g Kristallzucker
⅛ l Milch
20 g Rosinen
Zitronenschalen
Zimt
Butter für das Blech
Klar von 1 Ei zum Bestreichen

Der Teig wird wie bei den Topfenkolatschen zubereitet.
Für die Mohnfülle wird Zucker nur in Milch aufgekocht, der gemahlene Mohn darin weich gekocht und mit den Rosinen, Zitronenschalen und Zimt vermengt.
Die Mohnfülle kann statt mit Zucker auch mit Honig zubereitet werden.
Klein geschnittenes Zitronat kann ebenfalls dazugegeben werden.

Kirschenkolatschen (Karlsbader Kolatschen)

Werden aus einem feineren Germteig (statt 1 Ei und 50 g Butter 3 Dotter und 150 g Butter) wie Topfenkolatschen zubereitet und mit Kompott aus entkernten Kirschen oder Marmelade gefüllt.
Hierauf bedeckt man das Kirschenfleisch bzw. die Marmelade mit einer Haube aus Windmasse und überbäckt die Kolatschen kurz im Rohr.
Für die Windmasse braucht man: Klar von 2 Eiern, 140 g Zucker, Klar von 1 Ei zum Bestreichen.

Topfenkuchen (aus Germteig)

80 g Butter
50 g Staubzucker
1 Eidotter
280 g Mehl
etwa ⅛ l Milch
Salz
15 g Germ für die Gärprobe
Topfenfülle:
30 g Butter
2 Eidotter
50 g Staubzucker
250 g Topfen
3 El Sauerrahm
40 g Rosinen
Klar von 2 Eiern
Zitronenschalen
Butter für das Blech
Klar von 1 Ei zum Bestreichen

Die geschmolzene Butter wird mit dem Staubzucker und dem Dotter versprudelt und hierauf mit Mehl, Salz, Milch und der Gärprobe aus Germ verrührt. Der weiche Teig wird gut abgeschlagen und zum Aufgehen an einen warmen Ort gestellt.
Zwei Drittel des Teigs werden auf ein befettetes Blech gegeben, mit der bemehlten Hand dünn auseinander gedrückt, mit Topfenfülle bestrichen und gitterartig mit dünnen Teigröllchen belegt, die man aus dem übrigen Teig durch Einkneten von Mehl geformt hat.
Der Kuchen wird nach abermaligem, einstündigem Aufgehen mit Eiklar bestrichen und im mittelheißen Rohr gebacken.
Für die Topfenfülle wird die schaumig gerührte Butter mit dem Zucker, dem Dotter, dem passierten Topfen, dem sauren Rahm, den fein gehackten Zitronenschalen, den Rosinen und dem Schnee vermengt.

Kirschen-, Marillen- und Zwetschkenkuchen (aus Germteig)

Ein wie für einen Topfenkuchen hergestellter Teig wird dicht mit Kirschen, halbierten, entkernten Zwetschken oder Marillen belegt. Dann lässt man den Teig gehen, bäckt ihn und bestreut den fertigen Kuchen mit Zucker.

Heidelbeerkuchen

Germteig
600 g Heidelbeeren
Streusel:
80 g Butter
60 g Staubzucker
60 g Mehl
Butter für das Blech

Ein wie für Topfenkuchen zubereiteter weicher Germteig wird mit der bemehlten Hand auf einem gebutterten Blech dünn auseinander gedrückt und mit ausgesuchten Heidelbeeren dick bestreut. Die Streusel darüber geben und an einem warmen Ort zum Aufgehen stellen. Der Kuchen wird hierauf im mäßig heißen Rohr gebacken und, ausgekühlt, in gleichmäßige Schnitten geteilt.
Für die Streusel wird die gestückelte Butter mit Mehl und gesiebtem Zucker so lange abgebröselt, bis sich ganz kleine Klümpchen gebildet haben.

Flaumkuchen

Teig:
250 g Mehl
150 g Butter
50 g Staubzucker
1 Eidotter, 1 Ei
50 g Mandeln
⅛ l Milch, Salz
20 g Germ für die Gärprobe
Butter und Mehl für die Form
⅛ l Wasser
250 g Kristallzucker
Saft von 2 Orangen
1 El Maraschino
Creme:
5–6 Eidotter
100 g Kristallzucker
⅕ l Obers
1 El Maraschino
100–150 g Ananas

Die schaumig gerührte Butter wird mit dem Zucker, dem Dotter, dem Ei, den geschälten, geriebenen Mandeln, Salz, dem Mehl, der Gärprobe aus Germ und mit Milch zu einem weichen Teig vermengt, den man gut abschlägt und zum Aufgehen an einen warmen Ort stellt.
Der Teig wird in befettete und bemehlte Ringformen gefüllt und nach abermaligem Aufgehen im Rohr gebacken.
Das erkaltete Gebäck wird in eine ebenfalls erkaltete Mischung aus gesponnenem Zucker, Orangensaft und Maraschino getaucht und mit kleinen Ananaswürfeln verziert. Die Mitte des Kuchens wird mit Creme gefüllt.
Für die Creme wird ein Gemisch aus den Dottern, dem Zucker, Obers und Maraschino über Dampf dickschaumig gerührt und nach dem Erkalten mit Ananaswürfeln vermischt.
Anmerkung: Statt der Creme kann man Orangeneis in die Mitte füllen und den Kuchen mit gezuckertem Schlagobers verzieren.

Mohn- und Nuss-Strudel

300 g Mehl
Salz
⅛ l Milch
30 g Staubzucker
1 Ei
Zitronenschalen
60 g Butter
Dampfl:
20 g Germ
⅛ l Milch
20 g Mehl
10 g Staubzucker
Fülle:
250 g Mohn
¼ l Milch
Zitronenschalen
Zimt
20 g Rosinen
100 g Kristallzucker
60 g Butter
Butter für das Blech

Das erwärmte Mehl wird mit Salz, einer Mischung aus lauwarmer Milch, Staubzucker, Ei, Zitronenschalen, geschmolzener Butter und dem Dampfl zu einem festeren Teig vermengt. Dieser wird so lange abgeschlagen, bis er sich vom Kochlöffel löst.
Nach einstündigem Rasten an einem mäßig warmen Ort walkt man den Teig stark messerrückendick aus, bestreicht ihn mit Mohn- oder Nussfülle, rollt ihn ein, legt ihn auf ein befettetes Blech und lässt ihn nochmals eine halbe Stunde lang gehen. Dann bestreicht man ihn eventuell mit verquirltem Ei und bäckt ihn im Rohr bei mäßiger Hitze. Ist er ausgekühlt, schneidet man ihn in 2 cm breite Schnitten (siehe auch Teig von Pressburger Beugeln, Seite 443).
Für die Mohnfülle wird der gemahlene Mohn in heißer Milch aufgekocht, mit den abgeriebenen Zitronenschalen, Zimt, Rosinen, Kristallzucker und der Butter verrührt und nach dem Erkalten auf den Strudel gestrichen.
Eine Nussfülle kann wie die Mohnfülle zubereitet werden.

Kapuzinerstrudel

Teig und Zubereitung siehe Pressburger Beugel, Seite 443.
Fülle: 120 g Zucker werden mit ⅛ l Wasser bis zum Spinnen gekocht und mit 50 g grob gehackten Nüssen, 30 g geriebener Schokolade, 300 g

gekochten, entkernten, gehackten Dörrzwetschken und 1 Löffel Rum vermengt.
Der fertige Strudel wird nach dem Auskühlen mit Schokoladeglasur überzogen und nach dem Erstarren in schräge Stücke geschnitten.

Powidlstrudel

Die Zubereitung erfolgt wie für den vorher beschriebenen Mohnstrudel (aber nicht so fest). Der Teig wird auf einem Brett nach dem Aufgehen zu einem Rechteck ausgewalkt und ein Viertel der Fläche mit ca. 120 g Powidl bestrichen. Rollen und nochmals aufgehen lassen. Dann bestreicht man den Strudel mit Zuckerwasser und bäckt ihn bei guter Hitze ca. eine halbe Stunde.

Faschingskrapfen

250 g glattes Mehl
Salz
1/16 l Milch (oder Obers)
30 g Butter
50 g Staubzucker
Vanille
2 Eidotter
1 El Rum
2 El Orangensaft
Dampfl:
30 g Germ
1/16 l Milch
30 g Mehl
30 g Staubzucker
50 g Mehl für das Brett
Marillenmarmelade
Vanillestreuzucker (1 Vanilleschote und 150 g Staubzucker über Nacht oder noch länger in einem gut verschlossenen Behälter stehen lassen)
Fett zum Ausbacken

Das durchgesiebte, erwärmte Mehl, Salz, die Milch, die zerlassene Butter, der vanillierte Staubzucker, die Dotter, Rum, Orangensaft und das Dampfl werden zu einem nicht zu festen Teig verarbeitet, den man so lange abschlägt, bis er sich vom Rührlöffel ablöst. Hierauf den Teig mit einem Tuch bedecken und für die Dauer einer Stunde zum Aufgehen an einem vor Zug geschützten warmen Ort rasten lassen.
Der aufgegangene Teig wird auf einem bemehlten Brett ungefähr einen halben Zentimeter dick mit einem Nudelwalker ausgebreitet (nicht gewalkt), sodass man mit einem Ausstecher von etwa 6 cm Durchmesser ungefähr 40 kreisrunde Teigscheibchen (für 20 Krapfen) ausstechen kann. Je ein Teigscheibchen wird in der Mitte mit etwas Marillenmarmelade belegt und mit einem zweiten Teigscheibchen so überdeckt, dass die unbemehlte obere Seite auf der Marmelade zu liegen kommt, worauf man die Ränder mit der Hand leicht niederdrückt. Aus diesen beiden übereinander liegenden Teigscheibchen sticht man mit einem etwas kleineren Krapfenausstecher die einzelnen Krapfen aus, legt sie verkehrt auf ein bemehltes, erwärmtes Tuch (Serviette), bedeckt sie mit einem erwärmten Tuch und lässt sie nochmals an einem vor Zugluft geschützten Ort aufgehen.
Hierauf werden die Krapfen in 175 °C heißes Fett eingelegt. Dabei kommt jene Seite zuerst ins fett, die beim letzten Aufgehen nach oben gekehrt war. Sie werden anfangs in einem zugedeckten Gefäß gebacken und, wenn sie auf einer Seite braun (dunkelgoldgelb) sind, umgedreht, um auf der zweiten Seite in einem offenen Gefäß braun gebacken zu werden. Sie müssen derart in Fett schwimmend gebacken werden, dass sie um die Mitte einen schönen hellen Rand erhalten. Man lässt hierauf die

gebackenen Krapfen auf einem Sieb oder auf Tropfpapier gut abtropfen. Kurz vor dem Servieren werden sie mit vanilliertem Zucker bestreut. Die Krapfen werden warm oder kalt serviert.
Anmerkung: Butter und Obers kann man durch $\frac{3}{16}$ l Schlagobers ersetzen, wodurch die Krapfen lockerer werden.
Man kann auch abgeriebene Orangen- und Zitronenschalen in den Teig mengen.

Faschingskrapfen (feinere Masse)

6 Eidotter
60 g Staubzucker, Vanille
$\frac{1}{8}$ l Schlagobers
300 g glattes Mehl
15 g Germ für die Gärprobe
(Milch dazu nach Bedarf)
1 El Orangensaft
1 El Rum, Salz
60 g Marmelade
vanillierter Zucker zum Bestreuen

Die Dotter, der vanillierte Zucker und das leicht erwärmte Schlagobers werden schaumig gerührt und dann mit dem durchgesiebten, erwärmten Mehl, der aufgegangenen Germ, dem Orangensaft, etwas Salz und Rum vermischt. Den Teig sehr gut abschlagen und aufgehen lassen. Die weitere Zubereitungsweise erfolgt wie im vorhergehenden Kochrezept.

Gebackene Mäuse

Germteig:
150 g Mehl
Salz
30 g Butter
etwa $\frac{1}{4}$ l Milch
20 g Staubzucker
1 Eidotter
10 g Germ für die Gärprobe
1 El Rum
20 g Rosinen
150 g Fett zum Frittieren
Fruchtsaft (z. B. Himbeersaft)

Das erwärmte und gesalzene Mehl wird mit lauwarmer Milch, Zucker, Dotter, geschmolzener Butter, der Gärprobe aus Germ und Rum zu einem nicht zu festen Teig vermengt, den man so lange abschlägt, bis er sich vom Kochlöffel löst. Zuletzt schlägt man die Rosinen ein.
Nach etwa einstündigem Rasten an einem warmen Ort formt man mit Hilfe eines Esslöffels, den man in heißes Fett taucht, aus dem Teig Nockerln, die man in heißem Fett unter anfänglichem Schütteln der Rein langsam goldgelb bäckt und auf Küchenkrepp abtropfen lässt.
Man serviert hierzu Fruchtsäfte.

Bayrische Kücherln

Germteig:
200 g Mehl
Salz
$\frac{1}{8}$ l Milch
1 Eidotter
20 g Staubzucker
30 g Butter
10 g Germ für die Gärprobe
1 El Rum
Marmelade oder gedünstete Kirschen
Staubzucker zum Bestreuen
150 g Fett zum Backen

Das Mehl wird mit etwas Salz, einer Mischung aus lauwarmer Milch, Dotter, Zucker, geschmolzener Butter, der Gärprobe aus Germ und Rum zu einem Teig vermengt. Dieser wird so lange abgeschlagen, bis er sich vom Kochlöffel löst.
Nach einstündigem Rasten an einem mäßig warmen Ort walkt man den Teig 1 cm dick aus, sticht runde Krapfen aus und lässt sie auf einem bemehlten Brett eine halbe Stunde gehen. Hierauf drückt man die Krapfen in der Mitte ein, sodass sie ein Grübchen erhalten, legt sie mit dieser Seite nach unten in heißes Fett, bäckt sie beiderseits und lässt sie auf Küchenkrepp abtropfen. Man bestreut die Krapfen mit Zucker und

füllt die Vertiefung mit Marmelade oder mit einer gedünsteten Kirsche aus.
Andere Zubereitungsart: Die Bayrischen Kücherln können auch in der Weise zubereitet werden, dass man zunächst die Butter schaumig rührt und dann erst die übrigen Zutaten hineingibt.

Erdäpfelgermteig

200 g Mehl
200 g passierte Kartoffeln
20 g Germ, 1/16 l Milch
30 g Zucker
30 g Fett, Salz
Vanille- oder Zitronengeschmack

Die Germ wird in der Milch aufgelöst, mit den anderen Zutaten auf einem Brett verarbeitet, mit einem Tuch zugedeckt, 1 Stunde rasten gelassen, ausgerollt, beliebig gefüllt und entweder als Strudel oder zu Buchteln oder Knödeln verarbeitet; oder in eine Form gefüllt, nochmals eine halbe Stunde rasten gelassen und nachher gebacken.

Plunderteig (Germbutterteig)

Plunderteig:
300 g Mehl
40 g Germ
3/16 l Milch
1 Eidotter
50 g Staubzucker
Salz
abgeriebene Zitronenschalen
Butterziegel:
120 g Mehl
300 g Butter

Für den Butterziegel wird die Butter in das Mehl blättrig geschnitten, gut verknetet, zu einem flachen Ziegel geformt und kalt gestellt. Für den Germteig werden Germ, Mehl, lauwarme Milch, Zucker, Salz, der Dotter und die Zitronenschalen mit dem Kochlöffel oder Knethaken in der Küchenmaschine gut abgearbeitet (direkte Teigführung). Der Teig muss nun eine halbe Stunde gehen.
Hierauf schlägt man den Teig gut ab, rollt ihn fingerdick aus, legt den Butterziegel in die Mitte und schlägt die vier Seiten, nachdem man das Mehl vom Teig abgekehrt hat, darüber. Dann rollt man den Teig abermals aus, klappt ihn in drei Teilen übereinander und lässt ihn rasten (einfache Tour). Der Teig wird ein weiteres Mal ausgerollt und auf vier Teile zusammengelegt. Das geschieht, indem man den ausgerollten Teig von der linken und von der rechten Seite her zur Mitte zusammenklappt und dann noch einmal der Länge nach übereinander faltet (doppelte Tour). Abschließend wird der Teig noch einmal ausgerollt und ihm noch eine einfache Tour gegeben. Das Tourieren bewirkt, dass der Teig aus Teig- und Fettschichten besteht. 144 Schichten entstehen auf diese Weise! Wird der Teig nun gebacken, schmilzt das Fett und es entsteht die blättrige Form des Gebäcks. Voraussetzung ist, dass beim Ausrollen die Fett und Teigschichten nicht verletzt werden. Der so tourierte Teig muss eine Dreiviertelstunde auf dem Brett zugedeckt rasten.

Apfelkolatschen aus Germbutterteig

Plunderteig:
40 g Germ, 3/16 l Milch
300 g Mehl, 1 Eidotter
50 g Staubzucker
abgeriebene Zitronenschalen
Salz
Butterziegel:
120 g Mehl, 300 g Butter
Fülle:
1 kg Äpfel, 50 g Zucker
Schale und Saft von 1 Zitrone
Klar von 1 Ei zum Bestreichen
30 g Mandeln zum Bestreuen

Man bereitet einen Plunderteig nach der Beschreibung des vorigen Rezeptes zu, rollt ihn messerrückendick aus, radelt daraus viereckige Flecken von ungefähr 10 cm Kantenlänge, gibt in die Mitte Apfelfülle, schlägt die Ecken übereinander, drückt die Kanten zusammen, legt die Kolatschen auf ein unbefettetes Blech und lässt sie aufgehen. Dann bestreicht man sie mit Eiklar, bestreut sie mit geschälten, grob gehackten Mandeln und bäckt sie bei stärkerer Hitze im Rohr.
Für die Fülle werden die geschälten Äpfel blättrig geschnitten, mit wenig Wasser, Zucker, Zitronensaft und Zitronenschalen gedünstet und passiert.

Maultaschen aus Germblätterteig

40 g Germ, 3/16 l Milch
300 g Mehl, 1 Eidotter
50 g Zucker
abgeriebene Zitronenschalen
Salz
Butterziegel:
120 g Mehl, 300 g Butter
Marmelade
Klar von 1 Ei zum Bestreichen
Butter und Mehl für das Blech

Man bereitet einen Plunderteig zu (siehe dort), rollt ihn dann 3 mm dick aus und radelt daraus 10 cm große Quadrate. Die Ecken jedes dieser Quadrate werden nach oben bis zur gegenseitigen Berührung eingebogen und ein wenig mit Marmelade bedeckt. Die so hergerichteten Maultaschen werden zum Aufgehen beiseite gestellt und schließlich im Rohr bei stärkerer Hitze gebacken.

Zimtschnecken aus Plunderteig

Plunderteig von 300 g Mehl
Fülle:
150 g Kristallzucker
Zimt
100 g Rosinen
200 g Haselnüsse
3 Eier zum Bestreichen von Teig bzw. vor Backvorgang
150 g Marillenmarmelade zum Aprikotieren
150 g Kristallzucker
schwacher Flug zum Bestreichen

Der Teig wird zu einem Rechteck ausgerollt, mit Ei bestrichen und mit einer Zimt-Zucker-Mischung, den geriebenen Nüssen und den Rosinen so bestreut, dass am oberen Rand etwa 3–4 cm frei bleiben. Der so belegte Teig wird so eingerollt, dass der frei gebliebene Teil die Rolle abschließt, dann in etwa 3 cm dicke Stücke geschnitten, auf ein befettetes Backblech gelegt und leicht mit den Fingern zusammengedrückt. Nachdem man den so verarbeiteten Teig 20 Minuten hat rasten lassen, wird er bei 180 °C im vorgeheizten Rohr gebacken, noch heiß mit Marillenmarmelade bepinselt und mit dem gesponnenen Zucker glaciert.

Grammelstrudel mit Äpfeln

100 g Mehl, 100 g Grammeln
30 g Staubzucker
1 Eidotter, Salz
1–2 El Sauerrahm
Dampfl:
10 g Germ, 10 g Mehl
1 El Milch, 5 g Staubzucker
Fülle:
500 g Äpfel
40 g Kristallzucker
30 g Rosinen
Klar von 1 Ei zum Bestreichen

Die fein gehackten oder faschierten Grammeln, Mehl, Staubzucker, Dotter, Salz, Rahm und das aufgegangene Dampfl werden auf einem Brett zu einem Teig verknetet, den man wie Butterteig dreimal zusammenschlägt und danach auf dem Brett zugedeckt 1 Stunde rasten lässt. Man walkt ihn dann messerrückendick aus, legt ihn auf ein unbestrichenes Blech, belegt ihn in der Mitte mit geschälten, blättrig geschnittenen Äpfeln, bestreut diese mit Zucker und Rosinen und schlägt den Teig von beiden Seiten über der Fülle zusammen. Man bestreicht den Strudel mit Eiklar und bäckt ihn bei mäßiger Hitze.

Brot und Gebäck

Hausbrot

1 kg Roggenmehl
½ kg Weizenmehl
30 g Germ für die Gärprobe
100 g Sauerteig
40 g Salz
10 g Kümmel
Butter und Mehl für das Blech

Das Weizen- und das Roggenmehl werden gemischt in eine Rührschüssel gegeben und warm gestellt. Die Germ verrührt man mit einem Viertelliter lauwarmem Wasser und ein wenig Mehl zu einem glatten Brei und lässt diesen aufgehen. Dann sprudelt man den Sauerteig mit einem halben Liter warmen Wasser ab, gibt ihn zugleich mit dem aufgegangenen Dampfl, Salz und Kümmel zum erwärmten Mehl und arbeitet den Teig in einer Rührschüssel mit den Händen glatt ab. Hierauf fügt man, wenn nötig, noch etwas Wasser dazu, gibt den Teig auf ein mit Roggenmehl bestreutes Brett, arbeitet ihn glatt ab, sodass ein sehr fester Teig entsteht, formt zwei Wecken, gibt sie auf ein bestrichenes und bestaubtes Blech, lässt sie 1 Stunde aufgehen, bestreicht sie mit Wasser und bäckt sie unter mehrmaligem Bestreichen mit Salzwasser bei mittlerer Hitze, weil sie sonst aufreißen, etwa 1 Stunde im Rohr.

Anmerkung:

Das Ansetzen eines Dampfls ist bei Germteigen ohne Fülle nicht unbedingt notwendig. Man mischt heute alle Zutaten (lauwarm) zusammen, lässt den Germteig aufgehen, schlägt ihn dann wieder zusammen, lässt ihn noch einmal aufgehen und formt anschließend das Gebäck. Man unterscheidet grundsätzlich zwei Herstellungsweisen:

1) Die direkte Teigführung: alle Zutaten zusammenmischen und lange verkneten.

2) Die indirekte Teigführung, d. h. die Zubereitung mit dem Dampfl. Diese Methode der indirekten Teigführung wird heute nur mehr bei Germteigen, die gefüllt oder mit Fruchtbelag zubereitet werden, aber auch bei in Fett gebackenen und gekochten Germteigspeisen angewandt.

Tipp: Je öfter man Germteig aufgehen lässt und wieder zusammenschlägt, umso feinporiger wird das Gebäck.

Hausbrot (mit Erdäpfeln)

500 g mehlige Erdäpfel
¾ l Wasser
Salz
Fenchel (oder Kümmel)
30 g Germ für die Gärprobe
1 kg Roggenmehl
1 kg grobes Weizenmehl
Fett zum Bestreichen des Blechs

Die Kartoffeln werden gekocht, geschält, passiert und mit sehr heißem Wasser verrührt. Dann gibt man Salz und Fenchel oder Kümmel dazu. Wenn die Masse glatt verrührt wurde und nur mehr lauwarm ist, mischt man eine mit Wasser zubereitete Gärprobe aus Germ, Roggenmehl und grobem Weizenmehl ein und knetet den Teig, der ziemlich fest sein sollte, sehr gut ab.
Aus dem Teig werden zwei runde Laibe geformt, die man in bemehlte Schüsseln legt und (am besten über Nacht) 10–12 Stunden mit einem Tuch zugedeckt aufgehen lässt.
Dann werden die Laibe auf ein befettetes Blech gelegt und im Rohr 1–1 ½ Stunden lang unter mehrmaligem Bestreichen mit Wasser bei gleichmäßiger Hitze gebacken.

Kürbiskernbrot

250 g Weizenvollkornmehl
250 g Roggenvollkornmehl
30 g Germ
etwas Essig
40 g Kürbiskerne
Salz, Fenchel
gute 0,3 l kaltes Wasser

Das Rohr auf 220 °C vorheizen, ein Blech befetten, die Kürbiskerne grob hacken, die Germ im Wasser auflösen.
Die Germ mit den übrigen Zutaten vermengen, gut durcharbeiten, zu einer Kugel formen und mit Mehl bestäuben. Danach den Teig an einem warmen Ort gehen lassen.
Den Teig aufs Blech legen, evtl. kreuzweise einschneiden, Teig bei 220 °C etwa 10 Minuten anbacken, dann die Temperatur auf 180 °C reduzieren und fertig backen.
Nach dem Backen das Brot mit kaltem Wasser bepinseln und auf einem Gitter auskühlen lassen.
Anmerkung: Während des Backens sollte immer ein kleines Gefäß mit kochendem Wasser im Backrohr stehen, damit sich etwas Dampf entwickeln kann.

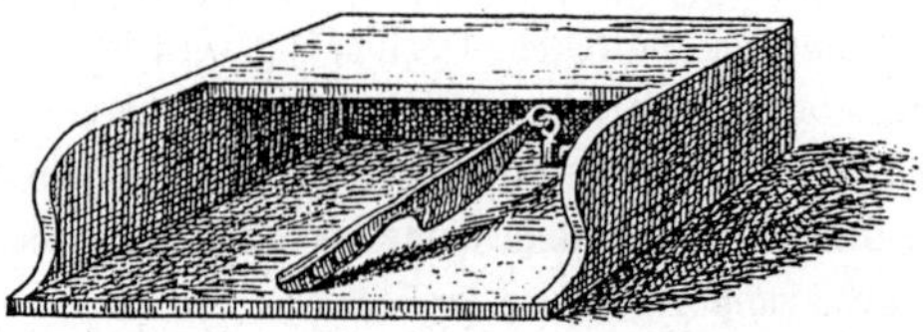

Erdäpfelbrot

500 g Mehl
5 g Salz
2 dl Milch
10 g Germ für die Gärprobe
250 g gekochte passierte Erdäpfel (roh 400 g)
40 g Staubzucker
1 Ei
50 g Butter (oder Fett)
Butter zum Bestreichen des Blechs

Mehl, Salz, Milch und die Gärprobe aus Germ werden zu einem Teig vermengt, den man gut abschlägt.
Dann mischt man zum Germteig die gekochten, passierten Erdäpfel, den Zucker, das Ei und die geschmolzene Butter, knetet den Teig gut ab und lässt ihn aufgehen.
Schließlich werden aus dem Teig Laibchen geformt, die man nach nochmaligem Aufgehen eventuell mit Ei oder Milch bestreicht und auf einem gebutterten Blech im Rohr bäckt.
Anmerkung: Man kann auch Rosinen in den Teig mengen.

Tee- oder Kaffeestangerln

160 g Mehl
100 g Butter
10 g Germ für die Gärprobe
1/16 l Milch
Salz
Kümmel
Butter für das Blech
Klar von 1 Ei zum Bestreichen

Die Butter wird mit dem Mehl auf einem Brett abgebröselt, d. h. in kleine Stücke geschnitten und zusammen mit dem Mehl zwischen den Fingern zerrieben. Hierauf gibt man die in lauwarmer Milch aufgelöste, aufgegangene Germ dazu, salzt ein wenig und knetet den Teig gut ab. Man rollt den Teig aus und schneidet daraus gleich lange, dünne Stangerln (12–15 cm lang), legt sie auf ein befettetes Blech und lässt sie aufgehen.
Wenn der Teig genügend aufgegangen ist, werden die Stangerln mit Eiklar bestrichen, mit Salz und Kümmel bestreut und bei stärkerer Hitze gebacken.
Anmerkung: Statt Salz und Kümmel kann man zum Bestreuen auch grob gestoßenen Zucker und geschälte, gehackte Mandeln verwenden.

Salzstangerln (Germteig, einfachere Masse)

500 g Mehl
15 g Germ
1 Ei zum Bestreichen
Salz
Kümmel

Das Mehl wird mit der aufgegangenen Germ, Wasser und Salz zu einem festen Teig vermischt, den man sehr gut abknetet und kurze Zeit aufgehen lässt. Man teilt den Teig in kleine Stücke, die man zu ovalen Fleckchen auswalkt. Diese werden zu Stangerln eingerollt, nach dem Aufgehen mit Ei bestrichen, mit Salz und Kümmel bestreut und bei guter Hitze gebacken.

Salzbäckerei (aus Germteig)

280 g Mehl
140 g Butter
2 Eidotter, ⅛ l Milch
Salz
10 g Germ zur Gärprobe
40 g Mehl zum Bestreuen des Bretts
Butter und Mehl für das Blech
1 Ei zum Bestreichen
Salz, Kümmel

Die schaumig gerührte Butter wird mit den Dottern, der lauwarmen Milch, Salz, dem Mehl und einer Gärprobe aus Germ zu einem festen Teig vermengt, den man abschlägt, bis er sich vom Rührlöffel löst, und zum Aufgehen an einen mäßig warmen Ort stellt.
Von dem aufgegangenen Teig werden kleine Stückchen abgeschnitten, die man auf einem bemehlten Brett zu dreiviertel Zentimeter dicken, beliebig langen Röllchen formt. Diese werden auf ein befettetes und bemehltes Blech gelegt, nach abermaligem Aufgehen mit verquirltem Ei bestrichen, mit Salz und Kümmel bestreut und ziemlich heiß gebacken.

Sesam-Mohn-Laibchen

Germteig
250 g frisch gemahlenes Weizenvollkornmehl
50 g Haferflocken
⅛ l Buttermilch
30 g Germ, 10 g Honig
60 g Topfen
Salz, Fenchel, Koriander
Zum Bestreuen:
10 g Sesam
10 g ganzer Mohn
10 g Butter zum Befetten des Blechs

Alle Zutaten für den Germteig vermischen (direkte Teigführung) und gut zu einem festen Teig abarbeiten; abdecken und den Teig gehen lassen. Wenn der Teig aufgegangen ist, nochmals zusammenschlagen, kleine Laibchen formen und auf einem befetteten Blech 20 Minuten aufgehen lassen. Dann die Laibchen mit Wasser bepinseln, mit Mohn und Sesam bestreuen und bei 200 °C im vorgeheizten Rohr backen. Nach dem Backen das Gebäck aus dem Rohr nehmen, mit kaltem Wasser bepinseln und auf einem Gitter auskühlen lassen.
Anmerkung: Während des Backens immer ein kleines Gefäß kochendes Wasser ins Backrohr stellen (Dampfentwicklung).

Karlsbader Zwieback (Wasserzwieback)

500 g Mehl
Dampfl:
5 g Germ
3 Stück Würfelzucker
50 g Mehl
⅛ l Wasser
Salz
Mehl für die Form
Butter und Mehl für das Blech

Man gibt das aufgegangene Dampfl zum Mehl und bereitet mit lauwarmem Salzwasser einen festen Brotteig, den man auf dem Brett fest abarbeitet. Hierauf formt man einen Wecken, den man über Nacht in einer sehr gut bemehlten Bischofsbrotform an einem kühlen Ort aufgehen lässt. Am folgenden Tag wird der Wecken auf ein bestrichenes und bestaubtes Blech gestürzt, mit Wasser bestrichen und in einem anfangs heißen, später weniger heißen Rohr gebacken. Nach dem Erkalten wird der Zwieback in Scheiben geschnitten und im warmen Rohr gebäht.

300 g Mehl
250 g Schweinefettgrammeln
2 Eidotter
1/10 l Sauerrahm
1/10 l Weißwein
20 g Germ für die Gärprobe
1/8 l Milch
Salz
1 Ei zum Bestreichen
10 g Kümmel
Salz

Grammelpogatscherln

Die fein gehackten Schweinefettgrammeln, das Mehl, den Rahm, den Wein, den Dotter, Salz und in lauwarmer Milch aufgelöste Germ werden auf einem Brett zu einem Teig verarbeitet, den man dreimal nacheinander auswalkt und wieder zusammenschlägt und eine halbe Stunde im Kühlschrank rasten lässt. Dann rollt man ihn einen Zentimeter dick aus, sticht kleine, runde Formen aus, legt sie auf ein unbefettetes Blech, bestreicht sie mit Ei, bestreut sie mit Kümmel und Salz und bäckt sie im Rohr.

Aus Butterteig (Blätterteig)

Bei der Zubereitung von Butterteig ist Folgendes zu beachten:
Butterziegel: Butter wird mit 10 Prozent der Gesamtmehlmenge vermischt und zu einem flachen Ziegel geformt, den man für die Dauer einer Stunde an einen sehr kalten Ort stellt.
Vorteig: Mehl wird mit Ei, Zitronensaft, Salz und kaltem Wasser zu einem seidigen Teig vermischt, auf einem Brett oder in einer Rührschüssel abgeschlagen und zu einer Kugel geformt, die kreuzweise sehr tief eingeschnitten wird. Dann mit einem Tuch bedecken und rasten lassen.

Hierauf wird der Vorteig auf einem leicht bemehlten Brett unter Ausnützung der kreuzweisen Einschnitte so zu einem Kreuz ausgerollt, dass die Mitte des Teigs viermal so hoch ist wie die Enden der Kreuzflügel. Der Butterziegel sollte die halbe Größe des ausgerollten Vorteigs haben. Sodann wird der Butterziegel auf die dicke Stelle (in der Mitte des Teigs) gelegt und die Kreuzflügel werden über den Teig geschlagen. Der Fettziegel ist in den Teig wie in ein Paket verpackt. Weiterhin wird beides wie ein Teig behandelt, den man in der Größe eines 40 cm langen und 25 cm breiten Rechtecks ausrollt.
Zunächst werden die Längsseiten des Teigs gedrittelt; zuerst wird das linke Drittel, dann das rechte Drittel locker und kantengleich über das mittlere Drittel geschlagen (einfache Tour). Der Teig muss nun etwa 20 Minuten rasten und wird dann wieder 40 x 25 cm ausgerollt.
Nun bekommt der Teig die doppelte Tour: Dabei werden die beiden Breitseiten des Teigs so weit nach oben umgeschlagen, dass sie sich in der Mitte berühren. Danach wird die eine Hälfte des Teigs über die andere gelegt, so wie man ein Buch zusammenklappt.
Vor dem Zusammenschlagen des Teigs (Tourieren) sollte man ihn immer abkehren. Es sollte kein Mehl mehr auf dem Teig sein. Nach jeder Tour lässt man den Teig mindestens eine halbe Stunde zugedeckt kühl ruhen,

damit er seine Spannung verliert. Der Teig sollte eine einfache, dann eine doppelte und abschließend wieder eine einfache Tour bekommen, sodass 144 Teig-Fett-Schichten entstehen.

Butterteig

Butterziegel:
500 g Butter
50 g Mehl
Vorteig:
450 g Mehl
⅛ l Wasser
Saft von einer halben Zitrone
1 Ei
Salz

Verwendet man statt der Butter Margarine, Ziehmargarine oder Ziehfett, bezeichnet man den Teig als Blätterteig.
Anmerkung: Blätterteigreste dürfen nie zusammengeknetet, sondern nur aufeinander gelegt und mit dem Rollholz zu einem Teig geklopft werden.
Es ist vorteilhaft, den Blätterteig am Tag vor seinem Gebrauch zuzubereiten. Dazu in ein feuchtes Tuch wickeln und über Nacht an einem kalten Ort ruhen lassen. Am nächsten Tag muss er vor der Verwendung noch einmal ausgerollt und zusammengeschlagen werden.
Blätterteig ist auch tiefgekühlt in sehr guter Qualität im Handel erhältlich.

Topfenblätterteig

200 g Butter
200 g Mehl
200 g Topfen
Salz

Die Butter wird mit dem Mehl abgebröselt, mit dem fein passierten Topfen und etwas Salz zu einem Teig geknetet und kalt gestellt. Dann wird der Teig wie ein Blätterteig dreimal ausgerollt und wieder zusammengeschlagen.

Erdäpfelblätterteig

200 g Butter, 200 g Mehl
200 g passierte Erdäpfel
Salz

Die Zubereitung erfolgt wie für den Topfenblätterteig.

Apfelstrudel aus Blätterteig (Butterteig)

Blätterteig
Apfelfülle:
500 g Äpfel
100 g Kristallzucker
2 El Zitronensaft
60 g Rosinen
1 Ei zum Bestreichen

Der Apfelstrudel wird aus einem 2–3 mm dick ausgewalkten Blätterteig wie der Apfelstrudel aus Mürbteig (siehe Seite 402) zubereitet.
Fülle: Die Äpfel werden mit dem Apfelbohrer entkernt, geschält, geviertelt, in wenig Wasser mit Zucker und Zitronensaft weich gedünstet, passiert und mit den Rosinen vermengt.
Anmerkung: Die Äpfel können auch roh verwendet werden. Sie werden dann sehr feinblättrig geschnitten, auf den Teig gelegt und mit Zucker und Rosinen bestreut.
Das Bestreichen des Blechs entfällt.

Apfel im Schlafrock

Blätterteig
500 g kleine Äpfel
Zitronensaft
40 g Kristallzucker
20 g Mandeln
Marmelade
ein Ei zum Bestreichen

Der 2 mm dick ausgerollte Blätterteig wird in 10 cm große Quadrate geschnitten. Die Äpfel werden mit dem Apfelbohrer entkernt, geschält und in einer Mischung aus Wasser, Zucker und Zitronensaft weich gedünstet.
In die durch Entfernung des Kerngehäuses entstandene Höhlung wird Marmelade eingefüllt. Auf die Mitte jedes Quadrats wird ein Apfel gelegt. Die Ecken der Quadrate werden über dem Apfel zusammengefasst und mit einer gestiftelten, geschälten Mandel festgesteckt. Das Ganze wird auf ein unbefettetes, nasses Blech gelegt, mit verquirltem Ei bestrichen und im Rohr gebacken.

Cremeschnitten

Blätterteig
Klar von 1 Ei zum Bestreichen
Vanillecreme
(siehe Seite 539, 540)
30 g Staubzucker

Der Blätterteig wird gut messerrückendick ausgewalkt und in 10 cm breite Streifen geschnitten, die man mit Eiklar bestreicht und auf einem nicht befetteten, nassen Blech bäckt.
Nach dem Auskühlen wird ein Streifen 1 cm hoch mit Vanillecreme bestrichen und mit einem zweiten Streifen, der in 4 cm breite Schnitten geteilt wurde, belegt. Den Schnitten entsprechend durchschneiden und angezuckert servieren.
Anmerkung: Die Cremeschnitten können an der Oberfläche mit verdünnter Marmelade bestrichen und mit dünner Fondantglasur überzogen werden.
Tipp: Man sollte für dieses Rezept noch einmal ausgerollte Blätterteiganschnitte verwenden, damit der Teig beim Backen nicht zu hoch aufgeht.

Schaumrollen

Blätterteig
1 Ei zum Bestreichen
¼ l Schlagobers
20 g Staubzucker

Ein dünn ausgewalkter Blätterteig wird in ungefähr 40 cm lange und 2 ½ cm breite Streifen, die man mit Wasser bestreicht, geradelt. Diese werden auf nassen Schaumrollenformen aufgerollt.
Die Schaumrollen werden auf der nach oben gekehrten Seite mit einem verquirlten Ei bestrichen, im Rohr gebacken, bis sich die Formen leicht herausziehen lassen, und nach deren Entfernung in ein kühleres Rohr zum Durchziehen gestellt. (Hat man keine Blechformen, so formt man Rollen aus steifem Papier, die selbstverständlich nicht befeuchtet werden.) Nach dem Erkalten werden die Schaumrollen mit gezuckertem Schlagobers oder gezuckertem Eischaum gefüllt.

Palmblätter

Blätterteig
60 g Kristallzucker

Ein fertiger Blätterteig wird auf einem mit Zucker bestreuten Brett zu einem gleichmäßig dicken Rechteck von ungefähr 40 cm Länge und 25 cm Breite gewalkt und über und über mit Kristallzucker bestreut. Von den beiden Kanten der Breitseite ausgehend, wird der Blätterteig nun bis zur Mitte wie ein Strudel eingerollt, sodass sich die zwei Rollen in der Mitte berühren. Mit einem in heißes Wasser getauchten, scharfen Messer schneidet man nun einen halben Zentimeter breite Schnitten, die man mit der Schnittfläche auf ein nasses Blech legt und bei stärkerer Hitze goldbraun und knusprig bäckt.

Aus Backpulverteig

Backpulver kann bei vielen Torten, Kuchen und Bäckereien die teiglockernde Wirkung von Eiern ganz oder teilweise ersetzen. Backpulver verschiedener Erzeugungsfirmen sollten nicht vermengt werden. Die Ausgiebigkeit des Backpulvers ist unterschiedlich und auf jeder Packung angegeben. Daher die Beschriftung der Päckchen vor Verwendung genau durchlesen.
Zubereitung:
1. Der gerührte Backpulverteig:
Das Backpulver sollte in das letzte Drittel des Mehls eingesiebt und ganz zuletzt mit diesem in den Teig eingerührt werden. Die Masse muss sofort ins Backrohr kommen und bei mäßiger Hitze gebacken werden.
2. Der geknetete Backpulverteig:
Das Backpulver wird mit dem erforderlichen Mehl gemischt, auf ein Brett gesiebt und schnell wie bei einem Mürbteig mit den übrigen Zutaten verknetet. Sollte der Teig klebrig sein, so stellt man ihn eine halbe Stunde kalt.
Backpulver darf niemals direkt mit Zitronensäure in Berührung kommen, wenn es nicht an Triebkraft einbüßen soll.
Das Mengenverhältnis beträgt 15–25 g Backpulver zu 500 g Mehl.
Hirschhornsalz als Auflockerungsmittel ist wegen der beim Backen entstehenden Ammoniakdämpfe nur für kleinere Bäckereien zu empfehlen.

Backpulvergugelhupf

350 g Weizenmehl
150 g Butter
150 g Kristallzucker
1 Ei, 2 Eidotter
Zitronenschalen
⅛ l Milch, 40 g Rosinen
Rum, 1 Päckchen Backpulver
Klar von 2 Eiern
Butter und Mehl für die Form
Staubzucker zum Bestreuen

Die Butter wird mit dem Zucker, dem Ei, Dottern und Zitronenschalen gut abgetrieben und löffelweise mit Milch und der Hälfte des Weizenmehls, Rum und Rosinen vermengt. Hierauf wird der Schnee der Eiklar gleichzeitig mit dem Rest des Mehls, das man mit einem Päckchen Backpulver vermischt hat, dazugerührt.
Der Teig wird in eine befettete, bemehlte Gugelhupfform gefüllt und bei mäßiger Hitze ca. 1 Stunde gebacken.
Der aus der Form gestürzte Gugelhupf wird mit Staubzucker bestreut.

Marmorgugelhupf

280 g Mehl
140 g Butter
230 g Kristallzucker
3 Eidotter
⅛ l Milch
Zitronenschalen
Klar von 3 Eiern
1 Päckchen Backpulver
40 g Kakao
2–3 El Wasser
Butter und Mehl für die Form
Zucker zum Bestreuen

Zur schaumig gerührten Butter rührt man nach und nach den Kristallzucker, die Dotter, abwechselnd kalte Milch und die Hälfte des Mehls sowie die fein gehackten Zitronenschalen ein. Hierauf mischt man den festen Schnee der Eiklar und das mit dem Backpulver vermengte und gesiebte restliche Mehl darunter.
Die Masse wird in die Hälfte geteilt. Die eine Hälfte wird mit dem Kakao, den man mit kaltem Wasser verrührt hat, vermischt. In eine befettete und bemehlte Gugelhupfform wird abwechselnd die weiße und die schwarze Masse eingefüllt und hierauf der Gugelhupf bei mäßiger Hitze ca. 1 Stunde gebacken.
Anmerkung: Die Masse eignet sich ohne Kakao auch für gewöhnlichen Gugelhupf.

Obstkuchen

60 g Fett
100 g Kristallzucker
1 Ei, 250 g Mehl
1 Päckchen Backpulver
Butter für das Blech
¼ l Milch
Marmelade oder Obst

Das Fett gut mit dem Zucker und dem Ei abtreiben; dann mit den anderen Zutaten mengen, auf einem befetteten Blech mit Obst belegen oder mit Marmelade bestreichen und in einer Form 20 Minuten backen.

Obstkuchen ohne Fett

180 g Mehl
180 g Kristallzucker, 1 Ei
¾ Päckchen Backpulver
⅒ l Milch, etwa 600 g Obst
Butter und Brösel für das Blech

Das Ei wird mit dem Kristallzucker abgerührt und dann mit den anderen Zutaten vermengt. Das Obst wird roh geschnitten und darunter gemischt. Das Gemisch auf einem befetteten, mit Bröseln bestreuten Blech bei mäßig ansteigender Hitze langsam backen.

Einfacher Mohn-, Nuss- oder Haferflockenkuchen

1 Schale Grieß
1 Schale Milch
1 Schale Staubzucker
1 Schale Mohn, Nüsse oder Haferflocken
Zitronenschalen
1 Päckchen Backpulver
Butter und Mehl für die Form
Staubzucker zum Bestreuen oder Glasur

I. Art: Den Grieß mit der Milch 1 Stunde quellen lassen; dann mit dem Zucker gut verrühren. Die Zitronenschalen und den geriebenen Mohn (bzw. die Nüsse oder die gerösteten, geriebenen Haferflocken) und das Backpulver einmengen und in einer stark befetteten, bemehlten Kuchen- oder Tortenform bei ansteigender Hitze eine Dreiviertelstunde backen. Der Kuchen kann bloß angezuckert oder aber glasiert werden.
II. Art: 60 g Fett schaumig rühren, mit 150 g Zucker und 1 Ei gut abtreiben, mit 150 g geriebenem Mohn, fein geschnittenen Zitronenschalen, 100 g Mehl, einem halben Päckchen Backpulver und einem Viertelliter Milch mischen. In einer befetteten, bemehlten Form backen, mit Marmelade füllen und mit Staubzucker bestreuen.

Sandtorte

140 g Butter
3–4 Eidotter
140 g Kristallzucker
1 Kl Rum
Klar von 3–4 Eiern
140 g Reismehl
½ Päckchen Backpulver
Butter und Mehl für die Form

Die schaumig gerührte Butter wird mit den Dottern, dem Kristallzucker und Rum verrührt, worauf man das Gemisch noch gut abtreibt. Dann mengt man den Schnee der Eiklar gleichzeitig mit dem Reismehl ein, das man schon vorher mit Backpulver vermischt hat.
Die Masse wird in eine befettete und bemehlte Tortenform gefüllt und eine Dreiviertelstunde lang in einem mäßig heißen Rohr gebacken.

Erdäpfelgrießtorte

3 Eidotter, 220 g Kristallzucker
220 g passierte gekochte oder geriebene rohe Kartoffeln
80 g Grieß, Zitronenschalen
80 g geriebene Mandeln oder Nüsse
3 Messerspitzen Backpulver
Klar von 3 Eiern
Marmelade

Die Dotter und den Kristallzucker schaumig rühren; dann die Erdäpfel, den Grieß und die Zitronenschalen ca. 10 Minuten gut einrühren. Zum Schluss die Mandeln, das Backpulver und den Schnee der Eiklar leicht einmengen. Langsam ca. 1 Stunde backen; mit Marmelade füllen, eventuell mit Schokolade überziehen.

Kekse

60 g Butter
200 g Mehl, 1 Ei
60 g Staubzucker
1 Päckchen Vanillin
¼ Päckchen Backpulver

Die Butter wird mit dem Mehl abgebröselt, mit dem Staubzucker, dem Vanillin, dem Ei und dem Backpulver rasch zu einem Teig verarbeitet, den man eine Zeit lang kalt rasten lässt. Hierauf wird er messerrückendick ausgewalkt. Es werden Formen ausgestochen, die man mit einer Nadel ansticht und auf einem unbestrichenen Blech hellgelb bäckt.

Kekse (feinere Masse)

250 g Mehl, 125 g Zucker
60 g Butter, 2 Eier
1 El Sauerrahm
1 Messerspitze Backpulver
½ Päckchen Vanillinzucker

Die Zubereitung erfolgt wie beim vorherigen Rezept.

Maschkekse

700 g Mehl, 120 g Butter
120 g Zucker, 3 Eier
1 Päckchen Vanillin
Zitronenschalen, 1 El Rum
1 Messerspitze Backpulver
Butter für das Blech

Die Butter, den Zucker und die Eier mit den Gewürzen sehr gut abrühren. Das mit Backpulver vermengte, gesiebte Mehl einrühren. Die Masse durch die Fleischmaschine (mit Bäckereivorsatz) drehen, in zirka 3 cm lange Stücke schneiden und auf einem befetteten Blech backen.

Honigbusserln

600 g Roggenmehl
5 g Neugewürz
5 g Nelken
1 Muskatnuss
430 g Kristallzucker
4 Eier
110 g Honig
1 El Zimt
Schale von 1 Zitrone
Schale von 1 Orange
10 g Natron
Butter für das Blech
Glasur:
350 g Kristallzucker
⅕ l Wasser

Das Neugewürz und die Nelken werden fein gestoßen und mit einer geriebenen Muskatnuss, Kristallzucker, den Eiern, dem Honig, dem Zimt, den fein gehackten Schalen von einer Zitrone und einer Orange 5–10 Minuten gerührt. Roggenmehl und Natron dazumengen, auf einem Brett leicht durchkneten, einen halben Zentimeter dick auswalken, mit einem kleinen runden Ausstecher ausstechen und auf einem gebutterten Blech bei mittlerer Hitze hellbraun backen und dann glasieren.
Für die Glasur wird der Zucker mit Wasser bis zum großen Flug gekocht, über die in einer Rührschüssel befindlichen Lebkuchen gegossen, mit einem Kochlöffel durchgemischt und auf ein Blech zum Trocknen in ein überkühltes Rohr gestellt, damit die Lebkuchen nachher weiß gesprenkelt erscheinen. Statt des gesponnenen Zuckers kann ebenso viel Fondant verwendet werden, den man mit Zitronensaft und so viel heißem Wasser verrührt, dass der eingetauchte Löffel leicht durchscheint.

Lebkuchen

280 g Roggenmehl
180 g Staubzucker
2 Eier
80 g Honig
1 Kl Natron
Ingwer, Zimt und Nelken nach Geschmack
Butter und Mehl für das Blech
1 Ei zum Bestreichen

Mehl, Zucker, die Eier, der flüssige Honig, Natron, Zimt, die fein gestoßenen Nelken und der geriebene Ingwer werden auf einem Brett zu einem Teig verarbeitet, den man 3 mm dick auswalkt. Man sticht beliebige Formen aus, bestreicht sie mit Ei und bäckt sie sehr kurz auf einem bestrichenen und bestaubten Blech im heißen Rohr; anschließend eventuell glasieren.
Anmerkung: Der Lebkuchen ist fertig, wenn sich die Kanten abzurunden beginnen. Oft werden Lebkuchen zu lange gebacken.

Gefüllte Lebkuchen

Teig:
500 g Mehl
250 g Honig
125 g Staubzucker
6 Gewürznelken
3 El Zimt
1 Kl Neugewürz
2 Eier
5 g Pottasche (oder Natron)
80 g Butter
Fülle:
125 g Haselnüsse
120 g Staubzucker
60 g Zitronat
30 g Arancini
2 Eier, 1 Ei zum Bestreichen
30 g Mandeln
Butter und Mehl für das Blech

Der Honig, den man sehr heiß werden lässt, wird mit dem Zucker, den gestoßenen Gewürznelken, dem Neugewürz und dem Zimt verrührt und nach dem Erkalten mit dem Mehl, den Eiern, der zerlassenen Butter und mit in 1 Esslöffel Wasser gelöster Pottasche oder Natron vermischt.
Nach 10- bis 12-stündigem Ruhen an einem kühlen Ort walkt man den Teig 4 mm dick aus und sticht ihn in Form von runden oder viereckigen Scheiben, Herzen u. dgl. aus. Je eine der Teigformen wird mit der Fülle bestrichen und mit einer zweiten, gleichen Teigform überdeckt. Diese bestreicht man mit Ei, belegt sie mit geschälten halbierten Mandeln und bäckt das Ganze bei mittlerer Hitze im Rohr.
Für die Fülle werden geriebene Haselnüsse mit Zucker, fein geschnittenem Zitronat, ebensolchen Arancini und den Eiern verrührt.
Anmerkung: Bei einer anderen Zubereitungsart wird das Mehl auf das Brett gegeben; die weiteren Zutaten werden einfach darunter gemischt und gut verarbeitet. Der Honig wird dann nicht gekocht, sondern kalt dazugemengt.

Nürnberger Lebkuchen

4 Eidotter
280 g Kristallzucker
280 g Mandeln
30 g Zitronat
30 g Arancini
8 g Zimt
1 g Kardamom
1 g Gewürznelken
Klar von 4 Eiern
Backoblaten
100 g Fondant
30 g Mandeln

Die Dotter und der Kristallzucker werden gut gerührt und dann mit den geriebenen Mandeln, dem fein geschnittenen Zitronat und ebensolchen Arancini sowie den gestoßenen Gewürzen und dem festen Schnee von 4 Eiklar vermengt.
Die Masse wird kleinfingerdick auf viereckige oder runde Oblaten aufgestrichen, sodass ein ca. 1 cm breiter Rand bleibt. Dann bäckt man die Oblaten auf einem Blech bei mäßiger Hitze.
Am nächsten Tag die Lebkuchen mit dünnem Fondant bestreichen, mit halbierten weißen Mandeln belegen und trocknen lassen.

Rosinenkuchen (Plumcake)

180 g Butter
200 g Kristallzucker
2 Eier
5 Eidotter
Schale von einer halben Orange
Klar von 5 Eiern
200 g Mehl
2 Messerspitzen Backpulver
$\frac{1}{16}$ l Rum
50 g Rosinen
50 g Korinthen
50 g Zitronat
50 g Arancini
Butter und Mehl für die Form

Zur schaumig gerührten Butter gibt man nach und nach den Kristallzucker, die Eier, die Dotter und die fein geschnittene Orangenschale. Nachdem das Gemisch gut gerührt worden ist, gibt man den Schnee der Eiklar gleichzeitig mit dem Mehl, das man mit Backpulver vermischt hat, und schließlich Rum, Rosinen, Korinthen, kleinwürfelig geschnittenem Zitronat und ebensolchen Arancini darunter.
Man füllt die Masse in eine befettete und bemehlte Bischofsbrotform und bäckt sie bei mittlerer Hitze im Rohr.
Der Kuchen, der sich längere Zeit frisch hält, wird vor dem Servieren in Scheiben geschnitten.

Massen

Aus Eiweißmasse

Von nicht zu Schnee geschlagenem Eiklar

Gespritzte Mandelbäckerei

350 g rohe Mandeln
280 g Kristallzucker
Klar von 5 Eiern
Zitronenschale
Butter zum Bestreichen des Blechs
kandierte Kirschen
Angelika
Gesponnener Kristallzucker

Die Mandeln schälen, reiben, trocknen und sieben. Den Restbestand mit dem Nudelwalker auf einem Brett zerreiben und abermals sieben, sodass ein feines Mandelmehl entsteht.
Der gesiebte Zucker wird mit den Eiklar schaumig gerührt und mit dem Mandelmehl und der geriebenen Zitronenschale gut verrührt. Mit einer mittelgroßen Sterntülle werden verschiedene Formen auf ein bebuttertes Blech gespritzt, mit den klein geschnittenen kandierten Kirschen und Angelika verziert, bei sehr starker Oberhitze hellbraun gebacken und noch heiß mit bis zur Perle gesponnenem Zucker bestrichen.

Makronen

150 g Mandeln
300 g Staubzucker
Klar von 3 Eiern
abgeriebene Zitronenschale
Fett zum Bestreichen des Blechs

Die Mandeln werden in heißes Wasser eingelegt, geschält und gerieben. Die abgezogenen Mandeln sollten einige Stunden vor Gebrauch trocknen. Die Masse aus dem Staubzucker, den geschälten und geriebenen Mandeln, der Zitronenschale und den Eiklar wird eine halbe Stunde lang gerührt. Sie wird mit 2 Löffeln in Form kleiner Krapferln auf ein schwach befettetes Blech gedrückt und im anfangs mäßig heißen, später heißen (180 °C) Rohr gebacken. Die Makronen werden noch heiß vom Blech genommen.
Anmerkung: Sollte die Masse zu fest sein, kann sie durch Hinzugabe von Eiklar geschmeidig gemacht werden. Ist sie zu weich, etwas Zucker dazugeben.

Eiskipferln

250 g Staubzucker
Klar von 7 Eiern
300 g Mandeln
Butter und Mehl für das Blech

Der Staubzucker wird gesiebt und mit den Eiklar über Dunst zu einer zähen Masse geschlagen. Man formt Kipferln, indem man entsprechend große Teile der Masse in geschälte, grob gehackte Mandeln eindreht. Die Kipferln bäckt man auf einem bestrichenen und bestaubten Blech langsam hell.

Schokoladerollen

125 g Mandeln
125 g Staubzucker
Klar von 3 Eiern
1/16 l kaltes Wasser
20 g Mehl
Butter und Mehl für das Blech
Schokoladeglasur (siehe Seite 546)
1/4 l Schlagobers
30 g Staubzucker für Schlagobers

Die geschälten, geriebenen Mandeln werden mit dem gesiebten Staubzucker und den Eiklar eine halbe Stunde gerührt, dann gibt man das kalte Wasser und das Mehl dazu. Diese Masse wird auf ein bestrichenes, bestaubtes Blech sehr dünn aufgetragen, wenn sie halb gebacken ist, in ungefähr 12 cm lange, 6 cm breite Rechtecke geschnitten, fertig gebacken, rasch abgelöst und sogleich über einen Kochlöffelstiel gewickelt, damit dicke Rollen entstehen.
Diese werden in Schokoladeglasur getaucht und mit einem Spritzsack mit gezuckertem Schlagobers gefüllt.

Nuss-Stangerln

Klar von 2 Eiern
320 g Walnüsse
280 g Kristallzucker
2 Oblaten
Dotterglasur:
2 Eidotter, 120 g Staubzucker
Vanille

Die Mischung aus den Eiklar, den geriebenen Nüssen und dem Kristallzucker wird eine Viertelstunde lang gerührt, dann 1 cm dick auf die Oblaten gestrichen und mit Dotterglasur überzogen. Daraus 1 ½ cm breite und 5 cm lange Stangerln schneiden und in einem nahezu erkalteten Rohr über Nacht trocknen. Für die Dotterglasur werden die Dotter mit vanilliertem Staubzucker 10 Minuten lang gerührt.

Pariser Stangerln

100 g Haselnüsse
100 g Staubzucker
Klar von 1 Ei
1 Kl Marillenmarmelade
Oblaten
Eiweißglasur:
Klar von 1 Ei
100 g Staubzucker
Zitronensaft oder Rum

Die geriebenen Haselnüsse, Staubzucker, Eiklar und Marillenmarmelade werden auf einem Brett zu einem Teig vermischt, den man zu einem halben Zentimeter dicken, 6 cm breiten Streifen auswalkt, die man mit nachfolgend beschriebener Eiweißglasur bestreicht. Schließlich werden 1 ½ cm breite Stangerln daraus geschnitten, die man auf einem mit Oblaten belegten Blech bei mäßiger Hitze bäckt.
Für die Eiweißglasur wird das Eiklar mit gesiebtem Staubzucker und ein paar Tropfen Zitronensaft oder Rum zu einer dicken Glasur glatt verrührt.

Witwenküsse

Klar von 4 Eiern
140 g Kristallzucker
140 g Nüsse
70 g Zitronat
3 Oblaten für das Blech

Eiklar und Kristallzucker werden in einem Schneekessel mit der Schneerute über Dampf dickschaumig geschlagen, mit grob gehackten Nüssen und kleinwürfelig geschnittenem Zitronat verrührt, mit Hilfe zweier Kaffeelöffel in Form kleiner Häufchen auf ein mit Oblaten belegtes Blech gelegt und sodann in einem sehr mäßig warmen Rohr hellgelb gebacken.

Negerküsse

200 g Nüsse
200 g Staubzucker
Klar von 4 Eiern
Butter und Mehl für das Blech
100 g Tunkmasse
30 g Mandeln

Die geriebenen Nüsse werden mit dem Staubzucker vermengt. Man gibt die Eiklar hinein und rührt diese Masse eine halbe Stunde lang. Dann formt man mit dem Spritzsack mit einer glatten Spritztülle kleine Krapferln auf einem bestrichenen und bestaubten Blech, bäckt sie bei mäßiger Hitze im Rohr und lässt sie auskühlen.
Man glasiert sie auf der glatten, unteren Seite mit Tunkmasse, die man im warmen Wasserbad zur Glasur zergehen lässt, belegt sie in der Mitte mit einer gestiftelten weißen Mandel und lässt die Tunkmasse erstarren.

Nusskrapferln

Klar von 4 Eiern
200 g Staubzucker
180 g Nüsse
Butter und Mehl für das Blech
Zitronenfondant:
150–200 g Fondant
Saft von einer halben Zitrone
rote Marmelade
kandierte Kirschen
Angelika

Die Eiklar werden mit dem Staubzucker schaumig gerührt; die geriebenen Nüsse dazugeben und noch 10 Minuten abtreiben. Mit Spritzsack und glatter Tülle dressiert man kleine, flache Krapferln auf ein gebuttertes, bemehltes Blech, bäckt sie bei mittlerer Hitze, bis sie sich vom Blech lösen (die Krapferln müssen noch weich sein), legt sie mit der flachen Seite nach oben auf ein Brett und lässt sie auskühlen.
Oben bestreicht man sie dünn mit roter Marmelade, überzieht sie mit ganz dünnem Zitronenfondant – ein fertiger Fondant wird mit Zitronensaft unter beständigem Rühren im Wasserbad erwärmt – und verziert sie mit einer halben kandierten Kirsche oder einer halben Nuss und rhombisch geschnittener Angelika.

Haselnusskrapferln

100 g Mehl
1 Messerspitze Backpulver
100 g Butter
150 g geriebene Haselnüsse
150 g Staubzucker
1 Ei
1 Eidotter
150 g Marmelade
Haselnüsse

Alle Zutaten auf einem Brett kneten und zu nussgroßen Kugeln formen. In weiten Abständen auf ein unbefettetes Blech legen, jede Kugel eindrücken, mit einer geschälten Haselnuss oder mit Marmeladestückchen belegen und backen.

Von zu Schnee geschlagenem Eiklar

Zur Herstellung von spanischem Wind darf nur ganz frisches Eiklar verwendet werden. Dieses muss sehr gleichmäßig zu sehr festem Schnee geschlagen werden.
Sehr feiner Staubzucker eignet sich nicht zur Bereitung von Windbäckerei, weil er die Masse kleistrig macht und die gespritzten Formen zerlaufen.
Sehr große Eier erfordern mehr Zucker, weil sonst die Windbäckerei,

selbst bei längerem Backen, zu weich wird und beim Essen an den Zähnen kleben bleibt. Nimmt man zu viel Zucker, wird die Windbäckerei gipsig hart.
Die Windbäckerei sollte im vorgeheizten Herdrohr bei 100–110 °C entsprechend aufgehen und sich leicht gelblich färben. Das Rohr hat dann die richtige Hitze, wenn sich darin ein weißes Blatt Papier schnell gelb färbt, ohne jedoch zu verbrennen. In zu kühlem Rohr geht die Spanische Windbäckerei nicht auf, bleibt gipsig weiß und hart. Erhöht man durch nachträgliches Heizen die Temperatur in einem für die Windbäckerei zu kühl gewesenen Backrohr, so platzt die äußerlich bereits zum Teil getrocknete Bäckerei, weil sich die fest gewordene Kruste nicht mehr ausdehnen kann.

Spanische Windbäckerei (Meringues)

3 Eiklar
125 g Kristallzucker
125 g Staubzucker

Die Eiklar werden zu Schnee geschlagen. Wenn dieser etwas Konsistenz aufweist, wird nach und nach der Kristallzucker beigegeben und verschlagen. Wenn der Schnee fest ist, wird der gesiebte Staubzucker leicht darunter gerührt. Die Windmasse wird in einen Dressiersack gefüllt, in verschiedenen Formen auf Papier gespritzt, auf dem Backblech in nahezu kühlem Rohr gebacken und nach 10–12 Stunden Trocknen noch warm abgelöst.

Baisers mit Schlagobers

3 Eiklar
125 g Kristallzucker
125 g Staubzucker
¼ l Schlagobers

Spanische Windmasse wird in einen Spritzsack mit einer kleinen glatten Spritztüte gefüllt, spiralenförmig über in kaltes Wasser getauchten Holzformen gespritzt und auf einem mit Papier belegten Blech bei ganz schwacher Hitze so lange gebacken, bis sich die Baisers von den Holzformen lösen. Sie werden dann mit der Höhlung nach oben nochmals 10–12 Stunden ins Rohr zum Trocknen gegeben. Nach dem vollständigen Erkalten werden je zwei Baiserschalen mit Schlagobers zusammengesetzt oder je eine Schale bergartig mit Schlagobers gefüllt und mit frischen Erdbeeren, Himbeeren oder dgl. belegt.
Baisers können wie Windbäckerei auf Vorrat zubereitet werden. Sie sind in Schachteln oder Blechdosen trocken aufzubewahren.

280 g Staubzucker
100–120 g Schokolade
Klar von 2 Eiern
Butter zum Befetten des Blechs

Schokoladewindbäckerei

Den Staubzucker mit der geriebenen Schokolade und den Eiklar auf einem Brett abkneten; messerrückendick ausrollen. Formen ausstechen; auf einem befetteten Blech einige Stunden stehen lassen und kühl backen.

⅛ l Eiklar
100 g Kristallzucker
100 g Staubzucker
½ l Milch
30 g Vanillecremepulver
2 El Milch

Schneenockerln

In den mit Kristallzucker steif geschlagenen Schnee wird gesiebter Staubzucker leicht eingerührt. Aus der Masse werden mit 2 Esslöffeln große Nockerln geformt, die man sofort in siedende Milch einlegt, nicht ganz zugedeckt aufkocht, nach 1–2 Minuten Kochzeit herausnimmt und in eine Glasschüssel legt.
Mit kalter Milch angerührtes Vanillecremepulver in die Milch einkochen.
Die angerichteten Nockerln werden mit Vanillecreme übergossen und kalt oder warm serviert.
Anmerkung: Man kann die Schneenockerln mit frischen Waldbeeren, Himbeeren usw. bestreuen.

Klar von 4 Eiern
250 g Kristallzucker
3 Oblaten
250 g grob gehackte Mandeln

Engländer

In den mit Kristallzucker steif geschlagenen Schnee aus den Eiklar werden grob gehackte Mandeln eingerührt und so lange über Dampf geschlagen, bis eine dicke Masse daraus geworden ist.
Davon legt man mit Hilfe zweier Kaffeelöffel Krapferln auf ein mit Oblaten belegtes Blech und bäckt sie bei geringer Hitze, bis sie eine lichtgelbe Farbe haben.

Klar von 2 Eiern
140 g Staubzucker
Zimt
80 g gehobelte Mandeln
20 g Mehl
2 weiße Oblaten

Mandelbögen

Eiklar, Staubzucker und Zimt werden zu einer festen Masse gerührt. Dann gibt man die Mandeln hinzu und röstet die Masse auf dem Feuer, bis sie dick ist. Zum Schluss wird das Mehl untergemengt. Nun streicht man die Masse 1 ½ cm dick auf die Oblaten. Man schneidet davon schmale Streifen ab, legt sie auf unbefettete Bogenformen (allenfalls über eine Rehrückenform), bäckt sie in mäßig heißem Rohr, bis sie schön gelb sind, und löst sie noch warm vorsichtig von der Form.

Schokolademakronen mit Mandeln

Klar von 2 Eiern
70 g Staubzucker
80 g Schokolade
140 g Mandeln
2 weiße Oblaten

In den steifen Schnee aus den Eiklar rührt man nach und nach gesiebten Staubzucker, geriebene Schokolade und geschälte, gestiftelte Mandeln leicht ein.
Man formt daraus auf Oblaten kleine, runde Krapferln, die man in mäßig heißem Rohr bäckt.

Haselnussmakronen mit Schokolade

Klar von 2 Eiern
40 g Schokolade
100 g Staubzucker
100–120 g Haselnüsse
2 Oblaten

In den festen Schnee aus den Eiklar rührt man die über Dunst erweichte Schokolade am Rande des Schneekessels mit dem Kochlöffel ein und vermischt dies mit dem gesiebten Staubzucker und den geriebenen Haselnüssen. Mit in kaltem Wasser befeuchteten Händen formt man kleine Kugerln, die man auf einem mit Oblaten belegten Blech so lange bei schwacher Hitze bäckt, bis sie sich vom Blech lösen.

Haselnusstorte

Nussmasse:
4 Eidotter, 140 g Staubzucker
140 g Nüsse , Klar von 4 Eiern
Rum, 70 g Biskuitbrösel
100 g Marmelade
Schokoladeglasur (siehe Seite 546)
evtl. 20 g Nüsse
evtl. Angelika
Butter und Mehl für die Form

Die Dotter und der Staubzucker werden sehr schaumig gerührt, dann mit den geriebenen Nüssen und den mit Rum befeuchteten Bröseln und dem Eischnee vermengt und in einer befetteten und bemehlten Form etwa 50 Minuten gebacken.
Die erkaltete Torte wird in halber Höhe durchgeschnitten, mit Marmelade gefüllt, mit Glasur überzogen und eventuell mit Nüssen und Angelika verziert.
Man kann die Haselnüsse vor der Verwendung mit etwas Zucker brennen.

Kaffeecremetorte mit Haselnüssen (Masse aus Eiklar)

Klar von 4 Eiern
120 g Kristallzucker
120 g Haselnüsse (Nüsse oder Mandeln)
Butter und Mehl für das Blech
Creme:
150 g Butter, 1 Eidotter
80 g Zucker
schwarzer Kaffee
Schokolade-Kaffee-Glasur (siehe Seite 547)

Die Eiklar werden mit Kristallzucker zu sehr festem Schnee geschlagen und mit den geriebenen, gebrannten Haselnüssen leicht verrührt. Aus dieser Masse bäckt man 3–4 dünne Tortenblätter auf einem bestrichenen und bestaubten Blech bei mäßiger Hitze und löst sie sofort vom Blech ab. Hierauf werden die einzelnen Blätter mit der unten beschriebenen Creme zusammengesetzt. Die Torte wird mit Schokolade-Kaffee-Glasur überzogen und beliebig verziert.
Für die Creme mengt man zur schaumig gerührten Butter den Dotter, den gesiebten Zucker und tropfenweise starken schwarzen Kaffee abwechselnd ein.

Anmerkung: Es ist besser, die Torte über Nacht gefüllt stehen zu lassen und erst am nächsten Tag zu glasieren.
Die Torte wird saftiger, wenn man die einzelnen Blätter vor dem Bestreichen mit der Creme mit starkem schwarzem Kaffee betropft.

Schokoladecremetorte mit Haselnüssen

Sie wird ebenso hergestellt wie die Kaffeecremetorte, nur werden die Blätter mit Schokoladecreme zusammengesetzt. Die Torte wird mit Schokoladeglasur überzogen. Die hierzu nötige Schokoladecreme wird wie die obige Kaffeecreme zubereitet, doch werden statt des schwarzen Kaffees 30 g Kakao genommen.

Kokosbusserln

Klar von 4 Eiern
Saft von einer halben Zitrone
240 g Staubzucker
180 g geraspelte Kokos (Kokosette)
40 g Mehl
Butter für das Blech

Die Eiklar mit dem Zitronensaft und Staubzucker über Dunst unter ständigem Rühren dickschaumig werden lassen. Dann werden das Kokosette und das Mehl darunter gemengt. Aus der noch heißen Masse werden mit dem Dressiersack mit einer glatten Tülle kleine Busserln auf ein befettetes Blech (oder auf weiße Backoblaten) gespritzt. Diese werden 20–25 Minuten bei etwa 180 °C gebacken, bis sie sich vom Blech lösen und kleine Sprünge zeigen.
Zu fest oder zu kühl gewordene Masse kann durch Hinzugabe von Eiklar wieder locker und geschmeidig gemacht werden.

Schaumkoch

150 g Staubzucker
Klar von 2 Eiern
150 g Marmelade
Klar von 5 Eiern für Schnee
50 g Mandeln
Butter zum Bestreichen der Schüssel

Staubzucker, Eiklar und Marmelade (oder 50 g im Rohr erweichte Schokolade) werden so lange verrührt, bis eine steife Masse daraus wird, die man noch mit Eischnee vermengt.
Die Masse füllt man in eine befettete Auflaufschüssel, bedeckt sie mit geschälten, gestiftelten Mandeln und bäckt sie 10–15 Minuten in mäßig heißem Rohr.
Man kann zur Herstellung des Schaumkochs Marillen-, Erdbeer- oder Ribiselmarmelade oder auch Schokolade verwenden und bezeichnet dann die Speise entsprechend der Art der verwendeten Marmelade bzw. Schokolade als Marillen-, Himbeer-, Erdbeer-, Ribisel- oder Schokoladeschaumkoch.

Florakrapferln

Klar von 2 Eiern
150 g Staubzucker
150 g Walnüsse
10 g Mehl
Klar von 3 Eiern
50 g Kristallzucker
Staubzucker zum Bestreuen
Creme:
50 g Butter
50 g Staubzucker
50 g Walnüsse

Die Eiklar werden mit dem Staubzucker und den geriebenen Nüssen eine Viertelstunde gerührt, dann mit Mehl und dem steifen Schnee von 3 Eiklar, in den man Kristallzucker eingeschlagen hat, vermischt.
Aus dieser Masse dressiert man kleine Krapferln auf ein nasses, mit Papier belegtes Brett, bestreut sie mit Staubzucker und bäckt sie bei sehr mäßiger Wärme im Rohr, bis sie eine helle Kruste haben.
Nach dem Erkalten werden je 2 Krapferln mit Creme an den Grundflächen zusammengeklebt und angezuckert.
Für die Creme wird die Butter mit dem Staubzucker und den geriebenen Nüssen schaumig gerührt.

Aus Biskuit

Biskuitmasse

Grundrezepte
Mengenverhältnisse:

a) Normalbiskuit: 1 Ei, 25 g Zucker, 25 g Mehl
b) Leichtes Biskuit: 1 Ei, 30 g Zucker, 20 g Mehl
c) Warm geschlagenes Biskuit: 1 Ei, 25 g Zucker, 25 g Mehl; für Schnitten, Torten, Rollen, Krapferln u. Ä.
d) Biskuitbrot: 1 Ei, 50 g Zucker, 30 g Mehl; für Zwieback, Anisbrot u. Ä.
e) Gerührtes Biskuit: 1 Ei, 50 g Zucker, 25 g Mehl; für Hobelspäne, Schaumtüten u. Ä.
f) Schnellbiskuit für Omeletten: 1 Ei, 25 g Zucker, 15 g Mehl, eventuell 5 g Butter (Sandmasse)

Zubereitungsarten:

1. Dotter und Zucker schaumig rühren, Mehl und Schnee partienweise dazugeben – Zubereitungsform von a, b und d.
2. Ganze Eier und Zucker mit der Schneerute schaumig schlagen und das Mehl leicht einrühren – Zubereitungsform von e.
3. In den sehr festen Schnee Dotter, Zucker und Mehl, eventuell zerlassene, ausgekühlte Butter einmengen – Zubereitungsform von f (Schnellbiskuit).
4. Ganze Eier und Zucker warm schlagen, dann das Mehl darunter ziehen – Zubereitungsform von c.

Mehl und Zucker müssen bei Biskuitmassen gesiebt, die Eier für den Schnee frisch und gut zu teilen sein.

Sandmasse

Grundrezepte

Leichte Sandmasse (für Torten und Kuchen)

1 Ei
25 g Zucker
(½ Staub-, ½ Kristallzucker)
25 g Mehl
bis zu 25 g Butter

Dotter mit dem Staubzucker schaumig rühren. Eiklar und den Kristallzucker zu Schnee schlagen. Abwechselnd die Dottermasse, das Mehl und die flüssige Butter unter den Schnee heben.

Schwere Sandmasse (für Schnitten)

1 Ei
50 g Zucker
(½ Staub-, ½ Kristallzucker)
50 g Mehl
50 g Butter

Abtrieb aus Butter, Dotter und Staubzucker; zum Schluss Mehl und Schnee, der mit Kristallzucker geschlagen wurde, einmengen.
Anmerkung: Das Mehl kann ganz oder teilweise durch Bröseln, Mandeln, Nüsse oder Stärkemehl ersetzt werden.

Anisbögen

4 Eier
200 g Kristallzucker
100 g Mehl
10 g Anis
Fett und Mehl zum Bestreichen des Blechs

Die Eier und der Zucker werden dickschaumig gerührt und mit dem Mehl noch weitere 10 Minuten abgetrieben. Ein Blech wird befettet und bemehlt. Der Teig wird in Scheiben von 6 cm Durchmesser sehr dünn aufgestrichen, mit Anis bestreut und licht gebacken. Mit einem dünnen, biegsamen Messer werden die Scheiben vom Blech gelöst und noch heiß über einen Kochlöffelstiel oder dgl. gebogen.

Obersstanitzel

4 Eier
200 g Staubzucker
80 g Mehl
Fülle:
¼ l Schlagobers
40 g Staubzucker
Fett und Mehl zum Bestreichen des Blechs

Die Eier und der Zucker werden schaumig abgetrieben und dann mit Mehl noch gut gerührt. Von dem Teig werden auf ein befettetes und bemehltes Blech dünne, runde Scheiben von 10 cm Durchmesser gestrichen, die bei mäßiger Hitze gebacken und sofort, nachdem sie aus dem Rohr genommen wurden, mit einem biegsamen Messer vom Blech gelöst und stanitzelförmig gedreht werden.
Man lässt die Stanitzel erkalten und füllt sie knapp vor dem Servieren mit steifem, gezuckertem Schlagobers, auf das man auch einige frische Walderdbeeren streuen kann.

Biskotten

5 Eidotter
60 g Staubzucker
Klar von 5 Eiern
60 g Kristallzucker
100 g glattes Mehl
Staubzucker zum Bestreuen

Die Dotter werden mit dem Staubzucker gut schaumig gerührt und dann gleichzeitig mit dem mit Kristallzucker steif geschlagenen Schnee aus den Eiklar und mit dem Mehl vermischt.
Die Masse wird mit einer glatten Dressiertülle in Biskottenform auf ein mit glattem Papier belegtes Backblech gespritzt, mit gesiebtem Staubzucker bestaubt und im vorgeheizten Rohr bei 180 °C lichtgelb gebacken.
Anmerkung: Das Backrohr bleibt während des Backens etwa 1 cm geöffnet, um eine Dampfentwicklung zu vermeiden, damit ein Rissigwerden der Biskotten verhindert wird.

Rothschildbiskotten

4 Eidotter
80 g Kristallzucker
Klar von 4 Eiern
100 g glattes Mehl
Papier für das Blech
Mandeln zum Bestreuen
Tunkmasse

Die Dotter mit der halben Menge Kristallzucker schaumig rühren; die andere Hälfte Zucker nach und nach (auf zweimal) in den Schnee einschlagen; dann die Dottermasse dazurühren und zum Schluss das gesiebte Mehl leicht darunter mischen. (Nur kleine Mengen zubereiten, da die Masse durch Rühren leicht zu weich wird.) Daraus mit einem Dressiersack und glatter Tülle auf einem mit Papier belegten Backblech Biskottenformen spritzen, welche mit braun geriebenen Mandeln bestreut und in gut vorgeheiztem Rohr bei mittlerer Hitze gebacken werden. Die gebackenen Biskotten werden erst nach einigen Minuten vom Papier gelöst und auf der unteren Backseite mit Tunkschokolade glasiert.

Hausfreunde

Klar von 3 Eiern
150 g Kristallzucker
3 Eidotter
100 g Mehl
150 g Mandeln
150 g Rosinen
Butter und Mehl für die Form

In den halbfesten Schnee der Eiklar wird nach und nach Kristallzucker beigefügt und verschlagen. Die Dotter, das Mehl, die geschälten, länglich geschnittenen Mandeln und die Rosinen werden eingerührt.
Die Masse wird in eine befettete und bemehlte Bischofsbrotform gefüllt und bei mäßiger Hitze im Rohr gebacken. Das erkaltete Gebäck wird in dünne Scheiben geschnitten, die man auf ein Blech legt und in dem kaum warmen Rohr bäht.

Topfenblätterteig (Seite 456)

Gebackene Mäuse (Seite 448)

Linzer Torte (Seite 412)

Germknödel (Seite 434)

Gekochter Grießstrudel (Seite 425)

Marillenragout mit Schneenockerln (Seite 527)

Mohn-Nuss-Kuchen (Seite 523)

Milchrahmstrudel
mit Vanillesauce
(Seite 423)

Süßer Kürbisstrudel
mit Zimtsabayon
(Seite 424)

3 Eier
140 g Staubzucker
100 g Mehl, 140 g Mandeln
140 g Rosinen, 30 g Zitronat
Butter und Mehl für die Form

Hausfreunde (aus gerührtem Teig)

Die Eier und der Staubzucker werden fest gerührt und dann mit dem Mehl, den ungeschälten, grob geschnittenen Mandeln, dem geschnittenen Zitronat und den geputzten Rosinen vermischt.
Die Masse wird einen Dreiviertel- bis einen Zentimeter dick auf ein mit Butter bestrichenes und bemehltes Backblech gestrichen, eventuell mit Papierstreifen gestützt und bei mäßiger Hitze eine Viertelstunde gebacken. Das fertige Gebäck wird in schmale Streifen geschnitten, die man noch einige Minuten lang im Rohr bäht.

Klar von 3 Eiern
3 Eidotter
55 g Kristallzucker
55 g Mandeln
30 g Feigen oder Arancini
55 g Zitronat, 55 g Rosinen
55 g Mehl
Butter und Mehl für die Form

Bischofsbrot

In den mit Zucker steif geschlagenen Schnee der Eiklar werden die Dotter, die geschälten, länglich geschnittenen Mandeln, die Feigen, das geschnittene Zitronat, die Rosinen und das Mehl eingerührt. Die Masse wird in eine befettete und bemehlte Rehrückenform gefüllt und eine Dreiviertel- bis 1 Stunde lang bei mittlerer Hitze im Rohr gebacken.

70 g Kristallzucker
3 Eidotter
20 g Mandeln
15 g Rosinen
Zitronenschalen
Klar von 3 Eiern
60 g Mehl, evtl. 50 g Butter
Butter und Mehl für die Form

Bischofsbrot (aus gerührtem Teig)

Die Hälfte des Zuckers und die Dotter werden schaumig gerührt, mit den geschälten, gestiftelten Mandeln, den Rosinen, den abgeriebenen Zitronenschalen, dem mit dem restlichen Zucker ausgeschlagenen Schnee und Mehl vermengt (eventuell 50 g zerlassene Butter einmengen).
Die Masse wird in einer befetteten und bemehlten Bischofsbrotform bei 170 °C im Rohr gebacken.

2 Eier
4 Eidotter
140 g Kristallzucker
140 g glattes Mehl
5 g Anis
Butter und Mehl für die Form

Anisbrot

Eier, Dotter und Zucker werden schaumig gerührt, mit dem Mehl und dem Anis vermischt, in eine befettete und bemehlte Bischofsbrotform gefüllt und bei mäßiger Hitze gebacken. Das erkaltete Gebäck wird in dünne Scheiben geschnitten.
Anmerkung: Man kann die Scheiben auch im Rohr bähen.

4 Eidotter
2 Eier
140 g Kristallzucker
60 g Mandeln
140 g Mehl
Butter und Mehl für die Form

Mandelzwieback

Dotter und Eier werden mit Zucker dickschaumig gerührt und mit den geschälten, gestiftelten Mandeln und dem Mehl vermischt.
Die Masse wird in eine befettete und bemehlte Bischofsbrotform gefüllt, im Rohr gebacken und nach dem Erkalten in dünne Scheiben geschnitten.

Reichenauer Zwieback

220 g Kristallzucker
4 Eier
250 g Mehl
Butter und Mehl für die Form

Der Kristallzucker wird mit den Eiern dickschaumig gerührt, dann mit dem Mehl vermischt und in einer befetteten und bemehlten Bischofsbrotform gebacken.
Wenn er ausgekühlt ist, schneidet man den Zwieback in einen halben Zentimeter dicke Scheiben, die man auf einem Blech im Rohr bäht.

Biskuitroulade

5 Eier
150 g Kristallzucker
Saft und abgeriebene Schale von einer halben Zitrone
1 Messerspitze Vanillezucker
100 g glattes Mehl
evtl. geschälte Mandeln
150 g Marillenmarmelade
50 g Staubzucker zum Bestreuen

Die Dotter werden mit einem Drittel der Zuckermenge, mit der abgeriebenen Zitronenschale und dem Vanillezucker gut schaumig gerührt. Zum Eiklar kommt eine Prise Salz, evtl. ein paar Tropfen Zitronensaft; dann wird begonnen, Schnee zu schlagen. Wenn das Eiklar Konsistenz angenommen hat, wird die Hälfte des restlichen Kristallzuckers beigefügt und weiter geschlagen, bis der Zucker verschlagen ist. Dann kommt der restliche Zucker dazu und der werdende Schnee wird so lange geschlagen, bis er zwar steif ist, aber nicht so fest, dass Mehl und Eidotter nicht mehr untergehoben werden können, ohne die Konsistenz des Schnees zu zerstören. Die Dottermasse wird nun vorsichtig mit einer Teigspachtel eingerührt. Bevor Schnee und Dotter ganz vermischt sind, wird das gesiebte Mehl untergehoben. Die Masse wird ungefähr 1–1 ½ cm dick auf ein mit Papier belegtes Blech gestrichen und bei ca. 200 °C 10–12 Minuten goldgelb gebacken. Auf einen bemehlten Bogen Papier stürzen, noch heiß vom Backpapier lösen, mit glatt gerührter Marmelade bestreichen und straff einrollen. Die Rolle wird mit Staubzucker bestreut oder mit Marmelade bestrichen, mit grob gehackten weißen (geschälten) Mandeln bestreut oder mit weißer oder rosa Zuckerglasur überzogen und in etwa 2 cm dicke Scheiben geschnitten.
Anmerkung: Biskuitroulade ist eigentlich die am einfachsten zuzubereitende Biskuitmehlspeise. Dennoch sind zum Erreichen eines guten Ergebnisses einige Punkte zu beachten:

1. Je länger die fertige Masse »auf das Backen warten muss«, umso mehr fällt sie in sich zusammen und verliert im Endergebnis an Schaumigkeit.
   • Bevor man mit dem Abklären der Eier beginnt, ist das Rohr vorzuheizen, das Backblech mit dem Papier vorzubereiten, das Mehl zu sieben und sind Teigkarte sowie Gummispachtel bereitzulegen.
2. Das Ergebnis ist vom Zustand des Eischnees abhängig. Fett ist der »Todfeind« beim Schneeschlagen.
   a) Befühlt man Plastikgeschirr, wird man immer eine an Fett erinnernde Schicht an der Oberfläche wahrnehmen.
   • Metall- oder Glasschüssel zum Schneeschlagen verwenden.

b) Mit Säure kann Fett neutralisiert werden.

• Die Schüssel mit der Schnittfläche einer halbierten Zitrone ausschmieren und evtl. einige Tropfen Zitronensaft in das Eiklar geben.

3. Ein wenig Salz macht das Schneeschlagen leichter, abgesehen davon benötigt jede Mehlspeise auch etwas Salz.

   • Dem Eiklar immer ein wenig Salz zufügen.

4. Bei überschlagenem Schnee lassen sich die weiteren Zutaten sehr schwer unterheben – Eiweißinseln entstehen im Gebäck.

   • Vorsicht beim Schneeschlagen mit Handmixer und Küchenmaschinen; das Schlagen mit dem Schneebesen erfordert zwar ein wenig »Muskelschmalz«, sichert dem Ungeübten jedoch erfahrungsgemäß gute Ergebnisse.

5. Jedes unnötige Rühren im fertigen Eischnee lässt diesen ein wenig zusammenfallen.

   a) Die Dottermischung niemals so lange unter den Teig heben, bis alles gut vermischt ist, sondern das »Unter-den-Schnee-Heben« der Zutaten so einteilen, dass alles erst dann gut mit dem Schnee vermischt ist, wenn die letzte Zutat eingearbeitet wurde.

   b) Niemals die Zutaten mit einem Schneebesen unter den Schnee rühren; immer mit einer Teigspachtel oder dem Kochlöffel vorsichtig einheben, indem man die Teigspachtel von der Mitte her durch den Eischnee gleiten lässt, dann nach unten bewegt und am Geschirrrand wieder nach oben hebt, während man den Schneekessel gleichzeitig leicht dreht.

Indianerkrapfen

Biskuitmasse:
6 Eidotter
10 g Mehl
1 Messerspitze Vanillinzucker
Klar von 6 Eiern
70 g Kristallzucker
50 g Mehl
40 g Stärkemehl
⅛ l Schlagobers
50 g Staubzucker
Schokoladeglasur (siehe Seite 546; die 1½-fache Menge)
Butter und Mehl für das Blech

Die Dotter, der Vanillinzucker und die kleine Mehlmenge werden gut schaumig gerührt. Die Eiklar werden mit dem Kristallzucker zu einem steifen Schnee geschlagen. Beide Massen werden vermischt; Mehl und Stärkemehl werden mit einem Kochlöffel untergehoben.

Der Teig wird mit einem glatten, mit einem sehr weiten Spritzröhrchen versehenen Spritzsack in Form kleiner Krapfen auf ein befettetes und bemehltes oder mit Papier belegtes Blech dressiert und bei mäßiger Hitze eine Viertelstunde lang im Rohr gebacken.

Die Krapfen werden, von der Grundfläche ausgehend, mit einem Parisienneausstecher (Kugelausstecher) ausgehöhlt und nach dem vollständigen Erkalten mit steifem, gezuckertem Schlagobers gefüllt. Je 2 Krapfen werden zusammengesetzt und mit Schokoladeglasur überzogen.

Kaffeecremekrapfen

Die fertigen Krapfen (Masse und Zubereitung wie im vorangegangenen Rezept) werden mit gezuckertem Schlagobers, in das man tropfenweise sehr starken, kalten schwarzen Kaffee einrührt, gefüllt und mit Kaffeefondant überzogen.

Orangenschnitten

Biskuitmasse:
3 Eier
50 g Kristallzucker
50 g Mandeln
25 g Brösel
50 g Marillenmarmelade
Butter und Mehl für das Blech
Fülle:
⅛ l Schlagobers
20 g Staubzucker
Orangenglasur (siehe Seite 548)
125 g Kristallzucker
1 dl Wasser
½ Kl Erdäpfelsirup
1 Orange

Eier und Zucker werden dickschaumig gerührt, mit den geschälten, geriebenen Mandeln und Bröseln vermischt, 1 ½ cm hoch auf ein befettetes und bemehltes Blech gestrichen und im Rohr bei stärkerer Hitze gebacken. Das Gebäck wird mit Marillenmarmelade bestrichen und in zwei beliebig lange, ungefähr 8 cm breite Streifen geschnitten. Der eine Streifen wird mit Orangenglasur überzogen, der andere 1 cm hoch mit steifem, gezuckertem Schlagobers bestrichen. Beide Streifen werden parallel zur schmalen Kante in etwa 5 cm breite Stücke geteilt. Je ein mit Orangenglasur überzogenes Stück wird auf ein mit Schlagobers bestrichenes gelegt. (Statt Schlagobers kann auch Orangencreme verwendet werden.)
Dann wird Zucker in Wasser und dem Erdäpfelsirup bis zum »Bruch« gekocht. Es werden die Orangenspalten eingetaucht und nach Erstarren des Zuckers auf die glasierten Schnitten gelegt.
Anmerkung: Statt Schlagobers kann zur Fülle der Schnitten Orangencreme genommen werden, die folgendermaßen zubereitet wird:
In 10 g heißer Butter 10 g Mehl aufschäumen lassen, mit etwas Milch und dem geseihten Saft von 1–2 Orangen und 1 Zitrone aufgießen, die Schalen von 1 Orange dazureiben, eindicken und erkalten lassen. 100 g Butter schaumig rühren, abwechselnd 50 g Staubzucker, 1 Dotter, einen halben Löffel Rum und die kalte Orangenbéchamel einmengen.

Biskuitgugelhupf

160 g Kristallzucker
5–6 Eidotter
Zitronenschalen
140 g Mehl
Klar von 6 Eiern
20 g Butter
40 g Staubzucker zum Bestreuen
Butter und Mehl für die Form

Zucker, Dotter und die Zitronenschalen werden schaumig gerührt, mit Mehl, dem Schnee aus den Eiklar und mit lauwarmer, zerlassener Butter leicht vermischt, in eine befettete und bemehlte kleine Gugelhupfform gefüllt und 1 Stunde im Rohr bei 170 °C gebacken.
Der aus der Form gestürzte Gugelhupf wird mit Zucker bestreut. (Man kann ihn auch mit Schokoladeglasur überziehen.)

Zitronatcreme

Biskuitmasse:
3 Eidotter
50 g Kristallzucker
Klar von 3 Eiern
50 g Mehl
Butter und Mehl für die Form
Creme:
3 Eidotter
1 Ei, ¼ l Milch
100 g Staubzucker
1 Messerspitze Vanillezucker
1 Kl Reismehl
¼ l Schlagobers
80 g Zitronat
1 El Rum, 3 Blatt Gelatine

Die Dotter werden mit dem Kristallzucker schaumig gerührt; Schnee von den Eiklar und Mehl dazumengen. Diese Biskuitmasse wird fingerhoch auf ein befettetes und bemehltes Blech oder auf Papier gestrichen, gebacken und in der Größe der Cremeform ausgestochen.
Für die Creme werden die Dotter, das Ei, Milch, Staubzucker, das Stückchen Vanille und das Reismehl über Dampf dickschaumig geschlagen. Nach dem Erkalten der Creme verrührt man diese mit dem steifen Schlagobers, dem nudelig geschnittenen, mit Rum befeuchteten Zitronat und mit in 2 Esslöffeln heißem Wasser gelöster Gelatine. Man füllt die Creme in eine kleine Bombenform und stellt die gut verschlossene Form 2 Stunden lang in den Tiefkühlschrank. Man taucht sie einen Augenblick in warmes Wasser und stürzt sie dann auf das Biskuitblatt.

Almbuttertorte

Biskuitmasse:
4 Eidotter
140 g Kristallzucker
Saft von einer halben Zitrone
Klar von 4 Eiern
120 g Mehl
Butter und Mehl für die Form
Kaffeeglasur (siehe Seite 548)
Cremefülle:
⅛ l Schlagobers
3 Eidotter
140 g Butter
50 g Staubzucker
1 Messerspitze Vanillezucker

Die Dotter werden mit dem Zucker und dem Zitronensaft schaumig verrührt und mit dem steifen Schnee der Eiklar und dem Mehl vermengt. Die Masse wird in einer befetteten und bemehlten Tortenform bei mäßiger Hitze gebacken. Ist die Torte erkaltet, wird sie zweimal durchgeschnitten, mit unten beschriebenen Cremen gefüllt und mit Kaffeeglasur oder einer anderen Glasur überzogen.
Cremefülle I: Obers und Dotter werden über Dampf dickschaumig geschlagen und nach dem Erkalten zu einem Abtrieb aus Butter und vanilliertem Zucker gemischt. Man kann statt Schlagobers auch Kaffeeobers oder Milch verwenden.
Cremefülle II: 30 g Mehl und 50 g Zucker in einem Achtelliter Milch glatt rühren. Unter laufendem Rühren gut verkochen lassen, bis die Masse Blasen wirft. Dann vom Feuer nehmen, weiterrühren und überkühlt 80 g Butter und Vanille oder Kaffee langsam einrühren. (Diese Creme gerinnt nicht.)

Ananascremetorte

Biskuittorte
Fülle:
4 Scheiben Ananas
Ananassaft, 4 Eidotter
120 g Kristallzucker
1 Kl Reismehl
Saft und Schale einer halben Zitrone
200 g Butter

Eine fertige Biskuittorte (siehe Almbuttertorte) wird nach dem Erkalten zweimal waagrecht durchgeschnitten, mit Ananascreme gefüllt, zusammengesetzt, mit weißer Glasur überzogen und mit kandierten Ananaswürfeln verziert.
Für die Fülle werden Scheiben einer eingelegten Ananas kleinwürfelig geschnitten und mit einem Teil des Saftes gedünstet; erkalten lassen. Der restliche Saft wird mit den Dottern, Zucker, Reismehl, Zitronensaft und

fein geschnittener Zitronenschale über Dunst zu einer sehr dicken Creme geschlagen, die man nach dem vollständigen Erkalten mit einem schaumigen Abtrieb aus Butter und den Ananaswürfeln mischt.
Anmerkung: Heute werden sehr selten fette Buttercremen verwendet. Trotzdem sollte man diese Rezepte nicht gleich verwerfen: 200 g Butter werden einfach durch ¼ l geschlagenes Obers mit 2 Blatt eingeweichter, in etwas heißer Flüssigkeit aufgelöster Gelatine ersetzt. Anstelle der Dosenananas verwendet man 1 Babyananas und schon präsentiert sich die Torte in modernem Gewand.
Übrigens: Die Flüssigkeit kann Fruchtsaft, aber ohne weiteres auch etwas passendes klares »Geistiges« sein.

Dobostorte

Biskuitmasse:
4 Eidotter
140 g Kristallzucker
Klar von 4 Eiern
120 g Mehl
1 Kl Backpulver
Butter und Mehl für das Blech
Schokoladecreme:
250 g Butter
150 g Schokolade
80 g Staubzucker
1 Eidotter
150 g Kristallzucker für die Karamellglasur
40 g Haselnüsse
Butter für Brett und Messer

Die Dotter werden mit dem Kristallzucker schaumig gerührt; das Mehl, mit etwas Backpulver vermischt, wird mit dem Eiklarschnee leicht vermengt.
Die Masse wird in Tortenformgröße in 6–8 kreisrunden dünnen Scheiben auf sehr gut befettete, bemehlte Backbleche gestrichen, bei mäßiger Hitze im Rohr gebacken, noch warm abgelöst und mit der Tortenform ausgestochen. Mit einer Ausnahme werden alle Scheiben nach dem vollständigen Erkalten mit Schokoladecreme bestrichen, aufeinander gelegt und am Rand gleichmäßig mit Creme dünn bestrichen.
Für die Schokoladecreme gibt man zur schaumig gerührten Butter erweichte Schokolade, Staubzucker und den Dotter und rührt alles schaumig.
Die Karamellglasur der Torte wird folgendermaßen zubereitet: Ein Brett – um 3–4 cm größer als die zu glasierende Tortenscheibe – wird mit Butter gut bestrichen. Hierauf wird Kristallzucker in einer Pfanne unter beständigem Rühren bis zum Gelbwerden erhitzt und dann rasch über die unbestrichene Biskuitscheibe gegossen. Bevor die Glasur erstarrt, wird sie entsprechend den Tortenstücken mit einem gebutterten Messer in Schnitten geteilt; die abgeronnene Glasur wird vorsichtig ringsherum abgeschnitten und die glasierten Stücke der Scheibe werden sodann auf die Torte gelegt. An der Seite wird die Torte mit blättrig geschnittenen Haselnüssen bestreut.
Anmerkung: In diesem Fall ist die Buttercreme gerechtfertigt, weil es sich bei der Dobostorte um einen Klassiker handelt. Würde die Creme durch eine Schokooberscreme ersetzt werden, hätte man möglicherweise eine wesentlich bessere, modernere und leichtere Torte, aber eben keine Dobostorte.

Dobosschnitten

Auf dieselbe Weise wie bei der Dobostorte angegeben wird eine Biskuitmasse hergestellt. Die fertige Masse wird ganz dünn auf ein sehr gut bestrichenes und mit Mehl bestaubtes Blech gestrichen, bei mittlerer Hitze gebacken und noch warm in Streifen von ungefähr 6 cm Breite geschnitten. 5–6 Streifen werden mit Schokoladecreme bestrichen, der letzte mit Karamellglasur glasiert. Jeder Streifen wird quer in ungefähr 2–3 cm breite Schnitten geteilt; diese werden übereinander gelegt, wobei die mit Karamellglasur versehenen Schnitten den Abschluss bilden. Das seitliche Bestreuen mit Haselnüssen fällt bei den Dobosschnitten weg.

Malakofftorte

Biskottenmasse von 6 Eiern (siehe Seite 472)
oder 60 Biskotten
zum Tränken:
⅛ l Wasser
120 g Kristallzucker
⅛ l Rum
1 abgeriebene Orangenschale
Creme:
140 g Mandeln
1 Messerspitze Vanillezucker
¼ l Schlagobers
3 Blatt Gelatine
2 El Rum
Garnierung:
100 g Tunkmasse
6 Biskotten
12 kandierte Kirschen

Das Achtel Wasser, Kristallzucker und abgeriebene Orangenschale aufkochen und mit Rum versetzen (Flüssigkeit zum Tränken). Die Biskotten backen oder fertige Biskotten bereitstellen. Die Mandeln in kochendes Wasser einlegen, schälen, trocknen, reiben und auf ein Blech streuen; im Rohr ein wenig Farbe nehmen lassen. Blattgelatine einweichen.
Die Biskotten kurz in die Tränkflüssigkeit eintauchen; den Boden und den Rand einer Tortenform mit Biskotten auslegen. Creme (siehe unten) und Biskotten abwechselnd einfüllen; mit den Biskotten abschließen. Die Torte im Kühlschrank etwa 2 Stunden anziehen lassen.
Die Torte mit geschlagenem Obers einstreichen und am Rand 12 Schlagobersrosetten dressieren. Mit in Tunkmasse getauchten Biskotten und kandierten Kirschen verzieren.
Für die Creme Schlagobers schlagen und Vanillezucker und die erkalteten Mandeln einmischen. Die eingeweichten, ausgedrückten Gelatineblätter in warmem Rum auflösen und flott unter die Creme rühren.

Biskottentorte

40 Biskotten
geriebene Mandeln zum Bestreuen
Creme:
¼ l Milch
25 g Vanillepuddingpulver
100 g Schokolade
100 g Kristallzucker
5 g Kakao, ⅜ l Schlagobers
2 Blatt Gelatine

Der Boden einer Tortenform wird mit Papier belegt; darauf werden die Biskotten geschichtet und mit Schokoladecreme bestrichen; wieder mit Biskotten belegen und mit Creme bestreichen und kalt stellen. Mit geriebenen Mandeln bestreuen.
Für die Schokoladecreme Puddingpulver, Kakao und Kristallzucker in etwa 2 Esslöffel kalte Milch anrühren. Die restliche Milch aufkochen und die Puddingpulvermischung einkochen. 2 Minuten verkochen lassen; die zerbröckelte Schokolade und die eingeweichte Blattgelatine in die noch heiße Masse einrühren. Das geschlagene Obers wird dann unter die kalte Schoko-Pudding-Masse gerührt.

Tipp: Die Biskotten können auch mit Läuterzucker, der mit ein wenig Kaffeelikör vergeistigt wurde, getränkt werden.

Punschkrapferln

Biskuit von 6 Eiern
Punschfülle:
30 Biskotten oder Biskuitanschnitte
60 g Ribiselmarmelade
60 g Haselnüsse
100 g Schokolade

1 Orange, 2 El Rum (darf je nach Geschmack auch »ein bisserl mehr« sein)
Glasur:
3 Becher Punschglasur
Dekoration:
60 g kandierte Kirschen
10 g Pistazienkerne
Läuterzucker zum Beträufeln des Biskuits:
100 g Kristallzucker
1 dl Wasser, 1 El Rum

Für die Biskuitböden Backblech mit Papier auslegen und die Biskuitmasse etwa 1 ½ cm dick aufstreichen; dann bei 200 °C im vorgeheizten Rohr backen.
Für die Punschfülle Haselnüsse rösten und reiben. Die Schokolade im Wasserbad erweichen, etwas Orangenschale abreiben; den Saft der Orange auspressen. Die Schokolade mit Ribiselmarmelade, den Nüssen, Orangensaft, Orangenschale und Rum verrühren, Biskuitreste und Biskotten zerbröseln, untermengen und die Masse anziehen lassen.
Die Punschglasur im Wasserbad zergehen lassen. (Sie darf eine Temperatur von 40 °C nicht übersteigen!)
Die Biskuitflecke in zwei gleich große Rechtecke schneiden und mit dem Läuterzucker beträufeln (für den Läuterzucker Wasser mit Kristallzucker einmal aufkochen und den Rum beifügen). Auf einem der Biskuitflecke wird die Fülle etwa 2–3 cm dick aufgetragen. Darauf wird der zweite Biskuitfleck gelegt und mit einem Schneidbrett leicht an die Masse gepresst.
Die mit Punschfülle vorbereiteten Biskuitrechtecke werden nun in Quadrate von 3 cm Kantenlänge geschnitten, wobei man das Sägemesser nach jedem Schnitt in kochendes Wasser taucht.
Die Punschkrapferln werden in heiße Marillenmarmelade getaucht (apprikotiert) und mit rosa Glasur verziert.
Als Dekoration können gehackte Pistazien und halbierte kandierte Kirschen verwendet werden.

Karamellkrapferln

3 Eier
40 g Kristallzucker
40 g Mehl
Butter und Mehl für das Blech
Karamellcreme:
70 g Zucker
1/16 l Wasser, 3/16 l Milch
15 g Stärkemehl
1/16 l Milch
1 Eidotter, Vanillezucker
1/16 l Schlagobers

Die Eier werden mit dem Zucker über Dampf dickschaumig geschlagen, mit dem Mehl leicht vermischt, einen halben Zentimeter dick auf ein gebuttertes, bemehltes Blech gestrichen und bei mittlerer Hitze hellgelb gebacken.
Man sticht nun Krapferln mit einem Durchmesser von ungefähr 4 cm aus, setzt je 2 mit Schlagobers zusammen, richtet sie auf einer Glasschüssel an, übergießt sie knapp vor dem Anrichten mit der Karamellcreme und verziert sie mit gezuckertem Schlagobers.
Für die Karamellcreme wird Zucker auf dem Feuer dunkelgelb geröstet und mit Wasser aufgekocht. 1/8 l Milch wird dazugegossen und nach nochmaligem Aufkochen wird Stärkemehl, welches mit der restlichen

Milch, Dotter und Vanillin vermischt wurde, eingerührt. Man lässt die Creme unter beständigem Rühren dicklich kochen (ca. 2 Minuten) und stellt sie bis zum Anrichten in kaltes Wasser. Zum Schluss wird geschlagenes Obers leicht darunter gemengt.

Warme Biskuitmehlspeisen

Salzburger Nockerln

6 Eiklar
120 g Kristallzucker
3 Eidotter
20 g glattes Mehl
1 Messerspitze Vanillezucker
abgeriebene Zitronenschale
50 g Butter für die Form
30 g Staubzucker zum Bestreuen

Bei der Zubereitung von Salzburger Nockerln müssen alle Arbeitsgänge sehr zügig durchgeführt werden, um ein Zusammenfallen des Schnees und schlussendlich der Nockerln zu vermeiden (siehe dazu Biskuitrolle, Seite 491).

Das Rohr auf ca. 200–220 °C vorheizen; die Auflaufform befetten; fettfreien Schneekessel, Teigkarte, Schneebesen und Teigspachtel griffbereit hinlegen. Das Mehl auf ein Papier sieben; Kristallzucker zum Bestreuen und Unterplatte (Trageplatte) bereitstellen.
Erst jetzt mit der Zubereitung beginnen.
Zuerst die Eiklar mit Kristallzucker steif schlagen. Die Dotter mit Vanillezucker und der abgeriebenen Zitronenschale verrühren und abwechselnd mit dem Mehl unter den Schnee heben, wobei die Dottermasse mit dem Schnee nicht zu 100 Prozent gleichmäßig vermischt sein muss. Mit der Teigkarte sticht man nun drei große Nockerln aus der Masse, setzt sie in die Form, bezuckert sie und bäckt sie 7–10 Minuten. Die Nockerln sollten innen noch cremig sein; sie dürfen keinesfalls ganz durchgebacken werden. Salzburger Nockerln müssen sofort serviert werden.
Anmerkung: Anstatt die Form mit Butter zu bestreichen, kann man auch den Boden mit vanilliertem Obers bedecken, um die Nockerln darauf zu setzen.
Zu den Nockerln können leichte Vanillesauce, Schokoladesauce, Beerensaucen oder Preiselbeeren gereicht werden.
Tipp: Damit die Nockerln nicht so leicht zusammenfallen, kann man beim Schneeschlagen einen Kaffeelöffel Vanillepuddingpulver mit den letzten Schlägen zum Schnee geben.
Noch ein Tipp: Bevor die Salzburger Nockerln ins Rohr kommen, mit ein wenig Kristallzucker bestreuen, der während des Backens karamellisiert.

Biskuitomelette (aus mehl- und zuckerreichem Teig)

Biskuitomelettenmasse (für 4 Portionen):
10 Eidotter
125 g Staubzucker
125 g Kristallzucker
Klar von 10 Eiern
1 Kl Rum
200 g Mehl
Butter zum Backen
Marmelade
Staubzucker zum Bestreuen

Die Dotter werden mit dem Staubzucker sehr schaumig gerührt und mit dem mit Kristallzucker geschlagenen Schnee der Eiklar nebst Rum und Mehl gleichzeitig eingemengt. Von dieser Masse werden je nach Größe der Omelettenpfanne 4–5 Omeletten auf folgende Weise gebacken: In der Pfanne lässt man Butter heiß werden, füllt den Teig ungefähr fingerhoch ein und bäckt die Omelette im Rohr, bis sie eine hellbraune Farbe hat. Man füllt sie mit Marmelade, schlägt sie zusammen und serviert sie sofort, nachdem man sie mit Staubzucker bestreut hat.

Biskuitomelette (aus eierreichem Teig)

Biskuitomelettenmasse:
10 Eidotter, 50 g Staubzucker
25 g Kristallzucker
Klar von 10 Eiern
75 g Mehl, Butter zum Backen
Marmelade
Staubzucker zum Bestreuen

Die Zubereitungsweise ist die gleiche wie die der Biskuitomelette (siehe vorherige Anleitung).

Stephanie-Omelette

Biskuitomelettenmasse:
Klar von 5 Eiern
100 g Kristallzucker
5 Eidotter
60 g Mehl
Fülle:
Marillenmarmelade
Kompottfrüchte
Butter zum Backen
Staubzucker zum Bestreuen

In den Schnee der Eiklar mengt man nach und nach den Kristallzucker, schlägt diesen sehr steif, bis aller Zucker aufgelöst ist, und rührt dann den Dotter und das Mehl leicht ein.
Von dieser Masse werden Omeletten, wie bei der Biskuitomelette angegeben, gebacken. Man bestreicht sie mit Marmelade, füllt sie mit leicht erwärmten, würfelig geschnittenen Kompottfrüchten, schlägt sie zusammen, stürzt sie auf eine Platte und bestreut sie mit Zucker.

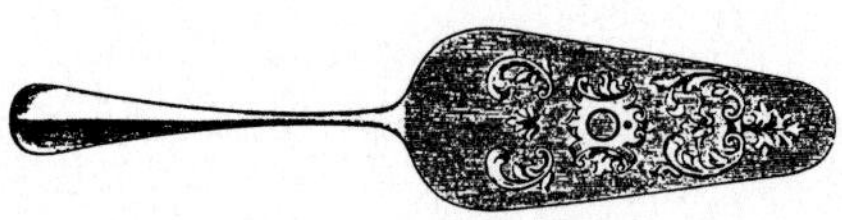

Aus leichter Sandmasse
(mit zerlassener Butter)

Grazer Zwieback

Klar von 5 Eiern
100 g Staubzucker
1 Messerspitze Vanillezucker
80 g Mehl
30 g Butter
Butter und Mehl für die Form
Zucker zum Bestreuen

In den festen Schnee aus den Eiklar mengt man nach und nach den gesiebten Staubzucker mit Vanillegeschmack, das Mehl und die lauwarme, zerlassene Butter leicht ein.
Die Masse wird in einer befetteten, bemehlten Bischofsbrotform gebacken und nach dem vollständigen Erkalten in dünne Schnitten geteilt, die man mit Zucker bestreut, auf ein unbefettetes Blech legt und im wenig heißen Rohr bäht.

Biskuitkuchen aus leichter Sandmasse

120 g Butter
4 Eidotter
Klar von 4 Eiern
120 g Zucker
120 g Erdäpfelmehl
Butter und Mehl für die Form

Die Butter wird schaumig gerührt und mit den Dottern abgetrieben. In den festen Schnee aus den Eiklar mischt man den Zucker leicht ein und rührt ihn und das Erdäpfelmehl abwechselnd zu dem Abtrieb.
Die Masse wird in eine befettete und bemehlte Bischofsbrotform gefüllt, bei mäßiger Hitze im Rohr gebacken und ausgekühlt in Scheiben geschnitten.

Biskuit (warm geschlagene Masse)

Leichte Sandmasse:
70 g Kristallzucker
2 Eier
1 Eidotter
50 g Mehl
30 g Butter
Butter und Mehl für die Form

Zucker, Eier und Dotter werden über Dunst dickschaumig geschlagen, vom Feuer genommen und weitergeschlagen, bis die Masse ausgekühlt ist. Dann gibt man das Mehl und die ausgekühlte zerlassene Butter dazu. Die Masse wird in einer bestrichenen und bestaubten Bischofsbrotform bei starker Hitze gebacken und ausgekühlt in Scheiben geschnitten.

Biskuitrolle (warm geschlagene Masse)

Leichte Sandmasse:
100 g Kristallzucker
4 große Eier
100 g Mehl
30 g Butter
200 g Marillenmarmelade
Zucker zum Bestreuen
Papier für das Blech

Auf dieselbe Art wie im vorherigen Rezept angegeben, wird eine Sandmasse zubereitet, fingerdick auf ein mit glattem Papier belegtes Blech gestrichen und bei stärkerer Hitze gebacken, bis sich die Masse vom Papier löst.
In noch heißem Zustand wird dann das Papier abgelöst, das Biskuit mit erwärmter Marillenmarmelade bestrichen und sofort eingerollt. Die mit Zucker bestreute Rolle wird in Scheiben geschnitten.
Dieselbe Masse, dünn auf ein stark befettetes und bemehltes Backblech gestrichen, bei starker Hitze gebacken, mit heißer Marmelade bestrichen

und noch auf dem Blech straff gerollt, dient zum Auslegen von Bombenformen.

Ulmer Kuchen

Leichte Sandmasse:
3 Eier, 4 Eidotter
150 g Kristallzucker
70 g Weizenmehl
40 g Reismehl
50 g Rosinen
70 g Butter
Butter und Mehl für die Form
weiße Glasur (siehe Seite 547)
40 g Mandeln

Die Eier und Dotter werden mit dem Zucker über Dunst geschlagen, bis die Masse dicklich ist. Nach dem Entfernen des Schneekessels vom Herd wird die Masse kalt geschlagen, dann mit Weizenmehl, Reismehl, Rosinen und zuletzt mit ausgekühlter zerlassener Butter verrührt und in einer befetteten und bemehlten Tortenform (oder Kuppelform) langsam gebacken.
Der Kuchen wird nach dem Erkalten mit weißer Glasur überzogen und mit grob gehackten, geschälten Mandeln bestreut. (Man kann ihn auch nur in feinem Puderzucker drehen.)

Mokkacremetorte

Leichte Sandmasse:
100 g Mehl
4 Eier, 2 Eidotter
140 g Kristallzucker
20 g Reismehl
50 g Butter
Butter und Mehl für die Form
Mokkacreme (siehe Seite 539)

Aus den Eiern, den Dottern, dem Zucker, dem Mehl, dem Reismehl und der zerlassenen Butter wird auf dieselbe Weise wie beim Ulmer Kuchen eine Sandmasse bereitet, die man in einer befetteten und bemehlten Tortenform bäckt.
Nach dem Erkalten wird die Torte waagrecht zweimal durchgeschnitten, mit Mokkacreme gefüllt und mit dieser auch von außen bestrichen und verziert.

Erdbeercremetorte

Leichte Sandmasse:
4 Eier, 2 Eidotter
Schale von einer viertel Zitrone
140 g Kristallzucker
50 g Reismehl
50 g Weizenmehl, 70 g Butter
Butter und Mehl für die Form
Erdbeercreme:
¼ l Schlagobers, 30 g Zucker
$\frac{1}{16}$ l Erdbeermark
3 Blatt Gelatine
Saft von 1 Zitrone
100 g Erdbeeren

Die Dotter, die Eier, die fein gehackte Zitronenschale und der Zucker werden über Dunst dickschaumig geschlagen. Dann wird der Schneekessel vom Dunst entfernt und die Masse kalt geschlagen, worauf man sie mit Reismehl, Weizenmehl und ausgekühlter zerlassener Butter vermengt und in einer befetteten und bemehlten Tortenform bäckt.
Vor dem Servieren wird die vollständig erkaltete Torte 1–2 cm hoch mit Erdbeercreme bestrichen, mit frischen Erdbeeren belegt und so lange in den Kühlschrank gestellt, bis die Creme steif ist.
Für die Erdbeercreme werden Zucker und Erdbeermark leicht in das fest geschlagene Obers eingerührt und mit aufgelöster Blattgelatine gefestigt.
Man kann die Torte auch durchschneiden und mit Creme füllen.

Königstorte

6 Eidotter
1 Ei
210 g Kristallzucker
210 g Mandeln
Schale von einer viertel Zitrone
Klar von 6 Eiern
100 g Butter
100 g Mehl
Butter und Mehl für die Formen
Marillenmarmelade
weiße Glasur (siehe Seite 547)
Mandelbögen (siehe Seite 467)

Die Dotter und das Ei werden mit dem Zucker schaumig gerührt; geschälte, geriebene Mandeln, fein geriebene Zitronenschale, Eiklarschnee, Mehl und zuletzt zerlassene Butter einmengen.
Die Masse wird in zwei befetteten und bemehlten Tortenformen (einer größeren und einer kleineren) gebacken. Nach dem Erkalten werden beide Torten waagrecht durchgeschnitten und mit Marillenmarmelade gefüllt. Die größere der beiden Torten wird auch auf der oberen Fläche mit Marmelade bestrichen und die kleinere darauf gelegt.
Die so zusammengelegte Torte wird mit weißer Glasur überzogen und eventuell mit kleinen Mandelbögen verziert.

Falsche Spiegeleier

Eine rund ausgestochene Biskuit- oder Sandmasse wird mit Marillenmarmelade bestrichen, mit einer gut abgetropften halben gedünsteten Marille belegt und rundherum mit Schlagobers bestrichen, sodass sie einem Spiegelei gleicht.

Komtessäpfel

Leichte Sandmasse:
2 Eier
50 g Kristallzucker
50 g Mehl
10 g Butter
Papier für das Blech
Marillenmarmelade
250 g Äpfel
20 g Kristallzucker
Zitronensaft
¼ l Wasser
Spanischer Wind (siehe Seite 466, ½ Menge)

Die Eier und der Zucker werden über Dunst dickschaumig geschlagen und hierauf mit Mehl und lauwarmer zerlassener Butter leicht verrührt. Man streicht diese Masse einen Dreiviertelzentimeter hoch auf ein mit Papier belegtes Blech und bäckt sie bei stärkerer Hitze, bis sie sich vom Papier löst.
Nach dem Auskühlen sticht man aus dem Biskuit runde Scheiben von ungefähr 5 cm Durchmesser aus, die man auf einer Seite mit Marillenmarmelade bestreicht.
Halbierte, geschälte Äpfel, aus denen man die Kerngehäuse herausgeschnitten hat, werden mit Zucker und Zitronensaft in Wasser halb weich gekocht und auf ein Sieb zum Abtropfen und Erkalten gelegt.
Je eine mit Marmelade bestrichene Scheibe wird mit einem halben gedünsteten Apfel belegt. Darüber wird Spanischer Wind spiralenförmig gespritzt, den man in mäßig heißem Rohr lichtgelb werden lässt.

Warmer Kabinettspudding

8 Eidotter, 160 g Kristallzucker
1 El Reismehl, ⅜ l Obers
1 Messerspitze Vanillezucker
Biskuitmasse (siehe Seite 491, ½ Menge)
Sachermasse (siehe Seite 505, ½ Menge)
⅛ l Maraschino
Dunstobst
Mehl und Zucker für die Puddingform
Vanillecreme:
¼ l Obers, 150 g Kristallzucker
6 Eidotter, 10 g Reismehl
1 Vanilleschote

Die Dotter, der Zucker, das Reismehl, die Vanille und das Obers werden über Dunst dicklich geschlagen. Ist das Gemisch erkaltet, mischt man die würfelig geschnittene, in Maraschino getränkte Schokolade- und Biskuitmasse und das kleinwürfelig geschnittene Dunstobst oder kandierte Früchte ein, füllt die Masse in eine mit Butter ausgestrichene, mit Mehl oder Zucker ausgestaubte Puddingform und kocht sie eine halbe Stunde im Wasserbad. Der Pudding wird vor dem Servieren mit Vanillecreme (auch Ananascreme) übergossen.
Für die Vanillecreme wird eine Mischung aus Obers, Zucker, Dottern, Reismehl und Vanille über Dunst dicklich geschlagen.

Aus schwerer Sandmasse
(mit Butterabtrieb)

Königskuchen

100 g Butter
100 g Staubzucker
3–4 Eidotter, Schale von einer viertel Orange
30 g Rosinen, 30 g Mandeln
Klar von 3–4 Eiern
100 g Mehl
Butter und Mehl für die Form
Staubzucker zum Bestreuen

Die schaumig gerührte Butter wird mit dem Zucker, den Dottern, der abgeriebenen Orangenschale, den Rosinen, den geschälten, geriebenen Mandeln, dem steifen Schnee aus den Eiklar und dem Mehl vermischt. Die Masse wird in eine befettete und bemehlte Kuchenform gefüllt und im Rohr gebacken. Der Kuchen wird im noch warmen Zustand mit Zucker bestreut.

Blitzkuchen

80 g Butter
4 Eidotter
240 g Staubzucker
Zitronenschalen
Klar von 4 Eiern
160 g Mehl
Butter zum Bestreichen der Form
Mandeln zum Bestreuen

Die Butter wird mit den Dottern, dem Zucker und den Zitronenschalen gut abgerührt; dann den Schnee und das Mehl dazumischen.
Diese Masse wird in eine befettete, bemehlte und mit Mandeln bestreute Gugelhupfform gefüllt und eine Dreiviertelstunde im Rohr gebacken. Man kann den Kuchen auch in einer Tortenform backen und mit Kirschen füllen, indem man die Hälfte der Masse in die Form gibt, Kirschen darauf streut und die zweite Hälfte der Masse darauf gießt.

Marillenkuchen (schwere Sandmasse)

150 g Butter
75 g Staubzucker
75 g Kristallzucker
3 Eier
abgeriebene Zitronenschalen
Vanillezucker
150 g glattes Mehl
Butter und Mehl für das Blech
600 g Marillen
50 g Kristallzucker
Zucker zum Bestreuen
evtl. Oblaten und Vanillepuddingpulver

Die Butter wird mit dem Staubzucker, den Eidottern, dem Vanillezucker und den fein gehackten Zitronenschalen schaumig gerührt. Das Eiklar mit einer Prise Salz und dem Kristallzucker zu Schnee schlagen. Dann werden abwechselnd Mehl und Schnee vorsichtig unter den Butterabtrieb gemischt.

Die Masse wird ca. 2 cm dick auf ein gebuttertes, bemehltes Blech gestrichen, mit halbierten Marillen belegt, mit Kristallzucker bestreut und im mittelheißen Rohr hellgelb gebacken. Der Kuchen wird nach dem Erkalten in gleichmäßige Stücke geteilt und angezuckert.

Dieselbe Masse kann, mit Rosinen oder Weinbeeren gemischt, in Rehrücken-, Biskuit- oder Gugelhupfform gebacken und als Kaffeegebäck gereicht werden.

Tipp: Legt man die Sandmasse noch vor dem Belegen mit Marillen mit Oblaten aus, versinkt das Obst nicht in der Masse.

Wenn man den Kuchen vor dem Backen mit Vanillepuddingpulver bestäubt, wird dadurch nicht nur der austretende Fruchtsaft gebunden, sondern es entsteht auch ein angenehm schmeckender cremiger Film über dem Obst.

Kirschkuchen (schwere Sandmasse)

Wird wie Marillenkuchen zubereitet; anstelle der Marillen werden entkernte Kirschen verwendet.

Zwetschkenkuchen (schwere Sandmasse)

Wird wie Marillenkuchen zubereitet; anstelle der Marillen werden entkernte Zwetschken, die mit einer Zimt-Zucker-Mischung bestreut werden können, verwendet.

Englisches Dunstkoch (Englischer Pudding)

Die schaumig gerührte Butter wird mit Zucker, Dottern und Eiern gut abgetrieben und mit Rosinen, Weinbeeren, geschnittenem Zitronat, fein gehackter Zitronenschale, sehr wenig Muskatnuss, dem Rum und dem Mehl vermengt.
Die Masse wird in einer befetteten, mit Zucker ausgestreuten Puddingform 1 Stunde im Dunst gekocht. Der gestürzte Pudding wird mit Rum übergossen und, nachdem man diesen angezündet hat, brennend serviert.

140 g Butter
2 Eier, 2 Eidotter
70 g Staubzucker
100 g Rosinen
100 g Weinbeeren
100 g Zitronat
Schale von einer halben Zitrone, Muskatnuss
2 El Rum, 100 g Mehl
Butter und Kristallzucker für die Form, 2 EL Rum zum Übergießen

Weißer Kirschkuchen

Butter, Zucker, Dotter und Eier werden schaumig gerührt; zum Schluss wird das Mehl leicht untergehoben.
Die Masse wird in eine befettete und bemehlte Tortenform gefüllt, mit Kirschen belegt und gebacken. Der Kuchen wird mit Zucker bestreut.
Anmerkung: Diese Masse sollte mindestens 15 Minuten mit der Rührmaschine verrührt werden. Sie ist bei dieser Zubereitungsart wesentlich kompakter und daher für Ungeübte nicht empfehlenswert.

100 g Butter
2 Eier
2 Eidotter
100 g Staubzucker
100 g Mehl
Butter und Mehl für die Form
150 g Kirschen
Staubzucker zum Bestreuen

Brauner Kirschkuchen

Die Butter wird schaumig gerührt und nach und nach mit dem Zucker, den Dottern, dem Ei und der geriebenen Schokolade gut abgetrieben. Mit dem Schnee aus den Eiklar werden zugleich die ungeschälten geriebenen Mandeln und die Brösel eingemengt.
Die Masse wird in eine befettete und bemehlte Tortenform gefüllt, mit Kirschen belegt und im Rohr langsam gebacken.
Der Kuchen wird mit Zucker bestreut.

100 g Butter
100 g Staubzucker
2 Eidotter, 1 Ei
60 g Schokolade
Klar von 2 Eiern
30 g Biskuitbrösel
(= zerriebene Biskotten)
100 g Mandeln, 150 g Kirschen,
Zucker zum Bestreuen
Butter und Mehl für die Form

Nusskuchen

Die Butter wird mit dem Zucker, den Eiern und den Dottern sehr schaumig gerührt, mit dem Mehl vermischt in einer bestrichenen und bestaubten Tortenform licht gebacken, mit nachfolgend angeführter Fülle bestrichen und nochmals für eine Viertelstunde ins Rohr gestellt.
Für die Fülle mischt man in den festen Schnee aus den Eiklar Zucker, geriebene Nüsse, Vanille und ungeschälte, geriebene Mandeln.

100 g Butter
140 g Staubzucker
2 Eier, 2 Eidotter, 140 g Mehl
Fülle:
Klar von 2 Eiern
150 g Kristallzucker
Vanille
120 g Nüsse
30 g Mandeln
Butter und Mehl für die Form

50 g Butter
70 g Zucker
2 Eidotter
60 g Schokolade
1 Messerspitze Zimt
2 Nelken
1 Neugewürzkorn
Zitronenschale von einer achtel Zitrone
eine sehr kleine Prise Muskatnuss
70 g geriebene Mandeln
30 g gestiftelte Mandeln
Klar von 2 Eiern
2 Oblaten
50 g Ribiselmarmelade
Glasur:
60 g Staubzucker
Saft von einer viertel Zitrone
1 El Wasser

Seminarschnitten

Zu einem Abtrieb von schaumig gerührter Butter mengt man nach und nach die Dotter, den Zucker, die erweichte Schokolade, den Zimt, die gestoßenen Nelken und das Neugewürz, die Zitronenschale und die Muskatnuss und mischt hierauf gleichzeitig mit dem Schnee die geriebenen, ungeschälten Mandeln und die gestiftelten braunen Mandeln ein. Die Masse wird auf zwei Oblaten aufgestrichen, im mäßig warmen Rohr langsam gebacken, nach dem Erkalten mit Ribiselmarmelade bestrichen und mit dünner Staubzuckerglasur (oder dünner Zitronenfondantglasur) überzogen. Ist diese getrocknet, so teilt man die Schnitten (Girafferln) in etwa 7 cm lange und 2 cm breite Schnitten.
Für die Staubzuckerglasur wird der Staubzucker mit Zitronensaft und beiläufig einem Löffel heißen Wasser zu einer sehr dünnen Glasur gerührt. Will man die Staubzuckerglasur glänzend haben, so rührt man ganz wenig Eiklar ein, muss sie jedoch längere Zeit trocknen lassen.

Aus Grieß

600 g Milch
Salz
Vanillezucker
30 g Kristallzucker
90 g Weizengrieß
¼ l Schlagobers
2 Blatt Gelatine

Grießflammeri

Die Blattgelatine in kaltem Wasser einweichen. Die Formen mit kaltem Wasser ausspülen.
Die Milch mit einer Prise Salz, Zucker und Vanillezucker aufkochen. Den Grieß einrühren und kurz verkochen lassen.
Die eingeweichte Gelatine ausdrücken und in die warme Grießmasse rühren. Wenn die Grießmasse ausgekühlt ist, das geschlagene Obers einrühren und mit einem Dressiersack ohne Tülle in die Formen spritzen.
Im Kühlschrank mindestens zwei Stunden kühlen.
Als Beigaben eignen sich gedämpfte oder frische Früchte, Fruchtsaucen, Schokolade-, Vanille-, Nougatsauce u. Ä.

Grießschmarren

½ l Milch
Salz
120 g Grieß
1 Messerspitze Vanillezucker
abgeriebene Zitronenschale
2 Eidotter, 2 Eiklar
30 g Kristallzucker
100 g Butter
Zwetschkenröster oder Fruchtsaft
Staubzucker zum Bestreuen

In die kochende Milch gibt man Salz, rührt den Grieß hinein, lässt ihn dick einkochen und anschließend abkühlen. Die Dotter und die Aromaten darunter mischen.
Die Eiklar werden mit dem Kristallzucker zu Schnee geschlagen und unter die Grießmasse gehoben. In einer Pfanne lässt man nun Butter zergehen und füllt die Grießmasse ein. Man bäckt diese auf beiden Seiten und lässt sie dann im vorgeheizten Rohr bei etwa 170 °C durchbacken. Abschließend wird der Schmarren mit zwei Gabeln zerrissen.
Der fertige Grießschmarren wird mit Zucker bestreut und mit Zwetschkenröster oder Fruchtsaft angerichtet.

Grießtorte mit Nüssen

200 g Grieß
¼ l Milch
150 g Kristallzucker
80 g Nüsse
Rum, ½ Päckchen Backpulver
Marmelade zum Füllen
Staubzucker zum Bestreuen
Fett und Mehl für die Form

Grieß und Milch eine halbe Stunde ziehen lassen; dann die geriebenen Nüsse, Zucker, Backpulver und Rum dazugeben und gut rühren. In einer befetteten und bemehlten Form ca. 10 Minuten heiß und dann langsam fertig backen. Wenn sie ausgekühlt ist, schneidet man die Torte durch; mit Marmelade füllen und mit Staubzucker bestreuen oder mit Kaffeeglasur überziehen.

Grießschmarren mit Erdäpfeln

300 g Erdäpfel
150 g Grieß
⅛ l Milch (oder Wasser)
½ Päckchen Backpulver
50 g Fett
Kompott oder Fruchtsaft
Staubzucker zum Bestreuen

Tags zuvor gekochte Erdäpfel reiben und mit Grieß, Milch oder Wasser und Backpulver vermischen. Dann lässt man Fett zergehen, gibt die Masse hinein, lässt sie zugedeckt braun werden, wendet sie und bäckt sie abgedeckt fertig. Mit Staubzucker bestreuen und Fruchtsaft oder Kompott dazu servieren.

Grießpudding (Grießdunstkoch)

150 g Grieß
½ l Milch
Salz
100 g Butter
2–3 Eidotter, 1 Ei
120 g Staubzucker
abgeriebene Zitronenschalen
Klar von 2–3 Eiern
Butter und Kristallzucker für die Form
Fruchtsaft oder Chaudeau

In die kochende, gesalzene Milch wird der Grieß eingekocht, bis ein dicker Knödel entsteht, in den man noch warm die Butter einrührt. Die Dotter, das Ei, Zucker und Zitronenschalen werden schaumig gerührt. Danach wird der ausgekühlte Grieß und zuletzt der feste Schnee aus den Eiklar eingemengt.
Diese Masse wird in eine befettete, bezuckerte Puddingform gefüllt und eine Dreiviertelstunde im Dunst pochiert. (Kann aber auch als Auflauf in befetteter und mit Bröseln bestreuter Schüssel gebacken werden.)
Zu dem gestürzten Pudding wird Fruchtsaft oder Chaudeau (Weinschaum) aufgetragen.

Grießknöderln

70 g Weizengrieß
¼ l Milch
80 g Butter
Salz
1 Vanilleschote
Schale von 1 Zitrone
3 Eier
50 g Butter
50 g Kristallzucker
100 g Brösel
Fruchtmark oder Schokolade- oder Nougatsauce
50 g Staubzucker zum Bestreuen

Die Milch mit etwas Salz, dem Mark einer Vanilleschote und der Butter aufkochen. Den Grieß einlaufen lassen und etwa 4–5 Minuten verkochen lassen. Die Grießmasse überkühlen und die Eier sowie die abgeriebene Zitronenschale einrühren.
Mit befeuchteten Händen Knödel formen. Im leicht gesalzenen Wasser etwa 12 Minuten pochieren.
In in Butter gerösteten Bröseln wälzen.
Tipp: Zum Wälzen können auch Mohn, geriebene Pistazienkerne, geriebene Nüsse, mit Staubzucker vermischt, verwendet werden.
Die Knödel werden mit Fruchtmark, Schokolade- oder Nougatsauce serviert.

Aus Reis

Milchreis

1 ¼ l Milch
160 g Rundkornreis
Salz
40 g Kristallzucker
30 g Butter

Der Reis wird zuerst in wenig Wasser aufgekocht und dann erst in Milch weich gekocht. Dann fügt man Salz, Zucker und Butter dazu.
Tipp: Cremiger wird der Reis, wenn man die Hälfte der Milch durch Schlagobers ersetzt. Man kann auch noch das Ausgekratzte einer Vanilleschote zur Milch-Obers-Mischung geben.

Reisauflauf

200 g Rundkornreis
1 l Milch
Salz
120 g Butter
80 g Staubzucker
abgeriebene Zitronenschalen
2 Eidotter
Klar von 2 Eiern
Butter und Brösel für die Schüssel
Staubzucker zum Bestreuen
evtl. Rosinen

Der Reis wird in Milch weich gekocht und gesalzen; auskühlen lassen. Inzwischen rührt man die Butter mit dem Zucker und die abgeriebenen Zitronenschalen schaumig, fügt nach und nach die Dotter, den ausgekühlten Reis und den Schnee aus den Eiklar (und allenfalls Rosinen) hinzu.
Dann füllt man diese Mischung in eine mit Butter ausgestrichene und mit Bröseln ausgestreute Auflaufschüssel und bäckt den Reisauflauf etwa 35 Minuten im mäßig heißen Rohr, worauf man ihn mit dem Zucker bestreut und sogleich serviert.

Apfelreis

Wird zubereitet, indem man die Hälfte des Reisauflaufs in eine Auflaufschüssel füllt, diese mit 400 g blättrig geschnittenen Äpfeln belegt, dann die zweite Hälfte des Reises darauf gibt und alles im Rohr bäckt.
An Stelle der Äpfel kann man auch Birnen, Kirschen, Marillen oder Marmelade in den Reis füllen. Auch kann man den Reis mit Windmasse (oder Marillenschaum) verzieren, die man jedoch, weil die Windmasse sonst braun würde, bevor der Reis ausgebacken wäre, erst dann aufspritzen darf, wenn der Reis schon halb gar ist.
Für die Windmasse braucht man das Klar von 3 Eiern und 210 g Zucker. Die Eiklar werden zu einem festen Schnee geschlagen, in den man ein Drittel des Zuckers einschlägt und zwei Drittel des Zuckers nur leicht einrührt.
Für den Marillenschaum werden 40 g Staubzucker, das Klar von 2 Eiern und Marillenmarmelade so lange gerührt, bis die Masse so steif ist, dass der Kochlöffel darin stehen bleibt. Hierauf wird der feste Schnee von noch 3 Eiklar leicht darunter gemengt.

Berliner Reis

Wird wie Apfelreis zubereitet und im Rohr gebacken.
Dann wird der Reis mit Marmelade bestrichen, mit grob gehackten (geschälten) Mandeln bestreut und nochmal so lange ins Rohr gestellt, bis sich die Mandeln ein wenig bräunen. Hierauf wird er mit Zucker bestreut.
Man kann den Reis auch in einer Kasserolle backen und zum Servieren mit einer Schmarrenschaufel herausstechen.

Kalter Früchtereis

1 l Milch
200 g Reis
1 Messerspitze Vanillezucker
140 g Kristallzucker
$\frac{1}{10}$ l Wasser
$\frac{3}{8}$ l Schlagobers
3 Blatt Gelatine
3 El Wasser für die Gelatine
Dunstobst zum Auslegen der Form
$\frac{1}{4}$ l Fruchtmark (oder Fruchtsaft)

In die kochende Milch gibt man den Reis und die Vanille. Wenn der Reis weich gekocht ist, rührt man den gesponnenen Zucker ein, lässt ihn vollständig erkalten, mischt das steif geschlagene Obers darunter und unter Umrühren die Gelatine, die in heißem Wasser aufgelöst wurde.
Eine mit kaltem Wasser ausgeschwenkte Cremeform wird mit beliebigem Dunstobst ausgelegt und der Reis wird eingefüllt. Die gut verschlossene Form wird für die Dauer von wenigstens 2 Stunden in den Kühlschrank gestellt, vor dem Anrichten gestürzt und mit Fruchtsaft oder Fruchtmark serviert.

Fruchtreis mit Pfirsichen und Himbeermark

Fertiger Früchtereis wird mit halbierten, geschälten, in Rum oder Arrak getauchten Pfirsichen belegt und mit Himbeermark übergossen.

Kalte Reiscreme

200 g Reis
½ Orange
120 g Kristallzucker
⅛ l Wasser
Creme:
¼ l Obers (oder Milch)
5 Eidotter
1 Ei
70 g Kristallzucker
¼ Vanilleschote
3 Blatt Gelatine
3 El Wasser für die Gelatine
¼ l Schlagobers
Kompott:
2 Orangen
150 g Kristallzucker
1/10 l Wasser

Der Reis wird in Wasser weich gekocht, abgeseiht, mit dem dick gesponnenen Zucker, dem Orangensaft und abgeriebene Orangenschale beigegeben wurden, vermengt und kalt gestellt.
Man bereitet die Creme zu: Das Obers, die Dotter, das Ei, der Zucker und die Vanilleschote werden über Dampf dickschaumig geschlagen und, erkaltet, mit der in heißem Wasser aufgelösten Gelatine, dem Reis und dem Schlagobers vermischt.
Die Reiscreme wird nun in eine mit kaltem Wasser ausgeschwenkte Form gefüllt, gut verschlossen und für die Dauer von 2 Stunden in den Kühlschrank gestellt. Vor dem Servieren wird die Creme gestürzt und mit Orangenkompott umgeben.
Für das Orangenkompott werden geschälte, in dünne Scheiben geschnittene Orangen mit dick gesponnenem Zucker übergossen und bis zum Gebrauch kalt gestellt.

Aus Semmeln

Semmelschmarren

6 Semmeln bzw. Weißbrot (altbacken)
2 Eier, ⅜ l Milch
100 g Staubzucker, Salz
60 g Rosinen
80–100 g Butter
Zwetschkenröster
Staubzucker zum Bestreuen

Die Milch wird mit den Eiern, dem Zucker und Salz versprudelt und über das blättrig geschnittene Gebäck gegossen. Wenn dieses genügend erweicht ist, gibt man es nebst Rosinen in heiße Butter und lässt den Schmarren im Rohr ausdünsten, worauf man ihn, mit Zucker bestreut, auf den Tisch bringt (Beilage: Zwetschkenröster).

Kirschenschmarren

Wird unter Beimengung von Kirschen in den Teig wie Semmelschmarren zubereitet.

Scheiterhaufen

6 Semmeln (altbacken)
$\frac{1}{4}$ l Milch
1–2 Eier
20 g Rosinen
20 g Mandeln
60 g Butter
60 g Kristallzucker
400 g Äpfel
Butter zum Bestreichen der Schüssel

Die Semmeln werden blättrig geschnitten und mit Milch, in der Eier abgesprudelt wurden, übergossen. Wenn sie gleichmäßig durchzogen sind, legt man sie in eine befettete Auflaufschüssel schichtweise ein, bestreut jede Schicht mit Rosinen, geschälten, gestiftelten Mandeln, geschälten, blättrig geschnittenen Äpfeln, Zucker und kleinen Stückchen Butter, schließt mit Semmelmasse ab und bäckt alles bei mäßiger Hitze.

Kipfelkoch

Wird aus Kipfeln wie Scheiterhaufen zubereitet.

Kaiserkoch

80 g Butter
50 g Staubzucker
2–3 Eidotter
4 Semmeln (altbacken)
$\frac{1}{8}$ l Milch (oder Wasser) zum Einweichen
40 g Mandeln
Klar von 2–3 Eiern
Butter und Brösel für die Schüssel
Kirschen

Zur schaumig gerührten Butter gibt man nach und nach den Zucker, die Dotter, die entrindeten, in Milch eingeweichten, ausgedrückten, passierten Semmeln, die geschälten, geriebenen Mandeln und den steifen Schnee aus den Eiklar.
Die Hälfte der Masse wird in eine befettete und mit Bröseln bestreute Auflaufschüssel gefüllt und mit Kirschen (oder blättrig geschnittenen geschälten Äpfeln) belegt; mit der zweiten Hälfte überdecken und alles eine halbe Stunde backen.
Man kann auch über das gebackene Koch Marillenschaum spritzen und so lange backen, bis das Soufflé sich gelb färbt.

Pofesen

6 Semmeln (altbacken)
$\frac{3}{8}$ l Milch
1 Ei
150 g Semmelbrösel
250 g Fett
Zwetschkenmus:
200 g Dörrpflaumen
1 Messerspitze Zimt
Staubzucker
Zitronenschalen
1 Kl Rum

Die abgerindeten Semmeln werden in 1 cm dicke Scheiben geschnitten, die man in Milch eintaucht, dann in Ei und Semmelbröseln paniert, in heißem Fett bäckt und auf Küchenkrepp abtropfen lässt. Je zwei Scheiben werden mit Mus von gedörrten Zwetschken oder mit Powidl zusammengesetzt und mit Zimt und Zucker bestreut.
Für das Zwetschkenmus werden die Zwetschken in Wasser gekocht, entkernt, fein geschnitten, mit Zucker, Zimt, den fein gehackten Zitronenschalen und dem Rum bei mittlerer Hitze gut verrührt und ausgekühlt.
Statt in Milch kann man die Semmeln auch in Wein (Rot- oder Weißwein) tauchen. Man nennt diese Pofesen dann »Besoffene Ritter«.

Haselnussdunstkoch

100 g Butter
100 g Staubzucker
4 Eidotter
3 Semmeln (altbacken)
⅛ l Milch zum Einweichen
80 g Haselnüsse
100 g Kristallzucker für Nüsse
Klar von 4 Eiern
Butter und Zucker für die Form
Haselnusscreme (siehe Seite 539)

Die schaumig gerührte Butter wird mit dem Zucker und den Dottern verrührt, mit den entrindeten, erweichten, ausgedrückten, passierten Semmeln, den geriebenen, mit Zucker gebrannten Haselnüssen und dem Schnee aus den Eiklar vermischt.
Die Masse wird in eine befettete, mit Zucker bestreute Puddingform gefüllt und 1 Stunde in Dunst gekocht.
Als Beigaben eignen sich Haselnusscreme, Chaudeau oder Schlagobers.

Mandel- und Nussdunstkoch

Können ebenso zubereitet werden.

Aus Topfen

Topfenteig: gleiche Menge Mehl, Butter und Topfen.

Topfenkuchen

100 g Butter
100 g Staubzucker
3–4 Eidotter
Zitronenschalen
100 g Topfen
100 g Mandeln
Klar von 3–4 Eiern
Butter und Mehl für die Form
Zucker zum Bestreuen

Die schaumig gerührte Butter wird mit Zucker, den Dottern, den fein gehackten Zitronenschalen, dem passierten Topfen und den geschälten, geriebenen Mandeln verrührt. Zum Schluss den Schnee aus den Eiklar darunter mengen.
Die Topfenmasse wird in eine befettete und bemehlte Tortenform gefüllt und eine Dreiviertelstunde im Rohr langsam gebacken. Der fertige Kuchen wird mit Zucker bestreut.
Anmerkung: Man kann diese Masse auch auf einem Mürbteigboden backen.

Topfentascherln

120 g Mehl
120 g Butter
120 g Topfen
Salz
Zitronenschalen
Marmelade
Klar von 1 Ei zum Bestreichen
Zucker zum Bestreuen

Das Mehl wird mit der Butter abgebröselt und mit dem passierten Topfen, den Zitronenschalen und Salz rasch zu einem Teig geknetet, den man nach halbstündigem Rasten im Kühlschrank messerrückendick auswalkt und in Form von 10 cm großen Quadraten ausradelt.
Jedes Teigviereck wird in der Mitte mit Marmelade belegt. Die Ränder werden mit Eiklar bestrichen. Der Teig wird entweder zu dreieckigen oder zu viereckigen Tascherln übereinander geschlagen. Die Tascherln werden mit Eiklar bestrichen und im heißen Rohr gebacken. Die fertigen Topfentascherln werden mit Zucker bestreut.

Topfenschmarren

300 g Topfen
1–2 Eidotter, ⅛ l Sauerrahm
50 g Staubzucker
30 g Rosinen
Zitronenschalen
80 g Mehl
Klar von 1–2 Eiern
50 g Butter
Zucker zum Bestreuen
evtl. Powidlsauce oder Kompott

Der passierte Topfen wird mit den Dottern, mit Rahm, Zucker, Rosinen, Zitronenschalen, Mehl und dem festen Schnee vermengt. In einer Pfanne lässt man Butter heiß werden, gibt die Masse hinein und lässt sie im Rohr ausdünsten. Die Masse wird dann mit 2 Gabeln zerrissen und mit Zucker bestreut. Man kann auch Powidlsauce oder Kompott dazu servieren.

Topfenknödel mit Zwetschkenröster

Masse für Topfenknödel:
350 g Topfen
5 Scheiben fein geriebenes Toastbrot ohne Rinde
2 Eidotter, 20 g Butter
50 g Staubzucker
1 abgeriebene Zitronenschale
Salz, Butterbrösel:
100 g Brösel, 100 g Butter
20 g Staubzucker
200 g Zwetschkenröster

Den Topfen mit den Eidottern und der handwarmen Butter verrühren, Staubzucker, Zitronenschale, Salz beifügen, mit dem geriebenen Toastbrot auf eine formbare Konsistenz bringen und mindestens 2 Stunden im Kühlschrank anziehen lassen.
Dann kleine Knöderln formen und etwa 8 Minuten in Salzwasser ziehen lassen. Die Knöderln in gerösteten Butterbröseln wälzen, anzuckern und mit Zwetschkenröster servieren.

Topfengrießknödel

250 g Topfen
60–80 g Butter
3 Eidotter
Salz
100 g grober Grieß
Klar von 3 Eiern
80 g Butter
50 g Semmelbrösel

Die schaumig gerührte Butter wird mit den Dottern, dem passierten Topfen, Salz und Grieß gut verrührt und eine Zeit lang stehen gelassen, damit der Grieß aufquillt.
Nachdem man den Schnee aus den Eiklar dazugerührt hat, formt man Knödel und kocht einen zur Probe in Salzwasser ein. (Ist der Teig zu fest, so gibt man einen Löffel sauren Rahm, ist er zu locker, einen Löffel Grieß oder Semmelbrösel dazu.) Die Knödel werden 12–15 Minuten in Salzwasser langsam gekocht und mit in Butter gerösteten Semmelbröseln bestreut.
Als Beigabe schmecken Zwetschkenröster, Kirschen- oder Heidelbeerenkompott (gedünstet oder eingekocht).

Topfenauflauf

200 g Topfen
50 g Butter
4 Eidotter
70 g Staubzucker
⅛ l Sauerrahm
2 Semmeln
⅛ l Milch zum Einweichen der Semmeln
4 Eiklar
10 g Kristallzucker
1 abgeriebene Zitronenschale
1 Messerspitze Vanillezucker
Butter zum Befetten
Kristallzucker für die Form

Die Semmeln werden entrindet und in Milch eingeweicht.
Aus Butter, Dotter und Staubzucker wird ein Abtrieb schaumig gerührt, in den dann der Topfen, der Sauerrahm und die ausgedrückten Semmeln eingerührt werden.
Die Eiklar werden mit Kristallzucker und wenig Salz zu einem (schlampigen) Schnee geschlagen; das bedeutet, dass der Schnee zwar Konsistenz haben soll, aber nicht zu stark ausgeschlagen sein darf. Der Schnee wird unter die Topfenmasse gehoben.
Die Masse wird in bebutterte und mit Kristallzucker ausgestreute Auflaufformen gegeben und im vorgewärmten Rohr, im Wasserbad, etwa 40 Minuten pochiert.
Anschließend mit Vanillezucker zuckern und in der Form servieren.

Aus Schokolade

Sachertorte

Torte:
140 g Butter
10 dag Staubzucker
180 g Schokolade
8 Eidotter
12 dag Kristallzucker
Klar von 8 Eiern
120 g Mehl
Butter und Mehl für die Form
Fülle:
Marillenmarmelade
Glasur:
300 g Kristallzucker
⅛ l Wasser
250 g Schokolade

Die weiche Butter mit dem Staubzucker schaumig rühren. Eidotter nach und nach zugeben und die erweichte Tunkmasse einrühren.
Eiklar mit Kristallzucker zu einem schmierigen Schnee schlagen; unter die Buttermasse heben und das Mehl einmelieren.
Einen Tortenreifen mit Backpapier eindrehen, auf ein Blech stellen und die Masse einfüllen. Im vorgeheizten Backrohr bei 170 °C etwa 60 Minuten backen.
Mit Mehl leicht stauben und auf ein Brett stürzen. Sobald die Torte erkaltet ist, wird sie zweimal durchgeschnitten, mit erhitzter Marmelade gefüllt, zusammengesetzt und mit heißer Marillenmarmelade bestrichen.
Für die Glasur Zucker mit Wasser und die Schokolade zu einem langen Faden kochen lassen (108 °C). Tablieren, bis die Glasur genügend dick ist und etwa 40 °C hat; dann damit die Torte überziehen.
Tablieren bedeutet: Die Glasur wird in eine Metallschüssel geleert und mit dem Kochlöffel mit einer Hand laufend gerührt. Mit der anderen Hand leert man einen Schöpfer von dieser Glasur auf die Arbeitsfläche, die im Idealfall eine Marmorplatte ist, und verstreicht sie mit der Palette über die Fläche; schiebt sie wieder zusammen, verstreicht sie wieder und vergisst nicht, mit der anderen Hand die Glasur nebenbei zu rühren. Wenn die Glasur auf der Arbeitsfläche zäh wird, kratzt man diese wieder in die Schüssel, verrührt alles, gibt wieder einen Schöpfer voll Glasur auf die Arbeitsfläche und tabliert diese. Dieser Vorgang wird so lange wiederholt, bis die ganze Glasur die richtige dickliche Konsistenz, Farbe

und Lippentemperatur hat. Erst dann wird die Glasur auf einmal über die Torte geleert und mit ein oder zwei Palettenstrichen über die Torte verteilt. Auch kann man mit der Palette über den Rand streichen, wenn die Glasur nicht überall gleichmäßig abrinnt.
Tipp: Um Unebenheiten bei der Torte auszugleichen, kann man etwas Marillenmarmelade mit den Bröseln, die beim Aufschneiden der Torte anfallen, vermischen und mit dieser Bröselmarmelade die nicht so exakten Stellen (meist am Rand) glatt verstreichen.

Schokoladetorte

140 g Butter
140 g Schokolade
Vanillezucker, Staubzucker
8 Eidotter, 140 g Kristallzucker
Klar von 8 Eiern
80 g Mehl, 20 g Reismehl
Marmelade
Schokoladeglasur (siehe Seite 546)
Butter und Mehl für die Form

Die Schokoladetorte wird wie die Sachertorte zubereitet.
Anmerkung: Damit Torten saftig bleiben, beträufelt man die auseinander geschnittenen Tortenscheiben mit Läuterzucker, der mit passenden Alkoholika aromatisiert wurde. Im Falle dieser Torte würde man Grand Marnier oder Cointreau zum Läuterzucker geben (auch weißer Rum passt zu Schokolade).

Schokoladetorte mit Öl

140 g Schokolade
120 g Öl
6 Eidotter
Klar von 6 Eiern
140 g Zucker
140 g Mehl

Die Schokolade wird mit Öl erwärmt und langsam in die Dotter eingerührt.
In den mit Zucker aufgeschlagenen Schnee mengt man dann langsam abwechselnd das Mehl und die Schokolademasse ein.
Anmerkung: Bei dieser Backtechnik der Schokoladetorte zergeht die Schokosandmasse buchstäblich auf der Zunge; allerdings sollte man warme Butter anstelle des Öls verwenden.

Schokoladecremetorte

140 g Kristallzucker
7 Eier
140 g Mandeln
Butter und Mehl für die Form
Schokoladecreme (siehe Seite 540)
Schokoladeglasur (siehe Seite 546)

Der Zucker wird mit den ganzen Eiern schaumig gerührt und die ungeschälten, geriebenen Mandeln werden leicht eingemischt. Diese Masse wird dann in eine bestrichene und bestaubte Tortenform gefüllt und im Rohr bei 170 °C gebacken. Nach dem Auskühlen wird die Torte zweimal durchgeschnitten, mit Schokoladecreme gefüllt und mit Schokoladeglasur überzogen.

Schneidertorte

100 g Butter
60 g Schokolade
6 Eidotter
140 g Kristallzucker
140 g Mandeln
20 g Mehl
Klar von 6 Eiern
Butter und Mehl für die Form
Schokoladeglasur (siehe Seite 546)
140 g Butter
40 g Schokolade
30 g Haselnüsse
40 g andere Nüsse
Creme:
140 g Staubzucker
3 Eier, 1 Messerspitze Vanillinzucker, 10 g Reismehl

Die Butter wird mit im Rohr erweichter, überkühlter Schokolade, den Dottern und dem Kristallzucker schaumig gerührt, mit den ungeschälten, geriebenen Mandeln, dem Mehl und dem steifen Schnee aus den Eiklar vermengt, in eine befettete und bemehlte Tortenform gefüllt und bei mäßiger Hitze etwa 1 Stunde gebacken.
Die Torte wird zweimal durchgeschnitten, mit unten angeführter Creme bestrichen und aufeinander gelegt. Schließlich wird die Torte mit Schokoladeglasur überzogen.
Für die Creme werden Staubzucker, Eier, Vanillinzucker und Reismehl über Dampf dickschaumig geschlagen und kalt gestellt. Dann treibt man die Butter schaumig ab und rührt im Rohr erweichte, überkühlte Schokolade und dann löffelweise die ausgekühlte Creme, geriebene Haselnüsse und auch andere Nüsse ein.

Panamatorte

6 Eidotter
140 g Kristallzucker
70 g Schokolade
Klar von 6 Eiern
140 g Mandeln
Creme:
140 g Butter
140 g Staubzucker
70 g Schokolade
2 Eier
80 g Mandeln zum Bestreuen
Butter und Mehl für die Form

Der Kristallzucker wird mit den Dottern sehr schaumig gerührt. Dann gibt man die geriebene Schokolade, den festen Schnee und die ungeschälten, geriebenen Mandeln dazu und bäckt die Masse in einer befetteten, bemehlten Tortenform bei 170 °C etwa eine Dreiviertelstunde.
Nach dem vollständigen Erkalten wird die Torte einmal durchgeschnitten, mit einem Teil der Creme – zu schaumig gerührter Butter gibt man nach und nach Staubzucker, erweichte Schokolade und Eier – gefüllt, zusammengesetzt und mit der übrigen Creme von außen bestrichen. Schließlich wird die Torte mit geschälten, gerösteten, fein geschnittenen Mandeln bestreut (siehe auch Haferflockengrillage, Seite 540).

Rehrücken

140 g Butter
170 g Staubzucker
120 g Schokolade
6 Eidotter
170 g Mandeln
70 g Biskuitbrösel
Klar von 6 Eiern
Butter und Mehl für die Form
Schokoladeglasur (siehe Seite 546)
30 g Mandeln

Die Butter wird mit Staubzucker und erweichter Schokolade schaumig abgetrieben. Nach und nach werden die Dotter dazugegeben und lange fest gerührt. Hierauf werden ungeschälte, geriebene Mandeln, Biskuitbrösel und der feste Schnee aus den Eiklar zusammen eingemengt.
Die Masse wird in einer mit Butter ausgestrichenen, bemehlten Rehrückenform langsam gebacken, ausgekühlt, mit Schokoladeglasur überzogen und mit gestiftelten Mandeln gespickt.
Anmerkung: Man kann den Rehrücken vor dem Glasieren mit Marmelade bestreichen oder nach dem Glasieren Marillen- oder Ribiselmarmelade in die Rückenhöhlung füllen.
(Einfachere Masse: siehe Schokoladekuchen.)

Schokoladekuchen

100 g Butter
80 g Staubzucker
80 g Kristallzucker
180 g Schokolade
Klar von 6 Eiern
100 g Erdäpfelmehl
150 g Marillenmarmelade
Schokoladeglasur (siehe Seite 546)
Mandeln
Butter und Mehl für die Form

Die Butter wird mit dem Staubzucker sehr schaumig gerührt; dann werden die erweichte Schokolade, der Schnee, der mit dem Kristallzucker aufgeschlagen wurde, und das Mehl vorsichtig zusammengemischt.
Die Masse wird in einer befetteten, bemehlten Kasten- oder Rehrückenform gebacken, nach dem vollständigen Erkalten mit heißer Marillenmarmelade bestrichen, mit Schokoladeglasur überzogen und mit geschälten, gestiftelten Mandeln gespickt.

Kakaokuchen

70 g Butter
40 g Kakao
5 Eier
140 g Kristallzucker
70–100 g Mehl

Die Butter wird mäßig erwärmt und mit dem Kakao verrührt. Dann werden die Eier mit dem Zucker auf Dunst lauwarm, nachher langsam kalt geschlagen; nach und nach (mit einem Kochlöffel) werden das gesiebte Mehl und das Kakao-Butter-Gemisch leicht eingerührt. Die Masse wird in einer unbefetteten Tortenform bei mäßiger Hitze ungefähr 25–30 Minuten gebacken. Nach dem Backen wird die Torte mit Mehl bestaubt, mit der Form auf ein Brett gestürzt und erst überkühlt aus der Form genommen.
Anmerkung: Konditoren versieben das Kakaopulver eher mit dem Mehl, aber auch die beschriebene Technik führt zu durchaus passablen Ergebnissen.

Schokoladecremekugerln

125 g Schokolade
60 g Butter
1 Eidotter
1/16 l Schlagobers
50 g Kakaopulver

Die Schokolade wird im Rohr erweicht und mit Teebutter gut abgerührt. Dann gibt man den Dotter und flüssiges Schlagobers dazu, rührt die Menge so lange auf dem Eis, bis man Kugerln formen kann, und rollt sie dann in Kakaopulver.

Pariser Würfel

Sachermasse siehe Seite 505
(½ Menge)
Papier für das Blech
Pariser Creme:
250 g Tunkmasse
¼ l Schlagobers
Garnitur:
Tunkmasse
kandierte Kirschen

Die Sachermasse wird auf ein mit Papier belegtes Blech ca. 2 cm dick aufgestrichen, langsam gebacken und gestürzt; das Papier wird abgezogen. Nach dem vollständigen Erkalten wird die nachfolgend beschriebene Pariser Creme dick und gleichmäßig auf die Masse gestrichen, mit fein geschabter Tunkmasse bestreut, kalt gestellt und nach dem Erstarren mit einem in heißes Wasser getauchten Messer in gleichmäßige Würfel geschnitten, die man eventuell noch mit kandierten Kirschen verziert.
Für die Pariser Creme lässt man zerkleinerte Tunkmasse im Schlagobers, das knapp vor dem Aufkochen ist, zergehen, rührt alles mit einem Schneebesen glatt und stellt die Creme dann – am besten über Nacht, mindestens jedoch drei Stunden – kalt. Nun rührt man die Creme so lange, bis die Masse streichfähig geworden ist. Pariser Creme eignet sich sowohl als sehr feine Fülle für Torten (½ Masse), Rouladen, Bäckereien u. dgl. als auch zum Formen von Kugerln, Würfeln usw., die man in geriebener Schokolade, Schokoladehagel oder Hagelzucker dreht und in Papierkapseln anrichtet.

Pariser Spitz

Mürbteig:
80 g Mehl
50 g Butter
20 g Zucker
Pariser Creme
Tunkmasseglasur:
250 g Tunkmasse

Auf kleine, gebackene Mürbteigscheiben in der Größe eines 1-Euro-Stücks wird Pariser Creme (siehe vorhergehendes Rezept) mit einer großen, glatten Tülle in Spitzform dressiert und kalt gestellt. Die steif gewordenen Spitzen werden mit Tunkmasse glasiert und nach dem Erkalten in Papiermanschetten angerichtet.
Für die Tunkmasseglasur wird geschabte Tunkmasse über Dunst flüssig gemacht, auf eine Marmorplatte oder in eine Kasserolle ausgegossen, bis zum Kaltwerden abgespachtelt, wieder in die Glasurkasserolle zurückgegeben und im lauwarmen Wasserbad so lange gerührt, bis sie nicht ganz Lippenwärme erreicht hat. (Rasch arbeiten! Mit Tunkmasse glasierte Bäckereien sollten nicht gleich kalt gestellt werden.)
Anmerkung: Der oben beschriebene Vorgang des Temperierens der Tunkmasse macht so manchen Köchen Probleme. So geht es leichter: Dreiviertel der Tunkmasse im Wasserbad zergehen lassen (Vorsicht: nicht überhitzen), dann die restliche fein geriebene Tunkmasse einrühren. Die Glasurmasse ist nun auf Arbeitstemperatur und die Schokoladeglasur wird nach dem Festwerden den gewünschten Glanz bekommen.

Zaunerstollen

Pariser Creme
100 g Waffelbruch
100 g Haselnüsse
Mandelöl für die Form
250 g Tunkmasse

Pariser Creme (siehe Pariser Würfel, Seite 509) wird vor dem Steifwerden mit zerkleinertem Waffel- oder Hohlhippenbruch und braun gerösteten, geriebenen Haselnüssen vermischt, in eine mit Mandelöl befettete Form gedrückt, im Kühlschrank erstarrt, gestürzt und mit Tunkmasse überzogen.

Kapuzinerin

200 g Mandeln
200 g Staubzucker
20 g Butter
200 g Tunkmasse

Man lässt gesiebten Staubzucker in einer Kasserolle auf dem Feuer schmelzen, gibt, sobald er sich lichtbraun färbt, die geschälten, gestiftelten Mandeln dazu, verrührt sie und lässt die ganze Masse auf einem bebutterten Teller auskühlen. Die Masse wird entweder fein geschnitten oder im Mörser gestoßen; dann mengt man sie zur Tunkmasse, die man im heißen Wasserbad erweichen ließ. Es werden mit einem Kaffeelöffel kleine Busserln geformt, die man auf ein Papier legt und trocknen lässt.
Anmerkung: Die Mandeln können auch, bevor sie in den Zucker kommen, im Rohr goldgelb geröstet werden.

Schokoladewurst

210 g geriebene Mandeln
210 g Schokolade
1 Ei
120 g Kristallzucker
40 g Zitronat
40 g Mandeln
100 g Zucker zum Wälzen
40 g kandierte Früchte
Staubzucker zum Bestreuen des Bretts

Die geriebenen, geschälten Mandeln und die geriebene Schokolade werden miteinander leicht vermischt. Das Ei und der Kristallzucker werden schaumig gerührt; dazu gibt man das Mandelgemisch, mischt das würfelig geschnittene Zitronat und die geschälten, gestiftelten Mandeln darunter und lässt das Ganze in einer Rührschüssel auf leichtem Feuer warm werden. Anschließend gibt man die Masse auf ein gut mit Staubzucker bestreutes Brett, formt eine dicke Wurst daraus, wälzt sie in Zucker, garniert sie mit kandierten Früchten und lässt sie im Kühlschrank trocknen. Am nächsten Tag wird die Wurst in dünne Scheiben geschnitten.

Schokoladedessertbäckerei

Schokolademasse:
140 g Kristallzucker
5 Eidotter, 1 Ei
100 g Schokolade
Klar von 5 Eiern
140 g Mandeln
40 g Biskuitbrösel
Marillenmarmelade

Kristallzucker, Dotter und ein ganzes Ei werden sehr schaumig gerührt; dann gibt man geriebene Schokolade und zugleich mit dem Schnee aus den Eiklar ungeschälte, geriebene Mandeln und fein geriebene Biskuitbrösel dazu.
Die Masse wird auf einem mit Papier belegten Blech fingerhoch aufgetragen und im Rohr gebacken; noch heiß wird das Papier herunter-

Schokoladeglasur (siehe Seite 546)
Papier für das Blech

gelöst. Sobald die Masse erkaltet ist, sticht man mit einem runden Ausstecher Scheibchen aus, füllt sie mit Marillenmarmelade, setzt je 2 und 2 zusammen und überzieht sie mit Schokoladeglasur.
Anmerkung: Man kann die Bäckerei auch mit einer beliebigen anderen Creme füllen.

Schokoladerolle

50 g Butter
100 g Schokolade
7 Eidotter
50 g Kristallzucker
50 g Mandeln
Klar von 7 Eiern
50 g Staubzucker
20 g Mehl
¼ l Schlagobers
30 g Staubzucker
Schokoladeglasur (siehe Seite 546)
Papier für das Blech

Die schaumig gerührte Butter wird mit der im Rohr (40 °C) erweichten Schokolade, den Dottern und dem Kristallzucker sehr schaumig gerührt und mit den ungeschälten, geriebenen Mandeln, dem Mehl und dem steifen Schnee aus den Eiklar, in den man gesiebten Staubzucker eingeschlagen hat, vermischt.
Die Masse wird 1 cm dick auf ein mit Papier belegtes Blech gestrichen und im Rohr bei mittlerer Hitze so lange gebacken, bis sie nicht mehr am Papier klebt; anschließend noch heiß rollen.
Das erkaltete Gebäck wird vom Papier abgelöst, dabei wieder aufgerollt, mit steifem, gezuckertem Schlagobers bestrichen, wieder eingerollt und mit Schokoladeglasur überzogen.
Die Rolle wird in 2 cm dicke Scheiben geschnitten.
Anmerkung: Man kann die Rolle statt mit gezuckertem Schlagobers mit Schokoladecreme oder Maronireis füllen.

Maraschinokugerln

100 g Schokolade
100 g Staubzucker
50 g Mandeln
Klar von 1 Ei
1 El Maraschino
Fülle:
20 g Butter
1 Eidotter
30 g Staubzucker
1 Messerspitze Vanillezucker
1 Kl Maraschino
30 g geriebene Schokolade zum Würzen

Die geriebene Schokolade, den Zucker, die geriebenen, ungeschälten Mandeln, das Eiklar und etwas Maraschino werden auf einem Brett zu einem Teig verarbeitet und zu einer dicken Rolle geformt. Daraus werden 24 Scheiben geschnitten. Diese werden mit der unten beschriebenen Fülle gefüllt, zu Kugerln geformt und in geriebener Schokolade gewälzt.
Für die Fülle wird die Butter schaumig abgetrieben, mit einem hart gekochten, passierten Dotter, etwas Maraschino, dem Staubzucker und Vanillezucker verrührt und eine Weile kalt gestellt.

Schokoladedunstkoch

80 g Butter, 4 Eidotter
60 g Staubzucker
60 g Schokolade
3 Semmeln (altbacken)
¼ l Milch, Zitronenschalen
50 g Mandeln
Klar von 4 Eiern
Schokoladecreme (siehe Seite 540)
⅛ l Schlagobers
10 g Zucker
Butter und Mehl für die Form
20 g Mandeln zum Auslegen der Form

Zur schaumig gerührten Butter gibt man nach und nach die Dotter, den Staubzucker, die geriebene Schokolade, die entrindeten, in Milch eingeweichten, ausgedrückten, passierten Semmeln, die fein gehackten Zitronenschalen und gleichzeitig mit dem festen Schnee aus den Eiklar die ungeschälten, geriebenen Mandeln.
Die Masse wird in eine befettete, bemehlte, mit halbierten, geschälten Mandeln ausgelegte Puddingform gefüllt und 1 Stunde lang in Dunst gekocht.
Vor dem Auftragen wird der Pudding gestürzt, mit Schokoladecreme übergossen und mit gezuckertem, steifem Schlagobers serviert.

Schokoladeauflauf

3 Semmeln
70 g Schokolade
⅛ l Milch, 70 g Butter
110 g Kristallzucker
1 Messerspitze Vanillezucker
5 Eidotter, Klar von 5 Eiern
Butter für die Auflaufschüssel

Die entrindeten Semmeln werden mit im Rohr erweichter Schokolade in Milch aufgekocht, nach dem Erkalten mit schaumig gerührter Butter, vanilliertem Zucker, Dottern und dem Schnee aus den Eiklar vermengt. Die Masse wird in eine befettete Auflaufschüssel gefüllt und eine halbe Stunde in einem wenig heißen Rohr gebacken.

Mohr im Hemd

80 g Butter
4 Eidotter
80 g Staubzucker
20 g Kristallzucker
80 g Schokolade
Klar von 4 Eiern
80 g Mandeln
30–40 g Bröseln
⅛ l Schlagobers
Schokoladesauce (siehe Seite 543)
Butter und Zucker für die Form

Die Butter wird mit den Dottern, und dem Staubzucker und der geriebenen Schokolade schaumig gerührt. Dann wird das Eiklar mit dem Kristallzucker zu einem festen Schnee geschlagen, mit den geriebenen Mandeln und Biskuitbröseln in die Schokoladenmasse eingerührt, in eine befettete, mit Zucker ausgestreute Puddingform gefüllt und eine Stunde in Dunst gekocht.
Danach wird der Pudding gestürzt, mit Schokoladesauce übergossen, mit einem Kranz aus steif geschlagenem Obers umgeben und sofort serviert.

Aus Mandeln und Marzipan

Grillagetorte

Grillage:
80 g Kristallzucker
80 g Mandeln
40 g Butter

60 g Butter, 60 g Staubzucker
6 Eidotter, 50 g Mehl
Klar von 6 Eiern
40 g Zucker
⅜ l Schlagobers zur Garnierung
Butter und Mehl für die Form
Grillage zum Bestreuen:
100 g Zucker, 100 g Mandeln
50 g Butter

Grillage: Der Zucker wird goldgelb angeröstet und dann mit geschälten, geriebenen Mandeln verrührt. Man lässt die Grillage auf einem gebutterten Brett erkalten und stößt sie im Mörser (oder reibt sie mit einer Küchenmaschine fein).
In einen Abtrieb aus Butter und Staubzucker gibt man nach und nach die Dotter, rührt dies gut ab und mengt die gestoßene Grillage mit dem Schnee und dem Mehl leicht ein.
Man füllt die Masse in eine befettete, bemehlte Tortenform und bäckt sie bei 170 °C etwa 1 Stunde. Nach dem Erkalten wird die Torte durchgeschnitten, mit steifem, gezuckertem Schlagobers gefüllt und nach dem Zusammensetzen der beiden Tortenhälften auch von außen ganz mit Schlagobers bestrichen, das man mit gestoßener Grillage bestreut.

Einfache Grillagetorte

Grillage:
100 g Mandeln
100 g Kristallzucker
50 g Butter

80 g Butter
3 Eidotter
150 g Staubzucker
150 g Mehl
⅛ l Milch
1 Päckchen Backpulver
Klar von 4 Eiern
Butter und Mehl für die Form
½ l Schlagobers
Zucker
zur Garnierung:
Grillage zum Bestreuen:
100 g Kristallzucker
100 g Mandeln
20 g Butter

Die Butter wird mit den Dottern und dem Staubzucker schaumig gerührt und dann mit der Grillage, dem Mehl, der Milch, dem Backpulver und dem Schnee verrührt. Diese Masse in einer befetteten und bemehlten Tortenform langsam backen.
Mit Schlagobers bestreichen und mit Grillage bestreuen.

Grillagepudding

Grillage:
80 g Kristallzucker
80 g Mandeln
40 g Butter

60 g Butter, 4 Eidotter
100 g Staubzucker
3 Semmeln (altbacken)
¼ l Milch zum Einweichen
Klar von 4 Eiern
Zur Garnierung:
½ l Schlagobers
30 g Staubzucker
Butter und Zucker für die Form

Grillage zubereiten.
Die schaumig gerührte Butter wird mit den Dottern, dem Staubzucker, den entrindeten, in Milch eingeweichten, ausgedrückten Semmeln und der geriebenen Grillage abgetrieben und mit dem Schnee verrührt.
Die Masse wird in eine befettete, mit Zucker ausgestreute Puddingform gefüllt und 1 Stunde lang in Dampf pochiert.
Nach dem Stürzen wird der Pudding mit steifem, gezuckertem Schlagobers umgeben. Man kann statt Schlagobers auch Karamellcreme dazu servieren.

Mandeldunstkoch

100 g Butter
4 Eidotter
100 g Staubzucker
3 Semmeln
⅛ l Milch
100 g Mandeln
Klar von 6 Eiern
Butter und Zucker für die Form
30 g Mandeln für die Form

Die Butter wird mit den Dottern und dem Staubzucker schaumig gerührt. Dann werden die abgerindeten, in Milch eingeweichten Semmeln und zum Schluss die geschälten, geriebenen Mandeln gleichzeitig mit dem steifen Schnee aus den Eiklar dazugemengt.
Die Masse wird in eine befettete, mit Zucker ausgestreute und mit geschälten Mandeln ausgelegte Puddingform gefüllt und eine Dreiviertelstunde lang in Dunst gekocht.
Der Pudding wird gestürzt und mit Chaudeau serviert.

Nussdunstkoch und Haselnussdunstkoch

Können ebenso zubereitet werden.

Frankfurter Dunstkoch (Brotpudding)

100 g Butter
120 g Staubzucker
4 Eidotter, 50 g Mandeln
1 Messerspitze Zimt,
60 g Brotbrösel, Rotwein zum Befeuchten der Brösel
Klar von 4 Eiern
Butter und Kristallzucker für die Form
Glühwein:
¼ l Rotwein, 2 Gewürznelken
1 Stückchen Zimt
Zitronenschalen, 50 g Zucker

Die schaumig gerührte Butter wird mit dem Staubzucker und den Dottern abgetrieben und mit den geschälten, geriebenen Mandeln, Zimt, den mit Rotwein befeuchteten Bröseln und dem Schnee aus den Eiklar vermengt.
Die Masse wird in eine befettete, mit Zucker ausgestreute Puddingform gefüllt und 1 Stunde lang im Dampf gekocht.
Zu dem gestürzten Pudding wird Glühwein (Rotwein wird mit Gewürznelken, ganzem Zimt, Zitronenschalen und Zucker aufgekocht und geseiht) serviert.

Aus Nuss und Haselnuss

Nussschaumtorte

4–6 Eidotter
150 g Kristallzucker
100 g Nüsse
Klar von 4–6 Eiern
50 g Biskuitbrösel
Butter und Mehl für die Form
Fülle:
50 g Marmelade
¼ l Schlagobers
50 g Zucker
40 g Nusskerne
Kaffeeglasur (siehe Seite 548)

Die Dotter und die Hälfte des Kristallzuckers werden schaumig gerührt und mit den geriebenen Nüssen, dem steifen Schnee, der mit dem restlichen Zucker aufgeschlagen wurde, und mit Biskuitbröseln verrührt. Die Masse wird in eine befettete und bemehlte Tortenform gefüllt und gebacken. Die im erkalteten Zustand durchgeschnittene Torte wird mit Marmelade bestrichen, mit steifem, gezuckertem Schlagobers (oder mit einer Creme) gefüllt, mit Kaffeeglasur überzogen und mit halbierten Nüssen verziert.
Die zum Verzieren verwendeten Nüsse können auch in Karamellzucker getunkt und nach dem Erkalten aufgelegt werden.

Haselnussschaumtorte

Wird ebenso wie die Nussschaumtorte hergestellt, nur können die Haselnüsse vorher mit etwas Zucker geröstet werden.

Nusstorte mit Äpfeln

3 Eidotter
140 g Kristallzucker
200 g saure Äpfel
30 g Brösel
140 g Nüsse
Klar von 3 Eiern
Butter und Mehl für die Form
Rum oder Zitronenglasur
(siehe Seite 548)

Die Dotter und die Hälfte des Kristallzuckers werden schaumig gerührt; dann gibt man die geschälten, geriebenen Äpfel und zum Schluss die geriebenen Nüsse und die Brösel dazu und mengt den mit dem restlichen Zucker geschlagenen Schnee leicht ein. Die Masse wird auf einer Tortenform bei 170 °C ungefähr 1 Stunde gebacken und überkühlt mit Rum beträufelt oder mit Zitronenglasur überzogen.

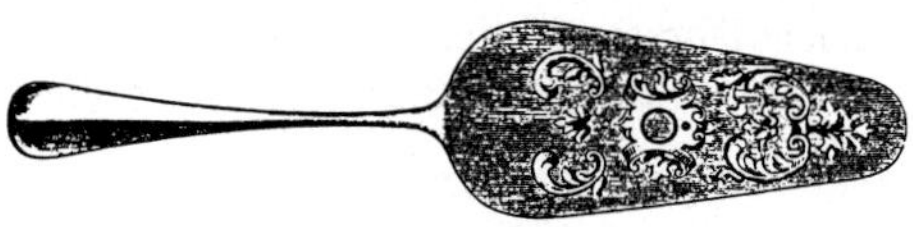

Nusstorte mit Kaffeecreme

2 Eier, 5 Eidotter
200 g Kristallzucker
70 g Nüsse, 50 g Haselnüsse
20 g Mandeln
Klar von 5 Eiern
40 g Biskuitbrösel
Butter und Mehl für die Form
Creme:
3 Blatt Gelatine
2 El schwarzer Kaffee
⅛ l Schlagobers
100 g Staubzucker
150 g Nüsse zur Verzierung
Kaffeeglasur (siehe Seite 548)

Die Haselnüsse, anderen Nüsse und geschälten Mandeln werden fein gerieben und mit den Eiern, den Dottern und dem Kristallzucker schaumig gerührt. Zuletzt werden der feste Schnee aus den Eiklar und die Biskuitbrösel eingemengt. Die Masse wird in eine befettete und bemehlte Tortenform gefüllt und gebacken.
Nach dem vollständigen Erkalten der Torte wird diese durchgeschnitten, mit der nachfolgend beschriebenen Creme oder auch mit Grillagecreme gefüllt, mit Kaffeeglasur überzogen und mit halbierten Nusskernen verziert.
Für die Creme wird Blattgelatine in kaltem Wasser eingeweicht und in heißem starkem Kaffee aufgelöst. Das Schlagobers wird mit dem Staubzucker steif geschlagen und der überkühlte Kaffe wird eingerührt.
Anmerkung: Die Creme kann noch mit Kaffeelikör aromatisiert werden.

Stephanie-Cremetorte

150 g Kristallzucker
4 Eidotter
90 g Haselnüsse
70 g Schokolade
Klar von 4 Eiern
Butter und Mehl für das Blech
Haselnusscreme:
¼ l Obers
3 Eidotter
70 g Kristallzucker
70 g Haselnüsse
⅛ l Schlagobers
2 Blatt Gelatine
Himbeercreme:
70 g Himbeermark
2 Blatt Gelatine
evtl. etwas Staubzucker
Schokoladecreme:
60 g Schokolade
60 g Kristallzucker
1/16 l Wasser
⅜ l Schlagobers
2 Blatt Gelatine
40 g Staubzucker
10 g Pistazien

Die Hälfte des Kristallzuckers wird mit den Dottern schaumig gerührt und dann mit den geriebenen Haselnüssen, der geriebenen Schokolade und dem mit dem restlichen Zucker geschlagenen Schnee vermischt.
Die Masse wird in 4 Platten von der Größe einer Tortenform auf einem gut bebutterten und bemehlten Blech gebacken. Die Blätter müssen noch warm vom Blech abgelöst und gleichmäßig rund zugeschnitten werden. Das erste Blatt wird mit Haselnusscreme, das zweite mit Himbeercreme und das dritte mit Schokoladecreme bestrichen. Man legt die Blätter aufeinander, gibt das vierte, unbestrichene Blatt darüber und bestreicht die Torte mit steifem, gezuckertem Schlagobers. Schließlich streut man noch geschälte, fein gehackte Pistazien darauf und stellt die Torte bis zum Servieren in den Kühlschrank.
Für die Haselnusscreme werden ein Achtelliter Obers, die Dotter, der Kristallzucker und die gerösteten, geriebenen Haselnüsse über Dampf dickschaumig geschlagen und nach dem Auskühlen mit dem restlichen, fest geschlagenem Obers und aufgelöster Gelatine verrührt.
Für die Himbeercreme rührt man in das fest geschlagene Obers Himbeermark, aufgelöste Gelatine und eventuell etwas Zucker ein.
Für die Schokoladecreme wird Zucker mit Wasser bis zum Spinnen gekocht, mit erweichter Schokolade glatt verrührt und mit steifem Schlagobers und aufgelöster Gelatine vermengt.
Anmerkung: Zum Auflösen der Gelatine verwendet man heißes Wasser, für ein Blatt ungefähr einen Esslöffel. Bevor man die Creme zum Füllen der Torte verwendet, stellt man sie für eine halbe Stunde in den Kühlschrank.

Haselnusstorte

100 g Haselnüsse
30 g Staubzucker
5 Eidotter, Klar von 5 Eiern
60 g Zucker, 60 g Biskuitbrösel
20 g Mehl
Creme:
3 Eidotter
3 El gesponnener Zucker
80 g Butter, 40 g Haselnüsse
Butter und Mehl für die Form
Glasur (siehe
Seite 547, 548)

Die Haselnüsse werden mit etwas Staubzucker geröstet, gerieben und mit der zweiten Menge Staubzucker und den Dottern sehr schaumig gerührt. Die weitere Verarbeitung gleicht der bei der Zubereitung der Nusstorte. Nach dem Auskühlen wird die Torte zweimal durchgeschnitten, mit nachfolgend beschriebener Creme gefüllt und mit rosa, weißer oder brauner Glasur überzogen.
Für die Creme werden die Dotter und der gesponnene Zucker über Dampf dickschaumig geschlagen und nach dem Auskühlen zu einem Abtrieb aus Butter und geriebenen Haselnüssen gemengt.

Haselnuss-Schnitten mit Schlagobers

6 Eidotter
150 g Kristallzucker
150 g Haselnüsse
Klar von 6 Eiern
70 g Brösel
¼ l Schlagobers
20 g Staubzucker
40 g Haselnüsse
20 g Angelika
weiße Glasur (siehe
Seite 547)

Die Dotter werden mit dem Kristallzucker schaumig gerührt und mit den geschälten, geriebenen Haselnüssen, dem Schnee aus den Eiklar und den Bröseln vermischt.
Die Masse wird auf Papier bei stärkerer Hitze gebacken, ausgekühlt und in 10 cm breite Streifen geteilt. Je ein Streifen wird mit gezuckertem Schlagobers bestrichen, je einer mit weißer, brauner oder rosa Glasur überzogen. Die überzogenen Streifen werden jeweils in 5 cm breite Schnitten geteilt und je einer wird auf einen mit Schlagobers bestrichenen Streifen gelegt. Dieser wird entsprechend durchgeschnitten. Jede einzelne Schnitte mit geschälten Haselnüssen und Angelika verzieren.

Haselnuss-Schnitten mit Eischnee

210 g Mehl
70 g Staubzucker
140 g Butter
2 Eidotter
120 g Marmelade
Fülle:
120 g Haselnüsse
150 g Staubzucker
Klar von 6 Eiern

Das Mehl wird mit der Butter abgebröselt und mit dem Zucker und den Dottern rasch zu einem Teig geknetet. Nach halbstündigem Rasten rollt man ihn einen halben Zentimeter hoch zu einem gleichmäßigen Rechteck aus und bäckt ihn lichtgelb. Nach dem Auskühlen bestreicht man die Platte dünn mit Marmelade, hierauf mit der Haselnussfülle – in den sehr festen Schnee rührt man gesiebten Zucker und geröstete, geriebene Haselnüsse leicht ein – und stellt das Ganze nochmals bis zum Gelbwerden ins Rohr. Man schneidet den Teig, solange er noch heiß ist, in 2 cm breite Schnitten.

Nuss-Schnitten

140 g Kristallzucker
4 Eidotter, 2 Eier
140 g Nüsse
Klar von 4 Eiern
70 g Biskuitbrösel
Rum zum Befeuchten der Brösel
¼ l Schlagobers
40 g Zucker
40 g Nusskerne
Butter und Mehl für das Blech
weiße Glasur (siehe Seite 547)

Die Hälfte des Kristallzuckers wird mit den Dottern schaumig gerührt und mit den geriebenen Nüssen, dem Schnee, in dem der restliche Zucker mitgeschlagen wurde, und mit den Biskuitbröseln vermischt. Die Nussschnitten werden dann wie die Haselnuss-Schnitten behandelt.
Die mit weißer Glasur oder Kaffeeglasur überzogenen und mit gezuckertem, steifem Schlagobers gefüllten Schnitten werden mit halbierten Nusskernen belegt.

Nussrolle

5 Eidotter
100 g Kristallzucker
50 g Nusskerne
Klar von 5 Eiern
50 g Mehl
Fülle:
¼ l Schlagobers
50 g Nusskerne
Papier fürs Blech
Kaffeeglasur (siehe Seite 548)

Die Dotter werden mit der Hälfte des Zuckers schaumig gerührt und mit den geriebenen Nüssen, dem mit dem restlichen Zucker geschlagenen Schnee und mit Mehl vermengt.
Die Masse wird 1 cm hoch auf ein mit Papier belegtes Blech gestrichen und im Rohr gebacken (siehe Schokoladerolle, Seite 511).
Nach dem Erkalten wird das Gebäck mit steifem Schlagobers, in das man geriebene Nüsse eingemengt hat, bestrichen und eingerollt. Die Rolle wird mit Kaffeeglasur überzogen und in 2 cm dicke Scheiben geschnitten.

Baumstamm

Nussrolle (ohne Kaffeeglasur und Schlagobers, siehe Seite 518)
Schokoladecreme (siehe Seite 540)
1 Hohlhippe
5 g Pistazien

Eine ausgekühlte Nussrolle wird mit ungefähr einem Drittel der Schokoladecreme bestrichen, eingerollt, auch außen bestrichen und ähnlich der Struktur einer Baumrinde mit Creme bespritzt. Die Nussrolle wird noch mit Stückchen von Hohlhippen als Ästen und geschälten, fein gehackten Pistazien als Moos bestreut. Man kann auch kleine runde Scheiben aus Biskuit anstelle der Hohlhippen einsetzen und den Baumstamm mit aus Marzipan verfertigten Fliegenpilzen verzieren.
Anmerkung: Der außen mit Creme bestrichene Baumstamm kann auch mit einer in heißes Wasser getauchten Gabel mit unregelmäßigen, die Baumrinde imitierenden Kerben versehen werden.

Marzipan (mit Eiklar)

200 g Mandeln
200 g Staubzucker
Klar von 1–2 Eiern

Die Mandeln werden geschält und gerieben. Dann stößt man sie im Steinmörser sehr fein und verarbeitet sie mit dem Staubzucker und den Eiklar zu einem Teig.
Anmerkung: Wenn die Mandeln sehr fein gerieben werden, kann das Stoßen unterbleiben.
Verwendung für Marzipan:
1. Man formt Kugeln, die man in Schokoladeglasur oder in farbigen oder weißen Fondant taucht. Nach Belieben kann man diese, bevor die Glasur ganz trocken ist, mit fein gehackten, geschälten Pistazien bestreuen oder mit verzuckerten Kirschen, Veilchen, Angelika usw. verzieren.
2. Das Marzipan kann nach Belieben mit Erdbeermarmelade oder mit geriebener Schokolade gefärbt werden. Aus schönen Datteln entfernt man die Kerne, die man durch weißen oder mit feinst geriebenen Pistazien grün gefärbten Marzipan ersetzt. Diese Datteln können auch noch in Schokoladeglasur getunkt werden, und zwar derart, dass die Marzipanmasse oben unglasiert bleibt. Man kann die Datteln aber auch nur mit Bruchzucker glasieren. (Mit eingekochtem Orangensaft kann man auch gelb färben.)

Nussmarzipankugerln

150 g Nüsse
150 g Staubzucker
Klar von 1–2 Eiern
30 g kandierte Früchte
120 g Tunkmasse
60 g Nusskerne

Geriebene Nüsse werden mit Staubzucker und Eiklar im Mörser gestoßen. Aus der Masse werden nussgroße, mit würfelig geschnittenen kandierten Früchten gefüllte Kugeln geformt, die mit erweichter Tunkmasse, die man im warmen Wasserbad zerschmelzen ließ, überzogen und mit halbierten Nusskernen belegt werden.

Florentiner

1 Ei
Klar von 2 Eiern
130 g Staubzucker
40 g Arancini
110 g stiftelig geschnittene Mandeln
20 g Mehl
1 Messerspitze Backpulver
Zimt
Vanillezucker
Zitronenschalen
120 g Tunkmasse

Alle Zutaten mit Ausnahme der Tunkmasse zusammenrühren, davon auf ein mit Papier belegtes Blech mit einem Löffel Plätzchen auflegen, bei Unterhitze backen und heiß vom Blech nehmen. Wenn die Plätzchen ausgekühlt sind, auf der glatten Unterseite mit Tunkmasse überziehen.

Muskazonen

200 g Mandeln
200 g Zucker
1 Ei
3 Gewürznelken
Zimt, Muskatnuss
20 g Mandeln
Butter und Mehl für das Blech

Die ungeschälten, geriebenen Mandeln, der Zucker, das Ei, die geriebene Muskatnuss, die gestoßenen Nelken und der Zimt werden auf einem Brett zu einem Teig verarbeitet. Daraus wird eine lange, daumendicke Wurst gerollt. Es werden 3 cm lange Stückchen davon abgeschnitten – jedes wird mit einer halbierten geschälten Mandel belegt – und auf einem befetteten und bemehlten Blech im Rohr nicht zu schnell gebacken.

Nussdessertbäckerei

100 g Kristallzucker
4 Eidotter
80 g Nüsse
Klar von 4 Eiern
20 g Biskuitbrösel
Marmelade
Kaffeeglasur (siehe Seite 548)

Die Dotter und der Zucker werden sehr schaumig gerührt; dann mengt man die geriebenen Nüsse und zuletzt den festen Schnee und die Biskuitbrösel darunter.
Die Masse wird auf ein mit Papier belegtes Blech fingerdick aufgetragen, im Rohr bei stärkerer Hitze gebacken, bis sie nicht mehr am Papier klebt, noch heiß abgelöst, erkaltet und mit einer runden Form ausgestochen (oder in Quadrate oder Rechtecke geschnitten). Man füllt die Formen mit Marmelade, fügt jeweils zwei zusammen und überzieht alle mit Kaffeeglasur.
Anmerkung: Man kann die Krapferln auch mit beliebiger Creme füllen, mit passender Glasur überziehen und allenfalls mit halbierten Nüssen verzieren.

Nussdunstkoch

Wird wie Mandeldunstkoch zubereitet (siehe Seite 514).

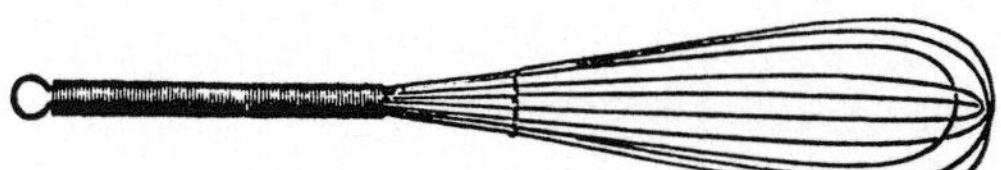

Aus Maroni

Maronitorte (mit Schlagobers- und Maronifülle)

100 g passierte Maroni
(170 g roh)
6 Eidotter
140 g Kristallzucker
50 g Brösel
Klar von 6 Eiern
Butter für die Form
Fülle:
¼ l Schlagobers
40 g Zucker
100 g passierte Maroni
(170 g roh)
Marmelade zum Bestreichen
Schokoladeglasur (siehe
Seite 546)

Die Maroni werden gewaschen, auf der gerundeten Seite eingeschnitten, auf ein nasses Blech gelegt und ungefähr 10 Minuten im Rohr leicht gebraten, bis sie aufspringen. Dann werden sie geschält, in kochendes Wasser gegeben, 25–30 Minuten weich gekocht und, solange sie noch heiß sind, passiert.
Die Hälfte des Zuckers wird mit den Dottern gut schaumig gerührt. Dann mengt man die passierten Maroni, die Brösel und schließlich den mit dem restlichen Zucker geschlagenen Schnee dazu.
Die Masse wird in eine befettete Tortenform gefüllt und gebacken. Nach dem Erkalten wird die Torte durchgeschnitten und mit steifem Schlagobers, das man mit Zucker und gekochten, passierten Maroni verrührt hat, gefüllt. Die Torte wird mit Marmelade bestrichen und mit Schokoladeglasur überzogen.
Anmerkung: Man kann die Torte mit glasierten Maroni verzieren und das untere Blatt vor dem Füllen mit Marillenmarmelade bestreichen.

Maronitorte (Eiklarmasse ungefüllt)

400 g passierte Maroni
(700 g roh)
210 g Zucker
Klar von 5 Eiern
Butter und Mehl für die Form
Marmelade
Schokoladeglasur (siehe
Seite 546)

Die gekochten, geschälten und passierten Maroni werden mit dem gesiebten Zucker in den steifen Schnee aus den Eiklar gemengt, in eine befettete und bemehlte Tortenform gefüllt und gebacken. Die erkaltete Torte wird dünn mit Marillenmarmelade bestrichen und mit Schokoladeglasur überzogen.

Maroniwürfel

140 g Kristallzucker
6 Eidotter, 140 g passierte
Maroni (250 g roh)
100 g Schokolade
Klar von 6 Eiern
20 g Mehl
Fülle:
40 g Zucker, 100 g passierte
Maroni (170 g roh)
40 g Marmelade
12 kandierte Kirschen
¼ l Schlagobers
20 g passierte Maroni
(30 g roh) zum Garnieren
Schokoladeglasur (siehe
Seite 546)

Die Hälfte des Zuckers und die Dotter werden schaumig gerührt und die passierten Maroni eingemischt. Hierauf die geriebene Schokolade und zuletzt den mit dem restlichen Zucker geschlagenen Schnee mit dem Mehl leicht einmengen.
Diese Masse wird fingerhoch auf ein mit Papier belegtes Blech gestrichen und gebacken. Das Papier wird sodann abgezogen und die Masse in schmale Streifen geteilt. Die Hälfte wird mit gezuckertem Schlagobers gefüllt, in das passierte Maroni eingemengt wurden, die andere Hälfte wird in Quadrate geschnitten, auf die Streifen gelegt und sodann gänzlich durchgeschnitten. Diese Würfel werden mit Marmelade bestrichen, mit Schokoladeglasur überzogen und mit einem Kranz passierter Maroni umgeben. In die Mitte wird eine kandierte Kirsche gelegt. (Aus dieser Masse kann auch eine Torte zubereitet werden.)

Maronitürmchen

Es wird wie für die Maroniwürfel (siehe oben) eine Masse gebacken, von der Törtchen ausgestochen werden. Auf jede Scheibe setzt man einen aus Creme hergestellten Kegel und überzieht ihn mit Schokoladeglasur. Für die Creme werden gekochte, passierte Maroni mit gekochtem Obers verrührt, dick eingekocht und nach dem Auskühlen mit Schlagobers und Zucker vermengt.

Maroniwürfel
Fülle:
550 g passierte Maroni (1 kg roh)
3/8 l Obers
1/8 l Schlagobers
40 g Staubzucker
Schokoladeglasur (siehe Seite 546)

Maronidunstkoch

In den festen Schnee mengt man den Zucker, die im Rohr erweichte, mit etwas kaltem Wasser und den Dottern verrührte Schokolade und die passierten Maroni leicht ein.
Die Masse wird in eine befettete, mit Zucker ausgestreute Puddingform gefüllt und eine Stunde im Dunst pochiert. Dazu wird Schlagobers, in das man Zucker und passierte Maroni gemengt hat, serviert.

200 g passierte Maroni (340 g roh)
200 g Kristallzucker
5 Eidotter
50 g Schokolade
Klar von 5 Eiern
Butter und Kristallzucker für die Form
Creme:
125 g passierte Maroni (320 g roh)
30 g Zucker
1/4 l Schlagobers

Kastanienreis

Die gekochten, passierten Maroni verrührt man mit so viel dick gesponnenem Zucker oder Staubzucker, dass daraus eine dicke Masse wird.
Man drückt die Masse mit Hilfe eines Kochlöffels durch ein verkehrtes Reibeisen bergartig auf eine Schüssel. Den Maronireis umgibt man mit einem Kranz aus steifem Schlagobers. Man stellt ihn bis zum Anrichten in den Kühlschrank.
Man kann zum Reis auch ein wenig Maraschino oder Rum geben.

600 g passierte Maroni (1 kg roh)
gesponnener Zucker:
120 g Kristallzucker
1/8 l Wasser
1/4 l Schlagobers

Glacierte Maroni

Die geschälten, passierten Maroni werden mit gesponnenem Zucker, Rum oder Maraschino verrührt.
Aus dieser Masse formt man auf einem bezuckerten Brett Maroni, spießt sie auf Holzstäbe auf, lässt sie auf einem bebutterten Blech trocknen und taucht sie in Tunkmasse. (Man kann auch Kugeln formen und in Schokoladehagel drehen.)
Für den Schokoladehagel wird Schokolade mit ein paar Tropfen Wasser im Rohr ein wenig erweicht und durch ein kleines Reibeisen gedrückt; erkalten lassen.

500 g Maroni
gesponnener Zucker:
1/16 l Wasser
125 g Kristallzucker
Rum oder Maraschino
Tunkmasse
Zucker für das Brett
Butter für das Blech

Aus Mohn

Mohntorte

120 g Butter
150 g Kristallzucker
4 Eidotter
150 g gemahlener Mohn
50 g Zitronat
Zitronenschalen
Klar von 4 Eiern
Zucker zum Bestreuen
Butter und Mehl zum Bestreichen der Form

Die Butter wird schaumig gerührt, mit der Hälfte des Zuckers und den Dottern gut abgetrieben und mit dem gemahlenen Mohn, dem fein gehackten Zitronat und dem mit dem restlichen Zucker ausgeschlagenen Schnee vermengt.
Die Masse wird in einer befetteten und bemehlten Tortenform etwa eine Dreiviertelstunde gebacken. Überkühlen und mit Zucker bestreuen (siehe auch Mohnkuchen mit Backpulver, Seite 460).

Karotten-Mohn-Schnitte mit Schlagobers

300 g Butter
140 g Staubzucker
Rum, Salz, Vanille, abgeriebene Zitronenschale
8 Eidotter
340 g gemahlener Mohn
8 Eiklar, 80 g Kristallzucker
100 g glattes Mehl
100 g Maizena, 300 g Karotten
etwas Milch
zum Einstreichen:
200 g Marillenmarmelade
¼ l Schlagobers
Zitronenglasur (siehe Seite 548)

Butter und Staubzucker mit Rum, Salz, Vanille und Zitronenschale schaumig rühren.
Die Dotter und den gemahlenen Mohn nach und nach dazugeben. Die Eiklar mit Kristallzucker zu einem Schnee schlagen und unter die Buttermasse heben.
Danach Mehl, das mit Maizena versiebt wurde, und etwas Milch unterrühren. Die geriebenen Karotten zum Schluss einmengen. Etwa 40 Minuten bei 180 °C backen.
Auskühlen lassen und mit Marillenmarmelade einstreichen. Danach mit der Zitronenglasur glasieren.

Mohn-Nuss-Kuchen

150 g Butter
4 Eidotter
70 g Staubzucker
4 Eiklar
80 g Kristallzucker
abgeriebene Schale von 1 Zitrone
100 g geriebener Mohn
70 g Haselnüsse
30 g blättrige Mandeln
30 g Butter für die Form
30 g Kristallzucker zum Ausstreuen der Form
70 g Staubzucker zum Bestreuen

Das Rohr auf 180 °C vorheizen. Form evtl. mit flüssiger Butter ausstreichen und mit Kristallzucker ausstreuen; auf dem Boden der Form Mandelsplitter verteilen. Die Haselnüsse reiben.
Die Eiklar mit Kristallzucker zu Schnee schlagen. Butter, Staubzucker und die Dotter sehr schaumig rühren; abgeriebene Zitronenschale dazugeben. Schnee, Haselnüsse und Mohn unterheben. Die Masse in eine Torten- oder Kuchenform füllen und etwa 30 Minuten backen.

Mürbe Mohnravioli

Aus den nebenstehend angeführten Zutaten einen Mürbteig herstellen und kühl rasten lassen.
Den Mürbteig ausrollen und rund ausstechen. Jeweils in die Mitte eines Kreises die Fülle setzen und mit einem weiteren Teigkreis abdecken.
Die gefüllten Ravioli mit Dotter bestreichen und bei 180 °C 15 Minuten backen.
Für die Fülle Milch, Rum, Zucker und Zimt aufkochen, den gemahlenen Mohn dazugeben und 3–4 Minuten weiterkochen. Schokolade und Brösel in die heiße Masse einmengen und kalt stellen.
Dazu passen Fruchtsaucen und Sabayons.

Mürbteig:
100 g Staubzucker
200 g Butter
300 g glattes Mehl
40 g Vanillezucker
Salz
1 Eidotter
Fülle:
⅛ l Milch
1/16 l Rum
100 g Kristallzucker
Zimt
160 g gemahlener Mohn
100 g Schokolade (weiße wäre ideal!)
100 g Brösel

Aus Obst

Äpfel à la Pompadour

Maschanskeräpfel werden mit dem Apfelausstecher entkernt, geschält, mit Zitronensaft eingerieben, in Zuckerwasser unter Beigabe von Zitronensaft weich gedünstet und nach dem Abtropfen mit Marmelade gefüllt. Nach dem vollständigen Erkalten werden sie mit Rum betropft, mit kalter Vanillecreme übergossen – eventuell mit Schlagobers verziert – und mit geschälten, gehackten Pistazien bestreut.

8–10 Maschanskeräpfel
Zitronensaft
Zuckerwasser
75 g Kristallzucker
¼ l Wasser
Marmelade
Rum
Schlagobers
Vanillecreme (siehe Seite 540)
Pistazien

Äpfel à la Waldorf

8–10 Stück schöne Tiroler Edelrot werden beim Stängel abgekappt, mit dem Kugelausstecher ausgehöhlt und mit Waldorfsalat (siehe Seite 158) gefüllt. Der Deckel wird wieder darauf gegeben und die Äpfel werden entweder auf grünen Salatblättern oder aber auf gebrochener Serviette angerichtet.

Apfelcreme

Süßliche Äpfel werden gerieben, mit Schlagobers vermischt, in Gläsern angerichtet oder in halbe Orangenschalen gefüllt.

8–10 Äpfel
Zitronensaft
Butter
Obers
Butter für die Pfanne
Fülle:
150 g Nüsse oder Mandeln
60 g Kristallzucker
⅛ l Obers

Gefüllte Äpfel

Größere Äpfel (Maschansker-, Zitronen- oder Champagneräpfel) werden geschält, sofort mit Zitronensaft eingerieben, ausgehöhlt, mit Zitronensaft betropft, gefüllt, mit Butterstückchen belegt und in einer gebutterten Pfanne im Rohr bei mittlerer Hitze weich gebraten. Anrichten und mit rohem Obers übergießen.
Für die Fülle werden geriebene Nüsse oder geschwellte, geriebene Mandeln mit Zucker, Obers und den würfelig geschnittenen, vom Aushöhlen zurückgebliebenen Apfelstücken vermischt.

750 g Äpfel
40–50 g Butter
50–60 g Staubzucker
1–2 Eidotter
80 g Mandeln oder Nüsse
Klar von 2 Eiern
Zitronen- oder Orangenschalen

Gebackenes Apfelmus

In das fertige Mus rührt man Butter, Zucker, Dotter, geriebene Mandeln oder Nüsse und sehr fein gehackte Zitronen- oder Orangenschalen gut ein, mischt dann den festen Schnee von 2 Eiklar darunter und bäckt das Ganze in einer Auflaufschüssel.

Apfelspalten

Apfelspalten in Zucker und etwas Butter braten, erkalten lassen, in einer Glasschüssel anrichten und mit kalter Schokoladesauce (siehe Seite 543) übergießen.

Bratäpfel

Von ungeschälten Äpfeln wird das Kerngehäuse herausgestochen; die Schale an einigen Stellen einschneiden. Dann werden die Äpfel mit etwas Wasser, Butter und Zucker in einer Pfanne gebraten und mit dem Saft übergossen. (Man kann rohes Obers dazu servieren.)

Erdbeerschnee

Reife Erdbeeren werden zerquetscht und mit der gleichen Menge Schlagobers zu festem Schnee geschlagen, der in kalt gestellten Gläsern sofort serviert werden sollte. (Auch aus Himbeeren und gedünsteten Preiselbeeren sehr gut.)

Früchtejoghurt

Passiertes oder nur zerquetschtes Beerenobst mit Joghurt gut verrühren, nach Geschmack süßen (eventuell mit Honig oder Traubenzucker) und mit Weizenflocken verdicken.

Gedünstetes Obst mit Fruchtmark oder Schokoladesauce

Geschälte, halbierte Birnen, Marillen oder Pfirsiche dünsten und mit Erdbeer-, Himbeer- oder Ribiselmark oder Schokoladesauce übergießen.

Apfelrösti

400 g altes Schwarzbrot
700–800 g Äpfel
100 g Fett
60 g Staubzucker
Zimt
Zucker zum Bestreuen

2 Tage altes Schwarzbrot in 1 cm große Würfel schneiden, mit den mit der Schale nudelig gehobelten Äpfeln vermischen, in heißem Fett 10 Minuten dünsten lassen, dann Zucker und Zimt dazugeben, noch 10–15 Minuten ausdünsten lassen und vor dem Servieren mit Zucker bestreuen.

Müsli (nach Bircher-Benner)

(für 1 Portion)
10 g Haferflocken
2–3 El Wasser
100 g Äpfel
1 El ungezuckerte Kondensmilch
Saft von einer halben Zitrone
Nüsse oder Mandeln

Die Haferflocken über Nacht in Wasser einweichen; dann mit der Kondensmilch vermischen. Den gut gereinigten Apfel mit Schale und Kerngehäuse auf einer Glasraffel dazureiben; dabei des Öfteren mit dem Flockenbrei und dem Zitronensaft vermengen. An Stelle der kondensierten Milch kann verwendet werden: 1 Esslöffel Honig, 1 Esslöffel Obers oder 1 Esslöffel Sauerrahm.
Je nach Jahreszeit kann an Stelle des Apfels dieselbe Menge an frischen Erdbeeren, Himbeeren, Heidelbeeren, Marillen, Pfirsichen oder Bananen treten, die durch einfaches Zerdrücken in feines Mus verwandelt werden. Die Zubereitung sollte unmittelbar vor dem Verzehr geschehen. Fertiges Müsli niemals aufbewahren. Das Müsli sollte als Frühstück oder Vorspeise, nicht aber als Nachtisch Verwendung finden.
Verbesserung: geriebene Nüsse oder Mandeln darüber streuen.

Gebratene Bananen

I. Art: Die Bananen werden mit der Schale auf ein Backblech gelegt, in das heiße Rohr gestellt und 10–15 Minuten gebacken. Sie werden heiß aus der Schale gegessen.

II. Art: Die Bananen werden nach dem Schälen der Länge nach in die Hälfte geschnitten, nach Geschmack mit etwas Pfeffer und Salz bestreut und mit einigen Tropfen Zitronensaft beträufelt. Hierauf lässt man frische Butter in einer flachen Pfanne heiß werden und brät darin die Bananen.

Rhabarbercreme

500 g Rhabarber
$\frac{3}{8}$ l Wasser
Zitronenschalen
30 g Maizena
$\frac{1}{8}$ l Wasser
Staubzucker nach Geschmack (150–200 g)

Der geputzte Rhabarber wird in 2–3 cm lange Stücke geschnitten und mit fein gehackter Zitronenschale in Wasser aufgekocht. Das Maizena wird nun in Wasser glatt verrührt, in den Rhabarberbrei eingemengt und neuerlich kräftig zum Kochen gebracht. Jetzt erst wird die Speise gesüßt und kalt gestellt. Sie wird stark mit Zucker bestreut oder mit gesüßtem ungeschlagenem Obers serviert.

Marillenragout

$\frac{1}{2}$ kg Marillen
$\frac{1}{10}$ l Wasser
200 g Kristallzucker
Saft von 1 Zitrone
Rum

Die Marillen in kochendem Wasser etwas 20 Sekunden blanchieren, in Eiswasser abschrecken, die Haut abziehen, mit einem kleinen scharfen Messer halbieren und den Kern entfernen.

Zucker und Wasser aufkochen. Zitronensaft, Rum und die Marillen beifügen und etwa 5 Minuten verkochen. Drei Viertel der Marillen aus dem Saft nehmen. Die restlichen Marillen mit dem Saft pürieren, sodass eine Marillensauce entsteht. Wenn die Sauce überkühlt ist, die beiseite gelegten Marillenhälften beigeben.

In Gläsern anrichten und mit Schlagobers garnieren. Dieses Marillenragout wird auch gerne zu Topfenknödeln oder Schneenockerln gereicht.

Apfelknödel

1 kg Äpfel
¼ l Milch
1 Ei
750 g Mehl
Butter
Butter und Brösel zum Bestreuen

Milch, Ei und Mehl zu einem festen Teig rühren; geschälte, würfelig geschnittene Äpfel dazumischen. Daraus Knödel formen, die in Salzwasser gekocht und mit zerlassener Butter übergossen oder mit Butter und Bröseln bestreut werden.

Obstomelette

Der Omelettenteig wird mit rohen Heidelbeeren, Ribiseln oder geschälten, feinblättrig geschnittenen Äpfeln vermischt. Daraus werden in einer schwach befetteten Pfanne unter fortwährendem Schütteln nicht zu dünne, kleine Omeletten gebacken. Diese Omeletten werden auf beiden Seiten gebacken, mit Zucker bestreut und nicht zusammengeschlagen.

Marinierte Pfirsiche

Zucker wird mit wenig Wasser und Zitronensaft dick eingekocht. Dann lässt man geschälte, halbierte Pfirsiche einige Minuten darin liegen, gibt nachher etwas von dem Saft in eine Glasschüssel oder in Weingläser, stellt sie in den Kühlschrank, legt dann die Früchte ein, lässt den übrigen Saft noch etwas eindicken (gibt eventuell Maraschino dazu), übergießt damit die Pfirsiche und stellt sie wieder mindestens 1–2 Stunden in den Kühlschrank.

Pfirsichreis

In Milch gedünsteten Reis auskühlen lassen; mit 1–2 Dottern und Zucker verrühren und in einer Glasschüssel anrichten. Dann wird der Reis reich mit halbierten Pfirsichen belegt. Man rührt Marmelade mit heißem Rotwein und etwas Rum ab und übergießt damit kurz vor dem Servieren die Pfirsiche.

Topfenschnee

Topfen mit Milch oder Obers gut verrühren, mit zerdrückten Beerenfrüchten und Zucker oder Honig vermischen und kalt servieren.

Verschiedene Süß- und Mehlspeisen

Ingwerbäckerei

120 g Mehl
140 g Kristallzucker
1 Ei
5–10 g Ingwer (nach Geschmack)
Schale von einer halben Zitrone
1 kleine Messerspitze Hirschhornsalz
Butter für das Blech

Der Zucker und das Ei werden gut schaumig gerührt, mit dem geriebenen Ingwer, der abgeriebenen Zitronenschale, dem Mehl und dem Hirschhornsalz vermengt und auf einem Brett gut verarbeitet. Man rollt den Teig 3 mm dick aus, sticht ihn mit für die Ingwerwurzel charakteristischen Formen aus, legt die Formen auf ein befettetes Blech, lässt sie über Nacht kühl stehen und bäckt sie am nächsten Tag im mäßig heißen Rohr.

Zwetschkenwurst

250 g Kristallzucker
280 g Zwetschken
50 g Feigen
120 g Nüsse
50 g Staubzucker

Die gedörrten Zwetschken werden gewaschen, in Wasser weich gekocht, abgeseiht, entkernt und fein gehackt. Den Zucker lässt man mit Wasser bis zum Flug spinnen, gibt dann die Zwetschken hinein und kocht die Masse zu einem dicken Mus ein. Dann mischt man kleinwürfelig geschnittene Feigen und Nüsse darunter und formt auf einem mit Staubzucker bestreuten Brett eine Wurst. Die Wurst erkalten und trocknen assen und vor dem Auftragen dünnblättrig schneiden.

Früchtewurst

125 g getrocknete Marillen
250 g Feigen
125 g Datteln
Staubzucker oder Honig
Haselnüsse oder andere Nüsse

Die über Nacht eingeweichten getrockneten Marillen mit den Feigen und den Datteln durch die Maschine drehen und mit Staubzucker oder Honig und gehackten Haselnüssen oder anderen Nüssen auf einem mit Staubzucker bestreuten Brett zu einer Wurst kneten (siehe vorheriges Rezept).

Gefüllte Feigen

Die Feigen werden in Wasser aufgekocht, dann auf einem Sieb mit kaltem Wasser übergossen, der Länge nach in 2 Hälften gespalten, mit einem Löffel ausgehöhlt, mit der Fülle gefüllt und dann in Kakao gerollt.
Für die Fülle lässt man Schokolade erweichen und treibt sie dann mit der ungefähr gleichen Menge Butter ab.

Gefüllte Datteln

Große, schöne Datteln werden der Länge nach eingeschnitten, entkernt und gefüllt.
Für die Fülle geschälte, geriebene Mandeln nach Geschmack zuckern und mit klein geschnittenen Pistazien und Eiklar gut verrühren (oder mit grün gefärbtem Marzipan und mit gesponnenem Zucker überziehen).

»Butterbrote«

150 g Mehl
60 g Schokolade
80 g Haselnüsse
120 g Butter
1 Eidotter
Dotterglasur:
2 Eidotter
120 g Zucker

Alle Zutaten auf einem Brett rasch zu einem Teig verarbeiten; daraus eine 4 cm starke Rolle formen, davon Schnitten von einem halben Zentimeter Dicke schneiden und nicht zu heiß backen.
Überkühlt mit Dotterglasur – dazu Zucker mit Dottern glatt rühren – bestreichen; eventuell mit geschälten, gehackten Pistazien bestreuen. Die Glasur trocknen lassen.

Süße Grammelpogatscherln

125 g Grammeln
125 g Mehl
50 g Staubzucker
Salz
1 Messerspitze Zimt
1 Gewürznelke
Zitronenschalen
1 Ei
30 g Zucker und Zimt zum Bestreuen

Die Grammeln werden auf einem Nudelbrett fein geschnitten und mit dem Mehl, dem Zucker, Salz, Zimt, der gestoßenen Gewürznelke, den Zitronenschalen und dem Ei rasch zu einem Teig verarbeitet, den man über Nacht an einem kühlen Ort rasten lässt.
Am nächsten Tag wird der Teig messerrückendick ausgewalkt und mit einem Krapfenausstecher ausgestochen. Auf den so gewonnenen Krapferln werden mit dem Messerrücken kreuz und quer Striche gezogen. Die Krapferln werden auf einem unbestrichenen Blech heugelb gebacken und vor dem Anrichten mit Zucker und Zimt bestreut.

Haferflockenschmarren

Mehl
200 g Haferflocken
½ l Wasser
½ l Milch
1–2 Eier
50 g Staubzucker
Salz
Butter für die Form
Zucker zum Bestreuen

Die Haferflocken in warmem Wasser quellen lassen; dann Milch dazugeben und das Ganze 5 Minuten kochen. Überkühlt so viel Mehl dazugeben, dass ein dickflüssiger Teig entsteht, in den man die Eier, den Zucker und etwas Salz einmengt.
Die Masse wird in eine gut befettete Pfanne gegeben, auf beiden Seiten hellbraun gebacken und mit einer Gabel zerrissen. Ausdämpfen lassen. Mit Zucker bestreuen oder mit Fruchtsaft oder Marmelade vermengen.

Haferflockenmakronen

300 g Haferflocken
20 g Butter
1 Ei
30 g Butter
200 g Staubzucker
1 Kl Backpulver
Vanillin
etwas Milch
Butter für das Blech

Die Haferflocken in Butter leicht rösten. Die weitere Butter mit dem Ei, dem Zucker, dem Backpulver und dem Vanillin gut abrühren und mit den gerösteten Haferflocken und etwas Milch verrühren.
Daraus auf einem befetteten Blech mit 2 kleineren Löffeln Häufchen formen und diese ca. 20 Minuten nicht zu heiß backen.
Verbesserung: 10–20 g Kakao beimengen.

Gefrorenes

Parfaits (Halbgefrorenes)

Parfaits genießen innerhalb der Familie der Gefrorenen die Sonderstellung, nicht in einer Eismaschine gefroren werden zu müssen. Der Grund dafür ist der geringe Wasser- und der hohe Fettanteil. Um diesen zu erreichen, muss mindestens die Hälfte des Gesamtvolumens aus geschlagenem Obers bestehen.
Man kann Parfaits aber auch in Gläsern oder Glasschüsserln anrichten und mit geschlagenem Obers, geschabter Schokolade oder Früchten, Mandeln, Pistazien und dgl. verzieren.
Die Eiscremeform kann aber auch mit einer Biskuitrolle (siehe Seite 491, ½ Masse) ausgelegt werden. Dann das halbgefrorene Parfait vorsichtig einfüllen, tiefkühlen und nach dem Stürzen mit den restlichen Biskuitrollenscheiben und Schlagobers verzieren.

Parfait-Grundrezept

(für 12 Portionen)
4 Eier
2 Eidotter
180 g Kristallzucker
½ l Schlagobers
Geschmacksträger (Anteil von maximal 12 Prozent; Schokolade, Zimt, Nougat ...)

Dotter, Eier und Zucker werden über Dunst dickschaumig geschlagen. Die Temperatur des fertigen Schaums muss 80 °C übersteigen. Dann das Eier-Zucker-Gemisch wieder kalt schlagen. Die Aromastoffe einrühren und das geschlagene Obers vorsichtig unterheben. Diese Masse in Portionsformen oder in eine mit Plastikfolie ausgelegte Terrinenform füllen und mindestens 4 Stunden im Tiefkühlschrank einfrieren. Vor dem Auftragen die zu servierende Portion etwa 10 Minuten bei Zimmertemperatur stehen lassen. Die Oberfläche des Parfaits darf ohne weiteres, ja soll sogar leicht angetaut sein.

Vanilleparfait

Man mischt unter die Grundparfaitmasse das ausgekratzte Innere einer Vanilleschote (Vanillemark).

Grand-Marnier-Parfait

Grand Marnier und abgeriebene Orangenschalen werden unter die Grundmasse gemischt.

Kaffeeparfait

$\frac{1}{16}$ l schwarzer, sehr starker Kaffee
4 Eier
140 g Kristallzucker
Vanillezucker
$\frac{3}{8}$ l Schlagobers
Kaffeelikör

Die Eier, der Kristallzucker und der Vanillezucker werden mit heißem, starkem schwarzem Kaffee über Dunst dickschaumig geschlagen, dann vom Herd genommen und kalt geschlagen. Dann wird das geschlagene Obers mit dem Kaffeelikör untergehoben.
Das Parfait füllt man in eine mit kaltem Wasser ausgespülte Form, stellt es für 4 Stunden in das Tiefkühlfach, stürzt es vor dem Auftragen und verziert es mit geschlagenem Obers.
Dazu reicht man Hohlhippen, Anisscharten u. dgl.
Man kann auch gebrannte, würfelig geschnittene Nüsse und ebenso geschnittenes kandiertes Obst in die Creme mengen.

Kakaoparfait

2 Eidotter
125 g Zucker
20 g Kakao
Klar von 2 Eiern
$\frac{1}{4}$ l Schlagobers
Vanillezucker

Die Dotter, die Hälfte des Zuckers und der Vanillezucker werden über Dampf gut schaumig geschlagen; dann kalt rühren und den gesiebten Kakao einmengen.
Die Eiklar werden mit dem restlichen Kristallzucker zu einem steifen Schnee geschlagen und mit dem geschlagenen Obers unter die Dottermasse gemischt.
Diese Mischung wird in eine mit kaltem Wasser ausgespülte Eisform gefüllt, für die Dauer von wenigstens 3 Stunden ins Tiefkühlfach gestellt und dann gestürzt.

Gefrorene Erdbeercreme

- 3 Eiklar
- 20 g Zucker
- ¼ l Schlagobers
- 125 g Erdbeeren
- Saft von 1 Zitrone

Die Eiklar werden mit Zucker über Dampf zu Schnee geschlagen. Die Masse sollte auf etwa 40 °C erhitzt sein.
Die mit Zitronensaft versetzten pürierten Erdbeeren und das geschlagene Obers werden dann untergehoben. Die Weiterverarbeitung erfolgt wie bei allen anderen Parfaits.

Himbeerparfait

Wird ebenso zubereitet. Wie auch Hawaiiananas-, Heidelbeer-, Marillen- oder Orangenparfait.

Mandelparfait

- ¼ l Schlagobers
- 30 g Staubzucker
- 50 g Mandeln
- 50 g Zucker
- 50 g kandierte Früchte
- Butter für das Brett

Unter das fest geschlagene Obers rührt man den gesiebten Staubzucker, die grob gehackte Mandelgrillage und die würfelig geschnittenen kandierten Früchte. Hierauf füllt man die ganze Masse in eine mit kaltem Wasser ausgeschwenkte Kuppelform und stellt sie für die Dauer von 2 Stunden in das Tiefkühlfach.
Für die Mandelgrillage rührt man in den Zucker, den man auf starkem Feuer hellbraun und flüssig werden ließ, die geschälten, gestiftelten Mandeln ein, gibt sie, nachdem man sie ein wenig geröstet hat, auf ein gebuttertes Brett und lässt sie auskühlen, worauf man sie grob hackt.
Als Verzierung eignen sich Schlagobers, karamellisierte Nüsse, Glaskirschen, in Rum getränkte Bananenscheiben oder eingelegte farbige Früchte.

Gefrorene Maronibombe

- 500 g Maroni
- 3 Eidotter
- ⅕ l Milch
- 260 g Kristallzucker
- ⅕ l Wasser
- ½ Vanilleschote
- 2 El Rum oder Maraschino
- 30 g Maroni
- 1–2 Löffel Maraschino
- ½ l Schlagobers

Aus der Milch, den Dottern und 50 g Zucker wird über Dampf eine dicke Creme geschlagen und zum Auskühlen beiseite gestellt. Die größere Menge Maroni wird, wie auf Seite 521 angegeben, gekocht und passiert. Die restliche Menge Zucker wird mit der Vanilleschote bis zum kleinen Faden gesponnen. Auskühlen lassen, mit den passierten Maroni, der Creme, Rum oder Maraschino, der kleineren Menge gekochter, in Stücke geteilter, in Maraschino eingeweichter Maroni und steifem Schlagobers vermischen.
Die Masse wird in eine mit kaltem Wasser ausgeschwemmte Bombenform gefüllt, diese verschlossen und für die Dauer von 3–4 Stunden ins Tiefkühlfach gestellt; dann einen Augenblick in warmes Wasser getaucht und gestürzt. Das Parfait wird allenfalls mit Schlagobers verziert.

Gefüllte Orangen

4 Orangen
Fülle:
80 g Kristallzucker
1 Kl Erdäpfelmehl
2 Eier
1 Eidotter
⅛ l Orangensaft
½ l Schlagobers

Die Orangen werden halbiert und ausgehöhlt; aus dem Fruchtfleisch wird der Saft gepresst. Der Saft wird mit den Eiern, dem Dotter, dem Zucker und dem Mehl über Dampf dick geschlagen, erkaltet mit dem geschlagenen Obers vermischt und in die Orangenhälften gefüllt. Ins Tiefkühlfach stellen und vor dem Servieren eventuell mit Schlagobers verzieren.
Tipp: Geriebene Orangenschale und etwas Zitronensaft verstärken den Fruchtgeschmack.

Eis

(für ca. 8–10 Portionen)

Russische Teebombe

½ l Obers
20 g Tee
200 g Kristallzucker
8 Eidotter
¼ l Schlagobers
30 g Ananas
50 g kandierte Kirschen
30 g Pistazien
¼ l Schlagobers zur Verzierung
30 g Staubzucker

Der Tee wird mit dem kochenden Obers überbrüht und nach 2–3 Minuten langem Ziehen abgeseiht. Das Obers wird nach dem Erkalten mit dem Zucker und den Dottern verquirlt und über Dampf gut schaumig geschlagen. Nach abermaligem Erkalten wird es in eine Eismaschine gefüllt und bis zum Gefrieren gerührt.
Das Gefrorene wird mit steifem Schlagobers, kleinwürfelig geschnittener Ananas, kandierten Kirschen und geschälten, in Scheiben geschnittenen Pistazien vermischt, in eine mit kaltem Wasser ausgeschwenkte Bombenform gefüllt und für die Dauer von 2 Stunden in das Tiefkühlfach gestellt. (Zum schnelleren Gefrieren 2 Blatt Gelatine in heißem Wasser auflösen, lauwarm durch ein Teesieb seihen und vor dem Gefrieren in die Masse einrühren.)
Die gestürzte Bombe wird mit steifem gezuckertem Schlagobers verziert.

Kaffee-Eis

8 Eidotter
160 g Kristallzucker
¼ l Obers
¼ l Milch
⅛ l schwarzer Kaffee

Die Dotter, der Zucker, das Obers, die Milch und der starke schwarze Kaffee werden über Dampf so lange gerührt, bis der Kochlöffel von der Creme dünn überzogen (maskiert) ist. Hierauf wird die Creme durch ein Sieb geseiht und abgekühlt, dann in die Eismaschine gefüllt und bis zum Gefrieren gerührt.
Anmerkung: Wenn das Eis halb gefroren ist, kann man ¼ l festgeschlagenes Obers darunter mengen oder den festen Schnee von 3 Eiklar. Das Eis wird molliger und fester durch Einmengen von 2–3 Klar in die Mischung, welche vor dem Gefrieren geseiht wird.

Vanilleeis

8 Eidotter
160 g Kristallzucker
¼ l Schlagobers
¼ l Milch
½ Vanilleschote

Die Zubereitung ist dieselbe wie beim Kaffee-Eis.
(Die Vanilleschote wird vor dem Eingießen der Creme in die Eismaschine entfernt.)

Schokoladeeis

8 Eidotter, 160 g Kristallzucker
¼ l Milch
¼ l Schlagobers
Mark von einer halben Vanilleschote
200 g Schokolade

Der Zucker, die Milch, das Schlagobers, das Vanillemark und die Dotter werden über Dampf gerührt, bis der Kochlöffel überzogen ist. Nach dem Erkalten wird die erweichte Schokolade damit verrührt, die Masse passiert, in die Eismaschine gefüllt und bis zum Gefrieren gerührt.

Mandeleis

200 g Mandeln
50 g Staubzucker
⅛ l Schlagobers
¼ l Milch
8 Eidotter
110 g Kristallzucker
⅛ l Obers
½ Vanilleschote

Die geschälten Mandeln werden mit dem Staubzucker in einer Pfanne geröstet, im Mörser gestoßen, mit kochendem Obers übergossen und 10 Minuten stehen gelassen. Dotter, Zucker, Obers und Vanille werden verrührt und über Dampf gerührt, bis sich der Kochlöffel überzieht.
Die Mandelmischung wird in diese Creme passiert, beides wird miteinander kalt gerührt, in die Eismaschine gefüllt und bis zum Gefrieren nochmal gerührt.

Haselnusseis

Wird wie Mandeleis zubereitet, nur werden statt Mandeln 100 g geröstete Haselnüsse verwendet.

Marilleneis

½ l Marillenmark (540 g)
½ l gesponnener Zucker
(500 g Kristallzucker, ½ l Wasser)
Saft von 4 Zitronen
½ l Wasser

Die Mischung aus Marillenmark, bis zur Perle gesponnenem Zucker, Zitronensaft und kaltem Wasser wird durch ein Sieb geseiht, in eine Eismaschine gefüllt und bis zum vollständigen Gefrieren gerührt.
Anmerkung: Man kann Fruchteis auch von frisch passiertem Mark zubereiten. Wenn das Eis halb gefroren ist, kann man ⅛ l fest geschlagenes Obers darunter mengen (Marillenparfait). Fruchteis kann mit Eiklar molliger gemacht werden.
Tipp: Bei Fruchteis kann Sauermilch das kalte Wasser ersetzen.

Erdbeereis

½ l Erdbeermark (540 g)
½ l Läuterzucker
(500 g Kristallzucker,
½ l Wasser)
Saft von 2–3 Zitronen
½ l Wasser

Die Mischung aus Erdbeermark, bis zur Perle gesponnenem Zucker, Zitronensaft und Wasser wird geseiht, in eine Eismaschine gefüllt und bis zum Gefrieren gerührt.
Oder: 1 kg rohe passierte Erdbeeren, 400 g Zucker, mit 1 l Wasser geklärt, Saft von 2 Zitronen.
Tipp: Sauerrahm anstelle des Wassers verwenden.

Himbeereis, Ribiseleis, Weichseleis

Werden wie Erdbeereis zubereitet. Anstelle des Erdbeermarks verwendet man das passende Fruchtmark.

Zitroneneis

Saft von 10 großen Zitronen
4 dl Läuterzucker
(400 g Kristallzucker,
4 dl Wasser)
¼ l Sauermilch
abgeriebene Schale von
2 Zitronen

In die Mischung aus Zitronensaft, bis zur Perle gesponnenem Zucker und Sauermilch gibt man die Zitronenschalen. Man lässt die Flüssigkeit eine halbe Stunde lang stehen, seiht sie durch ein Tuch und rührt sie in der Eismaschine bis zum vollständigen Gefrieren.

Mandarineneis

Wird wie Zitroneneis zubereitet.

Orangeneis

250 g Würfelzucker
⅛ l Wasser
7 Orangen
4 Zitronen
⅓ l Wasser

Die Würfelzucker, die man an den Orangenschalen abgerieben hat, werden in Wasser bis zur Perle gekocht, mit kaltem Wasser, dem Saft der Orangen und der Zitronen vermischt und geseiht.
Die Mischung wird in eine Eismaschine gefüllt und bis zum Gefrieren gerührt.

Eisgekühlte Süß- und Mehlspeisen

Pfirsich Melba

Vanilleeis (siehe Seite 535)
500 g Pfirsiche
150 g Kristallzucker
1 dl Wasser
250 g Erdbeermark

Das Vanilleeis wird in eine Glasschüssel oder in Gläser gehäuft, mit den halbierten, geschälten frischen Pfirsichen belegt, die man vorher 2–3 Minuten in einer Zuckerlösung kochen und ein wenig überkühlen ließ. Die Pfirsiche werden mit Erdbeermark übergossen. Auch Übergüsse mit Himbeermark sind beliebt; vor allem harmonieren diese besser, wenn frische Pfirsiche verwendet werden.

Birne Melba

Wird ebenso zubereitet. Dazu verwendet man Birnen, die – halbiert, in Zuckerwasser weich gedünstet – in lauwarmem Zustand in den Kühlschrank gelegt und mit Erdbeermark übergossen werden.

Birne Helene

Auf Vanilleeis große halbierte, weich gedünstete Birnen legen und mit dicker Schokoladesauce überziehen.

Kalter Kabinettspudding

6 Eidotter
100 g Kristallzucker
5 g Reismehl
Vanille
⅓ l Obers (oder Milch)
3 Blatt Gelatine
¼ l Schlagobers
Biskuitmasse
Schokoladenmasse
1/16 l Maraschino
Dunstobst:
50 g Pfirsiche
50 g Marillen
50 g Kirschen
⅛ l Schlagobers als Verzierung

Die Dotter, den Zucker, das Reismehl, die Vanille und das Obers (oder die Milch) werden über Dunst dicklich geschlagen; erkalten lassen. Man mischt die in heißem Wasser aufgelösten Gelatineblätter, das fest geschlagene Obers und die würfelig geschnittene, in Maraschino getränkte Schokolade- und Biskuitmasse ein, legt sodann eine mit Wasser ausgeschwenkte Puddingform schichtweise mit den Früchten und der Creme aus, stellt die Form 2 Stunden ins Tiefkühlfach, stürzt sie und verziert sie mit fest geschlagenem Schlagobers.

Römischer Eispunsch

4 dl gesponnener Zucker
(400 g Kristallzucker,
4 dl Wasser)
Saft von 8 Orangen
Saft von 2 Zitronen
Schale von 1 Orange
Schale von 1 Zitrone
$\frac{1}{16}$ l Rum
4 dl Wasser
$\frac{1}{4}$ l Schlagobers
40 g Staubzucker

In gesponnenen Zucker gibt man Orangen- und Zitronensaft, Orangen- und Zitronenschale, Rum und kaltes Wasser. Nach halbstündigem Stehen wird die Flüssigkeit durch ein feines Sieb geseiht und in der Eismaschine bis zum Gefrieren gerührt. Das Eis wird in Gläsern angerichtet und mit gezuckertem Schlagobers bedeckt.
Anmerkung: Statt Wasser kann man Weißwein oder Sekt hineingeben.

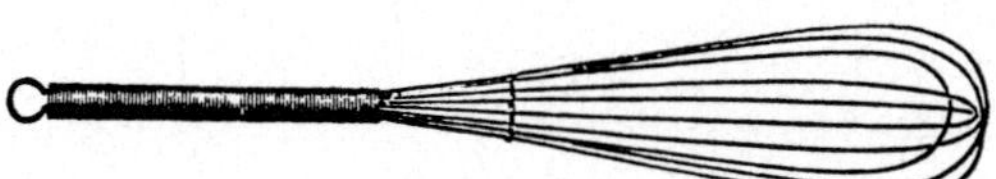

Rund ums Süße

Füllcremen

Die Zubereitung jener Cremes, deren Zusammensetzung sie hauptsächlich nur für bestimmte Mehlspeisen geeignet erscheinen lässt, wird bei den betreffenden Mehlspeisen beschrieben.

Vanillebuttercreme

1/10 l Obers
80 g Kristallzucker
2 Eidotter
5 g Reismehl
Vanille, 100 g Butter

Die Mischung aus Obers, Zucker, Dottern, Reismehl und Vanille wird über Dampf gut schaumig geschlagen und nach dem Erkalten löffelweise mit schaumig gerührter Butter vermengt.

Schokoladebuttercreme

1–2 Eidotter
70 g Kristallzucker
70 g Butter
60 g Schokolade

Dotter und Zucker werden über Dampf gut schaumig geschlagen, dann kalt gestellt. Butter und im Rohr erweichte Schokolade werden schaumig gerührt, dann mengt man die Creme löffelweise dazu; die fertige Creme kalt stellen.

Schokolade-Kaffee-Buttercreme

125 g Butter
60 g Schokolade
1 Eidotter
50 g Staubzucker
1–2 El Kaffee

In die schaumig gerührte Butter mengt man die im Rohr erweichte Schokolade, dann den Dotter und den Zucker und 1–2 Esslöffel sehr starken schwarzen Kaffee.

Mokkabuttercreme

1/8 l schwarzer Kaffee
2 Eidotter
80 g Kristallzucker
10 g Reismehl
100 g Butter

Die Mischung aus starkem schwarzem Kaffee, den Dottern, Zucker und Reismehl wird über Dampf sehr schaumig geschlagen und nach dem Erkalten löffelweise mit der schaumig gerührten Butter vermengt.

Haselnusscreme

Will man eine Haselnusscreme als Fülle für Mehlspeisen verwenden, so gibt man zu der Haselnusscreme als Beilage (Sauce, siehe Seite 544) 1 Kaffeelöffel Reismehl dazu und rührt statt des Schlagobers 125 g schaumig gerührte Butter in die erkaltete Creme.

Grillagecreme

100 g Butter
40 g Kristallzucker
40 g Haselnüsse
20 g Staubzucker
1–2 El Kaffee

Der Zucker wird auf dem Herd bis zum Flüssigwerden erhitzt. Hierauf werden die geschälten ganzen Haselnüsse hineingegeben und so lange geröstet, bis jede einzelne Haselnuss gut von dem braunen Zucker (Karamell) umhüllt ist. Das Ganze auf einem gebutterten Brett erkalten lassen und hierauf im Mörser fein stoßen. Die Butter wird sehr schaumig gerührt, mit dem Zucker, der gestoßenen Grillage und dem starken schwarzen Kaffee gut vermengt und bis zum Gebrauch kalt gestellt.
Anmerkung: Man kann dieser Creme auch noch 40 g erweichte Schokolade zusetzen, wodurch man eine Schokolade-Grillagecreme erhält.

Haferflockengrillage

Haferflocken mit zwei Dritteln der Gewichtsmenge Zucker in etwas Fett goldgelb rösten, auf einem befetteten Teller auskühlen lassen, leicht abbröseln und statt blättrig geschnittenen Mandeln oder Haselnüssen zum Bestreuen von Torten und Kuchen verwenden (siehe Panamatorte, Seite 507). Mit der Bröselmaschine gerieben, mit schaumig gerührter Butter vermengt, eventuell mit schwarzem Kaffee vermischt, ergibt dies eine gute Fülle für Torten, Kuchen u. a.

Vanilleoberscreme (als Fülle für Mehlspeisen)

⅛ l Obers (oder Milch)
3 Eidotter, 1 Ei
½ Vanilleschote
40 g Kristallzucker,
10 g Reismehl
1/16 l Schlagobers
1–2 Blatt Gelatine
1 El Wasser

Das Obers, die Dotter, das Ei, der Zucker und das Reismehl werden mit dem Ausgekratzten einer Vanilleschote (Vanillemark) in einem Schneekessel über Dampf gut schaumig geschlagen und nach dem Entfernen vom Dampf bis zum Kaltwerden gerührt.
Die erkaltete Creme wird mit steif geschlagenem Obers und Gelatine, die man in heißem Wasser aufgelöst hat, vermischt.

Schokoladecreme

⅛ l Obers
40–50 g Zucker
80 g Schokolade
1–2 Eidotter
¼ l Schlagobers
2 Blatt Gelatine

Das Obers wird mit dem Zucker und den Dottern über Dampf gut schaumig geschlagen, erkaltet, mit im Rohr erweichter Schokolade verrührt, mit geschlagenem Obers vermischt und mit eingeweichter und aufgelöster Gelatine gefestigt.

Topfenoberscreme

2 Eidotter
100 g Staubzucker
Vanillezucker
Salz
200 g Topfen
Saft und abgeriebene Schale von 1 Zitrone
4 Blatt Gelatine
¼ l Schlagobers

Blattgelatine einweichen. Wasser in einer Kasserolle zum Kochen bringen. Das Schlagobers schlagen.
Die Dotter, der Vanillezucker, eine Prise Salz und der Staubzucker werden mit etwas Zitronensaft und abgeriebener Zitronenschale über Dampf schaumig geschlagen und kalt gerührt. Der Topfen wird mit der Schaummasse vermischt, dann alles unter das geschlagene Obers gerührt; die aufgelöste Gelatine wird zügig eingearbeitet. Nach dem Einstreichen der Torten oder Schnitten müssen diese für mindestens 2 Stunden kalt gestellt werden.

Karamellcreme

80 g Kristallzucker
½ l Schlagobers
1 Blatt Gelatine

Der Kristallzucker wird in einer Kasserolle erhitzt, bis er nach dem Schmelzen hellbraun geworden ist, mit Schlagobers aufgefüllt und einmal aufgekocht. Das Karamellobers so rasch wie möglich abkühlen (am besten im Eiswürfel-Wasserbad); dann im Kühlschrank 24 Stunden reifen lassen. Das noch immer flüssige Karamellobers kann nun wie Schlagobers steif aufgeschlagen werden. Um ein Zusammenfallen zu verhindern, wird die Creme noch mit einem eingeweichten und in heißem Wasser aufgelösten Blatt Gelatine versetzt.
Tipp: Schokoladecreme kann auf die gleiche Weise hergestellt werden.

Dessertcremen (Puddings)

Schokoladeoberspudding

1⁄16 l Obers (oder Milch)
1–2 Eidotter
50 g Schokolade
50 g Zucker
10 g Reismehl
¼ l Schlagobers
2 Blatt Gelatine
1 El Wasser

Das Obers oder die Milch, die Dotter, Zucker und Reismehl über Dampf gut schaumig schlagen und dann die erweichte Schokolade einrühren. Nach dem Erkalten mit fest geschlagenem Obers und mit in heißem Wasser aufgelöster Gelatine vermengen.

Nougatpudding

Wird wie Schokoladeoberspudding zubereitet. Anstelle der Schokolade nimmt man 120 g Nougat. Als Einlage können grob gehackte, angeröstete Haselnüsse dazugegeben werden.

Meraner Creme

3 Eidotter
80 g Kristallzucker
Vanille
1 El Rum
$\frac{1}{4}$ l Schlagobers
50 g Staubzucker

Die Dotter werden mit dem vanillierten Zucker gut schaumig gerührt und mit Rum und steifem Schlagobers vermischt. Die Masse wird kalt gestellt, vor dem Auftragen in Gläser gefüllt und mit dem restlichen steifen gezuckerten Schlagobers verziert.
Man reicht dazu Biskuit.

Bayrische Creme

50 g Kristallzucker
2 Eidotter
Vanillezucker
$\frac{1}{4}$ l Milch
3 Blatt Gelatine
2 Eiklar
50 g Kristallzucker zum Schneeschlagen
$\frac{1}{10}$ l Schlagobers

Die Gelatineblätter in kaltem Wasser einweichen. Wasser in einer Kasserolle zum Kochen bringen.
Den Kristallzucker und die Dotter mit Vanillezucker über Dunst dickschaumig schlagen und unter die heiße Milch, die nicht aufkochen darf, rühren.
Die eingeweichte Gelatine in der erhitzten Masse auflösen und auskühlen lassen. Die Eiklar mit Zucker zu Schnee schlagen und die Milch-Eier-Masse unterheben (man arbeitet immer in das kalte Geschirr). Obers schlagen und ebenfalls die Masse darunter mischen.
Die Creme in Formen oder Gläser füllen und mindestens 2 Stunden kalt stellen.
Mit Erdbeeren und Zitronenmelisse, Schokospänen oder Ähnlichem garnieren.

Topfenpudding

2 Eidotter
2 El Honig
120 g Topfen
$\frac{1}{8}$ l Sauerrahm
$\frac{1}{4}$ l Schlagobers
3 El Milch
2 Blatt Gelatine

Die Gelatineblätter in Wasser einweichen. Topfen wenn nötig passieren und mit Sauerrahm verrühren. Kasserolle mit Wasserbad zustellen.
Die Dotter werden mit Honig über Dampf schaumig geschlagen und dann kalt gerührt. Die Gelatine wird in der warmen Milch aufgelöst und in die Masse gerührt. Die Dottermasse wird zuerst mit dem Topfen, dann mit dem geschlagenen Obers vermischt.
Die Puddingmasse wird nun in Formen gefüllt und für mindestens 2 Stunden im Kühlschrank kalt gestellt. Alternativ kann man diese Masse auch in einer Schüssel kalt stellen und danach mit einem Suppenlöffel, der in kochendes Wasser getaucht wurde, Nockerln ausstechen; oder auch in Gläser füllen und nach dem Kaltstellen mit geschlagenem Obers und Früchten garnieren.
Anmerkung: Diese Creme eignet sich auch als Basis zur Weiterverarbeitung für verschiedene Beeren-Topfen-Cremen. Man gibt in diesem Fall die entsprechenden pürierten und durch ein Drahtsieb passierten Beeren und ein zusätzliches Blatt Gelatine dazu.

80 g Kristallzucker
$\frac{1}{16}$ l Wasser
$\frac{1}{2}$ l Milch
4 Eier
Vanillezucker

Crème Caramel

Dariolformen mit Wasser ausspülen; das Backrohr auf 130 °C vorheizen; in eine Bratpfanne oder Kasserolle heißes Wasser geben, etwa 3 cm hoch.
Der Kristallzucker wird in einer Kasserolle karamellisiert, dann mit etwa $\frac{1}{16}$ Liter Wasser abgelöscht und verkocht, bis sich die Zuckerklumpen aufgelöst haben. Den Karamellzucker etwa 6–7 mm hoch in die Dariolformen gießen. Die Eidotter mit Vanillezucker verrühren und die heiße Milch unter kräftigem Schlagen mit dem Schneebesen in die Eier einrühren. Die Eiermilch durch ein Sieb leeren und in die Dariolformen auf den Karamellzucker gießen. Anschließend die Formen in die Bratpfanne oder Kasserolle mit dem heißen Wasser geben, in das Rohr stellen und etwa eine Stunde pochieren.
Achtung: Das Wasser darf nicht aufkochen und die Backrohrtemperatur nicht zu heiß werden, da die Creme sonst löchrig wird.

Dessertsaucen

$\frac{1}{4}$ l Milch
50 g Kristallzucker
2–3 Eidotter
1 Vanilleschote
10 g Reismehl

Vanillesauce

Die Mischung aus kalter Milch, Zucker, Dottern und Reismehl sowie einer Vanilleschote wird in einem Schneekessel mit einer Schneerute über Dampf so lange gerührt, bis sie dickflüssig ist. Die Creme wird dann vom Dampf entfernt und noch 5 Minuten lang gerührt. (Die Vanille ist hierauf aus der Creme herauszunehmen.)

50 g Schokolade
40 g Kristallzucker
$\frac{1}{16}$ l Milch
$\frac{1}{8}$ l Schlagobers

Schokoladesauce

Die im Rohr erweichte Schokolade wird mit dem gesponnenen Zucker und der Milch glatt verrührt und, sobald sie ausgekühlt ist, in steif geschlagenes Obers gemengt.

Haselnuss-Sauce

⅛ l Milch
3 Eidotter
1 Ei
10 g Reismehl
30 g Staubzucker
30 g Haselnüsse
⅛ l Schlagobers

Die Milch, die Dotter, das Ei, das Reismehl und der Zucker werden über Dampf gut schaumig geschlagen und, erkaltet, mit gerösteten geriebenen Haselnüssen und mit fest geschlagenem Obers vermischt.
Auf die gleiche Art bereitet man Nuss- und Mandelcreme mit geriebenen Nüssen bzw. Mandeln zu.

Himbeersauce

100 g tiefgekühlte Himbeeren
30 g Staubzucker
Saft von 1 Zitrone
evtl. etwas Himbeergeist

Die Himbeeren werden mit den restlichen Zutaten püriert und durch ein Drahtsieb passiert.

Heidelbeer-, Brombeer-, Kiwi- oder Erdbeersauce

Diese Saucen werden wie die Himbeersauce zubereitet.

Kanarimilch

2 Eidotter
½ l Milch
½ Vanilleschote
50 g Kristallzucker

Die Dotter und die Milch werden mit einer halben Vanilleschote und dem Zucker mit der Schneerute über Dampf schaumig geschlagen.

Hexenschaum (Apfelschnee)

3 Äpfel
Klar von 2 Eiern
140 g Staubzucker
2 El Marillenmarmelade
1 Kl Rum

In den festen Schnee von 2 Eiklar mengt man den gesiebten Zucker, den Rum, die passierten, gebratenen Äpfel und die Marillenmarmelade und rührt so lange, bis der Schaum steif ist und sich dressieren lässt. Bis zum Auftragen kalt stellen.

Kaffeeschaum

1⁄16 l schwarzer Kaffee
140 g Kristallzucker
Klar von 4 Eiern

Der starke schwarze Kaffee, der Zucker und die Eiklar werden über Dampf dickschaumig geschlagen und kalt gestellt. Kaffeeschaum kann als Fülle für Brandteigkrapfen verwendet werden, falls das Schlagobers fehlt.

Weinschaum (Chaudeau)

0,33 l Weißwein
120 g Kristallzucker
3 Eidotter
1 Ei

Die Mischung aus Weißwein, Zucker, Dottern und Ei wird über Dampf gut schaumig geschlagen und warm serviert. (Statt Wein kann man alkoholfreie Säfte verwenden.)
Anmerkung: Das Chaudeau muss bis zum Auftragen über nicht zu heißem Wasser warm gehalten werden, kann aber auch kalt zu Biskuits u. dgl. gereicht werden. Chaudeau kann durch Einmengen von Eischnee in die kalte Mischung ausgiebiger gemacht werden.

Zimtsabayon

0,1 l Riesling
2 Eidotter
1 Ei
40 g Kristallzucker
gemahlener Zimt

Das Ei und die Eidotter mit dem Kristallzucker, dem Weißwein und dem Zimt über Dunst schaumig schlagen. Die Temperatur des fertigen Schaums sollte nicht unter 70 °C liegen.

Orangensabayon

Wird ebenso zubereitet. Anstelle des Rieslings nimmt man den Saft von frisch gepressten Orangen und anstelle des Zimts werden abgeriebene Orangenschalen verwendet.

Dörrpflaumensauce

1 kg getrocknete Zwetschken
40 g Butter
30 g Mehl
Zitronenschalen
1 El Rum
Zimt
50 g Kristallzucker

Die getrockneten Zwetschken werden weich gekocht, entkernt und fein gehackt. Dann bereitet man eine Einmach, gießt sie mit dem Zwetschkenwasser auf, gibt die fein gehackten Zwetschken, die Zitronenschalen, den Rum, den Zimt und den Zucker dazu und lässt das Ganze zu einem dicklichen Brei verkochen. (Auch aus Äpfeln lässt sich diese Sauce zubereiten.)

Gelees

Fruchtsaftgelee

100 g Kristallzucker
⅛ l Wasser
9 Blatt Gelatine
1–2 Zitronen
¼ l Fruchtsaft

Der Zucker wird in Wasser gekocht, bis er klar ist; auskühlen lassen. Dann mischt man die in heißem Wasser aufgelösten, geseihten Gelatineblätter und den Zitronen- und Dunstobstsaft dazu, füllt das Gemisch in eine mit kaltem Wasser ausgespülte Form und stellt diese kalt.

Schokoladegelee

100 g Schokolade
100 g Kristallzucker
¼ l Milch
½ l Obers
9 Blatt Gelatine

Die geriebene Schokolade, den Zucker, die Milch und das Obers unter fortwährendem Schlagen aufkochen; überkühlen lassen, die eingeweichten, ausgedrückten Gelatineblätter dazugeben und weiterschlagen, bis das Gelee kalt ist.

Kaffeegelee

½ l Obers oder Milch
¼ l Kaffee
120 g Kristallzucker
9 Blatt Gelatine

In die kochende Milch oder das Obers rührt man den starken Kaffee, den Zucker und die überkühlte geseihte Gelatine ein.

Glasuren

Fondantglasur (Schmelzglasur)

500 g Kristallzucker
¼ l Wasser
1 Kl Erdäpfelsirup (oder einige Tropfen Zitronensaft)

Der Zucker wird im Wasser bis zum kleinen Flug eingekocht, auf eine Marmorplatte oder in eine flache, auf Eis oder Wasser gebettete Kasserolle gegossen und so lange ruhen gelassen, bis er ausgekühlt ist und an der Oberfläche ein Häutchen bildet. Hierauf wird er mit einem Spatel gerührt, bis er gleichmäßig weich und weiß ist. Wenn er nicht geschmeidig wird und kleine Klümpchen zeigt, muss der Fondant auf dem Brett mit den Händen wie ein Teig geknetet werden. (Den so zubereiteten Fondantzucker kann man tagelang in einem Porzellangefäß, das man mit einem feuchten Tuch zudeckt, aufbewahren.)
Sobald man ihn zum Glasieren verwenden will, lässt man ihn in einer Kasserolle mit dem nötigen Geschmackszusatz, wie Erdäpfelsirup, Zitronensaft, Kaffee usw., oder mit Wasser bei geringer Hitze flüssig werden, wobei er nur warm, aber nicht heiß werden darf, und verdünnt ihn allenfalls noch mit warmem Wasser.
Aus Fondant hergestellte Glasuren sind schmackhafter, schöner und nicht grießlich wie andere. Sie sollten nicht mit einem Messer verstrichen werden.

Schokoladeglasur

ca. 200 g Kristallzucker
ca. 2 dl Wasser
120 g Schokolade

Der Zucker wird mit Wasser bis zur Perle gekocht, wobei man den sich bildenden Schaum öfter mit einem Löffel abnimmt.
Die im mäßig warmen Rohr oder über Dunst erweichte Schokolade wird in einer engen Rein (Kasserolle) erst für sich allein glatt abgerührt; dann gibt man so lange heißen gesponnenen Zucker dazu, bis die Glasur die

entsprechende Dicke hat, d. h., bis sie von einem darin eingetauchten Kochlöffel nicht ganz abfließt, sondern ihn dünn überzieht.
Man kann die Schokolade, bevor man den Zucker hinzugießt, mit 20–30 g Butter verrühren.
Anmerkung: Die Menge des zur Glasur nötigen gesponnenen Zuckers lässt sich nicht ganz genau angeben.

Schokolade-Kaffee-Glasur

Eine Schokoladeglasur, nur wird bei der Zubereitung statt Wasser starker schwarzer Kaffee verwendet.

Tunkmasse

Die Tunkmasse (Kakaobutter mit wenigen festen Bestandteilen; lässt sich daher leichter schmelzen als Schokolade) zerkleinern. Im heißen Wasserbad mit Butterschmalz auflösen, unter fortwährendem Rühren auf 32 °C abkühlen, nochmals auf 38 °C erwärmen und wieder kalt rühren, bis sie kühler ist als Lippenwärme. Sofort das vorbereitete Glasurgut, welches Zimmertemperatur haben sollte, glasieren. Die glasierten Bäckereien nicht in Zugluft stellen und keinen großen Temperaturunterschieden aussetzen, da sie sonst streifig und matt werden (siehe Pariser Spitz, Seite 509).

Weiße Glasur

Für eine Torte:
20 g Kristallzucker
evtl. etwa ⅛ l gesponnener Kristallzucker
⅛ l Wasser
250 g Staubzucker

In den gesiebten Staubzucker wird so viel warmer, bis zur Perle gesponnener Zucker eingemengt, dass sich die Glasur rühren lässt. Hernach wird die Glasur eine halbe Stunde gerührt, allenfalls noch mit gesponnenem Zucker vermengt, bis sie einen darin eingetauchten Kochlöffel dicklich überzieht. Man kann der Glasur durch Beigabe von Maraschino oder einem hellen Likör ein beliebiges Aroma geben.
Anmerkung: Will man Zeit sparen, kann unter Verwendung von 350 g Staubzucker, etwas kochendem Wasser und allenfalls einem halben Eiklar auf dieselbe Weise wie vorher angegeben, jedoch ohne gesponnenen Zucker eine Glasur hergestellt werden.

Marmorierte Glasur

Die mit Staubzucker – wie weiße Glasur – oder, für Geübte, mit mäßig warmer Fondantglasur überzogene Torte in gleichmäßigen Abständen mit Streifen oder Kreisen von Marmelade oder andersfarbiger Glasur spritzen und sofort mit einer Spicknadel oder einem kleinen Messer abwechselnd in verschiedene Richtungen durchziehen.

Rosa Glasur

In eine weiße Glasur wird Himbeersaft oder Grenadinesirup eingerührt. Anmerkung: Maraschino-, Rum- oder Orangengeschmack können nach Belieben in die Glasur gegeben werden. Unter Glasuren immer Marmelade geben, damit sie nicht so rasch glanzlos werden.

Kaffeeglasur

In eine weiße Glasur 2 Esslöffel starken schwarzen Kaffee einrühren.

Braune Glasur

Eine weiße Glasur wird mit einigen Tropfen Zuckerkaramell oder mit schwarzem Kaffee gefärbt.

Zitronenglasur

Eine weiße Glasur wird mit Zitronensaft verrührt.

Orangenglasur

Eine weiße Glasur wird mit eingekochtem Orangensaft verrührt.

Punschglasur

Eine weiße Glasur wird mit 1–2 Esslöffeln Punsch verrührt.

Rumglasur

Eine weiße Glasur wird mit Rum vermengt.

Eiweißglasur

180 g Staubzucker
Saft von einer halben Zitrone
Klar von 1 Ei

Der Staubzucker wird mit dem Zitronensaft und dem Eiklar zu einer Glasur gerührt; diese längere Zeit trocknen lassen.

Eiweißglasur zum Spritzen

150 g Staubzucker
3 Tropfen Zitronensaft
Klar von 1 Ei

Den durch ein Haarsieb gesiebten Staubzucker mit dem Zitronensaft und dem Eiklar sehr schaumig rühren (eventuell färben), in eine Spritztüte aus Butterpapier füllen und damit Lebkuchen u. dgl. verzieren. Die restliche Glasur muss während des Spritzens, wegen des raschen Abtrocknens, mit einem feuchten Tuch bedeckt werden.

Strichglasur für Lebkuchen

Zucker bis zur großen Perle kochen. Die gebackenen Lebkuchen sofort damit bestreichen und nach einigen Sekunden nochmals mit dem Pinsel darüber ziehen.

Karamellglasur

Siehe Dobostorte, Seite 486.

Bonbons

Glacierte Bonbons

Von Fondant (Schmelzglasur) formt man kleine, fingerhutförmige und andere Gebilde, die man über Nacht an einem kalten Ort stehen lässt, am nächsten Tag mit Tunkmasse oder Schokoladeglasur überzieht, auf Glanzpapier legt und trocknen lässt.
Man kann einen Teil Schmelzzucker mit Himbeersaft rosa färben und einen Teil mit ein wenig Kakaopulver, das man mit dem Fondant verknetet, braun färben und sodann mit Tunkmasse, Schokolade- oder anderer Glasur überziehen.

Badener Kaffeebonbons

$^{3}/_{16}$ l gesponnener Zucker ($^{1}/_{6}$ l Wasser, 180 g Kristallzucker)
$^{3}/_{16}$ l schwarzer Kaffee
½ Vanilleschote
⅛ l Schlagobers
20 g Erdäpfelsirup
30 g Mandelöl oder Butter für die Marmorplatte

Der fast bis zur großen Perle gekochte Zucker wird mit dem Kaffee, in welchem man eine halbe Vanilleschote mitkochen ließ, dem Schlagobers und dem Sirup so lange gekocht, bis ein Tropfen in kaltem Wasser eine feste zähe Masse bildet.
Die Masse wird dann auf eine befettete Marmorplatte gegossen, solange sie noch flüssig und warm ist, zusammengeschoben und, sobald sie genügend überkühlt und fest geworden ist, in viereckige Stückchen geteilt, wozu man ein befettetes Messer mit möglichst breitem Rücken wählt, da die Einschnitte besser halten. Nach dem Erkalten werden die Stückchen auseinandergebrochen, in schmale Streifen von fettundurchlässigem Papier (eine Art dünnes Pergamentpapier) gewickelt und anschließend meist in rosa Wickelpapier aus Zellophan gehüllt.

Milchkaramellen

1 Dose Kondensmilch
150 g Kristallzucker
50 g Honig
50 g Butter
2 Päckchen Vanillinzucker
Öl für das Blech

Die Zutaten Kondensmilch, Zucker, Honig, Butter und Vanillinzucker ca. 15 Minuten kochen, auf ein mit Öl befettetes Blech oder auf eine Marmorplatte gießen und nach einigen Minuten mit befettetem Messerrücken teilen.

Haselnussbonbons

150 g Haselnüsse
2 El Zuckerwasser
180 g Staubzucker
120 g Schmelzzucker (Fondant von 150 g Zucker und $^{1}/_{16}$ l Wasser)
Tunkmasse oder Schokoladeglasur

Die Haselnüsse werden hellgelb geröstet, von den Schalen befreit, gerieben und mit dem Zuckerwasser und dem Staubzucker zu einem Teig verarbeitet, der durch die sorgfältigst gereinigte Fleischmaschine getrieben wird.
Man fügt sodann zu dieser Masse noch den Schmelzzucker, knetet alles auf einem Brett gut ab und walkt den Teig kleinfingerdick aus. Nun sticht man kleine Formen aus, überzieht sie mit Tunkmasse oder Schokoladeglasur, legt sie auf einen Bährost (Tropf- oder Glasurgitter) oder auf Glanzpapier und lässt die Glasur so an der Luft trocknen.
Anmerkung: Statt Haselnüssen kann man auch Nüsse nehmen, bei denen das Rösten entfällt. Zum Glasieren kann man auch fertige Tunkmasse verwenden.

500 g Orangenschalen
300–400 g Kristallzucker
¼ l Wasser

Arancini

Die Orangenschalen werden mit einem kleinen runden Ausstecher von ungefähr 2 cm Durchmesser ausgestochen oder nudelig geschnitten und durch 5–6 Tage in Wasser gelegt, wobei das Wasser öfter gewechselt werden muss. Am 6. Tag werden die Schalen abgeseiht, gewogen und halb weich gekocht. Zucker und Wasser hinzufügen und so lange kochen, bis die Flüssigkeit gänzlich eingedickt ist. Noch warm, wälzt man die Orangenscheibchen in Kristallzucker (oder überzieht sie mit Tunkmasse) und legt sie nebeneinander auf eine Platte. Sie sind erst nach 2–3 Tagen zu verwenden.

Bowlen

Erdbeerbowle

Man gibt frische Walderdbeeren abwechselnd mit Staubzucker lagenweise in eine Schüssel und lässt sie eine halbe Stunde stehen. Dann gießt man Weißwein darüber, gibt den Saft von 1–2 Zitronen und einige Stücke Eis dazu und stellt die Schüssel mindestens 1 Stunde lang in den Kühlschrank.
Man kann zum Erdbeertrank auch eine kleine Flasche Champagner oder etwas Kognak mengen.

Pfirsichbowle

Wird ebenso wie Erdbeerbowle zubereitet.

2 große Büscheln Waldmeister
1 ½ l Weißwein
250 g Kristallzucker
⅛ l Wasser

Maibowle (Waldmeisterbowle)

Vom rasch kalt gewaschenen Waldmeister werden die jungen Blätter abgezupft, mit einer Mischung aus gesponnenem Zucker und leichtem Weißwein übergossen und 1 ½ Stunden lang in den Kühlschrank gestellt. Danach wird die Flüssigkeit abgeseiht und in einem Bowlentopf oder in schmalen Bechern aufgetragen.

Vom Einlegen und Haltbarmachen

Hausgemachte geistige Getränke

Die nach den folgenden Anleitungen zubereiteten Liköre können wohl sofort nach ihrer Fertigstellung getrunken werden, doch gewinnen sie nach mehrmonatiger bzw. auch mehrjähriger Lagerung bedeutend an Wohlgeschmack.
Man sollte stets besten, 96%igen Weingeist verwenden; die hergestellten Liköre werden dann weitaus die im Handel erhältliche Mittelware übertreffen.

Vanillelikör

1 l Wasser
600 g Kristallzucker
1 Vanilleschote
¼ l Weingeist (96%ig)

Den Zucker lässt man mit Wasser und mit einer Vanilleschote bis zum Spinnen (Faden) kochen (II. Grad), seiht ihn ab und lässt ihn auskühlen. Hierauf mengt man den Weingeist dazu, füllt den Likör in eine Flasche und verkorkt diese gut. Der Likör sollte nicht sogleich verwendet werden, denn je länger er lagert, desto besser wird er.

Kaffeelikör

¼ l Wasser
500 g Kristallzucker
50 g Kaffee
⅜ l Wasser
Vanille
¼ l Weingeist (96%ig)

Den Zucker kocht man mit einem Viertelliter Wasser bis zum Spinnen (II. Grad), seiht ihn durch ein Tuch und lässt ihn auskühlen. Den geriebenen Kaffee lässt man in Wasser nebst einem Stückchen Vanille eine Weile zugedeckt kochen. Ist er überkühlt, seiht man den Kaffee durch ein Tuch in den erkalteten Zucker und mengt noch den Weingeist darunter. Hierauf füllt man den Likör in Flaschen und verkorkt diese gut. Der Likör sollte nicht sogleich verwendet werden, denn er wird mit der Zeit immer besser. Er sollte möglichst kalt serviert werden.

Kakaolikör

¼ l Milch
60 g Kakao
¼ l Milch
500 g Kristallzucker
Rum
Vanillegeschmack

Die Milch mit dem Kakao aufkochen; separat wieder Milch mit Kristallzucker aufkochen; dann alles zusammenmischen und 5 Minuten kochen. Auskühlen lassen, Rum und Vanillegeschmack dazugeben und 3–4 Wochen stehen lassen.

Nusslikör

25–30 grüne Nüsse
1 l Weingeist (96%ig)
500 g Kristallzucker
5 g ganzer Zimt
3 Gewürznelken
1 Orange

Die Nüsse werden geviertelt und mit Alkohol übergossen. Den Zucker lässt man spinnen und auskühlen; man gibt ihn, die Gewürze und die samt der Schale in Scheiben geschnittene Orange dazu.
Man lässt den Likör 4–5 Wochen in der Sonne stehen, seiht ihn ab und filtert ihn. Die Nüsse kann man hernach in Zucker eingekocht als Kompott verwenden. Den Gewürzen werden öfter auch 10 g Kalmus und 10 g Enzianwurzeln beigefügt.

Kümmellikör

¼ l Wasser
500 g Kristallzucker
¼ l Weingeist (96%ig)
10 g Kümmelessenz (oder 30 g gestoßener Kümmel)

Den Zucker kocht man mit dem Wasser bis zum Spinnen, seiht ihn durch ein Tuch und lässt ihn auskühlen; dann mengt man Weingeist und Kümmelessenz dazu. Hierauf füllt man den Likör in Flaschen und verkorkt diese gut. Der Likör sollte nicht sogleich verwendet werden, denn er wird mit der Zeit besser.
Anmerkung: Wenn der Likör trüb wird, lässt man ihn langsam durch ein weißes Filterpapier rinnen. Zu diesem Zweck wird ein Glastrichter mit trichterförmig gefaltetem Filterpapier ausgelegt und in die Flasche gesteckt.

Milchlikör

500 g Staubzucker
½ l Milch
½ Vanilleschote
Saft von 2 Zitronen
½ l Weingeist (96%ig)

Der Staubzucker wird mit der Milch glatt abgerührt, der Zitronensaft und der Weingeist werden dazugemischt und die halbe Vanillestange wird dazugegeben. Man füllt die Mischung in wasserhelle Flaschen, die man verkorkt 8–14 Tage im Fenster stehen lässt, hierauf filtert, in Flaschen füllt und entsprechend ablagern lässt. Der Milchlikör kann zwar schon nach mehrtägiger Lagerung Verwendung finden, gewinnt jedoch von Monat zu Monat bedeutend an Wohlgeschmack.

Orangenlikör

1 kg Kristallzucker oder Kandis
¾ l Wasser
¾ l Weingeist
5–6 Orangen

Den Zucker (am besten klein gehackten Kandiszucker) in Wasser auflösen lassen; in eine 3-Liter-Flasche füllen, den Weingeist und Saft und Schalen der Orangen zugießen und gut verkorkt warm stehen lassen – doch täglich gut schütteln. Nach 3 Wochen filtern und in der gereinigten Flasche noch weitere 3 Wochen ziehen lassen.

Eierlikör

5 Eidotter
1 Päckchen Vanillin
250 g Kristallzucker
Muskatnuss
¼ l Schlagobers, ⅛ l Milch
⅛ l Weingeist (96%ig)

Die Dotter werden mit dem vanillierten Zucker und etwas geriebener Muskatnuss mit der Schneerute kräftig abgerührt. Hierauf werden das mit Milch verdünnte Schlagobers und der Weingeist allmählich eingerührt. Das Gemisch 2–3 Monate ablagern lassen.

Weichsellikör

1 ½ kg Weichseln
1 l gesponnener Kristallzucker
1 Vanilleschote
5 g Zimt
5 g Nelken
5–6 bittere Mandeln
½ l Weingeist (96%ig)

Die Weichseln werden entstielt und in eine große, weithalsige Glasflasche gegeben. Darüber kommen der überkühlte gesponnene Zucker, die Gewürze und der Weingeist. Gut verkorkt 3–4 Wochen in die Sonne stellen. Hierauf filtern und längere Zeit ziehen lassen. (Die gut abgetropften Weichseln kann man mit Fondant oder Tunkmasse überziehen.)

Himbeerlikör

1 kg Himbeeren
einige Weichseln
½ l Weingeist
1 kg Kristallzucker
½ l Wasser

Schöne Himbeeren werden mit einigen entkernten Weichseln in einer weithalsigen Glasflasche mit Weingeist 2–3 Monate in die Sonne gestellt, öfters aufgeschüttelt, dann mit gesponnenem, ausgekühltem Zucker übergossen, nochmals 4–6 Wochen stehen gelassen und dann erst gefiltert. Erdbeer- und Heidelbeerlikör können ebenso zubereitet werden. Desgleichen Dirndl-, Ebereschen- und Preiselbeerlikör, nur würzt man die drei Letztgenannten mit 10 g Zimt, 5 g Gewürznelken und 5–6 Stück bitteren Mandeln.

Hollerlikör

1 l Hollerbeeren
2 l Wasser
1 kg Kristallzucker
1 Vanilleschote
6 Gewürznelken
Muskatnuss
Saft von 1 Zitrone
½ l Weingeist

Die schwarzen Hollerbeeren mit Wasser eine halbe Stunde kochen, dann abseihen. Den Zucker, die Vanilleschote, die Nelken und die Muskatnuss sowie den Zitronensaft zusetzen. 1 Stunde weiterkochen und ausgekühlt mit dem Weingeist mischen.

Rum

250 g Kristallzucker
1 l Wasser
90 g Rumkomposition
Saft und Schalen von
3 Zitronen
Zimt nach Geschmack
1 Vanilleschote, 5 Nelken
1 ¾ l Weingeist

Wasser und Zucker leicht spinnen (kleine Perle) und auskühlen lassen; mit den anderen Zutaten vermischen und in eine Flasche füllen; gut verkorken, 2–3 Monate ablagern lassen.

Hagebuttenwein (Hetschepetschwein)

3 l Wasser
1 ½ l Hagebutten
1 ½ kg Kristallzucker
⅜ l Wasser

In einem irdenen Topf oder in einem Gurkenglas werden die Hagebutten mit Wasser vermengt und hierauf mit dem aufgekochten, noch warmen Zucker übergossen. Diese Mischung lässt man 14 Tage offen an einem warmen Ort gären, rührt täglich um und seiht dann die Flüssigkeit ab. Sie wird in Flaschen abgefüllt, diese werden gut verschlossen und ungefähr 3 Monate abgelagert.

Hauspunsch

450 g Würfelzucker
¼ l Wasser
4 Orangen
Saft von 2 Zitronen
½ l Tee
⅛ l Rum
einige Tropfen Vanillelikör
(oder 1 kleines Stückchen
Vanille)

Der Würfelzucker wird an der Schale einiger Orangen abgerieben, dann unter Zugabe der sehr dünn abgeschälten Schale einer Orange mit Wasser bis zum Spinnen gekocht. In den gesponnenen Zucker mischt man den Saft der Orangen und der Zitronen, den Tee und den Rum und aromatisiert nach Geschmack mit Vanille oder Vanillelikör. Der so hergestellte Punsch wird geseiht und noch heiß in Gläsern aufgetragen.

Gedünstetes Obst (Kompott) und Konservierung von Obst und Gemüse

Wir unterscheiden, je nachdem, ob das Obst ganz oder halbiert bzw. noch mehr zerteilt, zu Mus verarbeitet, passiert oder bloß eingerührt wird oder ob nur der Saft geliert oder ungeliert verwendet wird:

I. Gedünstetes Obst (Zubereitung für den Genuss innerhalb kürzerer Zeit),
II. Dunstobst (Zubereitung für eine längere Aufbewahrung),
III. Röster (eingekochtes Fruchtfleisch in kleineren Stücken),
IV. Fruchtmus mit Teilen von Fruchtfleisch (Jams),
V. Fruchtmus (Marmeladen),
VI. kalt gerührtes Fruchtmus (Fruchtmark),
VII. Fruchtgelees,
VIII. Fruchtsäfte,
IX. in Essig u. a. eingelegte Früchte und
X. Gemüsekonserven.

Das Kochen (Spinnen) des Zuckers

a) auf 1 kg Zucker ½ l Wasser = sehr starke Zuckerlösung
b) auf 1 kg Zucker 1 l Wasser = starke Zuckerlösung
c) auf 1 kg Zucker 2 l Wasser = leichte Zuckerlösung

Zum Kochen des Zuckers verwendet man Kristallzucker, den man in ein absolut sauberes, glasiertes oder aus rostfreiem Stahl bestehendes Gefäß oder in einen Stahlschneekessel gibt, mit so viel Wasser, wie in den einzelnen Rezepten angegeben ist, vermischt und zum Kochen bringt. Dann lässt man die Zuckerlösung weiterkochen, wobei man den sich auf der Oberfläche bildenden Schaum mit einem Löffel vorsichtig abschöpft (läutert, daher die Bezeichnung »Läuterzucker«).
Um ein Kristallisieren des Zuckers am Geschirrrand zu verhindern, die Kristalle beim Kochen laufend mit einem in kaltes Wasser getauchten sauberen Pinsel abwaschen. Läuterzucker wird häufig noch dadurch gereinigt, dass man ihn durch ein in heißes Wasser getauchtes Passierleinen seiht. Hierauf wird der Zucker bis zum gewünschten Grad weitergekocht. Dieser kann entweder mit einem Zuckerthermometer während des Kochens gemessen werden, oder der ausgekühlte Zuckersirup wird mit der Zuckerwaage auf seine Dichte in Grade gemessen.
Hierbei unterscheidet man folgende Grade:

Zuckergrade

1. Grad: »Breitlauf«. Taucht man einen Kochlöffel in den noch einige Minuten nach dem Klären kochenden Zucker und fällt bei dessen

Herausheben der daran haftende Zucker in breitem Lauf ab, so hat er den ersten Grad erreicht. (Die Zuckerwaage zeigt 30 bis 34 Zuckergrade.) Richtiger Grad für Dunstobst und geeignet zum Bestreichen von Gebäck während des Backens.
2. Grad: »Die kleine Perle«. Lässt man den Zucker weiterkochen und taucht den Löffel nach einigen Minuten abermals ein, so wird bei dessen Herausnehmen der Tropfen einen kurzen Faden ziehen, an dessen Ende eine kleine Perle hängt, die abfällt, während sich der Faden an dem Löffel zurückzieht. (Richtiger Grad für Gefrorenes und Glasuren, kandierte Früchte, Essigfrüchte und Dunstobst in gewöhnlichen Gläsern. Die Zuckerwaage zeigt 38 Zuckergrade.)
Sollte sich beim Weiterkochen des Zuckers am Rand des Gefäßes ein grießlicher Anschlag bilden, so sollte man ihn mit einem feuchten kleinen weißen Pinsel vorsichtig abwischen. Es ist vorteilhaft, dem bis zur kleinen Perle gekochten Zucker Erdäpfelsirup (auf 1 kg Zucker 1 Kaffeelöffel Sirup) oder etwas Zitronensaft oder einige Tropfen Essigsäure hinzuzufügen (auf 1 kg Zucker ungefähr 8 Tropfen).
3. Grad: »Die große Perle«, »Der starke Faden« oder »Spinnen«. Taucht man nach einigen Minuten weiteren Kochens den Kochlöffel wieder ein, berührt den daran haftenden Zucker mit Daumen und Zeigefinger und entfernt die beiden Finger voneinander, so kann man zwischen ihnen einen längeren Faden ziehen, ohne dass dieser zerreißt. (Richtiger Grad für Strichglasur für Lebkuchen und Dunstobst in gewöhnlichen Gläsern. Die Zuckerwaage zeigt 40 Zuckergrade.)
4. Grad: »Der kleine Flug« oder »Die kleine Blase«. Man lässt den Zucker weiterkochen, taucht einen Sieblöffel oder eine Drahtschlinge ein, hebt sie heraus und bläst auf den in der Schlinge haftenden Zucker. Fliegt er in Form kleiner Bläschen weg, so hat er diesen Grad erreicht. Will man Zuckerguss zubereiten, so ist es zur Verhütung des Absterbens des Zuckers vorteilhaft, dem bis zum kleinen Flug gekochten Zucker Erdäpfelsirup beizufügen. (Richtiger Grad für Fondantglasur, Schmelzglasur und zum Bestreichen von Kranzkuchen, Schnecken usw. Die Zuckerwaage zeigt 41 Zuckergrade.)
5. Grad: »Der große Flug« oder »Die große Blase«. Kocht man den Zucker noch einige Minuten weiter, so wird der in der eingetauchten Drahtschlinge haftende Zucker, sobald man darauf bläst, in Form einer Kette von Blasen wegfliegen. Dieser Grad lässt sich auch auf folgende Weise feststellen: Taucht man einen Löffel zuerst in kaltes Wasser, dann in den Zucker und hierauf wieder in das kalte Wasser, so kann man von dem darauf haftenden Zucker eine geschmeidige, nichtzerbrechliche Kugel formen. (Richtiger Grad für Marmeladen, Fondant zu Bonbons und Zuckerschaum, z. B. zu Mohr im Hemd.)
6. Grad: »Der Bruch«. Wird der Zucker noch einige Minuten weitergekocht und ein mit Wasser befeuchteter Holzspan oder ein neuer Koch-

löffel zuerst in den Zucker und hernach in kaltes Wasser eingetaucht, so wird der daran haftende Zucker sofort hart werden und beim Ablösen wie Glas zerbrechen. Beim Zerbeißen wird er nicht an den Zähnen haften bleiben.
Zucker, der bis zum Bruch gekocht wurde, wird zur Herstellung von Bonbons und zum Verzuckern von Früchten* verwendet. Diese werden zu diesem Zweck auf einen dünnen Holzspan gespießt, in den Zucker eingetaucht und auf zwei über ein Backblech gelegte Kochlöffel oder auf ein bebuttertes Brett oder einen bebutterten Teller zum Trocknen gelegt.
Will man Bruchzucker zur Herstellung von Verzierungen aus gesponnenen Zuckerfäden verwenden, so ist es empfehlenswert, dem Zucker etwas pulverisierten Weinstein (oder Essig) zuzusetzen, wodurch die mit einer kleinen Schneerute aus feinem Draht zuerst durch sanfte und dann durch immer schnellere Bewegungen entstehenden Fäden sich besser und länger ziehen. Damit die über Formen gezogenen Fäden nicht ankleben, bestreicht man die Formen leicht mit Mandelöl. (Richtiger Grad für die Herstellung von verzuckerten Früchten, Orangenspalten, gefüllten Datteln und von Zuckerfädennestchen oder sonstigen Zuckerfädenverzierungen.)
7. Grad: »Karamell«. Lässt man den Zucker noch einige Zeit kochen, so erhält man eine hellbraune Flüssigkeit, »Karamell«. (Richtiger Grad für die Herstellung von Grillagen, Dobosglasur usw., Honigersatz für Lebkuchen.)
In der Regel wird jedoch Karamell nicht auf diese, sondern auf folgende Weise hergestellt:
Gesiebter Staubzucker oder sehr feiner Kristallzucker wird am besten in einem unglasierten Geschirr (Edelstahl oder Eisen) auf starkem Feuer unter sehr flottem Rühren (damit sich allfällige Bröckchen lösen) so lange erhitzt, bis er vollkommen flüssig und goldgelb geworden ist.
8. Grad: »Zuckerfarbe (Zuckercouleur)«. Kocht man den Zucker noch einige Minuten weiter, so nimmt er eine dunkelbraune Farbe an.
Würde man den Zucker noch länger dem Feuer aussetzen, so würde er verkohlen. Zuckercouleur wurde früher zum Färben von Speisen verwendet, dies ist jedoch gesundheitsschädlich und daher verboten.

* Um das rasche Hartwerden des Bruchzuckers zu verhindern, setzt man dem Zucker während des Kochens etwas Essig (z. B. 200 g Zucker, $\frac{1}{10}$ l Wasser, 4 Esslöffel Essig) zu.

Gedünstetes Obst

(Zubereitung für den Genuss innerhalb kürzerer Zeit)

Rohe, gereinigte Früchte werden in einer Zuckerlösung weich gedünstet (Marillen, Pfirsiche, Ringlotten, Zwetschken).
Beerenfrüchte werden in die heiße Zuckerlösung gegeben, darin aufgekocht und kalt serviert.
Äpfel und Birnen werden geschält, halbiert oder geviertelt, das Kerngehäuse wird entfernt und die Früchte werden mit Zitronensaft weich gekocht.

Gedünsteter Rhabarber (frisches Rhabarberkompott)

Die Stiele der Rhabarberpflanze werden abgeschält, in 5–7 cm lange Stücke geschnitten und gewaschen. Dann gibt man sie in heißen gesponnenen Zucker und lässt sie unter Zugabe von Zitronensaft weich kochen. Schon nach einigen Minuten sind die weichen Stiele herauszunehmen, die man mit dem Saft, den man dick einkochen lässt, auf einer Schüssel übergießt und kalt aufträgt.
Anmerkung: Statt Zitronensaft kann man ein Stückchen Vanille mitkochen lassen.

Apfelmus

Geschälte und geviertelte mürbe Äpfel werden in einer Zuckerlösung weich gekocht und passiert. Man braucht sie auch nicht zu passieren, wenn man sie so lange kocht, bis sie breiig sind.
Das in einer Schüssel angerichtete kalte Apfelmus kann mit Zucker bestreut werden.
Bei sehr süßen Äpfeln gibt man etwas Zitronensaft zum Mus. Das Mus kann auch aus ungeschälten Äpfeln zubereitet werden.

Dunstobst

(Zubereitung für längere Aufbewahrung)

Zuckerlösung für saures Obst (Erdbeeren, Kornelkirschen, Marillen, Pfirsiche, Ribiseln, Stachelbeeren, Weichseln u. a.):
a) auf 1 l Wasser 300 g Zucker (für Patentgläser), b) auf 1 l Wasser 500 g Zucker (für gewöhnliche Einsiedegläser).

Zuckerlösung für süßes Obst (Äpfel, Birnen, Himbeeren, Kirschen, Ringlotten, Zwetschken):
a) auf 1 l Wasser 150 g Zucker (für Patentgläser), b) auf 1 l Wasser 300 g Zucker (für gewöhnliche Einsiedegläser).
Die Zuckerlösung ungefähr 5 Minuten kochen lassen und abschäumen.

Allgemeines über die Herstellung von konserviertem Obst:
Obst, das bereits ausgereift, aber noch fest ist, das weder gequetscht noch wurmstichig oder angefault ist und das unmittelbar vorher gepflückt wurde, wird sich mit sicherem Erfolg einsieden lassen. Es kann sofort nach entsprechender Reinigung eingesiedet werden.
Noch nicht völlig reifes, zu hartes Obst muss vorher in siedendem Wasser blanchiert werden. Wichtig ist größte Reinlichkeit in Bezug auf Obst, Geräte und Kochgeschirr, die Verwendung von besonderem Einsiedegeschirr aus Email, Edelstahl oder Aluminium, einem eigenen Kochlöffel, von Haarsieb, rostfreien Bestecken usw. Alles, womit die Einsiedegläser in Berührung kommen, muss fettfrei sein.
Die beim Einkochen verwendeten Gläser oder Flaschen sind mit warmem Wasser, in welchem ein Stück Soda aufgelöst wurde, und mit einer Bürste gründlich zu reinigen und hernach in heißem Wasser auszuschwemmen, gut zu trocknen, aber nicht zu wischen.
Werden zum Einkochen Patentgläser, wie z. B. Weck, Rex, verwendet, so müssen auch die Gummiringe und Deckel gut gereinigt und getrocknet werden.
Das einzukochende Obst wird sodann mit Hilfe eines Löffels oder eines Holzstäbchens fest in die Gläser eingeschichtet, wobei man das Glas auf die flache Hand aufklopft, damit das Obst sehr dicht eingefüllt werden kann. Zum Bestreuen des Obstes nimmt man Kristallzucker; wird es jedoch mit gekochtem Zucker übergossen, so können zum Kochen alle Zuckerarten mit Ausnahme von Staubzucker Verwendung finden. Der Zucker wird bis zum Breitlauf bzw. bis zur kleinen Perle (siehe Seite 558) gekocht, wobei man die sich abscheidenden Unreinheiten abschöpft. Zum Übergießen sollte der Zucker immer ausgekühlt verwendet und so hoch in die Gläser gegossen werden, dass die Früchte auch beim Schräghalten der Gläser damit bedeckt sind. Hierauf wird der ungefähr

daumenbreite freie Raum der Gläser mit einem Tuch abgewischt und bei Verwendung gewöhnlicher Einsiedegläser ein in Rum oder Weingeist getränktes Blatt Pergamentpapier auf die Früchte gelegt.
Das Glas wird nun mit gut gespanntem, in laues Wasser getauchtem, gut getrocknetem, doppeltem Pergamentpapier oder doppeltem, feuchtem Zellophanpapier fest mit dünnem, nassem Spagat verbunden. Das Zellophan wird auf die Gläser gelegt, wobei man es unter dem Rand festhält und oben nach innen drückt, damit es nicht straff gespannt ist und Platz hat, sich während des Kochens auszudehnen, weil es andernfalls platzen würde. Zum Kochen kann man einen Patentkochtopf oder jeden beliebigen Topf, der höher als die Gläser ist, verwenden. Den Boden des Gefäßes belegt man mit Heu, Tüchern, Papier oder Holzwolle und stellt die Gläser hinein (zwischen die man gleichfalls Heu u. Ä. gibt, um ein Anschlagen zu verhindern); nun füllt man kaltes Wasser in den Topf, so dass es bis zur Hälfte der Glashöhe reicht. Der Topf wird verschlossen und die Kochzeit vom Kochen des Wassers, das nur leicht wallen (perlen) darf, an gerechnet. Nach dem Kochen lässt man die Gläser ein wenig überkühlen, da sie bei zu großem Temperaturwechsel springen. Damit das eingekochte Obst nicht verdirbt, ist ein luftiger, trockener, kühler Aufbewahrungsort notwendig. Sollte ein Glas anlaufen, so muss die Zuckerlösung abgegossen, nochmals aufgekocht, über das in ein gut gereinigtes Glas gefüllte Obst gegossen und dieses hierauf noch einmal im Dunst gekocht werden. Häufiges Kontrollieren, besonders in den ersten Wochen, ist notwendig. Schimmeliges Obst oder Marmelade ist gesundheitsschädlich und darf nicht mehr verwendet werden.

Kirschen, Weichseln, Ringlotten

Reife Früchte mit festem Fruchtfleisch werden gut ausgesucht, so dass keine schadhaften und wurmstichigen darunter sind, gewaschen, abgetropft, von den Stielen befreit, dicht in Gläser gefüllt und mit kaltem, bis zur Perle gekochtem Zucker übergossen. Die Gläser werden luftdicht verschlossen und die Früchte 10 Minuten in Dampf gekocht. (Bei Benützung von Patentgläsern kann man die Früchte ohne jede Zutat 15 Minuten in Dampf kochen und sie dann wie frische verwenden.)

Ribiseln

Feste Ribiseln werden von den Stängeln befreit, rasch gewaschen, in einem Sieb abtropfen gelassen, in Gläser gefüllt und mit kaltem, gesponnenem Zucker übergossen. Die Gläser werden luftdicht verschlossen und die Ribiseln 5 Minuten lang in Dampf gekocht.
Anmerkung: Statt mit gesponnenem Zucker können die Ribiseln auch

lagenweise mit Kristallzucker bestreut werden (1 kg Frucht 300–400 g Zucker). Weiteres Verfahren wie oben.

Marillen

Ausgereifte, aber doch noch feste Marillen werden einen Augenblick in kochendes Wasser gegeben, die Haut wird abgezogen, worauf man die Marillen halbiert und entkernt. Die Marillen werden dann dicht in Gläser gefüllt, mit erkaltetem gesponnenem Zucker übergossen oder mit Kristallzucker bestreut und nach erfolgtem luftdichtem Verschließen der Gläser 10–15 Minuten in Dampf gekocht. Die Marillen können auch ungeschält eingelegt werden. In Patentgläsern können sie auch ohne Zucker eingekocht werden.

Pfirsiche

Können wie Marillen behandelt werden, doch eignen sich hierfür nur solche Früchte, die sich vom Kern lösen.

Zwetschken

Die Zwetschken werden in der Regel genau wie die Marillen behandelt, doch kann man sie auch ungeschält lassen. In diesem Fall sticht man sie vor dem Einlegen mehrmals mit zugespitzten Holzspeilen an, damit die Haut nicht springt.

Wenn man Patentgläser benützt, kann man auch ungeschälte ganze Zwetschken ohne jede Beigabe 15 Minuten in Dunst stellen. Diese Zwetschken können wie frische verwendet werden (z. B. zur Zubereitung von Zwetschkenknödeln u. a.).

Birnen

Kleine, feste Birnen, deren Stängel man verkürzt und abschabt, werden geschält und zur Verhütung des Braunwerdens in Zitronenwasser gelegt. Hierauf schichtet man sie in Gläser, übergießt sie mit ausgekühltem gekochtem Zucker, verschließt sie luftdicht und kocht das Obst 15 Minuten in Dunst.

Große Birnen schält, viertelt oder halbiert man.

Anmerkung: Wenn die Birnen zu hart sind, werden sie vorher in Zitronenwasser blanchiert.

Erdbeeren

Ausgesuchte, trockene Beeren werden von den Stielen befreit, in Gläser fest eingeschichtet und lagenweise mit Kristallzucker bestreut. Nun werden die Gläser luftdicht verschlossen und die Beeren 5–10 Minuten in nicht zu stark wallendem Wasser gekocht.

Heidelbeeren, Himbeeren, Brombeeren und eingekochter Holler

Die Beeren werden ausgesucht, gewaschen, in Gläser gefüllt, lagenweise mit Kristallzucker bestreut, luftdicht verschlossen und 5–10 Minuten in Dunst gekocht (1 kg Beeren, 200 g Kristallzucker).

Kürbisse in Zucker

Die Kürbisse werden geschält, halbiert, nach Entfernung des Kerngehäuses in Scheiben oder Würfel geschnitten, in gesponnenem Zucker mit Zitronensaft bis zum Durchsichtigwerden gekocht und in Gläser gefüllt, die man luftdicht verschließt und 10 Minuten in Dunst kocht.

Grüne Nüsse (so genannte schwarze Nüsse)

Grüne Nüsse werden mit einer Nadel mehrmals gut durchstochen, 8 bis 10 Tage lang in täglich zu erneuerndes kaltes Wasser gelegt und schließlich in Salzwasser weich gckocht. Dic abgcscihtcn Nüssc werden mit heißem gesponnenem Zucker übergossen und nach dem Erkalten 12 Stunden lang in den Kühlschrank gestellt. Dann wird der Zucker abgeseiht, aufgekocht und abermals über die Nüsse gegossen. Dies wird noch fünfmal wiederholt. Schließlich wird der Zucker nach Zugabe einiger Gewürznelken, die man später entfernt, und Zimtrinde dick eingekocht und über die in Gläser gefüllten Nüsse gegossen. Die Gläser werden mit doppeltem Pergament zugebunden. Einsiedezeit: Ende Juni.

Röster (Fruchtfleisch)

(Fruchtfleisch in kleineren, unregelmäßigen Stücken)

1 kg Kirschen (Weichseln)
1 ¼ kg Kristallzucker

Kirschen- und Weichselröster

Entkernte Früchte werden in Gläser gefüllt, mit Kristallzucker schichtweise bestreut, luftdicht verschlossen und ungefähr 15 Minuten in Dunst gekocht, wodurch ein Teil des Fruchtfleisches zu Mus verkocht.

1 kg Marillen
½ l gesponnener Zucker
(½ l Wasser und 500 g Kristallzucker)
Mandeln

Marillenröster

Die Marillen werden geöffnet, entkernt, in gesponnenem Zucker ein paar Mal aufgekocht und dann herausgenommen. Den Zucker lässt man mit geschälten Mandeln dicker einkochen, gibt die Marillen dazu, füllt den Röster in Gläser, legt ein in Rum getränktes Pergamentpapier darauf, verschließt die Gläser luftdicht und kocht den Röster 10 Minuten in Dunst. Man kann auch 2–3 Marillenkerne dazugeben. Bei sehr süßen Marillen nimmt man weniger Zucker.

1 kg entkernte Zwetschken
200 g Kristallzucker

Zwetschkenröster

Die Zwetschken werden geöffnet, entkernt, mit Zucker bestreut und so lange gekocht, bis die Zwetschken genügend weich sind, was man daran erkennt, dass sich die Schalen einrollen. Man kann ein paar Gewürznelken und ein Stückchen Zimtrinde, in ein Mullsäckchen gebunden, das man nach dem Kochen entfernt, mitkochen lassen.
Hierauf füllt man den Röster in Gläser, die man luftdicht verschließt, und kocht ihn 10 Minuten in Dunst.
Gemischte Röster: z. B. 400 g Kirschen, 400 g Weichseln, 200 g Johannisbeeren, 350 g Zucker.

Fruchtmus mit Teilen von Fruchtfleisch (Jams)

(Marmeladenartig eingekochter Fruchtbrei mit einzelnen Fruchtstücken)

Orangenfruchtfleisch (Orangenjam)

2 kg Orangen (ungespritzt)
(ca. 1 ½ kg Fleisch)
Schalen von 4 Orangen
Saft von 2 Zitronen
½ l Wasser
gesponnener Zucker
(¼ l Wasser, 1 ¼ kg Kristallzucker)

Die ungespritzten Orangen werden dünn geschält; sodann wird die weiße Haut vollständig abgezogen. Die Orangenspalten mit einem dünnen Messer aus den Häutchen schneiden (oder die Orangen quer dünnblättrig schneiden), entkernen und mit dem aufgefangenen Saft in eine Schüssel geben. Die äußere gelbe Schale von 4 Orangen wird feinnudelig geschnitten und zu dem Orangenfleisch gegeben. Sodann wird alles mit kaltem Wasser und dem Zitronensaft übergossen und über Nacht zugedeckt stehen gelassen. Diese Mischung kocht man am nächsten Tag 10 Minuten. Hierauf wird der Zucker gesponnen, dazugemischt und die Mischung unter fortwährendem Rühren noch einmal 25 Minuten lang gekocht. (Vorsicht! Das Fruchtfleisch kann sehr leicht anbrennen.) Jam noch heiß in vorgewärmte Gläser füllen, auskühlen lassen und mit Zellophanpapier verschließen. Einsiedezeit: Winter bis Frühling.

Erdbeerjam

1 kg Ananaserdbeeren
Saft von 1 Zitrone
800 g Kristallzucker

Die Erdbeeren werden von den Stielen befreit, abgewischt, abwechselnd mit dem Kristallzucker schichtweise in eine reine Porzellanschüssel eingelegt und über Nacht zugedeckt stehen gelassen. Am nächsten Tag werden sie unter vorsichtigem Rühren, damit sie nicht zerrührt werden, 20 Minuten lang gekocht. Dann werden die Früchte aus dem Fruchtsaft genommen. Den Saft lässt man noch etwas dicker einkochen, gibt die Erdbeeren und den Zitronensaft dazu, schäumt die Masse ab, füllt das Jam noch heiß in Gläser und verschließt diese am nächsten Tag mit Pergamentpapier.

Erdbeerjam mit Rhabarber

1 kg Erdbeeren
500 g Rhabarber
800 g Kristallzucker

Den geschälten Rhabarber in 1 cm große Stücke schneiden, im eigenen Saft weich dünsten; die entstielten Erdbeeren und den bis zum Bruch gekochten Zucker dazugeben, unter häufigem Abschäumen bis zur Geleeprobe einkochen, noch heiß in Gläser füllen und erst am nächsten Tag mit Pergamentpapier verschließen.

1 kg entkernte Kirschen
300 g Kristallzucker
Rum

Kirschenjam

Die gewaschenen Früchte werden geöffnet und ausgelöst und abwechselnd mit Kristallzucker schichtweise in eine reine Porzellanschüssel eingelegt; über Nacht zugedeckt stehen lassen. Am nächsten Tag werden sie, damit sie nicht zerrührt werden, unter vorsichtigem Rühren auf starkem Feuer bis zur Geleeprobe eingekocht, in Gläser gefüllt, mit einem in Rum oder Weingeist getauchten Pergamentpapier belegt, zugebunden und 15 Minuten in Dunst gekocht. (Kirschen werden gerne mit Weichseln und roh passierten Ribiseln gemischt.)

Weichseljam

Wird ebenso zubereitet, nur verwendet man auf 1 kg entkernte Frucht 400 g Zucker.

1 kg entkernte Marillen
500 g Kristallzucker

Marillenjam

Sehr reife Marillen werden entkernt, mit Kristallzucker vermischt und unter beständigem Rühren bis zur Geleeprobe gekocht. (Die Marillen können auch mit bis zum Flug gekochtem Zucker bereitet werden, wodurch sie in der Farbe schöner bleiben.)

1 kg Beeren
400 g Kristallzucker
Saft von 1 Zitrone
Rum

Beerenjam

Die Beeren werden mit Zucker und Zitronensaft bei starker Hitze unter beständigem Rühren dicklich eingekocht, in Gläser gefüllt, mit einem in Rum getränkten Pergamentpapier bedeckt, verbunden und ungefähr 15 Minuten in Dunst gekocht. Es ist darauf zu achten, dass sich nicht sämtliche Beeren zu Mus verkochen.

1 kg Preiselbeeren
250 g Kristallzucker
⅛ l Wasser

Preiselbeeren

Die Preiselbeeren werden ausgeklaubt, gewaschen, zum Abtropfen auf ein Sieb gelegt, in sehr dick gesponnenem Zucker 3–5 Minuten lang gekocht und herausgenommen. Der Saft wird bei starker Hitze noch etwas eingekocht und über die Preiselbeeren gegeben, die man sodann in Gläser oder Tiegel füllt. Diese werden nach dem Auskühlen zugebunden.

Preiselbeeren ohne Zucker

Die ausgesuchten, gewaschenen Preiselbeeren werden in eine Kasserolle gegeben und so lange im heißen Rohr stehen gelassen, bis die Früchte heiß sind. Dann füllt man sie in Gläser, verschließt sie luftdicht und kocht die Preiselbeeren 15 Minuten in Dunst.

Powidl

5 kg Zwetschken
Rum

Recht reife Zwetschken werden gewaschen, entkernt und ohne jede Zugabe gekocht, bis sie dick und dunkel sind. Man kocht sie bei schwacher Hitze und rührt sie dabei öfters auf, damit sie nicht anbrennen; doch muss man die Hände schützen, weil Powidl stark spritzt.
Da man an einem Tag mit dem Einkochen nicht fertig wird, muss man es an mehreren aufeinander folgenden Tagen besorgen. Erst wenn das Mus so dick geworden ist, dass der Löffel stecken bleibt, ist es genug fest. Nach dem Erkalten wird es in Gläser oder glasierte Tiegel oder Töpfe gefüllt, glatt gestrichen, mit einem in Rum getränkten Papier bedeckt und mit Pergamentpapier zugebunden.

Fruchtmus (Marmeladen)

(Eingekochte passierte Früchte)

Allgemeines über die Herstellung von Fruchtmus (Marmeladen):
Zu Fruchtmus nimmt man ganz reifes Obst und kocht dieses, je nach Angabe bei den einzelnen Rezepten, entweder mit bis zum großen Flug gesponnenen Zucker oder mit Kristallzucker bis zur Geleeprobe, d. h. so lange, bis ein Tropfen, auf einen Teller gegeben, nicht mehr auseinander fließt. Das Mus wird noch heiß in Gläser oder Tiegel gefüllt, eventuell mit in Rum getränktem Pergamentpapier bedeckt und mit in laues Wasser getauchtem Pergamentpapier fest verbunden. Bei nicht fabriksmäßiger Herstellung der Marmelade behält diese ihre natürliche Farbe am sichersten dann, wenn man die Früchte nur kiloweise einkocht. Zum Einkochen darf nur solches Geschirr genommen werden, das noch nicht zur Bereitung anderer Speisen verwendet worden ist; auch dürfen nur Haarsiebe und niemals Drahtsiebe verwendet werden. Am besten verwendet man Email-, Aluminium- oder Edelstahlkasserollen. Zum Rühren muss man ausschließlich für Einsiedezwecke verwendete Holzkochlöffel, zum Kosten rostfreie Löffel benützen.

1 kg passierte Himbeeren
500 g Kristallzucker
Rum

Himbeermarmelade

Gut ausgesuchte, reife Himbeeren werden passiert, gewogen, mit Zucker vermengt, unter beständigem Rühren bis zur Geleeprobe (siehe oben) eingekocht und heiß in die vorgewärmten Gläser gefüllt. (Man kann Himbeermarmelade auch mit Ribiselmarmelade mischen, wodurch erstere schneller geliert.)
Man füllt das Mus noch heiß in die Gläser oder Tiegel, lässt sie stehen, bis sich ein Häutchen bildet, legt auf das Mus ein in Rum getränktes Pergamentpapier und verschließt die Gläser.

Brombeer-, Ribisel- und Stachelbeermarmelade

Werden auf die gleiche Weise zubereitet.

1 kg entkernte, geschälte Marillen
½ l gesponnener Zucker (¼ l Wasser, 500 g Kristallzucker)

Marillenmarmelade

Ganz reife Marillen werden entkernt und einige Zeit in einem Einsiedebecken ohne Wasser gedünstet, bis sie weich sind. Dann passiert man sie durch ein neues Haarsieb und kocht sie unter fortwährendem Rühren mit bis zum Flug gekochtem Zucker oder nur mit Kristallzucker bis zur Geleeprobe. Weitere Behandlung siehe Allgemeines über die Herstellung von Fruchtmus (Marmeladen).

Weichselmarmelade

Die Weichseln werden entkernt, überdünstet, passiert und gewogen. Das Mark wird sodann mit der halben Gewichtsmenge Zucker bis zur Geleeprobe gekocht und weiterbehandelt wie alle übrigen Marmeladen.

1 kg entkernte Zwetschken
500 g Kristallzucker

Zwetschkenmarmelade (Zwetschkenmus)

Ganz reife Zwetschken werden entkernt und im eigenen Saft gedünstet, bis sie weich sind. Dann passiert man sie und kocht sie mit Zucker bis zur Geleeprobe.
Will man das Mus ganz lichtgelb haben, so muss man die Zwetschken vor dem Kochen blanchieren und abschälen.

Orangen- und Zitronenmarmelade

Das Fruchtfleisch wird mit einem Löffel herausgenommen, die Kerne werden daraus entfernt. Das Fruchtfleisch wird sodann abgewogen und mit der halben Gewichtsmenge Zucker unter Zugabe von ein wenig fein gehackten Zitronenschalen bis zur Geleeprobe gekocht.

Hagebutten- oder Hetschepetschmarmelade

1 kg passierte Hagebutten
500 g Kristallzucker
2 l Wasser

Die Hagebutten, die schön rot sein sollten, werden gewaschen, abgekappt und mit Wasser so lange gekocht, bis sie weich sind. Dann werden sie passiert und mit gestoßenem Zucker eingekocht.

Mischmarmelade

2 kg Äpfel
1 ½ kg Paradeiser

Die geviertelten Äpfel werden in heißem Wasser ein wenig überdünstet und dann passiert. Die Paradeiser werden in kochendes Wasser gegeben, so lange drinnen gelassen, bis sie in die Höhe steigen und hierauf passiert. Das Mark wird noch eingedickt. Das fertige Tomatenmark muss im Gewicht die Hälfte des Apfelmarks ergeben. Die beiden werden gemischt und je 1 kg davon mit 750 g Zucker, Vanille und 1 Esslöffel Rum bis zur Marmeladedicke gekocht.
Auch Zwetschken, Karotten und Gelbe Rüben verwendet man zur Herstellung von Misch- oder gestreckten Marmeladen. Sehr gut schmecken Ribiseln mit Kirschen (zu gleichen Teilen gemischt).

Fruchtmark

(Kalt gerührte, passierte Fruchtbreie)

Erdbeermark

Die Erdbeeren werden passiert, gewogen, mit der gleichen Gewichtsmenge Staubzucker mindestens 20 Minuten lang gerührt, in Flaschen gefüllt und mit einer Schicht Staubzucker bedeckt. Die Flaschen werden verkorkt, versiegelt und liegend aufbewahrt.
Anmerkung: Man rührt am besten mit einem elektrischen Gerät auf kleinster Stufe.

Ribisel-, Himbeer-, Marillen- und Weichselmark

Werden ebenso hergestellt wie Erdbeermark.

Fruchtgelees

Apfelgelee

1 l Apfelsaft
(1 kg Äpfel, 1 l Wasser)
1 kg Kristallzucker
Saft von einer halben Zitrone

Die Äpfel werden gewaschen, geviertelt, nicht entkernt und mit so viel Wasser, dass sie bedeckt sind, sehr weich gekocht. Auf ein sauberes, angefeuchtetes Leinentuch, welches über ein entsprechend großes Gefäß gebunden wird, gießt man die Äpfel samt dem Saft, lässt den Saft, ohne umzurühren, durchfließen und misst ihn. Den abgemessenen Saft mischt man mit der gleichen Menge Kristallzucker und lässt ihn so lange kochen, bis ein Löffel voll davon, auf einen Teller gegeben, nach dem Erkalten geliert. Noch heiß in vorgewärmte Gläser füllen.
Will man das Klar- und Sulzigwerden des Gelees beschleunigen, so kocht man es bei starker Hitze und gibt während des Kochens Zitronensaft dazu. Gelee kann auch von Fallobst hergestellt werden. Am besten eignen sich nicht vollreife Früchte.

Quittenkäse

1 ¼ kg Quittenmark
(3 kg rohe Quitten)
1 l gesponnener Zucker
(½ l Wasser, 500 g Kristallzucker)
Saft von 3 Zitronen

Die Quittenäpfel oder -birnen werden abgewischt, geteilt und mit dem Kerngehäuse, dem Zitronensaft und mit so viel Wasser, dass sie bedeckt sind, sehr weich gekocht. Dann werden die Quitten abgeseiht und durch ein Haarsieb passiert. Der Sud wird für Quittengelee verwendet.
Das Passierte wird mit Zucker, den man mit Wasser bis zum Bruch gekocht hat, bei starker Hitze unter beständigem Rühren etwa 1 Stunde lang gekocht. Das Quittengelee muss so dick sein, dass es beim Durchrühren Straßen zieht oder, wenn es erkaltet ist, ein Tropfen davon, auf einen Teller gegeben, geliert.
Den noch heißen Käse füllt man in Blechformen, die man vorher mit kaltem Wasser geschwemmt hat, und lässt die Formen einige Tage lang an einem kalten Ort stehen. Ist der Quittenkäse getrocknet, so stürzt man ihn heraus. Man bewahrt ihn zwischen Pergamentpapier in Schachteln an einem trockenen Ort auf; man kann ihn auch in kleine Würfel schneiden und diese in Kristallzucker drehen. Diese Würfel werden in Papierkapseln gefüllt und kleiner Bäckerei beigegeben.
Der Quittenkäse kann mit Lebensmittelfarbe rot gefärbt werden.

Ribiselgelee

1 kg Ribiseln (abgerebelt)
600–800 g Kristallzucker
¼ l Wasser

In bis zum Flug gekochten Zucker werden abgerebelte, gewaschene Ribiseln 5 Minuten aufgekocht; auf ein Haarsieb geben. Der durchgelaufene Saft wird bei starkem Feuer so lange gekocht, bis er am Rand leicht geliert, heiß in Gläser gefüllt und erkaltet verschlossen.
Der Rückstand kann passiert noch etwas eingedickt werden und ergibt Ribiselmarmelade.

Stachelbeergelee

Wird wie Ribiselgelee behandelt, nur nimmt man auf 1 kg Stachelbeeren 600 g Zucker.

Fruchtsäfte

(Fruchtsäfte gewinnt man durch Auspressen von sehr reifem Fruchtfleisch; sie dürfen weder Fruchtfleisch noch Fruchtbrei enthalten und sollten nicht gelieren.)

Himbeersaft

etwa 2 kg Himbeeren
1 kg Staubzucker
Saft von einer Zitrone

Sehr süße Himbeeren werden, ohne sie zu waschen, passiert, mit Zucker und Zitronensaft vermischt und über Nacht stehen gelassen. Der Saft wird vorsichtig abgeseiht, durch ein Tuch gefiltert, in Flaschen gefüllt, die man verkorkt und mit Spagat und Pergament zubindet. Sodann wird der Saft 25 Minuten in Dunst gekocht.
Einsiedezeit: Juli.
Andere Zubereitungsart: Die Himbeeren werden passiert, gewogen, mit gleich viel Staubzucker vermischt, in Gläser halbvoll gefüllt, verschlossen und eine Dreiviertelstunde in Dunst gekocht. Dann lässt man die Gläser stehen, bis sich das Mark setzt und sich der Saft ganz klar abgesondert hat. Dieser wird sodann vorsichtig abgegossen, in Flaschen gefüllt, verkorkt, mit Spagat und Pergament zugebunden und 15 Minuten in Dunst gekocht. Die Flaschen werden liegend aufbewahrt.
Das zurückbleibende Fruchtmark wird zu Mus verkocht.

Brombeersaft

Wird wie Himbeersaft hergestellt.

Ribiselsaft

2 kg Ribiseln
2 kg Kristallzucker
40 g Zitronensäure
1 l Wasser

Die reifen, abgerebelten Ribiseln in eine Porzellanschüssel geben, die Zitronensäure und den Zucker darüber streuen, das Wasser hinzufügen und zugedeckt 24 Stunden stehen lassen. Aber während dieser Zeit einige Male mit einem Holzlöffel vorsichtig umrühren, ohne die Früchte zu zerdrücken. Dann den Saft durch ein sauberes, angefeuchtetes Leinentuch gießen, sofort in reine, trockene Flaschen füllen und mit abgebrühten Korken verschließen. Dieser Saft eignet sich auch zum Tiefkühlen. Das zurückbleibende Fruchtmark wird zu Mus verkocht.
Einsiedezeit: Juli, August.

Fruchtsäfte (Saftentziehung mittels Dampf)

a) Für Fruchtsäfte zum Verdünnen: auf 1 kg süße Früchte 150 g Zucker,
b) für Fruchtsäfte zum Verdünnen: auf 1 kg saure Früchte 300 g Zucker,
c) für Süßmost zum Verdünnen: auf 1 kg süße Früchte 50 g Zucker,
d) für Süßmost zum Verdünnen: auf 1 kg saure Früchte 100 g Zucker.

Sehr reife, eventuell gut zerkleinerte Früchte 10–12 Stunden mit dem Zucker vermischt stehen lassen.

Das Entsaften: Einen größeren Einsiedetopf füllt man handhoch mit Wasser und stellt auf einen Draht- oder Holzuntersatz eine Schüssel zum Auffangen des Saftes. Dann bindet man ein in heißem Wasser gereinigtes, feuchtes Tuch über den Topf und drückt es trichterförmig nach unten, sodass eine Vertiefung entsteht. In diese Vertiefung gibt man die eingezuckerten Früchte, deckt sie mit einem Blatt Pergamentpapier und einem gut passenden Deckel zu, damit kein Kondenswasser dazukommt, und knotet nun die Enden des Tuches darüber, sodass man nach dem Entfernen des Spagats den Deckel mit den Früchten abheben kann. Nun bringt man Wasser zum Kochen und lässt weiche Früchte 1 ½ Stunden vom Kochen an gerechnet über Dampf entsaften. Den heißen Saft füllt man sofort in gut gereinigte und vorgewärmte Flaschen und verschließt sie mit ausgekochten, nassen Korken und feuchtem Spagat.

Nach den vorliegenden Angaben können die Säfte auch ohne Zucker bereitet werden. Die Rückstände werden als Brotaufstrich oder für Füllen verwendet oder zu Jam weiterverarbeitet.

Beliebt sind gemischte Fruchtsäfte, z. B. Erdbeeren mit Rhabarber, Himbeeren mit Ribiseln, rote und schwarze Ribiseln, Äpfel mit Holunder,

1 Teil Ebereschen mit 3 Teilen Äpfeln usw. (Rhabarbersaft ist wie Zitronensaft verwendbar.)
Vergorener Fruchtsaft: Beerenfrüchte oder andere entkernte Früchte (Weichseln, Schlehen usw.) zerdrücken, mit einem Tuch leicht bedeckt 4–5 Tage gären lassen; durch ein Tuch seihen, den Saft messen, auf 1 l Saft 800 bis 1.000 g Zucker zusetzen, ungefähr 5 Minuten unter fleißigem Abschäumen kochen lassen, noch heiß in gereinigte, vorgewärmte Flaschen füllen und überkühlt verkorken und verbinden oder versiegeln. Der Rückstand kann zu Jam oder Marmelade verarbeitet werden.

In Essig, Alkohol oder Senf eingelegte Früchte

Kürbisspalten in Essig

2 kg Kürbis
¼ l Weinessig + ⅛ l Wasser
500 g Kristallzucker
Gewürznelken
Zimt
Zitronenschalen

Der Kürbis wird geschält, in 6–8 cm lange Stücke von einem halben Zentimeter Dicke oder in Würfel geschnitten, entkernt, in eine Porzellanschüssel gelegt und mit Essig, in dem man ein Musselinsäckchen mit Gewürznelken, Zimt und Zitronenschalen aufkochen ließ, übergossen. Nach 24 Stunden wird der Essig abgeseiht und mit Zucker aufgekocht. Hernach gibt man die Kürbisschnitten hinein, kocht sie, bis sie glasig, aber nicht zu weich sind, kocht den Saft noch etwas ein, füllt das Kompott noch warm in Gläser und verschließt diese.

Essigzwetschken

2 ½ kg Zwetschken
750 g Kristallzucker
⅜ l Essig
¼ l Wasser
Zimtrinde
2 Gewürznelken

Große, ausgesucht schöne Zwetschken werden mit einem Tuch gut abgewischt, mit einer Nadel einige Male durchstochen, in eine Porzellanschüssel gelegt, mit einer siedenden Mischung aus Zucker, Essig, Wasser, Zimt und Gewürznelken übergossen, zugedeckt und über Nacht stehen gelassen.
Am nächsten Tag wird die Flüssigkeit abgegossen, aufgekocht und dann wieder über die Früchte gegossen. Am dritten Tag stellt man die Zwetschken samt dem Saft zu, lässt ihn aufkochen, bis die Früchte platzen, gießt den Saft ab, füllt die Früchte dann in Gläser, lässt den Saft etwas überkühlen und gießt ihn dann wieder auf die Früchte.

Essigfrüchte (Essigobst)

Man legt reife Früchte in Zuckeressig ein. Man reinigt sie trocken, übergießt sie mit einer vollkommen erkalteten warm zubereiteten Essigaufkochung (1 l Essig, 750 g Zucker, nach Geschmack Zimt und Nelken) und lässt sie einige Stunden zugedeckt stehen. Weitere Zubereitung wie bei den Essigzwetschken.
Essigfrüchte sind empfehlenswerte Fleischbeilagen, insbesondere bei salzfreier Kost.

Cognac- bzw. Weinbrand- oder Rumobst

Die gewählten Früchte müssen ganz reif sein und von den Stielen befreit werden. Marillen, Pfirsiche, Zwetschken und Ringlotten werden geschält und halbiert, Beerenfrüchte im Ganzen belassen.
In einen großen Steinguttopf gibt man 1 l Rum oder Weinbrand und nach und nach die verschiedenen Obstsorten (auf 300 g Früchte 200 g Zucker). Man beginnt mit der Sorte, die am frühesten reif ist, verschließt den Topf in der Zwischenzeit mit Pergamentpapier und stellt ihn an einen kühlen Ort, bis man wieder Gelegenheit hat, anderes reifes Obst nachzulegen. Sollte der Rum oder Weinbrand nicht mehr das Obst bedecken, so muss man nachfüllen. Im Herbst kann bereits von dem Obst gegessen werden.

Eingelegte Gemüse (Gemüsekonserven)

Allgemeines über das Einlegen von Gemüsen

Zum Einlegen der Gemüse in Salzwasser bedient man sich mit Vorteil so genannter Patentgläser, wie Ultreform, Weck oder Rex usw. Der gewöhnliche Verschluss mit Pergamentpapier kommt nur beim Einlegen von Gemüsen in Salz oder Essig und bei der Herstellung von Mark in Betracht. Das zum Einlegen verwendete Gemüse sollte jung und frisch sein. Die Gläser müssen mit Sodalösung gereinigt und geschwemmt werden; Rand, Gummi und Deckel gut abtrocknen.
Wird das Gemüse in Dunst gekocht, so hat der Topf gut verschlossen zu sein; das Wasser darf nur leicht wallen. Die Gläser sollten so bald wie möglich nach dem Kochen dem Wasserbad entnommen werden, damit die Gemüse nicht zu weich werden, andererseits aber die Gläser nicht etwa durch zu rasche Abkühlung springen.

Spargel in Salzwasser

1 kg Spargel
2 Stück Würfelzucker
1 l Salzwasser (10 g Salz) zum Übergießen

Die Spargelstangen werden geschält, gewaschen, gleich lang geschnitten, zusammengebunden und mit dem Würfelzucker 2 Minuten in Salzwasser gekocht. Dann stellt man den Spargel mit den Köpfchen nach abwärts in die Patentgläser, entfernt den Spagat, gießt abgekochtes, ausgekühltes Salzwasser darüber, wischt Rand und Gummi trocken, verschließt die Gläser und kocht den Spargel erst eine halbe Stunde, am nächsten Tag noch 20 Minuten in Dampf.

Karfiol in Salzwasser

Geputzter, gewaschener, in Röschen geteilter Karfiol wird wie Spargel zubereitet.

Erbsen in Salzwasser

¾ kg Erbsen
30 g Staubzucker
1 l Salzwasser (10 g Salz) zum Übergießen

Junge Erbsen werden in eine Serviette eingebunden und in siedendem Salzwasser 2 Minuten lang gekocht. Dann werden sie mit kaltem Wasser überspült, in Gläser gefüllt, mit Zucker bestreut, mit frisch gekochtem, ausgekühltem Salzwasser übergossen und nach luftdichtem Verschließen der Gläser erst eine halbe Stunde, am nächsten Tag 20 Minuten in Dampf gekocht.
Ganz kleine Karotten oder geschnittener Kohlrabi (eventuell lagenweise mit Erbsen gemischt) können ebenso zubereitet werden.

Spinat in Salzwasser

Schönen Spinat putzen, gut waschen, im eigenen Saft, leicht gesalzen, 5 Minuten dämpfen, mit dem Saft passieren und sofort in gereinigte Patentgläser füllen. Nach luftdichtem Verschließen erst eine halbe Stunde und am nächsten Tag 20 Minuten in Dampf kochen.
Sauerampfer kann ebenso zubereitet werden.

Fisolen und Spargelfisolen in Salzwasser

Kleine Fisolen werden geputzt, gewaschen, gleich lang geschnitten und in Salzwasser 2 Minuten gekocht. Dann werden die Fisolen abgeseiht, in Gläser gefüllt, mit ausgekühltem Salzwasser übergossen und nach luftdichtem Verschließen der Gläser erst eine halbe Stunde, am nächsten Tag

20 Minuten in Dampf gekocht. Geschnittene Fisolen werden ebenso zubereitet.

Pilze in Salzwasser

Für geputzte Champignons, Herrenpilze, Eierschwammerln, Morcheln usw. siehe Anleitung wie unter Spargel in Salzwasser.

Dillkraut in Essig

500 g Dillkraut
1 l Weinessig
1 El Salz

Das Dillkraut wird gewaschen, von den Stängeln befreit, in reine Einsiedegläser gegeben und mit überkühltem, gekochtem, gesalzenem Essig übergossen. (Es ist vorteilhaft, eine Schicht Öl darüber zu geben.) Die Gläser werden mit Pergament verschlossen und an einem kühlen Ort aufbewahrt.
Estragon wird ebenso zubereitet.

Fisolen und Spargelfisolen in Essig

Die Fisolen werden geputzt und gewaschen, eventuell geschnitten, 2 Minuten in Salzwasser gekocht, abgeseiht, abgeschreckt und in Gläser gefüllt. Gewässerter Essig wird nach Zugabe von Pfefferkörnern und Schalotten bis zum Sieden erhitzt, durchgeseiht und abgekühlt über die Fisolen gegossen, die man nach Verschließen der Gläser mit doppeltem Pergament eine Dreiviertelstunde in Dampf kocht.

Paradeiser in Essig

1 kg Paradeiser
½ l Weinessig
¼ l Wasser
1 El Salz
5 Pfefferkörner
3 Gewürznelken

Frische, feste Paradeiser werden gewaschen, abgewischt, in ein weites Glas eingelegt und mit dem erkalteten, mit Gewürzen gekochten Essigwasser derart angefüllt, dass alle Zwischenräume ausgefüllt und die Früchte bedeckt sind.
Damit diese nicht an die Oberfläche des Essigs steigen, presst man sie mit einigen quer gelegten Holzstücken unter die Flüssigkeit. Um dem Anlaufen besser vorzubeugen, kann man eine fingerdicke Schicht Öl darüber geben. Dann verschließt man das Glas mit Pergamentpapier.

Pilze in Essig

1 kg Champignons (oder kleine Herrenpilze)
¼ l Weinessig
¾ l Wasser
20 g Salz
Pfeffer
Neugewürzkörner
1 Prise Senfmehl (Ingwer, Estragon)

Kleine Pilze lässt man ganz, während man größere in Stücke teilt. Champignons werden abgeschält, Pilze geputzt und schnell in kaltem Wasser abgewaschen.
Nun kocht man die Pilze in gesalzenem Essigwasser einmal auf und gibt sie dann auf ein Sieb zum Abtropfen. Hernach füllt man sie in Einsiedegläser, übergießt sie mit einer überkühlten, aufgekochten Mischung aus Wasser, Essig, Salz, Pfefferkörnern, Neugewürzkörnern und einer Messerspitze Senfmehl, das man in ein Mullsäckchen gebunden hat, um es leichter zu entfernen. Man verschließt die Gläser luftdicht und kocht die Pilze 10 Minuten in Dampf. Vor dem Anrichten werden die Schwämme in kaltem Wasser schnell abgewaschen. (In Ermangelung von Patentgläsern ist es vorteilhaft, vor dem Verschließen der Gläser eine Schicht Öl darüber zu geben.)

Essiggurken

Kleine Gurken werden gewaschen, in ein Glas gelegt, mit Pfefferkörnern, klein gehackten Schalotten, Ingwer, Dillkraut, Paprika, Krenscheiben, Paprikaschoten, Salz und Weichselblättern bestreut und mit mildem gekochtem und wieder abgekühltem, ein wenig gewässertem Essig übergossen. Das Glas wird mit Pergament verschlossen und an einem kühlen Ort aufbewahrt.

Rote Rüben

Rote Rüben werden in kochendem Wasser weich gekocht, erkaltet geschält und blättrig geschnitten. Essig, Wasser, Salz, Kümmel und Zucker lässt man aufkochen und gießt die erkaltete Flüssigkeit über die in Gläser gefüllten Rüben. Obenauf legt man Krenscheiben. Die Roten Rüben schmecken auch ohne Salz sehr gut, weshalb sie sich vorzüglich für salzarme Kost eignen.

Zeller

In Scheiben schneiden, mit Zitronensaft oder Essigwasser halbweich dünsten, in gut gereinigte Gläser füllen, mit gekochtem, gewürztem Essig (auf 1 l Essig ½ l Wasser, 20 g Salz und 10 g Zucker) übergießen, die Gläser verschließen und eine halbe Stunde sterilisieren. Am nächsten Tag nochmals eine halbe Stunde kochen.

Mixed Pickles

Geputzte junge Gemüse (Erbsen, Fisolen, kleine ganze oder mit dem Dressiermesser geschnittene Karotten, Kohlrabi, kleine Maiskolben, kleine Herrenpilze, Karfiolröschen usw.) werden 2 Minuten in Salzwasser gekocht, abgeseiht und abwechselnd mit Perlzwiebeln, entkernten, nudelig geschnittenen rohen Paprika und Pfefferoni in Gläser gefüllt. Zum Schluss eine Lage Kräuter (Dill, Estragon, Lorbeerblätter) und Pfefferkörner darauf geben und weiter wie Pilze in Essig zubereiten.

Perlzwiebeln und Schalotten

Die Zwiebeln schälen, mit Salz 10–12 Stunden stehen lassen. Weinessig abkochen, überkühlt mit Estragon und weißen Pfefferkörnern (eventuell auch Dillkrautsamen) über die in gereinigte Gläser gefüllten Zwiebeln gießen, verschließen und 10 Minuten in Dampf kochen.

Gemüsesalat

1 kg Kraut, 1 kg Zwiebeln
1 kg Paradeiser, 1 kg Gurken
1 kg grüne Paprika
Kren, Gewürze
1 l Weinessig, 1 l Wasser
Senf, Öl

Die Gemüse nudelig schneiden, salzen und 8–10 Stunden stehen lassen. Dann ausdrücken und mit dem gut verkochten Essigsud und dem geriebenen Kren vermischen; in Gläser füllen, mit einer Schicht Öl abschließen und verbinden (vor Verwendung 4–6 Wochen stehen lassen).

Paprikasalat mit Fisolen

1 kg grüne Paprika
1 kg Fisolen
1 kg Zwiebeln
Kren
Salz
½ l Essig
½ l Wasser

Alles nudelig schneiden, Fisolen und Paprika getrennt von den Zwiebeln einsalzen. 10–12 Stunden stehen lassen und dann ausdrücken. Fisolen und Paprika in kochendem Essigwasser einmal aufkochen lassen, vom Herd nehmen und mit den ausgedrückten Zwiebeln und dem geriebenen Kren vermischen. Ausgekühlt in Gläser füllen und 4–6 Wochen stehen lassen.

Fisolen in Salz

Die gut abgewischten, geputzten Fisolen werden mit Kochsalz gut vermischt, in ein Einsiedeglas gegeben und zugebunden. Innerhalb einiger Tage sinken die Fisolen zusammen. Nun füllt man wieder nach, was man so oft wiederholt, bis sie nicht mehr zusammensinken. Vor dem Gebrauch muss man die Fisolen gut waschen und in ungesalzenem Wasser kochen; dann verwendet man die eingelegten Fisolen wie frische.

Wurzelwerk in Salz

1 kg Gelbe Rüben oder Karotten
1 kg Petersilienwurzeln
500 g Zeller
600 g Salz

Das geputzte Wurzelwerk faschieren, mit Salz vermengen, fest in breite Gläser einfüllen, mit Salz bedecken und mit Pergamentpapier verschließen. Man kann das Wurzelwerk auch nudelig schneiden. Vorteilhaft zu verwenden in der wurzelwerkarmen Zeit (Frühjahr) für Suppen oder Rindsbraten; jedoch Vorsicht beim Salzen dieser Speisen.

Sauerkraut (eingesäuertes Kraut)

Schöne, feste, 8 Tage abgelegene Krautköpfe werden geputzt, die Strünke werden herausgeschnitten und mit einem Krauthobel geschnitten. Ein trockener, reiner, für diesen Zweck bestimmter Holzkübel wird im Keller auf Holzplatten gestellt; der Kübelboden wird mit Krautblättern belegt. Dann gibt man eine Schicht Kraut hinein, streut Salz und Kümmel darauf, legt wieder etwas Kraut darüber und stampft es nun mit einem Holzstößel fest. So fährt man fort, bis alles Kraut verbraucht ist. Hie und da streut man einige gelbe Erbsen darunter. Oben legt man wieder ganze Krautblätter und ein reines Leinentuch darauf, das man rundherum einsteckt. Dann kommt ein vierteiliger Holzdeckel und ein reiner, schwerer Stein darauf, damit der Saft über den Deckel steigt. Nach etwa 3–4 Wochen, wenn das Kraut zu gären beginnt, wird es geputzt. Beim Herausnehmen des Krauts ist zu beachten, dass man es sehr gleichmäßig abkratzt, damit keine Lücken entstehen, deren Vorhandensein frühe Fäulnis bewirken würden, und dass das Kraut immer wieder beschwert wird. Das Kraut muss jede Woche gereinigt werden.
Anmerkung: Der Geschmack des Krauts wird verbessert, wenn man blättrig geschnittene Äpfel und Weinblätter darunter mischt.

Eingesäuerte Fisolen

Die Fisolen werden gewaschen, geputzt, schräg nudelig geschnitten und so wie Sauerkraut weiterbehandelt.

Salzgurken

Mittelgroße Gurken werden (allenfalls nach Abschneiden der Enden) gewaschen, in ein Glas gelegt, mit Estragon, Dill- und Gurkenkraut, Pfefferkörnern und Salz bestreut und mit Wasser übergossen, in das man Schwarzbrot gemischt hat. Nach 8 Tage langem Aufbewahren an einem warmen Ort wird das Glas zugebunden und an einen kühlen Ort gestellt (die Beigabe eines kleinen Stückchens Alaun verhindert das Weichwerden der Gurken).

Senfgurken

Gut gereifte Gurken werden geschält, der Länge nach halbiert, Mark und Kerne werden mit einem Löffel herausgenommen; in längliche Spalten schneiden, gut salzen und über 1 Tag in einem Weitling stehen lassen. Hierauf lässt man die Gurken auf einem Sieb abtropfen, trocknet sie gut mit einem Tuch ab, schichtet sie mit Senfkörnern und Estragon-, Basilikum-, Dillkraut, Lorbeerblatt, Schalotten, in Scheiben geschnittenem Kren, Pfefferkörnern, Neugewürz und einer Gewürznelke abwechselnd in Gläser fest ein, übergießt sie mit gutem, mit Wasser verdünntem, abgekochtem, erkaltetem, schwach gesalzenem und nach Geschmack gezuckertem Essig und verschließt die Gläser mit doppeltem Pergament. 2 Tage später gießt man den Essig ab, überkocht ihn, lässt ihn erkalten, gießt ihn dann neuerlich über die Gurken und verbindet die Gläser endgültig.

Paradeispüree (Tomatenmark)

Die Paradeiser werden gewaschen, zerteilt, von den Kernen und der Flüssigkeit befreit und ohne jede Zutat so lange gedünstet, bis sie weich sind. Dann passiert man sie und kocht das Mark so lange, bis ein Tropfen davon, auf einen Teller gegeben, nicht mehr auseinander fließt.
Das Püree wird in Gläser gefüllt; diese werden mit doppeltem Pergament verschlossen und eine Viertelstunde in Dampf gekocht.
Man kann das Püree auch in Flaschen füllen, diese verkorken, in Dampf kochen und mit Wachs verschließen.

Tomatenketchup

Die Paradeiser werden mit der Schale sehr weich gekocht, passiert und 1 Stunde eingekocht. Dann wird die Masse gewogen (auf 1 kg Mark gibt man 1 l Essig, 1 Esslöffel Salz, 100 g Zucker, 6–8 gestoßene Gewürznelken und etwas Muskatnuss). Man lässt das Mark nochmals eine Dreiviertelstunde kochen. Ist es überkühlt, wird das fertige Ketchup in kleine Gläser gefüllt, verschlossen und 40 Minuten bei 100 °C sterilisiert.

Rasch zubereitete Speisen für den Haushalt

Suppen: In eine fertige Rind- oder Ersatzsuppe (Würfel) Grieß, Haferflocken, Sago, Tropfteig oder fertige Teigwaren einkochen oder klein geschnittenes Wurzelwerk oder Erdäpfel in Salzwasser kochen und mit einem Suppenwürfel verbessern.
Weiters: Brot-, Einmach-, Einbrenn-, falsche Grieß-, Haferflocken-, Knoblauch-, alle Milch-, Wein-, Bier- und Obstsuppen und Suppen aus Resten von Gemüsen, Hülsenfrüchten oder Saucen, mit Wasser oder Würfelsuppe verdünnt und mit Semmelschnitten als Einlage.

Eiergerichte: Spiegeleier, Rühreier, gratinierte Eier, Eier in Rahm, Eier in Öl, Essig und Kren; Omeletten mit Fisch-, Gemüse-, Hirn-, Leber-, Nieren-, Speck- und Wurstfüllen; Eier mit Hirn, Pilzen, Schinken, Speck, Würsteln; Eiernockerln.

Bries, Hirn, Leber, Nieren, gebacken, gebraten, geröstet.

Augsburger, Brat-, Blut- und Leberwürste, gebraten.

Leberkäse, gebraten und gebacken.

Knackwürste, gekocht oder mit Essig, Öl und Kren.

Pilze, geröstet oder gebacken.

Käseschnitten, gebacken.

Frische Erbsen, Karfiol, Kochsalat, Kohl, Kürbis, Radieschen, Spinat auf englische, französische oder polnische Art oder mit tiefgekühlten Gemüsen aller Zubereitungsarten.

Fleischschnitten, gekocht, gebraten, gebacken, gratiniert.

Fleischschnitten von Lungenbraten, Beiried und Rostbraten, in der Pfanne oder auf dem Rost gebraten.

Schnitzel und Koteletts vom Kalb, Schwein, Schaf und Wild, in der Pfanne oder auf dem Rost gebraten oder gebacken.

Faschiertes Fleisch, Zwiebelfleisch à la minute.

Paprika-, Pariser und Rahmschnitzel.

Saucen: Dill-, Gurken-, Kapern-, Paradeis-, Sardellen-, Schwammerlsauce.

Kren: Apfel-, Obers-, Semmelkren.

Risotto aus Pilzen oder tiefgekühltem Gemüse; Fischrisotto usw.

Fertige Teigwaren mit Käse, Pilzen, Speck, Topfen, Wurst; Mailänder Makkaroni und Spaghetti.

Nockerln: abgeschmalzene, Brösel-, Eier-, Polenta- und Zwiebelnockerln.

Knödel: Semmel-, Grieß-, Pilz-, Speck-, Speckgrieß-, Maisgrieß-, Tiroler, Topfen-, Topfengrieß-, Fleisch-, Obstknödel; Knödelschmarren.

Nudeln: Brösel-, Grieß-, Käse-, Milch-, Mohn-, Nuss-, Pilz-, Topfen-, Wurstnudeln; Topfenhaluschka.

Grenadiermarsch, Erdäpfelgulasch, Schwammerlgulasch, Erdäpfelschmarren.

Pofesen mit Hirn, Eierspeise, Gemüsen oder Powidl oder Marmelade.

Haferflocken- oder Kartoffelpuffer.

Milchspeisen mit Grieß, Grießreis, Haferflocken, Sago, Tapioka.

Palatschinken mit Apfel-, Marmelade-, Topfen-, Zitronenfülle.

Omeletten: Biskuit-, Stefanie-, Rumomeletten.

Schmarren: Grieß-, Kaiser-, Kirschen-, Mehl-, Polenta-, Semmelschmarren.

Fertiger Strudelteig (vakuumverpackt oder tiefgekühlt) mit Füllen aus Grieß, Fleischresten, Obst, Rahm, Topfen.

Schaumkoch, Marillensoufflé, Schneenockerln, Salzburger Nockerln, Biskuitrolle.

Rohkost: Gemüse- und Obstsalate.

Von Speisefolgen und Getränken

Der Rahmen, in dem sich heute die meisten familiären und gesellschaftlichen Veranstaltungen, wie Familien- und Geburtstagsfeste, Einladungen usw., bewegen, ist gegenüber früheren Zeiten im Allgemeinen wesentlich einfacher.
Ein Mittagessen etwa besteht meist aus Suppe, Hauptspeise mit Beilagen und Mehl- oder Nachspeise. An besonderen Festtagen, bei festlichen Anlässen, bei größeren Mittag- oder Abendgesellschaften kann man je nach Anlass die Gaumenfreuden jedoch durch Hinzufügen von weiteren Gerichten erhöhen.

Der klassische Menüaufbau ist für die richtige Speisenfolge richtungsweisend:

Gaumenfreude	Amuse-Gueule
Kalte Vorspeise	Hors d'œuvre froid
Suppe	Potage
Warme Vorspeise	Hors d'œuvre chaud
Fisch	Poisson
Hauptplatte (erster Fleischgang)	Grosse pièce (relevée)
Warmes Zwischengericht	Entrée chaude
Kaltes Zwischengericht	Entrée froide
Eisgetränk	Sorbet
Braten	Rôti
Salat	Salade
Gemüse	Légume
Käse	Fromage
Warme Süßspeise	Entrement chaud
Kalte Süßspeise	Entrement froid
Kaffee	Café

Nie werden alle Gänge serviert. Die Menüfolgen sind heute vernünftiger, kürzer und den neuesten Erkenntnissen der modernen Ernährungswissenschaften angepasst. Je mehr Gänge zum Menü gereicht werden, umso kleiner sind natürlich die Portionen. Die Hauptplatte muss auch nicht mehr notwendigerweise eine Fleischspeise sein, so mancher Küchenchef erhebt Fisch, aber auch Gemüse- oder Getreidevariationen zum Hauptdarsteller seiner Menüfolge. Käse wird immer vor dem Dessert serviert, um den Gästen die Möglichkeit zu geben, den Wein auszutrinken oder noch eine neue Flasche zu öffnen.
Für die Bekömmlichkeit und die richtige Stimmung an der Tafel ist die Wahl zweckmäßiger und geeigneter Getränke wichtig.
Um für eine Speise die richtige Weinsorte zu finden, muss man wissen, ob die Speise fett oder mager, gewürzt, scharf oder mild, süß oder säuerlich ist; soll doch der Geschmack von Speise und Wein ganz besonders harmonieren. Zu milden Speisen gehören milde Weine, zu gewürzten Speisen würzige, herbe oder spritzige Sorten; zu Fleisch meist trockene Weißweine oder leichte Rotweine, zu Schwarzwild schwerere Rotweine (Bordeaux), zu Mehlspeisen Süß- oder Dessertweine usw. Als allgemeiner Grundsatz mag gelten, dass mit den leichten Sorten

begonnen werden sollte. Allerdings sollte man auch diese Richtlinie nicht unbedingt zum Katechismus der Tafelkultur erheben, denn auch beim Wein ist fast alles erlaubt, was gefällt. Ein Hauptaugenmerk ist auf die richtige Temperatur der Getränke zu richten. Getränke, die zu kalt oder zu warm serviert werden, verlieren an Geschmack und die ihnen eigentümliche »Blume«. Die Temperaturen sollten annähernd folgende sein:

Weißweine	8–12 °C
Leichte Rotweine	14–16 °C
Schwere Rotweine	16–18 °C
Champagner (Sekt)	4–5 °C
Dessertweine und Liköre	13–15 °C
Helles Bier	6–10 °C

Dunkles Bier sollte nicht unter 10 °C und nicht über 14 °C haben.

Vor der Suppe kann man als Aperitif Wermut, Campari, Sherry, Portwein, Madeira u. ä. servieren. Diese Weine werden in kleinen Gläsern gereicht oder, wenn das Glas schon auf dem Tisch steht, in dieses unmittelbar vor Beginn der Mahlzeit eingeschenkt.
Zu Fisch passt leichter, spritziger Weißwein, zu Fettfischen trockener Weißwein.
Zum Braten reicht man je nach Fleischart mildere oder herbere Weißweine oder leichtere Rotweine; bei festlichen Anlässen kann auch hier schon Sekt (Champagner) serviert werden.
Zu Süßspeisen gehören süße Weine, wie Muskateller, Malaga, Tokajer, Malvasier und ähnliche, während zum Kaffee Cognac oder Likör serviert werden kann.
Bestimmte Regeln lassen sich natürlich nicht aufstellen. So trinken Franzosen und Engländer z. B. lieber Rotweine, während Deutsche oder Österreicher ihre heimischen Weißweine vorziehen.
Meist genügt es vollkommen, wenn man (außer Bier) je eine gute weiße und rote Weinsorte servieren lässt; es kann auch (nach dem Bier) sofort Sekt (Champagner) kredenzt werden. Immer aber mag bedacht werden, dass die Wahl des Getränks die geschmacklichen Qualitäten jedes Gerichts, jedes Gangs sehr entscheidend beeinflussen kann.

Vorschläge für die Zusammenstellung von Menüs

Bei der Zusammenstellung der Speisenfolge (Menü) sollten einige Richtlinien beachtet werden, welche sich vom klassischen Menüaufbau ableiten. Die Reihenfolge der einzelnen Speisen ist:

Kalte Vorspeisen
Suppen (klar oder gebunden)
Warme Vorspeisen
Fisch (kann auch die warme Vorspeise ersetzen)
Hauptplatte (gekochte oder gedünstete ganze Fleischstücke) mit Beilagen
Warme Zwischengerichte (roh portionierte Fleischstücke)
Kalte Zwischengerichte (auch Sorbets)

Braten mit Gemüsen und Salaten
Käse
Süßspeisen (warm oder kalt)
Würzbissen
Nachtisch (Früchte, Kompotte, Käse)
Kaffee

Aus dieser Speisenfolge werden heute dem Anlass entsprechend meist drei bis fünf Gänge ausgewählt, welche nach ernährungsphysiologischen Richtlinien zusammengestellt werden sollten.

Man serviert zum Beispiel:

Kalte Vorspeise
Suppe
Warme Vorspeise
Fleischgericht mit Sättigungsbeilage, Gemüse und Salat
Süßspeise
Kaffee

oder

Suppe
Fleischgericht (Hauptplatte, Braten oder roh portioniertes Gericht) mit Beilage
Süßspeise oder Nachtisch

Die Nahrungsmittel sollten saisongemäß verwendet werden, weil sie in dieser Zeit am wertvollsten und auch am billigsten sind (z. B. Gemüse, Obst, Pilze, Lamm-, Kitz- und Wildfleisch, Geflügel usw.).
In den Sommer- und Herbstmonaten möglichst viel Gemüse und Obst, auch als Rohkost, verwenden. In den gemüseärmeren Monaten durch Saucen (Kapern-, Pilz-, Sardellen-, Zwiebelsauce), Äpfel, Obers, Preiselbeeren, Rote Rüben und Semmelkren und durch Hülsenfrüchte Abwechslung in das Speisenangebot bringen.
Im Frühling auf die so wertvollen Frühlingskräuter (Brennnesselspinat, Brunnenkresse, Gundelrebe, Löwenzahn, Sauerampfer) und auf Rhabarber nicht vergessen!
In den Wintermonaten mit Zitronensaft würzen, Gemüse mit einem Teil roh belassenem Gemüse aufwerten und Obstsalate (Äpfel und Orangen oder nur roh geraffelte Äpfel) möglichst mit Honig süßen.
Bei jeder Mahlzeit der Gruppe A (siehe nächste Seite) kann in der obstreichen Zeit die Mehl- bzw. Nachspeise durch Obst in irgendeiner Form ersetzt werden.

Gruppe A:

Mittags	**Abends**
Rindsuppe mit Lebernockerln Rindfleisch Kohl, Erdäpfel Apfelreis	Paradeisspaghetti
Erdäpfelsuppe Schweinsgulyás mit Nockerln Topfentascherln	Mischgemüse
Klare Suppe mit Nudeln Gefüllte Paprika Reis oder Erdäpfel Marmeladekipferln	Omelette mit Spinat- oder Pilzfülle, Salat
Paradeissuppe Majoranfleisch Erdäpfel, Gurkerln Palatschinken	Wurstschüsserln mit Spinat
Kohlsuppe Hasenjunges Semmelknödel Obst oder Kompott	Geröstete Knödel mit Ei und Salat
Knochenbrühe mit Parmesanreis Schöpsenschulter Tarhonya Apfelrösti	Gebackener Fleischstrudel Roter-Rüben-Kren
Zellersuppe Polpetti Erdäpfel Buchteln	Fisch- oder Gemüserisotto
Karfiolsuppe Rindsbraten Nudeln Mürber Apfelstrudel	Pofesen mit Spinat oder Pilzen

Spinatsuppe
Pöckelzunge
Erbsen- oder Erdäpfelpüree
Grießschmarren

Gefüllte Kohlwürstchen oder Sulz mit eingelegten Gemüsen

Fischbeuschelsuppe
Gebackener Karpfen
Zeller- und Erdäpfelsalat
Mürbteigschnitten

Grießknödel mit Speck und Salat oder mit Röster

Rindsuppe mit Grießnockerln
Rindfleisch
Apfelkren, Erdäpfelschmarren
Topfenstrudel

Gebackene Leber mit Spinat

Schwammerlsuppe
Münchner Pickelsteine
Nussnudeln

Schinkenerdäpfel mit grünem Salat

Klare Wurzelsuppe
Reisfleisch
Biskuitrolle

Gebackene Leber mit Spinat

Kohlrabisuppe
Gebackenes Surschnitzel
Sauce tartare, Erdäpfel
Topfenschnee

Erdäpfelnudeln mit Bröseln, Salat

Kalbscremesuppe
Schöpsenschulter auf Wildart
Polenta
Bratäpfel

Gansljunges mit Knöderln

Gemüsesuppe
Paprikafleisch
Salzerdäpfel
Mohnkuchen

Eiernockerln mit Salat

Rindsuppe mit Butternockerln
Rindfleisch
Kürbiskraut, Erdäpfelschmarren
Kipfelkoch

Nierndln mit Reis

Rindsuppe mit Grießknöderln Steirisches Wurzelfleisch Obstomeletten	Kohlrabieintopf
Radieschensuppe Lammpörkölt Nockerln, Salat Westfäler Kipferln	Eierspeise mit Schnittlauch und Salat, Butterbrot
Rindsuppe mit Milzcroûtons Rindfleisch Dillsauce, Petersilienerdäpfel Kolatschen	Gratinierte Makkaroni mit Salat
Klare Suppe mit Gemüseschöberln Kalbsroulade mit Kräuterfülle Risipisi Biskuit mit Beerenobst	Karfiol, eingemacht oder gratiniert
Champignonsuppe Gedämpfte Rehschulter Nudeln Obst	Mischgemüse mit Käse
Sauerampfersuppe Gefüllte Kohlrabi, Reis Obstkuchen	Wurstschüsserln mit Erbsen
Brennnesselspinatsuppe Gurkenbraten Gestürzte Erdäpfel Kaiserschmarren	Topfen- oder Gemüsepalatschinken
Erbsensuppe Gebackener Seefisch Gemischter Salat Scheiterhaufen	Käsenockerln mit Salat
Fenchelschaumsuppe Gemüseplatte mit Petersilienerdäpfeln Kaltes Grießkoch mit passierten Erd- oder Himbeeren	Knackwürste in Essig und Öl

Kochsalatsuppe
Fleischlaibchen
Erdäpfel, Salat
Topfenschnitten

Schinkenkartoffeln mit grünem Salat

Rindsuppe mit Leberreis
Rindfleisch
Fisolen, Erdäpfelschmarren
Rhabarberstrudel

Eier in Rahm mit Schnittlauch

Kohlsuppe
Semmelknödel
Champignonsauce
Kirschenkompott

Knödelschmarren mit Salat

Einmachsuppe mit Dill
Kalbsvögerln
Kochsalat, Braterdäpfel
Powidltascherln

Radieschen oder Karfiol mit Butter und Bröseln

Wurzelpüreesuppe
Kirschen- oder Marillenknöderln

Spinat- oder Gemüsepofesen

Kohlrübensuppe
Rindsgulyás
Nudeln
Ribisel mit Zucker

Kohl- oder Gemüseschnitzel

Fisolensuppe
Gefüllte Kalbsbrust
Reis, gemischter Salat
Marillenkuchen

Gemüserisotto

Rahmsuppe
Gebratene Weißfische
Sauce hollandaise
Heurige Erdäpfel
Kirschenstrudel

Kochsalat mit Butter und Bröseln

Rindsuppe mit Nudeln
Rindfleisch
Kürbiskraut, Erdäpfelschmarren
Heidelbeerkuchen

Nierndln mit Hirn

Einmachsuppe
Gebackener Kalbskopf
Petersilienerdäpfel, Sauce tartare
Biskuitomelette

Grießschmarren mit Kompott

Spargelsuppe
Schweinskoteletts mit Kümmelglace
Braterdäpfel, Salat
Brauner Kirschkuchen

Topfenhaluschka

Spinatsuppe
Pariser Schnitzerl
Reis
Biskuitrolle

Käse-, Nuss- oder Wurstnudeln

Sonn- und Feiertagsmenüs:

Champignonsuppe
Roastbeef
Braterdäpfel
Sauce tartare
Apfel à la Pompadour

Karfiolsuppe
Japanischer Schweinsbraten
Gestürzte Erdäpfel
Kalter Reis mit Fruchtpüree oder
Pfirsichreisspeise

Ragoutsuppe
Dominikaner-Kalbsschlegel
Kastanienreis oder
Schokoladetorte
oder Schnitten

Tapiokasuppe mit Gemüsen
Rebhuhn oder Fasan
Specklinsen oder Rotkraut
Kalter Kabinettspudding

Feine Gemüseeinmachsuppe
Nierenbraten
Risipisi
Mohr im Hemd

Klare Suppe mit Milzrolle
Englisch gebratene Rehfilets
Braterdäpfel
Sauce Cumberland
Haselnusspudding

Geflügelsuppe
Gebratene Ente
Braterdäpfel
Rohkostplatte (Gemüse der Saison)
Profiteroles

Spargelsuppe
Filet à la Colbert oder
Filet à la Wellington
Französischer Salat
Pfirsich Melba

Gruppe B:

Mittags	**Abends**
Gulaschsuppe Germknödel	Eingemachter Karfiol mit Erdäpfeln oder Bröselknöderln
Käsesuppe Bohnenlaibchen Roter-Rüben- oder Rettichsalat	Tiroler Gröstl mit Salat
Prager Püreesuppe Geröstete Leber Reis Essiggurkerln	Erdäpfel in der Schale, Bücklinge
Kohlreissuppe Fleischlaibchen Erdäpfelschmarren Obst	Spinat mit Erdäpfeln und eventuell Eiern
Haferflockensuppe Kohlrabieintopf	Paradeismakkaroni
Rollgerstensuppe Selchfleisch Erbsenpüree	Topfenpalatschinken
Erbsensuppe Powidltascherln Obst	Wurstschüsserln mit Erbsen
Kohlminestra Fischgulasch (Eintopf)	Eiernockerln mit Salat
Lauchsuppe Beuschel mit Knödeln	Knödelschmarren mit Salat
Zwiebelsuppe Letscho mit Wurst Reis	Grieß-, Mohn- oder Nussnudeln

Zellersuppe Schweinspörkölt Nockerln Gurkerln	Kohlrüben mit Erdäpfelschmarren
Erdäpfelsuppe Linsen mit Grießstrudel	Gemüseeintopf
Spinatsuppe Hasenjunges Knödel	Geröstete Knödel mit Salat oder Gemüserisotto
Brotsuppe Blut- oder Bratwürste Sauerkraut Erdäpfelschmarren	Gefüllter Kohl
Paradeissuppe Fischrisotto (Eintopf)	Kartoffelpuffer mit Salat oder Grenadiermarsch
Panadelsuppe Eintopf mit Schöpsenfleisch	Schweizer Erdäpfel mit Salat
Frühlingskräutersuppe Fleisch- oder Leberknödel mit Schwammerlsauce	Rahmeier, Erdäpfel
Erbsensuppe Krenfleisch mit viel Suppengemüse Salzerdäpfel	Spaghetti mit Käse
Haferflockensuppe Seefisch mit Sardellenbutter Erdäpfel Gurkerln	Milchreis mit Kakao und Zucker oder Semmelschmarren mit Salat oder Kompott
Brennesselspinatsuppe Rindsherz mit Rahmsauce Wasserspatzen Kompott	Schweinssulz mit viel Suppenwurzeln
Knochensuppe mit Frittaten Würstel mit Kohl Erdäpfel	Makkaronisalat

Kohlrabisuppe Erdäpfelnudeln mit Käse oder Röster	Gemüsereis
Hefesuppe Makkaronifleisch Löwenzahn- oder Vogerlsalat	Dillerdäpfel
Knochensuppe mit Grieß Spinatlaibchen Paradeissauce oder Salat	Schinken- oder Wurstfleckerln
Erdäpfelsuppe Gebackener Leberkäse Saure Rüben oder Gemüse	Kreneier, Salat oder Spinatomeletten
Wurzelsuppe Fischrisotto	Rahm- oder Topfenstrudel (aus fertigem Strudelteig)
Radieschensuppe Serviettenknödel Dillsauce oder Salat	Gebratene Augsburger, Erdäpfel
Spinatsuppe Geröstete Leber mit Reis	Topfenknödel mit Salat oder Röster
Mischgemüse Kirschenschmarren	Wurstschüsserln mit Eierspeise oder restlichem Mischgemüse
Rindsuppe mit Grießknöderln Rindfleisch Fisolen, Erdäpfelschmarren	Schinkenkarfiol
Fisolensuppe Gebackener Fleischstrudel Salat	Gratiniertes Gemüse
Schwammerlsuppe Fleischlaibchen Erdäpfelpüree	Bauernomelette mit Salat

Rindsuppe mit Nudeln
Gefüllte Kohlrabi
(250 g Fleisch für Fülle in der Suppe mitkochen)
Petersilienerdäpfel

Eintopf mit Kalbfleisch

Kochsalatsuppe
Kalbspörkölt
Nockerln, Gurkerln

Spinatschnitzel
Erdäpfel- oder Kopfsalat

Erbsensuppe aus frischen Erbsen
Kirschen- oder Marillenknödel

Saure Milch oder Joghurt
Brote mit Brotaufstrich Nr. 1, 3 oder 4

Rohkostsalate
Mailänder Scheiterhaufen

Kalter Reis oder Reisauflauf mit Früchteüberguss

Sonn- und Feiertagsmenüs:

Gemüsesuppe
Gebackene Schweinskoteletts
Gemischter Salat
(Erdäpfel, Bohnen, Zeller)
Kakaokuchen

Kohlminestra
Hasen- oder Rindsbraten mit Rahmsauce
Nudeln
Apfelschnitten

Einmachsuppe (Knochen von der Kalbsbrust)
Gefüllte Kalbsbrust
Spinat, Braterdäpfel
Zwetschkenkuchen

Klare Suppe mit Gemüsen
Gespickter Hirschschlegel
Reis, Preiselbeeren
Mohn- oder Nusstorte

Ganslsuppe mit Bröselknöderln
Gebratene Gans
Weinkraut, Erdäpfel
Bratäpfel oder Apfelmus

Kalbskopfsuppe
gebratene Schweinsschulter
Krautsalat, Erdäpfel
Strudel aus Mürbteig

Radieschensuppe
Gebackenes Kitz
Erdäpfel- oder Vogerlsalat
Obstkuchen oder kalte Rhabarberspeise

Rindsuppe mit Gemüseschöberln
Überdünstetes Rindfleisch
Makkaronisalat
Biskuit mit Chaudeau oder
Zwieback mit Kompott

Empfehlenswerte Anregungen für Abendgerichte

Milchspeisen mit Grieß, Haferflocken, Reis, Sago, Tapioka; zum Beispiel Grießbrei oder Reis mit Kakao oder Zimt und Zucker, kalter Grießbrei oder Reis mit Fruchtpüree oder Fruchtsaft.
Eiergerichte: Eierspeise, Eier mit Kren, in Öl und Essig, in Rahmsauce, pochierte Eier, Eiernockerln, Spiegeleier u. ä.
Omeletten mit Fisch-, Hirn-, Gemüse- und Fleischresten, mit Käse-, Leber-, Schinken-, Wurst- und Pilzfüllen, auch mit Marmelade und Topfen.
Pofesen mit Eierspeise, Hirn- oder Gemüseresten, Kohl, Spinat, Pilzen, aber auch süß mit Marmelade.
Gemüse mit Butter und Bröseln: Fisolen, Karfiol, Kochsalat, Kohl, Kohlrabi, Kohlsprossen, Radieschen, Spargel;
Gemüse, gratiniert: Karfiol, Spargel, Kohlsprossen, Schwarzwurzeln;
Gemüsepuddings: Champignon-, Karfiol-, Kohlwürstel-, Spinatpudding;
Gemüseknödel und -scheiterhaufen;
Gemüseschnitzerln: Kochsalat-, Kohl-, Spinatschnitzerln.
Erdäpfel in der Schale, mit Fett gebraten;
Erdäpfel, eingebrannt: Dill-, Majoranerdäpfel, Erdäpfelgulasch;
Erdäpfelknödel, -nudeln, -röllchen (mit Salaten oder Saucen);
Erdäpfelaufläufe und -puddings;
Schinken-, Schweizer und Wursterdäpfel.
Erdäpfelteig: Powidltascherln, Fleisch-, Kirschen-, Marillen-, Zwetschkenknödel.
Risotti mit Fisch-, Fleisch- und Gemüseresten, mit Erbsen, Karfiol, Kohlsprossen, Pilzen.
Makkaroni und Spaghetti mit Fleisch- und Gemüseresten, mit Käse, Paradeissauce usw.
Teigfleckerln und -nudeln mit Grieß, Kraut, Mohn, Nüssen, Schinken, Schwammerln, Wurst, Topfen (Topfenhaluschka).
Knödel, gefüllt mit Fleisch, Grammeln, Kraut, Wurst; geröstet mit Eiern.
Grießknödel mit Speck und Salat oder mit Topfen.
Nockerln mit brauner Butter, mit Speck, mit Grieß, Mohn, Nüssen, mit Zwiebeln und diversen Saucen.
Eier mit Spinat oder Salat.
Polenta mit Käse, mit Speck und Salaten oder Saucen.
Semmel- oder Kipfelkoch oder Schmarren mit Dunstobst oder Fruchtsaft.
Rouladen oder Laibchen aus Fleisch, Gemüse, Haferflocken, Erdäpfeln; mit Salat, Saucen, Spinat oder Rübenkren (Wurstlaibchen).
Strudel (eventuell aus fertigem Teig) mit Fleisch, Grieß, Obst, Topfen.
Würste mit Erdäpfelpüree, mit gerösteten Erdäpfeln oder mit Kohl, Kraut u. Ä.; Knackwürste in Essig und Öl; Wurstschüsserln mit Eierspeise, Gemüseresten, Kohl, Erbsen u. Ä.; Augsburger, Blut-, Brat- und Leberwürste mit Erdäpfeln und Kraut.
Leberkäs, gebacken, gebraten, geröstet.
Hirn, gebacken, gebraten, geröstet, mit Ei.
Bries, gebacken, gebraten, geröstet.
Kalbskopf, gebacken, mit Salat, Spinat, Schnittlauchsauce; gekocht mit viel Suppenwurzeln.
Kalbs- oder Schweinskopf, gekocht zur Sulz mit Suppenwurzeln.

Gulasch von Kalb-, Rind-, Schweine-, Reh- und Schöpsenfleisch; von Gemüse und Erdäpfeln.
Pörkölts von Hühner-, Kalb-, Lamm-, Schöpsen- und Schweinefleisch.
Obst- oder Rohkostplatte und Butterbrot;
Milch, Butterbrot, Radieschen und Käse;
Milchbrot, Buchteln u. ä. und Kakao oder Milch;
diverse Brotaufstriche und Tee (für kalte Tage).

Glossar

Abbröseln: Butter in kleine Stücke schneiden und mit Mehl zwischen den Fingern verreiben.
Agar-Agar: aus Ceylonmoos hergestellte Gallerte für die Zubereitung feiner Sulzen.
A la minute: Zubereitung auf Bestellung (im letztmöglichen Moment).
Aleuronatmehl: künstliches, eiweißreiches Nährpräparat, hauptsächlich aus Weizenkleber hergestellt.
Aromaten: Bezeichnung für geschmacksverstärkende Gewürze und Kräuter.
Bähen: Man schneidet Semmeln, Zwieback, Biskuits u. dgl. dünnblättrig oder in Schnitten, gibt sie auf ein Backblech, stellt dieses ins heiße Rohr und wendet sie einige Male um.
Beeftea: Fleischkraftbrühe; gehacktes rohes Rindfleisch wird mit Wasser in einem hermetisch verschlossenen Gefäß ausgekocht, abgeseiht und in Tassen serviert.
Beurre manié (Mehlbutter) dient dazu, Saucen oder Suppen à la minute zu verdicken. Es wird möglichst viel Mehl in ein wenig Butter eingearbeitet und die Kugel in der Sauce oder Suppe gut verkocht.
Blanchieren: Abbrühen, Überkochen (siehe »Fachliche Hinweise«).
Blindbacken: Mürber Teig wird in Formen gegeben, die man mit getrockneten Erbsen oder Bohnen anfüllt, damit die kleinen Mürbteigkuchen ihre Form behalten. Nach dem Backen werden die Hülsenfrüchte entfernt. Man kann sie wieder verwenden.
Bouquet garni (Kräutersträußchen): in feinen Küchen vorgerichtete Bündelchen, die aus Petersiliengrün, Lorbeerblatt, Thymian, allenfalls auch Zellergrün oder Rosmarin bestehen und zur Herstellung von Suppen und Saucen verwendet werden.
Braisieren: Dämpfen.
Bridieren: Geflügel und Fleisch mit Spagat binden, um ihm eine Form zu geben, durch die das Austrocknen der dünneren Stellen beim Braten verhindert wird.
Brunoise: Schneideart; in kleine Würfel schneiden.
Chemisieren: Formen mit einer Aspikschichte auskleiden.
Chiffonade: in Streifen geschnitten (nicht so fein wie Julienne).
Concassé: klein gewürfeltes Gemüse.
Consommé: Kraftbrühe, richtiger: Kraftfleischbrühe.
Court-bouillon: eine aus Wurzelwerk (Suppengemüsen), Wasser, Essig, Salz, Gewürzen und Bouquet garni (siehe oben) zubereitete Brühe zum Kochen von Fischen.
Croûtons (Röstschnitten) sind ungefähr einen Zentimeter dicke Scheiben von Semmeln oder Sandwichwecken, die in Butter oder in Fett knusprig geröstet wurden.
Cuttern: faschiertes Fleisch zu einer streichfähigen Masse pürieren.
Dariolformen: kleine konische Formen aus Edelstahl für die Zubereitung von Puddings, Flans, Aufläufen und Ähnlichem.
Deglacieren: Ablöschen; Bratrückstände mit wenig Flüssigkeit ablöschen, damit sich diese vom Boden des Kochgeschirrs lösen.
Degraissieren: Abfetten, Abschäumen; bei Suppen und Saucen das aufsteigende Fett und den sich entwickelnden Schaum vorsichtig abschöpfen.
Dressieren: mit einem Dressiersack Materialien cremiger Konsistenz auftragen.

Duxelles: fein gehackte, in Öl geröstete, entsprechend gpfefferte und gesalzene Zwiebeln oder Schalotten und Champignons mit fein gehackter Petersilie – ausnahmsweise auch noch unter kleinen Beigaben von Estragon, Schnittlauch und Kerbelkraut.
Emincé: Fleischschnittchen (Geschnetzeltes).
Escalope: Schnitte (Schnitzel) von rohem Fleisch im Unterschied zu einer Tranche.
Etamin: Passiertuch; zum Abseihen von Suppen und Saucen.
Farce: feinst faschiertes und gecuttertes (püriertes) rohes Fleisch (oder roher Fisch).
Fines Herbes: klassische französische Kräutermischung. Sie besteht aus Petersilie, Schnittlauch, Estragon und Kerbel.
Filetieren: Auslösen von Fischen; Vorbereiten von entgräteten Fischfilets.
Flambieren: Wegbrennen der dem gerupften Geflügel noch anhaftenden Flaumfederchen und Federstiftchen.
Fleurons: Blätterteighalbmonde, die als Garnitur oder als Beilage, vor allem zu Fischen, gereicht werden.
Fonds: Aufgussmittel für Saucen und Suppen, das diesen den entsprechenden Geschmack verleiht; z. B. wird Hühnerfond für Hühnercremesuppe oder eingemachtes Huhn, Kalbsfond für eingemachtes Kalbfleisch, Fischfond für Fischsaucen verwendet.
Man unterscheidet:

Fond brun: brauner Fond, aus angerösteten Kalbs-, Rinds-, Lamm- oder Wildknochen;
Fond blanc: heller Fond; Beispiele sind: **Fond de volaille** (Geflügelfond), **Fond de poisson** (Fischfond) u. a.

Fumet: kräftig reduzierter (eingekochter) Fond.
Garnituren: die in der französischen Küche gebräuchlichen Beigaben zu Fleisch- und Fischspeisen.
Glace: bis zu Sirupdicke eingekochter Fleisch- oder Fischfond, ein vorzügliches und lange haltbares Würzmittel für Suppen und Saucen.
Glacieren: bei Fleisch Überglänzen mit Fleischglace, bei Gemüse mit Butter und Zucker, bei Vorspeisen mit Aspik.
Glasieren: Mehlspeisen mit Fondant oder Glasur versehen.
Gratinieren (Überkrusten): Speisen, die mit Parmesan oder Semmelbröseln bestreut oder mit einer Gratiniersauce bedeckt und mit zerlassener Butter betropft werden, im heißen Herdrohr bei guter Oberhitze knapp vor dem Anrichten leicht backen, sodass sie oben eine lichtbraune Kruste erhalten.
Grillage: österr. Bezeichnung für Krokant.
Hagelzucker: grober Zucker, wie z. B. auf Brioche.
Jardinière: Gemüse der Jahreszeit, klein ausgestochen (oder zum Teil würfelig geschnitten); jedes wird gesondert gekocht, anschließend gemischt in die Suppe gegeben oder mit Buttersauce als Gemüse angerichtet.
Julienne: feinnudelig, in feine Streifen geschnittenes Gemüse oder Fleisch.

Jus: der durch Braten von Fleisch entstehende Bratensaft; durch Entfetten desselben wird der mit dem Braten zu servierende Saft zubereitet (Verstärkung oder Vermehrung durch braunen Fond; siehe dort).
Kanarimilch: Vanilleschaumsauce.
Läuterzucker: 1 Teil Wasser, 1 Teil Kristallzucker einmal aufkochen lassen; nach dem Aufkochen nicht mehr umrühren.
Legieren: Vollenden von Suppen und Saucen mittels einer Liaison.
Liaison: eine Mischung aus Eidotter und Schlagobers, um Suppen und Saucen samtig und sämig zu machen.
Madeira: Südwein von der Insel Madeira, der mit Weindestillat versetzt wird, um den Alkoholgehalt und dadurch auch die Lagerfähigkeit zu erhöhen. Geschmacksrichtungen: trocken bis süß.
Marinieren: Einsäuern.
Marmite: Suppentopf, Fleischtopf.
Mirepoix (Röstgemüse): Zwiebeln und Wurzelgemüse werden in Würfel von etwa 2 mal 2 Zentimetern geschnitten. Mirepoix dient zur Herstellung von braunen Saucen, braunen Fonds, gedünstetem Fleisch und Ähnlichem.
Mise en place (bereitlegen, bereitstellen) meint alle Vorbereitungsarbeiten, die zur Herstellung der gewünschten Speisen notwendig sind.
Mixed Pickles: in Essig und sehr scharfe Gewürze eingelegtes junges Gemüse.
Nappieren: mit Sauce übergießen.
Neugewürzkörner: Piment.
Noilly Prat: klassischer französischer, sehr trockener Wermut. Ersatzweise kann auch anderer trockener Wermut verwendet werden.
Papillotes, en: in Papierhülle.
Parieren: zurechtstutzen, um eine schönere Form zu erzielen (Koteletts, Filets u. dgl.).
Parüren: Abschnitte, die durch das Parieren von Fleisch entstehen. Diese finden vor allem bei der Suppen- und Saucenzubereitung Verwendung.
Passieren: durch ein Sieb treiben, durchstreichen, durchpressen.
Paupiettes: in Papier gehüllte Fleischschnitten.
Plattieren: mit einem Plattiereisen klopfen, um Fasern und Textur des Fleisches zu erhalten.
Pochieren: unter dem Siedepunkt gar ziehen lassen; keinesfalls kochen.
Roux: Einmach, wenn sie hell ist; Einbrenn, wenn das Mehl im Fett braun geröstet wurde.
Salmi: schmackhaft gewürztes Fleischpüree verschiedener Art.
Salpikon: gegartes Fleisch, in Würfel mit einem Zentimeter Seitenlänge geschnitten.
Sautieren: in Butter oder Fett unter beständigem Schütteln der Pfanne anrösten.
Stäuben: Wurzelwerk, gedünstetes Gemüse, gedünstetes Fleisch (wie z. B. Gulyás) u. a. werden, sobald alle Flüssigkeit eingedünstet ist, mit Mehl gestäubt und nach dessen Anrösten mit Suppe oder Wasser aufgegossen.
Sterilisieren: Entkeimen (siehe »Fachliche Hinweise«).

Suprême: die zartesten und feinsten Teile, insbesondere die Brust vom Geflügel.
Tomates concassées: geschälte, entkernte und in kleine Würfel geschnittene Tomaten.
Tourieren: dem Teig eine Tour geben. Um das Aufblättern eines Blätterbutter- oder Plunderteigs zu erreichen, wird ein Fettziegel in den Teig eingepackt. Der Teig mit diesem Fett in der Mitte wird so ausgerollt und wieder zusammengeklappt, dass 144 Fett-Teig-Schichten entstehen. Während das Fett beim Backen schmilzt, werden die dazwischen liegenden Teigschichten knusprig gebacken.
Tranche: Schnitte vom gegarten Fleisch.
Tranchieren: Zerlegen, Vorschneiden.
Umstechen: Fleischstücke mit einem Drahtlöffel aus der Sauce heben, mit der Gabel in ein anderes Geschirr legen und die Sauce darüber passieren.
Wurzelwerk: Wurzelgemüse wie Karotten, Zeller, Gelbe Rüben, Petersilienwurzeln u. Ä.
Ziselieren: kleine Einschnitte machen, um das Zerreißen oder Aufspringen, insbesondere bei Fischen, zu verhindern.

Speisenregister